LES PORTS DES MERS NORDIQUES À L'ÉPOQUE VIKING (VIIᵉ-Xᵉ SIÈCLE)

Collection *Haut Moyen Âge*

dirigée par Régine Le Jan

27

LES PORTS DES MERS NORDIQUES À L'ÉPOQUE VIKING (VIIe-Xe SIÈCLE)

Lucie MALBOS

BREPOLS

© 2017, **Brepols Publishers n.v., Turnhout, Belgium.**

D/2017/0095/132
ISBN 978-2-503-57580-3
DOI 10.1484/M.HAMA-EB.5.113350
e-ISBN 978-2-503-57581-0

Printed in the EU on acid-free paper.

Pour Yvon,
parce qu'« une bonne arrivée dépend souvent d'un bon départ »...

REMERCIEMENTS

C et ouvrage est né, après remaniements, coupes et ajouts, de la thèse de doctorat intitulée *Les relations entre les* emporia *et leurs hinterlands en Europe du Nord-Ouest (VIIᵉ-Xᵉ siècle)* et soutenue à l'université Paris I Panthéon-Sorbonne en octobre 2015. Sa publication est l'occasion de remercier toutes celles et ceux qui, pendant toutes ces années de réflexion, maturation et écriture, y ont contribué, à commencer par ma directrice de recherche, Régine Le Jan, qui, après m'avoir guidée, conseillée et encouragée, de Paris, à São Paulo et Saint-Louis, en passant par Prague, Francfort, Rome, Oxford, Vienne ou encore New York, a accepté d'ajouter ce volume dans la collection Haut Moyen Âge chez Brepols. Je lui dois en outre ma participation à de grands programmes de recherche, en particulier « Compétition » et « Communautés », qui ont contribué à orienter mes travaux, ainsi que la découverte des apports de l'anthropologie en histoire.

Je tiens également à remercier chaleureusement Pierre Bauduin, Stéphane Lebecq, Christopher Loveluck et Anne Nissen d'avoir bien voulu participer à mon jury de thèse : leurs nombreux conseils et suggestions détaillées ont guidé les corrections et réorganisations qui ont permis à ce livre de voir le jour.

Mais cet ouvrage est aussi le produit des années de formation qui ont précédé mon arrivée à la Sorbonne, à commencer par les trois ans passés en classe préparatoire au lycée Louis-le-Grand, au cours desquels je me suis passionnée pour la géographie avec Annette Ciattoni : ce livre d'histoire lui doit sa coloration géographique. Je suis également très redevable à François Menant, mon tuteur à l'ENS d'Ulm, de m'avoir, le premier, accueilli dans la belle famille des médiévistes et donné les moyens de me lancer dans cette « aventure nordique ». Mon entrée comme doctorante contractuelle au LAMOP, qui a financé nombre de mes « expéditions », et à l'IDHES, qui m'a accueillie comme ATER, m'ont permis de mener ce projet à bien.

Tous mes travaux de recherche et ce livre n'auraient pas non plus été possibles sans l'aide, le soutien, les conseils, mais aussi les critiques de nombreux collègues et amis, aussi bien en France que dans le reste de l'Europe : François-Xavier Dillmann, dont les conférences à l'EPHE m'ont fait découvrir le vieux norrois ; Else Roesdahl, Søren Michael Sindbæk et Sarah Croix, et plus généralement les universités de Mœsgård (Aarhus) au Danemark et de York en Angleterre, sans oublier Andres Siegfried Dobat (alias Minos), pour son accueil chaleureux sur le chantier de fouilles du site viking de Füsing (Schleswig-Holstein) ; Claus Feveile (qui m'a transmis sa « marotte » des pierres de meule en basalte rhénan) et Lene

Lund Feveile, et plus généralement le Musée Viking de Ribe au Danemark ; Chris Wickham pour ses précieuses suggestions ; Geneviève Bührer-Thierry, Laurent Feller, Laurent Jégou, Thomas Lienhard, Alban Gautier et Martin Gravel pour les discussions enrichissantes que nous avons pu avoir ; mais aussi mes compères thésards : Adrien Bayard, Gaëlle Calvet-Marcadé, Claire de Bigault de Cazanove, Rodolphe Keller, Arnaud Lestremau, Warren Pezé, Cédric Quertier, Claire Tignolet et Jean Soulat.

Enfin, cette liste ne serait pas complète sans tous ceux qui, au sein de ma famille et parmi mes amis, ont eu à supporter au cours de toutes ces années mes grandes explications sur les tessons de céramique, le décompte des os de bovins ou d'ovins et surtout les désormais célèbres pierres de meule en basalte rhénan, avec une pensée particulière pour les yeux sagaces et les petites mains laborieuses qui ont bien voulu se prêter au pénible exercice de la relecture, correction et amélioration de cet ouvrage. Je leur suis, à tous, infiniment reconnaissante.

ABRÉVIATIONS

Les sites suivis d'un astéristique sont présentés dans le Tableau 3 en Annexe 3

AB		*Annales Bertiniani*
AF		*Annales Fuldenses*
ARF		*Annales regni Francorum*
ASC		*Anglo-Saxon charters* (habituellement présentées sous la forme S, pour « Sawyer », leur éditeur, suivi du numéro de la charte)
AX		*Annales Xantenses*
CAS		*Chronique Anglo-Saxonne*
BAR		*Bristish Archaeological Reports*
GD		*Gesta Danorum*
GH		*Gesta Hammaburgensis ecclesiae pontificum*
HE		*Historia ecclesiastica gentis Anglorum*
Hkr		*Heimskringla*
JDA		*Journal of Danish Archaeology*
M.G.H.		*Monumenta Germaniae Historica*
	Capit.	*Capitularia regum Francorum*
	DD Kar.	*Diplomata Karolinorum*
	DD Ger.	*Diplomata regum et imperatorum Germaniae*
	DD Mer.	*Diplomata regum Francorum e stirpe merovingica*
	SRG	*Scriptores rerum Germanicum in usum scholarum separatim editi*
	SRG NS	*Scriptores rerum Germanicum, nova series*
	SRM	*Scriptores rerum Merovingicarum*
	SS	*Scriptores*
NAR		*Norwegian Archaeological Review*
OSU		*Oorkondenboek van het Sticht Utrecht tot 1301*
RACC		*Recueil des actes de Charles II le Chauve, roi de France*
VA		*Vita Anskarii*

INTRODUCTION GÉNÉRALE

Issus de différents peuples et royaumes de par le monde, mus par l'espoir d'y faire du profit, ils arrivent ici [à Eoforwic/York] en quête des richesses que procure la riche terre, d'un endroit où s'établir, de profit et d'un foyer, Alcuin[1].

P orts carolingiens florissants et « célèbres »[2], mais également ports scandi-naves aux confins du monde connu[3], les *emporia* ou *wics* apparaissent sur les rives des mers nordiques à partir des VIIe et VIIIe siècles. Ces établissements portuaires d'un genre nouveau, que l'on peut gagner par voie de mer ou de terre, abritent une forme d'habitat permanent et se caractérisent avant tout par deux grands types d'activités : le commerce – particulièrement les échanges à longue-distance – et l'artisanat. Dans ces centres d'échanges suprarégionaux, voire internationaux (pour autant que l'on puisse employer ce terme pour le premier Moyen Âge), se mêlent marchands, artisans, missionnaires, ambassadeurs et autres voyageurs venus de divers horizons. La présence de ces ports marchands sur les rivages scandinaves (Birka, Kaupang, Hedeby, Ribe), francs (Quentovic, Dorestad, Domburg), anglo-saxons (Lundenwic, Hamwic, Eoforwic, Gipeswic) et slaves (Truso, Wolin, Staraya Ladoga) contribue à dessiner un « bassin » économique des mers du Nord[4].

Pour désigner ces sites et les distinguer à la fois des anciennes villes romaines et des villes médiévales se développant à partir du Xe siècle, on préfèrera ici *wic* ou *emporium*, tirés des sources en vieil anglais et en latin, à « *port of trade* » ou « *proto-town* », que l'on trouve sous la plume de certains auteurs anglophones[5], ou encore à « comptoir »[6], impliquant systématiquement une volonté extérieure dans l'implantation du port en question, ou à « lieu de traite »[7], aux connotations esclavagistes trop fortement marquées en français. En optant pour *wic* et *emporium*, on peut ainsi marcher sur les traces d'Ansgar et Rimbert, d'Ohthere et Wulfstan, ou encore de Bède le Vénérable et Alcuin.

---

1 Alcuin, « Versus de patribus regibus et sancti Euboricensis ecclesiae », dans *Carmina, op. cit.*, n° 1, p. 170.
2 ... *vicum famosum*... (Liutger, *Vita Gregorii, op. cit.*, c. 58, p. 71).
3 ... *quomodo in partibus aquilonis, in fine videlicet imperii sui*... (Rimbert, *VA*, c. 12).
4 H. Pirenne, *Mahomet et Charlemagne, op. cit.* Voir la Carte 2 en Annexe 1.
5 K. Polanyi, « Ports of Trade... », art. cit. ; J. Hines, « North-Sea trade... », art. cit.
6 L. Tarrou, « Kaupang, un comptoir viking », dans *Archéologia*, 387, 2002, p. 54-61.
7 A. Nissen-Jaubert, « Lieux de pouvoir et voies navigables dans le sud de la Scandinavie avant 1300 », dans P. Boucheron et É. Mornet (dir.), *Ports maritimes..., op. cit.*, p. 217-233.

1. *Emporium, wic, portus, vicus, mercimonium…*

> *La cité de Londres, située sur les bords de la Tamise, est un* emporium *ouvert à de nombreux peuples arrivant par terre et par mer*, Bède le Vénérable[8].

Vers 730, Lundenwic était la seule localité d'Angleterre qualifiée d'*emporium* par Bède le Vénérable, dont la description est ensuite reprise par Alcuin dans un de ses poèmes pour l'adapter à Eoforwic/York, « *emporium* cosmopolite entre terre et mer »[9]. Sur le Continent, au siècle suivant, ce terme est également employé pour désigner Quentovic et Dorestad. C'est, avec *portus* et *vicus*, le plus utilisé par les différents auteurs lorsqu'ils veulent qualifier ces sites portuaires. Pour autant, ces différents termes ne sont peut-être pas strictement interchangeables[10].

Un *portus*, c'est d'abord un point de passage pour les voyageurs arrivant par voie de mer[11], impliquant certaines infrastructures (quais, appontements, entrepôts…). De là, ce mot en vient à désigner le péage exigé dans un port, les droits d'entrée et de sortie ou la taxe de circulation sur les marchandises[12], ce qui explique qu'il domine assez nettement dans les sources diplomatiques[13], même s'il apparaît dans d'autres textes, par exemple hagiographiques[14]. Par conséquent, un *portus* ce n'est pas seulement un site pouvant « accueillir des navires », mais un site disposant du « droit d'accueillir des navires »[15]. Le vieil anglais *porte*, utilisé dans certaines lois anglo-saxonnes du Xe siècle[16], pour évoquer l'endroit où le commerce est encadré et où l'on peut frapper monnaie, ou dans le récit d'Ohthere pour évoquer Kaupang et Hedeby[17], semble aller dans le même sens, désignant tout d'abord le port, avant d'être employé pour une ville dotée de droits propres à un marché ou à un port, et enfin d'être utilisé pour une ville en général. Le terme *portus* met donc plutôt l'accent sur les fonctions fiscales (et monétaires), mais aussi juridiques du site, lieu d'échange légal, juridiquement défini : il s'agit d'une structure capable

---

8 … *Londonia civitas […], super ripam [Tamensis] fluminis posita, et ipsa multorum emporium popularum terra marique venientium…* (Bède le Vénérable, *HE*, lib. II, c. 3, p. 142).

9 Alcuin, « Versus de patribus regibus… », poème cité (n. 1, p.11).

10 S. Rossignol, *Aux origines…, op. cit.*, notamment p. 43-46.

11 Du Cange *et al.*, *Glossarium…, op. cit.*, sens 3.

12 *Ibid.*, sens 8.

13 Diplôme faux de Dagobert en faveur de Saint-Denis pour 624 dans *M.G.H., DD Mer.*, t. I, *op. cit.*, n° 27, p. 73-75 ; Diplôme de Charlemagne pour Saint-Germain-des-Prés (779), dans *M.G.H., DD Kar.*, t. I, *op. cit.*, n° 122, p. 170-171 ; Diplôme de Charles le Chauve en faveur de Fontenelle (854), dans *RACC*, t. I, *op. cit.*, n° 160, p. 419-426.

14 *Miracula sancti Wandregisili, op. cit.*, c. 14, 17, 30, 31 ; Rimbert, *VA*, c. 11, 24, 30, 33.

15 L. Musset, « Les ports en Normandie du XIe au XIIIe siècle : esquisse d'histoire institutionnelle », dans *Cahier des Annales de Normandie*, 17, Caen, 1985, p. 113-128, ici p. 115.

16 Lois d'Edward et Lois d'Æthelstan, dans F. L. Attenborough, *The laws…, op. cit.*, p. 114-117 (§ 1) et p. 126-143 (§ 12, 13.1, 14).

17 Ohthere, dans « Ohthere's report… », texte cit., p. 47.

d'assurer les échanges entre communautés de statuts différents et de niveaux très divers. Toutefois, *portus* peut aussi finir par désigner l'agglomération commerciale en général[18], mais en renvoyant toujours à un site très encadré et structuré.

Emporium apparaît davantage dans les textes narratifs (notamment les annales[19]), avec un sens plus large, désignant globalement un lieu où opèrent des commerçants. Dans les annales, ce terme est souvent utilisé à l'occasion d'un raid suivi d'un pillage : il fait alors écho à la situation portuaire du site et à ses richesses, générées par le commerce et suscitant les convoitises. Toutefois, ce mot met peut-être plus en avant l'idée de transformation et d'activités artisanales que *portus* : en cela, il renverrait davantage à la réalité matérielle – et non plus juridique, administrative ou fiscale – du site, pourvu d'infrastructures dédiées au commerce (quais pour le chargement et déchargement, entrepôts pour le stockage, ateliers pour les artisans, etc.). De telles installations suggèrent des sites permanents, tandis que *mercatum* ou *mercimonium* pourraient indiquer des sites plus temporaires, occupés à certains moments de l'année, notamment lors d'importantes foires[20], ce qui expliquerait que ces termes soient extrêmement rares dans les sources pour désigner les ports au cœur de cette étude : Hamwic est bien qualifié de *mercimonium* dans la *Vita Willibaldi*[21], mais c'est une des rares occurrences de ce mot. *Emporium* et *portus* insistent donc avant tout sur l'idée d'échanges, de commerce, de lieu de passage (pour les marchandises et les hommes) situé sur ou à proximité d'une voie d'eau, impliquant donc une rupture de charge. En Scandinavie, le nom même de Kaupang signifie « marché » : *kaupa* dans les anciennes langues scandinaves est le verbe qui permet d'exprimer l'idée d'échange, monétisé ou non. La Norvège compte d'ailleurs de nombreux sites portant ce nom : pour les distinguer, on mentionnait habituellement la région dans laquelle ils se trouvaient (*Kaupang i þrándheimi*, future Nidaros médiévale et actuelle Trondheim, *Kaupang i Skiringssal*, etc.)[22].

Quand les auteurs médiévaux désiraient mettre un avant un autre aspect, ils optaient pour d'autres termes : *urbs* ou encore *civitas* renvoient par exemple à des sites de taille assez importante, ayant un passé romain et souvent dotés d'un évêché, comme Rouen[23] ; *castrum* ou *oppidum* à des lieux dotés de fortifications, souvent évoqués dans un contexte d'affrontement, comme pour le *castrum Duristat* dans le pseudo-Frédégaire[24], ou de menace, comme pour Nimègue dans

---

18 J. F. Niermeyer, *Mediae Latinitatis Lexicon...*, *op. cit.*, sens 5, p. 816.

19 Voir par exemple *ARF*, a° 808 et 809 ; *AB*, a° 834, 842, 847, 857, 863.

20 C'est d'ailleurs le terme employé pour Saint-Denis dans le faux de Dagobert pour 624 (cité n. 13, p. 12).

21 Huneberc de Heidenheim, *Vita Willibaldi...*, *op. cit.*, c. 3, p. 91.

22 S. Brink, « Skiringssal, Kaupang, Tjølling – the Toponymic Evidence », dans D. Skre (dir.), *Kaupang in Skiringssal...*, *op. cit.*, p. 53-64.

23 Huneberc de Heidenheim, *Vita Willibaldi...*, *op. cit.*, c. 3, p. 91.

24 *Chronicarum quae dicuntur Fredegarii Scholastici. Libri IV...*, *op. cit.*, p. 172.

les *Annales de Saint-Bertin*[25]. Quant à *vicus*, il peut désigner tout site commercial[26], synonyme en cela d'*emporium*, mais a peut-être aussi parfois conservé le sens originel de « quartier » qu'il avait en latin classique, mettant l'accent sur le secteur artisanal et/ou commerçant d'un site, par opposition à une zone à vocation plus agricole par exemple : Birka est un *portus* sous la plume de Rimbert, tandis que lorsqu'il évoque plus précisément la partie du site abritant les marchands, ce même auteur emploie *vicus*[27]. Par ailleurs, l'emploi des termes a pu évoluer au fil du temps : différents mots ont pu être associés aux mêmes sites, reflétant leurs mutations et celles de leurs fonctions. Ainsi Ribe et Hedeby sont-ils qualifiés de *portus* ou de *vicus* avant d'acquérir le statut d'*episcopatus* au Xe siècle, après la nomination des premiers évêques pour le Danemark[28], terme repris au XIIe siècle par Adam de Brême[29]. Sous la plume de ce dernier, Birka, Schleswig/Hedeby et Ribe, d'abord qualifiés de *portus*, apparaissent ensuite, une fois qu'ils ont acquis le statut de sièges épiscopaux, comme des *civitates*, voire des *metropoles*[30].

Dans ce foisonnement lexical, on ne peut toutefois manquer de souligner le développement exceptionnel de *vicus*, que l'on retrouve à la fin du nom de bien des ports, sous des formes diverses (*-vic, -wig, wijk, -wich*) : Hamwic, Lundenwic, Eoforwic, Gipeswic/Ipswich, Quentovic et même Dorestad, qualifiée dès le Xe siècle de *wik*[31], avant que la localité proche ne prenne le nom de Wijk-bij-Duurstede, ou encore Schleswig, issu du vieux norrois *Slésvík* et du vieux saxon *Sliaswig* et où l'on retrouve le suffixe *-wic* (ou *-wig*)[32], accolé au nom du fjord, *Slī* (aujourd'hui « Schlei »).

Toutefois, il ne s'agit pas de sur-interpréter les choix lexicaux faits par les auteurs médiévaux, toutes ces distinctions n'étant pas forcément toujours très nettes dans leur esprit : dans les *Miracles de saint Wandrille* par exemple, Quentovic est qualifié autant de fois d'*emporium* que de *portus*[33]. Sans oublier que les choix lexicaux opérés par les auteurs occidentaux peuvent varier selon qu'ils s'appliquent à des sites faisant partie de l'ancien Empire romain ou à ceux qui se trouvent au-delà du *limes* : l'usage est souvent plus flottant pour ces derniers. En effet, les auteurs peuvent avoir tendance à « plaquer » les mots latins à leur disposition sur des réalités scandinaves qui leur étaient en grande partie inconnues ou à retenir des traductions approximatives. Dans la *Vita Anskarii*, Rimbert fait de Birka tantôt

---

25 *AB*, a° 837.
26 J. F. Niermeyer, *Mediae Latinitatis Lexicon…*, *op. cit.*, sens 7, p. 1099.
27 Rimbert, *VA*, c. 11 et 19.
28 Canons du synode d'Ingelheim, texte cit.
29 Adam de Brême, *GH*, lib. II, c. 3, p. 62-64.
30 *Ibid.*, lib. I, c. 25 ; lib. I, c. 29 et scholie 127 ; *Ibid.*, lib. III, c. 77 ; lib. IV, c. 1 ; *Ibid.*, lib. IV, c. 20.
31 Diplôme d'Otton Ier confirmant les privilèges à Saint-Martin d'Utrecht (1er avril 948), dans *OSU*, vol. 1, *op. cit.*, n° 111, p. 115-116.
32 E. Marold, « Hedeby… », art. cit. Ce suffixe est peut-être aussi issu du terme scandinave *wik* (« baie »).
33 *Miracula sancti Wandregisili*, *op. cit.*, c. 12, 16, 25, 34 et c. 14, 17, 30, 31.

un *portus*, pour insister sur sa dimension portuaire et commerciale, tantôt un *vicus*, pour désigner sa réalité juridique et fiscale (à travers notamment le *praefectus vici*)[34], tandis que le site où les habitants se réfugient devant l'imminence d'une attaque danoise, au milieu du IXe siècle, est présenté comme une *civitas* ou *urbs*[35]. Or, il n'y a alors pas de « ville » à proximité de Birka : ce terme pourrait renvoyer ici à la « Garnison » retrouvée au sud du site commercial[36], autrement dit un site fortifié (pour lequel on aurait plutôt attendu *castrum*). Rimbert a accompagné Ansgar dans ses pérégrinations nordiques ; il connaît donc Birka : a-t-il vu la *civitas* proche ? Ou lui a-t-on raconté l'épisode sur place et se contente-t-il de traduire le mot utilisé par son interlocuteur local (ou par l'intermédiaire servant de truchement) ? Les problèmes de traduction et d'interprètes sont délicats pour le haut Moyen Âge, faute de sources : on ignore tout de la façon dont les différents marchands se côtoyant dans les *emporia* communiquaient entre eux. Cependant, l'hypothèse est tentante lorsque l'on considère le terme en vieux norrois *borg*, qui a le double sens de « fortification » et de « ville » et qui a précisément donné son nom à la colline où se situe la « Garnison » : l'interlocuteur d'Ansgar a pu parler du *borg* proche et Rimbert ou l'interprète traduire par un sens plutôt que par l'autre. En somme, les auteurs médiévaux adaptent le vocabulaire à leur disposition à leurs besoins pour l'écriture et aux sociétés qu'ils décrivent, sans nécessairement chercher à classer les différents sites en plusieurs catégories distinctes.

Le toponyme même de certains de ces ports soulève parfois bien des débats : *Haithabu* est le nom tiré des inscriptions runiques (reconstruit à partir du vieux danois *Heþaby* et du vieux norrois *Heiðabœr*) et repris par Æthelweard dans sa *Chronique* dans les années 970, tout en soulignant que « les Saxons l'appellent Sleswic »[37] ; son correspondant en danois moderne, *Hedeby*, est le nom retenu dans cette étude, mais on trouve aussi le nom en vieil anglais employé par Ohthere, *Hæþum*[38]. Wolin apparaît sous la plume d'Adam de Brême sous le nom de *Jumne*[39] et correspond peut-être aussi au site viking légendaire de *Jómsborg*[40]. Quant au nom « Domburg », il apparaît tardivement (vers 1200)[41] : les textes parlent plutôt de la *villa* ou du *locus* sur l'île de Walcheren (*Walichrum*)[42]. Selon les sources, on trouve aussi différentes appellations pour l'*emporium* du Wessex :

---

34 Rimbert, *VA*, c. 11.
35 *Ibid.*, c. 19.
36 C. Hedenstierna-Jonson, *The Birka warrior...*, *op. cit.* ; S. Rossignol, « *Civitas...* », art. cit., p. 80-81 ; *Id.*, *Aux origines...*, *op. cit.*, p. 78-79.
37 Æthelweard, *Chronicon*, *op. cit.*, lib. I, c. 4, p. 9.
38 Ohthere, dans « Ohthere's report... », texte cit.
39 Adam de Brême, *GH*, lib. II, c. 22.
40 *Jómsvíkinga Saga...*, *op. cit.*, c. 15.
41 S. Lebecq, « L'*emporium* protomédiéval de Walcheren-Domburg : une mise en perspective », dans *Id.*, *Hommes...*, vol. 2, *op. cit.*, p. 133-147.
42 Alcuin, *Vita Willibrordi*, *op. cit.*, c. 14 ; *AX*, *AF* et *AB* a° 837.

Hamtun et ses dérivés (*Omtune, Homtune...*)[43], qui semblent utilisés concurremment à *Hamwic* durant toute la période anglo-saxonne, ou encore *Southampton*[44].
La pluralité des noms peut également faire écho au glissement topographique
des sites, absence de continuité toponymique et topographique semblant aller
de pair : le successeur de Hedeby est connu sous le nom de Schleswig, celui de
Hamwic comme Southampton et celui de Lundenwic, qui avait déjà succédé à
la cité romaine en ruine de *Londinium*, comme Lundenburh. Toutefois, ces distinctions ont souvent été établies par les historiens modernes pour des raisons de
clarté et n'existaient pas nécessairement dans l'esprit des contemporains : dans
les textes médiévaux (notamment ceux en vieux norrois), la ville médiévale de
Schleswig est aussi appelée *Heiðabær*, de même que l'ancien site est parfois appelé
Sliaswich, Adam de Brême soulignant l'identité des deux[45], tandis que le nom
romain d'Eoforwic, *Eboracum*, est encore employé par certains auteurs comme
Alcuin[46]. Ces différents noms reflèteraient davantage la dimension cosmopolite
de ces ports qu'ils ne témoigneraient d'une évolution chronologique : Hedeby aurait ainsi été connu sous l'appellation *Sliaswich* auprès des peuples germaniques,
Hæthum chez les Anglo-Saxons et *Haithum* (ou *Haithabu*) parmi les Danois.
On privilégiera toutefois dans cette étude les noms qui étaient plutôt ceux des
sites aux VIIᵉ-Xᵉ siècles (particulièrement dans le monde anglo-saxon), afin de
les différencier des villes contemporaines et de ne pas donner l'impression d'une
continuité factice : on optera donc pour Lundenwic plutôt que Londres, Hamwic
plutôt que Southampton, Eoforwic plutôt que York, Gipeswic plutôt que Ipswich
ou encore Reric plutôt que Groß Strömkendorf, tout en renonçant à l'usage des
italiques, parfois employés pour distinguer le nom apparaissant dans les sources
écrites pour des sites aujourd'hui disparus de celui des sites actuels.

2. Vers un espace ouvert et polycentrique

> *La Méditerranée occidentale, devenue un lac musulman, cesse d'être la voie des*
> *échanges et des idées qu'elle n'avait cessé d'être jusqu'alors*, Henri Pirenne[47].

Les thèses d'Henri Pirenne, « véritable initiateur de l'histoire économique
médiévale »[48], furent décisives pour l'étude historique du grand commerce et des

---

43 Ce toponyme apparaît notamment dans les chartes anglo-saxonnes S 272, 273, 275, 276, 288, 360, 366,
369, 370 (P. H. Sawyer, *ASC*).
44 A. R. Rumble, « HAMTVN *alias* HAM WIC (Saxon Southampton) : the place-name traditions
and their significance », dans P. Holdsworth (dir.), *Excavations at Melbourne Street..., op. cit.*, p. 10-20.
45 *Sliaswig, quae et Heidiba dicitur* (Adam de Brême, *HE*, lib. IV, 1).
46 Alcuin, « Versus de patribus regibus... », poème cité (n. 1, p. 11).
47 H. Pirenne, *Mahomet et Charlemagne, op. cit.*, p. 215.
48 P. Contamine *et al.*, *L'Économie médiévale, op. cit.*, p. 12.

villes médiévales. Il est en effet le premier à mettre en évidence le basculement des échanges vers la mer du Nord, où se déplace « l'axe de la civilisation occidentale »[49]. Il n'est toutefois pas certain que ce glissement vers le Nord ait entraîné le déclin économique que l'historien belge y voyait.

L'affaiblissement interne de l'Empire, puis la mise en place des royaumes barbares en Occident ont mis un terme à l'espace impérial romain, fortement hiérarchisé et structuré, et la reconquête byzantine du VIe siècle à la « fiction d'une unité romaine »[50]. Certes, l'Empire byzantin s'impose encore comme la première puissance dans le bassin méditerranéen, jusqu'à l'arrivée de l'Islam au VIIe siècle, demeurant une tête de réseau politique, au centre du jeu international. L'intense activité des ambassadeurs, qui se poursuit durant toute la période[51], en témoigne, tandis que les échanges en Méditerranée se maintiennent, sous une forme affaiblie, au cours des VIe et VIIe siècles. À aucun moment les relations entre l'Orient et l'Occident post-romains ne sont totalement interrompues[52], mais la dislocation de la partie occidentale de l'Empire est à l'origine d'un espace plus ouvert, de l'Irlande au monde slave, de la Suède aux rivages africains. L'historien doit donc s'affranchir de la vision d'une Europe isolée au sortir du monde romain, pour adopter une approche plus dynamique d'un espace devenu polynucléaire et structuré de façon plus lâche.

Au cours du VIe siècle, les populations d'origine germanique (Francs, Saxons...) arrivées en Occident s'y fixent, formant de nouveaux ensembles politiques plus ou moins stables et créant un bassin culturel et linguistique assez homogène sur les rives de la mer du Nord et de la Manche[53]. Le VIIe siècle marque en Occident, après les calamités du VIe siècle (famines, guerres, grandes pandémies), une forme de reprise, à la fois démographique et économique, accompagnée de recompositions politiques, avec la prise du pouvoir par les Pippinides, puis la renaissance du titre impérial en Occident et l'extension de l'Empire carolingien, ainsi que les tentatives d'unification anglo-saxonnes autour de la Mercie du roi Offa (757-796) puis du Wessex d'Egbert (802-839). C'est dans un contexte de relative paix maritime – en comparaison des siècles précédents d'instabilité marqués par la piraterie – que se développe dans le bassin économique des mers du Nord un système de navigation marchande et qu'apparaissent les *emporia*.

---

49 H. Pirenne, *Mahomet et Charlemagne, op. cit.*, p. 136.
50 R. Le Jan, « Les relations diplomatiques... », art. cit., p. 20.
51 M. McCormick, *Origins..., op. cit.*, p. 175-181.
52 P. Sénac, *Le monde carolingien et l'Islam. Contribution à l'étude des relations diplomatiques pendant le haut Moyen âge (VIIIe-Xe siècles)*, Paris, 2006 ; J. Shepard, *The Cambridge History of Byzantine Empire c. 500-1492*, Cambridge, 2008.
53 S. Lebecq, « Aux origines du renouveau urbain sur les côtes de l'Europe du Nord-Ouest au début du Moyen Âge ? Les *emporia* des mers du Nord », dans *Id., Hommes..., op. cit.*, vol. 2, p. 123-131, ici p. 125.

La vaste période qui va du IVᵉ au Xᵉ siècle constitue donc une longue phase de transition pour l'histoire européenne, notamment pour l'économie, c'est-à-dire pour tout ce qui relève de la production, de la répartition des biens, de leur utilisation et de leur consommation : déclin progressif des échanges et des transports maritimes au cours des Vᵉ et VIᵉ siècles et fin du monde unifié romain vont de pair. L'Empire « a éclaté en plusieurs morceaux » et la mer Méditerranée « de centre, est devenue frontière »[54]. Les réseaux d'échanges subissent d'importantes mutations, entraînant une régionalisation de l'économie : chaque région va suivre sa propre évolution, en termes de structures sociales, économiques et politiques. Quittons donc l'ancien centre romain et ses rivages connus pour étudier les recompositions d'un espace désormais ouvert, aux contours indéterminés et qui ne connaît plus les anciens « mouvements massifs, centralisés et homogènes de marchandises entre quelques endroits situés sur des rives opposées de la Méditerranée »[55].

Dans cet espace ouvert et polynucléaire, fragmentation ne signifie toutefois pas absence d'échanges ou juxtaposition. Les différents espaces qui émergent et se recomposent ne se tournent pas le dos, mais s'interpénètrent, si bien qu'à partir du VIIᵉ siècle, et plus encore aux VIIIᵉ et IXᵉ siècles, la reprise de la production (autour notamment du grand domaine carolingien) et du commerce (en particulier dans la région rhénane et en mer du Nord) tend à dilater et densifier les réseaux d'échanges, mettant ainsi en relation l'Empire carolingien, les contrées septentrionales et slaves, les îles Britanniques et les mondes arabe et byzantin.

3. Des « melting-pots » au cœur des échanges

Björn était un grand voyageur ; il était tantôt en expéditions vikings et tantôt en voyages de commerce[56].

Les *emporia* occupent une place de choix au cœur de ces nouveaux réseaux : leur présence sur les rivages scandinaves, francs, anglo-saxons et slaves atteste la vitalité des échanges commerciaux. Dans un espace ouvert, et donc plus difficilement contrôlable par les pouvoirs qui se mettent en place, ces ports ont également pu servir de nouveaux points d'ancrage. Pourtant, ils ont longtemps été tenus pour négligeables[57] et, malgré les travaux d'Henri Pirenne, on ne faisait véritablement commencer l'histoire des grands ports marchands des mers nordiques qu'avec le développement de la Hanse à partir du XIIᵉ siècle. Or, l'organisation

---

54 C. Wickham, *Framing*..., *op. cit.*, p. 10 ; J.-P. Genet, *Le monde au Moyen Âge...*, *op. cit.*, p. 261.
55 M. McCormick, *Origins...*, *op. cit.*, p. 117.
56 *Egils saga*, *op. cit.*, c. 32, p. 44.
57 Robert Fossier estimait ainsi inutile de se pencher sur « le fantôme de Quentovic » (R. Fossier, « Étapes de l'aménagement du paysage agraire au pays de Montreuil », dans *Le paysage rural : réalités et représentations, Revue du Nord*, LXII (244), 1980 (janv.-mars), p. 97-116).

économique qui s'affirme alors paraît déjà bien en germe dans les siècles précédents : les pages de l'histoire concernant la période dite « viking »[58] ne devraient pas être uniquement remplies du fracas des armes et des lamentations assourdissantes des moines occidentaux. Pour cela, il faut réintégrer pleinement ces ports dans l'histoire économique, politique et sociale des sociétés du premier Moyen Âge[59], des aspects qui ne sauraient être séparés, comme l'ont bien montré les travaux, désormais incontournables, de Karl Polanyi[60].

Dans « l'ombre d'Henri Pirenne », Richard Hodges mettait l'accent sur le rôle prépondérant de la demande dans les économies du premier Moyen Âge – plus que sur celui de la production –[61] et voyait dans les *emporia* avant tout une tentative de la part des élites pour contrôler la production et la distribution des marchandises : ces ports seraient des « *gateway communities* », des points d'entrée pour les marchandises de luxe, dont la redistribution était étroitement contrôlée par le pouvoir politique[62]. Depuis, l'archéologie a cependant montré que ce n'était là qu'une part limitée des importations, la majorité consistant en biens quotidiens de faible valeur[63]. On assiste ainsi bien plutôt au premier Moyen Âge à un phénomène de « *commodification* », terme anglais désignant le passage du statut d'objet de luxe, essentiellement échangé sous forme de dons, à celui de marchandise aliénable sur le marché[64]. Ce qui était jusqu'alors jugé inintéressant devient une source essentielle sur le commerce : les échanges de dons entre élites contribuent certes à « huiler » les rouages du commerce et de la diplomatie, mais sont insuffisants pour soutenir l'économie des villes en expansion.

Dans ce nouveau contexte historiographique, les *wics* apparaissent à la fois comme générateurs et amplificateurs d'« échanges », notion qui, dans sa forme élargie, « a avantageusement remplacé celle de 'commerce' dans les travaux consacrés à l'économie du haut Moyen Âge »[65]. « Encastrés » dans le social, les échanges ne peuvent plus être restreints au seul domaine commercial : il faut s'interroger sur leurs interactions plus ou moins directes avec de nombreuses sphères

---

58 Ce qualificatif est expliqué un peu plus bas, p. 31.

59 Selon la terminologie de plus en plus retenue par les archéologues français pour les ve-xie siècles, par opposition à un « second Moyen Âge » pour les xiie-xvie siècles (J. Burnouf, *Archéologie médiévale en France : le second Moyen Âge, xii-xvie siècle*, Paris, 2008 ; I. Catteddu, *Archéologie médiévale en France : le premier Moyen Âge, v^e-xie siècle*, Paris, 2009).

60 K. Polanyi, *The Great Transformation, op. cit.*

61 R. Hodges, « The Shadow Pirenne », dans *Id.*, *Dark Age Economics..., op. cit.*, p. 6-28 ; *Id.*, « Pirenne and the question of demand in the sixth century », dans *Id.* et W. Bowden (dir.), *The Sixth Century. Production, Distribution and Demand*, Leiden/Boston/Cologne, 1998, p. 3-14.

62 R. Hodges, « The evolution of gateway communities : their socio-economic implications », dans C. Renfrew et S. Shennan (dir.), *Ranking..., op. cit.*, p. 117-123 ; *Id., Dark Age Economics..., op. cit.*, p. 50-56.

63 C. Wickham, *Framing..., op. cit.*, p. 696.

64 B. Gaut, « Vessel Glass... », *art. cit.*, p. 36.

65 J.-P. Devroey, « L'espace des échanges économiques... », *art. cit.*, p. 347.

de la société humaine, sur leur influence sur les mondes matériel, social, économique et même culturel et idéel. L'ambiguïté de la figure du célèbre « Viking »,
à la fois pirate violent et marchand pacifique en fonction des opportunités, nous
rappelle d'ailleurs que le commerce n'est jamais qu'un mode d'acquisition parmi
d'autres, ce que l'expression *fara í víking*, « partir en expédition viking » (sans
qu'il soit précisé bien souvent s'il s'agit d'aller piller, commercer, ou les deux),
récurrente dans les sagas, résume bien. Pour autant, l'économie de cette période
ne saurait être réduite à une simple dichotomie entre échanges non-marchands
(dons, pillage) et échanges marchands : ces deux sphères ne sont ni exclusives ni
parfaitement cloisonnées entre elles.

Un *emporium* c'est donc tout à la fois un port et une porte (d'entrée et de
sortie), mais pour des marchandises bien plus variées et en quantités bien plus
importantes que ne le pensait Richard Hodges. Dans un contexte de circulation
accrue des hommes et des marchandises les *wics* servent de lieux de passage pour
les voyageurs et les biens, ce qui en fait des « *melting-pots* culturels »[66], des lieux de
brassage privilégiés pour les circulations de savoir-faire, d'idées, de techniques[67] :
différentes communautés s'y établissent et, par leur seule présence, en font des
carrefours cosmopolites, qui servent également de foyers de diffusion du christianisme[68]. Acteurs majeurs de la vie économique, ces ports sont dotés d'un poids,
à la fois réel et symbolique, considérable.

4. Ports et arrière-pays, centres et périphéries : entre anciens modèles et nouvelles approches

Lieux à la fois marginaux (d'un point de vue géographique, aux frontières des
royaumes en train de se constituer) et centraux (dans les réseaux d'échanges), liens
entre l'Est et l'Ouest, le Nord et le Sud, l'Europe occidentale et la Scandinavie,
entre monde extérieur et intérieur des terres, les *emporia* ont toutes les caractéristiques de l'interface, c'est-à-dire un lieu où se déroulent les contacts et les
échanges entre des acteurs géographiques différents. Pour comprendre l'essor de
ces ports, il faut donc regarder bien au-delà et considérer les marchés qu'ils des-
servent : les *wics* n'étaient pas des « voies sans issue » du commerce et l'espace
maritime nordique était connecté à des arrière-pays continentaux[69]. Cette notion
d'arrière-pays (ou hinterland), empruntée aux travaux des géographes, se définit

---

66 C. Hedenstierna-Jonson, « Traces of Contacts... », art. cit., p. 31.
67 S. M. Sindbæk, « Urban Crafts and Oval Brooches Style, Innovation and Social Networks in Viking
Age Towns », dans S. Sigmundsson (dir.), *Viking Settlements...*, *op. cit.*, p. 409-423 ; *Id.*, « Re-assembling
regions... », art. cit.
68 I. Wood, *The Missionary Life...*, *op. cit.*
69 M. McCormick, « Where do trading towns come from ? Early medieval Venice and the northern
emporia », dans J. Henning (dir.), *Post-Roman...*, *op. cit.*, p. 41-68, ici p. 58.

comme l' « espace dans lequel s'effectuent la collecte et la diffusion des marchandises traitées par un port maritime »[70] : c'est l'aire d'attraction et de desserte continentale d'un port, dont l'extension dépend à la fois de la densité des réseaux terrestres et de la qualité des services portuaires. Sa profondeur tient à plusieurs critères : la taille de la population et la densité du peuplement urbain, l'accessibilité de la campagne environnante – en lien avec la question des transports et des axes de communication irriguant l'arrière-pays – et le nombre d'autres pôles – pouvant créer des phénomènes de concurrence pour les ressources, les hommes, les richesses. En somme, l'arrière-pays va bien au-delà du simple « espace physique dans lequel sont situées des villes » : il a également « une identité sociale, économique et culturelle »[71]. Il se définit en outre par rapport à un « avant-pays » (ou *foreland*), c'est-à-dire l'espace maritime de projection grâce auquel un port entretient des liens (généralement commerciaux) avec des territoires plus ou moins éloignés situés au-delà des mers. Lieu d'échanges mais aussi zone de pêche et d'exploitation des ressources marines, cet avant-pays est structuré par des routes maritimes, par lesquelles arrivent et d'où partent les flux de marchandises ou de personnes. L'avant-pays est ainsi le support de ces flux et le cadre intégrant l'ensemble des partenaires commerciaux avec lesquels le port contracte des échanges. En somme, l'arrière-pays d'un port constitue son aire fonctionnelle continentale, tandis que son avant-pays forme l'aire fonctionnelle structurée par l'organisation maritime ; et le port assure le lien entre les deux. Par conséquent, on ne peut pas aborder la question de l'arrière-pays des *emporia* sans s'interroger aussi sur leur avant-pays, d'envergure suprarégionale et support pour les flux du grand commerce maritime médiéval.

L'arrière-pays, défini par rapport à un port, c'est donc un territoire associé, au sens à la fois géographique et économique, en interaction avec un centre de production et d'échanges. Espace – à la profondeur variable – de collecte, de distribution, de transit, à la fois pour les importations et pour les exportations, il est également parcouru par les réseaux de communication, terrestres mais aussi fluviaux. Cette zone d'influence autour d'un port ne doit toutefois pas s'entendre dans un sens uniquement spatial : il peut s'agir également d'une influence politique, en termes de domination, de compétition, de complémentarité ; une diversité dans les relations entre les *wics* et leurs arrière-pays, qui justifie l'emploi du pluriel. Cela permet également de souligner l'existence éventuelle de « différents hinterlands (administratif, économique, militaire, culturel, religieux) dont les espaces ne coïncident

---

70 « Arrière-pays », dans P. George et F. Verger (dir.), *Dictionnaire de la géographie*, Paris, 2004 [1970], p. 24.
71 W. Brandes et J. Haldon, « Towns, tax and transformation : State, cities and their hinterland in the East Roman world », dans G. P. Brogiolo, N. Gauthier et N. Christie Neil (dir.), *Towns...*, *op. cit.*, p. 141-172, ici p. 143.

pas forcément » et qui peuvent fonctionner à différentes échelles[72]. Arrière-pays et avant-pays sont donc essentiellement des espaces d'interaction. Dans ce cadre, les *emporia* et leurs aménagements servent de synapses (ou d'interfaces), c'est-à-dire de point de convergence entre les flux terrestres, fluviaux et maritimes. La force d'un port dépend donc à la fois de la richesse et de la profondeur de son arrière-pays et de celles de son avant-pays, profondeur qui a pu varier au fil du temps, mais également en fonction des flux considérés ou des acteurs impliqués.

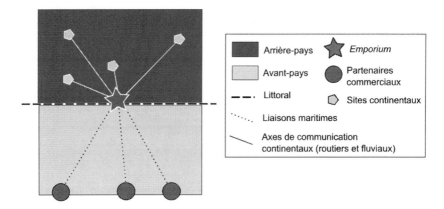

Fig. 1. Hinterland et foreland

Georges Despy est le premier à introduire dans le vocabulaire de l'histoire urbaine du premier Moyen Âge occidental le concept de relations entre villes et campagnes et à étudier les rapports économiques entre les deux, soulignant leur complémentarité[73]. Pour décrire et analyser les relations entre les *emporia* et leurs arrière-pays, plusieurs modèles préexistants, souvent élaborés par des géographes, ont ainsi été repris par les historiens et les archéologues et adaptés aux réalités historiques concernées, du schéma de l'utilisation de la terre de Johann Heinrich von Thünen (1783-1850) aux modélisations récentes[74], en passant par les polygones de Thiessen (1872-1956) ou la théorie des « lieux centraux » forgée par Walter Christaller dans les années 1930 autour de l'idée de « seuil », au-delà duquel une marchandise n'est plus diffusée[75]. En mettant l'accent sur la distance

---

72 N. Gauthier, « Conclusions », dans G. P. Brogiolo, N. Gauthier et N. Christie Neil (dir.), *Towns...*, *op. cit.*, p. 371-386, ici p. 385.

73 G. Despy, « Villes et campagnes aux IXᵉ et Xᵉ siècles : l'exemple du pays mosan », dans *Revue du Nord*, 50, 1968, p. 145-168.

74 L. Nuninger, L. Sanders *et al.*, « La modélisation... », art. cit.

75 W. Christaller, *Die zentralen Orte in Süddeutschland : eine ökonomisch-geographische Untersuchung über die Gesotzmässigkeit der Verbreitung und Entwicklung der Siedlungen mit städtischen Funktionen*, Iéna, 1933.

au marché comme déterminant important du coût, Johann Heinrich von Thünen souligne l'effet de la distance sur les systèmes de production, aboutissant à un schéma en zones concentriques, dans lequel des territoires spécialisés sont hiérarchisés en auréoles[76]. Dans la théorie d'Alfred H. Thiessen, des polygones formés par des lignes connectent les peuplements voisins de statut comparable, esquissant des « territoires » de formes et tailles variées, qui reflètent des différences en termes de besoins et de disponibilité des ressources. Les notions de « port » et d'« arrière-pays » peuvent également être rapprochées de celles de « centre » et de « périphérie », deux types de régions distingués par le sociologue américain Immanuel Wallerstein dans sa théorie des « systèmes mondiaux » et constituant un système spatial formé de relations dissymétriques[77]. La hiérarchisation entre ces deux ensembles, à la fois géographiquement et culturellement différents et interdépendants, s'établit en termes de pouvoir : le centre s'enrichit aux dépens des économies périphériques. Depuis les années 1970, le concept de « région-noyau » (*nuclear region*), reposant sur l'analyse de l'« aire de captation » des sites (*site catchments*), est également mobilisé par les historiens et archéologues pour reconstruire les territoires : il s'agit de dresser un inventaire complet des ressources d'un site, faisant ressortir dans certains cas une forme de zonage de leur usage autour de ce dernier et permettant la construction de modèles sur les rapports potentiels entre le site et l'environnement[78]. Toutes ces constructions, largement issues de l'archéologie processuelle ou « Nouvelle Archéologie » (*New Archaeology* dans le monde anglo-saxon, où elle voit le jour), permettent de mieux saisir les interactions entre ces sites et espaces, en termes de complémentarités, dépendances et échanges, mais aussi de définir la capacité de polarisation d'un site dans sa région. Elles mettent également en lumière l'éventuelle imbrication des réseaux aux différentes échelles et soulèvent la question de possibles hiérarchies en leur sein[79]. L'influence conjuguée de l'anthropologie et de l'archéologie processuelle se fait sentir dans la typologie des différents modèles d'*emporia* élaborée par Richard Hodges, du type A (site commercial côtier impliqué dans le commerce à longue-distance, mais dont l'occupation n'était que temporaire), au type C (où se développent les fonctions administratives et qu'il considère comme la forme la plus aboutie), en passant par le type B (site commercial à la structure planifiée, mêlant marchands étrangers et artisans locaux)[80].

76　J. H. von Thünen, *Der isolierte Staat in Beziehung auf Landwirtschaft und Nationalökonomie*, Rostock, 1842.
77　I. Wallerstein, *The Modern World-System*, vol. I : *Capitalist Agriculture and the Origins of the European World-Economy in the Sixteenth Century*, New York/Londres, 1974.
78　C. Vita-Finzi et E. Higgs, « Prehistoric economy in the Mount Carmel area of Palestine : Site catchment analysis », dans *Proceedings of the Prehistoric Society*, 36, 1970, p. 1-37.
79　L. Nuninger, L. Sanders *et al.*, « La modélisation... », art. cit.
80　R. Hodges, *Dark Age Economics...*, *op. cit.*, p. 50-52.

Ces modèles d'analyse spatiale restent toutefois des théories normatives, qui ne permettent pas toujours d'appréhender la complexité des situations historiques réelles ni la dimension sociale, vécue et relative de tout lieu. En effet, un lieu n'est jamais central en lui-même mais toujours par rapport à d'autres et parce qu'il est perçu comme tel par les habitants de la région[81] ; une dimension très difficile à appréhender et pour laquelle tous les modèles restent inopérants : même la topographie (avec la disposition des sites, des champs, des cimetières...) n'est jamais un simple trait physique, mais toujours également une construction sociale. Il n'en demeure pas moins que, si un modèle n'est pas en lui-même une explication, il permet de mettre en évidence des logiques d'échanges réciproques et dissymétriques, divers gradients, des périphéries devenues des « angles morts » aux périphéries dynamiques, bref de formuler des questions et des hypothèses, qu'il faut ensuite tester en s'appuyant sur les données archéologiques et textuelles. Ces modèles ne sauraient donc pas servir de clé de compréhension universelle, mais ils peuvent être utiles par leur dimension heuristique. Leur mobilisation, allant de pair avec la multiplication des fouilles archéologiques et la relecture de certains textes, a d'ailleurs largement contribué à revoir la vision traditionnelle que l'on avait des *emporia,* « plaqués artificiellement sur des campagnes indifférentes »[82], entraînant une revalorisation des liens entre ces ports et leur région[83]. Ni « enclaves » ou « villes-champignons » sans ancrage solide dans leur terroir[84], ni « parasites » ponctionnant leur arrière-pays rural[85], les *wics* des mers nordiques entretiennent des liens étroits et réciproques avec leur région, signe de l'« interpénétration constante du monde urbain et du monde rural »[86].

5. Le bassin des mers nordiques, un espace de « connectivité » ?

Le recours accru aux bases de données et aux systèmes d'information géographique (SIG) a aussi contribué à renouveler les recherches portant sur les *wics*. L'étude de la diffusion de différents types d'artefacts a rendu possible l'élaboration de schémas complexes, en fonction de la provenance des objets et de l'endroit où ils ont été mis au jour, et de montrer que les variations culturelles pouvaient

---

81 B. Magnusson Staaf, « Places in Our Minds. Transformation and Tradition in Early Iron Age Settlements », dans L. Larsson et B. Hårdh (dir.), *Centrality..., op. cit.*, p. 311-321.

82 A. Derville, *Saint-Omer : des origines au début du XIVe siècle*, Lille, 1995, p. 47 ; T. Saunders, « Trade, towns... », art. cit.

83 B. Helgesson, « Uppåkra in the 5th to 7th centuries : the transformation of a central place and its hinterland », dans B. Hårdh et L. Larsson (dir.), *Central places..., op. cit.*, p. 31-40 ; B. Palmer, « The hinterland of three southern English *emporia* : Some common themes », dans T. Pestell et K. Ulmschneider (dir.), *Markets..., op. cit.*, p. 48-60 ; J. Naylor, *An Archaeology of Trade..., op. cit.*

84 J. Dhondt, « Les problèmes de Quentovic », art. cit., p. 244 et p. 247.

85 W. Brandes et J. Haldon, « Towns, tax and transformation... », art. cit.

86 T. Dutour, « La mondialisation... », art. cit., p. 109-110.

être la conséquence de réseaux reliant des individus ou groupes d'individus. Cela a permis de revenir sur la question controversée des liens entre culture matérielle et identités des communautés et de faire ressortir un certain nombre de « nœuds », dont les *emporia*, dans les échanges à longue distance du premier Moyen Âge[87]. Il s'agit d'étudier les espaces économiques en termes de réseaux et de hiérarchies, et non plus dans le seul sens spatial : cette nouvelle approche réticulaire permet d'insister sur le fort degré de centralité et d'intermédiarité de ces ports. Cela relève toutefois davantage de la description que de l'explication ; et ces analyses largement diachroniques, en produisant des images statiques, font mal ressortir les processus, changements et dynamiques, au risque même parfois de faire apparaître artificiellement des interactions qui n'existaient pas, faute de simultanéité.

Cette façon d'aborder l'espace et les relations sociales a cependant rendu possibles de nouvelles tentatives de modélisation, qui ne considèrent pas tant les distances géographiques que les routes privilégiées par les voyageurs de l'époque – qui ne sont pas forcément les plus courtes en termes de distance –, dans la lignée de l'ouvrage de Peregrine Horden et Nicholas Purcell, *The corrupting Sea*. Ce livre renouvelle l'approche des échanges en repensant l'espace à partir d'en bas et à partir d'unités à mettre en relation, en s'appuyant sur les notions de sites, de microrégions et en élaborant le concept de « connectivité » : l'espace n'est plus vu comme homogène[88]. Comme les sites méditerranéens étudiés par ces auteurs, les *emporia* se fondent dans un ensemble plus vaste, s'intègrent dans des réseaux, la mer servant de vecteur de communication, plus qu'elle n'apparaît comme un obstacle à surmonter[89]. Deux sites, très éloignés en termes de distance mais en relation étroite grâce à la mer, forment ainsi un tissu bien plus serré et efficace que deux sites plus proches mais séparés par exemple par une montagne ou mal reliés par les transports. Pour étudier les relations entre les *wics* et leurs arrière-pays, le modèle des lieux centraux, marchés et centres administratifs pour leur arrière-pays régional, et celui des réseaux, dans lequel les nœuds apparaissent comme des portes d'entrée ouvrant sur le reste du monde et où les échanges sont le fondement de la croissance, ne sont par conséquent pas forcément exclusifs. Charlotte Fabech, en développant l'idée de « groupement d'habitats », montre qu'il est possible de coupler une approche réticulaire avec une perspective hiérarchique : pour elle, un « lieu central » ne se compose pas seulement du centre proprement dit, mais aussi de plusieurs sites satellites, éparpillés dans le paysage et entretenant une relation de dépendance avec le centre, qu'il s'agisse de villages,

---

87 B. Latour, *Reassembling...*, *op. cit.* ; S. M. Sindbæk, « Networks... », art. cit. ; *Id.*, « The Small World... », art. cit. ; *Id.*, « The Lands of *Denemearce*... », art. cit.

88 P. Horden et N. Purcell, *The corrupting sea...*, *op. cit.*

89 Tendance privilégiée par l'historiographie jusque-là, s'inscrivant en cela dans la lignée de Fernand Braudel et de l'École des Annales.

de résidences seigneuriales, de lieux de culte ou de sites commerciaux. De telles approches permettent de convoquer plusieurs notions : celles de « centralité » (définissant le rayonnement des nœuds dans leur région), de « nodalité » (en tant que carrefours, accessibles tant par terre que par mer) et de « réticularité » (en tant que parties intégrantes de réseaux)[90].

Une étude des *emporia* médiévaux rencontre toutefois le problème de l'évaluation des distances : on peut considérer qu'un convoi de marchandises pouvait parcourir autour d'une trentaine de kilomètres par jour en moyenne par voie de terre[91] et jusqu'à cinquante ou soixante kilomètres par voie fluviale ou maritime, encore que, en mer, la vitesse des déplacements soit beaucoup plus aléatoire (en fonction du vent, des tempêtes...)[92]. Cependant, estimer les distances à vol d'oiseau rend mal compte de la réalité du terrain : les *wics* s'inscrivent dans un espace hétérogène et discontinu, traversé par des obstacles (montagnes, rivières...), des frontières, des effets de seuil, qui viennent s'ajouter au concept de distance et le complexifier. La notion géographique de « distance-temps » semble par conséquent, à bien des égards, plus adaptée pour étudier les phénomènes circulatoires du premier Moyen Âge. C'est d'ailleurs ainsi que les contemporains semblaient évaluer les trajets, comme en témoigne le récit d'Ohthere lorsqu'il rapporte par exemple au roi Alfred qu'il lui a fallu cinq jours de traversée pour se rendre de Kaupang à Hedeby[93].

6. Une approche globale et comparative

Autant d'aspects qui impliquent de restituer les *emporia* dans un contexte plus large, qui dépasse de loin le seul cadre régional. C'est pourquoi on prend ici en compte, en un même mouvement, l'ensemble de ces ports des mers nordiques, du sud du monde anglo-saxon et du nord du royaume franc jusqu'aux contrées slaves, en passant par la Frise et la Scandinavie, s'affranchissant en cela de l'ancienne frontière marquée par le *limes* romain, qui séparait un monde romanisé d'un monde « barbare ». Les différences (culturelles, politiques, économiques) entre ces espaces sont considérables. Néanmoins, les traits communs sont également nombreux, en termes d'organisation économique, d'infrastructures, d'activités, ce qui

---

90 C. Ducruet, « Typologie mondiale des relations ville-port », dans *Cybergeo : European Journal of Geography – Espace, Société, Territoire*, 417, en ligne : http://cybergeo.revues.org/17332 (mis en ligne le 27 mars 2008 et consulté en avril 2013).

91 Martin Gravel estime la vitesse des grands équipages (comme lorsque la cour se déplace) entre 20 et 35 kilomètres par jour et celle d'un voyageur entre 20 et 50 (M. Gravel, *Distances...*, *op. cit.*, p. 83-92). C'est également le chiffre proposé par Jean Hubert (J. Hubert, *Arts et vie sociale de la fin du monde antique au Moyen Âge : études d'archéologie et d'histoire*, Genève, 1977, p. 79-86) et Olivier Bruand (O. Bruand, *Voyageurs...*, *op. cit.*, p. 138).

92 S. Lebecq, *Marchands...*, *op. cit.*, vol. 1, p. 202.

93 Ohthere, dans « Ohthere's report... », texte cit.

permet d'aborder ces ensembles non comme une mosaïque d'entités isolées, mais concurremment, en considérant l'espace Manche-mer du Nord-Baltique comme un espace de contact, bien plus que de frontière, mettant en relation ses différentes rives, « une véritable plaque-tournante des contacts entre les civilisations, qu'elles soient insulaires ou continentales »[94]. L'étude des trouvailles monétaires et de la diffusion d'une rive à l'autre des mers nordiques de certains artefacts, considérés comme des témoins matériels privilégiés pour la compréhension des mécanismes économiques et commerciaux, mais également comme des marqueurs sociaux et culturels, contribue à dessiner un espace économique ayant sa propre cohérence. Certains échanges de produits, en s'affranchissant des limites des diverses aires culturelles, participent ainsi à l'émergence de cet espace économique unifié, tandis que la faible diffusion d'autres types de marchandises peut être la manifestation de régions culturelles aux caractéristiques différentes. Espace économique et espaces culturels ne se superposent donc pas nécessairement et, dans cette vaste aire nordique de transit des richesses, les échanges n'obéissent pas toujours à des logiques de proximité ou d'éloignement, mais peuvent répondre également à des formes d'appartenance à des régions culturelles différentes.

Henri Pirenne ne fut pas seulement un précurseur en histoire économique : il est aussi le père, avec Marc Bloch, de l'histoire comparée. Tous deux originaires de Belgique, ils cherchent à dépasser le cadre des histoires nationales, initiant une nouvelle conception de l'histoire, à la fois globale et comparatiste, qui sert désormais de cadre à la réflexion des historiens[95]. On privilégie les approches en termes de connexions, en ne considérant pas l'humanité comme un ensemble de « civilisations étanches et irréductibles », mais en parvenant à concilier la vision d'une humanité unique et celle de l'extrême variété des sociétés humaines[96]. Le regard de l'historien doit changer d'échelle, ou plutôt jongler entre les différentes échelles, en se concentrant sur l'étude de leurs points de rencontre : l'histoire globale met ainsi l'accent sur les points de contact et de métissage, comme ceux qui structurent l'espace maritime nordique, en étudiant les modes d'interaction et d'interdépendance, dans le cadre d'une approche comparative et interdisciplinaire. Les similitudes en termes d'organisation et d'activités peuvent permettre à un *emporium* d'en éclairer un autre et de pallier ainsi en partie certaines informations manquantes. Pour cela, la comparaison de ces différents ports s'appuiera sur divers critères, afin de faire ressortir à la fois leurs similitudes et leurs divergences : la situation (notamment par rapport aux réseaux de communication), l'extension

---

94 V. Rassart, « Aperçu des contacts à travers l'archéologie funéraire en Nord-Pas-de-Calais », dans A. Gautier et S. Rossignol (dir.), *De la mer du Nord...*, *op. cit.*, p. 75-90, ici p. 90.
95 C. Grataloup, G. Fumey et P. Boucheron (dir.), *L'Atlas Global*, *op. cit.*, ; M. McCormick, *Origins...*, *op. cit.* ; S. M. Sindbæk et A. Trakadas (dir.), *The World...*, *op. cit.* ; C. Wickham, *Framing...*, *op. cit.*
96 C. Grataloup, G. Fumey et P. Boucheron, *L'Atlas Global*, *op. cit.*, p. 7.

des sites, leur structure et leur taille démographique, mais aussi la présence de certaines fonctions spécifiques (atelier monétaire, fonctionnaire royal, douane, mission chrétienne, évêché...), la variété et la quantité des activités artisanales et la plus ou moins grande diffusion des productions dans les arrière-pays et parfois au-delà – à partir de quelques catégories d'objets, loin d'être exhaustives mais considérées comme des marqueurs assez significatifs : céramiques et pierres de meule rhénanes, peignes en os et en corne, perles et récipients en verre... –, ainsi que les multiples échanges à différentes échelles.

Toute la difficulté consiste à ne pas confondre, dans le processus comparatif, « interpolation » et « explication »[97] et à ne pas tomber dans des généralisations trop rapides qui négligeraient la singularité de chacun des sites étudiés : chaque *wic* doit être traité, dans le cadre d'une approche globale, de façon individuelle ; chacun émerge, se développe, existe et s'efface à sa façon. Il s'agit par conséquent de saisir les traits communs et non l'uniformité, ce qui implique de renoncer dès à présent à un modèle unique des *emporia* nordiques entre le VIIe et le Xe siècle : chaque cas, par sa situation géographique et politique, sa chronologie, ses activités, etc. reste unique. Mais ce qui différencie ces sites n'est pas moins éclairant et riche d'enseignements que ce qu'ils ont en commun, car c'est ce qui permet de « mesur[er] l'originalité des systèmes sociaux »[98]. On sera donc sensible tout à la fois à ce qui rapproche les différents ports et à ce qui les distingue, tout en les resituant dans un contexte historique, mais aussi anthropologique, plus large. Richard Hodges fut l'un des premiers à adopter une telle démarche, s'inspirant des travaux théoriques sur les sociétés traditionnelles, notamment ceux des anthropologues et économistes, en particulier l'anthropologue Bronisław Malinowski avec ses recherches sur les sociétés du Pacifique et l'économiste et historien Karl Polanyi avec ses réflexions sur les *ports of trade*, dédiés au commerce à longue-distance[99].

Une approche globale, dépassant le seul cadre européen, permet en outre de ne pas se focaliser uniquement sur les grands *wics* des mers nordiques, mais d'inclure également les nombreux autres sites portuaires dotés de fonctions commerciales et d'activités de production que les récentes fouilles et l'usage croissant du détecteur de métaux ont permis de mettre en lumière au cours des dernières décennies. Les sites participant à la vie économique et aux réseaux d'échanges se révèlent ainsi à la fois plus nombreux et plus divers qu'on ne le supposait, et soulèvent la question de leurs relations avec les *emporia* : ces derniers étaient-ils en concurrence

---

97 M. Bloch, « Comparaison », dans *Bulletin du Centre international de synthèse* (appendice à la *Revue de synthèse historique*, t. XLIV), 1930 (juin), p. 31-39, ici p. 37.

98 *Ibid.*, p. 39.

99 B. Malinowski, *Les Argonautes du Pacifique occidental*, Paris, 1963 [1922] ; K. Polanyi, « Ports of Trade... », art. cit. ; *Id.*, « Traders and Trade », dans J. A. Sabloff et C. C. Lamberg-Karlovsky (dir.), *Ancient Civilization and Trade*, Albuquerque, 1975, p. 133-154.

avec leurs arrière-pays ? Ou des relations de complémentarité s'étaient-elles établies, faisant de ces ports et de certains autres sites de leur arrière-pays des partenaires ? Autant de nouvelles perspectives qui posent la question des échelles : les *wics* apparaissent désormais au cœur d'un jeu scalaire, qu'il va s'agir d'analyser, afin de mettre en lumière la profondeur de leurs arrière-pays.

7. Quelques difficultés lexicales

La période retenue pour cette étude correspond à celle qui a vu ces établissements portuaires s'affirmer sur la scène économique européenne, à partir du VIIe siècle, avant de s'effacer progressivement au cours de la seconde moitié du IXe et du Xe siècle. Elle ne recoupe donc qu'en partie la période dite « viking » telle qu'elle est traditionnellement délimitée par les historiens, qui la font débuter à la fin du VIIIe siècle – en s'appuyant sur les premières mentions écrites des raids vikings dans les sources occidentales, notamment sur le pillage du monastère de Lindisfarne en 793 – et l'arrêtent en 1066 – avec la bataille de Stamford Bridge[100] –, date qui marque également le début du Moyen Âge dans les pays scandinaves. Toutefois, en termes de recompositions, tant sur les plans économique que social et politique, ce sont bien plutôt les VIIe et Xe siècles qui apparaissent comme des siècles-charnières : le VIIe siècle est marqué par le développement du commerce rhénan et en mer du Nord ; et le Xe voit une autre ère commencer, avec le début d'une seconde vague d'urbanisation aux alentours de l'an Mil et une complète réorganisation du système commercial. Selon les régions, la chronologie connaît toutefois un certain nombre de décalages : au VIIe siècle, seuls les ports francs et frisons de Quentovic, Domburg et Dorestad existent déjà ; et l'étiolement des *emporia* s'étale sur toute la seconde moitié du IXe et le Xe siècle, période qui voit des changements fondamentaux. Dans le monde scandinave, l'introduction officielle et définitive du christianisme, à l'origine d'une nouvelle idéologie, sape les fondements traditionnels du pouvoir des chefs païens[101] ; et en Occident les Ottoniens et l'Angleterre, sous domination danoise et intégrée dans un empire maritime nordique, sont désormais les grandes puissances. Au sein de cette large fourchette chronologique, les VIIIe et IXe siècles sont par conséquent ceux qui retiendront le plus notre attention, afin de pouvoir comparer les différents *wics*, tandis que la mer d'Irlande et ses ports, en particulier Dublin, seront peu développés, en raison d'une chronologie un peu plus tardive : les débuts de cet établissement viking, proche par certains

---

100 Cette bataille voit s'affronter les troupes norvégiennes menées par le roi Harald Hardrada et les Anglo-Saxons du roi Harold Godwinson, défait peu de temps après à Hastings par celui qui n'est encore que Guillaume le Bâtard, futur Guillaume le Conquérant.

101 C. Löfving, « Who Ruled the Region East of the Skagerrak in the Eleventh Century ? », dans R. Samson (dir.), *Social Approaches...*, *op. cit.*, p. 147-156.

aspects des autres *emporia*, ne remontent qu'au milieu du IXᵉ siècle et l'Irlande ne s'insère pleinement dans les réseaux du grand commerce qu'au cours du Xᵉ siècle[102].

Les *wics* au cœur de cette étude relèvent en outre d'ensembles, à la fois culturels et politiques, très différents : un royaume puis un empire chez les Francs, des royaumes chez les Anglo-Saxons et des pouvoirs encore plus éclatés chez les Scandinaves et les Slaves, où plusieurs chefs ou roitelets coexistent, en lien avec différents groupes et tribus (Jutlandais, Scaniens et Sjællandais par exemple en Scandinavie ; Polabiens, Poméraniens, Prussiens baltes... chez les Slaves)[103]. Durant toute la période viking, le Danemark, par exemple, est encore loin de constituer un royaume unifié : le moine Rimbert ne manque pas de nous rappeler à plusieurs reprises l'aspect limité du pouvoir royal danois au IXᵉ siècle, employant généralement le pluriel pour évoquer les différents groupes installés au Danemark dans les années 870, tandis qu'il précise bien que le roi Harald ne contrôlait qu'« une partie des Danois »[104]. Lors de son voyage à travers la mer du Nord vers le Wessex à la fin du IXᵉ siècle, Ohthere distingue Danois du Sud (dans le Jutland et quelques îles adjacentes) et Danois du Nord (dans les autres îles et les parties méridionales du continent scandinave)[105]. Deux siècles plus tard, les différences régionales, voire antagonismes, transparaissent encore à travers l'œuvre d'Adam de Brême, ne tarissant pas d'éloges lorsqu'il s'agit d'évoquer la Scanie, « la plus belle province du Danemark », et décrivant au contraire le Jutland comme « stérile [...], désert et solitaire ». Au tournant des XIIᵉ et XIIIᵉ siècles, Saxo Grammaticus évoque quant à lui les tensions entre Jutlandais, Scaniens et Sjællandais, les deux premiers s'alliant pour aller attaquer les troisièmes[106].

Dans ce tableau ethnique et politique complexe, les noms que l'on retrouve sous la plume des contemporains ne correspondent d'ailleurs pas aux réalités géographiques du XXIᵉ siècle, avec ses trois pays bien distincts (Danemark, Norvège et Suède). Parler de « Danois », « Suédois » ou « Norvégiens » n'a donc pas grand sens au premier Moyen Âge, mais ces dénominations restent généralement employées par commodité. Les textes mentionnent par exemple souvent les *Dani*, ce qui désigne les habitants de la péninsule du Jutland mais probablement aussi de la Scanie, dans le sud de la Suède actuelle : la Scanie, le Blekinge et le Halland étaient des provinces danoises jusqu'à 1658 environ ; tandis que les mentions des *Sueonum* renverraient aux *Svear*, peuple installé autour du lac Mälar, dans la région de Birka[107]. Pour pouvoir étudier ces ensembles et cerner les situations politiques, économiques et culturelles, il est par conséquent préférable de suivre les frontières

---

102 M. A. Valante, *The Vikings in Ireland...*, *op. cit.*
103 Voir les Cartes 4 et 1 en Annexe 1.
104 Rimbert, *VA*, c. 7.
105 Ohthere, dans « Ohthere's report... », texte cit.
106 Adam de Brême, *GH*, lib. IV, c. 7 et lib. IV, c. 1 ; Saxo Grammaticus, *GD*, lib. IX, c. 4.4.
107 Voir la Carte 4 en Annexe 1.

médiévales, en incluant la Scanie dans les études danoises, plutôt que suédoises. Quant au terme « Normands », ou « hommes du Nord » (*Nortmanni* en latin), il semble englober, sans différenciation, Danois et Norvégiens et est principalement utilisé dans les textes occidentaux, tandis que « viking » est issu des sources norroises. Ce terme n'est pas non plus dénué de toute ambiguïté : il n'a, à l'origine, aucune dimension ethnique, désignant avant tout un groupe élitaire scandinave essentiellement masculin, celui des guerriers et marchands sillonnant les mers pour se livrer au pillage ou à des transactions commerciales, sans que ces deux aspects se distinguent clairement[108]. Le terme « viking » désignerait donc avant tout un mode de vie, un type d'activités (l'acquisition de richesses en prenant la mer), davantage qu'un peuple. Après la révision du tableau romantique qui dépeignait le Viking comme un féroce barbare, s'appuyant notamment sur les sources textuelles occidentales, le risque est toutefois de tomber dans l'excès inverse en ne voyant plus en lui qu'un marchand pacifique[109]. Un « viking » est tout à la fois un marchand et un pirate, ce qui justifie l'emploi dans cette étude de la minuscule – met-on une majuscule à « pirate » ou à « marchand » ? – sauf lorsque le terme renvoie à notre image d'Épinal du pirate venu du Nord mettant à feu et à sang les côtes occidentales. Ce mot peut être utilisé de façon relativement neutre, concurremment à « scandinave », terme assez générique, qui comprend toute la culture de la Scandinavie actuelle (Danemark, Norvège et Suède), voire « nordique », pour désigner les peuples du Nord durant la période qui a précisément pris le nom de *Viking Age* dans l'historiographique scandinave ou anglo-saxonne. « Viking » n'est alors plus à entendre au sens de « guerrier », mais bien plutôt à envisager comme une façon de désigner les nombreux aspects de la société et de la culture scandinaves (guerriers, mais aussi économiques, sociaux, politiques, culturels) du premier Moyen Âge. Cette acception globale est désormais largement passée dans l'usage courant et employée par les historiens, tant scandinaves qu'anglo-saxons et continentaux[110].

Ces dénominations désignant une civilisation de façon globale tendent toutefois à gommer les différences entre les divers peuples et royaumes scandinaves, donnant *a posteriori* une impression d'unité, à partir de traits communs (la mythologie et la religion, l'importance de la mer et du navire, etc.),

---

108 Pour certains, « viking » dériverait d'ailleurs de *wic* et désignerait donc à l'origine « l'homme du *wic* », c'est-à-dire le marchand (P. H. Sawyer, « *Wics*, kings and Vikings », dans T. Andersson et K. I. Sandred (dir.), *The Vikings : proceedings of the symposium of the Faculty of arts of Uppsala university, June 6-7 1977*, Stockholm, 1978, p. 23-31).

109 La modification du titre et de la couverture de l'ouvrage de Herbert Jankuhn à l'occasion de sa réédition est révélatrice de cette évolution : *Haithabu. Eine germanische Stadt der Frühzeit* (1938), représentant une épée en couverture, devient *Haithabu. Ein Handelsplatz der Wikingerzeit* en 1956, avec un navire en couverture.

110 Association française d'action artistique, Nordisk ministerråd, Conseil de l'Europe (dir.), *Les Vikings... : les Scandinaves et l'Europe : 800-1200*, Paris/Oslo, 1992 ; *Viking og Hvidekrist. Norden og Europa 800-1200* pour la version danoise.

et masquant ainsi en partie la diversité et la complexité de cette vaste période. Les Scandinaves du premier Moyen Âge se divisent en effet en deux cultures relativement distinctes : les Scandinaves de l'Est (suédois, essentiellement), qui partent vers la Finlande, la Russie, l'Ukraine et jusqu'à Constantinople ou en Orient, fondant entre autres Novgorod et Kiev sur leur route ; et ceux de l'Ouest (norvégiens et danois), qui font trembler l'Europe occidentale par leurs raids durant les IXe et Xe siècles. On distingue également, avant même le IXe siècle, deux grands groupes linguistiques, qui ne recoupent toutefois pas forcément les découpages géopolitiques : un premier ensemble autour du vieux norrois occidental (parlé en Islande et en Norvège) et un autre autour du vieux norrois oriental (parlé au Danemark et en Suède). L'ensemble de ces peuples scandinaves représente donc une culture originale et contrastée, tout en s'inscrivant dans un ensemble européen plus vaste, comme en témoigne la proximité avec la culture germanique : le mythique héros nordique Sigurðr fait ainsi écho au légendaire héros germanique Siegfried.

Conséquence de cette complexité ethnique et politique, les catégories « importations » ou « exportations », qualifiées de « locales » ou d'« étrangères », sont à manier aussi avec précaution : si l'on utilise les frontières politiques et culturelles actuelles, les pierres à aiguiser du Telemark retrouvées à Kaupang peuvent être considérées comme « locales », tandis que la céramique jutlandaise est « étrangère ». En revanche, si on réfléchit en fonction des réalités politiques du début du IXe siècle (alors que Kaupang est un site à la périphérie nord du royaume danois), ambre danois et céramique jutlandaise peuvent être qualifiés de « locaux », tandis que les pierres du Telemark apparaissent comme des « importations »[111]. Alors que la première génération d'habitants de Kaupang s'identifiait probablement davantage aux habitants de Ribe, Hedeby, Lejre et Uppåkra qu'à ceux d'Avaldsnes dans le Rogaland, de Mæe dans le Trøndelag ou de Borg dans les îles Lofoten, les termes de « local » et d'« étranger » semblent assez peu pertinents. Dans ces conditions, les « importations » désignent le contraire de toute forme de production locale, en d'autres termes, les marchandises, denrées et matières premières apportées, de plus ou moins loin, en ville, tandis que « exportation » est à entendre au sens de marchandises emmenées hors d'un centre urbain (vers les campagnes environnantes comme vers un outre-mer bien plus lointain).

*

Les multiples facettes des *emporia* et la diversité des liens qu'ils pouvaient entretenir avec leurs arrière-pays sont au cœur de cette étude, qui cherche à

---

111 D. Skre, « The Inhabitants : Activities », dans *Id.* (dir.), *Things ...*, *op. cit.*, p. 397-415.

comprendre, par une démarche à la fois globale et comparative, comment une région s'articule autour d'un grand port marchand et comment celui-ci polarise l'espace à différentes échelles, en soulignant les multiples variations régionales et chronologiques. Deux écueils doivent toutefois être évités : celui d'une approche trop théorique et globalisante d'une part, qui risquerait de faire émerger un tableau trop caricatural et trop lissé des processus économiques du VIIe au Xe siècle à travers le monde, et celui d'une perspective trop régionale, qui cloisonnerait les espaces. Pour ce faire, ce travail est construit de façon essentiellement thématique. En effet, en raison de l'ampleur géographique du sujet et des décalages chronologiques entre les différents sites, il était difficile d'opter pour une approche strictement chronologique, mais chaque chapitre mettra en lumière les évolutions, tant locales que globales.

Une première partie introductive propose un panorama des sources mobilisées, tant textuelles qu'archéologiques (chapitre 1), avant de présenter les grands traits des *emporia*, en termes de chronologie, de géographie, de structure et d'organisation, d'activités... (chapitre 2). La question des différentes formes d'échanges, à la fois matériels et immatériels, entre ces ports et leurs arrière-pays fait l'objet d'une deuxième partie, incluant l'approvisionnement en matières premières et denrées alimentaires, ainsi que la diffusion de certains objets manufacturés (chapitre 3) et celle des monnaies (chapitre 4), puis l'inscription de ces ports dans divers espaces de domination politique, en revenant sur les enjeux de leur contrôle par les élites, ainsi que sur les fonctions (juridiques, fiscales, religieuses...) qu'ils ont pu abriter et qui leur ont peut-être permis d'exercer une certaine influence sur leur région (chapitre 5). Enfin, ces ports sont replacés, au cours d'une troisième partie, dans une perspective globale visant à mettre en lumière la complexité des réseaux dans lesquels ils s'intégraient, ce qui permet de soulever la question des différents acteurs intervenant dans leur fonctionnement (chapitre 6) et de reconsidérer les relations avec leurs arrière-pays en termes de connexions et d'interconnexions (chapitre 7).

Cette étude se présente donc comme un vaste travail de synthèse, visant à aborder ces établissements portuaires dans une perspective globale, qui embrasse l'ensemble du bassin des mers nordiques, de la Manche à la Baltique en passant par la mer du Nord. Dans cet objectif, ce livre tente de corriger autant que possible les déséquilibres de la thèse qui en est à l'origine, en tenant compte de la multiplicité des *wics* anglo-saxons et en réintégrant les *emporia* slaves, mais sans jamais prétendre à la moindre exhaustivité, impossible sur un sujet d'une telle ampleur.

PREMIÈRE PARTIE

TOUR D'HORIZON DOCUMENTAIRE ET CONTEXTUEL

Du mystère entourant la localisation de Quentovic aux questionnements suscités par le fameux Reric des *Annales royales des Francs*, en passant par la superficie que pouvait couvrir Eoforwic ou les incertitudes de la localisation de l'église d'Ansgar à Ribe, sans oublier le débat pour savoir si la légendaire forteresse viking de *Jómsborg* pouvait correspondre à la cité de *Jumne*[1] et au site archéologique de Wolin, les *emporia* des mers nordiques suscitent la curiosité des historiens comme des archéologues depuis des décennies. La très grande hétérogénéité du corpus documentaire, à la fois vaste et peu détaillé sur ces ports proprement dits, ne facilite guère la tâche, et ce d'autant plus qu'il est parfois difficile, voire impossible, de croiser sources textuelles et archéologiques (chapitre 1). Malgré tout, la multiplication des fouilles menées sur ces sites et des travaux s'intéressant à eux durant tout le XXe et le début du XXIe siècle permet d'en esquisser une présentation générale, soulignant leurs nombreux points communs, mais aussi leurs différences, tant en termes de situation géographique et de chronologie que de structure et d'organisation ou encore d'activités (chapitre 2). Plus d'un demi-siècle après le célèbre article de Jan Dhondt, où en est l'histoire des « villes-champignons » des mers nordiques[2] ?

---

1 *Jómsvíkinga Saga...*, *op. cit.*, c. 15 ; Adam de Brême, *GH*, lib. II, c. 22, 27 ; IV, 20.
2 J. Dhondt, « Les problèmes de Quentovic », art. cit.

CHAPITRE 1

ENTRE SOURCES ÉCRITES ET ARCHIVES DU SOL

L es découvertes archéologiques qui se multiplient depuis la fin de la Seconde Guerre mondiale, avec les nouvelles données matérielles mais aussi la relecture des textes qui en a découlé, sont à l'origine d'une meilleure connaissance de ces ports d'un genre nouveau. Le fantôme de Quentovic a ainsi pu prendre corps et la connaissance des sites scandinaves et slaves s'enrichir grandement. Mais sources écrites comme archives du sol présentent chacunes leurs lacunes, leurs limites et certains déséquilibres, contraignant l'historien à « trie[r], simplifie[r], organise[r], fai[re] tenir un siècle en une page »[1].

1. Histoire occidentale et préhistoires scandinave et slave

Les fils que l'historien utilise pour tisser la grande toile de l'histoire des *emporia* des mers nordiques sont d'une très grande variété et n'ont pas tous la même épaisseur : tandis que dans l'Occident chrétien les hommes de Dieu sont les principaux dépositaires de l'écrit, les mondes scandinave et slave y sont encore largement étrangers[2]. De même, la production écrite croissante sous les Carolingiens, dans la seconde moitié du VIIIe siècle et au IXe siècle, et encore davantage sous les Ottoniens au Xe siècle, contraste fortement avec la documentation de l'époque mérovingienne, bien plus maigre.

1.1 Des runes scandinaves aux sagas

Un cliché solidement enraciné dans les esprits fait des vikings des barbares illettrés n'apprenant à lire et à écrire qu'au contact des missionnaires chrétiens. Il suffit pourtant d'arpenter les chemins norvégiens, suédois et danois, jalonnés pour certains de pierres runiques de taille plus ou moins imposante, pour constater qu'il n'en était rien. La civilisation viking est certes fortement marquée par l'oralité, mais disposait d'une écriture phonétique à base de runes, gravées dans la pierre, le bois ou la corne[3]. Ces inscriptions, ainsi que l'endroit où elles sont

---

1 P. Veyne, *Comment on écrit l'histoire*, Paris, 1971, p. 14.
2 Ce qui explique que la période dite « viking » (VIIIe-XIe siècle) soit habituellement considérée comme faisant encore partie de la préhistoire en Scandinavie, ainsi qu'en Europe de l'Est.
3 À l'époque viking, seize puis vingt-quatre caractères forment une sorte d'alphabet qualifié de *futhark* (R. I. Page, *Runes, op. cit.* ; J. Jesch, *Ships..., op. cit.*).

implantées nous renseignent sur les sociétés qui ont produit ces monuments de pierre, à la fois sources écrites et données archéologiques. Certains de ces brefs textes datent des VIIIe et IXe siècles, mais la plupart furent gravés à l'époque de la conversion, aux Xe et XIe siècles. Il s'agit majoritairement de monuments, souvent funéraires, célébrant la mémoire de quelqu'un. On y trouve par conséquent de nombreux noms de personnes, mais aussi parfois, par ricochet, un nom de lieu. Certains de ces toponymes sont précisément ceux d'*emporia* et plusieurs de ces pierres proviennent des environs de deux grands ports danois, Aarhus et Hedeby (DR63, DR1 et DR3[4]), signe de la spécificité de ces sites. Les informations qu'elles livrent restent bien maigres, mais donnent quelques indices sur les circulations de certains individus ou groupes.

En-dehors de ces quelques inscriptions, il faut attendre le second millénaire pour que la Scandinavie entre dans le monde de l'écrit ; il en va de même pour le monde slave, marqué par l'oralité avant l'arrivée de Cyrille et Méthode. Jusqu'au XIIe siècle, ces premières sources textuelles restent rares, se limitant généralement à des questions religieuses, se contredisent parfois et sont souvent difficiles à interpréter. Mises par écrit tardivement, elles se caractérisent par un décalage chronologique parfois très important entre les événéments relatés et leur rédaction : c'est notamment le cas du *Récit des Temps passés* (ou *Chronique de Nestor*), premier ouvrage à tenter d'établir une chronologie suivie des événements russes depuis les origines, mais compilée seulement à partir du début du XIIe siècle semble-t-il[5]. Quant aux fameuses sagas et poèmes scaldiques, notamment l'*Histoire des rois de Norvège* rédigée vers 1230 par le poète et historien islandais Snorri Sturluson[6], ils ne sont couchés sur le parchemin qu'au cours des XIIe et XIIIe siècles, dans une Scandinavie où le christianisme est désormais bien implanté. Cette rédaction durant le « miracle islandais » soulève bien des questions concernant l'historicité d'une telle source, qui ne serait, au mieux, qu'un reflet des valeurs de la société christianisée qui l'a produite, se remémorant avec une pointe de nostalgie les faits héroïques d'une société encore païenne[7]. Mais ces textes mettent aussi par écrit une tradition orale bien plus ancienne : le mot « saga » contient dans son étymologie même l'idée d'oralité, puisqu'il dérive du vieux norrois *segja* (« dire », « parler », « raconter »). À ce titre, on peut les considérer comme des « hypothèses sur le passé », qui peuvent malgré tout aider l'historien prudent et critique à explorer cette société lointaine de l'intérieur.

---

4   Citées n. 5, p. 300, et n. 73, p. 204.
5   *Chronique de Nestor, op. cit.*
6   Snorri Sturluson, *Histoire des rois de Norvège* (*Heimskringla*), t. 1, *op. cit.*
7   P. P. Boulhosa, *Icelanders and the Kings of Norway. Mediaeval Sagas and Legal Texts*, Leiden, 2005, p. 5-42.

1.2 Le secours des sources narratives occidentales : hagiographies, récits de voyage, historiographies, correspondances

Jusqu'au XIIe siècle, il faut donc se contenter de sources textuelles étrangères aux mondes scandinave et slave, tout en ignorant souvent jusqu'à quel point leurs auteurs étaient bien renseignés. Parmi les écrits occidentaux, deux récits hagiographiques se détachent, par la richesse et la précision des détails qu'ils contiennent sur l'univers scandinave : la *Vita Anskarii,* rédigée vers 870, et la *Vita Rimberti*, composée vers 888, mais dont l'auteur nous est resté inconnu[8]. Les deux protagonistes, Ansgar et Rimbert, ont eu l'occasion de se rendre en personne dans certains *emporia*, en particulier Birka, ce qui apporte à leur texte une couleur locale qui fait précisément défaut aux écrits des chroniqueurs et analystes : ils nous dressent ainsi des tableaux vivants de la vie quotidienne et nous apportent de nombreux renseignements sur les voyageurs et leurs itinéraires, sur les missions, les incursions et, dans une moindre mesure, sur les échanges en Europe occidentale. Ces *Vitae* sont toutefois une reconstruction du rôle des missionnaires dans l'histoire de la christianisation, ce qui implique de bien les replacer dans leur contexte, à la fois historique et théologique[9].

La richesse des détails dans la *Vita Anskarii* en fait un texte parfois à la limite du récit de voyage, catégorie à laquelle appartiennent les récits des voyageurs Ohthere et Wulfstan, premières descriptions du Nord par des Scandinaves que l'on connaisse, insérées dans la traduction en vieil anglais par Alfred le Grand de l'*Histoire contre les Païens* de Paul Orose, clerc espagnol du Ve siècle[10] : le Norvégien Ohthere, pour se rendre en Angleterre dans les années 880, afin d'y vendre des produits issus des échanges avec les Lapons ou des taxes prélevées sur ces derniers, part de Kaupang et passe par Hedeby ; et Wulfstan, peut-être un Anglo-Saxon (ou un Scandinave au nom anglicisé), part lui de Hedeby pour Truso. Certains auteurs arabes, qui ont eux aussi visité ces contrées lointaines, nous ont également laissé quelques écrits. L'ambassadeur du calife de Bagdad, Ibn Fadlân, envoyé auprès du roi des Bulgares en 921, décrit par exemple longuement les Rous, probablement des Scandinaves qui s'implantent le long de la Volga, également connus sous le nom de Varègues[11] ; et le juif espagnol Ibrâhîm ibn Ya'qûb al-Turtushi relate son passage dans plusieurs villes du « Pays des Francs » (*Ifrandja*), notamment Rouen, Utrecht et Schleswig, vers 965/970[12]. À peu près à la même époque (vers 950-960), le capitaine persan Buzurg Ibn Shahriyâr rassemble des récits de marins dans

---

8   Rimbert, *VA* ; *Vita Rimberti, op. cit.*

9   J. T. Palmer, « Rimbert's *Vita Anskarii*... », art. cit.

10   Ohthere, dans « Ohthere's report... », texte cit. ; Wulfstan, dans « Wulfstan's voyage... », texte cit.

11   Ibn Fadlân, *Voyage chez les Bulgares..., op. cit.* ; W. Duczko, *Viking Rus..., op. cit.*

12   Ibrâhîm ibn Ya'qûb al-Turtushi, dans A. Miquel, « L'Europe occidentale... », art. cit., p. 1056-1057.

son *Livre sur les Merveilles de l'Inde*, évoquant les conditions de navigation dans l'océan Indien et l'*emporium* du golfe persique, Sirâf, à l'autre bout du monde pour les marchands des mers nordiques, mais néanmoins contemporain de Hedeby[13].

Avant le XIIe siècle, les traces écrites pour la Scandinavie sont donc surtout narratives et exclusivement étrangères. L'histoire de l'archevêché de Hambourg-Brême, rédigée par Adam de Brême vers 1075, constitue le travail le plus complet sur la Scandinavie, en particulier dans le quatrième livre, consacré à une description ethnographique et géographique de ces contrées septentrionales, et sur leurs relations avec le reste de l'Europe. Il n'en comporte pas moins de nombreux biais, simplifications, généralisations et réflexions moralisantes en faveur du christianisme, et souffre du manque de sources à la disposition de son auteur pour les périodes les plus anciennes. Adam de Brême s'appuie toutefois assez largement sur le roi danois Svend Estridsen (1047-1076), dont il n'hésite pas à citer le témoignage à de multiples reprises[14]. Il évoque plusieurs fois le port de Wolin, sous le nom de *Jumne* ou *Julin*, quand le moine Saxo Grammaticus opte pour *Jomsburg*. Le recours à l'*Histoire du Danemark* écrite par ce dernier et qui relate les règnes des premiers rois, historiques ou mythiques, soulève également de nombreux problèmes, en raison à la fois de sa mise par écrit tardive (vers 1200), du mélange d'histoire et de mythologie, mais aussi du parti pris assez évident en faveur du pouvoir royal et d'Absalon, archevêque de Lund.

Comme tous ces textes, rédigés exclusivement en latin par des clercs occidentaux – dont peu ont réellement eu l'occasion de se rendre sur les terres lointaines qu'ils évoquent –, les *Annales royales des Francs* s'inscrivent dans un contexte bien particulier, celui de confrontations politiques et militaires à la frontière sud du Danemark et des premières missions pour convertir le Nord à la foi chrétienne. Le point de vue est par conséquent toujours occidental, avec une tendance à exagérer certains aspects et à en passer d'autres sous silence : les moines qui rédigèrent ces textes furent bien souvent les premières victimes des raids vikings qu'ils évoquent. Ils pouvaient donc avoir intérêt à amplifier les atrocités commises par ces hommes du Nord, en les présentant dans leurs récits comme une forme de punition divine et en appelant les dirigeants et la population à adopter un comportement plus conforme à la morale chrétienne[15]. Il n'en reste pas moins que les rencontres assez

---

13   Buzurg Ibn Shahriyâr (?), *Kitâb adjâ'ib yib al-Hind...*, *op. cit.* ; D. Agius, « Abhara's voyages », dans S. M. Sindbæk et A. Trakadas (dir.), *The World...*, *op. cit.*, p. 40-45 ; G. S. P. Freeman-Grenville, « Some thoughts on Buzurg Ibn Shahriyar al-Ramhormuzi : 'The Book of the Wonders of India' », dans *Paideuma*, 28 (*From Zinj to Zanzibar : Studies in History, Trade and Society on the Eastern Coast of Africa*), 1982, p. 63-70.

14   Adam de Brême, *GH*, lib. I, c. 48, 52 et 61 ; lib. II, c. 26, 28, 38 et 43.

15   L. Malbos, « Les raids vikings à travers le discours des moines occidentaux : de la dénonciation à l'instrumentalisation de la violence (fin VIIIe-IXe siècle) », dans *Hypothèses 2012 : travaux de l'École doctorale d'histoire*, 2013, p. 315-325.

régulières entre Francs et Scandinaves à la fin du VIIIe siècle et dans le premier tiers du IXe permettaient aux Occidentaux d'avoir une assez bonne connaissance du monde scandinave, en particulier danois[16]. Les *Annales de Fulda* ou celles de Saint-Bertin nous renseignent quant à elles surtout sur les multiples raids menés sur les ports occidentaux, essentiellement Dorestad[17], ainsi que sur la période de domination scandinave dans la région du *wic* frison[18].

La *Chronique anglo-saxonne*, qui se compose d'annales en vieil anglais relatant l'histoire des Anglo-Saxons et qui date de la fin du IXe siècle – probablement du règne d'Alfred le Grand (871-899) –, est elle aussi loin d'être neutre : la comparaison avec d'autres sources médiévales montre que l'auteur a omis certains faits ou les a relatés de façon partiale ; et, par endroits, les différentes versions de la *Chronique* se contredisent. Toutefois, prise dans son ensemble, elle reste la source historique majeure pour la période allant de l'abandon de la Bretagne par les Romains en 410 à la conquête normande de l'Angleterre en 1066. On l'estime fiable à partir du milieu du VIIe siècle, des annales contemporaines commençant à être tenues dans le Wessex à partir de cette époque. Quant à l'*Historia ecclesiastica gentis Anglorum* de Bède le Vénérable, commencée vers 725 dans le but « d'exposer la réalisation du plan de Dieu pour la conversion des Anglo-Saxons et la construction de leur Église »[19], elle relate sept siècles d'histoire, en remontant jusqu'au début de l'occupation romaine et en allant jusqu'en 731. Cette source est centrée sur la Northumbrie, mais elle n'est pas sans intérêt pour le Wessex, un des informateurs de Bède étant Daniel, évêque de Winchester (nommé en 705)[20]. Si les objectifs à la fois apologétiques et politiques de l'auteur ne font aucun doute, ce texte reste donc notre principale source sur le développement des premiers royaumes anglo-saxons[21].

À ces sources historiographiques, s'ajoutent de nombreux autres écrits, plus ou moins détaillés, notamment les correspondances entretenues par plusieurs grands personnages, riches en informations sur les relations unissant les élites politiques et aristocratiques, ou encore sur la vie culturelle et sociale. La correspondance d'Alcuin, passé par Quentovic à l'été 799[22], nous renseigne par exemple sur les échanges transmanche – notamment certaines importations de vin continental

---

16 Comme en témoignent leurs interventions fréquentes dans les affaires danoises au début du IXe siècle et des épisodes célèbres comme le baptême de Harald Klak en 826 (P. Bauduin, *Le monde franc...*, *op. cit.*, en particulier « Ambassadeurs et plénipotentiaires », p. 225-258, et « Des Danois aux Francs : le baptême de Harald Klak (826) », p. 123-149).

17 *AF*, a° 835, 837, 847 ; *AB*, a° 834 à 837, 847, 857, 863.

18 *AF*, a° 850 et 857 ; *AB*, a° 850.

19 S. Lebecq, *Marchands...*, *op. cit.*, vol. 2, p. 228.

20 Bède le Vénérable, *HE*, p. 4.

21 W. Goffart, « L'*Histoire ecclésiastique...* », art. cit.

22 Alcuin, « Lettre à Adalhard de Corbie » et « Lettre à Charlemagne », dans *Epistolae*, *op. cit.*, n° 176 et 177, p. 291-293.

dans les îles Britanniques[23] – ; et celle de l'abbé Loup de Ferrières (841-862), composée de 131 lettres échangées avec des rois ou grands personnages du IXe siècle sur des sujets très variés, permet de reconstituer une partie du réseau de son abbaye en Europe[24]. Ces missives comportent toutefois elles aussi leurs biais, en raison des risques de déformation de certaines informations, des choix opérés, mais aussi de la dimension publique de ces correspondances.

1.3 *Quelles informations tirer des sources diplomatiques et législatives et des inventaires occidentaux ?*

Les lois, chartes ou diplômes royaux[25] mentionnant, plus ou moins directement, Dorestad, Quentovic ou encore Lundenwic et Hamwic, accentuent encore davantage le déséquilibre entre Scandinavie et Occident en matière de sources textuelles. Surtout rédigés à l'époque carolingienne – les quelques écrits ottoniens à notre disposition se contentant en général d'en reprendre des plus anciens –, ces textes nous fournissent quelques informations sur le commerce et les échanges, tout en confirmant la présence de marchands étrangers, notamment frisons, sur les marchés à l'intérieur des terres, comme à Saint-Denis[26]. Dans le monde anglo-saxon, Lundenwic est mentionné dans huit chartes du VIIIe siècle et Hamwic dans neuf chartes du IXe ou du début du Xe siècle[27]. La majorité des textes concernant Lundenwic paraissent authentiques et, si la plupart de ceux sur Hamwic sont probablement des faux, le fait qu'ils soient vraisemblablement fondés sur des textes authentiques aujourd'hui perdus, ainsi que sur des coutumes orales antérieures, nous permet quand même de les utiliser avec précaution[28]. Les lois des rois anglo-saxons, comme celles promulguées par le roi ouest-saxon Ine au tournant des VIIe et VIIIe siècles[29], couvrent des domaines assez vastes, en matière d'infractions et de crimes, d'escroqueries en tous genres, de sanctions et d'amendes encourues, mais aussi de gestion des échanges, de statut des étrangers, de levée des taxes et de frappe monétaire, ou même d'économie pastorale, avec par exemple des détails sur la valeur du bétail.

---

23 Alcuin, « Lettre à Joseph », dans *Epistolae, op. cit.*, p. 33-34, n° 8.

24 Loup de Ferrières, *Correspondance, op. cit.*

25 En Angleterre, on parle de « chartes » royales, au sens de « diplômes » sur le Continent.

26 Privilège de Childebert III en faveur de Saint-Denis (709), dans *M.G.H., DD Mer.*, t. I, *op. cit.*, n° 156, p. 388-391 ; Privilège de Pépin le Bref en faveur de Saint-Denis (753), dans *M.G.H., DD Kar.*, t. I, *op. cit.*, n° 6, p. 9-11.

27 S. Kelly, « Trading privileges... », art. cit. Voir les Tableaux 1 et 2 en Annexe 3.

28 H. Keller, « Oralité et écriture », et L. Kuchenbuch, « Écriture et oralité. Quelques compléments et approfondissements », dans J.-C. Schmitt et O. G. Oexle (dir.), *Les tendances actuelles de l'histoire du Moyen Âge en France et en Allemagne*, Paris, 2002, p. 127-142 et p. 143-166.

29 Lois d'Ine, dans F. L. Attenborough, *The laws..., op. cit.*, p. 36-61.

Les capitulaires carolingiens nous informent de leur côté sur l'entretien des routes et des ponts, la circulation des hommes, notamment des pèlerins, la surveillance des marchés et de la monnaie[30], ou encore l'interdiction de certaines exportations, notamment des armes, trahissant ainsi la volonté évidente de la législation carolingienne d'encadrer les échanges[31] ; sans oublier toutes les questions d'organisation de la production, de gestion des domaines royaux et des divers prélèvements, dont le capitulaire *De Villis* nous fournit un aperçu très détaillé[32]. Quant aux diplômes, qui n'ont pas la portée générale des textes législatifs, ils nous permettent d'étudier notamment les taxes[33] et exemptions de tonlieu accordées à certaines abbayes[34]. Attestée dès la fin du VIᵉ siècle et continuation en un sens de l'impôt romain, la perception du tonlieu pèse de façon assez indistincte jusqu'au XIIIᵉ siècle à la fois sur le transport et la vente des marchandises[35].

Enfin, les inventaires détaillés des biens fonciers des grands propriétaires, notamment les polyptyques de Saint-Bertin et de Saint-Germain (ou « Polyptyque d'Irminon »)[36] ou le Registre des biens de Saint-Martin d'Utrecht, établi vers 930 à partir de sources des VIIIᵉ et IXᵉ siècles[37], livrent de précieuses informations sur la vie rurale et la circulation de diverses marchandises (avec de nombreuses mentions de services de transport, de charrois ou de navigation). De même, le *Domesday Book*, vaste enquête réalisée en 1086-1088 à la demande du roi Guillaume le Conquérant pour connaître l'état de son royaume, fait un inventaire détaillé des ressources et limites des terres d'Angleterre. En dépit des nombreux changements qui ont eu lieu à la fin de la période anglo-saxonne, il est probable que certaines entrées renvoient à des situations plus anciennes. Cependant, tous ces documents

---

30 Édit de Pîtres (864), dans *M.G.H., Capit.*, t. II, *op. cit.*, n° 273, p. 310-328, ici c. XII, p. 315 ; « II Æthelstan », dans F. L. Attenborough, *The laws...*, *op. cit.*, p. 126-143, ici c. 14.2, p. 134-135.

31 Capitulaire de Herstal (779), Capitulaire de Thionville (805) et Capitulaire de Nimègue (mars 806), dans *M.G.H., Capit.*, t. I, *op. cit.*, n° 20, 44 et 46, p. 46-51, 122-126 et 130-132 ; Capitulaire d'Attigny (854) et Second capitulaire de Pîtres (864), dans *M.G.H., Capit.*, t. II, *op. cit.*, n° 261 et 273, p. 277-278 et p. 231, c. XXV.

32 Capitulaire *De Villis*, *op. cit.*

33 Louis le Pieux, *Praeceptum Negotiatorum* (828), dans *M.G.H., Leges : Formulae Merovingici et Karolini aevi*, t. V, *op. cit.*, n° 37, p. 314-315.

34 Diplôme de Charlemagne pour l'église de Strasbourg (775), dans *OSU*, vol. 1, *op. cit.*, n° 47, p. 39-40 ; Diplôme de Charlemagne pour l'église Saint-Martin d'Utrecht (777), dans *OSU*, vol. 1, *op. cit.*, n° 48, p. 41-42 ; Diplôme de Charlemagne pour Saint-Germain-des-Prés (779), texte cit. (n. 13, p. 12) ; Diplôme de Louis le Pieux pour Saint-Martin d'Utrecht (815), dans *OSU*, vol. 1, *op. cit.*, n° 56, p. 61-62 ; Privilège de Louis le Pieux relatif à église de Strasbourg pour 831 (6 juin), dans *Recueil des historiens des Gaules et de la France*, t. VI, éd. Dom Bouquet, Paris, 1749, n° CLXX, p. 572-573.

35 A. J. Stoclet, *Immunes...*, *op. cit.* ; F. L. Ganshof, « À propos du tonlieu sous les Mérovingiens », dans *Studi in onore di Amintore Fanfani*, vol. 1 (*Antichita e alto medioevo*), Milan, 1962, p. 291-315.

36 *Le polyptyque de l'abbaye de Saint-Bertin, op. cit.* ; *Polyptyque de l'abbaye de Saint-Germain-des-Prés*, *op. cit.*

37 Extrait d'un inventaire de biens et de revenus de St-Martin d'Utrecht (Cartulaire de l'église d'Utrecht) (777-866), dans *OSU*, vol. 1, *op. cit.*, n° 49, p. 42-47.

présentent également leurs difficultés et leurs limites propres, avec les problèmes liés à leur authenticité[38], aux conditions, motivations et milieu de leur rédaction, ou encore aux acteurs en présence. En effet, ils reflètent avant tout le point de vue de la classe dominante : déterminer la participation des acteurs ruraux mais aussi des artisans et des commerçants aux échanges à partir des seuls écrits est donc malaisé ; sans compter qu'il est souvent difficile de « faire la part des pratiques effectivement mises en œuvre et des souhaits du législateur »[39].

1.4 La comparaison : une méthode utile mais délicate

Une telle diversité des sources textuelles n'est pas sans difficultés pour l'historien, à commencer par l'approche lexicale : un même terme, employé dans des contextes différents, désigne-t-il toujours la même réalité ? Par exemple, *praefectus* désigne l'agent royal administrant les importants droits de péage des *emporia* carolingiens ; mais Grippo à Quentovic[40] et Herigar à Birka[41], s'ils semblent bien tous deux nommés par le roi – Charles le Chauve pour le premier et Björn pour le second –, remplissent-ils vraiment les mêmes fonctions ? Rimbert se trouve en effet face à une réalité scandinave qui lui échappe en partie et n'a à sa disposition que les mots latins correspondant à des réalités franques. Dans ces conditions, ne risque-t-il pas d'avoir « plaqué » le terme qui lui semblait le plus adéquat sur une fonction comportant des nuances propres au monde danois, mais pour laquelle son lexique latin était dépourvu de mot ? Alain J. Stoclet va jusqu'à parler à ce sujet d' « *interpretatio franca* »[42]. À moins que le *prefectus* de Birka ne soit qu'une réalité purement textuelle, créée de toutes pièces pour pouvoir présenter, dans le texte, un interlocuteur au missionnaire ; cette hypothèse semble toutefois moins probable lorsque l'on considère l'insistance de Rimbert sur la figure d'Herigar et ses actions : qu'il ait largement étoffé le Herigar ayant réellement existé pour recréer un personnage au service de son œuvre, dans le but d'insister sur la sainteté d'Ansgar, c'est assez probable ; qu'il l'ait totalement inventé, cela reste beaucoup plus incertain. Quoi qu'il en soit, cet exemple nous montre à quel point un simple mot peut soulever bien des interrogations.

---

38 Plusieurs chartes royales anglo-saxonnes retenues pour cette étude sont très vraisemblablement des faux (P. H. Sawyer, *ASC*, S 272, S 273, S 275, S 276, S 360), mais rédigés à partir de documents authentiques, aujourd'hui perdus. De même, tous les spécialistes sont désormais d'accord pour considérer le diplôme attribué à Dagobert en faveur de Saint-Denis pour 624 comme un faux, forgé par les moines de l'abbaye pour soutenir leurs prétentions et étendre leur privilège initial (*M.G.H., DD Mer.*, t. I, *op. cit.*, n° 27, p. 73-75).

39 A. Gautier, « Le régisseur intelligent : les fonctions du *gerefa* dans la législation anglo-saxonne », dans *Id.* et C. Martin (dir.), *Échanges...*, *op. cit.*, p. 211-226, ici p. 214.

40 *Miracula sancti Wandregisili*, *op. cit.*, c. 15, p. 408.

41 Rimbert, *VA*, c. 11 (repris par Adam de Brême, *GH*, lib. I, c. 15 et lib. I, c. 2).

42 A. J. Stoclet, *Immunes...*, *op. cit.*, p. 122.

Par ailleurs, la plupart des sources textuelles que l'on peut mobiliser pour étudier chaque *wic* ne concerne pas directement le site en question et ne l'évoque que brièvement : de nombreux textes sont très généraux, nous renseignant sur les échanges et le contexte global, autant d'informations qui peuvent donc concerner les *emporia,* sans être exclusivement tournées vers eux. C'est notamment le cas des sagas, de certaines lois générales sur le commerce ou encore de textes didactiques comme le *Colloquium* d'Ælfric[43]. Ce traité pédagogique, rédigé par un petit noble du Wessex, devenu prêtre puis abbé au tout début du XIe siècle, et qui semble largement emprunter à l'expérience, nous livre nombre de détails sur divers métiers : la figure du Marchand s'avère particulièrement utile pour notre étude, contribuant à « revaloriser l'image sociale » de ce dernier[44].

Tous les *emporia* ne peuvent donc pas être mis sur le même plan en matière de documentation écrite : parmi les sites scandinaves, Kaupang, en Norvège, est par exemple celui pour lequel les textes sont les moins loquaces, tandis que les sites danois, plus proches du monde occidental, ont davantage fait l'objet de l'attention des auteurs, plus ou moins contemporains, notamment des chroniqueurs francs. Et si l'on dispose de sources textuelles un peu plus nombreuses pour étudier les *wics* continentaux et anglo-saxons, certains sites, notamment slaves, demeurent invisibles dans la documentation écrite et ne sont connus que par l'archéologie, comme Menzlin, sur la rive sud de la Baltique.

Face à cet émiettement et à cette grande hétérogénéité du corpus envisagé pour étudier les *emporia* des mers du Nord l'historien ne doit se priver d'aucune source, ce qui plaide en faveur de la réintégration des récits hagiographiques, rejetés au rang des « romans feuilletons » à la fin du XIXe et au début du XXe siècle[45], mais depuis largement réhabilités dans les travaux des historiens, ainsi que des faux, aux côtés des annales et diplômes, et même, dans une certaine mesure, de l'ensemble des sources fictionnelles, incluant les sagas islandaises, que l'historien du Moyen Âge avait jusque-là également tendance à écarter de son répertoire.

2. Le recours indispensable aux archives du sol

Dans son ouvrage de référence, *Dark Age Economics*, Richard Hodges proposait une étude novatrice de l'essor des villes et du commerce dans le monde post-romain à partir des données archéologiques. Il était alors le premier à vraiment oser faire de l'histoire économique en partant essentiellement des archives

---

43 Ælfric, *Colloquium, op. cit.*

44 S. Lebecq, « Aelfric et Alpert. Existe-t-il un discours clérical sur les marchands dans l'Europe du Nord à l'aube du XIe siècle ? », dans *Id., Hommes..., op. cit.*, vol. 2, p. 313-325, ici p. 324.

45 F. Lot, *La fin du monde antique et le début du Moyen Âge*, Paris, 1927, p. 185.

du sol. Pourtant, les toutes premières fouilles de sites commerciaux et portuaires européens sont bien plus anciennes.

2.1 Près de quatre siècles de fouilles

Elles remontent en effet au XVIIᵉ siècle, avec la découverte d'un temple romain à Domburg en 1647 et les fouilles menées à Birka par Joseph Hadorph dans les années 1680 ; mais ce n'est qu'au XIXᵉ siècle que les chantiers se multiplient et prennent de l'ampleur, par exemple à Dorestad dans les années 1840 ou autour des tombes de Birka, fouillées par Alexander Seton dès 1826, et de celles de la région de Kaupang étudiées par Nicolay Nicolaysen à partir de 1867, puis par le professeur Gustafson en 1902. En 1871, Hjalmar Stolpe, qui étudiait à l'origine l'ambre, lance une petite fouille à Birka, à la fois de l'habitat et de plusieurs tombes. Enfin, quelques fouilles partielles et intermittentes sont menées autour de Hamwic au XIXᵉ siècle. Il faut toutefois attendre les années 1930 pour assister à un véritable tournant dans l'histoire de l'archéologie des *emporia* : à Birka, Holger Arbman entreprend une série de fouilles sur l'île de Björkö en 1932 et publie un catalogue du mobilier funéraire issu des recherches de Hjalmar Stolpe[46] ; et l'officier SS Herbert Jankuhn lance un grand chantier à Hedeby, qui lui permet d'ouvrir le débat sur le statut de ces établissements portuaires et, plus largement, sur les évolutions commerciales survenues en Europe du Nord au premier Moyen Âge[47]. Il est ainsi le premier archéologue à explorer les implications sociales et économiques de l'émergence de ces ports, tout en développant une approche interdisciplinaire pour les étudier[48].

Ce n'est cependant qu'après la Seconde Guerre mondiale que l'intérêt des archéologues, ne se restreignant plus aux seuls cimetières et tombes, se tourne vers l'habitat. Ces évolutions débutent avec les Anglo-Saxons, suivis par les Scandinaves, avec les fouilles de Hamwic de 1946 à 1950, rendues possibles par les destructions de la guerre et les reconstructions qui suivent, puis de Hedeby, sous la direction de Heiko Steuer, de Kaupang par Charlotte Blindheim et d'Aarhus sous la direction du Musée de Moesgård dans les années 1950-1960. Ce mouvement s'amplifie dans les années 1960-1970, gagnant le Continent. Alors que le débat sur les origines du phénomène urbain au Moyen Âge prend de l'ampleur,

---

46 H. Arbman, *Birka. Untersuchungen und Studien I. Die Gräber*, 2 vol. (*Tafeln* & *Text*), Uppsala, 1940 et 1943.

47 H. Jankuhn, *Haithabu. Eine germanische Stadt...*, *op. cit.* ; *Id.*, *Die Ausgrabungen in Haithabu (1937-1939) : Vorläufiger Grabungsbericht*, Berlin, 1943.

48 *Id.*, « Die frühmittelalterlichen Seehandelsplätze im Nord- und Ostseeraum », dans *Studien zu den Anfängen des europäischen Städtewesens* (*Vorträge und Forschungen*, 4), Lindau/Constance, 1958, p. 451-498 ; *Id.*, *Die Ausgrabungen in Haithabu und ihre Bedeutung für die Handelsgeschichte des frühen Mittelalters*, Cologne, 1958.

on commence à s'interroger sur la fonction des *emporia* et les archéologues se mettent alors à rechercher les infrastructures portuaires, comme sur la partie nord du site Dorestad en 1967[49] ou à Hedeby à partir de 1979[50]. À Birka, les premières fouilles modernes des « Terres Noires »[51] commencent en 1969[52], tandis que Ribe est le terrain d'une des premières fouilles urbaines recourant à des méthodes modernes à partir de 1973[53]. À la même époque, le site de Hamwic est à nouveau étudié[54] et le secteur de *Six Dials* fouillé en 1978[55]. Les années 1980 sont ensuite marquées par d'importants chantiers à Ipswich, sur le site de *Buttermarket*[56], et à Londres, dans le quartier de *Covent Garden*[57]. Les premières prospections sont effectuées dans la région de Quentovic, sur le territoire de La Calotterie, avant que quelques sondages ne soient lancés dans les années 1980[58]. Les progrès en archéologie urbaine permettent ainsi de faire progresser les réflexions sur l'espace urbain[59], en intégrant de plus en plus les données spatiales dans les travaux historiques et en suscitant un intérêt croissant pour les *emporia*.

Dans le monde slave, après les premières fouilles, d'échelle modeste, dans les années 1960, Menzlin a fait l'objet d'un chantier de sauvetage mené dans les années 2000, associé à des prospections géomagnétiques et à des fouilles sous-marines dans la Peene. Le site de Truso est quant à lui largement étudié depuis les années 1980 et celui de Groß Strömkendorf a été fouillé à plusieurs reprises dans les années 1990. Les chantiers ouverts à Staraya Ladoga de 1984 à 2004 ont permis de préciser la vision du site héritée des fouilles menées depuis le XVIIIe siècle. Enfin, si l'intérêt pour Wolin remonte au XIXe siècle, il faut attendre 1952 pour que le site fasse l'objet de recherches permanentes, associées à de nombreuses fouilles de

---

49 Les résultats sont progressivement publiés en cinq volumes, de 1980 à 2009, dans la série *Excavations at Dorestad*, sous la direction de W. A. van Es et W. J. H. Verwers.

50 Les résultats sont progressivement publiés dans deux séries : *Die Ausgrabungen in Haithabu*, 16 vol., Neumünster, 1937-2010 ; *Berichte über die Ausgrabungen in Haithabu*, 36 vol., Neumünster, 1969-2007.

51 Expression – qui fait désormais débat mais reste largement employée – liée à la couleur sombre de la terre, donnée par le charbon, les cendres et autres déchets domestiques, et qui désigne une tranche de la stratification archéologique comprise globalement entre le IVe et le XIe siècle, avec généralement un matériel épars et fragmenté et parfois quelques vestiges de structures (H. Galinié, « L'expression *terres noires*, un concept d'attente », dans *Les petits cahiers d'Anatole*, 15, 2004).

52 Les résultats sont progressivement publiés dans la série *Birka Studies*, 8 vol., Stockholm, 1992-2003.

53 M. Bencard *et al.* (dir.), *Ribe excavations 1970-76*, 6 vol., Esbjerg/Højbjerg, 1981-2010.

54 Les résultats sont publiés dans la revue *The Proceedings of the Hampshire Field Club*.

55 P. Andrews (dir.), *Excavations at Hamwic*, vol. II, *op. cit.*

56 C. Scull, *Early Medieval...*, *op. cit.*, 2009.

57 G. Malcom et D. Bowsher, *Middle Saxon London...*, *op. cit.*

58 D. Hill et M. Worthington, « La contribution des fouilles britanniques à la connaissance de Quentovic », dans S. Lebecq, B. Béthouart et L. Verslype (dir.), *Quentovic...*, *op. cit.*, p. 253-264.

59 *Settimane di studio del Centro Italiano di studi sull'alto Medioevo*, t. XXI, *Topografia urbana e vita cittadina nell'alto medioevo in Occidente*, Spolète, 1974 ; P. Demolon, H. Galinié et F. Verhaeghe, *Archéologie des villes...*, *op. cit.*

sauvetage, qui se poursuivent pendant une cinquantaine d'années[60]. Les années
1990-2010 sont en effet marquées par une nouvelle vague importante de fouilles,
qui recourent largement aux nouvelles techniques (détecteur de métaux, datation par dendrochronologie, photographie aérienne, analyses chimiques et spec-
trographiques...). Le développement de l'archéologie sous-marine a par ailleurs
ouvert de nouvelles perspectives de recherche et permis de retrouver davantage de
matériaux organiques (bois, tissus...). Un nouveau chantier est ainsi ouvert à Ribe
dans les années 1980, complété par celui autour de la nouvelle Poste (*Posthuset*)
en 1990-1991 et par d'autres fouilles dans les années 2000 sur la rive opposée de
la rivière Ribe, autour de la cathédrale[61]. Un important projet de fouilles est lancé
à Birka en 1989 et se prolonge jusqu'en 1995[62] ; et Kaupang est à nouveau fouillé
de 1998 à 2002[63]. Un nouveau chantier s'intéresse à Hamwic de 1998 à 2000[64] et
à Londres en 1995-1996[65]. Enfin, le cas de Quentovic est un peu à part : ce n'est
qu'au cours de la seconde moitié du XXe siècle que le recours aux textes et à la
toponymie a permis de situer cet *emporium,* avec plus ou moins de certitude, sur
le territoire de la commune de La Calotterie ; des sondages archéologiques au lieu-
dit « Visemarest » entre 1984 et 1992 ont depuis conforté cette hypothèse. Ces
fouilles pour localiser Quentovic ont permis de découvrir trois cimetières et une
zone de peuplement ; et depuis les années 2000, diagnostics, fouilles préventives
et projets de recherche se multiplient[66]. Cependant, il manque toujours, à l'heure
actuelle, une vaste campagne de fouilles sur ce site (pour découvrir notamment
les infrastructures portuaires), qui semble être un des plus larges établissements
de ce type identifiés à ce jour.

Ces nouvelles fouilles relancent et enrichissent les débats portant sur les
débuts de l'urbanisation. Richard Hodges intègre rapidement ces nouvelles données et critiques dans plusieurs articles[67] et ouvrages, jusqu'à qualifier récemment
son *Dark Age Economics* d'« odyssée ethnographique appartenant à une autre
époque », conçue lorsque l'archéologie médiévale n'en était encore qu'à ses balbutiements et servait avant tout à « illustrer les marges des textes »[68].

---

60 H. Jöns, « Ports and *emporia* of the southern coast : from Hedeby to Usedom and Wolin », et M. F.
Jagodzinski, « The settlement of Truso », dans A. Englert et A. Trakadas (dir.), *Wulfstan's Voyage...,*
op. cit., p. 160-181 et p. 182-197.
61 C. Feveile (dir.), *Ribe studier..., op. cit.,* 2 vol.
62 B. Ambrosiani et H. Clarke (dir.), *Birka Studies 2 – Excavations in the Black Earth 1990,* Stockholm,
1995.
63 D. Skre (dir.), *Kaupang Excavation Project. Publication Series,* 3 vol., 2007-2011.
64 V. Birbeck *et al., The origins..., op. cit.*
65 G. Malcom et D. Bowsher, *Middle Saxon London..., op. cit.*
66 L. Verslype (dir.), *Quentovic : Un port..., op. cit.*
67 R. Hodges, *Goodbye To The Vikings ?..., op. cit.*
68 R. Hodges, *Dark Age Economics : A New Audit, op. cit.,* p. VII.

2.2 Des données hétérogènes et toujours plus nombreuses

2.2.1. Des sites de taille et de nature variées

Ces fouilles récentes et ces nouvelles techniques, notamment le recours au détecteur de métaux, ont par ailleurs permis de découvrir de nombreux autres sites, plus ou moins proches des *emporia* et qui ont livré de grandes quantités de monnaies et un important mobilier métallique[69]. Les numismates britanniques des années 1980 les ont baptisés « *productive sites* », un terme assez insatisfaisant du point de vue archéologique, mais qui est malgré tout toujours en usage[70]. Moins bien documentés, voire pas du tout, dans les textes, ils voient désormais leur rôle dans l'économie revalorisé. Le recours au détecteur de métaux a également permis de mettre en lumière tout un ensemble d'autres sites, eux aussi caractérisés par l'importance de leur mobilier métallique, mais implantés sur les côtes. La plupart de ces *landing-sites,* sites de plage ou lieux d'accostage[71], tournés vers les activités maritimes et où les navires peuvent accoster, sont multifonctionnels (mêlant des activités de pêche, de réparation des navires, d'échanges, artisanales, militaires...)[72]. L'important projet dans la région du fjord de la Schlei a ainsi permis d'en identifier plusieurs, tels que Kosel* dans la baie de Weseby ou Füsing* sur la péninsule de Reesholm[73]. Plusieurs fouilles menées en Belgique et aux Pays-Bas ont également mis au jour des importations en quantité dans la région frisonne, jusqu'au delta du Rhin, à partir du VIe siècle, en contextes d'habitat et funéraire[74]. Qu'il s'agisse du petit site de plage de La Panne*, de celui de Rijnsburg*, associé à un cimetière, ou du cimetière de Katwijk, tous reflètent l'intensité des échanges avec l'Angleterre, notamment avec le Kent, et ce avant même la fondation de Dorestad[75]. En Angleterre aussi, on note un intérêt accru pour les sociétés

---

69 Une grande partie des découvertes est inventoriée dans la base *Portable Antiquities Scheme*, devenu un département officiel du *Bristish Museum* depuis 2006 : https://finds.org.uk/. On trouvera une rapide présentation de nombreux sites mentionnés ici (signalés par un astérisque) dans le Tableau 3 en Annexe 3.

70 T. Pestell et K. Ulmschneider (dir.), *Markets...*, *op. cit.*, p. 1-10.

71 On préfèrera, tout au long de cette étude, parler de « sites d'accostage », « sites de plage », « ports secondaires », voire « satellitaires », pour évoquer ces autres sites portuaires engagés dans des activités commerciales, plutôt que celui de « lieux de traite » employé notamment par Anne Nissen (A. Nissen-Jaubert, « Lieux de pouvoir et voies navigables dans le sud de la Scandinavie avant 1300 », dans P. Boucheron et É. Mornet (dir.), *Ports maritimes...*, *op. cit.*, p. 217-233).

72 J. Ulriksen, *Anløbspladser...*, *op. cit.*, p. 13 et 259.

73 A. S. Dobat, « 'Come together'... », art. cit. ; *Id.*, « Hedeby and its Maritime Hinterland... », art. cit. ; *Id.*, « Füsing. Ein frühmittelalterlicher Zentralplatz im Umfeld von Haithabu/ Schleswig », dans C. von Carnap-Bornheim (dir.), *Studien zu Haithabu und Füsing, op. cit.*, p. 129-256.

74 H. A. Heidinga, *Frisia...*, *op. cit.*

75 P. Deckers, « An illusory *emporium* ? Small trading places around the Southern North Sea », dans A. Willemsen et H. Kik (dir.), *Dorestad...*, *op. cit.*, p. 159-167 ; E. J. Bult et D. P. Hallewas, « Archaeological evidence for the early-medieval settlement around the Meuse and Rhine deltas up to AD 1000 », dans

maritimes (ou côtières) depuis les années 1990 : de nombreuses régions rurales côtières, notamment dans l'est de l'Angleterre, apparaissent impliquées dans les échanges maritimes, comme à Sandtun*, sur la côte sud du Kent, Douvres* et Sandwich*[76]. Les recherches portant sur l'île de Wight* et la région de l'estuaire du Solent ont également permis d'identifier de nombreux sites de plage, servant peut-être de marchés si l'on en croit les pièces d'argent qui y ont été retrouvées[77]. Toutefois, l'emploi du détecteur fait encore largement débat ; dans certains pays comme la France, l'Espagne ou encore la Belgique, son utilisation est même très strictement règlementée[78] ; la structuration des réseaux de bénévoles, les collaborations, l'organisation de la recherche, l'exploitation des données diffèrent également considérablement d'un pays à un autre, ce qui rend délicate une comparaison des sites scandinaves et anglo-saxons (où il est largement employé) avec les sites continentaux. Ainsi, dans le nord de la France, les sites et activités littorales, en-dehors des principaux ports, restent assez mal connus, même si les recherches récentes semblent mettre en lumière le dynamisme de la côte Atlantique (jusqu'à la Baie de Biscaye, en passant par les estuaires de la Loire et de la Charente) entre le VIIe et IXe siècle : le port de Taillebourg*, sur la Charente, a notamment pu être le lieu d'échanges avec l'Angleterre et la mer du Nord à cette période[79].

Alors que les chantiers archéologiques se multiplient, les centres d'intérêts des chercheurs se diversifient. De nombreux projets visent à étudier les *emporia*, les sites productifs et d'accostage, mais aussi les lieux de pouvoir et élitaires (comme Gudme, Lejre, Helgö, Gamla Uppsala, Uppåkra ou Tissø en Scandinavie, Yeavering ou Flixborough en Angleterre...), associant fonctions productives et commerciales, mais aussi politiques, religieuses et juridiques, ou encore les sites ruraux (comme Omgård, Sædding, Vorbasse en Scandinavie, Chalton en Angleterre ou encore Villiers-le-Sec en France)[80]. Toutefois, les frontières entre les différents types de sites ne sont pas toujours bien nettes et le statut de certains d'entre eux reste encore assez ambigu : à Schuby (VIIIe/IXe – début XIVe siècle) et Kosel*

J. C. Besteman, J. M. Bos et H. A. Heidinga (dir.), *Medieval Archaeology...*, *op. cit.*, p. 71-90 ; J. Bazelmans, M. Dijkstra et J. De Koning, « Holland during the First Millenium », dans M. Lodewijckx (dir.), *Bruc ealles well...*, *op. cit.*, p. 3-36, ici p. 22-23.

76 C. Loveluck, *Northwest...*, *op. cit.* ; J. Naylor, *An Archaeology of Trade...*, *op. cit.* ; M. Gardiner *et al.*, « Continental Trade... », art. cit. ; B. Philp, *The Discovery and Excavation...*, *op. cit.* ; H. Clarke *et al.*, *Sandwich...*, *op. cit.*

77 K. Ulmschneider, « Markets around the Solent : Unravelling a 'Productive' Site on the Isle of Wight », dans T. Pestell et K. Ulmschneider (dir.), *Markets...*, *op. cit.*, p. 73-83.

78 En France, la loi du 18 décembre 1989 interdit l'utilisation des détecteurs de métaux à des fins archéologiques sans autorisation préalable.

79 J. Soulat, « Le port de Taillebourg – Port d'Envaux et les contacts avec le Nord-Ouest de l'Europe », dans A. Dumont et J.-F. Mariotti (dir.), *Archéologie et histoire du fleuve Charente...*, *op. cit.*, p. 249-262.

80 A. Nissen-Jaubert, *Peuplement...*, *op. cit.* ; H. Hamerow, *Early medieval settlements...*, *op. cit.* Voir les Cartes 5, 11 et 16 en Annexe I.

(ɪᵛᵉ-xᵉ siècle), dans l'arrière-pays de Hedeby, par exemple, on a retrouvé nombre d'objets issus du commerce lointain, identiques à ceux mis au jour dans l'*emporium*. De telles découvertes soulèvent la question de leurs éventuels liens avec le grand port de la Schlei et, plus largement, de leur degré d'intégration économique dans leur région. Les données archéologiques mettent ainsi en lumière des phénomènes d'interaction bien plus complexes que l'historiographie traditionnelle, décrivant des communautés isolées et indifférenciées, ne le laissait paraître.

2.2.2. Les structures funéraires

Les sépultures, qu'elles soient directement associées aux *emporia* – près desquels on a presque toujours découvert un ou plusieurs cimetières – ou plus éloignées – dans le cas de tertres funéraires par exemple –, à crémation, incinération ou inhumation, d'une grande simplicité ou à caractère monumental, isolées ou rassemblées, livrent également un certain nombre d'informations sur le mode de vie des individus, leur milieu social et leurs origines, que l'on considère le mobilier (bijoux, armes, outils...) et son origine (locale ou d'importation) ou le défunt lui-même : des analyses isotopiques menées sur les os peuvent par exemple nous renseigner sur ce que consommaient les populations[81]. Toutefois, l'interprétation du milieu social ou des origines d'un individu à partir du mobilier funéraire reste une question épineuse[82]. En effet, les sépultures visent avant tout à célébrer la mémoire du défunt, ce qui implique de s'interroger sur les motivations des proches dans les choix opérés, notamment en ce qui concerne les objets accompagnant le défunt dans l'au-delà. Les tombes ne nous offrent pas un reflet du monde, mais plutôt celui de la perception qu'avaient de ce monde les proches du défunt. Elles sont donc, au mieux, un reflet indirect de la société, une vision distordue du passé, et non un « miroir fidèle de la vie »[83]. Par exemple, les armes, en contexte funéraire, ne sont pas seulement un équipement militaire, mais aussi l'expression du statut social, économique, voire juridique, du défunt, et donc un acte symbolique fort[84].

Les rapports entre archéologie funéraire et archéologie de l'habitat présentent par ailleurs quelques difficultés : mobilier funéraire et mobilier d'habitat ne fournissent pas systématiquement un tableau identique de la vie des habitants d'un site. Selon les cas, la fréquence d'objets dans les tombes et sur un site peut être la même

---

81 A. Linderholm *et al.*, « Diet and status... », art. cit.

82 A. Pedersen, « Similar finds – Different meanings ? Some preliminary thoughts on the Viking-Age burials with riding equipment in Scandinavia », dans C. K. Jensen et K. H. Nielsen (dir.), *Burial...*, *op. cit.*, p. 171-184.

83 C. K. Jensen et K. H. Nielsen (dir.), *Burial...*, *op. cit.*, p. 19.

84 H. Härke, « Warrior graves ? The background of the Anglo-Saxon weapon burial rite », *Past and Present*, 126, 1990, p. 22-43 ; A. Pedersen, « Military Organization and Offices : The Evidence of Grave Finds », dans B. Poulsen et S. M. Sindbæk (dir.), *Settlement...*, *op. cit.*, p. 45-61.

ou présenter au contraire d'importantes variations, livrant deux perspectives différentes qui s'enrichissent mutuellement pour livrer un tableau plus complet[85]. Certains objets ont été retrouvés quasi-exclusivement en contexte funéraire : c'est le cas des pichets dits « de Tating »[86], tandis que les céramiques plus ordinaires (celles dites « de Badorf »[87] ou celles produites localement) sont présentes à la fois dans les tombes et dans les zones d'habitat, témoignant de leur usage pratique au quotidien, alors que les pichets de Tating pourraient revêtir une dimension plus symbolique. De même, la majorité des verres à boire retrouvés entiers ont été découverts en contexte funéraire, peut-être en raison d'une meilleure conservation dans les tombes, mais peut-être aussi parce qu'ils servaient de marqueurs (pour indiquer un statut, une fonction…). Dans les secteurs d'habitation, on a surtout mis au jour des fragments, représentant rarement plus de 10 % du même récipient[88] : ces débris de verre (calcin ou groisil) peuvent alors être interprétés comme une forme de matière première, essentiellement destinée à la production de perles[89].

2.2.3. Les voies de communication et moyens de transport

L'étude des voies de communication et des moyens de transport peut quant à elle nous aider à percevoir les échanges et circulations, nous renseignant sur les liens que pouvaient entretenir différentes régions, mais aussi plus largement sur les structures politiques et sociales, que l'on considère les routes terrestres et l'ensemble des équipements les accompagnant, notamment les ponts, ou les moyens de communication fluviaux et maritimes. Les sources écrites nous informent par exemple peu sur les conditions de fabrication et d'utilisation des navires et les diverses représentations dans des manuscrits, sur des monnaies ou des pierres runiques ne sont pas toujours très réalistes. Toutefois, les nombreuses épaves découvertes en Europe nous permettent de mieux connaître à la fois les techniques de construction navale, les capacités de charge et parfois le contenu des navires, lorsque ces derniers ont été retrouvés avec leur cargaison, comme à Lüttingen et à Salmorth, ainsi qu'à Græstedbro, à seulement quelques kilomètres au nord de Ribe[90]. Au cours de ces

---

85 A.-S. Gräslund, « Grave Finds… », art. cit.

86 Ces pichets de couleur sombre, décorés avec soin à la feuille d'étain, sont ainsi nommés d'après le nom du site près de Sankt-Peter-Ording, sur la côte ouest du Jutland, où l'on a découvert les premiers exemplaires au début du XXe siècle.

87 De couleur jaunâtre et fréquemment décorée de frises de petits casiers rectangulaires imprimés à l'aide d'une molette, cette céramique est fabriquée en masse dans les ateliers de la région de Cologne depuis environ 750 jusque vers 900.

88 M. Stiff, « Typology and Trade : a Study of the Vessel Glass from *Wics* and *Emporia* in Northwest Europe », dans D. Hill et R. Cowie (dir.), *Wics…*, *op. cit.*, p. 43-49.

89 T. Sode, « Glass Bead Making Technology », dans M. Bencard, A. K. Rasmussen et H. B. Madsen (dir.), *Ribe excavations 1970-76*, vol. 5, Højbjerg, 2004, p. 83-102.

90 O. Crumlin-Pedersen, « The Græstedbro Ship », dans *Acta archaeologica*, 39, 1968, p. 262-267.

dernières décennies, l'archéologie expérimentale a, à son tour, largement contribué à enrichir nos connaissances concernant les techniques de fabrication et les modalités d'utilisation des navires (leur stabilité, leur vitesse, etc.)[91]. Les sources sont plus nombreuses et plus précises pour le xe siècle que pour les siècles précédents, qu'il s'agisse de la découverte d'épaves (comme celles de Graveney, d'Utrecht ou encore celles sorties du fjord de Roskilde)[92] ou de bateaux servant de sépultures privilégiées (comme ceux de Gokstad de la fin du IXe siècle, de Tune ou de Ladby, tous deux du début du xe siècle, s'ajoutant à ceux de Sutton Hoo et d'Oseberg, plus anciens, respectivement du début du VIIe et de la première moitié du IXe siècle)[93].

2.2.4. Les pierres runiques

En Scandinavie, les pierres runiques font partie du paysage : au-delà du contenu de l'inscription, leur dimension à la fois matérielle (taille, matériau...) et spatiale (localisation) peut également nous renseigner sur le contexte politique et social[94]. Parmi les plus de 3 000 pierres runiques que l'on connaît, plus des deux tiers se situent en actuelle Suède. Signe de statut social et économique, elles donnent des informations, par leur distribution spatiale, sur les réseaux de pouvoir de l'époque, en délimitant des aires territoriales parfois assez nettes. Il s'agit d'un moyen stratégique pour les élites d'afficher à la fois leur statut social et l'aire sur laquelle s'exerce leur influence, à condition bien sûr que les pierres n'aient pas été déplacées au cours des siècles : on ignore par exemple l'emplacement originel exact des quatre pierres retrouvées non loin de Hedeby[95]. L'étude des structures sociales et politiques scandinaves à partir de ces pierres nécessite par conséquent la plus grande prudence avant de tirer la moindre conclusion, notamment à partir de l'endroit où elles ont été découvertes : elles doivent être considérées, non pas de façon isolée, mais les unes par rapport aux autres, afin de comprendre comment elles peuvent contribuer à « créer un paysage politique »[96].

---

91 Id., *Archaeology...*, *op. cit.*, p. 36-40.
92 V. Fenwick (dir.), *The Graveney Boat* (*BAR British Series*, 53), Oxford, 1978 ; R. Vlek, *The Mediaeval Utrecht Boat : the history and evaluation of one of the first nautical archaeological excavations and reconstructions in the Low Countries*, Oxford, 1987 ; A. van de Moortel, « New Look at the Utrecht Ship », dans C. Beltrame (dir.), *Boats, Ships and Shipyards* (*Proceedings of the Ninth International Symposium on Boat and Ship Archaeology, Venice 2000*), Oxford/Oakville, 2003, p. 183-189 ; O. Olsen et O. Crumlin-Pedersen, *Five Viking ships from Roskilde fjord*, 2e éd., Roskilde, 1990 [1978].
93 M. Carver, *Sutton Hoo...*, *op. cit.* ; N. Bonde et A. E. Christensen, « Dendrochronological dating of the Viking Age ship burials at Oseberg, Gokstad and Tune, Norway », dans *Antiquity : A Quarterly Review of Archaeology*, 67 (256), 1993, p. 575-583 ; E. Wamers, « The symbolic significance of the ship-graves at Haiðaby and Ladby », dans O. Crumlin Pedersen et B. Munch Thye (dir.), *The ship as symbol...*, *op. cit.*, p. 148-159.
94 B. Sawyer, *The Viking-Age Rune-Stones...*, *op. cit.*
95 S. Kalmring, *Der Hafen...*, *op. cit.*, p. 41-55. Voir la Carte 18 en Annexe 1.
96 M. Ozawa, « Rune Stones Create a Political Landscape. Towards a Methodology for the Application of Runology to Scandinavian Political History in the Late Viking Age. Part 2 », dans *HERSETEC :*

2.2.5. Les données numismatiques (monnaies isolées et trésors)

L'étude des monnaies et des coins ayant servi à leur frappe fournit également de multiples informations, en termes de datation mais aussi de politique et d'économie, à partir à la fois des informations gravées dans le métal (date lorsqu'il y en a une, pouvoir émetteur, symboles représentés…) et des informations matérielles (plus ou moins grande pureté du métal ou composition de l'alliage, poids et taille de la pièce, degré d'usure, de fragmentation…)[97]. En contexte scandinave, l'étude des monnaies doit être complétée par celle des métaux précieux – essentiellement l'argent –, autre moyen de paiement, utilisé au poids, soit sous forme de monnaies coupées en fragments soit sous forme d'objets (anneaux, bracelets, lingots…)[98]. Les sources numismatiques posent toutefois des problèmes de datation : les dates de règne du souverain ne nous informent en rien sur la durée de vie et de circulation de la pièce ni sur le moment où elle fut perdue ; quant aux petites monnaies d'argent, les *sceattas* ou proto-deniers, elles ne comportent aucune inscription les associant clairement à un règne. Les premières monnaies nordiques, largement muettes, soulèvent de nombreuses difficultés : elles ne portent aucune inscription précisant le lieu de frappe et le nom du monétaire, ce qui explique certains débats sans fin sur leurs origines, comme à propos de la série X (ou *Wodan/Monster*), d'origine danoise pour les uns[99], frisonnes pour d'autres[100], ou la série E (dite « au porc-épic »), tantôt attribuée au monde anglo-saxon[101], tantôt à la Frise[102].

Le recours à la numismatique nécessite également de distinguer les contextes dans lesquels les monnaies ont été retrouvées : les pièces choisies pour faire partie du mobilier funéraire revêtent généralement une dimension symbolique, voire

---

Journal of Hermeneutic Study and Education of Textual Configuration, 2 (1), 2008, p. 65-85, ici p. 80.

97 Un accès inégal aux données selon les sites rend cependant tout travail de comparaison délicat : les bases de données très complètes et pratiques pour Dorestad (Base de données du Musée de la Monnaie des Pays-Bas, NUMIS : https://nnc.dnb.nl/dnb-nnc-ontsluiting-frontend/#/numis/) et Hamwic (Base de données des monnaies britanniques (410-1180) du Fitzwilliam Museum : http://www.fitzmuseum.cam. ac.uk/coins/emc/) contrastent avec celle pour la Suède (http://sml.myntkabinettet.se/), beaucoup moins maniable. Pour le Danemark, il faut se référer à des ouvrages et catalogues plus anciens (P. C. Hauberg, *Myntforhold og Udmyntninger I Danmark indtil 1146*, Copenhague, 1900 ; G. Galster, *Coins and History. Selected numismatics essays by Georg Galster*, Aarhus, 1959 ; K. Bendixen, « Møntcirkulation i Danmark fra Vikingetid til Valdemarssønnerne », dans *Aarbøger for nordisk oldkyndighed og historie*, Copenhague, 1978, p. 155-190 ; *Id.*, « Sceattas and other coin finds », dans M. Bencard (dir.), *Ribe excavations 1970-76*, vol. I, Esbjerg, 1981, p. 63-101).

98 B. Hårdh, *Silver…*, *op. cit.*

99 D. M. Metcalf, « Viking Age Numismatics 2… », art. cit., p. 405 ; C. Feveile, « Series X and Coin Circulation in Ribe », dans T. Abramson (dir.), *Studies in Early Medieval Coinage*, vol. I, *op. cit.*, p. 53-67.

100 B. Malmer, « Münzprägung und frühe Stadtbildung in Nordeuropa » dans K. Brandt, M. Müller-Wille et C. Radtke (dir.), *Haithabu…*, *op. cit.*, p. 117-132.

101 P. V. Hill « Saxon Sceattas and their Problems », dans *British Numismatic Journal*, 26, 1950, p. 129-155.

102 D. M. Metcalf, « A note on sceattas as a measure of international trade, and on the earliest Danish coinage », dans D. Hill et D. M. Metcalf, *Sceattas…*, *op. cit.*, p. 159-164.

politique, plus qu'économique. Découvertes isolées et sous forme de trésors (à partir de deux pièces) impliquent également chacune une sélection différente et ne permettent pas par conséquent de tirer les mêmes conclusions : dans un trésor, les pièces, qui ont pu être choisies à dessein, ne sont pas nécessairement représentatives des monnaies en circulation, tandis que les découvertes individuelles en contexte d'habitat sont généralement le fait de pertes accidentelles de monnaies alors en usage. Ces dernières sont par conséquent les seules qui peuvent être interprétées comme un signe de circulation monétaire, livrant des informations sur sa durée et son échelle, à condition toutefois que leur nombre soit suffisamment important pour pouvoir « établir des aires de dispersion, des courants monétaires, parallèles aux courants commerciaux »[103]. La corrélation entre monnaie et commerce est d'ailleurs loin d'être systématique : les pièces peuvent être frappées et utilisées à des fins autres que commerciales (fiscales, comme cadeaux, tributs ou paiement pour divers services rendus)[104] ; et en la matière, il faut aussi distinguer monnaies en or et en argent. En effet, toutes les monnaies ne se valent pas : les petites pièces en argent de type *sceattas* servent pour les transactions quotidiennes, tandis que le *triens* (ou *tremis*), tiers de sou d'or, avait probablement, considérant sa valeur élevée, d'autres fonctions, notamment symboliques et peut-être fiscales[105]. Beaucoup plus rares que les *sceattas*, les *trientes* sont donc peu représentatifs des courants d'échanges. Pour toutes ces raisons, les monnaies ne nous informent sur les circuits commerciaux et le dynamisme économique d'une région que dans la mesure où elles s'intègrent dans un matériel archéologique plus large, tout en nous permettant d'étudier les mutations des pouvoirs des VIIIe et IXe siècles[106].

2.2.6. Le mobilier : artefacts et écofacts

Le mobilier archéologique, bien souvent seul témoin direct du site après les opérations de fouille – avec la documentation scientifique recueillie lors du chantier (relevés, photographies...) –, permet d'étudier en détail les pratiques humaines du passé. Il rend possible une histoire des techniques, grâce aux outils agricoles et artisanaux notamment, et permet de retracer la diffusion et la circulation de certains objets, pour ainsi esquisser des réseaux commerciaux. Avec le perfectionnement des techniques d'analyses scientifiques (spectrométrie d'émission optique et d'absorption atomique, analyse par fluorescence X, analyse par

---

103 J. Lafaurie, « Les routes commerciales indiquées par les trésors et trouvailles monétaires mérovingiens », dans *Moneta e Scambi nell'alto Medioevo* (VIIIe semaine de Spolète), Spolète, 1961, p. 231-278, ici p. 267.
104 P. Grierson, « Commerce in the Dark Ages... », art cit. ; J.-P. Devroey, *Économie rurale...*, *op. cit.*, p. 160.
105 J.-F. Boyer, « À propos des *triens* mérovingiens... », art. cit.
106 S. Coupland, *Carolingian Coinage...*, *op. cit.*

activation neutronique, analyse isotopique...), les études spécialisées s'affinent, notamment en ce qui concerne la composition des objets et les matières premières : la céramologie par exemple, dédiée à l'étude des récipients et autres objets en terre cuite, comme les pesons de métier à tisser, propose des typo-chronologies de plus en plus précises. Les artefacts (objets fabriqués ou modifiés et utilisés par les hommes) jouent un rôle essentiel dans notre compréhension des processus de fabrication, de distribution et de consommation, mais aussi d'imitation et d'influences.

Il n'est toutefois pas toujours très aisé d'interpréter ou de comparer les données issues de sites fouillés à des époques différentes, selon des méthodes parfois très éloignées et avec des critères variés. Le choix des techniques de quantification découle généralement de traditions régionales, tout en répondant à des interrogations de natures diverses, qui présentent chacune des limites : on peut quantifier le matériel avant son recollage en nombre de restes (NR) – ou, plus rarement, en poids –, ou après, en estimant le nombre minimum d'individus (NMI), ce qui représente déjà un début d'interprétation. Le mobilier mis au jour par les archéologues n'est par ailleurs pas toujours représentatif des objets effectivement en usage au cours des siècles passés : certains matériaux supportent bien mieux les effets du temps que d'autres, expliquant notamment que les outils en pierre et en céramique dominent largement les assemblages archéologiques. Au contraire, les tissus, peaux et autres matériaux organiques survivent beaucoup plus rarement, particulièrement en milieu drainé (comme à Birka et Kaupang : des sites plus humides, comme Ribe, Hedeby ou encore Dorestad, en ont livré davantage). Quant aux interprétations que l'on peut tirer des divers artefacts, elles suscitent parfois de vifs débats : alors que, traditionnellement, les objets de luxe et les importations avaient été assez largement considérés comme des signes de présence élitaire, plusieurs historiens et archéologues soulignent désormais que les frontières entre catégories sociales étaient probablement bien plus floues et que la richesse matérielle ne reflète pas forcément un statut élitaire. En effet, certains groupes sociaux (marchands, artisans) ont aussi accès aux importations de luxe, ce qui complexifie encore davantage ces questions de statut social et de consommation somptuaire[107].

Avec les progrès accomplis dans les études paléoenvironnementales (géoarchéologie pour l'étude géologique des sites, archéozoologie pour l'étude des restes animaux, archéobotanique pour celle des restes d'origine végétale) les écofacts (restes organiques et environnementaux) se sont multipliés, permettant de replacer l'homme dans son environnement, en en étudiant les changements, comme les évolutions des traits de côte ou celles des paysages, notamment des sols et des

---

107 C. Loveluck, « The dynamics... », art. cit.

cours d'eau. La palynologie et l'anthracologie, en étudiant les dépôts de pollens et les restes de charbons, mettent en évidence les impacts de la présence et des activités humaines sur un milieu ; et la carpologie nous renseigne, à partir des restes de graines et fruits, souvent carbonisés, sur les pratiques agro-pastorales et alimentaires, le commerce des matières premières et alimentaires, etc.

2.2.7. Des données incomplètes, reconstruites et à interpréter

Il faut donc envisager tous ces éléments archéologiques de natures très diverses non pas tant pour eux-mêmes que pour faire ressortir certains liens, qui peuvent être de différentes natures (politique, économique...), sans oublier qu'une absence de découverte ne signifie pas forcément une absence du phénomène ou de la catégorie d'objets considérée : en archéologie, silence ne veut pas dire absence[108]. En dépit de la récente « explosion » des données archéologiques, la vision que l'on peut avoir de ces sites est bien souvent tronquée : la plupart des fouilles ne couvrent qu'une portion réduite de la surface totale estimée des *wics* (en moyenne seulement 5 à 10 %), ce qui pose la question de leur représentativité pour l'ensemble du site, d'autant que bien des secteurs-clés n'ont pas pu être fouillés. On ignore par exemple tout de l'organisation du rivage et des infrastructures portuaires à Ribe et Quentovic. Face à ce « manque de données cohérentes et complexes », qui rend souvent impossible toute analyse quantitative précise, particulièrement pour le premier Moyen Âge[109], et puisque toute prétention à l'exhaustivité est ici inatteignable, il faut donc se contenter d'une approche plus fragmentaire, s'appuyant sur quelques sites fouillés dans les arrière-pays des *emporia*, afin d'émettre éventuellement quelques hypothèses et de tirer quelques prudentes conclusions plus générales.

Tout comme les textes, les sources archéologiques reposent en outre sur des reconstructions – à cette différence près que l'archéologue est obligé d'anéantir sa source pour l'étudier, les couches stratigraphiques étant détruites au fur et à mesure des fouilles – et des interprétations individuelles, relevant en cela de l'ordre du discours. En témoigne l'intérêt accru pour l'archéologie au cours du premier tiers du XXᵉ siècle, dans un contexte d'indépendances ou d'autonomies (de la Norvège en 1905, de l'Islande en 1918...) et de revendications croissantes d'une identité nationale[110], de Herbert Jankuhn, fouillant à Hedeby et dans la région

---

108 D. Olausson, « Dots on a map. Thoughts about the Way Archaeologists Study Prehistoric Trade and Exchange », dans B. Hårdh *et al.* (dir.), *Trade and exchange in Prehistory. Studies in honour of B. Stjernquist*, Lunds, 1988, p. 15-24.

109 S. M. Sindbæk, « The Small World... », art. cit., p. 62.

110 B. Nordstrom, « Scandinavia », dans G. H. Herb et D. H. Kaplan (dir.), *Nations and Nationalism : A Global Historical Overview*, vol. 1 (1770-1880), Santa Barbara, 2008, p. 219-231.

à partir de 1933 pour le compte du régime nazi à la recherche d'un passé aryen[111], au président russe Vladimir Poutine venant visiter, durant l'été 2004, le chantier archéologique de Staraya Ladoga, considérée comme l'une des plus anciennes (si ce n'est la plus ancienne) villes russes[112]. Quant au Musée des Bateaux Vikings d'Oslo (*Vikingskipshuset*)[113], qui abrite notamment les navires de Tune, Gokstad et Oseberg, fruit d'un projet lancé en 1913 et inauguré en 1926, il est construit en forme de croix latine, comme une église, véritable sanctuaire érigé par les Norvégiens à la mémoire (et à la gloire) de leurs ancêtres vikings, rappelant le lien étroit entre le processus de christianisation et la construction d'une identité norvégienne.

3. Conclusion : pour une approche interdisciplinaire et comparative

La confrontation entre données textuelles et archéologiques soulève nombre de questions, à commencer par celle de leur déséquilibre selon les sites : Quentovic ne nous est connu quasiment que par les textes et Rouen, très présent dans les documents officiels[114], reste difficile à cerner au plan archéologique pour le premier Moyen Âge, quand la connaissance des *emporia* scandinaves doit presque tout à l'archéologie. Dans ces conditions, comment envisager un sujet comparatif ? Peut-on évoquer une forme de complémentarité des sources ? C'est l'objet d'un vif débat au sein de la communauté des archéologues médiévistes[115] : sources textuelles et sources archéologiques fonctionnent à des échelles géographiques et temporelles différentes et n'ont pas les mêmes objets de recherche, ce qui les rend souvent difficiles à concilier. Il faut donc manier avec prudence les argumentations mêlant trop indistinctement traces archéologiques et textuelles, et respecter les spécificités et limites de chaque source. Dans cette tâche délicate, une approche multidisciplinaire peut s'avérer des plus utiles. Afin d'éviter de s'enfermer dans un dialogue à deux, l'historien et l'archéologue peuvent faire appel à d'autres disciplines pour tenter d'y voir plus clair, notamment sur la question des échanges, dons et achats, en s'inspirant en particulier des approches des anthropologues. En la matière, les médiévistes doivent beaucoup aux travaux de l'historien et économiste Karl Polanyi, pour qui le pillage, le don et le contre-don jouent un rôle

---

111 L. Olivier, *Nos ancêtres les Germains. Les archéologues au service du nazisme*, Paris, 2012, p. 60-61 et 85.
112 V. A. Shnirelman, « Archaeology and the National Idea in Eurasia », dans C. W. Hartley, G. B. Yazicioğlu et A. T. Smith (dir.), *The Archaeology of Power and Politics in Eurasia : Regimes and Revolutions*, Cambridge, 2012, p. 15-36, ici p. 25-27.
113 http://www.khm.uio.no/english/ (consulté en septembre 2014).
114 Diplôme faux de Dagobert en faveur de Saint-Denis pour 624 et Diplôme de Charlemagne pour Saint-Germain-des-Prés (779), textes cit. (n. 13, p. 12).
115 M. Bourin et E. Zadora-Rio, « Pratiques de l'espace : les apports comparés des données textuelles et archéologiques », dans T. Lienhard (dir.), *Construction de l'espace au Moyen Âge. Pratiques et représentations* (XXXVIIe congrès de la SHMESP, Mulhouse, 2-4 juin 2006), Paris, 2007, p. 39-56, ici p. 42.

non-négligeable à côté des pratiques commerciales[116], et du numismate Philip Grierson qui, dans la continuité de Marcel Mauss, insiste sur les modes de transfert autres que l'achat et la vente, développant la notion de *gift exchange*[117]. Les recherches des géographes sont également d'une aide précieuse pour une étude des notions d'hinterland, de lieu central et, plus généralement, d'espaces et de relations entre ces espaces. Richard Hodges est un des premiers à mobiliser tout à la fois les travaux des anthropologues, des archéologues et des géographes, tels que Carol A. Smith, dont il s'inspire pour élaborer son modèle[118]. Dans le cadre d'une étude sur les *emporia* et leurs arrière-pays, une réflexion sur la topographie des sites et leur situation (de contact, de carrefour, de frontière, etc.) paraît ainsi indispensable. Les espaces ne sont pas des supports neutres : ce sont les usages que les hommes en font qui les produisent ; les flux n'y circulent pas : ils contribuent à les façonner. Ainsi appropriés, organisés et aménagés en fonction des besoins humains, ces espaces deviennent des territoires, des « œuvres humaines », « base géographique de l'existence sociale », qui peuvent interagir entre eux (en étant en contact ou en s'emboîtant par exemple)[119].

L'étude des relations entre les *wics* et leur région a donc tout à gagner à opter pour une approche à la fois interdisciplinaire et comparative : dans le cadre d'une comparaison – certes toujours limitée –, l'histoire d'un site peut ainsi éclairer certaines lacunes dans celle d'un autre. Ce n'est par conséquent qu'à travers une approche intégrée et multidisciplinaire que l'on peut vraiment commencer à apprécier le schéma complexe du commerce et des échanges entre le VIIe et le Xe siècle.

---

116 K. Polanyi, « Traders and Trade », dans J. A. Sabloff et C. C. Lamberg-Karlovsky (dir.), *Ancient Civilization and Trade*, Albuquerque, 1975, p. 133-154 ; *Id.*, « Trade, Markets and Money in the European Early Middle Ages », dans *NAR*, 11 (2), 1978, p. 92-96.

117 P. Grierson, « Commerce in the Dark Ages... », art. cit. ; M. Mauss, « Essai sur le don. Forme et raison de l'échange dans les sociétés archaïques », dans *Année sociologique*, nouvelle série I, Paris, 1923/24, p. 30-186 (rééd. dans *Sociologie et anthropologie*, Paris, 1950 et rééd., p. 145-279).

118 C. A. Smith, « Exchange systems and the spatial distribution of elites : the organization of stratification in agrarian societies », dans *Id.* (dir.), *Regional Analysis. Volume II : Social Systems*, Londres, 1976.

119 R. Brunet, *Le territoire dans les turbulences*, Montpellier, 1990, p. 23 ; B. Cursente, « Autour de Lézat : emboîtements, cospatialités, territoires (milieu X[e]-milieu XIIIe siècle) », dans *Id.* et M. Mousnier (dir.), *Les territoires du médiéviste*, Rennes, 2005, p. 151-167, ici p. 157-158.

CHAPITRE 2

À LA DÉCOUVERTE DES *EMPORIA*

E n rupture avec les travaux initiés par Henri Pirenne, la plupart des auteurs considèrent désormais que les débuts de l'essor urbain en Occident sont bien antérieurs au XIe siècle, commençant au plus tard au VIIIe siècle et se poursuivant jusqu'à la fin du XIIIe, avec une accentuation du phénomène à partir de la fin du Xe siècle[1]. Toutefois, au-delà de l'ancien *limes*, le statut urbain des *emporia* ne fait pas vraiment débat : faute d'héritage romain, il s'agit en effet des premiers sites urbains (ou proto-urbains) dans cette partie de l'Europe. Savoir si ces ports peuvent prétendre au statut de « villes » est un problème propre au monde romanisé : spécialistes de l'archéologie et de l'histoire urbaines s'opposent depuis des décennies sur l'épineuse question de la définition d'une « ville » et des critères entrant en jeu[2]. La perspective fonctionnaliste de Max Weber, qui met l'accent sur le rôle des marchés et du commerce, a permis d'inclure des sites tels que les *wics* dans la catégorie des « villes » : la concentration de consommateurs, dépendant d'un approvisionnement extérieur, est un trait urbain essentiel, ainsi que la constitution d'un centre artisanal qui dépasse les stricts besoins locaux, produisant pour une zone plus large (de l'arrière-pays proche au marché suprarégional). La ville n'est par conséquent plus seulement une organisation économique, mais aussi une « organisation régulatrice de l'économie »[3]. Plusieurs critères (fonctionnels, topographiques, juridiques ou administratifs) peuvent ainsi contribuer à définir le caractère urbain des *emporia* : une superficie suffisamment vaste – de plusieurs hectares – et une certaine densité de population – de plusieurs centaines, voire milliers, d'habitants –, la présence d'« activités économiques structurellement différentes de celle de l'hinterland »[4] – échanges commerciaux et différentes formes d'activités artisanales – et d'un ou plusieurs cimetière(s), signe qu'une population a, au moins à un moment, vécu là de façon permanente et, en général, sur plusieurs générations, ainsi qu'une forme d'organisation rationnelle de

---

1 C. Wickham, *Framing...*, *op. cit.*
2 J. Callmer, « Urbanization in Scandinavia and the Baltic Region c. AD 700-1100 : Trading Places, Centres and Early Urban Sites », dans B. Ambrosiani et H. Clarke (dir.), *Birka Studies 3 – Developments around the Baltic and the North Sea in the Viking Age. The Twelfth Viking Congress*, Stockholm, 1994, p. 50-90 ; M. Biddle, « Towns », dans D. M. Wilson (dir.), *The Archaeology of Anglo-Saxon England*, Londres, 1976, p. 99-150 ; R. Hodges, *Dark Age Economics*, *op. cit.*, p. 20-25.
3 M. Weber, *La ville*, Paris, 1982 [1921], p. 27.
4 C. Wickham, *Framing...*, *op. cit.*, p. 593.

l'espace, marquée par une forme d'habitat spécifique, avec des bâtiments plus petits que les bâtiments ruraux, voire d'« urbanisme », avec le système des parcelles que l'on retrouve dans la plupart de ces ports. Leurs activités non-agricoles en font à la fois des centres locaux et régionaux et des nœuds pour le commerce à longue-distance, impliquant de prendre en compte aussi la dimension ouverte de ces sites, accessibles par mer et par terre.

Cet ensemble de critères, non-exhaustifs, permet de parler d'une société « urbaine » – pour autant que l'on puisse employer ce terme pour le premier Moyen Âge –, une société dans laquelle les occasions de diversification, de rencontre, d'échange se trouvent démultipliées, où les individus et groupes sont à la fois différents et complémentaires, faisant apparaître toute la spécificité des *emporia*, groupe urbain *sui generis*, avec ses caractéristiques propres et lié à une conjoncture particulière.

1. Une localisation favorable

Les étrangers demanderont où se dressait la ville[5].

Les zones côtières, riches d'opportunités[6], se caractérisent à la fois par leur marginalité et leur fluidité, raison première de leur fort degré de connectivité avec le reste du monde ; leurs particularités écologiques et de situation peuvent générer des comportements sociaux distincts de ceux des populations à l'intérieur des terres[7]. Dans ces « paysages culturels maritimes »[8], les *emporia*, situés au croisement de routes commerciales, souvent sur des sites naturellement protégés (estuaires de rivières, rives de fjords ou de baies) et sur des frontières politiques, culturelles, ethniques ou géographiques, jouissaient d'une situation topographique et environnementale particulièrement favorable, « propice au commerce et au transport des marchandises » comme le souligne Hariulf à propos du Ponthieu[9].

1.1 Des sites maritimes, à l'implantation stratégique

La mer fait partie intégrante de l'identité des peuples riverains des mers du Nord, de la Baltique et de la Manche. L'eau, sous toutes ses formes (mers, rivières,

---

5 Vers à propos de Hedeby se trouvant dans une strophe scaldique insérée dans la *Saga de Harald Hardrade/Sigurðarson* (Snorri Sturluson, « Haralds Saga Sigurðarsonar », dans *Hkr*, vol. III, *op. cit.*, p. 68-202, c. 34).
6 P. Horden et N. Purcell, *The corrupting sea...*, *op. cit.*, p. 189-190.
7 *Ibid.*, p. 393.
8 C. Westerdahl, « The maritime cultural landscape », art. cit.
9 ... *mercium et vectigalium commeatibus quaestuosa...* (Hariulf, *Chronicon Centulense...*, *op. cit.*, I, 5).

lacs) marque de son empreinte le schéma de peuplement, l'économie de subsistance, mais aussi les communications avec le monde extérieur, les structures sociales, les mentalités et jusqu'à la perception du temps et de l'espace, ce qui explique que le bateau joue un rôle majeur en Europe du Nord. Loin de toujours constituer un obstacle, l'eau peut au contraire servir de lien : « un fleuve unit plus qu'il ne sépare », en jouant le rôle de trait d'union entre amont et aval, entre rive droite et rive gauche[10]. De nombreux *emporia* ont ainsi un accès direct à la mer ; et, lorsque ce n'est pas le cas, cette dernière n'est jamais très loin[11]. Ribe, profitant d'un des rares sites abrités sur une côte assez accidentée et peu propice aux installations portuaires, entre marais et terre, était le premier lieu que l'on atteignait depuis la mer : véritable porte d'entrée pour tout le trafic maritime venu du sud, il n'était séparé de l'embouchure de la rivière du même nom que par cinq petits kilomètres. La côte abritée de Kaupang, dans le Viksfjord, donnait également sur la mer du Nord ; et Birka, sur la petite île qui lui a donné son nom, Björko – à l'étymologie incertaine, mais signifiant peut-être l'« île des bouleaux », essence encore présente sur l'île[12] –, à l'entrée du lac Mälar, était tout proche de la Baltique. La position protégée de Hedeby, au fond de l'étroit fjord de la Schlei, dont l'embouchure est à une quarantaine de kilomètres à l'est de l'*emporium*, dans le lac de *Haddebyer Noor*, permettait aux navires de rejoindre rapidement cette même mer. Même la rive n'a pas été choisie au hasard : l'autre côté du lac n'offre pas de plage dégagée comme devant Hedeby, mais un rivage beaucoup plus escarpé et boisé, sur lequel il est très difficile d'accoster. Le site de Hamwic, ouvrant sur le détroit du Solent et la Manche, n'est pas non plus dépourvu d'avantages : aucun autre endroit sur cette côte ne présente les mêmes havres naturels défendables, rivières et îlots. La Tamise permet de rallier rapidement la Manche depuis Lundenwic ; et d'Eoforwic, on peut rejoindre le vaste estuaire du Humber, et, de là, la mer du Nord. Les sites continentaux, sans être tous directement ouverts sur la mer, ne sont pas en reste : la mer du Nord n'est pas loin de Dorestad et aisément accessible par le Rhin ; Domburg est implanté sur une île en mer du Nord, à proximité du principal bras de l'Escaut ; et Quentovic, à une trentaine de kilomètres au sud de Boulogne, s'est développé sur la Canche, petite rivière au large estuaire ouvrant sur la Manche qui donne d'ailleurs son nom au site : « Quentovic » c'est le *vicus* de la *Cventa* ou *Qvantia*[13]. Dans le monde slave enfin, on rallie aisément la Baltique depuis Menzlin, situé dans la

---

10 S. Lebecq, « "En barque sur le Rhin." Pour une étude des conditions matérielles de la circulation fluviale dans le bassin du Rhin au cours du premier Moyen Âge », dans *Id., Hommes..., op. cit.,* vol. 2, p. 221-237, ici p. 221.

11 Voir la Carte 2 et les Plans 2 en Annexe 1.

12 S. Lebecq, *Marchands..., op. cit.,* vol. 1, p. 35-48.

13 H. Le Bourdellès, « Les problèmes linguistiques de Quentovic », dans *La Revue du Nord,* 235, 1977 (octobre), p. 479-488.

partie occidentale de l'estuaire de l'Oder; le détroit de Dzwina offre une route navigable permettant de gagner la rivière Peene à l'ouest et l'Oder au sud; et l'important système fluvial autour de Staraya Ladoga rejoint la Baltique en passant par le lac Ladoga au nord, ou Novgorod puis Constantinople, Bagdad ou la mer Caspienne au sud.

L'exemple de Kaupang, en bordure de mer à l'époque viking mais situé aujourd'hui près d'une centaine de mètres plus à l'intérieur des terres, souligne toutefois que le paysage a pu considérablement évoluer depuis le Moyen Âge, en particulier le trait de côte[14] : le niveau de la mer vers 800 était à Kaupang près de 3,5 mètres plus haut que l'actuel[15]. De même, l'Oder est aujourd'hui plus haut d'environ 1,60 mètre; et l'île de Thanet, séparée au Moyen Âge du reste de l'Angleterre par le détroit de Wantsum, constitue aujourd'hui la pointe orientale du Kent[16]. Le trait de côte non loin de Quentovic était également très différent de celui que l'on peut observer aujourd'hui dans la région : entre le VIIᵉ et les XIVᵉ-XVIᵉ siècles, la ligne de rivage se déplace vers l'ouest, sous l'effet de l'épaississement du cordon dunaire (dû à une intense activité éolienne). Les anciens sites côtiers s'enfoncent alors davantage dans les terres.

Les sites retenus pour implanter les *emporia* n'ont donc pas été choisis au hasard : le port est généralement implanté dans un endroit abrité et stratégique, à la rencontre de la terre et de la mer, comme dans le cas de Hedeby, qui se trouve à l'endroit le plus étroit de la péninsule du Jutland et donc sur la route la plus courte entre la mer du Nord et la Baltique. Le fjord de la Schlei pénètre en effet dans la partie sud de la péninsule sur près de quarante kilomètres de long : au niveau du fjord la péninsule est par conséquent très étroite (avec seulement dix-sept kilomètres de terre). Hedeby est ainsi particulièrement bien situé, à la rencontre de l'ancienne route terrestre, l'*Hærvejen*, traversant le Jutland du nord au sud[17], et de la route ouest-est sur laquelle les navires pouvaient être tirés, depuis Hollingstedt* jusqu'au port sur la Baltique[18]. Entrer dans la Baltique en traversant le Jutland en son point le plus étroit permettait d'éviter la dangereuse route maritime longeant la péninsule. Cette situation topographique exceptionnelle fait de Hedeby un véritable nœud pour le commerce en mer du Nord et dans la Baltique. Cette dimension nodale se retrouve à Birka, à la fois sur la route entre la Baltique et l'important centre d'Uppsala et près des routes terrestres venant

---

14 M. J. Tooley, « Sea-level and coastline changes during the last 5000 years », dans S. McGrail (dir.), *Maritime Celts, Frisians and Saxons* (*CBA Research Report*, 71), Londres, 1990, p. 1-16.

15 L. Pilø, « The Settlement : Extent and Dating », dans D. Skre (dir.), *Kaupang in Skiringssal...*, *op. cit.*, p. 161-178, ici p. 163 ; R. Sørensen *et al.*, « Geology, Soils, Vegetation and Sea-levels in the Kaupang Area », dans D. Skre (dir.), *Kaupang in Skiringssal...*, *op. cit.*, p. 251-272, ici p. 268-272.

16 Voir le zoom de la Carte 11 en Annexe 1.

17 Voir la Carte 6 en Annexe 1.

18 *Annales Ryenses, op. cit.*, a° 1153 ; E. Marold, « Hedeby... », art. cit.

des mines de fer de Bergslagen. Certains *emporia* pouvaient aussi se trouver à la rencontre de différentes voies d'eau, à quelques kilomètres (ou dizaines de kilomètres tout au plus) en amont d'un estuaire : Hamwic se situe à la confluence des rivières Itchen et Test, sur la rive ouest de la première, rejoignant directement le détroit du Solent ; et c'est à Ribe que convergent les rivières Ribe et Tved, non loin de la mer du Nord, sur un bourrelet sableux de la rive droite de la rivière Ribe (une position légèrement surélevée essentielle dans une région de marais). Cette situation donna d'ailleurs peut-être son nom au lieu : *Ripa*[19] ou *Ripensis*[20] dans les sources latines (qui a donné « rive » en français) peut renvoyer à la situation de cet *emporium*[21]. De même, Dorestad, dans la région du delta du Rhin, se situe à la jonction de deux bras de ce fleuve majeur : le Rhin courbé (ou *Kromme Rijn*), qui relie Dorestad à Utrecht et débouche sur la mer du Nord et la Scandinavie, et le Lek, qui permet de rejoindre la mer du Nord et la Manche en aval, la Rhénanie et le pays mosan en amont. Porte d'entrée de la vallée de la Seine, Rouen est la principale fenêtre de la Neustrie sur la Manche vers l'Angleterre et commande, avec Amiens, les routes terrestre et fluviale de Paris. Cela lui permet de servir de relais entre le commerce du Nord, de l'Atlantique, de la vallée de la Loire et même de la Méditerranée. Quittant l'Espagne pour aller se marier, Galswinthe se rend à Rouen, où est célébré le mariage royal avec Chilpéric en 568 : au terme de son voyage, « elle arrive au lieu où la Seine au flot poissonneux se jette dans la mer, atteignant ainsi l'estuaire de Rouen »[22]. En Angleterre, Eoforwic s'est développée à la confluence des rivières Ouse et Foss. Quant à Wolin, le site est implanté dans la partie orientale de l'embouchure de l'Oder, sur l'estuaire des rivières Dziwna et Swina, routes maritimes qui croisent à cet endroit une importante voie terrestre, qui longe la rive sud de la Baltique depuis l'Elbe en passant par Menzlin, autre grand port en terre slave.

L'accessibilité des sites a ainsi pu largement contribuer à déterminer l'emplacement de ces ports. Implantés dans des zones de confluence (baies, deltas...), les *wics* sont donc avant tout des portes d'entrée et chaque site a, du fait même de sa situation, des orientations commerciales de prédilection : Birka est davantage tourné vers l'Est, alors que Ribe entretient des liens plus forts avec la région du Rhin ; Hedeby s'ouvre surtout sur la Baltique ; et Kaupang, entre mer du Nord et mer Baltique, commerce essentiellement avec le Continent et les îles Britanniques.

---

19 Rimbert, *VA*, c. 32 ; *GH*, I, c. 29, II, c. 4, IV, c. 1.

20 Lettre d'immunité d'Otton I aux évêques de Schleswig, Ribe et Aarhus (965), dans *M.G.H., Diplomata regum et imperatorum Germaniae*, t. I, éd. T. Sickel, Hanovre, 1897, n° 294, p. 411.

21 C. Feveile (dir.), *Ribe studier...*, vol. 1.1, p. 16, Fig. 2.

22 Venance Fortunat, « Sur Galesvinthe », dans *Poèmes*, vol. II (Livres V-VIII), *op. cit.*, lib. VI, c. 5, p. 60-75, ici v. 235-236, p. 68-69.

1.2 Des sites de frontière, à la fois marginaux et centraux

> [Hedeby] se situe entre Wendes, Saxons et Angles, et dépend des Danois[23].

Lorsqu'il évoque l'accord de paix conclu en 813 entre les émissaires de l'empereur franc Charlemagne et ceux des deux frères qui étaient alors rois des Danois, l'auteur des *Annales royales des Francs* tient à préciser que le Vestfold est à ce moment une région en marge du royaume des Danois, entre Septentrion et Occident[24]. Dans la seconde moitié du IXᵉ siècle, Kaupang occupe plus que jamais une position frontalière, à la fois au plan politique, entre Norvège et Danemark, et économique, entre Scandinavie du Sud et de l'Ouest et Scandinavie orientale, chacune ayant ses moyens de paiement et ses étalons propres. Il pourrait d'ailleurs s'agir d'un marché créé par un roi danois à la frontière nord de son royaume pour faire le lien avec le sud de la Scandinavie et l'Empire franc jusqu'au milieu du IXᵉ siècle, mais aussi avec les slaves occidentaux de la Baltique et la mer d'Irlande[25]. À la frontière de l'Empire carolingien, Hedeby est également situé entre Danois, Frisons et Slaves. En somme, tout semble avoir été fait dans le but d'accueillir des activités commerciales à longue-distance, plus que locales. L'avantage déterminant de Dorestad est également lié sa situation : à la limite septentrionale des régions romanisées et au contact du nord de l'Europe, ce site fait le lien entre Nord germanique et Sud roman. À l'intersection de routes majeures et à proximité d'un important axe de communication nord-sud, sur la route menant de Hedeby à Novgorod, Wolin est tourné à la fois vers la Scandinavie au nord-ouest et les comptoirs rous au sud-est, ce qui lui vaut d'être « habité par des Slaves, ainsi que par d'autres peuples, Grecs et Barbares, des immigrants saxons ayant même eu le droit de s'y installer »[26]. Plus à l'est, Truso fait le lien entre plusieurs tribus slaves, les Poméraniens à l'ouest et les Prussiens baltes à l'est[27]. L'implantation des *emporia* dans des régions de transition (écologique, politique, culturelle et en termes de transport) est une de leurs caractéristiques essentielles : « des marginalités multiples sont typiques » de ces sites[28].

Ces situations ne sont toutefois pas sans susciter tensions et conflits : à la frontière entre la Germanie et le Danemark, Hedeby voit s'affronter souverains

---

23 *Hæpum [...] stent betuh Winedum 7 Seaxum 7 Angle 7 hyrð in on Dane* (Ohthere, dans « Ohthere's report... », texte cit., p. 47).

24 *ARF*, aº 813.

25 D. Skre, « From Dorestad to Kaupang. Frankish traders and settlers in 9ᵗʰ-century Scandinavian towns », dans A. Willemsen et H. Kik (dir.), *Dorestad...*, *op. cit.*, p. 137-141.

26 Adam de Brême, *GH*, lib. II, c. 22.

27 Voir la Carte 2 en Annexe 1.

28 M. McCormick, « Comparing and connecting : Comacchio and the early medieval trading towns », dans S. Gelichi et R. Hodges (dir.), *From one sea...*, *op. cit.*, p. 477-502.

ottoniens et danois à plusieurs reprises au cours des xᵉ et xiᵉ siècles. De même, Francs et Frisons se disputent âprement la région de Dorestad au viiᵉ siècle ; et, malgré son intégration dans l'Empire franc par Pépin II, la Frise reste un territoire de frontière : Dorestad sert alors aux Francs de port de commerce tourné vers les régions septentrionales. Quant à l'établissement portuaire de Reric, il se trouve, au début du ixᵉ siècle, au cœur des confrontations militaires entre le roi danois Godfred et Draško, chef des Obodrites, tribu slave implantée dans la région, dans un contexte de rivalité politique et militaire entre le royaume franc, allié des Obodrites, et les Danois.

Les *emporia* se situent donc sur des territoires marginaux aux frontières des royaumes en cours de constitution, tout en étant en même temps des « points centraux » au cœur des réseaux d'échanges et des luttes de pouvoir[29] : Hamwic est un point nodal pour la partie méridionale de l'Angleterre anglo-saxonne, tout particulièrement en direction du Continent, en permettant un accès rapide à la Manche, ce qui en fait la porte d'entrée du royaume du Wessex. La situation de Hedeby, entre mondes nordique et roman, entre Continent et peuples scandinaves et slaves, en fait un nœud essentiel dans la région de la Baltique. Quant à Quentovic, bien qu'excentré dans la partie nord du royaume franc, son implantation en Neustrie, dans le comté de Ponthieu et le diocèse d'Amiens, en fait, dès le début du viiᵉ siècle, un élément-clé du noyau dur de ce royaume, au cœur de la petite région que Clotaire II est peut-être toujours parvenu à conserver sous sa domination, non loin de l'Angleterre et de la mer du Nord[30]. Ces ports, lien à la fois entre terre et mer, entre intérieur du pays et monde extérieur, entre monde rural et monde urbain, sont la preuve que centralité et marginalité ne sont pas forcément contradictoires, mais plutôt ici deux composants d'une seule et même structure spatiale : on ne peut donc pas aborder les centres sans considérer la zone marginale.

1.3 Des régions fertiles, à l'occupation ancienne

Les hommes qui fondèrent les *emporia* ne négligèrent pas non plus, dans le choix de l'emplacement, les qualités des terres, qui restent au fondement de l'économie du premier Moyen Âge, optant pour des régions fertiles – ou relativement fertiles en comparaison du reste du pays en Scandinavie –, propices à des activités agricoles. En effet, si les sols scandinaves sont en majorité constitués de dépôts glaciaires grossiers, difficiles à cultiver et soumis à un climat rude, les régions qui ont vu naître les *emporia*, au nord du lac Mälar et dans le fjord

---

29 S. M. Sindbæk, « Networks... », art. cit.
30 S. Garry et A.-M. Helvétius, « De Saint-Josse à Montreuil : l'encadrement ecclésiastique du *vicus* de Quentovic », dans S. Lebecq, B. Béthouart et L. Verslype (dir.), *Quentovic...*, *op. cit.*, p. 459-473.

d'Oslo, sont moins hostiles, avec un relief moins accentué et un climat plus
favorable à l'agriculture. Snorri Sturluson précise d'ailleurs que le fjord d'Oslo
était particulièrement affectionné par les rois « parce qu'il était facile de s'y
approvisionner ; il y avait de vastes terres cultivées autour »[31], contrastant fortement avec la partie nord de la Scandinavie, terre de montagnes enneigées,
largement recouverte de vastes forêts : plus on se rapproche du cercle polaire
et moins les céréales poussent, laissant davantage place à l'élevage, la chasse et
la pêche. Cette fertilité reste cependant toute relative dans le contexte européen : là où le poète islandais voit de bonnes terres arables – en comparaison
des terres sur son île – un contemporain franc ne voit probablement que des
sols bien médiocres. Ces contrées septentrionales ont toutefois d'autres avantages : le tribut imposé aux peuples *saami* (en peaux, fourrures, ivoire de morse,
graisse de baleine) représente une importante source de revenu pour les chefs
puis rois norvégiens, à l'image d'Ohthere au IXᵉ siècle[32]. Une grande partie du
Jutland, dominée par les prés salés, est plus propice à l'élevage, essentiellement
bovin, qu'aux cultures : autour d'Esbjerg et de Ribe les hommes élèvent par
exemple des bêtes, depuis l'Âge du Bronze, en combinaison avec de la céréaliculture. Cela reste toutefois sans commune mesure avec les riches contrées
céréalières du bassin parisien et du nord de la Gaule, ou même avec les terres
fertiles du sud de l'Angleterre évoquées (de façon certes peut-être orientée et
exagérée) par Bède le Vénérable[33]. Ainsi, bien que la terre argileuse de la région
de Hamwic se prête peu à la culture du seigle, elle permet celle de l'orge ou
du blé et l'élevage, notamment ovin[34] ; et Quentovic s'est développé au cœur
d'une région, le Ponthieu, favorable à l'agriculture et l'élevage, entre Canche
et Somme, sur un plateau d'accès aisé, par terre comme par mer, traversé d'est
en ouest par plusieurs rivières (Canche, Authie, Somme)[35]. Quant à la Frise, elle
se caractérisait avant tout par un paysage très plat, avec des fossés remplis d'eau
entourant des terres sablonneuses, sur lesquelles se forment des podzols, sols
lessivés généralement peu fertiles mais qui, bien drainés et enrichis en engrais,
peuvent accueillir des cultures (seigle, blé, légumes...)[36]. Plus à l'est, le sud de la
Baltique jouit également de conditions favorables à l'agriculture : la région de
l'estuaire de l'Oder, où est notamment implanté Wolin, bénéficie par exemple

---

31 Snorri Sturluson, « Haralds Saga Sigurðarsonar », dans *Hkr*, vol. III, *op. cit.*, p. 68-202, ici c. 58.
32 Ohthere, dans « Ohthere's report... », texte cit., p. 46.
33 Bède le Vénérable, *HE*, lib. I, c. 1.
34 F. J. Green, « Cereals and plant food : a reassessment of the Saxon economic evidence from Wessex »,
dans J. Rackham (dir.), *Environment and economy in Anglo-Saxon England : A review of recent work on the
environmental archaeology of rural and urban Anglo-Saxon settlements in England* (*CBA Research Report*,
89), York, 1994, p. 83-88.
35 Hariulf, *Chronicon Centulense...*, *op. cit.*, I, 5.
36 *Egils saga*, *op. cit.*, p. 128-129, c. 71.

d'un arrière-pays particulièrement fertile ; et les descriptions des chroniqueurs comme les données archéozoologiques soulignent que les abondantes forêts de la région offraient du gibier en quantité[37].

Ces conditions plutôt favorables expliquent que les régions choisies pour installer et développer les *emporia* constituaient souvent des zones d'occupation humaine très anciennes : la mise en culture de la vallée de l'Itchen remonte par exemple à 2 500 ans avant l'arrivée des Anglo-Saxons et autour de Dorestad on a relevé des traces d'occupation pour l'Âge du Fer et les époques romaine, avec le *castellum* romain de *Levefanum,* et mérovingienne[38]. Le site carolingien, même s'il n'est pas certain qu'il se trouve exactement au même endroit que ceux qui l'ont précédé – peut-être pour suivre les évolutions du cours du Rhin –, n'est donc pas totalement neuf. Le fond de la vallée marécageuse où Quentovic se situe, le long de la rive sud de la Canche, a également toujours constitué un espace propice à l'installation humaine, comme le soulignent les traces d'occupation datant du Néolithique et les vestiges gallo-romains[39]. L'embouchure de la Canche semble ainsi jouer un rôle stratégique et prépondérant comme voie de pénétration et d'échange entre le Continent et les îles Britanniques bien avant que Quentovic ne voie le jour. Des analyses polliniques dans la région de Kaupang ont également montré que le Vestfold était occupé de façon continue depuis l'Âge du Fer[40] ; et les environs de Wolin ont livré des traces anciennes d'occupation (céramique des ve et vi^e siècles, trésor de *solidi* byzantins...). Pour autant, la fondation de plusieurs *emporia* paraît déterminée par la volonté de se démarquer d'anciens sites : dans le monde romanisé, Hamwic, Lundenwic, Eoforwic, Domburg ou Dorestad semblent avoir été implantés non pas exactement sur des sites romains mais à proximité de ceux-ci, dans leur *suburbium*, comme si on avait voulu les créer à une certaine distance des anciens établissements en ruines, la reprise des activités portuaires s'effectuant alors « en totale discontinuité avec celle du Haut-Empire »[41].

---

37 D. Makowiecki, « Animals in the landscape of the medieval countryside and urban agglomerations of the Baltic Sea countries », dans *Settimane di studio-centro italiano di studi alto medioevo*, 56 (1), Spolète, 2009, p. 427-444.

38 S. Arnoldussen, *Appendices to A Living Landscape. Bronze Age settlements sites in the Dutch river area (c. 2000-800 BC)*, Leiden, 2008, p. 97-124.

39 P. Barbet et J.-C. Routier, « Bilan des connaissances archéologiques en basse vallée de Canche autour de Quentovic », dans S. Lebecq, B. Béthouart et L. Verslype (dir.), *Quentovic...*, *op. cit.*, p. 265-304.

40 B. Myhre, « The Iron Age », dans K. Helle (dir.), *The Cambridge History...*, vol. 1, *op. cit.*, p. 60-93.

41 S. Lebecq, « L'*emporium* proto-médiéval de Walcheren-Domburg : une mise en perspective », dans *Id., Hommes..., op. cit.*, vol. 2, p. 133-147, ici p. 139.

2. Les *wics* au fil du temps : approche chronologique contrastée

Tab. 1. Chronologie des *emporia*[42]

	600	650	700	750	800	850	900	950	1000
Rouen									
Quentovic							? ? ? ? ? ? ? ?		
Domburg									
Dorestad									
Lundenwic									
Eoforwic									
Ipswich									
Hamwic									
Ribe									
Aarhus									
Birka									
Hedeby									
Kaupang									
Menzlin									
Reric/Groß Strömkendorf									
Truso									
Wolin									
Dublin									

Chaque *emporium* a sa propre histoire et donc sa propre chronologie. Toutefois, les chevauchements sont nombreux et presque tous ces ports semblent partager un temps d'existence commun, au cours de la première moitié du IXᵉ siècle, une période de coexistence assez brève, mais qui rend néanmoins possible une approche commune.

---

42 En plus foncé : période d'apogée du site ; en hachuré : occupation actuelle ; les points d'interrogation renvoient au problème de la survivance de l'atelier monétaire.

2.1 Quand ces ports furent fondés

L'émergence de tous ces sites nouveaux au cours des VIIe et VIIIe siècles s'explique largement par la renaissance du grand commerce international à cette époque, en lien avec les évolutions nautiques (introduction de la voile et de la quille) et politiques, qu'il s'agisse du rôle croissant des rois francs ou des changements profonds intervenant dans l'espace scandinave. Dans ce contexte de réorientation de la géographie des échanges, alors qu'à l'époque romaine le principal port d'embarquement pour l'Angleterre était Boulogne*, à partir de la fin du VIe siècle, le gros du commerce transmanche passe par Rouen ou Quentovic et le détroit du Solent, où se trouve Hamwic : l'intensification des contacts entre Angleterre et Neustrie est probablement une des causes majeures de l'essor de ces *wics* aux VIIe et VIIIe siècles[43].

Ces ports marchands apparaissent tout d'abord sur les rives de la mer du Nord et de la Manche au VIIe siècle (voire de la fin du VIe siècle) et au tout début du VIIIe siècle (Domburg, Quentovic, Dorestad, Lundenwic, Eoforwic, Hamwic, Ribe...), puis sur celles de la Baltique au cours des VIIIe et IXe siècles (Birka, Åhus, Menzlin, Truso...). Domburg, occupé en continu de la fin du VIe au tournant des VIIIe et IXe siècles, paraît être le plus ancien, avec une période d'apogée au milieu du VIIIe siècle. Actuellement, on tend toutefois à faire remonter la date de la fondation de la plupart de ces établissements portuaires plus loin dans le temps que les approches traditionnelles, grâce aux apports des dernières fouilles : à Lundenwic, les récentes découvertes semblent indiquer une occupation (au moins saisonnière) plus précoce qu'on ne le pensait, remontant à la seconde moitié du VIe siècle, dans le contexte de l'essor des échanges avec le royaume franc[44]. Ce port serait par conséquent antérieur à Gipeswic et à Hamwic, même si, là aussi, la date de l'occupation originelle tend à remonter, à la suite de la découverte récente d'un cimetière du milieu du VIIe siècle[45] : Hamwic est une possible fondation ouest-saxonne – peut-être à l'instigation du roi Ine (688-726) – dans un domaine royal appelé *Hamtun*[46]. De même, les fouilles récentes menées à Ribe ont permis de conclure à une forme d'occupation permanente dès le début du VIIIe siècle[47] ; et alors que l'on situait traditionnellement les débuts de Birka aux environs de l'an 800, depuis les fouilles de Björn Ambrosiani, on n'hésite plus à les faire remonter d'un quart

43 A. Gautier, « Traverser la Manche au tournant du VIIe siècle. Réseaux politiques et systèmes de communication au temps de l'émergence de Quentovic », dans S. Lebecq, B. Béthouart et L. Verslype (dir.), *Quentovic..., op. cit.*, p. 221-236.

44 R. Cowie *et al.*, *Lundenwic : excavations..., op. cit.*

45 V. Birbeck *et al.*, *The origins..., op. cit.*

46 M. Welch, *Anglo-Saxon England, op. cit.*, p. 118.

47 S. Croix, « Permanency... », art. cit.

à un demi-siècle, vers le milieu du VIIIe siècle[48]. Les activités débuteraient dans la région de Hedeby dès le milieu du VIIIe siècle, avant même les premières infrastructures du port, voire dès la première moitié du VIIIe siècle, avec une occupation de la région du lac *Haddebyer Noor* avant 817, d'abord sur sa rive nord, avant que la zone ainsi occupée ne s'étende ensuite et que la construction des infrastructures portuaires ne débute au cours du IXe siècle[49]. Les débuts de l'*emporium* lui-même semblent coïncider avec l'implantation, au VIIIe siècle, d'un premier petit site saisonnier, au sud du futur mur d'enceinte semi-circulaire et connu sous le nom d'« établissement sud » (*Südsiedlung*)[50], tandis qu'il faut attendre le siècle suivant pour qu'un noyau de peuplement à la disposition plus régulière, probablement en partie planifié, se développe un peu plus au nord[51]. De même, après une première phase saisonnière de la fin du VIIIe siècle au milieu du IXe, l'occupation de Truso serait devenue permanente jusqu'au milieu du Xe siècle[52].

Les décalages chronologiques qui peuvent s'observer en fonction des sources considérées témoignent de la difficulté qu'il peut y avoir à dater avec précision les débuts d'un site. Alors que les données numismatiques mentionnent par exemple Dorestad dès 630 (*Dorestat* sur des *trientes* d'or), les fouilles n'ont, à ce jour, pas permis de confirmer cela, pas plus que les textes : la première mention écrite de ce lieu est très brève et ne date que des années 670[53] ; et les *Continuations du Pseudo-Frédégaire* évoquent une bataille entre Pépin II et les Frisons, qui aurait eu lieu vers 690 près du *castrum Duristat*[54], ce qui indique que la région était bien habitée à la fin du VIIe siècle, mais nous ne disposons d'aucune mention textuelle plus ancienne et les datations rendues possibles par les céramiques ne permettent pas de remonter au-delà du début du VIIIe siècle, voire de la fin du VIIe siècle. Le problème est assez similaire pour Quentovic : la première mention littéraire remonte seulement au début du VIIIe siècle, pour des événements datant des environs de 668-669[55], alors que les monnaies portant l'inscription WIC IN PONTIO datent des environs de 630[56]. Quant à Ribe, la dendrochronologie a permis de dater sa fondation aux environs de 705, soit plus d'un siècle avant la première mention écrite de ce site[57], qui est par ailleurs celui pour lequel on dis-

---

48 B. Ambrosiani et H. Clarke, « Birka and the Beginning of the Viking Age », dans A. Wesse (dir.), *Studien zur Archäologie...*, *op. cit.*, p. 33-38, ici p. 35.

49 S. Kalmring, *Der Hafen...*, *op. cit.*

50 H. Steuer, *Die Südsiedlung von Haithabu* (*Die Ausgrabungen in Haithabu*, 6), Neumünster, 1974.

51 Voir la Carte 19 en Annexe 1.

52 M. F. Jagodziński, « Truso... », *art. cit.*

53 *Ingreditur vero ipse Renus in mare Oceanum sub Dorostate Frigonum patria.* (*Ravennatis Anonymi Cosmographia et Guidonis Geographica*, éd. M. E. Pinder et G. F. C. Parthey, Berlin, 1860, lib. IV, c. 24, p. 228).

54 *Chronicarum quae dicuntur Fredegarii Scholastici. Libri IV..., op. cit.*, p. 172.

55 *... ad portum cui nomen est Quentavic...* (Bède le Vénérable, *HE*, lib. IV, c. 1, p. 332-333).

56 J. Lafaurie, « Wic in Pontio... », *art. cit.*

57 Il s'agit de la permission royale d'ériger une église dans la ville, vers 860, rapportée par Rimbert (*VA*, c. 32).

pose de la stratigraphie la plus détaillée, établie dans le secteur de la nouvelle Poste. Onze couches ont en effet pu y être identifiées, datant du tout début du VIIIe siècle jusqu'à 850 environ : les couches AA et A sont les couches naturelles antérieures au marché (donc jusqu'à 704/705 environ), la couche B représente la phase la plus ancienne du marché (de 704/705 à 725 environ), la couche C va de 725 à 760 environ, la D de 760 à 780, la E de 780 à 790, la F de 790 à 800, la G de 800 à 820, les couches H et I de 820 à 850 et la J se prolonge jusqu'au XIIe ou XIIIe siècle[58].

Ces décalages posent la question de la forme qu'a pu revêtir l'occupation de ces sites dans les premiers temps : y a-t-il eu occupation saisonnière avant la fondation d'établissements permanents ? La question fait débat et si ce fut le cas, cette première phase ne fut jamais très longue, avec même une tendance à l'envisager de plus en plus courte au fil des fouilles : à Hamwic, par exemple, si la plupart des preuves archéologiques indiquent que le site n'est établi que vers le début du VIIIe siècle, on a toutefois retrouvé quelques traces d'habitations clairsemées sur la rive ouest de l'Itchen pour les décennies précédant l'an 700[59] ; et, à Kaupang, si un premier lieu d'accostage – un simple point d'échouage des navires, relativement dépourvu d'infrastructures – a pu exister dès la fin du VIIIe siècle, avant que le site permanent se développe au début du IXe siècle, on manque pour l'instant de traces permettant de l'affirmer[60]. De même, à Ribe, le marché ne semble utilisé de façon saisonnière que pendant quelques années au cours de la première décennie du VIIIe siècle, avant qu'un système régulier de parcelles ne voie le jour et ne se maintienne sans trop de changements pendant tout le VIIIe siècle et jusqu'à la fin du site dans la seconde moitié du IXe : les abris temporaires font alors place à des bâtiments désormais utilisés durant toute l'année[61]. Quoi qu'il en soit, ces quelques exemples soulignent que la durée de vie des *emporia* n'est pas monolithique : chaque site connaît des évolutions au fil du temps, avec, en général, une période d'apogée, au cours de laquelle les infrastructures se développent et les activités s'intensifient.

2.2 Comment et pourquoi ces ports déclinèrent, se déplacèrent ou perdurèrent

> … *Birka est aujourd'hui frappée d'une telle désolation qu'on en distingue à peine les vestiges…*, Adam de Brême[62].

La destinée des *wics* ne fut pas strictement similaire au fil des siècles : certains sombrèrent dans l'oubli, leurs activités se déplaçant souvent sur un nouveau site

---

58 C. Feveile, « The coins from 8th-9th centuries Ribe… », art. cit., p. 153.
59 V. Birbeck *et al.*, *The origins…, op. cit.*, p. 82-185.
60 L. Pilø, « The Settlement… », art. cit. (n. 15, p. 64).
61 C. Feveile (dir.), *Ribe studier…, op. cit.*, vol. 1.1, p. 74.
62 Adam de Brême, *GH*, scholie 138, p. 262.

implanté à proximité, quand d'autres ont perduré, donnant naissance aux villes modernes toujours existantes. Mais ces évolutions chronologiques sont, comme les débuts de ces ports, souvent malaisées à dater avec certitude et très contrastées selon les cas : Hedeby est un site commercial encore prospère dans la première moitié du Xe siècle, tandis qu'à la même époque les *emporia* francs ou Ribe ont déjà cessé leurs activités depuis près d'un siècle. Sigtuna, un peu au nord de Birka sur la route d'Uppsala prend le relais du *wic* suédois, qui semble abandonné vers 970[63] ; et alors que Hedeby, port actif dans le commerce septentrional jusqu'au milieu du XIe siècle, semble disparaître assez brutalement des réseaux commerciaux – peut-être « réduit en cendres » vers 1050 par le roi norvégien Harald III Sigurdsson au cours de la lutte qui l'opposa au roi danois Sven II Ulfsson[64], ou quelques années plus tard, lors d'une offensive menée par des Slaves dans le nord de l'Allemagne et le sud du Danemark[65] –, Schleswig, sur la rive nord du fjord de la Schlei, prend son essor. Sur le Continent, Quentovic est éclipsé, entre la fin du IXe et le début du Xe siècle, par Montreuil*, qui, grâce à la hausse progressive du niveau de la mer, présente de meilleures conditions nautiques pour des navires au tirant d'eau plus important, ainsi que de solides fortifications[66] : la basse vallée de la Canche perd alors une grande partie de son importance économique, ce qui ne paraît toutefois pas avoir entravé la « remarquable renaissance » monétaire de l'atelier de la Canche dans les années 870, attestée par la réforme de Charles le Chauve en 864 et le nombre important de monnaies qui y sont frappées à la fin de son règne[67]. Dans les faits, on peine toutefois à dater la disparition de ce *wic* : l'édit de Pîtres de 864 est le dernier document dans lequel ce site apparaît avec certitude comme un centre important, mais on n'a à ce jour relevé aucune trace d'occupation postérieure au milieu du IXe siècle ; on sait juste que Louis IV tente de restaurer l'ancien *emporium* au Xe siècle[68]. Les activités économiques de Hamwic semblent également décliner dans la seconde moitié du IXe siècle, tandis que ses habitants, fuyant notamment les raids vikings sur les côtes méridionales anglo-saxonnes, se réfugient un peu plus loin au sud-ouest, créant un nouveau site : Southampton, fortifié et plus facile à défendre, qui, à la suite de la conquête normande en 1066, devient le principal port de transit entre la capitale anglaise,

---

63 Adam de Brême mentionne la désolation de Birka à l'occasion du récit de la mission d'Adalvard dans les années 1060 et évoque la tombe de l'archevêque Unni, mort autour de 936 : le déclin de Birka, au profit de Sigtuna, se situe donc entre ces deux dates (Adam de Brême, *GH*, scholie 142, insérée dans lib. IV, c. 30).

64 Snorri Sturluson, « Haralds Saga Sigurðarsonar », dans *Hkr*, vol. III, *op. cit.*, p. 68-202, c. 34.

65 Adam de Brême, *GH*, scholie 81.

66 J. Barbier, « Du *vicus* de la Canche au *castrum* de Montreuil, un chaînon manquant : le *fiscus* d'Attin », dans S. Lebecq, B. Béthouart et L. Verslype (dir.), *Quentovic…*, *op. cit.*, p. 431-457.

67 S. Coupland, « Trading places… », art. cit.

68 Flodoard, *Annales*, *op. cit.*

Winchester, et le Continent. Il retrouve ainsi une des attributions essentielles de son prédécesseur anglo-saxon, dont il a aussi pu reprendre, dès la seconde moitié du IXᵉ siècle, les fonctions administratives[69]. Le destin de Menzlin est encore mal connu, mais, lorsque le port est abandonné durant la première moitié du Xᵉ siècle, le relais est peut-être pris par un site fondé au IXᵉ siècle sur l'île d'Usedom, à une vingtaine de kilomètres plus à l'est. Le port de Dorestad semble quant à lui décliner dans les années 840-850, avant d'être à son tour abandonné dans la seconde moitié du IXᵉ siècle ; son atelier monétaire cesse à ce moment toute activité[70]. Kaupang disparaîtrait un peu plus tard, vers 960-980 : la forêt gagne alors sur la région. De façon générale, sauf événement violent et dramatique comme à Hedeby, les *wics* ne s'évanouissent pas brusquement, mais connaissent plutôt un affaiblissement progressif, du moins pour ceux qui disparaissent, ce qui est loin d'être le cas de tous ces ports.

D'autres *emporia*, sans disparaître totalement, subissent de profondes mutations, qui contribuent à largement les remodeler, annonçant les villes médiévales. Ribe, par exemple, n'a jamais totalement disparu : sa taille et son importance économique et commerciale semblent considérablement réduites au cours de la seconde moitié du IXᵉ siècle, mais contrairement à ce que l'on a longtemps pensé, l'occupation du site n'a probablement jamais cessé. La découverte récente de deux cimetières datant du milieu du IXᵉ au milieu du XIᵉ siècle met en effet à mal la thèse de l'absence de continuité entre le site viking, sur la rive nord, et le site médiéval autour de la cathédrale, sur la rive sud[71]. Les attaques répétées sur Aarhus dans la première moitié du XIᵉ siècle ne suffisent pas non plus à avoir raison de ce port, qui redevient résidence épiscopale vers 1060. En Angleterre, de nombreux *wics* de l'époque viking donnent naissance aux villes médiévales : Gipeswic/Ipswich sert d'atelier monétaire à partir du roi Edgar, dans les années 970, et Eoforwic/York, capitale du royaume de Northumbrie puis de celui des vikings de 866 à 954, connaît un nouvel essor dès la fin du IXᵉ siècle, devenant rapidement un grand port fluvial. Quant à Lundenwic, le site se rétracte et son activité commerciale diminue à partir du milieu du IXᵉ siècle (peut-être dès la fin du VIIIᵉ), probablement en partie sous l'effet de facteurs locaux (incendies en 764, 798 et 801 et possibles inondations), de l'instabilité politique – en Angleterre et sur le Continent – et des attaques répétées des Scandinaves à partir des années

---

69 A. D. Morton (dir.), *Excavations at Hamwic*, vol. I, p. 70-77 ; V. Birbeck *et al.*, *The origins...*, *op. cit.*, p. 190-204.
70 *AB*, a° 863 ; W. G. Mook et W. A. Casparie, « C-14 Datings from Dorestad, Hoogstraat I » et W. A. van Es et W. J. H. Verwers, « Beginning and End of the Occupation », dans *Id.*, *Excavations at Dorestad 1...*, *op. cit.*, p. 286-292 et p. 294-299 ; S. Coupland, « Boom and bust at 9ᵗʰ century Dorestad », dans A. Willemsen et H. Kik (dir.), *Dorestad...*, *op. cit.*, p. 95-103.
71 C. Feveile, « Ribe : Continuity or Discontinuity from the Eighth to the Twelfth Century ? », dans J. Sheehan et D. Ó Corráin, *The Viking Age...*, p. 97-106 ; S. Croix, « Permanency... », art. cit.

830. Ce déclin n'entraîne toutefois pas la disparition définitive du site, qui semble renaître dès la fin du IXᵉ siècle un peu plus à l'est, autour de la forteresse romaine et de la cathédrale dans un premier temps : le roi anglais Alfred le Grand en reprend le contrôle vers 886 et veille à l'entourer de fortifications ; le nouveau site est alors connu sous le nom de *Lundenburh*, ancêtre de la ville médiévale de Londres. Plus à l'est, Truso, sans être totalement abandonné – le site étant toujours occupé au début du XIᵉ siècle –, perd son importance commerciale au profit de Gdańsk au cours de la seconde moitié du Xᵉ siècle ; et le pillage de Staraya Ladoga par le jarl norvégien Eiríkr Hákonarson à la toute fin du Xᵉ siècle n'a pas non plus raison du port, à nouveau mentionné pour l'année 1019, lorsque Ingigerd de Suède épouse Yaroslav de Novgorod, ce dernier cédant cette ville à sa nouvelle épouse. Dans tous ces cas, l'existence d'une ville contemporaine n'est d'ailleurs pas sans poser problème aux archéologues, ne permettant que des fouilles très partielles.

Difficile d'imputer ces disparitions et recompositions à un facteur unique : les raids vikings en particulier ne peuvent être tenus pour seuls responsables du déclin économique des *emporia*. Les attaques répétées sur ces ports ont certes contribué à désorganiser le grand commerce, notamment le pillage à répétition du grand nœud commercial frison, Dorestad, des années 830 à 860 ; et cela a probablement joué dans le glissement de certains d'entre eux vers des sites fortifiés et plus faciles à défendre, comme Montreuil* pour Quentovic ou Southampton pour Hamwic. Il faut toutefois relativiser les conséquences de ces raids : les dégâts matériels peuvent toujours être réparés, comme en témoigne le dynamisme de Dorestad, capable, entre 834 et 863, de se relever rapidement de pillages réguliers et de faire repartir son économie, attirant ainsi à nouveau les convoitises au printemps suivant, ou la nouvelle phase de prospérité que connaît Rouen, réduite en cendres par les vikings en 841-842 et 885, lorsque Rollon puis les Plantagenêt y créent des entrepôts pour le fret venant de la Baltique et de la Méditerranée. On ne peut imputer aux seules « incursions normandes » tous les bouleversements sociaux, politiques et économiques de cette période[72] : après la déstructuration des anciens systèmes d'échanges qu'ils entraînent sur le Continent et en Angleterre, de nouveaux circuits et sites commerciaux se mettent en place.

Les troubles politiques du IXᵉ siècle jouent également un rôle dans ces recompositions : l'instabilité politique du sud de la Scandinavie a pu avoir un impact sur les activités de Kaupang et de Ribe, de même que les guerres civiles entre les héritiers de Charlemagne pour les sites continentaux. Dans la région du Viken par exemple, depuis la fin des années 950, le roi danois Harald à la Dent Bleue tente d'étendre son pouvoir dans le sud de la Norvège, mais, trahi par Håkon

---

72 Comme l'a bien montré Isabelle Cartron à partir de l'étude du réseau des moines de Saint-Philibert (I. Cartron, *Les pérégrinations de Saint-Philibert*, Rennes, 2010).

Sigurdsson vers 975, il perd alors le contrôle des territoires norvégiens qu'il avait rattachés à sa couronne. Dans ce contexte de recrudescence des luttes politiques – entre rois danois et norvégiens mais aussi chefs locaux pour le contrôle de régions comme le Viken –, peut-être n'y avait-il pas de pouvoir suffisamment fort pour maintenir l'*emporium* et ses activités. Quant à l'effacement de Dorestad, il faut probablement le resituer dans le contexte plus large des troubles survenus dans l'Empire carolingien après la mort de Charlemagne : la ville est alors coupée de son arrière-pays et, à partir de 830 environ, « l'étroite symbiose existant entre Dorestad, la Rhénanie, la Belgique et le nord de la France, centres de gravité de l'empire, s'est graduellement détériorée »[73]. L'essor de Montreuil*, alors que Quentovic paraît décliner, tient probablement aussi à une conjonction de facteurs : bénéficiant de meilleures conditions nautiques et de fortifications, ce site est également un centre de pouvoir, et même un des rares lieux où l'autorité royale capétienne parvient à s'affirmer au tournant des Xe et XIe siècles, à la suite de son rattachement au domaine royal par Hugues Capet.

Les répercussions des changements affectant les conditions nautiques ne doivent pas non plus être négligées. Les constructions et agrandissements successifs des infrastructures portuaires au cours du IXe siècle à Dorestad et Hedeby sont une réponse aux exigences du commerce maritime, des exigences qui vont croissantes au cours du Xe siècle : à Hedeby une impressionnante plate-forme en U est progressivement construite par des extensions successives en 884, 886 et 894, permettant à des navires de taille moyenne toujours plus nombreux de mouiller dans le port[74]. Néanmoins, à la même époque plusieurs *emporia* semblent progressivement s'ensabler : dans l'estuaire de la Canche, les quais de Quentovic commencent à s'envaser, de même que ceux de Hamwic dans l'estuaire de l'Itchen, tandis que dans la région du delta du Rhin les alluvions s'accumulent, entraînant l'ensablement de Domburg et Dorestad[75]. Même à Hedeby, la taille toujours plus importante des cargos et la hausse du trafic maritime auraient nécessité un port plus profond, alors même que le fjord de la Schlei semble lui aussi avoir tendance à s'ensabler ; et à Birka, à mesure que le Södertälje, route maritime alors naturellement navigable qui reliait le lac Mälar à la Baltique, s'envase et que les navires deviennent trop gros pour l'emprunter, le passage plus à l'est dans le lac Mälar est privilégié, au profit d'une nouvelle ville, Sigtuna[76]. Kaupang est peut-être également victime de l'évolution du rivage : vers 800, le niveau de la mer se situait en

---

73 W. A. van Es et W. J. H. Verwers, « L'archéologie de Dorestad », dans S. Lebecq, B. Béthouart et L. Verslype (dir.), *Quentovic...*, *op. cit.*, p. 317-327, ici p. 327.
74 S. Kalmring, *Der Hafen...*, *op. cit.*, p. 194-243 ; *Id.*, « The Harbour of Hedeby », dans S. Sigmundsson (dir.), *Viking Settlements...*, *op. cit.*, p. 245-259, ici p. 249, Fig. 3.
75 S. Lebecq, « L'homme, la mer... », *art. cit.*, p. 78.
76 B. Wigh, *Excavations in the Black Earth...*, *op. cit.*, p. 135. Voir la Carte 21 en Annexe I.

effet environ 3,5 mètres au-dessus de l'actuel, ce qui devait rendre ce port vulné-
rable aux grandes marées et a peut-être joué, à terme, un rôle dans son effacement[77].

Le déclin ou l'abandon des grands *emporia* serait ainsi le reflet à la fois de la
réorientation des échanges en Europe du Nord, des évolutions des conditions
nautiques et des recompositions alors à l'œuvre sur la scène politique, bien plus
qu'une conséquence directe des seuls raids vikings. Plus qu'un facteur unique,
c'est donc la combinaison de diverses raisons qui permet d'expliquer la fin du
règne économique des *wics* dans le bassin des mers nordiques : un système économique semble arrivé à son terme, cédant le pas à un nouvel ordre économique
et commercial, annonciateur des échanges du second Moyen Âge.

3. Aperçu de la taille et de la structure interne

3.1 Superficie et taille démographique

> *C'est une très grande ville, sur les bords de l'Océan*, Ibrâhîm ibn Ya'qûb al-Turtushi[78].

De tous les *emporia* connus, et d'après ce que l'état actuel des fouilles nous
permet de savoir, il semble que Dorestad, Quentovic et Lundenwic soient les plus
grands, couvrant chacun au moins une cinquantaine d'hectares et peut-être même
bien plus[79]. La taille des autres sites anglo-saxons relèverait à peu près du même
ordre de grandeur : autour d'une cinquantaine d'hectares pour Gipeswic, entre 42
et 47 hectares pour Hamwic, entre 25 et 65 pour Eoforwic. Les sites scandinaves
semblent quant à eux avoir atteint une superficie plus modeste que celle de leurs
« grands frères » occidentaux : la surface couverte par Hedeby est estimée à dix
hectares au IXᵉ siècle et à 24 au Xᵉ en incluant les cimetières se trouvant à l'extérieur de l'enceinte en demi-cercle, tandis que la ville proprement dite ne couvrait
elle que six hectares, autrement dit, une zone à peine plus petite qu'à Birka – dont
l'extension était de toute façon limitée par son caractère insulaire –, où la ville
la plus ancienne, correspondant à la partie couverte par les « terres noires », est
estimée à sept hectares. L'ordre de grandeur est à peu près le même à Aarhus, où
la surface du site entouré par les remparts aurait couvert environ six hectares, et
à Kaupang, où les archéologues de la campagne des années 2000 ont évoqué un
site aux alentours de 5,4 hectares. Ribe, enfin, est l'*emporium* scandinave pour
lequel une estimation de la surface couverte par le site viking est la plus délicate,

---

77 L. Pilø, « The Settlement... », art. cit. (n. 15, p. 64), p. 163.

78 C'est ce que rapporte le diplomate juif espagnol vers 965/970 à propos de Hedeby/Schleswig
(Ibrâhîm ibn Ya'qûb al-Turtushi, dans A. Miquel, « L'Europe occidentale... », art. cit., p. 1062).

79 A. Willemsen, « Welcome to Dorestad... », dans *Ead.* et H. Kik (dir.), *Dorestad...*, *op. cit.*, p. 7-16 ;
D. Hill *et al.*, « Quentovic defined », art. cit., p. 54. Voir les Plans 2 en Annexe 1.

mais l'ensemble de la zone fouillée depuis les années 1970 représenterait autour d'une douzaine ou une quinzaine d'hectares. La superficie que couvraient les ports slaves est elle aussi difficile à déterminer, mais a pu considérablement varier selon les sites : la taille de Truso a pu avoisiner celle de Hedeby, occupant dans les quinze hectares à son apogée, peut-être à peine moins que Menzlin (estimé autour de 18 hectares) au IXe siècle, tandis que Wolin, qui a pu couvrir entre 35 et 40 hectares, était vraisemblablement un des centres urbains les plus importants de la Baltique du IXe au XIIe siècle. Cependant, ces chiffres ne sont que des estimations, d'autant plus hypothétiques que les surfaces qui ont pu être effectivement fouillées couvrent, pour la plupart des *emporia*, seulement entre 5 % et 10 % de la superficie totale estimée. Il n'est pas impossible que les plus grands, notamment Quentovic, dont l'emprise au sol reste très mal connue, mais aussi Lundenwic ou Wolin, aient couvert des surfaces bien plus vastes qu'on ne le suppose.

Tenter d'évaluer la taille démographique de ces ports est une tâche encore plus ardue : toutes les estimations proposées ne sont jamais que des ordres de grandeur, des approximations ne reposant bien souvent que sur des calculs à partir du nombre de tombes retrouvées, ce qui ne tient pas compte d'éventuelles variations démographiques en fonction des saisons et ne permet pas vraiment de cerner la population au cours d'hypothétiques phases d'occupation saisonnière. Malgré tout, ici encore, les sites continentaux semblent largement l'emporter sur leurs « petits frères » scandinaves : la population de Dorestad a ainsi pu représenter un à deux milliers d'habitants, celle de Hamwic deux à trois milliers et celle de Lundenwic dépasser les 5 000 à la fin du VIIIe siècle[80]. De telles concentrations de population restent assez exceptionnelles pour l'époque : même dans les régions romanisées, peu de villes devaient atteindre de telles densités à la même période. Quant à Wolin, « la plus importante de toutes les cités d'Europe » décrite – avec peut-être quelque exagération – par Adam de Brême[81], elle a pu abriter plusieurs milliers d'habitants, peut-être jusqu'à 6 000[82]. Les fourchettes démographiques proposées pour les sites scandinaves sont un peu moins élevées, mais n'en demeurent pas moins importantes pour des régions situées en-dehors du processus d'urbanisation de l'époque romaine : leur population se comptait vraisemblablement en centaines d'habitants plutôt qu'en milliers, peut-être entre 500 et 1 000 pour Birka, autour d'un millier à Hedeby, dans les 700 à Kaupang[83].

---

80 W. A. van Es et W. J. H. Verwers, « L'archéologie de Dorestad », art. cit. (n. 73, p. 77) ; A. D. Morton (dir.), *Excavations at Hamwic*, vol. I, *op. cit.*, p. 55 ; D. J. Keene, « London from the Post-Roman period to 1300 », dans D. M. Palliser (dir.), *The Cambridge urban history...*, *op. cit.*, vol. I, p. 187-216.

81 Adam de Brême, *GH*, lib. II, c. 22.

82 W. Filipowiak et M. Konopka, « The identity of a town... », art. cit.

83 A.-S. Gräslund, *Birka...*, *op. cit.* ; H. Clarke et B. Ambrosiani, *Towns...*, *op. cit.*, p. 157 ; S. Nielsen, « Urban economy in Southern Scandinavia in the second half of the first millennium AD », dans J. Jesch (dir.), *The Scandinavians...*, *op. cit.*, p. 177-207 ; M. Blackburn, « Coin Finds from Kaupang... », art. cit.

Envisager la composition détaillée de la population des *emporia* et sa répartition par âge paraît mission quasi-impossible en-dehors des maigres conclusions
tirées des quelques échantillons de restes humains qui ont pu être examinés de
plus près et dont les résultats sont difficilement généralisables à l'ensemble des
sites. L'étude des différents types de sépultures apporte néanmoins une certitude :
la population de ces établissements portuaires se caractérisait avant tout par son
caractère multi-ethnique, les marchands les fréquentant et s'y installant venant
de tous les horizons (Francs, Frisons, Scandinaves, Anglo-Saxons, Slaves...). Cette
grande diversité transparaît dans les pratiques funéraires et le mobilier présent
dans les tombes, comme l'a bien montré l'étude des nécropoles de Birka[84]. La pratique de l'inhumation – peut-être une innovation issue du Continent, plus précisément de Westphalie, Frise et Saxe – est assez largement cantonnée à l'*emporium*
avant l'an mil, tandis que dans le reste de la région du lac Mälar, c'est la crémation
qui domine. Certains éléments vestimentaires traditionnels, comme ceux issus de
costumes orientaux retrouvés en nombre important à Birka[85], peuvent également
mettre en lumière cette diversité ethnique et culturelle, ainsi que la variété des
types de bâtiments : à Wolin, on a mis au jour plusieurs bâtiments en bois de
type scandinave, tandis que les structures rectangulaires mises au jour à Hedeby
sont plutôt de type germanique[86]. La dimension pluri-ethnique des *emporia* va
de pair avec la diversité religieuse de leur population : textes comme archéologie
l'attestent. La *Vita Anskarii* évoque à plusieurs reprises les premiers chrétiens
de Birka ; et dans tous les ports scandinaves, sépultures chrétiennes et païennes
semblent se côtoyer : à Ribe, les tombes du IXᵉ au XIᵉ siècle identifiées dans le
secteur de la cathédrale et quasiment dépourvues de mobilier ont été interprétées
comme les premières tombes chrétiennes dans la région[87]. Toute conclusion en
la matière doit cependant rester très prudente : il est souvent difficile de délimiter clairement les catégories « tombes chrétiennes », qui ne contiendraient rien
de plus que le corps, et « tombes païennes », dotées d'un mobilier important[88].
Enfin, l'étude des cimetières a permis d'observer un déséquilibre des sexes, avec un
surplus d'hommes généralement assez net : 60 % contre 40 % de femmes à Birka,
62 % d'hommes pour l'échantillon de 76 tombes analysé à Hedeby, ou encore

---

84 A.-S. Gräslund, *Birka..., op. cit.*
85 S. Croix, « De l'art de paraître : costume et identité entre Scandinavie et ancienne Rous », dans
P. Bauduin et A. E. Musin (dir.), *Vers l'Orient et vers l'Occident..., op. cit.*, p. 85-100.
86 M. F. Jagodzinski, « The settlement of Truso », et V. Hilberg, « Hedeby in Wulfstan's days : a Danish
emporium of the Viking Age between East and West », dans A. Englert et A. Trakadas (dir.), *Wulfstan's
Voyage..., op. cit.*, p. 182-197 et p. 79-113.
87 C. Feveile, « Ribe. *Emporium* and town in the 8ᵗʰ and 9ᵗʰ centuries », dans A. Willemsen et H. Kik
(dir.), *Dorestad..., op. cit.*, p. 143-148.
88 J. Kieffer-Olsen, « Christianity and Christian Burial. The Religious background, and the transition
from paganism to Christianity, from the perspective of a churchyard archaeologist », dans C. K. Jensen et
N. K. Høilund (dir.) *Burial..., op. cit.*, p. 185-189.

deux hommes pour une femme à Hamwic si l'on se fie aux sépultures du secteur SOU 13[89]. Dans les *emporia* scandinaves, ce déséquilibre est toutefois souvent moins prononcé que dans les régions environnantes : à Kaupang, le quasi-équilibre entre les deux sexes (du moins pour le IXe siècle) contraste fortement avec le reste du Vestfold et même de toute la Norvège, où les femmes représentent plutôt autour d'un quart seulement des sépultures, ce qui tendrait à confirmer que leur rôle n'était pas secondaire dans ce port[90].

Enfin, au-delà de toute considération chiffrée, les archéologues ont pu observer des variations dans la densité d'occupation des différents sites, à partir du nombre de puits et de fosses dans un secteur donné. À Hamwic, c'est celui de *Six Dials*, au nord-ouest, qui semble le plus densément occupé, avec 530 puits et fosses sur 4 930 m², densité presque dix fois supérieure à celle observée à *Cook Street*[91]. De tels écarts ne sont pas anodins et reflètent probablement à la fois la nature centrale ou au contraire périphérique d'un secteur et des différences fonctionnelles selon les parties d'un même site. Autant d'observations et d'estimations chiffrées qui restent très approximatives et doivent par conséquent être maniées avec prudence, mais qui fournissent quelques ordres de grandeur pour aborder les *emporia* des mers nordiques.

3.2 Une organisation par secteurs et un découpage en parcelles

Tous les *emporia* semblent avoir été organisés en plusieurs secteurs, en général bien démarqués, avec des cimetières clairement distincts des zones d'habitation. Herbert Jankuhn avait élaboré un modèle du site de Hedeby en distinguant trois noyaux de peuplement, chacun possédant par ailleurs un cimetière adjacent : une partie sud – la plus ancienne –, un secteur central concentrant l'essentiel des activités artisanales (travail du fer dans le coin nord-ouest de la zone enserrée par le mur d'enceinte semi-circulaire ; fabrication de peignes en bronze dans le coin nord-est ; travail du métal et du verre le long du rivage) et un dernier noyau plus au nord[92] ; il est toutefois difficile d'affirmer que ce découpage apparent n'est pas en réalité un effet de fouilles. Birka se composerait aussi de trois parties principales : une zone centrale fortifiée, l'habitat proprement dit (les « terres noires »)

---

89 I. Øye, « Women in early towns », dans J. Sheehan et D. Ó Corráin (dir.), *The Viking Age...*, *op. cit.*, p. 298-308, ici p. 299 ; B. J. Sellevold, U. L. Hansen et J. B. Jørgensen, *Iron Age Man in Denmark*, Copenhague, 1984, p. 214 ; M. Brisbane, « Hamwic (Saxon Southampton) : an 8th century port and production centre », dans R. Hodges et B. Hobley (dir.), *The rebirth...*, *op. cit.*, p. 101-108, ici p. 104.
90 F.-A. Stylegar, « The Kaupang Cemeteries Revisited », dans D. Skre (dir.), *Kaupang in Skiringssal*, *op. cit.*, p. 65-128, ici p. 82-83 ; J. Jesch, *Women...*, *op. cit.*, p. 205.
91 V. Birbeck *et al.*, *The origins...*, *op. cit.*, p. 190-204.
92 H. Jankuhn, *Haithabu : ein Handelsplatz der Wikingerzeit*, Neumünster, 1986 [1956], Figs 35, 36, 38. Voir la Carte 19 en Annexe 1.

au nord, face au lac, et enfin les cimetières à l'est de la zone d'habitation et au
sud-ouest de l'île[93]. De même, Wolin paraît s'organiser en plusieurs quartiers,
chacun marqué par des fonctions différentes, comme la partie nord qui a pu abriter essentiellement des pêcheurs et des artisans, tandis que plus au sud, le long de
la Dziwna, plusieurs petits noyaux de peuplement s'étirent le long du rivage sur
plus de trois kilomètres, avec une vocation plus agricole pour certains[94]. Cette
organisation générale n'est pas sans évoquer celle de Dorestad, apparemment
formé de deux parties assez distinctes : un site nord, sur lequel les fouilles se sont
centrées et où on a repéré une soixantaine de rangées de maisons, perpendiculaires
au Rhin, avec également trois cimetières, et un site sud[95]. La vocation de la partie
nord, densément peuplée et où l'on a retrouvé les jetées du port et des fragments
de bateaux, serait essentiellement commerciale et artisanale, tandis que les dimensions importantes des bâtiments de la partie sud (jusqu'à trente mètres de long)
évoqueraient davantage la présence d'activités agricoles[96]. Une telle organisation
a pu permettre une forme de spécialisation fonctionnelle : on observe par exemple
une concentration du travail de l'ambre près du secteur portuaire de Wolin et des
activités de tabletterie dans certaines zones de Hamwic (notamment à *Six Dials*),
Dorestad, Eoforwic[97]... Ce « zonage » pourrait être une des caractéristiques des
emporia, organisés en secteurs, définis par une activité, voire peut-être par catégories de population, notamment les marchands, peut-être eux-mêmes regroupés
– ou se regroupant – par communautés en fonction de leur origine : à Hamwic,
la concentration de céramiques d'importation autour du front de mer pourrait
indiquer une présence importante de marchands étrangers, peut-être regroupés de
préférence dans cette zone, formant une sorte d'enclave de population étrangère
dans le *wic*[98] ; et à Wolin la concentration de nombreux peignes de type frison dans
le secteur sud peut faire penser qu'une communauté frisonne s'y était installée.
Il reste toutefois souvent malaisé de distinguer différentes zones en fonction de
leurs activités et plus encore de conclure à l'existence de secteurs culturels et/ou
ethniques[99]. Dans le cas de Hamwic, il semble même que les différentes activi-

---

93 C. Hedenstierna-Jonson, *The Birka warrior...*, *op. cit.*, Fig. 4, p. 47.
94 W. Filipowiak et M. Konopka, « The identity of a town... », art. cit.
95 Voir le Plan 1 en Annexe 1.
96 W. A. van Es et W. J. H. Verwers, « L'archéologie de Dorestad », art. cit. (n. 73, p. 77) ; W. Prummel,
Excavations at Dorestad 2..., *op. cit.*, p. 37-50.
97 I. D. Riddler, « The Spatial Organization of Bone-working at *Hamwic* », dans D. Hill et R. Cowie
(dir.), *Wics...*, *op. cit.*, p. 61-66.
98 J. R. Timby, « The Middle Saxon pottery », dans P. Andrews, D. M. Metcalf et J. Timby (dir.),
Southampton finds, vol. 1, *op. cit.*, p. 73-124, ici carte p. 119.
99 D. H. Brown, « The Social Significance of Imported Medieval Pottery », dans C. G. Cumberpatch
et P. W. Blinkhorn (dir.), *Not so much a pot, more a way of life. Current approaches to artefact analyses in
archaeology* (*Oxbow Monograph*, 83), Oxford, 1997, p. 95-112.

tés artisanales étaient pratiquées sur plusieurs secteurs séparés plutôt que sur de grandes zones vouées à une seule activité[100].

Cette répartition par quartiers laisse déjà supposer une organisation relativement réfléchie de ces sites, dont la structure est tout sauf un développement anarchique au fil du temps, ce que tend à confirmer la présence dans tous les *emporia* d'un secteur divisé en parcelles régulières. Leurs limites étaient nettement marquées par des barrières, fossés ou couloirs de passage et cet espace était parcouru par un réseau de rues parallèles ou perpendiculaires au rivage, parfois héritées du réseau romain, comme à Eoforwic, organisé de façon linéaire le long de la route romaine. Le site de Dorestad, semble globalement orienté d'est en ouest, le long du Rhin, les maisons, en rangs parallèles, lui faisant face et une étroite route de deux mètres de large, peut-être pavée de bois, passant devant les parcelles ; la zone d'habitation proprement dite commençait de l'autre côté de cette route, tandis que le secteur longeant la rivière et divisé en parcelles abritait visiblement des activités artisanales[101]. Déjà au VIIIᵉ siècle Domburg s'était développé autour d'une rue unique d'environ un kilomètre de long et longeant le front de mer ; l'habitat était disposé de part et d'autre de cette rue. Un tel schéma s'observe également dans l'aire centrale de Birka, dès les débuts du site, à Kaupang, à Wolin, à Truso, dont le centre est structuré par un réseau régulier de fossés délimitant des parcelles, mais aussi à Gipeswic et à Hamwic, construit autour d'un réseau de rues parallèles et interconnectées formant un schéma d'une grande régularité, avec deux systèmes de rues nord-sud (autour de *St Mary's Street*) et est-ouest (autour de *Six Dials*)[102]. De même, le noyau central de Hedeby paraît s'organiser autour d'une rue partant du rivage, datée par dendrochronologie de 819, et assez caractéristique des premiers sites commerciaux, un tel schéma se retrouvant par la suite à Sigtuna ou encore à Dublin. Cette rue principale semble par ailleurs coupée par plusieurs autres permettant d'atteindre le cœur du site, une organisation que l'on retrouve visiblement dans la partie centrale de Wolin, près du port, où des bâtiments de taille similaire sont alignés le long de rues pavées de bois, avec une rue principale d'orientation est-ouest. À Ribe également, vers 721, un quartier est quadrillé en parcelles (peut-être au nombre de cinquante ou soixante) de six à huit mètres de large et probablement dans les vingt à trente mètres de long, perpendiculaires à la rivière, chacune étant séparée des autres par un étroit fossé et des éléments de clôture en clayonnage, une structure qui reste inchangée pendant près de 150 ans[103] et qui a pu donner son nom au site : peut-être issu du latin *ripa*, désignant la

---

100 V. Birbeck *et al.*, *The origins...*, *op. cit.*, p. 190-204.
101 W. A. van Es et W. J. H. Verwers, *Excavations at Dorestad 3...*, *op. cit.*, p. 76-91.
102 Voir le Plan dans V. Birbeck *et al.*, *The origins...*, *op. cit.*, Fig. 5, p. 5.
103 C. Feveile (dir.), « Ribe on the north side... », art. cit., p. 74. Voir le plan du secteur dans *Id.* (dir.), *Ribe studier...*, *op. cit.*, vol. 1.1, p. 29.

rive, « Ribe » pourrait également avoir des origines nordiques, correspondant au norvégien et au suédois *ripa*, la « bande »[104]. La taille des parcelles pouvait toutefois varier en fonction des *emporia* : celles de Dorestad seraient par exemple un peu plus grandes que celles de Ribe, avec, selon les secteurs, une largeur entre 8,4 et 9,6 mètres – la plupart tournant autour de 9,3 ou 9,4 mètres[105]. À Lundenwic, les quatre-vingts bâtiments en bois mis au jour, mesurant généralement dans les 12 mètres de long et 5,5 mètres de large, sont alignés selon une direction est-ouest et s'organisent autour d'un système de rues perpendiculaires au rivage. De tels bâtiments rectangulaires, de taille assez variable mais globalement plutôt importante, se retrouvent par ailleurs dans la plupart des *emporia* : l'habitat de Domburg s'était déjà développé sous cette forme, avec des bâtiments de 3 mètres sur 4 à 5 mètres sur 14. Ceux de Dorestad atteignent ensuite des dimensions encore plus impressionnantes : de 17 à 30 mètres de longueur et de 6 à 7,5 mètres de largeur selon les endroits du *wic* ; et au Xᵉ siècle, à Truso, ce sont les bâtiments de 5 sur 10 mètres et de 6 sur 21 mètres qui se multiplient.

Il paraît difficile de voir dans cette disposition parcellaire si régulière et géométrique, mais également durable et présente visiblement sur tous les *emporia,* le fruit du hasard : est-elle le fait d'un pouvoir fort – éventuellement royal – dans la région ? Une hypothèse avancée par plusieurs chercheurs pour de nombreux *wics* et qui fait toutefois largement débat[106]. La similarité de ce schéma d'un site à l'autre, à travers les mers, ne peut, elle aussi, qu'interpeler : les sites scandinaves se seraient-ils inspirés de l'exemple de leurs « grands frères » continentaux ? C'est une possibilité à envisager.

3.3 D'importantes infrastructures portuaires

> *Ils ancrent leurs bateaux sur le fleuve [...] et construisent sur le bord de grandes maisons de bois*, Ibn Fadlân[107].

Les *emporia* sont avant tout des sites portuaires, destinés à accueillir navires et équipages. Leur situation en bord de mer ou de rivière a fait leur richesse, à

---

104 *Names in Denmark*, sur le site de l'Université de Copenhague : http://names.ku.dk/selectednames/ribe/ (consulté en septembre 2014).

105 W. A. van Es et W. J. H. Verwers, *Excavations at Dorestad 3...*, *op. cit.*, p. 92-108.

106 U. Näsman, « Exchange and politics : the eighth-early ninth century in Denmark », dans C. Wickham et L. Hansen (dir.), *The long eight century...*, *op. cit.*, p. 36-68 ; A. Nissen-Jaubert, « Pouvoir, artisanat et échanges dans le sud de la Scandinavie durant les IIIᵉ-Xᵉ siècles », dans A. Gautier et C. Martin (dir.), *Échanges...*, *op. cit.*, p. 73-88 ; J. Ulriksen, « Danish coastal landings places and their relation to navigation and trade », dans J. Hines, A. Lane et M. Redknap (dir.), *Land...*, *op. cit.*, p. 7-26 ; C. Feveile, « Ribe : *emporia* and town in the 8th and 9th century », dans S. Gelichi et R. Hodges (dir.), *From one sea...*, *op. cit.*, p. 111-122 ; S. M. Sindbæk, *Ruter...*, *op. cit.*, p. 166-172.

107 Ibn Fadlân, *Voyage chez les Bulgares...*, *op. cit.*, p. 73.

une époque où le gros du commerce s'effectuait par voie maritime ou fluviale : Dorestad, situé sur l'une des principales voies fluviales d'Europe, a ainsi pu devenir un important centre de commerce. Les échanges semblent s'être essentiellement tenus sur la rive du Rhin, où se situaient les bâtiments les plus petits et les plus denses, le fleuve étant essentiel aux activités commerciales mais aussi artisanales, notamment le tannage et le travail de la laine, qui nécessitent de grandes quantités d'eau. Avec l'augmentation de la capacité de charge des navires à l'époque viking, la construction d'infrastructures (appontements, débarcadères, jetées) devient indispensable pour faire des *emporia* des sites de commerce maritime importants. À Dorestad, sur le site de *Hoogstraat*, le long du Rhin, de nombreux poteaux et trous de poteaux ont été mis au jour ; mais les archéologues ne sont pas vraiment certains de la fonction (ou des fonctions) de ces structures, d'abord interprétées comme des chaussées permettant de s'avancer dans le lit du fleuve, puis plutôt comme un moyen de surélever le sol dans une région marécageuse[108]. Quoi qu'il en soit, il ne fait aucun doute qu'il s'agit là de la zone portuaire de Dorestad. Entre environ 675 et 825, le système de jetées en bois ne cesse de s'étendre, jusqu'à dépasser, à l'apogée du port frison, les trois kilomètres le long du Rhin. Les infrastructures portuaires de Hedeby sont assez similaires et soulèvent le même type de questions concernant leurs fonctions. En effet, on y a aussi retrouvé de nombreuses structures en bois, construites en plusieurs étapes à partir du premier tiers du IXe siècle et surtout au cours de la seconde moitié de ce siècle. Il s'agit, comme à Dorestad, de sortes d'appontements sur plusieurs rangées, constituées de poteaux en bois : la jetée principale, construite en 865, est suivie de deux autres dans les années 880-890, avant une dernière phase d'expansion vers 1000, permettant aux cargos de haute mer – donc plus profonds – d'accéder au port[109]. Dans le *wic* danois, comme dans le *wic* frison, on remarque donc des ajustements constants en fonction des évolutions de la demande du commerce à longue-distance, en matière notamment de taille des navires, si bien que leur développement complet a pris plus d'un siècle. Mais à Hedeby non plus, il n'est absolument pas certain que ces jetées en bois ne servaient qu'à accéder à la mer : l'emplacement du marché de cet *emporium* est encore incertain, mais, si l'on se fie à la distribution des monnaies et des poids égarés par les habitants, on peut supposer que des transactions se tenaient sur cette plate-forme de 1 500 m^2 élaborée depuis le premier tiers du IXe siècle, les fouilles n'ayant à ce jour rien révélé plus à l'intérieur des terres. En somme, en l'absence d'espace ouvert pour les transactions commerciales à l'intérieur du site, le port aurait également servi de place de marché ; et on peut

---

108 S. Kalmring, « Dorestad Hoogstraat from Hedeby/Schleswig point of view », dans A. Willemsen et H. Kik (dir.), *Dorestad…, op. cit.*, p. 69-81.
109 S. Kalmring, *Der Hafen…, op. cit.*, p. 194-243 ; *Id.*, « The Harbour of Hedeby », dans S. Sigmundsson (dir.), *Viking Settlements…, op. cit.*, p. 245-259, ici p. 249, Fig. 3.

vraisemblablement envisager le même usage pour la partie la plus en avant des digues et jetées de Dorestad, les 104 pièces trouvées lors des fouilles de *Hoogstraat* semblant aussi indiquer la présence d'activités commerciales dans cette zone.

Les infrastructures portuaires des autres *emporia* sont moins bien connues, mais on a également retrouvé des restes de jetées en bois à Kaupang, datées pour l'une d'entre elles par dendrochronologie de 803[110], et à Lundenwic, où les restes d'une jetée construite vers 679 ont été mis au jour[111] ; sans oublier les ports slaves, comme Wolin, qui voit se développer ses infrastructures portuaires au Xe siècle, avec la construction d'importants bâtiments de stockage et d'une jetée de 300 mètres de long, et où la découverte de nombreux rivets de bateaux tend à indiquer la fabrication et la réparation de navires sur place[112]. Le mystère demeure concernant les installations portuaires de Quentovic, où l'on n'a pas pour l'instant retrouvé la moindre trace de ponton ou même de navire, faute d'un vaste chantier, ainsi que de Ribe, où des fouilles de cette zone précise, désormais couverte par la ville actuelle, font toujours défaut : les archéologues supposent que les parcelles du marché débouchaient sur le port fluvial, mais, en l'état actuel des fouilles, il nous manque un élément essentiel pour comprendre le fonctionnement du site danois[113]. L'emplacement exact du port de Rouen reste lui aussi inconnu et les données sont également incomplètes pour Hamwic, les fouilles s'étant surtout focalisées sur le réseau des rues et parcelles ou plus récemment sur les cimetières, et non sur le rivage. Le site occupé par le *wic* saxon semble toutefois avoir été préféré au plateau, plus haut et plus facile à défendre, car la vallée de l'Itchen facilitait les communications avec Winchester et les plages bordant la rivière permettaient un échouage plus facile des navires le long de celle-ci, rendant, semble-t-il, la construction de quais inutile. Hamwic s'est ainsi développé en longueur, en suivant la plage et en profitant des aires d'échouage s'y trouvant. Ce port naturel serait donc un cas un peu à part parmi l'ensemble des *emporia*, qui paraissent avoir bénéficié, pour la plupart, de la construction d'infrastructures portuaires. Birka a visiblement allié les deux types de ports, en ne présentant pas moins de trois sites portuaires à son apogée : un port artificiel à l'ouest, avec des jetées en bois, et deux ports naturels un peu plus au nord (*Kugghamn*, d'après le nom du navire frison, *cog*, et où les navires les plus gros étaient tirés sur la plage ; et *Korshamn*), auxquels il faudrait ajouter, plus à l'est, le site nommé *Salviksgropen*

---

110 L. Pilø, « The Settlement : Character, Structures and Features », et N. Bonde, « Dendrochronological Dates from Kaupang », dans D. Skre (dir.), *Kaupang in Skiringssal…*, *op. cit.*, p. 191-222 et p. 273-282.

111 B. Hobley, « The London waterfront-the exception or the rule ? », et P. Marsden, « Early shipping and the waterfronts of London », dans G. Milne et B. Hobley (dir.), *Waterfront archaeology in Britain and Northern Europe* (*CBA Research Report*, 41), Londres, 1981, p. 1-9 et p. 10-16.

112 D. Meier, *Seafarers…*, *op. cit.*, p. 74-89.

113 M. Müller-Wille, « Les ports contemporains de Quentovic entre Mer du Nord et Baltique », dans S. Lebecq, B. Béthouart et L. Verslype (dir.), *Quentovic…*, *op. cit.*, p. 381-408, ici p. 383.

(littéralement « le site du sel et du commerce »), qui offrait un port moins profond à des navires plus petits et avec un tirant d'eau moins important que ceux accostant à Birka même[114]. Comme à Dorestad au IXe siècle et à Wolin au Xe – où un nouveau quai est construit vers 955, suivi par des jetées supplémentaires, afin de s'adapter à la taille croissante des navires –, les habitants n'ont pas hésité à étendre les infrastructures portuaires vers le milieu du IXe siècle : en plus de la croissance naturelle de l'île due à l'élévation de la terre, ils gagnent du terrain sur la mer en construisant de nouveaux débarcadères, multipliant ainsi les possibilités d'accostage et d'amarrage des navires mais aussi de construction de nouveaux bâtiments.

3.3 L'absence de fortifications ?

Ouverts sur la mer et aisément accessibles par voie d'eau, les *emporia* représentaient des cibles privilégiées pour des attaques venues de la mer et furent d'ailleurs fréquemment victimes des raids vikings au IXe siècle[115]. Une telle situation s'explique aisément par leurs fonctions commerciales : la vocation de ces ports était d'attirer les marchands et leur caractère ouvert contribuait largement à faciliter l'accueil des étrangers, toute forme de barrière risquant au contraire de limiter les opportunités d'échanges avec l'extérieur ; mais cette ouverture et l'absence d'éléments défensifs les rendaient également particulièrement vulnérables, la voie d'eau étant aussi le mode de transport privilégié des pillards. À mesure que les raids se multiplient et qu'un climat d'insécurité se diffuse à travers les mers du Nord, la plupart des ports se dotent donc, dans un second temps, de systèmes défensifs plus ou moins élaborés : il faut attendre 934 pour qu'un premier rempart (d'environ deux à trois mètres de haut) protège Aarhus ; Lundenwic ne semble pas fortifié avant le règne d'Alfred le Grand (871-899) ; et ce n'est qu'à partir de la seconde moitié du Xe siècle qu'un rempart circulaire et une palissade longeant le rivage protègent Truso. À Wolin, on a découvert à la limite sud du site un fossé (probablement surmonté d'une palissade de bois) datant de la première moitié du IXe siècle, mais il faut attendre les décennies suivantes pour que le secteur central soit entouré par un rempart plus imposant de bois et de terre, de six mètres de large et 4,5 de haut ; et au Xe siècle, la Colline d'Argent (*Silberberg*), au nord du site, est à son tour fortifiée avec un rempart et une palissade. Le fossé d'environ deux mètres de large et un mètre de haut creusé autour de Ribe dès le début du IXe siècle ne paraît pas assez important pour être considéré comme une structure fortifiée proprement dite : il était peut-être plutôt de nature symbolique et administrative. Mais cette première structure a une durée de vie assez courte et

---

114 G. Jones, *A History of the Vikings*, Oxford/New York, 1984 [1968], p. 169.
115 Dorestad est à ce titre probablement le plus touché : tous les ans de 834 à 837, puis à nouveau en 847, 857, 859 et 863, selon les *AB*.

est remplacée au cours de la seconde moitié du IXe siècle ou au début du Xe par un ouvrage plus important ; il s'agit cette fois bien d'une fortification : un rempart s'ajoute au fossé, lui-même de taille plus importante (entre six et sept mètres de large)[116]. Dans le monde romanisé, certains *emporia* bénéficient en outre de la proximité d'une forteresse romaine, comme *Levefanum* à Dorestad, *Clausentum* à Hamwic, *Eboracum* à Eoforwic, ou encore *Londinium* à Lundenwic. Leurs murs épais ont pu servir de refuge à la population lors des troubles du IXe siècle.

Toutefois, ce schéma en deux temps qui verrait se succéder une première période sans fortifications et une deuxième au cours de laquelle on construirait des structures défensives ne semble pas généralisable à l'ensemble des *emporia*. Les fouilles récentes ont été l'occasion de découvrir les structures défensives de certains de ces ports, longtemps ignorées, les archéologues négligeant tout ce qui n'allait pas dans le sens de sites pacifiques aux fonctions essentiellement commerciales. On a ainsi considéré que Hedeby était resté sans défense durant la première phase de son existence, avant de se protéger derrière un système de levées de terre courant sur 1 300 mètres, en demi-cercle (d'environ 550 mètres d'est en ouest et 600 mètres du nord au sud) vers le milieu du Xe siècle[117]. Cet ajout défensif s'insérait probablement dans une nouvelle phase du Danevirke, ensemble de remparts dépassant au total les trente-cinq kilomètres de long, construit en plusieurs phases et rejoignant l'enceinte de Hedeby pour former une barrière d'est en ouest à travers la péninsule du Jutland[118] : cette phase, datée par dendrochronologie de 968, s'appuyant sur l'enceinte, cette dernière n'a pas pu être construite après cette date. Toutefois, on s'interroge à présent sur le statut et la fonction principale de la colline fortifiée de Hochburg, au nord du site commercial, modeste rempart enserrant une zone de 12 000 m² dont la date reste assez incertaine. Les interprétations traditionnelles y voyaient un refuge en période de crise avant la construction de l'enceinte en demi-cercle[119], mais les recherches récentes menées à la « garnison » de Birka, sur le site de Borg, suggèrent une autre piste.

Le projet *Birka's fortifications,* lancé en 1995 et ensuite inclus dans le programme *Strongholds and Fortifications,* a en effet permis de lancer une étude du rempart, de la colline fortifiée et de la « garnison » de Borg, à l'origine d'une meilleure compréhension de l'ensemble du complexe, laissant envisager ce qui était jusqu'alors inenvisageable : une possible fonction politico-militaire à

116 C. Feveile (dir.), « Ribe on the north side of the river... », art. cit., p. 84-85.

117 Herbert Jankuhn faisait remarquer que, vers 870, Rimbert ne mentionnait pas d'enceinte : il en conclut que ces fortifications n'apparaissent donc que plus tard (H. Jankuhn, *Haithabu...*, *op. cit.*, p. 65-68).

118 H. Andersen, H. J. Madsen et O. Voss, *Danevirke*, 2 vol. (I : texte ; II : planches), Copenhague, 1976. Voir la Carte 17 en Annexe 1.

119 H. Jankuhn, *Haithabu...*, *op. cit.*, p. 69 ; E. Roesdahl, *The Vikings*, Londres, 1998 [1987], p. 121.

Birka[120]. Les fouilles ont mis au jour à Borg un grand nombre d'objets, incluant des armes, ainsi qu'une grande halle : peut-être s'agissait-il d'une garnison abritant un groupe de guerriers spécialisés, qui faisaient partie de la suite du roi des *Svear* et garantissaient la confiance et la sécurité pour les échanges commerciaux sur le site, faisant de cet *emporium* le lieu « très sûr » que décrit Adam de Brême[121]. Birka semble constituer l'exemple le plus poussé du développement d'un système de fortifications, pensé dès les débuts du site, mais il apparaît désormais que plusieurs de ces ports ont disposé de constructions assez semblables par la suite. Il n'est ainsi pas impossible que la colline de Hochburg à Hedeby ait rempli une fonction similaire[122], d'autant que, dans les deux sites, un système défensif se constitue en plusieurs phases autour de la ville, avec la construction d'un rempart au milieu du IXe siècle, puis celle d'un autre à l'est au siècle suivant. S'ajoute à cette enceinte, dans le cas de Hedeby et probablement aussi de Birka, un ensemble de pieux plantés dans l'eau à l'extérieur du site pour le défendre contre d'éventuels navires étrangers et prolongeant le rempart pour former une construction fortifiée entourant à la fois la ville et son port. Cette interprétation est toutefois désormais remise en question, surtout dans le cas de Hedeby, où l'on se demande si ces rangées de poteaux ne feraient pas plutôt partie des infrastructures portuaires : leur disposition et le fait qu'elles s'étendent presque jusqu'au rivage en feraient plutôt des supports pour des jetées et autres appontements[123]. Il n'en demeure pas moins que les collines de Borg et peut-être de Hochburg indiqueraient que des fortifications ont pu exister dès les débuts du site, nuançant la traditionnelle vision de ports laissés sans défense[124]. Le cas de Hedeby doit toutefois être resitué dans le contexte d'une région frontalière disputée, justifiant la construction d'un important système défensif, le Danevirke.

La question d'éventuelles fortifications est encore différente pour Quentovic et Dorestad : si l'on en croit les textes, les deux sites francs ont bien possédé, à un moment de leur existence au moins, de telles structures ; mais jusqu'à présent les archéologues peinent à confirmer ces sources. Flodoard nous précise dans ses *Annales* pour l'année 938 que Louis IV, accompagné par le comte de Flandre Arnoul, « s'efforça de rebâtir le *castrum* et le *portus* sur la mer, que l'on appelle *Guisum* », ce qui tendrait à aller dans le sens d'une ancienne fortification, à l'état de ruine quand Louis IV arrive en 938[125]. L'identification du lieu dénommé *Guisum* à Quentovic fait cependant débat et, dans tous les cas, il

---

120 C. Hedenstierna-Jonson, *The Birka warrior...*, *op. cit.*, p. 46-70.

121 *... tutissima est in maritimis Suevoniae regionibus...* (Adam de Brême, *GH*, lib. I, c. 60).

122 A. S. Dobat, « Danevirke Revisited... », art. cit., p. 49.

123 S. Kalmring, *Der Hafen...*, *op. cit.*

124 L. Holmquist Olausson et M. Olausson (dir.), *The Martial Society...*, *op cit.*

125 Flodoard, *Annales*, *op. cit.*, a° 938.

paraît difficile de se fonder sur cette seule ligne écrite par Flodoard pour élaborer toute une théorie sur les éventuelles fortifications du *vicus* de la Canche[126]. Ce qui est certain, c'est qu'à la fin du IX° siècle ou au début du X° Montreuil*, à quelques kilomètres à l'est de Quentovic, est fortifié pour protéger l'embouchure de la Canche contre les raids vikings, accueillant probablement une partie des activités de l'*emporium* franc alors sur le déclin. Ce transfert pourrait d'ailleurs indiquer que le *wic* de la Canche n'a jamais véritablement été entouré par un système défensif, ce qui n'exclut pas la présence dans les parages d'un ouvrage fortifié, comme le *castrum* mentionné par Flodoard, à l'apparence et aux fonctions peut-être pas si éloignées de celles des collines fortifiées de Birka et Hedeby, mais devenu insuffisant pour assurer la protection de la population au cours de la seconde moitié du IX° siècle ; une hypothèse que le nombre important de sépultures militaires déjà présentes dans le cimetière du site dit de « La Fontaine aux Linottes » (VI°-VII° siècles) pourrait confirmer, ainsi que le fait que tout le secteur surplombant l'entrée sur la Canche ait visiblement fait l'objet d'aménagements défensifs[127]. Quant à Dorestad, les fouilles n'ont pas pour l'heure permis d'y découvrir de fortifications comparables à celles qui furent érigées ailleurs en Frise dans la seconde moitié du IX° siècle (notamment à Deventer* et Zutphen). La mention du *castrum Duristate* dans les Continuations dites « de Frédégaire » pour l'année 695 pourrait par conséquent renvoyer au fort romain de *Levefanum*[128]. On a toutefois mis au jour entre 1989 et 1994 sur le site de De Geer, à une cinquantaine de mètres à l'ouest de la partie nord de l'*emporium*, les restes d'un impressionnant système de fossés, construit en plusieurs étapes, doté probablement de quelques portes et orienté nord-ouest/sud-est, d'une longueur totale d'environ 480 mètres, pour 1,5 à 2 mètres de large et 1,5 mètre de hauteur en moyenne[129]. Les fonctions de cette structure ne sont pas encore certaines : peut-être domaine agricole ou *curtis* détenue par l'élite locale, ou encore refuge pour les habitants de la partie nord de Dorestad, ces différentes possibilités n'étant par ailleurs pas exclusives. Lors de l'attaque viking sur Dorestad en 863 rapportée

---

126 Certains plaident en faveur de cette identification (P. Grierson, « The relations between England and Flanders before the Norman Conquest », dans *Transactions of the Royal Historical Society*, Fourth Series, 23, 1941, p. 71-112, ici note 3, p. 79 ; J. Dhondt, « Les problèmes de Quentovic », art. cit. ; J. Barbier, « Du *vicus* de la Canche... », art. cit. [n. 66, p. 74]) ; d'autres émettent plus de réserves (« *Gisum*, c'est Wisan, ce n'est pas Quentovic », déclare J. Dubœucq dans une intervention dans « De l'Antiquité à la fin du XIII° siècle : la mise en place d'un espace relationnel. Débats », dans S. Curveiller et D. Clauzel (dir.), *Les champs relationnels en Europe du Nord et du Nord-Ouest des origines à la fin du Premier Empire. 1ᵉʳ Colloque historique de Calais*, Calais, 1994, p. 71-77, ici p. 75).

127 Y. Desfossés, « La vallée de la Canche. L'apport des fouilles de sauvetage sur l'autoroute A16 », article en ligne sur : http://www2c.ac-lille.fr/woillez-montreuil/archeologie/la-vallee-de-la-canche.htm (consulté en avril 2011).

128 *Chronicarum quas dicuntur Fredegarii Scholastici Libri IV...*, *op. cit.*, p. 172.

129 Voir le Plan 1 en Annexe 1.

par les *Annales de Saint-Bertin*, les marchands frisons auraient en effet fui depuis l'*emporium* vers la *villa non modica*, où ils espéraient trouver refuge, peut-être le site fortifié de De Geer, accessible par la route et assez grand pour abriter un groupe avec quelques marchandises ou bêtes. Si ce site servait effectivement de refuge temporaire, cela expliquerait que l'on y ait retrouvé à la fois peu de bâtiments et des puits en grand nombre[130]. Cela reste une hypothèse – la *villa non modica* pourrait tout aussi bien être le *vicus Meginhardi* (Meinerswijk), à neuf milles en amont sur le Rhin[131] –, mais cela ferait de De Geer une structure assez similaire (quoi que n'étant pas située sur une colline) à celles de Borg à Birka, de Hochburg à Hedeby et d'un hypothétique *castrum* à Quentovic. De tels ouvrages ont pu combiner plusieurs fonctions : refuge pour la population en cas d'attaque – aspect d'autant plus probable que les ports proprement dits n'étaient alors pas fortifiés –, mais aussi garnison pouvant abriter un petit groupe de soldats plus ou moins spécialisés et, pourquoi pas, en lien direct avec les fonctions commerciales du site, ce qui constituerait un signe supplémentaire de l'intérêt et de la présence d'une autorité dans les *emporia*.

3.4 Les espaces funéraires

Enfin, chaque *wic* était doté d'un espace funéraire, et même généralement de plusieurs, parfois très étendus, comme à Hedeby, où le nombre de tombes est estimé à plus de 10 000, ou encore à Birka qui, avec ses 2 200 sépultures visibles, constitue le plus grand cimetière connu en Suède. Le port suédois est en réalité associé à plusieurs espaces funéraires : on a retrouvé des tombes à divers endroits, notamment dans le sud de l'île et à l'est de la ville, généralement à l'extérieur des remparts (mais certaines sépultures sont plus anciennes que ces derniers). Les cimetières de Lundenwic restent mal connus, mais ce *wic* semble aussi en avoir eu plusieurs (notamment à *Covent Garden, Bedfordbury, St Martin-in-the-Fields* et *Upper St Martin's Lane*). Hedeby disposait également d'un cimetière à l'est du port, à l'intérieur des remparts, de plusieurs au sud (dont un très vaste) et d'un champ de tertres funéraires au nord. À Dorestad aussi les habitants enterraient leurs morts à plusieurs endroits : entre le quartier nord, densément peuplé et essentiellement commercial et artisanal, et le quartier sud, on a dénombré dans les 3 000 inhumations, avec, au centre de cette zone, un bâtiment rectangulaire pourvu d'un puits de pierre, faisant penser à une église avec des fonds baptismaux ; et la partie centrale, la moins large et la plus mal connue (probablement à

---

130 J. van Doesburg, « *Villa non modica* ? Some thoughts on the interpretation of a early medieval earthwork near Dorestad », dans A. Willemsen et H. Kik (dir.), *Dorestad...*, *op. cit.*, p. 51-58.
131 *AX*, a° 847 ; S. Lebecq, *Marchands...*, *op. cit.*, vol. 2, p. 313-314. Voir la Carte 14bis en Annexe 1.

vocation agricole), semble elle aussi avoir son propre cimetière[132]. L'importante
nécropole de la Calotterie, à proximité de Quentovic, sur le site de « La Fontaine
aux Linottes » a livré quant à elle plus de 600 sépultures des VIe et VIIe siècles,
pourvues d'un mobilier assez riche et d'équipements de type militaire ; ses liens
avec le *wic* de la Canche restent toutefois encore mal élucidés. Deux autres zones
d'inhumation ont été repérées non loin de cet *emporium* : une sur le site des
« Bas-Prés » et un cimetière carolingien, juste à côté, sur la parcelle n° 290 dite
« Siriez de Longueville », mais ces deux secteurs restent encore mal connus[133].
Les connaissances concernant les espaces funéraires de Ribe restent elles aussi
encore très parcellaires : les fouilles menées de 1984 à 2000 n'avaient permis de
fouiller que huit tombes (essentiellement à crémation) du VIIIe siècle et seulement
quelques-unes du IXe siècle, toutes dans la partie orientale du site ; les fouilles
récentes devraient toutefois nous en apprendre davantage : celles de 2008-2009
près de la cathédrale (de l'autre côté de la rivière) ont par exemple permis d'identifier des tombes du IXe au XIe siècle. Les *emporia* de la Baltique ne semblent pas
faire exception. Plusieurs cimetières paraissent par exemple associés à Wolin : au
nord, sur la colline dite « des potences », et sur la colline dite « du moulin », qui
abrite entre 5 000 et 8 000 sépultures[134].

Ces espaces funéraires peuvent être de taille variable, mais aussi présenter
d'importantes différences en termes de chronologie ou de composition sociale
et ethnique des défunts. Ainsi, parmi les cimetières retrouvés à Kaupang, comp-
tant plus de 600 sépultures des IXe et Xe siècles et situés à la fois au nord et au
sud du marché, le plus vaste et le plus impressionnant avec ses imposants tertres
funéraires datant du VIIIe au Xe siècle abritait probablement la dynastie royale des
Ynglingar[135]. Sa situation, tout au nord du site, le long de la route entre le port et la
halle, en faisait un point de passage obligé, et donc une puissante démonstration
de l'autorité du roi local[136]. On retrouve des *tumuli*, particulièrement visibles dans
le paysage, à proximité d'autres *emporia*, notamment à Birka, à l'est de la ville,
sur un champ comprenant près de 2 000 tertres, à Wolin, mais aussi au nord de
Hedeby, près de la colline fortifiée de Hochburg. Au sud-ouest de ce port, dans
un vaste cimetière, on a fouillé en 1908 une impressionnante tombe à bateau
datant du milieu du IXe siècle, signe indéniable de la présence de personnes de

---

132 W. A. van Es et W. J. H. Verwers, « L'archéologie de Dorestad », art. cit. (n. 73, p. 77). Voir le Plan
1 en Annexe 1.

133 L. Verslype (dir.), *Quentovic : Un port...*, p. 44-45. Voir la Carte 8 en Annexe 1.

134 W. Filipowiak et M. Konopka, « The identity of a town. Wolin, town-state (9th-12th centuries) »,
dans *Quaestiones medii aevi novae*, 13, 2008, p. 243-288.

135 F.-A. Stylegar, « The Kaupang Cemeteries Revisited », dans D. Skre (dir.), *Kaupang in Skiringssal*,
op. cit., p. 65-128.

136 D. Skre, « Centrality and places. The central place Skiringssal in Vestfold, Norway », dans
B. Ludowici *et al.* (dir.), *Trade and Communication...*, *op. cit.*, p. 220-231.

haut rang dans la région[137]. De même, à Hamwic, le cimetière mis au jour dans le secteur du Stade semble avoir abrité un groupe particulier, probablement élitaire – royal pour certains – au vu des nombreuses tombes du VIIe siècle contenant des armes (pour 88 % des sépultures fouillées) et des objets précieux[138]. L'étude des sépultures peut ainsi permettre de souligner l'hétérogénéité de la population des *emporia*, tant en termes d'origine géographique que de statut social, que l'on étudie le mobilier funéraire ou que l'on se livre à des analyses sur les restes humains, faisant par exemple ressortir des différences de régime alimentaire[139]. Autant d'informations qui restent toujours très lacunaires, mais qui offrent un aperçu des hommes et femmes qui vivaient et mourraient dans les *wics*.

*

Dans une période de recompositions économiques et de mise en place de nouvelles structures commerciales, les *emporia*, sites portuaires complexes formés de plusieurs noyaux, ont joué un rôle-clé, en générant d'importantes richesses et de nombreux échanges. Leur déclin, au cours de la seconde moitié du IXe siècle pour les uns, plutôt au Xe siècle pour d'autres, ne doit donc pas occulter le rôle important qu'ils ont tenu dans l'essor économique européen, à travers la constitution de réseaux d'échanges à longue-distance dynamiques et évolutifs, une importance dont le concept de « villes-champignons » rend mal compte, masquant les multiples facettes et la complexité de ces ports.

---

137 M. Müller-Wille, *Das Bootkammergrab von Haithabu* (*Berichte über die Augrabungen in Haithabu*, 8), Neumünster, 1976. Voir la Carte 19 en Annexe 1.
138 V. Birbeck *et al.*, *The origins...*, *op. cit.*, p. 11-81 ; N. Stoodley, « The origins of Hamwic and its central role in the seventh century as revealed by recent archaeological discoveries », dans B. Hårdh et L. Larsson (dir.), *Central places...*, *op. cit.*, p. 317-331.
139 A. Linderholm *et al.*, « Diet and status... », art. cit. ; L. Malbos, « *... ibi multi essent negotiatores divites...* », art. cit.

DEUXIÈME PARTIE

REDISTRIBUTION ET POUVOIRS

Les *emporia* des mers nordiques sont les produits de leur temps, un temps marqué par de profonds bouleversements, affectant aussi bien les schémas de peuplement que les modes de production, de distribution et de consommation, en d'autres termes l'ensemble des structures économiques des VIIᵉ-Xᵉ siècles. Dans une économie encore très largement fondée sur l'agriculture, l'apparition d'artisans à temps plein et d'administrateurs met tout un pan de la population en-dehors des activités de subsistance. Se pose alors la question de l'approvisionnement des habitants et des voyageurs de passage, une question complexe qui se joue à plusieurs échelles et qui fait intervenir de multiples acteurs, impliqués dans divers réseaux d'approvisionnement et de distribution, en lien avec les processus productifs à l'œuvre dans ces ports. Le ravitaillement des habitants en produits alimentaires et en matières premières pour les activités artisanales nécessite toute une logistique, depuis les moyens de transport jusqu'aux lieux de stockage, mais également de circuits commerciaux et de moyens d'échange acceptés par tous les acteurs impliqués dans ces circuits.

Toutefois, l'économie est « enchâssée » dans le social et le politique[1]. En la matière, les ombres de Karl Polanyi et Henri Pirenne planent : les transactions économiques étant étroitement imbriquées dans les relations sociales, la production, l'échange et la consommation sont soumis au contrôle social, ce qui soulève la question de l'insertion de ces ports dans le système « politico-religieux »[2].

C'est l'ensemble de ces processus d'échanges entre les *emporia* et leur région environnante qui va faire l'objet de cette deuxième partie, abordant tout d'abord les liens matériels, à travers les questions d'approvisionnement et de redistribution de certains artefacts (chapitre 3), puis la diffusion des monnaies (chapitre 4), avant de s'intéresser à l'inscription de ces ports dans les espaces de domination politique (chapitre 5).

---

1 K. Polanyi, *The Great Transformation*, *op. cit.*
2 M. Godelier, *Au fondement...*, *op. cit.*, notamment p. 36-37.

CHAPITRE 3

PRODUIRE ET CONSOMMER, IMPORTER ET REDISTRIBUER

Les fonctions et fondements économiques des *emporia* sont un sujet débattu. Dans le contexte scandinave, plusieurs auteurs plaident pour une société étroitement liée à une économie de tribut : au cœur d'une exploitation externe extensive, ces centres auraient été avant tout des nœuds où étaient concentrées les richesses issues des raids vikings[1]. Sans exclure le rôle joué par une forme d'économie tributaire dans l'essor des premières « villes » scandinaves, on ne peut ignorer les autres facettes de ces ports, dont l'existence dépasse largement la seule Scandinavie : les *wics* étaient également des centres actifs de production, où se déroulaient des échanges fondés sur l'achat ou le troc. À partir du VIIe siècle apparaissent ainsi sur les rives des mers nordiques des sites où l'on se rassemble dans le but de commercer. Démentant la thèse de la « régression économique », les *wics* voient leur essor largement conditionné par les changements qui interviennent au cours des VIIe et VIIIe siècles. Ils sont une des manifestations visibles des bouleversements, à la fois économiques et sociaux, qui traversent alors les sociétés urbaines – ou proto-urbaines –, mais aussi rurales, affectant les structures de peuplement aussi bien que l'organisation de la production et des échanges.

1. Le laboureur, le navigateur et le marchand

1.1 Progrès et surplus agricoles, essor urbain et commercial

> L'agriculture « occupe le premier rang de tous les savoir-faire séculiers », « parce que le laboureur nous nourrit tous »[2].

Au cours des VIIe et VIIIe siècles, dans un contexte de début de réchauffement climatique (les prémices du « petit optimum médiéval »), le monde rural connaît d'importantes restructurations un peu partout en Europe. Chris Wickham a ainsi montré que l'apparition du grand domaine carolingien va de pair avec une

---

1 A. Andrén, « The early town in Scandinavia », dans K. Randsborg (dir.), *The Birth of Europe...*, *op. cit.*, p. 173-177 ; T. Lindkvist, « Social and Political Power in Sweden, 1000-1300 : Predatory Incursions, Royal Taxation, and the Formation of a Feudal State », dans R. Samson Ross (dir.), *Social Approaches...*, *op. cit.*, p. 137-145 ; P. H. Sawyer, *Kings and Vikings...*, *op. cit.*
2 Ælfric, *Colloquium*, *op. cit.*, p. 39.

intensification du travail, entraînant une augmentation de la production agricole[3] ; et les travaux d'Anne Nissen ont mis en évidence la simultanéité des évolutions touchant les structures d'habitat et celles des systèmes agraires en Scandinavie[4]. Dans une grande partie de l'Europe, les sites ruraux se réorganisent largement et se stabilisent : dans le sud de la Scandinavie, les villages ont ainsi tendance à s'accroître et les unités agricoles à compter davantage de bâtiments annexes qu'auparavant, tandis que l'étable se dissocie progressivement de l'habitation. L'habitat s'enracine pour plusieurs siècles, probablement en lien avec l'évolution du système de rotation des cultures, le développement des jachères nécessitant davantage d'espace, ce qui entraîne une nouvelle organisation territoriale[5]. Vorbasse (Ier siècle av. J.-C. – XIe siècle), au Danemark, connaît par exemple plusieurs restructurations, glissements et changements dans l'architecture et la disposition de ses bâtiments, notamment au VIIIe siècle[6] : la zone entourée de barrières autour de chaque ferme est plus grande et prend la forme de parcelles de terre de plus en plus régulières et rectangulaires. Dans le nord de la Gaule également, les sites ruraux s'étendent et présentent une organisation spatiale souvent plus rigoureuse qu'auparavant : des fossés ou enclos entourent des parcelles disposées le long des voies de communication et des secteurs plus spécialisés apparaissent, abritant par exemple des fours et des silos, comme sur le site rural de Villiers-le-Sec (Val-d'Oise), qui se développe au cours des VIIe et VIIIe siècles[7]. Le nombre et la taille croissants des granges à Dalem, en Basse-Saxe, plaident aussi en faveur d'une importante capacité de stockage, excédant les seuls besoins de la communauté locale, probablement impliquée dans le commerce des céréales[8]. En Europe centrale, une période d'optimum climatique aux IXe et Xe siècles favorise également l'essor de l'agriculture – probablement même amorcé dès le VIIIe siècle[9].

L'amélioration de l'outillage, l'essor de la rotation des cultures – avec le développement des semences d'hiver –, l'introduction de nouvelles plantes, l'augmentation des surfaces cultivées – avec le recul des surfaces boisées à partir de la fin du VIIe siècle –, la diversification des cultures et le développement de l'élevage

---

3 C. Wickham, *Framing…, op. cit.*, p. 259-302.

4 A. Nissen-Jaubert, *Peuplement…, op. cit.*

5 *Ead.*, « Ruptures et continuités de l'habitat rural du haut Moyen Âge dans le Nord-Ouest de l'Europe », dans F. Braemer, S. Cleuziou et A. Coudart (dir.), *Habitat et Société* (Actes des XIXe rencontres internationales d'archéologie et d'histoire d'Antibes, 22-23-24 octobre 1998), Antibes, 1999, p. 551-570.

6 S. Hvass, « Vorbasse. The development of a settlement through the first millennium AD », dans *JDA*, 2, 1983, p. 127-136.

7 F. Gentili, « L'organisation spatiale des habitats ruraux du haut Moyen Âge : l'apport des grandes fouilles préventives. Deux exemples franciliens : Serris 'Les Ruelles' (Seine-et-Marne) et Villiers-le-Sec (Val-d'Oise) », dans J. Chapelot (dir.), *Trente ans d'archéologie…, op. cit.*, p. 119-131, ici p. 122-126.

8 H. Hamerow, *Early medieval settlements…, op. cit.*, p. 137. Voir la Carte 16 en Annexe 1.

9 P. M. Barford, « Silent Centuries : The Society and Economy of the Northwestern Slavs », dans F. Curta (dir.), *East Central and Eastern Europe in the Early Middle Ages*, Ann Arbor, 2005, p. 6-102.

sont autant de facteurs décisifs dans l'essor de la production agricole. À partir des VIᵉ et VIIᵉ siècles, la présence du seigle, de l'avoine, des pois et vesces est ainsi plus fréquemment attestée dans les habitats ruraux à l'ouest et surtout au nord de Paris, où la rotation triennale (dès le VIIᵉ siècle dans le bassin parisien) permet de faire alterner seigle et froment d'hiver avec pois ou vesces comme semis de printemps[10] ; et en Scandinavie le seigle passe, entre le Iᵉʳ et le VIIIᵉ siècle, du statut de mauvaise herbe dans les champs d'orge à celui de plante cultivée.

Cet essor agricole soulève la question d'éventuels surplus et des possibles liens avec l'émergence des sites urbains et portuaires[11]. Les études sur les origines du développement urbain mettent désormais l'accent sur les dynamiques inhérentes à la production, à la consommation et au commerce, et non plus seulement sur les seuls processus de redistribution[12] ; mais quand ce mouvement d'urbanisation résulte avant tout de l'essor du commerce pour Henri Pirenne, d'autres préfèrent y voir les conséquences des progrès agricoles, qui permettent de dégager des surplus et donc de nourrir une importante population de citadins[13]. Ces progrès précèdent-t-ils l'essor des *emporia* ou est-ce le développement de ces ports qui, en faisant peser une demande accrue sur les campagnes alentour, pousse ces dernières à dégager des surplus, entraînant d'importants changements ? Ces deux approches ne sont peut-être pas aussi incompatibles qu'on semble l'avoir longtemps pensé. En effet, loin de la vision pessimiste, voire misérabiliste des années 1970-1980, on n'hésite désormais plus à parler au contraire de « croissance agricole », considérant que, dès cette période, des surplus ont pu être dégagés – dans certaines régions du moins –, que quelques centres, notamment monastiques, concentraient une partie importante de ces productions et que les paysans, loin d'être immobiles, voyageaient pour vendre leurs produits et se trouvaient ainsi en contact avec une économie monétaire[14]. Il faut toutefois rester prudent quant à l'usage du terme « croissance » pour les premiers siècles du Moyen Âge : cette notion, empruntée à la science économique, est très relative, dépendant à la fois du point de départ et des acteurs concernés (paysans ou seigneurs), et peu adaptée pour décrire un monde dans laquelle « l'idéal, c'est le *statu quo* »[15]. Par ailleurs,

---

10 M.-P. Ruas, « Des grains, des fruits et des pratiques : la carpologie historique en France », dans J. Chapelot (dir.), *Trente ans d'archéologie..., op. cit.*, p. 55-70, ici p. 61-62.

11 E. A. Wrigley, « Parasite or Stimulus : The Town in a Pre-Industrial Economy », dans P. Abrams et E. A. Wrigley (dir.), *Towns in Societies. Essays in Economic History and Historical Sociology*, Cambridge, 1978, p. 295-309.

12 J. Moreland, « The significance of production in eighth-century England », dans I. L. Hansen et C. Wickham (dir.), *The Long Eighth Century..., op. cit.*, p. 1-34 ; S. M. Sindbæk, *Ruter..., op. cit.*

13 H. Pirenne, *Les villes du Moyen Âge*, Paris, 1971 ; T. Saunders, « Trade, towns... », art. cit.

14 *La Croissance agricole du Haut Moyen Âge : chronologie, modalités, géographie* (Dixièmes Journées internationales d'histoire, 9-11 septembre 1988), Auch, 1990.

15 J.-P. Devroey, *Puissants et misérables..., op. cit.*, p. 361-362.

en l'absence de données chiffrées précises, cette « croissance » peut être décrite mais difficilement mesurée.

Ces réserves méthodologiques posées, il n'en reste pas moins que l'existence de surplus agricoles est attestée par certaines sources textuelles, en particulier par le capitulaire carolingien *De Villis,* qui mentionne de façon explicite le « reliquat » (*quicquid reliquum*) des productions et prévoit que tout ce qui n'aura pas été consommé ou utilisé lors des semailles sera stocké ou remis sur le marché[16]. L'archéologie va dans le même sens : les travaux pionniers de Jennifer Bourdillon mettent en lumière, à partir de l'étude des restes d'animaux à Hamwic, la bonne intégration du port à son arrière-pays agricole[17] ; et la présence de récipients de stockage dans ce même port suggère l'existence d'excédents alimentaires, mis en réserve – à moins qu'ils ne soient le signe d'une période de stress économique ayant entraîné un stockage accru[18]. Ils souligneraient par conséquent la croissance de la production dans la région de Hamwic à cette époque, croissance qui permettrait de dégager des surplus pour ravitailler l'*emporium*. C'est également dans le cadre de la hausse générale de la production agricole que se développe, à partir de la fin de l'Âge du Fer, l'élevage bovin jutlandais sur les prés salés de la côte occidentale de la péninsule : à partir des VIᵉ et VIIᵉ siècles, les étables dans cette région peuvent abriter dans les vingt à trente têtes de bétail et même davantage dans certains cas, excédant largement les besoins de la consommation locale des seuls habitants du village[19]. En Norvège aussi, vers 700, nombre de propriétaires fonciers intensifient leur production et la réorganisent, afin de dégager des surplus[20]. Cet essor de la production agricole permet alors de distinguer différentes échelles de production : dans ce contexte de croissance, une « production d'*échange* » – et non plus seulement une « production de *consommation* », par le producteur – devient possible, en distinguant peut-être échanges forcés – sous forme de prélèvements – et ouverts – sur les marchés[21]. Autant de signes que les économies rurales étaient bien intégrées à des sociétés médiévales en plein changement, soulignant à quel point dynamisme économique et prospérité des campagnes étaient liés.

La question de la part de la production agricole – par rapport notamment à celle du commerce – dans ce phénomène de reprise économique fait toutefois encore largement débat : tandis que Chris Wickham plaide pour une primauté de la production rurale, Michael McCormick préfère mettre l'accent sur le

---

16 *Capitulaire* De Villis, *op. cit.,* c. 33, p. 52.

17 J. Bourdillon, « Countryside and Town... », art. cit.

18 B. Jervis, « A patchwork... », art. cit.

19 J. Jensen, *Danmarks Oldtid..., op. cit.,* p. 159 ; U. Näsman, « Danerne... », art. cit.

20 B. Myhre, « Landbruk, landskap og samfunn 4000 f.Kr.–800 e.Kr. », dans *Id.* et I. Øye (dir.), *Jorda blir levevei : 4000 f.Kr.-1350 e.Kr.,* t. 1, Oslo, 2002, p. 11-214, ici p. 181-202.

21 J.-P. Devroey, *Économie rurale..., op. cit.,* p. 147 ; *Id.,* « Un monastère... », art. cit.

commerce, véritable catalyseur infléchissant la balance du monopole élitaire[22]. Il est certain que l'approvisionnement des *emporia* ne constituait pas la seule explication à ces changements dont l'ampleur dépassait largement les régions dans lesquelles ces ports s'étaient implantés : la demande croissante des élites a probablement aussi contribué à stimuler la production. Les besoins accrus en bêtes ne sont par exemple pas le seul fait de ces ports : les monastères ont, à ce titre, eu leur rôle à jouer, notamment par leur demande en parchemins destinés à leur *scriptorium*[23], sans oublier les divers centres royaux et aristocratiques. Il n'en demeure pas moins que les changements observés dans le monde rural sont, en partie au moins, la conséquence d'une forme d'intensification de la production, mais aussi de la mise en place de « nouveaux systèmes de distribution, qui altèrent la structure socio-économique des communautés rurales »[24] : pour faire face au monde nouveau qui est en train de voir le jour, de nouveaux modes d'organisation doivent être développés. La question des rapports entre essor des campagnes et surplus agricoles d'une part et développement de sites urbains comme les *emporia* d'autre part doit par conséquent être largement reconsidérée : ces deux mouvements s'inscrivent dans un contexte bien plus large, celui de la réorganisation des structures sociales et spatiales européennes.

1.2 Moyens de transport et capacités logistiques

> *... le bateau parcourut tout le trajet à la voile*[25].

1.2.1. La voile

Les premiers siècles du Moyen Âge et encore les VIIe et VIIIe siècles voient d'importants changements, plus ou moins majeurs selon les régions, s'opérer dans les systèmes et réseaux de communication, à commencer par l'introduction de la voile dans les mers du Nord au VIIe siècle. Le récit d'Ohthere expliquant que, depuis le Hålogaland, pour espérer gagner Kaupang en seulement un mois, il faut un « vent favorable » (*ambyrne wind*), sous-entend clairement l'usage de la voile[26] ; Wulfstan déclare lui qu'il a pu se rendre de Truso à Hedeby en à peine sept jours et sept nuits grâce à des vents propices qui lui ont permis de

---

22 C. Wickham, *Framing..., op. cit.* ; M. McCormick, *Origins..., op. cit.*

23 Les trois Pandectes ou Bibles fabriquées pour Ceolfrith à Monkwearmouth/Jarrow entre 680 et 716 ont par exemple nécessité les peaux de quelques 1 550 veaux (A. Hagen, *A Handbook..., op. cit.*, p. 25).

24 F. Gentili, « L'organisation spatiale... », art. cit. (n. 7, p. 98), p. 124 et p. 140-142.

25 Ohthere, dans « Ohthere's report... », texte cit., p. 48.

26 J. Bately, « Ohthere and Wulfstan in the Old English *Orosius* » dans *Ead.* et A. Englert (dir.), *Ohthere's Voyages..., op. cit.*, p. 18-39, ici p. 47.

naviguer sans cesse « à la voile » (*under segle*)[27]. Déjà au VIIᵉ siècle, le navire de Wilfrid était parvenu en vue de Sandwich poussé par un vent venu du Sud (*vento flante ab affrico*)[28] et des navires dotés de voiles sont gravés sur plusieurs pierres retrouvées dans l'île de Gotland et datant du VIᵉ au VIIIᵉ siècle. Cette évolution technique – depuis longtemps adoptée en Méditerranée – a des répercussions à la fois politico-militaires et économiques : elle a permis de rompre l'isolement de nombreuses communautés scandinaves, en particulier dans l'archipel danois, entraînant de profonds changements dans ces sociétés, tout en facilitant les expéditions militaires maritimes. D'importants ouvrages, tels que le canal de Kanhave à travers l'île de Samsø – long de 500 mètres, large de 11 mètres, profond d'environ 1,25 mètre et daté par dendrochronologie de 726 – remontent d'ailleurs à la même époque[29] : la vocation première d'une entreprise d'une telle ampleur était probablement de faciliter le passage de navires de guerre – plus que de navires marchands –, afin d'assurer la sécurité des eaux de la région, mais également une opération de communication politique visant à afficher le pouvoir du roi[30]. Il n'en demeure pas moins que la sécurisation des mers encourage la circulation des navires marchands. Par conséquent, cette évolution a très vraisemblablement joué un rôle important dans la croissance du commerce maritime à partir du VIIᵉ siècle et dans l'apparition des *emporia*, avec des répercussions sur les volumes transportés et le coût des traversées : les navires sont plus rapides, ce qui permet de raccourcir les durées de voyage en mer, et nécessitent un équipage (essentiellement composé de rameurs jusque-là) plus réduit, libérant par conséquent de la place à bord pour les marchandises ; mais ils sont également plus visibles et ont des temps de parcours plus aléatoires, dépendant du bon vouloir des vents[31]. Cogues (bateaux à fond plat) et houlques (bateaux ronds et creux) frisonnes sont ainsi équipées de voiles, de même que les navires scandinaves[32].

Toutefois, ces derniers, dotés d'une quille au profil en T, d'un gouvernail, d'une voile carrée et d'une coque bordée à clin (où les planches se chevauchent et sont jointes par des rivets en fer), restent longtemps assez multifonctionnels, à l'image du navire de Gokstad, qui pouvait transporter une cargaison d'environ sept tonnes et un équipage de trente à quarante hommes[33]. Il faut attendre la

---

27 Wulfstan, dans « Wulfstan's voyage... », texte cit., p. 15.

28 Eddius Stephanus, *Vita Wilfridi, op. cit.*, c. 13.

29 A. Nørgård Jørgensen, « Naval Bases in Southern Scandinavia from the 7ᵗʰ to the 12ᵗʰ Century », dans *Ead.*, J. Pind et L. Jørgensen (dir.), *Maritime warfare..., op. cit.*, p. 125-152, ici p. 143-145. Voir la Carte 17 en Annexe 1.

30 O. Olsen, « Royal power... », art. cit.

31 C. Westerdahl, « Society and sail. On symbols as specific social values and ships as catalysts of social units », dans O. Crumlin Pedersen et B. Munch Thye (dir.), *The Ship as Symbol..., op. cit.*, p. 41-50.

32 S. Lebecq, « Houlques et cogues. Les bateaux des Frisons », dans *Id., Marchands..., op. cit.*, vol. 1, p. 165-183 ; É. Rieth, *Navires..., op. cit.*

33 J. Jesch, *Ships..., op. cit.*, p. 137-166.

seconde moitié du xe siècle pour que différents types de navires se développent de plus en plus en fonction de leur usage, comme en témoignent les cinq épaves de Skuldelev (xie siècle), comprenant un bateau de charge hauturier, un grand et un petit navires de guerre, un caboteur côtier, un bateau de pêche : les uns, destinés essentiellement à faire la guerre et à transporter des soldats, s'allongent et deviennent plus étroits, tandis que les autres, conçus avant tout pour le commerce et le transport de marchandises, sont de plus en plus larges[34]. Les évolutions des conditions nautiques ont donc des répercussions sur l'organisation économique dans son ensemble : il s'agit d'un des facteurs à l'origine de l'émergence des *emporia* ; et les mutations du xie siècle dans le domaine de l'architecture navale (avec des navires dotés d'un tirant d'eau toujours plus important, nécessitant des infrastructures portuaires plus lourdes) entraînent de nouvelles évolutions urbaines, qui voient le progressif effacement des *wics* et le développement des ports médiévaux, avec de profondes modifications dans leur topographie[35].

La question des moyens permettant de relier les *emporia* à leurs avant et arrière-pays se pose donc en termes de distance physique, mais également d'accessibilité, notion qui intègre plusieurs autres paramètres (des obstacles naturels aux répercussions du contexte politique et économique) et permet de mesurer la capacité depuis un site à en atteindre d'autres. Le concept de « routinisation », développé par l'archéologue danois Søren M. Sindbæk, est une façon d'appréhender la grande accessibilité de sites où les voyageurs ont l'habitude de se rendre, en empruntant des routes bien connues, qu'ils savent être relativement sûres (d'expérience ou par ouï-dire), et évitant celles réputées dangereuses (en raison de côtes rocheuses, de routes trop boueuses, de risques d'attaques de pirates en mer ou de bandits de grand chemin...)[36]. Cette notion dépasse la simple approche spatio-temporelle : une « route », c'est bien plus que le trajet reliant un point A à un point B ; c'est « un chemin connu et habituel », où les conditions naturelles sont plutôt favorables, sans pouvoir se réduire à ce seul aspect géographique : la « route » devient une réalité et même une pratique sociale, établie au fil du temps et transmise oralement génération après génération. Les marchands suivent ainsi des routes devenues habituelles, et cela quelle que soit l'échelle considérée.

Or, une des caractéristiques constitutives des *emporia* était précisément leur grande accessibilité, en raison à la fois de leur situation géographique et des moyens de transport et réseaux de communication qui les desservaient. Depuis l'Antiquité, la voie d'eau est privilégiée aux voies terrestres, en particulier pour les longues distances et les charges très lourdes et volumineuses (vin, blé, bois,

---

34 O. Crumlin-Pedersen, *Archaeology...*, *op. cit.*, p. 20-25.

35 J. Bill, « The Cargo Vessels », dans L. Berggren, N. Hybel et A. Landen (dir.), *Cogs, Cargoes, and Commerce. Maritime Bulk Trade in Northern Europe 1150-1400*, Toronto, 2002, p. 92-112.

36 S. M. Sindbæk, *Ruter...*, *op. cit.* ; *Id.*, « Routes and long-distance traffic... », art. cit.

pierre…) : au détour de quelques vers du poème d'Ermold le Noir, on voit par exemple le Rhin emporter vin et grain vosgiens au-delà des mers[37] ; et Alcuin, dans un poème, fait voyager son parchemin depuis l'embouchure du Rhin jusqu'à Mayence et Spire, en passant par Cologne et en remontant la Moselle[38]. Alors que les échanges s'ouvrent de plus en plus sur l'espace nordique et que des portions entières de l'ancien système de voies romaines sont délaissées, cette préférence ne semble pas se démentir : la proximité de ce fleuve majeur est pour beaucoup dans l'essor des carrières de l'Eifel ; et le commerce du basalte transitant par le Rhin a d'ailleurs fait la prospérité du port fluvial d'Andernach* dès le IIᵉ siècle[39]. Le Rhin, « créateur de richesses innombrables »[40], ainsi que ses affluents, offrent des conditions de navigabilité idéales, permettant aux navires de s'enfoncer sur plusieurs centaines de kilomètres à l'intérieur des terres, jusqu'aux Vosges et à la Forêt Noire. Dans une région particulièrement bien innervée par différents cours d'eau de taille importante (Rhin, Meuse, Moselle, Escaut), Dorestad tire donc une grande partie de sa puissance de sa grande accessibilité par voie fluviale. Plus à l'ouest, la Seine est également un axe commercial majeur, ouvrant aux voyageurs les portes de la Neustrie. En comparaison des rivières continentales, les cours d'eau danois sont quant à eux de taille très modeste et ne peuvent souvent être empruntés que par de petits navires, dans la partie aval la plus proche de la côte. Cela a dû être le cas de la rivière Ribe, qui permet aux marchandises de l'*emporium* du même nom, à seulement quelques kilomètres en amont de l'embouchure, de gagner la mer du Nord. Grâce aux lacs de la région de Birka et à quelques rivières, on peut aussi s'enfoncer à l'intérieur des terres suédoises : le lac Mälar, avec ses nombreux bassins, assure la transition entre la mer Baltique et l'arrière-pays et, prolongé par le Hjalmaren, permet de s'enfoncer sur près de deux cents kilomètres vers le centre de la Suède. Quelques rivières viennent le compléter, comme la Fyrisån, qui se jette dedans et permettait de gagner le site de Gamla Uppsala. La région du fjord d'Oslo est également riche en fleuves et rivières, comme le Numedalslågen et le Hallingdal, tous deux à proximité de Kaupang, qui bénéficie ainsi d'une situation particulièrement favorable dans le système de communication norvégien, entre terre et mer, réseau fluvial – toutefois ponctué de nombreuses chutes – et mer du Nord[41].

---

37 Ermold de Noir, « Première Épître au roi Pépin », dans *Id., Poème sur Louis le Pieux…, op. cit.*, p. 211-212, v. 107-114.

38 Alcuin, « Ad amicos Poetas », dans *M.G.H., Poetae Latini Aevi Carolini.*, t. I, éd. E. Dümmler, Berlin, 1881, n° 4, p. 220-221.

39 M. Huiskes, *Andernach im Mittelalter : Von Den Anfängen Bis Zum Ende Des 14. Jahrhunderts*, Bonn, 1980.

40 Ermold de Noir, « Première Épître au roi Pépin », texte cit. (n. 37, ci-dessus), p. 209-210, v. 92.

41 Voir la Carte 4 en Annexe 1.

1.2.2. Le chariot

Que les cours d'eau soient les supports privilégiés du grand commerce à cette époque ne saurait exclure les voies terrestres pour autant, en particulier pour les échanges régionaux et locaux : situé sur un petit fleuve côtier permettant de s'enfoncer à l'intérieur des terres sur environ quatre-vingts kilomètres seulement, Quentovic ne pouvait être relié à son arrière-pays que par voie de terre. Ce port, qui n'était sur aucune voie romaine, a probablement été raccordé à la voie reliant Paris, Amiens et Boulogne*, seule route antique bien attestée dans la région, franchissant la Canche dix kilomètres plus à l'est de l'*emporium*[42]. Les services de charrois (*wicharisca* ou *wicharia*), mode de transport « long, pénible et coûteux » par chariots[43], à destination de Quentovic qui étaient imposés aux paysans de Villemeux et de Combs-la-Ville et mentionnés dans le polyptyque d'Irminon indiquent l'existence de toute une logistique s'appuyant sur les transports terrestres, palliant l'absence de réseau fluvial pour gagner le cœur du royaume[44] : ces chargements pouvaient s'enfoncer à l'intérieur des terres, en direction notamment de la région parisienne. Ce réseau terrestre assez dense autour du *wic* de la Canche a également pu être emprunté par des moyens de transport plus modestes mais aussi plus souples, notamment les bêtes de somme, permettant une « plus grande flexibilité des itinéraires » que de lourds chariots[45]. Sur le Continent, le IXe siècle en particulier correspond à une époque de remise en ordre de l'ancien réseau routier romain, essentiel pour assurer de bonnes liaisons entre les sites portuaires et l'intérieur des terres[46]. Pour ce faire, les Carolingiens ont réactivé la coutume de la corvée, mais ont également dû puiser dans les ressources fiscales[47].

Les échanges qui se déroulaient dans le sud de l'Angleterre pouvaient également prendre appui sur l'ancien réseau routier romain, partiellement récupéré[48]. Dans la région de Hamwic, il permet de gagner, depuis les rives du détroit du Solent, l'intérieur des terres, reliant ainsi l'*emporium* à son arrière-pays, notamment à

---

42 P. Leman, « La desserte routière de Quentovic-Visemarest », dans S. Lebecq, B. Béthouart et L. Verslype (dir.), *Quentovic...*, *op. cit.*, p. 215-220 (voir notamment la carte p. 216-217).

43 O. Bruand, *Voyageurs...*, *op. cit.*, p. 124.

44 *Polyptyque de l'abbaye de Saint-Germain-des-Prés...*, vol. II, *op. cit.*, p. 101 (IX, 9) et p. 236 (XVI, 3). Voir la Carte 9 en Annexe 1.

45 S. Lebecq, « Entre Antiquité tardive et très haut Moyen Âge : permanence et mutations des systèmes de communication dans la Gaule et ses marges », dans *Id.*, *Hommes...*, *op. cit.*, vol. 1, p. 177-204, ici p. 203.

46 M. Rouche, « L'héritage de la voirie antique dans la Gaule du haut Moyen Âge (v[e]-xie siècle) », dans *L'homme et la route en Europe occidentale au Moyen Âge et aux Temps Modernes* (Deuxièmes Journées internationales d'histoire, 20-22 septembre 1980), Auch, 1982, p. 13-32.

47 Le capitulaire mis par écrit dans les années 780 à la demande de Pépin en tant que roi d'Italie oblige par exemple les populations à (re)construire les ponts, chaussées et chemins (Capitulaire de Pépin, roi d'Italie (782-786), dans *M.G.H., Capit.*, t. I, *op. cit.*, n° 91, p. 191-193, ici c. 4, p. 192).

48 H. Davies, *Roman roads in Britain*, Oxford/New York, 2008.

Winchester, nœud de communication dans la région. Cette ancienne importante ville romaine connaît un nouvel essor à la suite de la décision prise par le roi Alfred d'en faire la capitale fortifiée du royaume de Wessex à la fin du IXe siècle, entraînant la construction d'un nouveau système de routes, qui mène dans toutes les parties du royaume et même au-delà, alors que Hamwic, point nodal du sud de l'Angleterre, bien que sur le déclin, devient le port de la nouvelle capitale du Wessex. Ce système routier s'appuie en grande partie sur les vestiges du réseau romain, en réutilisant notamment la voie vers le nord-est et Lundenwic, ainsi que la principale route vers le sud, qui mène à *Clausentum* et qui, en longeant la rivière Itchen, permet de gagner Hamwic[49]. Ce réseau permet donc de relier rapidement et efficacement Winchester et Hamwic, le centre politique et le centre économique. Les routes ne s'arrêtent cependant pas à Winchester : elles s'enfoncent davantage dans l'intérieur des terres, élargissant d'autant la zone d'influence de Hamwic, jusqu'à des sites tels que Ramsbury, à quelques soixante-dix kilomètres au nord, ou Portchester* vers le sud-est[50].

En Scandinavie, même sans la trame préexistante du réseau routier romain, les routes constituaient probablement le moyen normal et quotidien de se déplacer – ce que la construction de gués et de ponts à partir du VIIIe siècle tendrait à confirmer –, mais elles restent assez mal connues pour l'époque viking. On sait notamment qu'une grande partie de la péninsule du Jutland était traversée, dans sa moitié orientale, par une route passant tout près de Hedeby et remontant jusqu'à Viborg au nord : l'*Hærvejen* (littéralement, « la route de l'armée » ou « route militaire »)[51]. Il s'agissait de la principale voie de communication terrestre à travers le Jutland, dont les origines remontent à la préhistoire : seule route – en réalité plutôt un système de routes et de pistes d'époques diverses – à traverser le Danevirke, elle permettait en particulier à Hedeby d'échanger avec le Jutland. Cette voie semble perdre en importance à partir du VIIIe siècle, précisément lorsque le transport maritime est privilégié et que les nouveaux sites urbains s'implantent alors le long des côtes. Cependant, cela ne signifie pas qu'elle n'a pas continué à être empruntée, de façon peut-être moins intensive, mais toujours quasi-inévitablement, pour rallier des sites comme Dollerup ou Viborg, ou même Omgård et Vorbasse un peu plus à l'ouest, jouant toujours un rôle-clé dans la distribution de certains objets, comme les pierres de meule en basalte rhénan. L'exemple tardif de Harald à la Dent Bleue, bâtisseur de forteresses, mais aussi du pont de Ravning Enge, près de Jelling, vers 979, nous rappelle aussi que les Scandinaves ne reculaient pas devant l'ampleur des travaux de voirie[52].

---

49 C. Taylor, *Roads and Tracks of Britain*, Londres/Toronto/Melbourne, 1979, p. 84-110.
50 Voir les Cartes 10 et 11 en Annexe 1.
51 Voir la Carte 6 en Annexe 1.
52 Voir la Carte 17 en Annexe 1.

La situation est encore plus mal connue pour la Norvège et la Suède : une route reliait Kaupang au lieu de pouvoir de Skiringssal. Il s'agissait de la principale voie d'accès à l'*emporium* du Viken[53]. La grande majorité des marchands et voyageurs désirant gagner l'arrière-pays ont par conséquent dû l'emprunter. Quant à la région du lac Mälar, elle se trouve au croisement des routes terrestres et maritimes, des voies nord-sud et est-ouest. La voie qui arrive du sud en passant par le Södertälje, se poursuit de l'autre côté du lac en direction de Gamla Uppsala, en passant par la rivière Fyrisån. Celle qui arrive de l'est, par le Saltsjön, s'arrête quant à elle sur les rives du lac : de là, les voyageurs pouvaient aisément gagner Helgö ou Birka en bateau[54]. Le réseau routier semble toutefois globalement assez pauvre en Suède à l'époque viking, ce qui a dû rendre les trajets compliqués, tout particulièrement en-dehors de l'hiver – où les lacs, gelés, étaient plus aisés à traverser –, qui constituait par conséquent vraisemblablement la saison de prédilection pour la tenue des grandes foires à Birka : au XVIe siècle, Olaus Magnus évoque encore « la tradition ancienne consistant à tenir des marchés sur la glace », comme devant la cité de Strängnäs, sur le lac Mälar, à seulement vingt-cinq kilomètres environ à l'ouest de l'ancien site de Birka[55]. En Europe de l'Est, l'hiver devait également constituer la saison de prédilection pour les voyages et transports de marchandises ; et les infrastructures comme l'impressionnant pont reliant les deux rives de la rivière Peene, daté par dendrochronologie des années 760, ou encore la route pavée de pierre, de plus de 800 mètres de long, reliant le centre de Menzlin au rivage, confirment que les voies terrestres étaient largement empruntées dans cette partie de l'Europe aussi[56].

Situés entre terre et mer, dans des zones de transition (souvent des estuaires) où ils servent de lieux de rupture de charge, les *emporia* sont des interfaces, des carrefours, où se croisent différentes routes maritimes, fluviales et terrestres : arrivées dans le port, les marchandises pouvaient être déchargées des navires pour emprunter les routes terrestres afin de gagner l'arrière-pays, ou inversement. À ce titre, les *wics* servent de points d'interconnexion, où se croisent et se coordonnent différents moyens de transport, dans une région dont la profondeur dépend directement de la taille et de l'accessibilité des infrastructures portuaires et routières : plus les communications sont efficaces et rapides, plus l'arrière-pays d'un port peut être vaste.

---

53 D. Skre, « The Skiringssal Cemetery », dans *Id.* (dir.), *Kaupang in Skiringssal...*, *op. cit.*, p. 363-383.
54 W. Holmqvist, *Swedish Vikings on Helgö and Birka*, Stockholm, 1979 p. 42 et 136. Voir la Carte 21 en Annexe 1.
55 Olaus Magnus, *Historia...*, *op. cit.*, lib. IV, c. 6.
56 H. Jöns, « Ports and *emporia* of the southern coast : from Hedeby to Usedom and Wolin », dans A. Englert et A. Trakadas (dir.), *Wulfstan's Voyage...*, *op. cit.*, p. 160-181, ici p. 176.

1.3 Les mutations des systèmes productifs et d'échanges

Le développement des *wics* est donc en partie lié aux évolutions des moyens de transport, mais également à la présence d'infrastructures qui n'existaient pas jusqu'alors, notamment les imposantes jetées portuaires, comme celles mises au jour à Dorestad et Hedeby, facilitant considérablement le transbordement et le stockage des marchandises, ce qui permettait de charger, décharger et stocker des quantités bien plus importantes qu'auparavant. Ces évolutions dépassent d'ailleurs largement le cadre des seuls *emporia* : le VIIᵉ siècle voit le passage progressif à une production artisanale à grande échelle et plus standardisée qu'auparavant, reflet de changements affectant l'ensemble des sociétés européennes. Dans les ports des mers nordiques, le travail des artisans prend ainsi une ampleur nouvelle, témoignant d'un changement d'échelle, et même de nature : certaines productions peuvent désormais se faire en série, comme les broches ovales féminines scandinaves, grâce à l'utilisation de moules et de modèles en cire[57]. L'uniformité des récipients en stéatite mis au jour à Kaupang va dans le même sens, faisant de la fabrication d'objets dans ce matériau une des industries majeures de la Norvège à l'époque viking[58].

En parallèle, les processus productifs connaissent un début de spécialisation : les activités artisanales pratiquées dans les *wics* s'éloignent progressivement de celles qui étaient pratiquées dans les communautés rurales, à une échelle bien plus modeste et pour des besoins essentiellement locaux[59]. La céramique par exemple, jusqu'alors produite essentiellement dans un cadre domestique, commence à être fabriquée dans des sites plus spécialisés, avec le développement à l'époque carolingienne sur le Continent et en Angleterre de lieux de production recourant au tour et à de nombreux fours bien bâtis. Majoritairement situés en périphéries de grandes villes, comme Cologne pour la céramique du type de Badorf puis de Pingsdorf, ces sites ont livré de très gros volumes de déchets de cuisson : quatre tonnes de céramique, ainsi que trois fours de potiers et d'autres restes d'infrastructures datant de la seconde moitié du VIIIᵉ siècle ont été mis au jour dans l'atelier installé dans la forêt de La Londe, probablement en activité jusqu'au Xᵉ siècle, voire jusqu'au XIᵉ ; ces productions se retrouvent non loin de là, à Rouen, mais aussi dans des sites plus éloignés, en particulier de l'autre côté de la Manche, à Hamwic[60]. En Angleterre,

---

57 S. M. Sindbæk, « Urban Crafts... », art. cit. ; H. B. Madsen, « Metal-casting. Techniques, Production and Workshops », dans M. Bencard (dir.), *Ribe excavations 1970-76*, vol. 2, Esbjerg, 1984, p. 15-93.

58 I. Baug, « Soapstone Finds », dans D. Skre (dir.), *Things...*, *op. cit.*, p. 311-337.

59 C. Loveluck, « Rural settlement hierarchy... », art. cit. ; E. Andersson Strand, « Tools and Textiles – Production and Organisation in Birka and Hedeby », dans S. Sigmundsson (dir.), *Viking Settlements...*, *op. cit.*, p. 1-17.

60 R. Hodges, « The eighth century pottery industry at La Londe near Rouen, and its implications for cross-Channel trade with Hamwic, Anglo-Saxon Southampton », dans *Antiquity : a quarterly review of archaeology*, 65 (249), 1991, p. 882-887 ; N. Roy, « Résultats... », art. cit.

c'est au cœur même du *wic* de Gipeswic que se développe une industrie de la céramique : il s'agit majoritairement de pichets et de jarres, finis au tour – tandis que les céramiques locales n'étaient jusque-là faites qu'à la main – et produits en masse dans des fours permanents, marquant ainsi une véritable révolution, tant technique qu'en matière d'échelle de production. Vraisemblablement produite du début du VIIIe siècle au milieu du IXe siècle, c'est la production la plus importante du monde anglo-saxon : on la retrouve dans tout l'est de l'Angleterre, d'Eoforwic au Kent (elle est notamment présente en quantité à Lundenwic) et jusqu'à l'Oxfordshire à l'ouest[61]. La production textile évolue elle aussi : la majorité de la production reste largement domestique, notamment dans le cadre des fermes, mais les tissus compliqués et luxueux, nécessitant des matières premières à la diffusion plus restreinte (soie, fils d'or...), et les voiles des navires, requérant d'importantes quantités de laine, relèvent de modes de production plus organisés, avec des artisans spécialisés, des réseaux d'approvisionnement spécifiques et toute une organisation pour la distribution et le stockage[62]. En la matière, l'introduction de la voile dans les mers nordiques a, selon toute vraisemblance, eu un impact sur la production textile.

Avec cette hausse des volumes produits, l'échelle domestique, essentiellement tournée vers les besoins locaux, se trouve par conséquent largement dépassée : on commence à produire pour vendre ou échanger. Les *emporia* témoignent ainsi à la fois de l'intensification des échanges et de l'essor de la production artisanale, diffusée de façon de plus en plus large. En ces lieux pouvait s'opérer une forme de spécialisation, entraînant des processus de différenciation économique ; autant de changements affectant les systèmes productifs qui semblent refléter une orientation de plus en plus nette vers une « économie de marché ».

Les VIIe et VIIIe siècles sont donc marqués par un vaste mouvement de réorganisation des structures sociales et spatiales, processus qui touche aussi bien les systèmes politiques que les formes de structuration et d'organisation de l'espace par les hommes. En un sens, augmentation du nombre de stalles pour les bêtes dans les fermes et multiplication des moules pour produire des broches en série s'inscrivent ainsi dans une même logique : celle de sociétés rurales et urbaines en plein essor.

2. Des modes d'approvisionnement contrastés

Cette population urbaine, largement impliquée dans des activités autres qu'agricoles, il faut la nourrir. L'approvisionnement des *emporia* par les sites

---

61 P. Blinkhorn (dir.), *The Ipswich Ware Project...*, *op. cit.*
62 L. Bender Jørgensen, « The introduction of sails to Scandinavia : Raw materials, labour and land », dans R. Berge, M. E. Âsinski et K. Sognnes (dir.), *N-TAG TEN...*, *op. cit.*, p. 173-181 ; S. Croix, « The loom and the sail », dans S. M. Sindbæk et A. Trakadas (dir.), *The World...*, *op. cit.*, p. 32-33.

ruraux des environs conduit à leur intégration dans les circuits de commercialisation et de distribution des diverses denrées et matières premières, des circuits
qui fonctionnent à différentes échelles. Mais en la matière, tous les *wics* n'entretiennent pas les mêmes liens avec leurs arrière-pays ; et la taille de l'hinterland
sollicité dépend largement de celle de ces ports et du degré de spécialisation de
leur population. Évaluer les implications de leur approvisionnement sur les campagnes environnantes reste donc une tâche délicate. On peut estimer que pour
nourrir une population d'un millier d'habitants une part – plus ou moins grande
– de la production de plusieurs centaines, voire de quelques milliers de fermes a
pu être mobilisée, dans une région de plusieurs centaines de kilomètres carrés[63].
Toutefois, au vu des conditions de conservation au Moyen Âge, une grande partie
de l'approvisionnement devait se faire à une échelle locale, tout particulièrement
pour les produits frais, rapidement périssables (fruits, légumes…) : ils provenaient
d'une aire de chalandise située dans un rayon de quelques kilomètres seulement
autour du *wic* concerné, voire du port même.

2.1 Des activités agricoles dans les emporia

Pour le premier Moyen Âge, il faut dépasser la dichotomie moderne opposant
activités non-agricoles et activités agricoles. La séparation est en effet loin d'être
aussi tranchée durant cette période : les activités agricoles ne sont pas l'apanage
du monde rural, mais sont également présentes dans des sites comme les *emporia*,
sorte de « villes de citadins des champs » (*Ackerbürgerstädte*) pour reprendre une
expression de Max Weber[64]. Il y a interpénétration des deux mondes, « urbain »
et « rural » : plusieurs *wics* comprenaient des secteurs agricoles. Quelques sources
écrites dévoilent par exemple l'aspect agricole de quelques zones de Dorestad :
selon le Registre des biens de Saint-Martin d'Utrecht, cette église y détenait des
terres arables, des pâturages et des pacages pour les porcs (*terris, pratis, pascuis*)[65].
Les archéologues soulignent quant à eux que la taille de certains bâtiments, notamment ceux qui n'étaient pas directement au bord du Rhin, et leur espace-
ment important indiqueraient un usage agricole[66]. Il en va d'ailleurs de même à

---

63 Bengt Wigh estime que pour approvisionner une population d'un millier d'habitants à Birka
au Xᵉ siècle il fallait compter au moins 3 000 fermes dont on utilisait autour de 7 % de la production
(B. Wigh, *Excavations in the Black Earth…*, *op. cit.*, p. 136 ; T. O'Connor, « Feeding Lincoln in the 11th
century – A speculation », dans M. K. Jones (dir.), *Integrating the Subsistence Economy* (*BAR British
Series*, 181), Oxford, 1983, p. 327-330, ici p. 328). Klavs Randsborg évalue à 600 km² la taille de l'hinterland
approvisionnant Hedeby (ce qui correspond à un rayon d'une petite quinzaine de kilomètres autour du
site) (K. Randsborg, *The Viking Age…*, *op. cit.*, p. 83-85).
64 M. Weber, *La ville*, Paris, 1982 [1921], p. 24.
65 Extrait d'un inventaire…, texte cit. (n. 37, p. 43), p. 42.
66 W. Prummel, *Excavations at Dorestad 2…*, *op. cit.*, p. 8-13.

Staraya Ladoga, où certains bâtiments atteignaient jusqu'à 80 mètres de long[67].
À Hamwic, les découvertes récentes de récipients destinés à un usage culinaire
qui semblent se concentrer à la périphérie du site pourraient indiquer que les
activités exercées par les habitants de ce secteur étaient davantage tournées vers
l'agriculture. Durant la première phase d'occupation du moins, la partie sud de
cet *emporium* aurait donc eu une orientation plus rurale que le reste du site, de
même peut-être qu'une zone à 200 mètres au nord-ouest du Stade[68]. Certaines
bêtes ont même pu être élevées sur les sites même : les archéologues ont ainsi mis
au jour des traces d'élevage à Hedeby et à Dorestad et il est assez probable que
quelques porcs, un peu de volaille et même quelques moutons étaient élevés à
Hamwic, Gipeswic, ainsi qu'à Staraya Ladoga. À Lundenwic, une ferme dédiée en
grande partie à l'élevage s'est visiblement développée à la périphérie du site principal, au sud-ouest, sur le secteur du *National Portrait Gallery*, afin de contribuer
à l'alimentation des habitants du port, tout en faisant le lien avec les campagnes
environnantes : on y a découvert de nombreux restes de jeunes bovins, ovins et
porcins[69].

Les *emporia* étant tous des sites portuaires, il serait logique de penser qu'ils
abritaient également des activités en lien avec la pêche. On a bien retrouvé une
cuve à poissons, des filets et poids de filets, ainsi que deux pièges à poissons dans
le port de Dorestad[70], mais aussi, dans la plupart des *wics*, des restes de coquillages
et de poissons, provenant majoritairement des abords immédiats. À Hamwic, par
exemple, parmi les coquillages retrouvés, les huîtres, bigorneaux, moules et autres
coques sont tous des espèces présentes en nombre sur la côte sud de l'Angleterre ;
et les poissons des estuaires locaux (anguilles, saumons, perches, mulets, gron-
dins, carrelets...) se taillent également la part belle[71]. Les habitants de Hedeby
pêchaient eux aussi visiblement à proximité immédiate du site, attrapant surtout
des poissons d'eau douce locaux (perches, carpes, brochets) et des harengs, suggérant que la zone de pêche de cet *emporium* se situait essentiellement dans le
fjord tout proche de la Schlei, où les harengs migraient pour frayer, et peut-être
également dans la partie occidentale et proche des côtes de la mer Baltique[72]. Les

---

67 A. N. Kirpičnikov, dans « Early Ladoga during the Viking Age in the Light of the International
Cultural Transfer », dans P. Bauduin et A. E. Musin (dir.), *Vers l'Orient et vers l'Occident...*, *op. cit.*, 2014,
p. 215-230.

68 B. Jervis, « A patchwork... », art. cit., tableau p. 248 ; V. Birbeck *et al.*, *The origins...*, *op. cit.*, p. 190-204.

69 C. Pickard, « A Middle Saxon Suburban Farmstead : Excavations at the National Portrait Gallery »,
dans J. Leary (dir.), *Tatberht's Lundenwic...*, *op. cit.*, p. 87-114.

70 W. Prummel, « Characteristics : three economic aspects... », art. cit. ; W. A. van Es et W. J. H.
Verwers, « L'archéologie de Dorestad », art. cit. (n. 73, p. 77).

71 V. Birbeck *et al.*, *The origins...*, *op. cit.*, p. 140-184, ici p. 154.

72 D. Heinrich, « Temporal changes in fishery and fish consumption between early medieval Haithabu
and its successor, Schleswig », dans C. Grigson et J. Clutton-Brock (dir.), *Animal and Archaeology : 2.
Shell Middens, Fishes and Birds* (*BAR British Series*, 183), Oxford, 1983, p. 151-156, ici p. 151.

occupants des *wics* n'étaient donc visiblement pas de grands aventuriers en mer et préféraient, dans la mesure du possible, attraper leur poisson depuis la rive, dans les eaux peu agitées des estuaires ou le long des côtes, en faisant du cabotage. Le Pêcheur du *Colloquium* ne dit pas autre chose lorsqu'il explique « poser ses filets dans la rivière » et beaucoup plus rarement dans la mer, bien trop dangereuse[73]. Malgré tout, la pêche ne semble pas avoir été l'activité dominante de ces établissements portuaires : le poisson paraît, pour autant que les sources nous permettent d'en juger, compter pour peu de chose dans le régime alimentaire de leurs occupants et ne jouait donc qu'un rôle assez limité dans leur économie. Hamwic, Dorestad, Hedeby et les autres n'étaient pas des ports de pêche, mais bien des ports de commerce, servant davantage au transit et au stockage des marchandises qu'à l'exploitation des ressources marines. Cela n'excluait pas la présence d'un peu de pêche, mais cette activité n'était en aucune façon la raison d'être des *emporia*, davantage spécialisés dans le commerce et l'artisanat.

Cette production locale a donc peut-être permis de nourrir en partie la population urbaine, mais il est impossible de déterminer dans quelles proportions. Il demeure toutefois très vraisemblable que la plupart de ces ports, abritant davantage de marchands et d'artisans que de travailleurs de la terre, n'étaient pas autosuffisants. Il est donc très probable qu'ils reposaient en grande partie sur leur arrière-pays rural pour s'approvisionner en grain, bêtes et diverses matières premières, nécessaires à l'alimentation de leurs habitants mais aussi aux visiteurs de passage et au fonctionnement de leurs activités artisanales.

2.2 Des campagnes proches fortement sollicitées

Les campagnes environnantes devaient participer assez largement au ravitaillement en céréales des *wics* : à Schuby, par exemple, les archéologues ont mis au jour de grandes quantités de grain (majoritairement du seigle), suggérant une importante activité agricole, probablement stimulée par la demande de l'*emporium* tout proche de Hedeby[74]. L'arrière-pays immédiat fournissait aussi quelques ressources sauvages : plantes, baies, gibier, mais en quantités assez limitées semble-t-il. Dans tous les *wics*, les céréales, fruits et légumes retrouvés sont ainsi d'origine locale, à quelques rares exceptions près : les différentes baies (prunelles, fraises sauvages, mûres, framboises...) consommées par leurs habitants étaient quasiment toutes issues de la région, de même que les végétaux utilisés[75] ; et les rares traces de gibier retrouvées dans

---

73 Ælfric, *Colloquium, op. cit.*, p. 26 et 28.

74 U. M. Meier, *Die früh- und hochmittelalterliche Siedlung..., op. cit.*, p. 118-120. Voir la Carte 16 en Annexe 1.

75 K.-E. Behre, *Ernährung und Umwelt der wikingerzeitlichen Siedlung Haithabu. Die Ergebnisse der Untersuchungen der Pflanzenreste* (*Die Ausgrabungen in Haithabu*, vol. 8), Neumünster, 1983 ;

ces ports proviennent d'animaux vivant dans le voisinage du site. Autant d'indices allant dans le sens d'une exploitation à l'échelle locale des ressources.

La région proche fournissait aussi des animaux domestiques : dans la plupart des cas, prés et lisières de forêts ne manquaient pas dans les environs des *emporia* pour nourrir ovins, bovins et porcs. Ces derniers pouvaient être élevés en bordure de forêt : l'absence virtuelle de porcelets, de veaux et d'agneaux à Kaupang peut ainsi impliquer que cet *emporium* était approvisionné par les fermes des environs, plutôt que par l'élevage sur place, même si la mauvaise conservation des os de bêtes jeunes peut jouer un rôle dans cette impression générale[76]. Une partie au moins de l'approvisionnement de Quentovic provenait probablement des environs du site, où se trouvaient concentrés dans un rayon de quelques dizaines de kilomètres autour du *wic* les grands domaines fonciers appartenant aux élites locales – laïques ou ecclésiastiques – et leurs dépendances. Les domaines des abbayes de Saint-Riquier et Saint-Bertin devaient par exemple contribuer à l'approvisionnement du port. De même, les terres cultivées pour le compte de l'abbaye de Prüm ou de l'église d'Utrecht, notamment les fermes situées à Roomburg, à environ soixante-dix kilomètres à l'ouest de Dorestad, devaient alimenter le marché urbain du *wic*[77]. Les prés salés non loin de Dorestad pouvaient servir de pâturages saisonniers[78] et ceux de la côte occidentale du Jutland sur laquelle Ribe fut fondé offraient aussi de nombreuses possibilités de pâturage pour les ovins et surtout les bovins. Les parasites retrouvés dans l'*emporium*, notamment les traces de douve du foie (*fasciola hepatica*), confirment que les bovins qui passaient par ce site avaient brouté dans ces prés, où se trouvent les escargots hôtes de ce parasite, également présent en Frise[79]. Les archéologues ont estimé, d'après les épaisses couches de fumier de bovin retrouvées dans les premières phases du *wic* (notamment la phase 2, pour les années 720), que 200 bêtes pouvaient se trouver en même temps sur ce site[80]. On peut en conclure que ce marché servait de point de rassemblement des bovins élevés dans la région avant leur exportation vers l'extérieur. Ribe constitue en effet un bon endroit pour tenir une foire aux

H. A. Jensen, « Seeds and other Macrofossils in the 8th century Deposits », dans M. Bencard, L. Bender Jørgensen et H. B. Madsen (dir.), *Ribe excavations 1970-76*, vol. 3, Esbjerg, 1991, p. 17-36.

76 J. Barrett *et al.*, « The mammal, fish and bird bone from excavations at Kaupang, Norway, 2002 », dans *Reports from the Centre for Human Palaeoecology, 2004/10*, York, 2004, en ligne : http://www.york. ac.uk/inst/chumpal/CHPReps/chp2004-10.pdf, p. 82-114, ici p. 86-87.

77 Voir la Carte 14bis en Annexe 1.

78 Comme le rappelle la mention des 16 brebis, 15 vaches, 12 bœufs et 40 moutons que pouvaient nourrir les terres en Frise données à l'abbé de Fulda (P. Riché, *La vie quotidienne dans l'Empire carolingien*, Paris, 1973, p. 172).

79 P. Nansen, « Finds of Parasite Eggs in Manure Layers », dans M. Bencard, L. Bender Jørgensen et H. B. Madsen (dir.), *Ribe excavations 1970-76*, vol. 3, Esbjerg, 1991, p. 37-41.

80 M. Bencard et L. Bender Jørgensen, « Excavations and Stratigraphy », dans *Id.* et H. B. Madsen (dir.), *Ribe excavations 1970-76*, vol. 4.1 (texte), Esbjerg, 1990, p. 15-167, ici p. 64.

bestiaux – annuelle ou plus fréquente –, ce qui impliquait un arrière-pays rural bien organisé et produisant d'importants surplus animaliers, ce que les fouilles de sites ruraux jutlandais comme Vorbasse ou Sædding (xᵉ-xıᵉ siècle), avec ses sept ou huit complexes de fermes – composées notamment de bâtiments de stockage et d'étables –, tendent à confirmer[81]. La région de Hedeby semble aussi avoir accueilli un important élevage bovin. C'était par exemple, selon toute vraisemblance, une des composantes essentielles de l'économie du site d'Elisenhof (vıııᵉ-xıᵉ siècle), où plusieurs bâtiments, de taille imposante (jusqu'à une trentaine de mètres de long pour le Bâtiment 2 et autour d'une quinzaine pour les Bâtiments 4, 6, 25, 26, 33), pouvaient accueillir une vingtaine ou une trentaine de bêtes[82]. Tout porte donc à croire que les environs des *emporia* parvenaient à fournir à ces derniers de la viande en quantité suffisante ; et les exemples de Ribe et Hedeby permettent de conclure que l'aire de chalandise de ces sites était probablement assez vaste, jusqu'à plusieurs dizaines de kilomètres, en raison notamment de la présence d'un important axe commercial, l'*Hærvejen*, facilitant la circulation des bêtes. Le sud de la Baltique est également une importante région d'élevage, notamment porcin et bovin, mais aussi de céréaliculture, permettant d'approvisionner Wolin, Menzlin ou Truso[83].

Les *wics* étaient aussi d'importants consommateurs de bois, matériau de construction incontournable à une époque où la pierre est encore rare, comme le rappellent les Vosges personnifiées dans le poème d'Ermold le Noir[84]. Omniprésent dans l'habitat, il sert également de combustible pour se chauffer ou travailler les métaux et est utilisé pour fabriquer de nombreux objets. Toutes les villes, tous les villages, jusqu'à la moindre ferme, avaient donc besoin de bois en quantité, mais les *wics* plus encore que les autres sites, puisqu'à la construction des « grandes maisons de bois » évoquées par Ibn Fadlân s'ajoutait celle des infrastructures portuaires (digues, pontons, jetées et autres débarcadères) et des bateaux[85]. Une partie de ce bois pouvait se trouver à proximité : les différentes essences retrouvées témoignent de l'exploitation des forêts les plus proches, comme le chêne, espèce largement majoritaire dans le port de Dorestad et poussant en abondance dans les environs[86]. Il était probablement abattu un peu en amont du site, à l'est, aussi près que possible du cours du Rhin, et redescendu sur celui-ci par flottage. À Hedeby,

---

81 I. Stoumann, « Sædding. A Viking-age village near Esbjerg », dans *Acta archaeologica*, 50, 1979, p. 95-118. Voir la Carte 16 en Annexe 1.

82 A. Bantelmann, *Die Frühgeschichtliche Marschensiedlung...*, *op. cit.*, p. 78-144.

83 D. Makowiecki, « Animals in the landscape... », art. cit.

84 Ermold de Noir, « Première Épître au roi Pépin », texte cit. (n. 37, p. 104), p. 208, v. 97-98.

85 Ibn Fadlân, *Voyage chez les Bulgares...*, *op. cit.*, p. 73.

86 Il représente 63 % à Hoogstraat I, suivi par le frêne avec 29,5 % (W. A. Casparie et J. E. J. Swarts, « Wood from Dorestad, Hoogstraat I », dans W. A. van Es et W. J. H. Verwers, *Excavations at Dorestad 1...*, *op. cit.*, p. 262-285).

la répartition des essences est quelque peu différente, avec moins de chêne (35 %) et plus de hêtre (12 %), d'aulne (17 %) et de sapin (13 %)[87]. Ces différences peuvent témoigner d'une exploitation forestière concentrée essentiellement sur les massifs locaux qui entourent chacun des deux sites et fournissent des essences différentes. Dans la région de Wolin, de Menzlin ou encore de Truso, l'exploitation assez intensive des nombreuses forêts du sud de la Baltique entraîne même un recul de ces dernières dès le premier Moyen Âge[88], si bien que les pratiques des habitants de Wolin évoluent : jusqu'au milieu du xe siècle, ils se contentent exclusivement de bois coupé dans les forêts proches, tandis qu'au cours de la seconde moitié du xe siècle les arbres sont abattus de plus en plus jeunes et que les occupants des lieux sont contraints d'importer du bois d'autres régions, parfois très éloignées (jusqu'à trois cents kilomètres de là)[89].

D'autres matières premières devaient provenir des environs immédiats, comme l'argile pour la fabrication des céramiques ou des pesons de tissage, disponible quasiment partout : à moins de deux kilomètres de Hamwic par exemple ou à proximité de Ribe[90]. Les occupants de Dorestad, dans une région de sols sableux et argileux, ne devaient pas non plus avoir de difficultés à se procurer cette terre, pas plus que ceux de Birka, qui pouvaient s'approvisionner sur les sols argileux au nord du lac Mälar[91]. Les formations argileuses dans les podzols de la région de Wolin ont également pu alimenter l'importante activité de fabrication de céramique de cet *emporium*.

2.3 Une aire de captation régionale

Toutefois, l'échelle locale ne suffisait vraisemblablement pas à elle-seule à fournir l'ensemble des denrées et matières premières nécessaires au bon fonctionnement des *wics* : il fallait donc recourir à des importations plus lointaines, au-delà de la zone se situant dans un rayon de quelques kilomètres seulement. Une partie au moins de l'approvisionnement de Quentovic, un des plus grands *wics* de son temps, provenait d'une aire dépassant l'échelle locale : le « Pays de France », région au nord-est de Paris, regroupant de nombreuses plaines très fertiles, qui en

---

87 K.-E. Behre et H. Reichstein, *Untersuchungen des botanischen Materials. Untersuchungen an Geweihresten* (*Berichte über die Ausgrabungen in Haithabu*, 2), Neumünster, 1969, p. 10-16 ; K.-E. Behre, *Ernährung...*, *op. cit.* (note 75, p. 112).
88 D. Makowiecki, « Animals in the landscape... », art. cit.
89 M. Bogucki, « Viking Age ports of trade in Poland », art. cit., p. 108.
90 J. R. Timby, « The Middle Saxon pottery », dans P. Andrews, D. M. Metcalf et J. Timby (dir.), *Southampton finds*, vol. 1, *op. cit.*, p. 73-124 ; S. Nielsen, « Early Ribe – the Socio-economy of an Urban Site. Merchants, craftsmen and artisans in Ribe », dans M. Bencard et H. B. Madsen (dir.), *Ribe excavations 1970-76*, vol. 6, Højbjerg, 2010, p. 209-217.
91 W. Prummel, *Excavations at Dorestad 2...*, *op. cit.*, p. 18 ; U. Sporrong, « The Scandinavian landscape and its resources », dans K. Helle (dir.), *The Cambridge History...*, vol. 1, *op. cit.*, p. 15-42, carte 6, p. 26.

font le « grenier » de Paris[92], en faisait vraisemblablement partie, comme pourraient l'attester les échanges entre les foires de Saint-Denis et le *vicus* de la Canche.
La diversité des espèces végétales exploitées en région parisienne (céréales, fruits,
légumes et légumineuses, cultures textiles) devait permettre de répondre aux
besoins variés de ses habitants. L'aire d'influence et de captation de Quentovic
était donc assez vaste, jusqu'à la région parisienne. L'abbaye de Saint-Denis a pu
être un important fournisseur de ce port, et donc un important contributeur à son
commerce. Ce monastère tirait ses principales ressources de la vente des produits
de ses domaines, à commencer par le vin : à la fin du VIIᵉ siècle, l'évêque d'Autun,
Ansbert, achète ainsi à l'abbé de Saint-Denis de l'huile et du vin en quantité[93].
Cette boisson, essentielle pour l'économie des établissements religieux, était vraisemblablement un des principaux produits échangés à l'occasion des foires de
Saint-Denis, et cela dès leurs origines : instaurées par le roi Dagobert vers 634 ou
635, elles s'ouvraient tous les ans à la saint Denis, le 9 octobre, précisément juste
après les vendanges, afin d'écouler les dernières productions. La région de la haute
et de la moyenne Seine était en effet une importante contrée viticole, comme
l'atteste le polyptyque d'Irminon pour le monastère de Saint-Germain[94] : une
bonne partie du domaine de cet établissement était de toute évidence consacrée
à la culture de la vigne. L'excédent de vin (dépassant les 5 000 hectolitres) mis en
évidence par ce texte était destiné à la vente, en passant peut-être en partie par le
port de Quentovic, après avoir transité par navire sur la Seine ou par chariot sur
la route. C'est du moins ce que pourrait laisser suggérer ce polyptyque lorsqu'il
mentionne le transport par charrois des céréales et du vin[95].

De même, pour couvrir leurs besoins en bois, bien plus importants que ceux
des sites ruraux de la région – la construction navale en particulier est une grande
consommatrice de bois –, les habitants des *emporia* puisaient probablement aussi
dans des forêts plus éloignées que les seuls bois des environs, en recourant notamment au flottage sur les cours d'eau pour acheminer les troncs. D'autres matières
premières, nécessaires aux artisans, provenaient elles aussi d'une région assez large.
Ainsi, les ateliers fabriquant peignes, épingles, fusaïoles, pièces de jeu et autres
objets, avaient-ils besoin d'os, cornes de caprins et ramures de cervidés. La présence en grandes quantités dans les *wics* de restes de chevreuil et de cerf élaphe,
grand cervidé des forêts tempérées d'Europe, d'Afrique du Nord et d'Asie, est
probablement plus liée à l'utilisation de leur ramure qu'à la consommation de

---

92 M.-P. Ruas, « Des grains, des fruits et des pratiques : la carpologie historique en France », dans
J. Chapelot (dir.), *Trente ans d'archéologie...*, *op. cit.*, p. 55-70, ici p. 61-62 ; J.-P. Devroey, *Économie rurale...*,
op. cit., p. 102-108, 224, 303.
93 L. Levillain, « Études sur l'abbaye de Saint-Denis à l'époque mérovingienne », dans *Bibliothèque de
l'École des Chartes*, 91, 1930, p. 264-300, ici p. 276.
94 *Polyptyque de l'abbaye de Saint-Germain-des-Prés...*, *op. cit.*
95 J.-P. Devroey, « Un monastère... », art. cit.

leur viande, comme l'indiquerait la surreprésentation des os du crâne à Ribe, Hedeby, Quentovic ou encore Dorestad[96]. À Hamwic, le site de *Six Dials* s'est révélé particulièrement riche en déchets de tabletterie, en majorité des os de bovins, mais les bois de cervidés y sont également présents, notamment ceux de cerf élaphe[97]. Tous ces restes de ramures semblent provenir en grande partie de la région environnante : à Ribe, sur 254 échantillons étudiés, 104 ont été identifiés comme appartenant à des espèces locales (cerf élaphe ou chevreuil) et seulement quinze à des espèces non locales (renne)[98]. Les tabletiers étaient donc en grande partie approvisionnés par l'arrière-pays régional, voire local : dans un premier temps, il ne semble pas y avoir de commerce à longue-distance important des ramures de cervidés. Les activités de tabletterie n'en entraînent pas moins la mise en place de circuits d'approvisionnement particuliers. En effet, une grande partie des ramures de cervidés était vraisemblablement obtenue sans tuer les bêtes : les bois de massacre – lorsqu'un fragment de l'os frontal reste attaché – sont assez rares à Hamwic, Ribe ou encore Hedeby, signe que les ramures étaient récupérées après être tombées à la fin de l'hiver[99] ; le recours aux bois de mue, plus que la chasse, semble donc le principal mode d'approvisionnement en bois de cervidés. En d'autres termes, les artisans spécialisés dans le travail de ces matériaux organiques dépendaient de réseaux d'approvisionnement qui reposaient probablement en grande partie sur des contacts dans l'arrière-pays rural, bien plus que sur des liens avec les activités de boucherie pratiquées sur l'*emporium* même.

D'autres matières premières provenaient selon toute vraisemblance d'un hinterland régional, comme l'ambre travaillé à Ribe, Hedeby, Groß Strömkendorf, Paviken sur l'île de Gotland et surtout à Wolin, où l'on a retrouvé plus de cent kilogrammes d'ambre brut. Cette résine fossile se trouve assez aisément sur une grande partie des côtes du sud de la Scandinavie, en particulier sur les bords de la Baltique, mais aussi sur la côte occidentale du Jutland, ce qui devait éviter aux artisans de Ribe de mettre en place des circuits d'approvisionnement très complexes[100]. Dans un contexte d'augmentation de la demande en fer – notamment pour les usages

---

96 I. B. Enghoff, « Pattedyr og fugle fra markedspladsen i Ribe, ASR 9 Posthuset », dans C. Feveile, *Ribe studier...*, vol. 1.1, *op. cit.*, p. 167-187 ; K. J. Hüser, « Kartierung der Geweihfunde aus dem Hafen von Haithabu », dans D. Heinrich *et al.*, *Untersuchungen an Skelettresten von Tieren aus dem Hafen von Haithabu* (*Berichte über die Ausgrabungen in Haithabu*, 35), Neumünster, 2006, p. 241-248 ; W. Prummel, *Excavations at Dorestad 2...*, *op. cit.*, p. 318-357.

97 I. Riddler et P. Andrews, « Bone and Antler Working », dans P. Andrews (dir.), *Excavations at Hamwic*, vol. I, *op. cit.*, p. 227-230.

98 S. P. Ashby et A. Coutu, « Connecting early medieval trade patterns with a combined artefactual and biomolecular approach to the study of antler combs », communication à la Conférence internationale *Maritime Networks and Urbanism in the Early Medieval World*, 11-12 avril 2013, Roskilde (Danemark).

99 I. Riddler et P. Andrews, « Bone and Antler Working », dans P. Andrews (dir.), *Excavations at Hamwic*, vol. II, *op. cit.*, p. 227-230 ; K. Ambrosiani, *Viking Age Combs ...*, *op. cit.*, p. 9-56 et 91-164.

100 H. G. Resi, « Amber and Jet », dans D. Skre (dir.), *Things...*, *op. cit.*, p. 107-128, ici p. 108.

agricoles –, il a également été nécessaire de mettre en place des réseaux d'approvisionnement en minerai de fer dans un rayon de quelques dizaines de kilomètres, afin
d'alimenter les forges des *wics*. Jusqu'au XIIᵉ siècle, faute de mieux, on utilise essentiellement le minerai extrait des lacs et des marais pour produire du fer : la limonite.
Celle-ci se forme un peu partout, mais ces dépôts sont particulièrement nombreux
en Norvège et surtout en Suède, notamment en Dalécarlie et au Hälsingland, mais
aussi dans les marais jutlandais[101]. Ce « fer des marais » n'était pas d'une très grande
qualité, en raison de son taux important en phosphore qui fait perdre au fer toute
sa ductilité, le rendant extrêmement cassant. Son affinage constitue néanmoins à
Ribe une activité importante et ancienne, qui commence vers 710 : à Drengsted,
environ trente kilomètres au sud de l'*emporium*, des traces d'extraction de ce minerai à une échelle importante ont ainsi été mises au jour. Quant au fer travaillé à
Hamwic (notamment à *Six Dials*), il semble avoir été préalablement fondu ailleurs :
Romsey, site productif portant des traces de fonte et de travail du fer et qui se développe autour de l'abbaye fondée en 907 à seulement une douzaine de kilomètres au
nord-ouest, est ici une source probable d'approvisionnement pour au moins une
partie du minerai brut, amené dans le *wic* sous forme de lingots, de barres ou de
loupes pour y être ensuite travaillé[102]. Plus au nord, Ramsbury, qui se développe au
tournant des VIIIᵉ et IXᵉ siècles, a également pu fournir une partie du fer travaillé à
Hamwic, à quelques soixante-dix kilomètres[103]. L'approvisionnement en fer de ces
deux *wics* a donc dû se faire à une échelle régionale, de l'ordre de quelques dizaines
de kilomètres, de même que pour d'autres métaux : l'étain retrouvé à Hamwic
devait venir du Devon et le plomb du Somerset[104]. Quant au minerai de fer – de
bien meilleure qualité – qui se trouve en abondance dans les régions centrales de
Suède, notamment en Dalécarlie, il a vraisemblablement servi dans une grande
partie de la Suède, du Jämtland à la Scanie, en passant par la région du lac Mälar,
où il a probablement été travaillé par les forgerons de Birka[105].

Arrière-pays locaux et régionaux fournissaient donc la majorité des vivres,
ainsi qu'une partie des matières premières. Toutefois, certains matériaux ou même
quelques denrées alimentaires ont pu impliquer la mise en place de circuits d'approvisionnement sur des distances bien plus importantes.

---

101 E. Orrman, « Rural conditions. Extraction of natural recources », dans K. Helle (dir.), *The Cambridge History*…, vol. 1, *op. cit.*, p. 280-282. Voir la Carte 4 en Annexe 1.

102 P. Andrews, « The Mid-Saxon Settlement (8ᵗʰ-9ᵗʰ Century). Metalworking », dans V. Birbeck *et al.*, *The origins*…, *op. cit.*, p. 136-137. Voir la Carte 10 en Annexe 1.

103 J. Haslam *et al.*, « A Middle Saxon Iron Smelting Site at Ramsbury, Wiltshire », dans *Medieval Archaeology*, 24, 1980, p. 1-68, ici p. 55-56. Voir la Carte 11 en Annexe 1.

104 D. A. Hinton, « Metalwork in the *emporia* », dans M. Anderton (dir.), *Anglo-Saxon Trading centres*…, *op. cit.*, p. 24-31.

105 Å. Hyenstrand, *Production of Iron in Outlying Districts and the Problem of Järnbäraland – A Cartographic Study*, Stockholm, 1972 ; *Id.*, *Excavations at Helgö*, VI (*The Mälaren area*), Stockholm, 1981, p. 38-40 ; V. F. Buchwald, *Iron*…, *op. cit.*, p. 316-323. Voir la Carte 4 en Annexe 1.

2.4 Le recours à des sources d'approvisionnement plus lointaines

Les plus précieuses des parures sont constituées chez eux [les Rûs] par des perles de verre,
vertes [...]. Ils les payent d'un prix exagéré, Ibn Fadlân[106].

2.4.1. Des artisans en quête de matières premières

Certains matériaux de prix ont pu venir de très loin : c'est notamment le cas
des pierres précieuses, à la fois inexistantes dans les sols européens et particulièrement recherchées. Les grenats provenaient peut-être d'Inde et de Ceylan, les amé-
thystes de la partie orientale de la région méditerranéenne ou d'Inde et les perles
translucides rouges ou orange en cornaline vraisemblablement d'Iran, d'Inde et
du Caucase. Ces pierreries, trouvées en nombre important (généralement sous
forme de perles) à Birka et Hedeby et en quantité plus modeste à Ribe et Kaupang,
sont arrivées d'Orient en suivant le Dniepr et la Volga, en passant probablement
par le site de Staraya Ladoga : de là, elles ont pu gagner par navire des points de
redistribution tels que Birka et Hedeby[107]. Le voyage du jais était probablement
moins long : les objets fabriqués dans cette variété de lignite peu courante seraient
originaires de Dublin ou d'Eoforwic et se retrouvent à Kaupang, Birka, Hedeby
ou encore Andersminde et même jusqu'à Quentovic[108]. L'ambre, très présent dans
le sud de la Scandinavie, requiert également la mise en place de circuits d'approvisionnement sur de grandes distances pour fournir les sites anglo-saxons et francs,
aux rivages dépourvus de cette résine : différentes analyses menées sur des objets
en ambre retrouvés à York ont ainsi montré qu'une vingtaine d'entre eux étaient
fabriqués à partir de résine originaire de la Baltique[109].
Les qualités d'un matériau, sans équivalent local, pouvaient aussi constituer
une motivation très forte pour le transporter sur des distances importantes : la
grande résistance et l'abrasivité du basalte rhénan, extrait près de Mayen et de
Niedermendig, au sud de Cologne et non loin du Rhin, la capacité – inégalée par
les céramiques en argile – de la stéatite à garder longtemps la chaleur, la longévité
et l'efficacité des pierres à aiguiser norvégiennes ont ainsi pu être autant de raisons
incitant les hommes du premier Moyen Âge à se les procurer, en dépit de la distance. Les pierres à aiguiser et les récipients en stéatite de Norvège se retrouvent
en grande quantité sur les sites côtiers norvégiens, mais aussi au Danemark, en

---

106 Ibn Fadlân, *Voyage chez les Bulgares...*, *op. cit.*, p. 73.
107 H. G. Resi, « Gemstones : Cornelian, Rock Crystal, Amethyst, Fluorspar and Garnet », dans
D. Skre (dir.), *Things...*, *op. cit.*, p. 143-166, ici p. 157.
108 H. G. Resi, « Amber and Jet », dans D. Skre (dir.), *Things...*, *op. cit.*, p. 107-128, ici p. 126-127 ;
C. Coulter, « Consumers and artisans. marketing amber and jet in the early medieval British Isles », dans
G. Hansen, S. P. Ashby et I. Baug (dir.), *Everyday Products...*, *op. cit.*, p. 110-124.
109 H. G. Resi, « Amber and Jet », dans D. Skre (dir.), *Things...*, *op. cit.*, p. 107-128, ici p. 108.

particulier dans le nord du Jutland, et en nombre plus modeste dans les îles Orkney, en Irlande et en Islande[110]. Les pierres à aiguiser originaires de la région d'Eidsborg, dans le Telemark en Norvège, ont également traversé les mers du Nord et de la Baltique jusqu'aux *wics* continentaux et anglo-saxons. Le basalte rhénan est aussi présent dans la plupart des *emporia* du Nord-Ouest de l'Europe à cette époque, après avoir transité, en grande majorité, par Dorestad. Le verre enfin, autre matière première utilisée par les artisans de ces ports, est systématiquement importé en Angleterre et en Scandinavie, où la technique de sa fabrication n'est alors visiblement pas maîtrisée, comme le rappelle par exemple Bède le Vénérable, lorsqu'il mentionne les émissaires envoyés en Gaule pour y recruter des verriers afin d'orner les fenêtres des bâtiments religieux[111]. Afin de pouvoir réaliser ces perles colorées dont les vikings semblent si amateurs, les artisans scandinaves devaient importer la matière première, souvent sous forme de fragments ou de tesselles, provenant du Continent, essentiellement des fours rhénans, mais peut-être aussi de bien plus loin, l'Égypte et le Proche-Orient continuant à exporter du verre brut vers l'Europe[112] : des perles de verre de Syrie et d'Égypte ont notamment été découvertes à Wolin. Le verre de récupération, ou groisil, faisait ainsi l'objet d'un commerce, involontairement évoqué par Grégoire de Tours quand il signale le méfait d'un homme qui vole un vitrail provenant d'une église proche de Tours, dans l'intention de fondre le verre et de le revendre, preuve que ce matériau était alors recherché, même sous forme de fragments, et qu'il existait un marché du verre[113].

Minerais et métaux pouvaient aussi être importés sur d'importantes distances, la métallurgie dépendant moins de la position géographique des gisements que de la capacité des sociétés à les exploiter et à compenser leur absence locale par une forme de contrôle des circuits d'approvisionnement : minerais et métaux deviennent alors des objets de commerce et un moteur des échanges. Le mercure et l'or utilisés à Hamwic, tous deux nécessaires dans le procédé de dorure, devaient par exemple venir d'assez loin : le bassin méditerranéen a pu fournir le premier – puisque l'on trouve du mercure notamment en Afrique du Nord et sur la côte ouest de l'Italie du Nord –, tandis que les régions aurifères et argentifères d'Europe centrale et d'Orient alimentaient l'Occident en métaux précieux, extraits notamment par les Avars et les Saxons dans les mines de Bohême, de Transylvanie et des Carpates. La question de l'approvisionnement en minerais et métaux ne se

---

110 S. M. Sindbæk, « Trade and Exchange. Part 2 : Northern Europe », dans J. Graham-Campbell et M. Valor (dir.), *The Archaeology of Medieval Europe*, vol. 1, *op. cit.*, p. 302-312, ici p. 311 ; *Id.*, « Broken Links... », art. cit.

111 Bède le Vénérable, *Historia Abbatum, op. cit.*, c. 5, p. 32-33.

112 D. Whitehouse, « 'Things that travelled'... », art. cit.

113 Grégoire de Tours, *Liber in gloria martyrum*, dans *M.G.H, SRM*, t. I, vol. 2, éd. B. Krusch, Hanovre, 1885, c. 58, p. 78.

pose toutefois pas dans les mêmes termes en Europe occidentale et septentrionale : le minerai de fer, présent en quantité dans le ventre de la terre scandinave, était en revanche assez rare dans les mondes franc et anglo-saxon, qui étaient par conséquent contraints de recourir à des importations plus lointaines ou de davantage recycler tout objet métallique. Les sites scandinaves devaient quant à eux importer lingots de bronze, de cuivre et de plomb, qui provenaient vraisemblablement en majorité des Midlands et des mines de Cumbrie en Angleterre, tandis que le cuivre utilisé en Scandinavie arrivait probablement de la région rhénane au IXe siècle, peut-être des environs d'Aix-la-Chapelle, et du Califat au siècle suivant[114]. Une lettre de Loup, abbé de Ferrières, adressée au roi anglo-saxon Æthelwulf pour lui demander notamment du plomb destiné à la couverture de l'église Saint-Pierre confirme que l'Angleterre constituait pour le monde carolingien une source d'approvisionnement pour ce métal[115]. Considérant la mauvaise qualité du fer issu des marais jutlandais, il est également vraisemblable que les artisans de Ribe importaient du minerai de plus loin, essentiellement de Norvège et du sud de la Suède actuelle (Halland et Scanie), ce que la présence de fer norvégien à Dankirke et peut-être même à Snorup tendrait à confirmer[116], sans oublier l'ancre en fer de 27,5 kilogrammes mise au jour à Ribe en 1974 et datée de la seconde moitié du VIIIe siècle, forgée à partir de fer provenant du sud de la Norvège[117]. L'hypothèse d'un approvisionnement du Jutland ou des îles danoises par le sud de la Suède est d'autant plus probable que cette région fait partie au IXe siècle du royaume des Danois. L'extraction de ce minerai constituait alors une activité importante en Norvège et les exportations de fer vers le reste de la Scandinavie, mais aussi au-delà, vers l'Europe occidentale, devaient donc jouer un rôle non négligeable dans l'économie de cette région. C'est d'ailleurs peut-être de là que provient le minerai « hyperboréen » servant à forger les épées carolingiennes, prisées pour la qualité de leur lame[118].

La forte croissance des activités artisanales dans les *emporia* a aussi pu, à mesure que ces ports se développaient, poser des problèmes de ravitaillement pour certaines matières premières, nécessitant de recourir à des sources d'approvisionnement plus lointaines. Ainsi, alors que les tabletiers semblent se satisfaire, dans un premier temps, des ramures de cervidés des environs, lorsque la demande dépasse les ressources locales, il leur faut se tourner vers des fournisseurs plus

114 C. Feveile, *Vikingernes Ribes...*, op. cit., p. 33-35 ; D. Skre, « The Inhabitants : Activities », dans *Id.* (dir.), *Things...*, op. cit., p. 397-415.

115 Loup de Ferrières, *Correspondance*, vol. II, op. cit., n° 84, p. 70-73.

116 V. F. Buchwald, *Iron...*, op. cit., p. 153. Voir la Carte 16 en Annexe 1.

117 F. Rieck, « The anchor from Sct. Nicolaigade in Ribe », dans M. Bencard, A. K. Rasmussen et H. B. Madsen (dir.), *Ribe excavations 1970-76*, vol. 5, Højbjerg, 2004, p. 173-182.

118 *Yperboree vene [veneno] gladiis duratis* (Notker le Bègue, *Gesta Karoli Magni*, op. cit., lib. II, c. 9, p. 64).

lointains : à Ribe, des bois de rennes ont été retrouvés dans les phases E et F (780-800 environ), alors que les phases précédentes étaient largement dominées par les ramures de chevreuil local ; et à Hedeby, les artisans se mettent à importer, en sus du bois de cerf et de chevreuil des environs, du bois de renne, probablement de Norvège[119]. La présence de renne, animal venu des contrées plus septentrionales que le Jutland, atteste la mise en place de réseaux d'approvisionnement en bois de cervidés à une large échelle à mesure que la demande en ramures se développe.

2.4.2. Du vin et du grain

Largement ravitaillés par les campagnes environnantes, les habitants des *wics* ont toutefois pu mobiliser d'autres circuits d'approvisionnement pour se procurer certaines denrées, à commencer par le vin en Scandinavie et en Angleterre. La culture de la vigne connaît en effet une limite septentrionale impossible à dépasser. Si les habitants d'Europe du Nord souhaitaient consommer cette boisson, il leur fallait donc la faire venir de contrées viticoles éloignées, notamment des régions rhénane et parisienne[120]. Arrivé en Angleterre, Alcuin se plaint en 790 du manque de vin[121] ; et aux environs de l'an mil, un des élèves du *Colloquium* explique ne pas boire de vin – seulement de la bière – parce qu'il n'est pas assez riche pour une boisson qu'il faut alors faire venir par navire du Continent[122]. Le vin constitue d'ailleurs une part essentielle des exportations franques, transitant notamment par les foires de Saint-Denis, tandis que la région rhénane, en amont de Dorestad, constituait une autre importante contrée viticole sur le Continent : dans le poème d'Ermold le Noir, le Rhin rétorque ainsi aux Vosges, l'accusant de priver la population locale des productions de la région en les transportant au loin, qu'il est au contraire « utile de vendre du vin aux Frisons et aux peuples maritimes »[123]. Les sources textuelles confirment donc que le vin faisait bien l'objet d'échanges entre le Continent et le Nord, comme le montre également l'épisode de la riche veuve Frideburg, qui, en prévision de sa mort et en l'absence de prêtre à Birka, conserve précieusement un peu de vin qu'elle a acheté, afin de pouvoir « recommander sa mort à la grâce de Dieu »[124]. Les archéologues ont par ailleurs mis au jour à Hedeby et Ribe les restes de plusieurs tonneaux, sans oublier les *reliefbandamphorae* retrouvées dans les différents *emporia*[125]. S'il est impossible

---

119 I. Ulbricht, *Die Geweihverarbeitung in Haithabu* (*Die Ausgrabungen in Haithabu*, 7), Neumünster, 1978 ; S. P. Ashby, A. N. Coutu et S. M. Sindbæk, « Urban Networks… », art. cit.

120 O. Bruand, *Voyageurs…, op. cit.*, carte 9, p. 230.

121 Alcuin, *Epistolae, op. cit.*, n° 8, p. 33-34.

122 Ælfric, *Colloquium, op. cit.*, p. 47.

123 Ermold de Noir, « Première Épître au roi Pépin », texte cit. (n. 37, p. 104), p. 210, v. 119-120.

124 Rimbert, *VA*, c. 20.

125 H. Steuer, « Der Handel… », art. cit.

d'affirmer avec certitude que ces divers contenants ont servi à importer du vin, il n'en demeure pas moins que ces tonneaux, en bois de sapin blanc et d'épicéa, proviennent, selon toute vraisemblance, de la région viticole du Rhin supérieur (autour de Mayence, Cologne, Trèves...), tandis que les douves mises au jour sur le site de *Dommerhaven* à Ribe sont en chêne de Basse-Saxe[126]. Il est par conséquent assez tentant de faire le rapprochement entre ces tonneaux et le transport de vin, d'autant que les verres à boire retrouvés en assez grand nombre – certains sous forme de débris, mais d'autres entiers – sur les sites scandinaves, ainsi que les pichets de Tating semblent aussi provenir de la contrée viticole située dans la partie supérieure du Rhin. Le vin attire par ailleurs les étrangers dans les régions viticoles : les marchands, qui l'exportent ensuite vers les contrées qui sont dépourvues de vignes, mais aussi les pillards, comme en 865, lorsque les Normands s'en prennent à Paris, espérant y trouver du vin[127] ; et Réginon de Prüm nous rapporte qu'en 885, Godfred, devenu maître de toute la Frise (dont Dorestad), réclame à Charles le Gros les fiscs de Coblence, Sinzig et Andernach* parce que les terres qui lui ont déjà été concédées étaient « très peu riches en vin »[128].

Même le grain a pu, dans certaines circonstances, être transporté sur d'importantes distances. L'histoire d'Asbjørn dans la *Saga de saint Olaf* nous rappelle ainsi que les contrées les plus septentrionales, les plus exposées aux risques de mauvaise récolte, devaient parfois faire venir le grain d'autres régions : pour pouvoir continuer à donner de somptueux banquets, Asbjørn doit se rendre dans le Rogaland, pour aller chercher le grain qui vient à manquer cruellement chez lui, plus au nord, dans le Hålogaland[129]. Dans d'autres cas, il a probablement fallu recourir à des importations encore plus lointaines, venues notamment du Continent. Éginhard et Ermold le Noir nous apprennent en effet qu'une partie du blé qui poussait en Germanie, notamment en Franconie, était envoyé par navire par le Main et le Rhin jusqu'à Mayence, qui accueillait un important marché du blé[130], mais probablement aussi à quelques trois cents kilomètres en aval, jusqu'à Dorestad : une partie de ce grain servait à nourrir la population de l'*emporium*, mais il n'est pas impossible qu'une autre partie ait continué ensuite son voyage outre-mer, en particulier vers la Scandinavie. Dans le poème d'Ermold le Noir,

---

126 K.-E. Behre, « Die Hölzer von Haithabu », dans *Id.* et H. Reichstein, *Untersuchungen des botanischen Materials. Untersuchungen an Geweihresten (Berichte über die Augrabungen in Haithabu, 2)*, Neumünster, 1969, p. 10-16 ; S. M. Sindbæk, « Trade and Exchange. Part 2... », art. cit. (n. 110, p. 120), p. 308.
127 *AB*, aº 865.
128 Réginon de Prüm, *Chronique, op. cit.*, aº 885, p. 268.
129 Snorri Sturluson, « Ólafs Saga Helga », dans *Hkr*, vol. II, *op. cit.*, p. 3-415, c. 117 ; L. Malbos, « Les ressources... », art. cit.
130 Éginhard, *Translatio et miracula SS Marcellini et Petri*, dans *M.G.H., SS*, t. XV, vol. 1, éd. G. Waitz, Hanovre, 1887, p. 238-264, ici III, 6, p. 250 ; Ermold de Noir, « Première Épître au roi Pépin », texte cit. (n. 37, p. 104), v. 82-85 et 107-110.

les Vosges personnifiées, s'adressant au Rhin, l'accusent ainsi de vider leurs greniers en transportant le grain « outre-mer » pour l'y vendre. D'autres aliments, consommés probablement plus rarement, ont également pu venir d'un arrière-pays supra-régional, tels que les figues et raisins attestés à Hamwic et Lundenwic ou les noix mises au jour à Hedeby, peut-être importées du sud de l'Allemagne[131].

Au total, l'étude de l'origine des matières premières et des denrées alimentaires permet de distinguer clairement plusieurs échelles d'approvisionnement, tout en soulignant que ces dernières varient considérablement selon les zones géographiques et les produits considérés. Les *wics* se situent au cœur de ces circuits, faisant le lien entre les différentes aires (locales, régionales et suprarégionales)[132]. Ces ports vivaient en partie des productions de leur région immédiate, mais pas seulement : en tant que centres d'attraction et de captation, ils pouvaient s'appuyer sur l'exploitation de terroirs complémentaires. Les possibilités offertes par un terroir avec ses spécificités sont en effet limitées : les prairies dans des plaines alluviales ou certains marais servent en priorité de pâturages, les terrains plats sur des sols fertiles sont utilisés pour les cultures, les forêts constituent un réservoir de ressources diverses (bois, baies, champignons, glands…). Les *emporia* peuvent jouer sur cette complémentarité des terroirs, en faisant le lien entre eux, en centralisant les productions de chacun et en en assurant la redistribution.

3. Centraliser et redistribuer

3.1 Importer pour consommer, produire et exporter

Pour couvrir les besoins des habitants des *emporia*, des marchandises variées affluent en quantités importantes. Il s'agissait en premier lieu de nourrir des hommes et des femmes en grande partie engagés dans des activités non-agricoles : occupants permanents de ces sites commerciaux, marchands, artisans et autres voyageurs de passage. Les équipages des navires partant ou repartant devaient également pouvoir se procurer sur place les vivres nécessaires pour leur traversée. On a ainsi retrouvé dans les cales du navire de Graveney des restes d'ovins, de jeunes porcs et de bovins[133]. Il fallait également fournir la matière première nécessaire aux diverses activités artisanales ; en ces lieux, les artisans pouvaient trouver les matériaux nécessaires à l'exercice de leur savoir-faire : bois pour les

---

131 V. Birbeck *et al.*, *The origins…*, *op. cit.*, p. 162 ; K.-E. Behre, *Ernährung…*, *op. cit.* (note 75, p. 112) ; *Id.* et H. Reichstein, *Untersuchungen des botanischen Materials. Untersuchungen an Geweihresten* (*Berichte über die Augrabungen in Haithabu*, 2), Neumünster, 1969, p. 23-32.

132 Voir le Schéma 1 en Annexe 2.

133 A. Hagen, *A second Handbook…*, *op. cit.*, p. 326-341.

charpentiers, fer pour les forgerons, peaux pour les tanneurs... Le Cordonnier du *Colloquium* achète ainsi cuirs et peaux, qu'il travaille afin d'obtenir chaussures, harnais, outres, sacs, etc. ; et le travail du cuir est bien attesté dans plusieurs *wics*, notamment à Gipeswic, Dorestad, Hedeby, Ribe[134]. Dans ces établissements portuaires, les activités étaient très diverses et, pour une grande partie d'entre elles, interdépendantes : les bouchers ne ravitaillaient pas seulement les consommateurs en viande, mais aussi les artisans en os, corne et cuir, qui pouvaient ensuite à leur tour fournir aiguilles et fusaïoles aux fabricants de tissus. Outre les matières premières basiques, ces ports offraient une concentration de matériaux beaucoup plus spécialisés et bien moins répandus, tels que le verre servant à la fabrication des perles ou les bois de cervidés travaillés par les tabletiers : en ces lieux, les fournisseurs savaient qu'ils pourraient les écouler et les artisans en trouver, ce qui contribue à expliquer que certaines activités ne soient présentes que sur ces sites. Aux infrastructures offertes par ces ports marchands et à la présence de matières premières en quantité s'ajoutait donc la tenue permanente d'un marché, garantie pour les artisans, mais aussi pour les marchands venus d'au-delà des mers, de pouvoir se ravitailler et écouler aisément leur marchandise.

Les *emporia* n'étaient toutefois pas que des points de production et de consommation : centres d'achat et de vente, ils servaient aussi de lieux de transbordement, de transit, pour des marchandises qui ne faisaient qu'y passer. Ainsi, la production bovine jutlandaise ne devait pas être destinée à la seule consommation des occupants de Ribe, où les archéologues estiment que 200 bêtes pouvaient être présentes simultanément, ce qui excèderait largement les besoins des habitants du lieu, impliquant par là même de probables exportations de bétail. À en croire l'épaisseur des couches de fumier mises au jour, ce commerce de bovins a dû représenter une partie importante des échanges qui se déroulaient à Ribe, peut-être même la « base économique » de son marché, « avec des foires à bestiaux tenues à des dates précises chaque année et sur lesquelles venaient se greffer toutes les autres formes de commerce », si ce n'est la raison initiale de la fondation de ce marché[135]. Les bêtes ainsi rassemblées à Ribe étaient donc partie intégrante de l'économie de cet *emporium*. L'*Hærvejen*, également connue sous le nom précisément d'*Oksevejen* (ou *Ochsenweg* en allemand), c'est-à-dire la « route des bœufs », permettait de desservir Ribe et sa partie sud reliait la région de Hedeby[136]. Vitale pour le transport et les communications dès la préhistoire, elle permettait de rallier, plus au sud, des régions comme celle de Hambourg[137]. Ribe

134 I. Nielsen, « The Leather Finds », dans M. Bencard, L. Bender Jørgensen et H. B. Madsen (dir.), *Ribe excavations 1970-76*, vol. 3, Esbjerg, 1991, p. 79-100, ici d'après le tableau 1, p. 84.

135 S. Jensen, *Les Vikings de Ribe, op. cit.*, p. 21.

136 Voir la Carte 6 en Annexe 1.

137 D. Brumm, *Der Ochsenweg*, Husum, 2008, p. 6-7.

a ainsi pu constituer une étape quasi-incontournable pour les bovins de la région, avant leur grand voyage vers le sud. De même, le surplus de bovins à Elisenhof a pu être exporté en partie vers Hedeby, mais également peut-être vers le sud (les deux destinations n'étant d'ailleurs pas exclusives).

Plus au nord, Kaupang et Birka ont vraisemblablement exporté davantage de peaux et fourrures que de bétail : déjà au VIᵉ siècle l'historien ostrogothique Jordanès évoquait un intense commerce de « fourrure noire brillante » (*sapphirinas pelles*), probablement de la martre, entre Romains et *Svear* de Suède au-delà du *limes*[138]. Plus tard, les sagas foisonnent de mentions de peaux et fourrures de castors, petit-gris, zibelines, martres et autres petits mammifères au pelage particulièrement prisé par les hommes et femmes du Moyen Âge ; et, dans son *Histoire des Peuples du Nord* rédigée au XVIᵉ siècle, Olaus Magnus consacre toute une partie aux diverses bêtes prisées pour leur fourrures « de différentes couleurs » (écureuils, martres, zibelines, hermines, renards), auxquelles les peuples du Nord accordent un grand prix[139]. Il est probable que l'intense commerce de fourrures entre la Scandinavie du premier Moyen Âge et l'Orient, particulièrement le Califat, connaisse son apogée durant la période viking, expliquant peut-être, au moins en partie, les énormes quantités de dirhams trouvés en Scandinavie pour cette époque[140]. Parmi les marchandises que le Norvégien Ohthere tire des échanges avec les Lapons ou des taxes prélevées sur ces derniers, on trouve des fourrures, peut-être vendues jusqu'en Angleterre, où le marchand se rend dans les années 880, ou sur le marché de Kaupang par lequel il passe au début de son voyage[141]. Il est en effet probable que le port norvégien était un entrepôt important pour le commerce de fourrures à l'époque viking, comme l'indiquerait la présence abondante de coléoptères (*omosita colon*) attirés précisément par les produits issus d'animaux séchés[142]. La quasi-absence de restes osseux d'espèces sauvages à fourrure et le récit d'Ohthere pourraient signifier que ces peaux arrivaient en majorité déjà prétraitées : Kaupang n'était visiblement pas un lieu de traitement à grande échelle des carcasses de bêtes sauvages – activité générant nombre de nuisances : odeurs de pourriture, insectes charognards...–, mais n'en était pas moins au centre d'un commerce organisé des fourrures, d'ampleur vraisemblablement importante, depuis le nord de la Norvège vers le Sud (l'Europe continentale et l'Orient).

Cet *emporium* a également pu servir de port de commerce pour l'exportation d'autres marchandises nordiques, telles que l'ivoire de morse et la graisse

---

138 Jordanès, *De origine actibusque Getarum, op. cit.*, lib. III, p. 10.
139 Olaus Magnus, *Historia...*, *op. cit.*, lib. XVIII, notamment c. 16, 19, 37, et lib. IV, c. 5.
140 B. Wigh, *Excavations in the Black Earth...*, *op. cit.*, p. 123.
141 Ohthere, dans « Ohthere's report... », texte cit.
142 J. Barrett *et al.*, « The mammal, fish and bird bone... », art. cit. (n. 76, p. 113).

de baleine, également mentionnés par Ohthere, sans oublier le poisson, dont les restes paraissent plus nombreux que dans la plupart des autres *wics*. Le hareng semble y avoir été particulièrement abondant : salé ou séché, il se conservait très bien et constituait une marchandise aisément exportable, tout comme la morue. Morue séchée, harengs et autres gadidés ne semblent pas avoir été commercialisés à une large échelle avant le XIe siècle, mais on a malgré tout relevé des restes de harengs datant du IXe siècle à Tournai, Compiègne, Laon ou encore Reims, c'est-à-dire sur des sites à plus de cent vingt kilomètres de la côte, ainsi qu'à Paris sur le site de Saint-Michel pour le Xe siècle[143]. Peut-être s'agit-il là des premiers signes d'une organisation du commerce médiéval de poissons marins, qui étaient également commercialisés à l'intérieur des terres anglaises, comme le prouve le hareng, le maquereau et même les huîtres mis au jour à Abingdon Abbey (Oxfordshire), situé à une petite centaine de kilomètres au nord de Hamwic[144]. Quant au nombre assez important de restes de harengs retrouvés à Hedeby, alors même que les ar-rêtes de ce poisson résistent normalement mal au temps, il est peut-être lié à leur mode de conservation, dans le sel, ce qui pourrait indiquer l'importance commer-ciale du hareng sur ce site dès l'époque viking[145]. Alors que la pêche n'était visi-blement pas la principale activité des *emporia* continentaux ou anglo-saxons, elle était probablement davantage présente dans les sites scandinaves, en particulier Birka et Kaupang : tandis que Kaupang semble exporter du poisson, Quentovic a surtout dû en importer, afin de le redistribuer ensuite vers l'intérieur des terres, en particulier dans la région parisienne et peut-être jusqu'à Ferrières-en-Gâtinais. En effet, l'abbé Loup insiste dans plusieurs de ses lettres sur l'importance de la celle de Saint-Josse, non loin de Quentovic, pour approvisionner l'abbaye en pois-son[146]. On sait aussi que l'abbé de Saint-Denis avait l'habitude de recevoir des poissons gras (*crassum piscem*) pêchés dans le Cotentin[147].

La majeure partie des exportations scandinaves a donc dû être constituée de matières premières, en grande partie issues d'animaux arctiques, autant de mar-chandises souvent difficiles à percevoir à travers les traces archéologiques. On n'a par exemple retrouvé que de très rares traces archéozoologiques de cétacés : quelques maigres restes de balénoptères à Southampton, d'orque et de phoque gris à Hedeby, ou encore de phoques et de cétacés près de l'embouchure du

---

143 B. Clavel, « Petite histoire du poisson de conserve, du Moyen Âge à la Renaissance, d'après les sources archéozoologiques », dans I. Clauzel (dir.), *Saint Hareng glorieux martyr. Le poisson de mer de l'Antiquité à nos jours*, Boulogne-sur-Mer, 2006, p. 135-144.

144 S. Rippon, *The Transformation...*, *op. cit.*, p. 220-240.

145 J. Lepiksaar et D. Heinrich, *Untersuchungen an Fischresten aus der frühmittelalterlichen Siedlung Haithabu* (*Berichte über die Augrabungen in Haithabu*, 10), Neumünster, 1977.

146 Loup de Ferrières, *Correspondance*, vol. I, *op. cit.*, n° 42, 47 et 49, p. 174-179, 196-199 et 202-209.

147 Charte de l'abbé Hilduin de Saint-Denis du 22 janvier 832, citée dans : S. Lebecq, « Scènes de chasse aux mammifères marins (mers du Nord, VIe-XIIe siècles) », dans *Id.*, *Hommes...*, vol. 2, *op. cit.*, p. 239-252, ici p. 249.

Rhin[148]. Par conséquent, le tableau déséquilibré qui semble s'esquisser lorsque l'on considère la balance des échanges scandinaves, avec des importations qui seraient bien plus importantes que les exportations, n'est probablement qu'une illusion, due à un effet de sources.

Les exportations continentales étaient quant à elles vraisemblablement consti-tuées de marchandises assez différentes. Le dénommé Thórólfr, s'embarquant au printemps pour l'Angleterre, y échange sa cargaison de morue séchée, peaux et fourrures contre du blé, du miel, du vin et des vêtements[149] ; et parmi les denrées « qui ne sont pas originaires de la région », le Marchand du *Colloquium* juge bon de préciser qu'il importe lui aussi du vin[150]. Les foires de Saint-Denis ont joué un rôle central dans ces échanges, à une échelle locale et régionale mais aussi bien au-delà : ces foires étaient fréquentées par des marchands francs, venus de ports comme Quentovic ou Rouen, mais aussi « venus d'outre-mer »[151], des Anglo-Saxons aussi bien que des Frisons et d'autres nations proches – peut-être des Scandinaves –[152], tous spécialisés dans l'exportation vers les contrées septentrionales et assurant la redistribution de cette boisson parfois assez loin, couvrant toute l'Europe du Nord-Ouest. On peut toutefois penser que les marchands anglo-saxons y étaient en nombre bien plus grand que les Frisons, qui pouvaient se procurer du vin en quantité dans la région rhénane. Une fois le vin acheté, il fallait probablement une dizaine de jours pour parcourir les quelques deux cents kilomètres qui séparaient Saint-Denis de Quentovic, qui a ensuite pu en assurer la redistribution régionale et même suprarégionale, vers l'Angleterre et la Scandinavie. La demande de trois chariots de vin par le monastère de Saint-Bertin à son domaine de Tubersent[153], situé sur la rive nord de la Canche, juste en face de Quentovic, peut éventuellement suggérer que les convoyeurs en question se procuraient le contenu de ces chariots dans ce site commercial, où arrivaient, probablement en grandes quantités, les pro-ductions viticoles de la région de la Seine. Il existait donc un véritable marché du vin, alimenté en grande partie par les régions parisienne et rhénane et qui innervait une grande partie de l'Europe du Nord-Ouest[154].

Chaque *emporium* avait donc ses importations particulières, en fonction de ses besoins et des produits qui n'étaient pas directement disponibles dans la région

---

148 I. D. Riddler et N. Trzaska-Nartowski, « *Hamwic* et l'artisanat... », art. cit. ; F. Guizard, « Retour sur un monstre marin au haut Moyen Âge : la baleine », dans A. Gautier et C. Martin (dir.), *Échanges...*, *op. cit.*, p. 261-275.

149 *Egils saga*, *op. cit.*, c. 17, p. 21.

150 Ælfric, *Colloquium*, *op. cit.*, p. 33.

151 *... de ultra mare venientes...* (Diplôme faux de Dagobert en faveur de Saint-Denis pour 624, texte cit. [n. 13, p. 12]).

152 *... omnes necuciantes, tam Saxones quam Frisiones vel alias naciones promiscuas* (Privilège de Pépin le Bref en faveur de Saint-Denis (753), texte cit. [n. 26, p. 42]).

153 *Le polyptyque de l'abbaye de Saint-Bertin*, *op. cit.*, XXXIII, p. 23. Voir la Carte 8 en Annexe 1.

154 O. Bruand, *Voyageurs...*, *op. cit.*, carte 9, p. 230.

immédiate, mais aussi ses exportations, constituées de produits dont il disposait en abondance. C'est un réseau d'échanges croisés complémentaires qui se dessine ainsi autour du bassin des mers nordiques, au sein duquel les *emporia*, à la fois consommateurs et redistributeurs, importateurs et exportateurs, servent d'intermédiaires.

Toutefois, certaines exportations ou importations n'étaient pas forcément la raison première du voyage, mais pouvaient profiter d'une traversée prévue pour autre chose, sorte de « passagers clandestins », ou plutôt de « passagers supplémentaires », destinés à remplir les cales du navire une fois sa marchandise déchargée. En effet, lorsque la cargaison est plus légère à l'aller qu'au retour – dans le cas d'un navire occidental affrété pour ramener ivoire, fourrures et ambre nordiques par exemple –, afin d'éviter au navire de trop gîter, tout en d'optimisant son affrètement, on peut le lester avec des marchandises lourdes et volumineuses, destinées à rejoindre ensuite les circuits d'échanges. On peut ainsi se demander si les blocs de basalte à peine dégrossis dans les carrières de l'Eifel et déchargés dans les *emporia* des mers nordiques étaient véritablement importés pour eux-mêmes. En effet, dans le ventre de l'épave de Graveney, les fragments de basalte ont été retrouvés dans les cales parmi des galets ramassés sur une plage et des fragments de tuiles romaines ainsi que des déchets de pierres du Kent[155]. Il semble bien que l'on soit ici en présence de ballast, plus que d'une cargaison proprement dite. Dès lors, il est logique que ce matériau se soit retrouvé en majorité dans les *emporia* : destiné à lester les navires de commerce arrivant de la région rhénane avec du vin, des armes et quelques bijoux par exemple, on le retrouve logiquement là où ces cargaisons sont déchargées, tandis que les cales étaient remplies en retour de produits septentrionaux. Au-delà de la valeur économique des marchandises entassées dans les navires, les armateurs ont donc dû veiller à repartir avec une cargaison à peu près équivalente à celle qu'ils avaient amenée, le navire de retour étant le même que celui de l'aller ; mais il s'agissait là d'une équivalence en termes de poids et/ou de volume, pas nécessairement de valeur.

Ces pierres transportées sous une forme encore très grossière pour servir de ballast, avant d'être transformées en meules dans le port d'importation, avaient ainsi une vocation à la fois pratique et commerciale, témoignant d'une véritable pensée économique de la part soit des marchands chargeant les navires soit des autres acteurs présents dans le port, cherchant à ne pas « gaspiller » le transport, à optimiser au maximum les traversées, toujours risquées et coûteuses. Contrairement à ce que laissait entendre Olaus Magnus et aux thèses traditionnelles, qui refusaient aux marchands du premier Moyen Âge toute pensée économique[156], ces acteurs semblent bien avoir élaboré de véritables « stratégies commerciales » (*negotiationis*

---

155 V. Fenwick (dir.), *The Graveney Boat* (*BAR British Series*, 53), Oxford, 1978, p. 131.
156 P. Grierson, « Commerce in the Dark Ages... », art. cit.

calliditate)[157], fait preuve d'une forme d'esprit marchand, à l'image peut-être du
« noir Hrotberct », « marchand avide » et matérialiste refusant son hospitalité
aux voyageurs et « n'aimant pas la poésie »[158].

3.2 Des nœuds dans les processus redistributifs régionaux

Tous les déplacements d'objets ne sont pas le résultat d'échanges commerciaux : certains peuvent être le fruit d'un pillage ou les possessions personnelles
d'un marchand. Néanmoins, l'étude de quelques « objets-témoins » peut dévoiler une partie des schémas commerciaux de l'époque[159] : les peignes, objets relativement communs – Ibn Fadlân décrit comment les Rous se lavent et peignent
les cheveux tous les matins[160] – mais exigeant un savoir-faire et des matières premières spécifiques, constituent un excellent marqueur des activités artisanales et
de la diffusion de la production ; et les pierres de meule en basalte rhénan sont
de bons indicateurs à la fois de la diffusion dans les arrière-pays et des évolutions commerciales survenant à partir des VIIe et VIIIe siècles, lorsque les volumes
échangés augmentent et concernent des biens plus ordinaires. Extraite dans une
seule région, près de Mayen et de Niedermendig, au sud de Cologne et non loin
du Rhin, dans la région de l'Eifel, cette solide roche volcanique assez reconnaissable a bien résisté au temps, laissant ainsi de nombreuses traces[161]. L'âge d'or de
son extraction et de sa diffusion semble se situer entre le VIIe et le XIe siècle[162] ;
cependant, il est assez malaisé d'établir une chronologie plus précise. Ce sont des
objets indispensables, à tel point qu'elles ont pu revêtir une dimension symbolique, comme l'atteste l'histoire de Grótti, le moulin magique du roi Fróði, qui
devait « moudre or, paix et prospérité » pour ce dernier[163]. Le verre a lui aussi
bien résisté au temps, et, n'étant pas fabriqué partout, c'est aussi une importation
aisément reconnaissable, que l'on s'intéresse aux fragments de récipients ou aux
perles (ou « grains de collier »[164]) de diverses tailles, formes et couleurs, de même
que certaines céramiques, telles que celles d'origine rhénane, des types de Tating

---

157 Olaus Magnus, *Historia...*, *op. cit.*, lib. IV, c. 5.
158 Alcuin, « Ad amicos Poetas », poème cité (n. 38, p. 104).
159 S. Lebecq, *Marchands...*, *op. cit.*, vol. 1, p. 75.
160 Ibn Fadlân, *Voyage chez les Bulgares...*, *op. cit.*, p. 74.
161 Voir la Carte 7 en Annexe 1.
162 J. Parkhouse, « The Distribution... », art. cit., p. 97.
163 Snorri Sturluson, *Gróttasöngr*, dans *Edda : Skáldskaparmál, op. cit.*, vol. 1, p. 52-57, ici p. 52.
164 Alors que l'anglais distingue « *pearl* » et « *bead* », en français, au sens strict, le terme de « perles »
sert à désigner les concrétions généralement sphériques que l'on trouve dans certains coquillages : certains
préfèrent donc parler de « grains de collier » pour le reste. On emploiera toutefois ici, comme de nombreux auteurs, « perles » au sens étendu pour désigner les petites boules en verre, ambre, etc., percées d'un
trou afin de les enfiler pour former un bijou.

ou de Badorf par exemple, retrouvées en nombre en Scandinavie, mais qui ne présentent pas les mêmes schémas de diffusion.

Les fragments de meule en basalte rhénan permettent de mettre en lumière certains schémas de redistribution depuis les *emporia* vers leurs arrière-pays. Il est ainsi assez vraisemblable que la plupart de ces importations retrouvées dans le Jutland étaient diffusées depuis Ribe[165]. On a en effet mis au jour du basalte dans de nombreux habitats du sud-ouest de la péninsule pour l'époque viking, avec une fréquence particulièrement remarquable autour du *wic* : la région se situant dans un rayon d'une vingtaine de kilomètres – soit moins d'une journée de trajet, même avec des chariots – semble bien être, en l'état actuel des découvertes, la plus riche en basalte rhénan, comme en témoigne le « chapelet » jutlandais, constitué notamment de Vilslev, Lille Darum, Gammelby (VIIIe-XIe siècle), Sædding, remontant au nord de Ribe en longeant la côte[166]. Peut-être due aux aléas des fouilles archéologiques, cette concentration de sites où l'on a retrouvé du basalte peut aussi être un signe des liens que ces derniers entretenaient avec l'*emporium*, qui, en retour, en tirait probablement une grande partie des denrées alimentaires et matières premières nécessaires à l'approvisionnement de sa population. Le village près d'Esbjerg, implanté sur de bons sols et de bons pâturages et où l'on a découvert du basalte rhénan, constitue une bonne illustration de ces rapports réciproques entre Ribe et son arrière-pays agricole[167]. On retrouve toutefois cette roche bien au-delà du premier cercle d'influence de ce port, dans un rayon d'une cinquantaine de kilomètres – parcourables en deux jours avec des chariots – et même jusqu'à près de cent quatre-vingt kilomètres dans le nord de la péninsule. Plus au sud, Hedeby a également joué un rôle indéniable dans la diffusion de ces pierres : des sites comme Schuby et Kosel* en ont livré en quantité (près de 39 kilogrammes à Kosel)[168]. Des restes de meules taillées dans cette roche volcanique ont ainsi été mis au jour sur des sites considérés comme relativement aisés, voire élitaires (Omgård, Schuby, Winchester, Jelling...), mais également sur des sites plus ordinaires (Gammelby, Enggård, Vorbasse...). Cet objet d'usage quotidien semble donc avoir connu une diffusion assez vaste, en particulier à proximité d'axes de communication majeurs, comme à Kosel*. Le basalte rhénan se retrouve donc indifféremment sur des sites de tous niveaux sociaux et économiques : c'est un

---

165 M. Müller-Wille, *Frühstädtische Zentren...*, op. cit. ; S. M. Sindbæk, *Ruter...*, op. cit., p. 147-148 ; Id., « The Small World... », art. cit., p. 69.

166 C. Feveile, « Mayen Lava Quern Stones from the Ribe Excavations 1970-76 », dans M. Bencard et H. B. Madsen (dir.), *Ribe excavations 1970-76*, vol. 6, Højbjerg, 2010, p. 133-160 (voir notamment la carte p. 143) ; P. Carelli et P. Kresten, « Give us this day our daily bread... », art. cit., p. 124, Fig. 16. Voir la Carte 16 en Annexe 1.

167 I. Stoumann, « Sædding. A Viking-age village near Esbjerg », dans *Acta archaeologica*, 50, 1979, p. 95-118.

168 D. Meier, *Die wikingerzeitliche Siedlung von Kosel...*, op. cit., p. 315-316 (n° 169 du Catalogue).

bon marqueur des échanges que les *emporia* entretenaient avec leurs arrière-pays, mais ce n'est pas un marqueur social, ce qui s'explique aisément par son usage, quotidien et pour une tâche essentielle ; grands et petits, riches et pauvres, tous ont besoin de moudre (ou faire moudre) du grain, galettes, bouillies et pain étant, pour tous, la base de l'alimentation.

Toutefois, ces ports ne se contentent pas de jouer un rôle central dans la diffusion régionale de ces pierres d'importation : ce commerce semble s'effectuer en réalité en deux temps, les meules étant vraisemblablement terminées dans les *emporia*. En cela, elles illustrent parfaitement le double aspect de ces établissements, à la fois lieux d'échanges et de production ou de transformation. Dans un premier temps, le bloc de basalte, grossièrement taillé dans une carrière de l'Eifel avant d'être embarqué sur un navire, est débarqué dans un *wic* pour y être ensuite retaillé, de façon à en faire une véritable meule, en d'autres termes, un produit fini commercialisable ; dans un second temps seulement, la meule est revendue à son utilisateur final, peut-être habitant de ce lieu ou venu spécialement des environs pour en acheter une neuve. On a ainsi retrouvé des fragments de basalte témoignant des différentes étapes de la taille, du bloc à peine dégrossi à la meule finie, en passant par les déchets et exemplaires défectueux, sur de nombreux sites d'Europe du Nord : Dorestad en Frise, lieu de transit majeur pour ce matériau, mais également Lundenwic, Gipeswic et Eoforwic en Angleterre, ou encore Medemblik*, Alt-Archsum (sur l'île de Sylt), Elisenhof et Ribe[169]. De telles activités sont très probables pour Hamwic, dont les environs, notamment les sites de Winchester et Porchester, ont révélé la présence de basalte rhénan[170], s'ajoutant aux céramiques importées, également présentes à Hamwic[171]. Quentovic a aussi livré des fragments de basalte rhénan[172]. Les découvertes de blocs seulement dégrossis dans les cales des épaves vont dans le même sens : en 1957 à Lüttingen, en 1964 à Salmorth et en 1970 à Graveney. Au contraire, aucun bloc semblable n'a été, à l'heure actuelle, mis au jour sur d'autres sites se trouvant dans l'arrière-pays des *wics*, où tous les fragments de basalte retrouvés semblent appartenir à des meules finies[173]. Cela confirmerait que les sites ruraux ne disposaient ni de la matière première ni des compétences nécessaires pour tailler la pierre : l'intermédiaire d'un artisan implanté dans un *wic*, où il retaillait les blocs bruts, restait vraisemblablement indispensable. Par conséquent, ces ports ne sont pas seulement des

---

169 J. Parkhouse, « The Distribution... », art. cit. ; C. Feveile (dir.), *Ribe studier...*, *op. cit.*, 2 vol. (voir notamment « Sten », dans vol. 1.2, p. 35-37). Voir la Carte 7 en Annexe 1.

170 B. Cunliffe (dir.), *Excavations at Portchester Castle (Volume II : Saxon)*, Londres, 1976, p. 227 ; M. Biddle (dir.), *Objects and Economy in Medieval Winchester (Winchester Studies, 7 II)*, vol. 1, Oxford, 1990, p. 292. Voir la Carte 11 en Annexe 1.

171 B. Cunliffe (dir.), *Excavations at Portchester Castle (Volume II : Saxon)*, Londres, 1976, p. 187.

172 D. Hill *et al.*, « Quentovic defined », art. cit.

173 J. Parkhouse, « The Distribution... », art. cit., p. 104.

lieux d'entrepôt et de transit : ce sont aussi de véritables ateliers, producteurs de « valeur ajoutée ». L'exemple de ces pierres illustre donc parfaitement la complexité et la diversité des processus commerciaux : il ne s'agit pas seulement de transférer un objet d'un propriétaire à un autre, mais bien d'opérer une véritable transformation ; à la circulation des marchandises s'ajoutent des modifications (plus ou moins importantes) de leur nature, depuis la matière première jusqu'au produit fini.

À côté des fragments de basalte, d'autres marqueurs confirment les liens que les *emporia* entretenaient avec leur arrière-pays : à Gammel Hviding (VIIe/VIIIe-XIIe siècle) par exemple, on a mis au jour plusieurs fragments de verre ainsi que 22 fibules émaillées, dont on a découvert d'autres exemplaires à Gammelby, Vilslev, Henne, Favrholt et Råhede, datant majoritairement du Xe siècle, mais parmi lesquelles certaines remontent peut-être au IXe siècle[174] ; on a retrouvé du verre, avec parfois même des perles, à plusieurs autres endroits : à Schuby, Kosel*, Favrholt, Okholm, Sædding[175] ; ou encore de la céramique d'origine continentale dans la plupart de ces sites, ainsi que des monnaies ou des poids dans certains d'entre eux (notamment Vorbasse, Okholm, Råhede)[176]. Autant de villages qui se trouvent tous dans l'arrière-pays immédiat de Ribe ou Hedeby, à moins d'une journée de trajet[177]. Presque toutes les importations à longue-distance présentes à Hedeby ont également été retrouvées à Schuby[178] (pierres à aiguiser norvégiennes, céramiques continentales...), signe évident de liens étroits entre les deux sites. Dans le monde anglo-saxon, Abbots Worthy (VIe-IXe siècle, sur la rive nord de l'Itchen) et Chalton (fin VIe – début VIIIe siècle) ont également livré, à côté de fragments de basalte rhénan, des morceaux de schiste norvégien[179].

---

174 *Arkæologiske udgravninger i Danmark. Katalog 1985*, Copenhague, 1985, n° 375 ; M. Baastrup Panum, « Vikingetidens og den tidlige middelalders emaljefibler fra Sydvestjylland », dans *By, marsk og geest*, 19, 2007, p. 5-16.

175 D. Meier, *Die wikingerzeitliche Siedlung von Kosel...*, op. cit., p. 284-288 et p. 315-316, n° 51, 58, 59 et 169 ; C. Feveile, « Okholm... », art. cit.

176 C. Feveile, « At the geestland edge southwest of Ribe : On the track of a centre of wealth during the 1st millennium AD », dans R. Fiedel, K. H. Nielsen et E. Stidsing (dir.), *Wealth and Complexity...*, op. cit., p. 73-89, ici p. 87.

177 Voir la Carte 16 en Annexe 1.

178 D. Meier, *Die wikingerzeitliche Siedlung von Kosel...*, op. cit., p. 314-315, n° 166 ; H. J. Kühn, « Die ländliche Siedlung der Wikingerzeit in Schuby », dans G. Loewe (dir.), *Archäologische Denkmäler Schleswig-Holsteins VIII. Kreis Schleswig (seit 1974 Kreis Schleswig-Flensburg)*, Neumünster, 1998, p. 27 ; U. M. Meier, *Die früh- und hochmittelalterliche Siedlung...*, op. cit., p. 27.

179 S. M. Davies, « The Finds », dans P. J. Fasham et R. J. B. Whinney (dir.), *Archaeology and the M3. The watching brief, the Anglo-Saxon settlement at Abbots Worthy and retrospective sections (Hampshire Field Club Monograph, 7)*, Winchester, 1991, p. 40-60 ; P. Addyman, D. Leigh et M. J. Hughes, « Anglo-Saxon Houses at *Chalton*, Hampshire », dans *Medieval Archaeology*, 16, 1972, p. 13-31, ici p. 28. Voir la Carte 11 en Annexe 1.

La diffusion du basalte rhénan a montré que c'est à proximité des *emporia*, dans un rayon accessible en une journée ou moins de trajet, que les découvertes sont les plus denses : marchands et artisans, en établissant des relations économiques avec les régions environnantes, ont probablement tenté de vendre leurs marchandises en priorité aussi près que possible du port. Ils avaient ainsi leur propre aire de captation, c'est-à-dire une région assez bien délimitée, avec laquelle ils entretenaient des relations commerciales intenses, qui leur servait de principal débouché pour certains produits et d'où ils tiraient certaines matières premières. Toutefois, la distance n'est pas le seul facteur expliquant l'intensité de l'influence de ces ports ; d'autres éléments viennent complexifier ce tableau : les transports, mais également la nature des objets redistribués, qui n'ont pas tous connu une diffusion aussi large que celle du basalte rhénan. À Kaupang par exemple, la production massive de récipients en stéatite contraste avec leur diffusion assez faible dans la région environnante[180] ; et en Angleterre le nombre de tessons de céramiques d'importation, essentiellement continentales, reste somme toute plus limité que ne le laissait penser l'étude de Richard Hodges, qui met un peu trop l'accent sur les céramiques importées, au détriment des productions locales, qui constituent pourtant autour de 82 % de l'assemblage total étudié[181]. Les découvertes de tels fragments sont encore plus rares dans les environs de l'*emporium* : à Winchester, en 1981, on ne comptait que deux tessons du type de Badorf, quelques tessons de *reliefbandamphorae* et deux tessons incertains (peut-être du type de Tating) ; à Portchester* et Chichester*, seules quelques céramiques semblent importées, probablement de France ; et les fragments provenant de la vallée de la Seine découverts dans les cales de l'épave retrouvée à Graveney appartiennent tous à un unique récipient[182]. À Truso aussi, bien que quelques céramiques fassent partie des objets d'importation découverts sur le site, la majorité de l'assemblage reste d'origine locale[183]. Quant à la production de La Londe, présente à Rouen et Quentovic, et également mise au jour à Hamwic (où elle représenterait 40 à 50 % des céramiques importées), Lundenwic et Gipeswic, elle se retrouve très peu en-dehors des *wics*[184]. Les céramiques d'importation mises au jour à Ribe (Tating, Badorf, *Reliefbandamphorae*, Mayen et Muschelgruss) sont également assez rares

---

180 I. Baug, « Soapstone Finds », dans D. Skre (dir.), *Things...*, *op. cit.*, p. 311-337.

181 R. Hodges, *The Hamwih pottery : the local and imported Wares from 30 years' excavations at Middle Saxon Southampton and their European context* (*CBA Research Report*, 37), Londres, 1981 ; J. R. Timby, « The Middle Saxon pottery », dans P. Andrews, D. M. Metcalf et J. Timby (dir.), *Southampton finds*, vol. 1, *op. cit.*, p. 73-124, ici p. 73.

182 R. Hodges, *The Hamwih Pottery...*, *op. cit.*, p. 33-44.

183 M. F. Jagodzinski, « The settlement of Truso », art. cit. (n. 60, p. 48), p. 184.

184 R. Hodges, « The eighth century pottery industry at La Londe near Rouen, and its implications for cross-Channel trade with Hamwic, Anglo-Saxon Southampton », dans *Antiquity : a quarterly review of archaeology*, 65 (249), 1991, p. 882-887 ; N. Roy, « Résultats... », art. cit.

dans le reste du Danemark[185]. La diffusion des meules en basalte apparaît ainsi plus large que celle d'autres marchandises, les céramiques rhénanes par exemple : cette roche semble avoir subi moins de concurrence que les autres marchandises, la céramique, pouvant, elle, être fabriquée à partir d'argile un peu partout. De façon générale, tous les artefacts importés (stéatite, basalte, verre, céramique) représenteraient rarement plus de 5 % de l'ensemble du mobilier des sites danois[186]. S'il ne s'agit pas de nier l'existence d'échanges commerciaux entre les *emporia* et l'intérieur des terres, il ne faut donc pas en exagérer l'ampleur.

3.3 Des interfaces sociales

La très vaste diffusion des meules en basalte rhénan montre que marchands et artisans des *emporia* ne se contentaient pas d'échanger avec les paysans des environs : leurs marchandises et productions se retrouvent aussi en des lieux caractérisés par un mobilier beaucoup plus exceptionnel. Les fouilles menées sur plusieurs lieux centraux, résidences royales et autres sites élitaires ont en effet permis de mettre au jour, comme dans les fermes, des objets quotidiens ayant vraisemblablement transité par ces ports (pierres de meule en basalte rhénan, pierres à aiguiser et stéatite norvégiennes...), mais également des artefacts bien plus rares et précieux : les bijoux d'origine étrangère retrouvés dans des tombes élitaires à Thumby-Bienebek (xe siècle) ont pu passer par Hedeby[187], de même que la céramique d'importation mise au jour sur le lieu de pouvoir de Winchester par Hamwic. Si rien ne prouve avec certitude que tous ces objets de valeur aient transité par le port marchand le plus proche, la présence de trois *sceattas* de la série H, datée des années 720-740 et vraisemblablement frappée à Hamwic, pourrait confirmer que cet évêché et résidence royale occasionnelle a bien échangé avec le port marchand tout proche[188]. Mais les *wics* semblent également avoir entretenu des liens avec des lieux centraux et résidences élitaires plus lointains, tels que Jelling, Ramsbury, Huy*, Maastricht*, Oldenburg, Saint-Denis ou encore Compiègne, où l'on a aussi mis au jour des fragments de basalte rhénan, de schiste et stéatite norvégiens, de bijoux ou céramiques d'origine étrangère. À Saint-Denis, on a découvert une cinquantaine de tessons noirs, lustrés et décorés à l'étain du type de Tating[189], céramique de luxe – contrairement à celle de

185 C. Feveile, « Ribe : *emporia* and town in the 8th and 9th century », dans S. Gelichi et R. Hodges (dir.), *From one sea...*, *op. cit.*, p. 111-122.

186 J. Ulriksen, « Find-rich settlements from the Late Iron Age and the Viking Age and their external contacts », dans R. Fiedel, K. H. Nielsen et E. Stidsing (dir.), *Wealth...*, *op. cit.*, p. 199-211, ici p. 205.

187 M. Müller-Wille, *Das wikingerzeitliche Gräberfeld...*, *op. cit.*

188 D'après le *Corpus of Early Medieval Coin Finds*, en ligne : http://www.fitzmuseum.cam.ac.uk/coins/emc/ (consulté en octobre 2013).

189 http://www.saint-denis.culture.fr/fr/vignet_fich8.htm (consulté en avril 2013).

Badorf par exemple, plus ordinaire. Pour l'heure, Saint-Denis est un des rares sites français, avec Tremblay-en France – mais qui est alors une de ses dépendances –[190] et peut-être Compiègne[191], où l'on ait retrouvé cette production des VIIIe et IXe siècles, tous les autres lieux de découverte se situant plus au nord, en Allemagne, Scandinavie et Grande-Bretagne. La mise au jour d'autres objets de luxe importés, tels que les verres à boire au décor réticulé, confirme à la fois le niveau de vie élevé des habitants du lieu et l'existence d'échanges suprarégionaux. Toutefois, bien qu'à Compiègne on ait découvert une pièce frappée à Quentovic, les marqueurs les plus évidents que constituent les monnaies manquent malheureusement sur la plupart de ces sites : les liens qui existaient entre eux et les *emporia* étaient-ils plus ténus qu'avec les lieux plus proches ? Cela reste assez probable, du moins en ce qui concerne les aspects matériels.

Les *wics* entretenaient également des relations avec tout un ensemble de sites de rang que l'on qualifiera d'« intermédiaire » : il s'agit généralement de lieux abritant une population relativement aisée, mais sans qu'il s'agisse nécessairement de membres de l'élite. Comme dans les *emporia*, on y retrouve souvent des traces d'activités artisanales et commerciales. Ils restent toutefois la catégorie la plus difficile à cerner, en raison de leur statut médian, mais surtout parce que, jusqu'à récemment, c'était celle qui intéressait le moins historiens et archéologues : ce groupe recouvre des lieux divers, aux statuts hétérogènes et mouvants (sites productifs, ports secondaires...), se remarquant par un mobilier plus riche que celui des sites ruraux ordinaires. On a ainsi mis au jour à Okholm des perles en verre, en ambre et en cristal de roche, des tessons de céramique de luxe (Tating) et plus ordinaire (Badorf et Pingsdorf), des pierres à aiguiser et de la stéatite norvégiennes, ainsi qu'une monnaie de Hedeby, deux *pennies*, deux *sceattas* (dont un de la série X)[192] ; autant d'objets attestant l'existence de liens et d'échanges avec l'*emporium* voisin. À quelques kilomètres seulement plus au nord, le site d'Andersminde (IXe-XIIe siècle) a livré à la fois nombre d'artefacts quotidiens (pesons, fusaïoles, fragments de basalte rhénan et de récipients en stéatite, pierres à aiguiser norvégiennes...) et plusieurs objets beaucoup plus rares et précieux, en particulier un anneau en jais, des morceaux d'ambre brut et divers objets en verre (perles, fragments d'un verre conique vert...)[193]. De même, à Schuby, non loin de Hedeby, bijoux en argent et en bronze (fibules rondes, attache avec une croix byzantine,

---

190 C. Gonçalves-Buissart et I. Lafarge, « Tremblay en France (93), évocation de la formation du village à partir de l'habitat dispersé du haut Moyen Âge », dans F. Gentili, A. Lefèvre et N. Mahé (dir.), *L'habitat rural du haut Moyen Âge en Île-de-France* (programme collectif de recherche – Bilan 2004-2006), Guiry-en-Vexin, 2009, p. 271-275.

191 M.-C. Lacroix, « La céramique médiévale du site des Hallettes à Compiègne (Oise) », dans *Revue archéologique de Picardie. Numéro spécial*, 13, 1997, p. 135-168, ici p. 140-141.

192 C. Feveile, « Okholm... », art. cit. ; B. Malmer, « Skeppsmyntet... », art. cit.

193 S. Stummann Hansen, « Andersminde, South West Jutland », dans *JDA*, 1, 1982, p. 188.

pendentif, épingles), éperons, perles en verre, en ambre et en cornaline, poids en bronze, monnaies en argent côtoient fragments de meules en basalte, de récipients en stéatite, tessons de céramique, pesons et fusaïoles[194]. De tels artefacts ne se retrouvent pas systématiquement et pas en si grand nombre sur des sites ruraux plus ordinaires, ce qui semble confirmer le statut assez aisé des habitants du lieu.

L'éventail des sites entretenant des relations avec les *wics* nordiques est par conséquent aussi large que protéiforme, depuis la simple ferme jusqu'à la résidence royale : il s'agit là d'une des caractéristiques essentielles de ces ports marchands. Ils apparaissent en effet comme des structures capables d'assurer de nombreux échanges sous différentes formes (monétaires, par le troc, sous forme de prélèvements...) entre des communautés aux niveaux de vie et statuts très divers. En cela, ils jouent le rôle d'interfaces sociales, et pas seulement géographiques : ces synapses entre terre et mer, arrière-pays continental et étranger ultra-marin, mettent également en relation différentes populations (agriculteurs, pêcheurs, chasseurs, artisans, marchands, élites...). Ce sont des traits d'union, des vecteurs de communication, de diffusion et d'échanges entre plusieurs groupes – ethniques ou culturels, mais aussi sociaux ou hiérarchiques –, des points de rencontre entre Scandinaves, Frisons, Francs, Anglo-Saxons et Slaves, entre acheteurs et vendeurs, entre simples paysans et riches marchands, entre artisans talentueux et rois ou seigneurs plus ou moins puissants.

3.4 Jeux d'échelles

Redistribuées à l'échelle locale depuis les *emporia*, les pierres de meule en basalte rhénan sont également l'une des meilleures preuves d'échanges à longue-distance, entre d'une part le Continent et d'autre part la Scandinavie et le monde anglo-saxon. Alors que les objets précieux (bijoux, armes...) ont pu être volés ou offerts et que les céramiques ont pu arriver dans les bagages d'un artisan étranger pour son usage personnel ou simplement pour transporter des denrées telles que du vin ou du blé, la plupart des pierres de meule ont dû arriver dans ces ports comme marchandise à vendre ou échanger – en servant éventuellement de ballast –, ce que tendrait à confirmer la répartition des découvertes sur les différents sites. À Ribe, on remarque par exemple une concentration assez nette dans la zone du marché, notamment dans le secteur de *Posthuset*, tandis que les découvertes sont beaucoup plus limitées (voire nulles) sur les zones qui en sont les plus éloignées (*DSB Øst, Ribe Statsseminarium*...)[195]. La chronologie corrobore d'ailleurs

---

194 H. J. Kühn, « Die ländliche Siedlung der Wikingerzeit in Schuby », art. cit. (n. 178, p. 133) ; U. M. Meier, *Die früh- und hochmittelalterliche Siedlung...*, op. cit.

195 C. Feveile (dir.), *Ribe studier...*, op. cit., vol. 1.1, p. 10-11, et vol. 1.2, Planche 1 en annexe. Pour la localisation et la taille des zones de fouilles, on se reportera aux Plans dans *Ibid.*, vol. 1.1, p. 10-11 et 38.

cette répartition géographique : à Ribe, aucun fragment n'a été découvert dans les couches les plus anciennes (AA et A), qui précèdent l'établissement du marché dans les années 700, et le nombre de découvertes décline à nouveau dans la couche I, qui correspond à la fin de vie du marché[196]. Les meules en basalte rhénan arrivent donc surtout à partir du moment où une place commerciale organisée et d'une certaine ampleur apparaît à Ribe, c'est-à-dire globalement des années 720 jusqu'à la première moitié du IXe siècle.

Les échanges dans les *emporia* alimentaient donc largement les réseaux à une échelle supra-régionale, comme l'illustre notamment le rôle centralisateur de Dorestad en Europe du Nord-Ouest pour la distribution du basalte rhénan. Les quantités importantes de cette pierre retrouvées dans ce *wic* prouvent en effet qu'il s'agissait d'un important lieu de distribution de ce matériau, retrouvé largement de l'Angleterre au Jutland, en passant par les Pays-Bas et l'Allemagne[197]. Les carrières de l'Eifel se situaient certes à quelques deux cent cinquante kilomètres plus au sud, mais le voisinage immédiat du Rhin facilitait grandement le transport de marchandises lourdes et volumineuses sur plusieurs dizaines ou même centaines de kilomètres. Il est fort probable que, de Dorestad, les blocs de pierre étaient ensuite chargés sur des navires en partance pour le Danemark ou les îles Britanniques. Cet *emporium* jouait ainsi le rôle de plaque-tournante pour le commerce du basalte : c'est un vaste réseau de diffusion qui s'est mis en place autour du *wic* frison, intermédiaire quasi-obligé entre les carrières de l'Eifel et le reste de l'Europe du Nord. L'exploitation de cette matière première faisait partie intégrante du système économique de Dorestad, participant pleinement aux échanges qui ont contribué à son succès aux VIIIe et IXe siècles. En ce sens, en dépit des quelques deux cent cinquante kilomètres de distance, on peut considérer que les carrières de l'Eifel font encore partie de l'arrière-pays de Dorestad, entendu au sens fonctionnel plus que géographique : l'influence mutuelle entre le port marchand et les carrières, leurs fonctions complémentaires (la fourniture de matières premières d'un côté et leur exploitation de l'autre) et le lien entre les deux assuré par le Rhin sont autant de caractéristiques permettant de considérer qu'ils font partie intégrante de la même région fonctionnelle. Ces interrelations entre le port frison et les monts de l'Eifel tendent ainsi à confirmer que puissance d'un *emporium* et taille de son aire d'influence sont étroitement liées : la profondeur de l'hinterland est en étroite corrélation avec le dynamisme économique du site. Dorestad est un des ports des mers nordiques les plus puissants : son arrière-pays est donc un des plus vastes, son influence se faisant sentir jusqu'à deux cent cinquante kilomètres à l'intérieur des terres[198].

---

196 *Id.* (dir.), *Ribe studier…, op. cit.*, vol. 1.2, p. 131, tableau 9.13.
197 J. Parkhouse, « The Distribution… », art. cit., p. 104. Voir la Carte 7 en Annexe 1.
198 Voir la Carte 14 en Annexe 1.

La fonction redistributrice des *wics*, particulièrement bien visible dans le cas des pierres de meule en basalte rhénan, leur permet donc de jouer un rôle essentiel dans les réseaux commerciaux de l'époque : ils servent de « charnière », à l'articulation des réseaux aux différentes échelles, suprarégionaux et locaux[199].

4. Ports et arrière-pays : des relations multiformes

4.1 *Croissance urbaine et systèmes de production agricole*

En tirant des territoires ruraux une part importante de leur ravitaillement en matières premières et en denrées alimentaires, les *emporia* contribuaient fortement à organiser ces territoires, poussés à se restructurer pour pouvoir faire face à une demande en hausse constante. Certains paysans ont ainsi modifié leurs stratégies de production, abandonnant au cours des VIIIe et IXe siècles l'ancien régime diversifié, orienté essentiellement vers l'autosuffisance, pour adopter une stratégie plus spécialisée, tournée vers les marchés urbains émergents, qui requièrent alors des quantités de grain, viande, bois, laine... toujours plus importantes. Ce double mouvement d'intensification et de réorganisation de la production agricole se perçoit par exemple à travers l'augmentation du nombre de stalles dans les étables, notamment dans le Jutland, signe d'une hausse du nombre de bêtes par ferme[200]. Toutefois, il est difficile de relier directement cette augmentation à l'essor des *wics*, dont l'impact a par ailleurs pu être variable : le bétail consommé dans certains de ces sites commerciaux a pu n'être que le sous-produit de l'agriculture (bêtes de trait réformées) et de l'élevage laitier (vaches laitières âgées). Lorsque les bêtes étaient abattues à un âge avancé, on peut supposer que les campagnes fournissaient les sites urbains comme elles le pouvaient, en fonction des animaux dont elles n'avaient plus besoin – au moins autant, si ce n'est plus, qu'en fonction des besoins de la ville –, mais sans bouleverser fondamentalement leur schéma de production. Cela semble être le cas, au moins en partie, à Hamwic, Dorestad, Birka ou même Ribe, et n'est pas nécessairement contradictoire avec la tenue d'importantes foires aux bestiaux[201] : les bêtes jeunes ont pu être réservées à l'exportation, tandis que la population locale se contentait de ce qui restait, c'est-à-dire des animaux plus vieux. Dans certains *emporia*, tels que Hedeby, peut-être Quentovic et surtout Kaupang, la part assez importante de bestiaux jeunes pourrait toutefois

---

199   Voir le Schéma 1 en Annexe 2.

200   U. Näsman, « Changes in Scandinavian society », dans K. Randsborg (dir.), *Roman reflections...*, *op. cit.*, p. 145-149 ; J. Jensen, *Danmarks Oldtid..., op. cit.*, p. 159.

201   J. Bourdillon, « Town life and animal husbandry in the Southampton area, as suggested by the excavated bones », dans *Proceedings of the Hampshire Field Club and Archaeology Society*, 36, Winchester, 1980, p. 181-191 ; W. Prummel, *Excavations at Dorestad 2..., op. cit.*, p. 151 ; B. Wigh, *Excavations in the Black Earth..., op. cit.*, Fig. 68, p. 106 ; C. Feveile (dir.), *Ribe studier..., op. cit.*, vol. 1.1, p. 169.

indiquer que dans ces régions l'accent était davantage mis sur la viande et donc sur l'élevage[202] : la production serait alors orientée par la demande des villes, au point d'inciter les campagnes à changer leurs stratégies de production. À partir de l'exemple de Gipeswic et des sites ruraux de la région, Pam J. Crabtree a ainsi montré les effets de la croissance urbaine sur les systèmes de production anima-lière : les sites ruraux ont révélé des traces de spécialisation croissante dans certains domaines de production, porcine à Wicken Bonhunt et ovine – pour la laine – à Brandon[203]. Cela pourrait suggérer une étroite relation entre le développement des *wics* et une spécialisation croissante dans certains produits animaliers sur les sites ruraux. L'analyse des os menée à Dorestad et à Hamwic a par ailleurs permis de mettre en évidence la grande taille des animaux, à une époque où les bêtes étaient généralement plutôt petites : certains spécimens dépassaient les tailles moyennes connues pour l'époque romaine, ce qui tendrait à montrer l'efficacité des agriculteurs de ces régions, contraints de réorienter leurs modes de produc-tion pour répondre à une demande en hausse[204]. Un nombre croissant de bêtes est élevé pour la consommation de viande et non plus pour le trait ou pour leur lait : les finalités de l'élevage évoluent, les méthodes des éleveurs doivent en faire autant. De même, pour stocker une production de céréales également en hausse, granges et silos se multiplient et s'agrandissent dans certains sites ruraux, comme à Dalem, en Basse-Saxe, où une aile est ajoutée au corps de ferme le plus important (datant du IXᵉ siècle), tandis qu'une plus grande variété de bâtiments de stockage s'est développée dès les VIIᵉ et VIIIᵉ siècles[205]. L'extension des zones de pâturage et l'augmentation des surfaces cultivées ont des répercussions sur les paysages et les écosystèmes des régions concernées, en faisant par exemple reculer les habitats des oiseaux et animaux sauvages, comme l'ours et l'auroch dans le sud de la Baltique, ce qui peut contribuer à expliquer la faible part des animaux sauvages dans l'ali-mentation des habitants des *emporia*[206]. Le rôle polarisateur des *wics* a ainsi des incidences plus ou moins directes sur l'organisation des terroirs environnants, en

---

202 H. Reichstein et M. Tiessen, *Untersuchungen an Tierknochenfunden (1963-1964)* (*Berichte über die Augrabungen in Haithabu*, 7), Neumunster, 1974, Tableau 8, p. 55 ; J. Barrett *et al.*, « The mammal, fish and bird bonc... », art. cit. (n. 76, p. 113), p. 87.

203 P. J. Crabtree, « Production and consumption in an early complex society : animal use in Middle Saxon East Anglia », dans *World Archaeology*, 28 (1), 1996, p. 58-75, ici p. 58. Voir la Carte 11 en Annexe 1.

204 W. A. van Es et W. J. H. Verwers, « L'archéologie de Dorestad », art. cit. (n. 73, p. 77), p. 322 ; W. Prummel, *Excavations at Dorestad 2...*, *op. cit.*, p. 145-179 ; F. Audouin-Rouzeau, « Compter et mesurer les os animaux. Pour une histoire de l'élevage et de l'alimentation en Europe de l'Antiquité aux Temps Modernes », dans *Histoire & Mesure*, 10 (3), 1995, p. 277-312, ici p. 282-284.

205 W. H. Zimmerman, « Die früh- bis hochmittelalterliche Wüstung Dalem, Germ. Langen-Neuenwalde, Kr. Cuxhaven. Archäologische Untersuchungen in einem Dorf des 7.-14. Jahrhunderts », dans H. W. Böhme (dir.), *Siedlungen und Landesausbau zur Salierzeit*, vol. 1 : *In den nördlichen Landschaften des Reiches*, Sigmaringen, 1991, p. 37-46 ; H. Hamerow, *Early medieval settlements...*, *op. cit.*, p. 144.

206 D. Makowiecki, « Animals in the landscape... », art. cit.

introduisant peut-être aussi une forme de hiérarchisation en leur sein, les cultures les plus intensives étant probablement les plus proches du site.

Les restructurations qui s'opèrent dans les campagnes européennes à partir du VIIe siècle ne sont pas non plus sans liens avec les changements affectant les systèmes de production et de distribution. L'introduction de la voile dans les mers nordiques a par exemple dû entraîner une importante hausse de demande en laine, et donc en moutons : Lise Bender Jørgensen estime par exemple à 200 kilogrammes la laine nécessaire à la confection des voiles d'un navire de marchandises, sans compter les couvertures et vêtements chauds pour les équipages, ou encore les sacs destinés au transport des cargaisons[207]. Or, les analyses polliniques menées dans le sud et l'ouest de la Norvège ont montré que les landes de ces régions, qui constituent de bons pâturages pour les ovins, s'étendent aux périodes mérovingienne et viking, c'est-à-dire précisément à l'époque où la voile est introduite dans le nord de l'Europe ; et la production de plantes à fibres, telles que le lin et le chanvre, se développe également en Scandinavie à partir des VIIe et VIIIe siècles. Autant de changements écologiques qui sont par conséquent des effets de la croissance des sites non-agricoles et des évolutions des systèmes productifs et distributifs, à l'origine de nouvelles demandes pesant sur les campagnes.

Le développement des *emporia* et celui des sites de l'arrière-pays sont donc complémentaires : marchés et marchands du Nord stimulent la production de la région, ainsi que la concentration des productions dans des marchés régionaux ou locaux. Ces ports, par l'importante proportion de leur population engagée dans des activités non-agricoles, poussent les campagnes environnantes à produire davantage, afin de générer des excédents destinés à la consommation des habitants de ces sites urbains, voire à l'exportation. Les *wics* ont ainsi un effet stimulant sur les économies de leurs hinterlands agricoles qui, afin d'augmenter leur production, doivent se lancer dans des processus d'intensification et de spécialisation, en d'autres termes, réorienter à la fois leurs stratégies et leurs structures, bref, revoir l'ensemble de leur organisation.

4.2 Des dynamiques réciproques

Essor des *emporia* et hausse de la production agricole, dont les liens restent malaisés à déterminer, s'inscrivent dans un contexte bien plus large, celui d'une hausse assez généralisée de la population, ainsi que de la réorganisation des structures sociales et spatiales en Europe à partir du VIIe siècle, processus qui touche aussi bien les systèmes politiques que les formes de structuration et d'organisation

---

207 L. Bender Jørgensen, « The introduction of sails to Scandinavia : Raw materials, labour and land », dans R. Berge, M. E. Âsinski et K. Sognnes (dir.), N-TAG TEN..., *op. cit.*, p. 173-181.

de l'espace par les hommes. « Croissance » agricole et économique, essor démographique, développement des *emporia* sont par conséquent étroitement imbri-
qués, sans qu'il soit vraiment possible d'établir une chaîne stricte de causalité
entre eux : il faut plutôt réfléchir en termes d'effets réciproques produisant une
dynamique d'ensemble. Il semble donc qu'il faille renoncer à dégager un facteur
unique d'explication pour un seul effet et envisager plutôt un entremêlement de
phénomènes. Selon cette logique, les *wics* et leur arrière-pays rural interagissent :
les différents échanges (matières premières, biens, hommes, informations...) qui se
mettent en place entre eux créent des interactions, provoquant des changements
interdépendants entre ces deux espaces, complémentaires à bien des égards. Ces
phénomènes de réciprocité entre sites commerciaux et arrière-pays rural se retrouvent également à l'échelle des acteurs : chacun des agents économiques (producteur dans l'hinterland, artisan dans l'*emporium*, marchand venu de l'étranger)
exerce une influence décisive sur les activités et les prestations de l'autre (ou des
autres). Le marchand stimule la productivité de l'éleveur bovin ou du producteur
de vin, tandis que ces derniers l'encouragent à améliorer son système de transport,
en perfectionnant son navire, en mettant au point de nouvelles techniques nautiques et en allant même éventuellement jusqu'à optimiser ses voyages, en évitant
par exemple une traversée les cales vides[208].

À travers ces ports marchands, certains sites de l'arrière-pays peuvent ainsi
s'insérer dans les réseaux commerciaux qui se développent alors et l'économie
rurale se trouve de plus en plus intégrée à celle des principaux sites consommateurs. Les productions artisanales et les marchandises d'importation ayant vraisemblablement transité par les *emporia* (pierres de meule et céramiques rhénanes,
pierres à aiguiser norvégiennes, quelques outils ou bijoux...) et retrouvées dans
les sites ruraux des environs (Gammel Hviding, Kosel*, Vorbasse et Omgård au
Danemark[209], vallée de l'Itchen en Angleterre...) peuvent être interprétées comme
le signe d'un accès accru des paysans aux réseaux d'échanges[210]. L'économie rurale
de ces sites semble ainsi intégrée à celle des *emporia* et, par là même, à ces réseaux
se déployant autour des mers nordiques. Ainsi, à Okholm (fin VIIIe – début XIe
siècle), possible quartier d'hiver pour certains artisans de Ribe, à quelques kilomètres seulement du *wic,* on a mis au jour de la céramique et du basalte rhénans[211].
La présence d'une maison-longue à côté de plusieurs cabanes excavées, datant

---

208 S. Lebecq, « The Northern Seas (5th-8th c.) », dans P. Fouracre (dir.), *The New Cambridge Medieval History*, vol. I, *op. cit.*, p. 639-659, ici p. 658.

209 S. Jensen, « Gammel Hviding, south Jutland », dans *JDA*, 7, 1988, p. 255 ; K. Randsborg, *The Viking Age...*, *op. cit.*, p. 45-69 ; S. Hvass, « Viking Age villages in Denmark – new investigations », dans S.-O. Lindquist (dir.), *Society and trade in the Baltic during the Viking Age*, Visby, 1985, p. 211-228.

210 H. Hamerow, « Agrarian production and the *emporia* of mid Saxon England, ca. AD 650-850 », dans J. Henning (dir.), *Post-Roman towns...*, *op. cit.*, p. 219-232.

211 C. Feveile, « Okholm... », art. cit., p. 26.

toutes des VIIIᵉ et IXᵉ siècles, mais aussi d'objets d'importation (céramique rhénane, verre...) et d'activités artisanales (fabrication de perles en verre, travail du bronze) semble indiquer qu'Okholm n'était pas un site rural ordinaire et en fait une bonne illustration de l'étroitesse des liens qui pouvaient exister entre les *emporia* et leurs hinterlands. Il ne s'agit pas seulement de proximité géographique : cette dernière permet de créer une véritable complémentarité fonctionnelle entre activités artisanales ou commerciales et activités agricoles, en tenant aussi compte des saisons, autrement dit de l'intensité de l'activité selon la période de l'année, et en redéfinissant les tâches et la place de chacun en fonction des besoins du moment.

On peut donc conclure avec Nancy Gauthier, que « la ville ne vivait pas en parasite sur son territoire, elle l'organisait, le gérait, faisant naître les richesses rurales qu'elle collectait et consommait »[212]. Loin de vivre simplement aux dépens de leur arrière-pays, les *wics* ont servi à la fois de pivot à leur région, en contribuant à la (re)structurer et à la relier aux réseaux commerciaux qui parcouraient alors l'Europe, et de charnière entre leur arrière-pays et le reste de l'Europe.

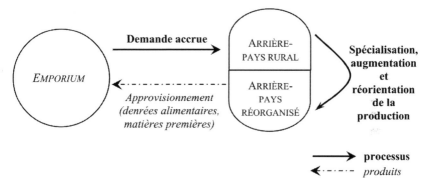

Fig. 2. Représentation schématique des dynamiques réciproques entre les *emporia* et leurs arrière-pays

4.3 Interdépendance, complémentarité et concurrence des activités productives

Les flux de biens et de denrées entre *emporia* et sites ruraux semblent indiquer que ces deux ensembles entretenaient des liens d'interdépendance assez étroits, où grain et bêtes s'échangeaient par exemple contre des pierres de meule, des récipients en stéatite et des pierres à aiguiser. La dissociation spatiale entre ports

---

212 N. Gauthier, « Conclusions », dans G. P. Brogiolo, N. Gauthier et N. Christie (dir.), *Towns...*, *op. cit.*, p. 371-386, ici p. 377.

marchands et sites ruraux se double ainsi d'une dissociation fonctionnelle, créant des formes de dépendance réciproque : les habitants des *wics*, occupés à commercer ou à produire des biens manufacturés, avaient besoin que les agriculteurs de l'arrière-pays les approvisionnent en denrées alimentaires et matières premières, tandis que pour ces derniers, peut-être souvent assez proches de l'autosuffisance, certains produits manufacturés et/ou importés issus des *emporia* ou transitant par eux demeuraient indispensables, même au quotidien. Pour autant, les échanges entre ces deux types d'espaces n'étaient pas forcément équilibrés. Des études sociologiques ont en effet permis de montrer que dans un réseau, de façon générale, la symétrie parfaite est assez rare, les échanges « ne s'équilibr[a]nt que rarement, ne serait-ce que du point de vue des valeurs de ce qui est échangé »[213].

Pour comprendre les relations que pouvaient entretenir les *wics* avec leurs arrière-pays, il faut sortir de la dichotomie réductrice opposant des sites urbains producteurs de biens manufacturés à des campagnes consommatrices de ces artefacts. Les quantités de pesons et fusaïoles destinés au travail du textile et retrouvés un peu partout tendent en effet à indiquer que ces ports étaient loin d'être les seuls sites productifs ; et les artisans spécialisés (forgeron, meunier...) se multiplient à l'échelle du village dès le début du VIIIᵉ siècle. Par exemple, à Selsø, site côtier danois datant du VIIIᵉ au XIIᵉ siècle, on a mis au jour les restes de diverses activités artisanales (métallurgie, textiles et même fabrication de biens de luxe) ; et plusieurs sites du Jutland ont livré des restes de fourneaux, ainsi que plusieurs scories et loupes de fer[214] : près de Varde et de Snorup, respectivement à une quarantaine et une cinquantaine de kilomètres au nord de Ribe, à Brøns, à quinze kilomètres au sud, ou plus près encore, comme à Okholm[215]. Dans la ferme élitaire de Gammel Hviding, la présence de poids en plomb et de déchets atteste la présence d'activités en lien avec la fonte des métaux[216] ; et en Norvège, le site aristocratique de Huseby a également livré des restes indiquant la présence de production textile (pesons, fusaïoles...), de travail de l'ambre et des métaux (moules, creusets...) et probablement de la fabrication de perles en verre, ce qui signifie que, malgré la grande proximité de Kaupang, les élites ne se fournissaient pas nécessairement auprès des ateliers de l'*emporium*, préférant s'attacher les services – parfois de façon exclusive – d'artisans particuliers[217]. Toutefois, comme le montrent le développement des moules permettant une production en série et

213 A. Degenne et M. Forsé, *Les réseaux sociaux...*, *op. cit.*, p. 31.
214 J.-P. Devroey et A. Nissen-Jaubert, « Family... », art. cit., p. 25.
215 V. F. Buchwald, *Iron...*, *op. cit.*, p. 205-229 ; C. Feveile, « Okholm », art. cit. Voir la Carte 16 en Annexe I.
216 S. Jensen, « Metalfund fra vikingetidsgårdene ved Gl. Hviding og Vilslev », dans *By, marsk og geest*, 3, 1990, p. 27-40.
217 D. Skre, « Excavations of the Hall at Huseby », dans *Id.* (dir.), *Kaupang in Skiringssal...*, *op. cit.*, p. 223-247.

la présence d'activités nécessitant des matières premières spécifiques (tabletterie, travail du verre…), les *wics* se trouvent engagés dans des activités artisanales très spécialisées, tandis que les communautés rurales semblent s'en tenir essentiellement à une production – notamment de textile et de céramique à la main – à moindre échelle, destinée à couvrir les besoins domestiques[218].

Les activités textiles en particulier paraissent différer dans les campagnes et en ville : tandis que les unes produisent des tissus ordinaires dans un cadre avant tout domestique, les autres ont pu se spécialiser dans une production de meilleure qualité, nécessitant les meilleures matières premières, ainsi que des techniques et outils particuliers, et donc des artisans spécialisés. Les fameux vêtements frisons colorés mentionnés dans les sources écrites (*pallia fresonica*) et faisant encore l'objet de vifs débats relèvent de cette seconde catégorie[219]. Lise Bender Jørgensen rapproche ces *pallia* de deux des catégories qu'elle a définies : les tissus dits « de Hessens/Elisenhof C », découverts essentiellement en Frise et qui ont pu être produits au moins en partie à Dorestad ou dans les environs, et ceux dits « de Birka », découverts à Birka, mais aussi à Kaupang et Hedeby, et peut-être produits dans l'ouest de la Norvège[220]. Quelle que soit leur origine exacte, tout porte à croire que ces étoffes raffinées sortaient d'ateliers spécialisés[221]. La découverte à Hedeby et à Novgorod de métiers à tisser horizontaux – et non plus verticaux comme dans la plupart des sites d'Europe du Nord jusque-là –, datant du XIe siècle, pourrait confirmer cette tendance au développement d'une industrie textile de plus en plus professionnalisée, la capacité productive de ces nouveaux outils pouvant être jusqu'à neuf fois supérieure à celle de leurs ancêtres verticaux[222]. Il y aurait ainsi une différence fondamentale, de nature, entre les productions des ateliers des *emporia* et celles des ateliers des foyers ruraux. Dans ces conditions,

---

218   C. Loveluck, « Rural settlement hierarchy… », art. cit.

219   Ces tissus de qualité auraient été offerts par Charlemagne à « l'empereur des Perses » (en réalité, le calife abbasside de Bagdad Haroun al-Rachid) (Notker le Bègue, *Gesta Karoli Magni*, *op. cit.*, lib. II, c. 9, p. 62-63, voir aussi lib. I, c. 34, p. 47-48 et lib. II, 21, p. 92). Beaucoup d'encre a coulé à leur sujet, pour savoir s'ils étaient vraiment tissés en Frise ou si les Frisons n'étaient que les intermédiaires. Henri Pirenne défendait la thèse d'une origine flamande (contre une éventuelle origine anglaise, défendue notamment par Christian J. Klumker) : les Frisons n'auraient donné leur nom que parce que l'exportation se faisait en grande partie par leur intermédiaire (H. Pirenne, « Draps de Frise ou draps de Flandre ? Un petit problème d'histoire économique à l'époque carolingienne », dans *Vierteljahrschrift für Sozial- und Wirtschaftsgechichte*, 7, 1909, p. 308-315). Depuis, Stéphane Lebecq, s'appuyant notamment sur une donation à l'abbaye de Fulda et sur les revenus de l'abbaye de Werden, toutes deux en Frise, a plaidé pour une origine frisonne (S. Lebecq, *Marchands…*, *op. cit.*, vol. 1, p. 131-134, et vol. 2, p. 381-387, textes LXXIV 2 et LXXV 1). Les découvertes de métiers à tisser verticaux à Dalem et près de Cuxhaven en Basse-Saxe pourraient également plaider en faveur d'une fabrication en Frise ou non loin.

220   L. Bender Jørgensen, *North European Textiles…*, *op. cit.*, p. 142-143 et 138-140.

221   E. Andersson Strand, « Tools and Textiles… », art. cit.

222   J. Maik, « Cloth Production », dans J. Graham-Campbell et M. Valor (dir.), *The Archaeology…*, vol. 1, *op. cit.*, p. 217-220.

les rapports entre les deux seraient plutôt de l'ordre de la complémentarité, ces deux types d'ateliers ne se situant pas sur les mêmes créneaux économiques. La « pulvérisation » du travail textile ordinaire, activité exigeant une main-d'œuvre importante, dans les campagnes, contrasterait avec la concentration des activités textiles spécialisées dans les centres urbains[223]. On trouve en effet des traces du premier à peu près sur tous les sites, quels que soient leur statut et leur orientation économique, tant en Angleterre et sur le Continent qu'en Scandinavie. À Abbots Worthy et Chalton, non loin de Hamwic, plusieurs pesons et fusaïoles ont été mis au jour ; et leur grand nombre à Winning suggère que le site était peut-être spécialisé dans les activités liées au textile, ce qui semble également être le cas d'autres sites ruraux du nord de l'Allemagne comme Dalem, où l'on a aussi découvert les restes calcinés d'un métier à tisser vertical des VIIIe-Xe siècles, ainsi que de villages danois tels que Næs et Selsø sur l'île de Seeland et de multiples sites de l'arrière-pays frison[224]. De nombreuses fermes frisonnes semblent ainsi spécialisées dans l'élevage ovin sur les prés salés et la production textile à partir de la laine (peut-être les fameux *pallia fresonica*). Si l'on en croit les chiffres avancés par l'abbé Raban Maur, vers 830, les possessions frisonnes de Fulda doivent ainsi délivrer annuellement à l'abbaye entre 40 et 200 *pallia* selon les cas, celle-ci recevant au total au moins 855 *pallia* tous les ans[225], ce qui indiquerait une production annuelle assez considérable si l'on estime que ces chiffres représentent autour de 10 % de cette dernière. Plus que des productions agricoles, le textile pourrait alors être la contrepartie des importations retrouvées sur certains sites ruraux, véritable monnaie d'échange, au même titre que le grain, le bétail ou les pièces d'argent, comme l'indique l'inventaire de Fulda, mentionnant des paiements à la fois en argent, en grain et en tissu.

Une forme de division du travail a également pu toucher les activités métallurgiques : le travail des métaux sur les sites ruraux avait avant tout pour vocation de couvrir les besoins locaux – et encore cette activité n'était-elle présente que dans certains d'entres eux, dotés visiblement d'un statut sortant de l'ordinaire, tels que Vorbasse[226] –, notamment en termes d'outillage agricole, tandis les sites

---

223 R. Fossier, « L'artisanat rural au Moyen Âge : bilans et problèmes », dans M. Mousnier (dir.), *L'artisan au village dans l'Europe médiévale et moderne*, Toulouse, 2001, p. 7-32, ici p. 21.

224 D. Meier, « Winning – Eine wikingerzeitcliche Siedlung am Ufer der inneren Schlei », dans A. Wesse (dir.), *Studien zur Archäologie...*, *op. cit.* ; W. H. Zimmerman, « Archäologische Befunde frühmittelalterlicher Webhäuser », dans L. Bender Jørgensen et K. Tidow (dir.), *Textilsymposium Neumünster*, Neümunster, 1982, p. 109-134 ; H. Hamerow, *Early medieval settlements...*, *op. cit.*, p. 33-34 et p. 184.

225 Extrait d'une liste des biens de l'abbaye de Fulda (vers 830), dans A. C. F. Koch, *Oorkondenboek van Holland en Zeeland tot 1299*, vol. 1 : *Eind van de 7e eeuw tot 1222*, La Haye, 1970, p. 12-19, ici p. 17-18.

226 A. Nissen-Jaubert, « Sites centraux et résidences princières au Danemark avant 1250 », dans A. Renoux (dir.), *Palais royaux et princiers au Moyen Âge*, Le Mans, 1996, p. 197-210.

élitaires se caractérisaient par une production d'objets de qualité, voire de luxe[227]. On ne peut ainsi manquer d'être frappé par la quasi-absence de traces de fabrication d'armes dans les *emporia* : ces dernières, à commencer par les épées, à la connotation statutaire très forte, étaient très probablement fabriquées ailleurs, vraisemblablement dans les résidences élitaires, tant en Scandinavie (comme à Huseby ou à Tissø[228]) que sur le Continent et dans le monde anglo-saxon, où les forgerons œuvraient dans le cadre des grands monastères, comme Ramsbury, et *villae*[229]. Par ailleurs, alors que les lieux de pouvoir ont livré des bijoux de grande qualité et en matériaux très précieux (or, argent, pierreries...), la plupart de ceux qui étaient fabriqués dans les *wics* étaient beaucoup plus simples, essentiellement en bronze ou en verre, et produits en série : plusieurs matrices en bronze ou en cuivre, servant à imprimer des motifs sur des feuilles de métal et ainsi à produire des bijoux de facture assez ordinaire en série, ont par exemple été mises au jour à Hedeby.

Il n'est toutefois pas exclu que certains ateliers des *emporia* se soient spécialisés dans la production assez massive de toiles solides pour les besoins, en voiles et sacs, des marchands de passage, comme le suggèrent peut-être les multiples pesons, fusaïoles, navettes et aiguilles mis au jour à Ribe, dans des quantités bien supérieures à celles de nombreux autres sites contemporains[230]. Dès lors, la différence avec les sites ruraux de l'arrière-pays n'est plus tant de nature que d'échelle, ce qui a pu entraîner des risques de concurrence, ateliers portuaires et foyers ruraux se situant cette fois sur les mêmes créneaux économiques. Il est ainsi possible que, durant ses dernières décennies d'existence en particulier, Ribe ait subi une compétition économique accrue de la part de vastes domaines prospères abritant des activités artisanales et commerciales, tels qu'Andersminde, Okholm ou encore Gammel Hviding[231]. De même, les archéologues ont mis au jour au Danemark et dans le nord de l'Allemagne des traces de production textile spécialisée et menée à une assez grande échelle sur plusieurs sites ruraux et remontant peut-être au VIIe siècle, comme à Bejsebakken, dans le nord du Jutland, et à Næs, complexe sur l'île de Seeland fonctionnant de la fin du VIIe siècle au début du IXe, où l'on a découvert des structures indiquant des activités de rouissage du lin à grande échelle pour

---

227 C. Fabech, « Centrality in sites and landscapes », dans *Ead.* et J. Ringtved (dir.), *Settlement and landscape (Proceedings of a conference in Århus, Denmark, May 4-7 1998)*, Højbjerg, 1999, p. 455-473, ici p. 456, Fig. 1.

228 D. Skre, « Excavations of the Hall at Huseby », dans *Id.* (dir.), *Kaupang in Skiringssal..., op. cit.*, p. 223-247, ici p. 240-241 ; L. Jørgensen, « Manor and Market at Lake Tissø in the sixth to eleventh centuries : the Danish 'productive' sites », dans T. Pestell et K. Ulmschneider (dir.), *Markets..., op. cit.*, p. 175-207.

229 J. Haslam *et al.*, « A Middle Saxon Iron Smelting Site at Ramsbury, Wiltshire », dans *Medieval Archaeology*, 24, 1980, p. 1-68.

230 L. Bender Jørgensen, « Textiles and Textile Implements », art. cit., p. 75.

231 C. Feveile, *Vikingernes Ribes..., op. cit.*, p. 66-67 et p. 75. Voir la Carte 16 en Annexe 1.

la fabrication de toile de lin[232]. Sur la même île, Selsø fait également penser à un site spécialisé dans la production textile, peut-être dans la fabrication de voiles pour les bateaux, dont la présence est attestée par plusieurs rivets[233]. En Frise, le site d'Elisenhof s'est révélé particulièrement riche en restes liés à la fabrication de textile (pesons, fusaïoles, os de moutons d'âge adulte et donc élevés pour leur laine) et même en fragments de tissu[234]. Par ailleurs, la grande variété de la taille, des formes et matériaux des pesons et fusaïoles de Kaupang, Birka et Hedeby met en lumière la diversité des types de production, du fil et tissu les plus grossiers aux plus fins[235] ; et à Birka, il semblerait que la laine était choisie en fonction du tissu désiré (solide ou fin, chaud ou léger, etc.), suggérant une « approche de la production textile remarquablement sophistiquée », tandis que le tissu plus grossier de Hessens/Elisenhof ne montre aucun choix particulier de la laine[236]. La production de ces ports paraît par conséquent à la fois plus importante, plus spécialisée et plus diversifiée que celle des campagnes environnantes ; et la coupure entre une production massive destinée à la vente et une production plus limitée pour la seule autoconsommation, entre toiles grossières et tissus de qualité, bref entre ateliers ou foyers ruraux et ateliers urbains n'apparaît pas aussi évidente que l'on pourrait le penser au premier abord.

En Scandinavie, comme dans le reste du nord de l'Europe, les *emporia* étaient par conséquent loin d'être les seuls lieux productifs. Il ne faut ainsi pas oublier que, sur le Continent, les activités productives spécialisées représentent une part importante des travaux dans les monastères : on a par exemple retrouvé les traces d'ateliers de verriers à Lorsch, Fulda et Corvey en Allemagne, à San Vincenzo al Volturno en Italie, de même qu'à Barking Abbey en Angleterre[237]. Jusqu'au Xᵉ siècle, les sites pratiquant des activités artisanales sont donc marqués par une grande diversité, les réseaux de production et d'échanges ne se limitant pas aux seuls *emporia* : des circuits parallèles, plus ou moins concurrents, existaient. Les liens entre ces établissements portuaires et leurs arrière-pays pouvaient par conséquent être à la fois faits de concurrence – les créneaux économiques pouvant être les mêmes – et de complémentarité – les sites ruraux ayant besoin

---

232 K. Møller-Hansen et H. Høier, « Næs... », art. cit.

233 S. A. Sørensen et J. Ulriksen, *Selsø-Vestby...*, *op. cit.*, p. 44-79 ; J.-P. Devroey et A. Nissen-Jaubert, « Family... », art. cit., p. 25.

234 L. Bender Jørgensen, *North European Textiles...*, *op. cit.*, p. 149 ; *Ead. et al.*, « Textile industries of the early medieval world to AD 1000 », dans D. Jenkins (dir.), *Cambridge History of Western Textiles*, vol. 1, Cambridge/New York, 2003, p. 118-175, ici p. 12.

235 I. Øye, « Textile-production Equipment », dans D. Skre (dir.), *Things...*, *op. cit.*, p. 339-372 ; E. Andersson, *Birka Studies 8...*, *op. cit.*

236 P. Walton, « Dyes and wools in Iron Age textiles from Norway and Denmark », dans *JDA*, 7, 1988, p. 144-158, ici p. 153.

237 J. Henning, « Strong Rulers... », art. cit., p. 51.

des infrastructures et fournisseurs présents dans ces ports –, deux notions par conséquent loin d'être toujours exclusives. Une approche en termes purement dichotomiques (urbain/rural, artisanal/agricole, productif/consommateur, etc.) ne permet donc pas d'appréhender la complexité des relations entre les *emporia* et leurs hinterlands ; et plus un site est proche d'un *wic*, plus ces liens semblent complexes, mêlant complémentarité et concurrence, interdépendance et collaboration plus qu'isolement et disjonction.

5. De l'interaction à la distinction : une identité « urbaine » ?

Au-delà des phénomènes d'interaction qui s'observent entre les *emporia* et leurs arrière-pays, ces ports présentent un certain nombre de spécificités, qui les distinguent des sites de la région environnante et qui les rapprochent entre eux. La comparaison des régimes alimentaires de leurs habitants avec ceux de sites alentours, comme les vêtements et parures et éventuellement les armes, mettent en lumière des stratégies de distinction des occupants de ces ports par rapport à leurs contemporains installés dans les hinterlands.

5.1 Se distinguer par ses pratiques alimentaires

À première vue, l'alimentation des habitants des *wics* était probablement assez similaire au repas ordinaire du reste de la population, composé en majorité de pain ou bouillies à base de céréales (avoine, orge, blé, seigle), accompagnés à l'occasion d'un peu de viande, mais aussi de lait et de fromage, de poissons et crustacés pour ceux qui habitaient près des côtes ou en bord de rivière, et de fruits et légumes, sans oublier les boissons (vin sur le Continent, bière en Scandinavie). Toutefois, à y regarder d'un peu plus près, des différences entre l'alimentation de ces populations urbaines et celle des populations rurales semblent commencer, dès l'époque des *emporia*, à se faire jour, les habitants de ces ports bénéficiant d'une alimentation à la fois plus diversifiée, de meilleure qualité et peut-être même plus raffinée que leurs contemporains ruraux. Au VIIᵉ siècle, les habitants de Dorestad présentent par exemple moins d'affections dentaires que les populations rurales des environs, ce qui est vraisemblablement lié à une alimentation de meilleure qualité dans le port frison[238]. La faible consommation de poissons, coquillages et crustacés dans ces établissements portuaires – à l'exception de Birka et surtout de Kaupang –, pourtant en bord de mer ou de rivière, contraste par ailleurs avec celle des occupants de sites côtiers plus petits et tend à indiquer que les *emporia* n'étaient pas d'importants ports de pêche : l'exploitation des ressources marines

---

238 W. A. van Es et W. J. H. Verwers, « L'archéologie de Dorestad », art. cit. (n. 73, p. 77), p. 322.

n'y occupait visiblement qu'une place assez marginale. Il pourrait s'agir là, avec la part non négligeable de viande (notamment bovine et porcine) et la consommation de vin dans les ports scandinaves, de traits caractéristiques d'une alimentation « urbaine », qui se retrouverait par delà les mers dans les différents *wics*, de telle sorte que le régime alimentaire de l'un d'entre eux serait plus proche de celui d'un autre *emporium* que des sites ruraux de son hinterland[239]. Dans tous ces ports, les os de bovins dominent nettement en poids comme en nombre, représentant plus de la moitié, voire les deux tiers, des restes osseux d'animaux : l'alimentation carnée de leurs habitants semble donc assez nettement dominée par le bœuf, tout en comprenant une part non négligeable de porc (en moyenne entre 15 et 40 %).

Le fait de s'approvisionner en grande partie à l'extérieur permettait probablement aux occupants de ces sites de s'affranchir, au moins en partie, des contraintes naturelles et de choisir le contenu de leur assiette, davantage que leurs contemporains ruraux, voire de consommer des produits venant parfois de loin : on a ainsi retrouvé des traces d'aneth, de coriandre et de cumin, mais aussi de figues à Hamwic, ou encore de noix – provenant notamment d'Allemagne du Sud – à Birka, Ribe et Hedeby. En d'autres termes, les contrastes alimentaires entre *wics* et sites ruraux peuvent notamment s'expliquer par la différence entre une alimentation fondée sur une économie de subsistance dans les seconds, où les habitants mangent ce qu'ils ont à disposition et sont plus dépendants de leur environnement immédiat, et une alimentation fondée sur une économie « de marché » dans les *emporia*, où les habitants pourraient davantage choisir ce qu'ils consomment[240]. Autant d'aspects qui expliqueraient pourquoi le régime alimentaire paraît à la fois assez similaire d'un *wic* à un autre et distinct de celui des habitants des sites ruraux de la région environnante. Cet approvisionnement extérieur pourrait également justifier l'homogénéité des restes osseux sur l'ensemble de certains sites, notamment Hamwic, où il ne semble pas y avoir de différence nette dans l'usage social ou les habitudes d'un secteur à un autre, comme si l'ensemble des occupants du site partageait un « niveau de vie similaire », relativement distinct de celui de leurs contemporains ruraux[241]. De même, la faible présence des restes de gibier pourrait indiquer que les habitants des *wics* ne chassaient pas, n'en ayant pas le temps ou n'en éprouvant pas le besoin, l'approvisionnement fourni par les éleveurs des environs étant suffisant, mais aussi que les élites, grandes amatrices de ce loisir – qui permettait aussi d'afficher son statut social[242]–, ne résidaient pas dans ces ports.

---

239 L. Malbos, « Du bœuf... », art. cit.
240 R. Jussiau, L. Montméas et J.-C. Parot, *L'élevage en France : 10 000 ans d'histoire*, Dijon, 1999, p. 168.
241 A. Hagen, *A second Handbook...*, *op. cit.*, p. 318 ; J. Bourdillon, « Countryside and Town... », art. cit.
242 L.-J. Bord et J.-P. Mugg, *La chasse au Moyen Âge. Occident latin, VIe-XVe siècle*, Aix-en-Provence, 2008, p. 138 ; A. Guerreau, « Les structures de base de la chasse médiévale », dans A. Paravicini Bagliani et B. Van den Abeele (dir.), *La chasse au Moyen Âge. Société, traités, symboles*, Florence, 2000, p. 25-32.

De façon générale, et même si des variations s'observent selon les *emporia* et les périodes, le régime alimentaire de leurs habitants semble témoigner d'un niveau de vie à la fois plus élevé que dans les campagnes environnantes et plus modeste que dans les sites élitaires. Ainsi, dans certains *emporia*, notamment Hedeby et Kaupang, la viande de veau paraît avoir été particulièrement prisée ; et les restes porcins sont également bien représentés dans le *wic* de la Schlei (entre 35 et 55 % selon les secteurs et les fouilles) : viande par excellence des élites franques (comme en témoigne sa proportion élevée sur le site élitaire de Paderborn)[243], le porc à Hedeby pourrait être le signe d'une influence franque, peut-être par l'intermédiaire des Frisons. Malgré tout, la proportion de restes appartenant à de jeunes – voire très jeunes – bovins et ovins et la consommation de porc restent plus importantes dans les sites élitaires que dans les *emporia*[244], qui occuperaient donc un statut intermédiaire, un statut qui en ferait une catégorie à part, avec ses propres caractéristiques. À cet égard, dans ces ports, les animaux représentent « plus que juste de la viande » : ils sont le signe d'un « mode de vie différent », permettant « la création et le maintien d'une identité sociale »[245].

5.2 *L'émergence d'une forme d'unité culturelle à l'échelle du bassin des mers nordiques ?*

La consommation de produits d'importation fait partie de ces traits alimentaires spécifiques, que l'on retrouve dans tous les *emporia* des mers nordiques. Le vin, par exemple, est un de ces facteurs de distinction avec l'arrière-pays et de rapprochement des *wics* entre eux. La vigne avait beau ne pas pousser dans le nord de l'Europe, les textes attestent la présence de vin en Angleterre[246] et en Scandinavie, où « il y avait du vin dans le pichet [et] des coupes richement ouvragées » nous apprend la *Rígsþula*[247], à Birka par exemple, dans les réserves de la riche veuve Frideburg[248]. L'archéologie confirme d'ailleurs cette présence dans les régions

---

243 C. Loveluck, *Northwest Europe...*, *op. cit.*, p. 116.

244 En Angleterre, à Yeavering (Northumberland), la plupart du bétail est abattu entre deux ans et trois ans et demi ; sur le site royal de Cheddar (Somerset), les bêtes étaient également tuées assez jeunes (A. Hagen, « Cattle », *A second Handbook...*, *op. cit.*, p. 58-81). Sur le Continent, à Fécamp par exemple, « la consommation d'animaux jeunes [...] constatée du VIIIe au début du XIe siècle » serait une indication du « caractère privilégié des occupants du lieu » (F. Carré, *L'archéologie en Haute-Normandie : bilan des connaissances*, t. 1 : *Le haut Moyen Âge*, Mont-Saint-Aignan, 2011, p. 61).

245 K. Poole, « More than just meat : animals in Viking-Age towns », dans D. M. Hadley et L. Ten Harkel (dir.), *Everyday Life...*, *op. cit.*, p. 144-156, ici p. 154.

246 Ælfric, *Colloquium*, *op. cit.*, p. 33.

247 *Rígsþula*, dans *The Poetic Edda*, vol. II, *op. cit.*, p. 169, strophe 32. La datation de ce poème fait toutefois débat : on estime qu'il fut composé dans une fourchette chronologique très large, entre 800 et 1200 environ, ce qui n'est pas sans poser problème pour son interprétation et l'utilisation des informations qu'il contient.

248 Rimbert, *VA*, c. 20.

septentrionales : des restes de tonneaux en bois, qui ont pu servir à en transporter, ont été mis au jour à Ribe et Hedeby, ainsi que des pichets (en particulier de
Tating) et des verres à boire coniques, probablement aussi liés à la consommation de cette boisson, dans de nombreux *wics*. Ellen Karine Hougen avait déjà
souligné, à partir des fouilles menées par Charlotte Blindheim à Kaupang dans
les années 1950, l'importante proportion de céramique fine servant de vaisselle
de table (autour de 20 % des tessons), notamment les nombreux pichets, souvent
retrouvés avec des fragments de verre et qu'elle associait également au service
du vin[249]. En Scandinavie, en-dehors des *emporia*, les verres à boire et pichets de
Tating – à bien distinguer en cela des céramiques de Badorf, plus ordinaires – se
retrouvent généralement dans des sépultures et lieux de pouvoir, comme dans la
tombe à bateau de Borre ou dans la résidence d'un chef dans les îles Lofoten[250].
Découverts dans de tels contextes, ces objets sont traditionnellement interprétés
comme les signes distinctifs d'un statut social élevé, mais la faible présence élitaire
dans les *emporia* pousse à reconsidérer la question.

En Scandinavie, le verre à boire a probablement été introduit par les marchands et artisans continentaux, mais semble peu se diffuser dans les arrière-pays,
se cantonnant aux sites élitaires et commerciaux. L'introduction d'usages ayant
cours sur les tables continentales a pu stimuler dans un second temps la demande
locale, dans les milieux aristocratiques désirant imiter les élites franques, mais
aussi dans les milieux marchands, où ces pratiques étrangères ont pu devenir une
des caractéristiques de la culture matérielle associée à l'émergence d'un groupe
spécifique, facilitant la création de liens dépassant les frontières culturelles[251].
Certains vont même jusqu'à suggérer que les verres à boire retrouvés dans les
emporia ont pu servir d'outils commerciaux, les contrats pouvant se conclure
en levant son verre en l'honneur de l'accord qui vient d'être passé, une première
forme en somme du *kaupskál* des contrats scandinaves médiévaux[252]. Cela pourrait contribuer à expliquer que de nombreux verres, parfois restés entiers, aient
été découverts en contexte funéraire, de même que les pichets de Tating : l'objet
placé auprès du défunt n'était peut-être pas considéré comme un vulgaire récipient, utilisé dans la vie courante par tout un chacun, mais plutôt comme un bien
devenu symbolique, un peu comme les balances et poids ou les armes également
retrouvées dans certaines sépultures, l'association de ces différents objets n'étant
par ailleurs pas rare en contexte funéraire. Ainsi, dans la sépulture double Bj 644

---

249 E. K. Hougen, *Kaupang funnene III B : Bosetningsområdets keramikk*, Oslo, 1993.

250 I. Holand, « Pottery » et « Glass Vessels », dans G. S. Munch, O. S. Johansen et E. Roesdahl (dir.),
Borg in Lofoten : a chieftain's farm in North Norway, Trondheim, 2003, p. 199-209 et p. 211-227.

251 B. Gaut, « Vessel Glass and Evidence of Glassworking », dans D. Skre (dir.), *Things...*, *op. cit.*, p. 169-
279, ici p. 255-257.

252 *Ibid.*, p. 257 ; S. M. Sindbæk, *Ruter...*, *op. cit.*, p. 157-160.

à Birka (milieu du Xe siècle) on a découvert une épée, mais aussi les restes d'une balance, accompagnée de plusieurs poids en bronze, et un gobelet en verre[253] : la présence dans la tombe de la balance et du verre serait-elle le signe que ces objets étaient utilisés ensemble, pour conclure une transaction commerciale ?

Un même objet a ainsi pu revêtir, en fonction des contextes, des significations différentes : dans les lieux de pouvoir comme dans les ports de commerce, vin, verre et céramique fine (du type de Tating) sont des facteurs de différenciation sociale et culturelle ; mais dans le cas précis des *emporia*, ils ont pu contribuer à forger une unité sociale entre marchands ou artisans, par delà la diversité culturelle. Boire du vin ferait ainsi partie intégrante d'une nouvelle réalité matérielle, qui distingue de plus en plus nettement la population de ces ports de la population rurale de l'hinterland ou même des élites guerrières : la majorité de l'aristocratie scandinave boit encore traditionnellement de la bière dans des coupes en bois ou en corne[254], tandis que cette nouvelle population urbaine préfère boire du vin dans des verres. Le passage d'un objet ou d'une pratique d'un contexte à un autre entraîne par conséquent une transformation de son sens : transférer, ce n'est pas simplement transporter, faire traverser les mers ; c'est aussi transformer : les biens, mais aussi les pratiques (alimentaires, vestimentaires...) circulent et sont, dans le même temps, réinterprétées[255].

Une catégorie « urbaine » de consommateurs tendrait donc à émerger, avec un niveau de vie plus élevé que dans les campagnes alentours et affichant un statut particulier. L'adoption de coutumes étrangères ou assez inhabituelles pour la région, comme boire du vin dans du verre en Scandinavie, contribuerait ainsi à créer une identité urbaine « cosmopolite »[256] : certaines pratiques sociales permettent de distinguer ou au contraire de rapprocher les différents groupes. Ce double processus de différenciation sociale – par rapport à l'arrière-pays rural – et de rapprochement socio-culturel – par delà les mers, entre les différents *emporia* – mêle des éléments des cultures matérielle et immatérielle. La définition de nouvelles identités urbaines a ainsi pu passer par d'autres éléments, vestimentaires par exemple : au Xe siècle, les habitants de Birka ont pu se considérer comme intégrés à une culture urbaine, se distinguant de la culture du reste de la région du lac Mälar, en particulier par l'adoption d'éléments magyars rapprochant les pratiques dans le *wic* de la culture des Rous qui prévalait dans cette partie orientale de la Baltique et jusqu'à Kiev[257]. Pour se différencier des habitants de l'arrière-pays

253 H. Arbman, *Birka. Untersuchungen und Studien I. Die Gräber*, vol. *Text*, Uppsala, 1943, p. 221-226.

254 Au VIe siècle, Venance Fortunat évoquait les « coupes d'érables » (*acernea pocula*) dans lesquelles les Barbares buvaient en « débitant des insanités » (Venance Fortunat, « Préface », dans *Poèmes*, vol. I (Livres I-IV), *op. cit.*, p. 5, c. 5).

255 M. Espagne, « La notion de transfert culturel », dans *Revue Sciences/Lettres*, 1, 2013.

256 B. Jervis, « A patchwork... », p. 258.

257 C. Hedenstierna-Jonson, *The Birka warrior...*, *op. cit.* ; Ead., « *Traces of Contacts...* », art. cit. ; S. Croix, « De l'art de paraître... », art. cit. (n. 85, p. 80).

rural, les occupants des *emporia*, pris dans un réseau de commerce et de consommation à l'échelle de l'ensemble du bassin des mers nordiques, ont ainsi créé leur
propre culture, faite d'innovations, de pratiques sociales originales, d'assimilation
et de mélanges inédits d'éléments issus de différentes aires géographiques et culturelles[258]. Il reste toutefois malaisé de déterminer s'il s'agissait là d'un choix parfaitement volontaire et conscient de la part de ces populations : ont-elles adopté
ces modes de consommation pour se distinguer ? À moins que ce ne soit ces pratiques qui, entraînées par d'autres facteurs – comme une certaine dépendance aux
réseaux d'approvisionnement et aux systèmes tributaires, à l'image de celui qui a
peut-être été mis en place à Hamwic pour la viande bovine[259] –, les distinguent des
populations alentours ? En l'absence de sources écrites détaillées sur ces questions,
il reste malaisé de trancher.

L'émergence de ces traits identitaires urbains et cosmopolites suffit-elle à
conclure au développement d'une forme d'unité culturelle ou d'homogénéisation
à l'échelle du bassin des mers nordiques ? Une telle conclusion est probablement
un peu hâtive et rend mal compte de la complexité des modes de vie dans les
emporia, qui, en dépit de points communs, conservent chacun des spécificités,
notamment en matière d'alimentation : dans certains *wics*, les habitants semblent
consommer plus de viande bovine que dans d'autres, notamment à Hamwic, Ribe,
Kaupang, Quentovic ; tandis que la part des porcs paraît particulièrement importante à Hedeby ; Kaupang et Birka se distinguent par ailleurs par une alimentation
plus riche en ressources marines. Il n'en demeure pas moins que c'est ce mélange
d'influences qui fait de ces établissements portuaires des lieux uniques dans leur
contexte, des « patchworks » de liens entretenus à la fois à l'intérieur du site et
avec le monde extérieur, sans que cela oblitère les spécificités de chacun d'entre
eux[260].

6. Conclusion : interactions, influences, complémentarité, concurrence

Matières premières, savoir-faire, infrastructures, facilités de redistribution sont
autant d'éléments contribuant à expliquer le rôle centralisateur des *emporia*, tant
pour l'approvisionnement en matières premières que pour l'écoulement de leurs
productions en série. Ces ports assumaient un rôle essentiel dans la centralisation
de certaines ressources et servaient vraisemblablement de lieux d'échanges mais
aussi d'entrepôts, s'appuyant sur des réseaux et des infrastructures à une échelle
bien plus importante que ce qui pouvait exister auparavant ou dans des sites de
moindre importance, ce qui en fait des interfaces entre réseaux commerciaux

---

258 C. Hedenstierna-Jonson, « Foreigner and Local... », art. cit.
259 J. Bourdillon, « Countryside and Town... », art. cit.
260 B. Jervis, « A patchwork... », art. cit., p. 261.

locaux ou régionaux et au long cours. Le rayonnement d'un *wic*, sa centralité, qui en fait un « point autour duquel se distribuent d'autres objets dans l'espace » et détermine la profondeur de l'hinterland, dépendent de la puissance économique du port mais aussi de sa « nodalité », c'est-à-dire sa « situation carrefour dans un réseau de relations »[261]. Cette dernière est notamment conditionnée par les infrastructures portuaires (leur taille et leur accessibilité) : plus la desserte d'un arrière-pays par les voies de communication (réseau fluvial et desserte routière) est efficace, plus celui-ci peut être profond.

Les relations entre les *emporia* et leurs arrière-pays doivent par conséquent être abordées en termes d'interactions et d'influences, de complémentarité ou de concurrence. La ville est approvisionnée par son hinterland rural, tandis que ce dernier en subit l'influence, à l'origine de formes de réorientation, d'intensification, d'expansion, de spécialisation de la production agricole. Toutefois, les impacts de ces ports sur les communautés locales peuvent être très divers : l'insertion des *wics* dans des systèmes dendritiques, innervant tout l'arrière-pays, ne peut être érigée en règle générale, comme on pouvait être tenté de le faire à la suite des travaux de Richard Hodges, s'inspirant eux-mêmes largement des schémas de Carol A. Smith[262]. Dans certains cas, la diffusion d'objets manufacturés et/ou d'importation dans l'hinterland ne fait guère de doute, mais dans d'autres il semble que l'on puisse davantage parler de « constipation urbaine », pour reprendre une expression proposée par Mats Roslund[263]. En outre, réseaux d'approvisionnement et réseaux de redistribution n'étaient pas nécessairement superposables, ce qui contribue à esquisser un tableau complexe des échanges se déployant à la fois depuis et en direction des *emporia*, qui n'avaient toutefois pas le monopole des activités commerciales et artisanales. Les processus redistributifs opérés à partir de ces ports doivent par conséquent être nuancés, tant en ce qui concerne leurs volumes que leur importance économique.

Ces ports marchands présentent tous de nombreuses caractéristiques communes, qu'il s'agisse de leur orientation à la fois maritime, urbaine et multiculturelle, de l'importance des activités commerciales et artisanales, mais aussi des nouvelles identités et formes de spécialisation qui s'y développent, des modes de différenciation se surimposant aux processus d'interaction avec l'arrière-pays ; autant de particularités qui leur permettent de jouer le rôle de synapses, à l'interface

---

261 C. Ducruet, « Typologie mondiale des relations ville-port », dans *Cybergeo : European Journal of Geography – Espace, Société, Territoire*, document 417, mis en ligne le 27 mars 2008 : http://cybergeo. revues.org/17332 (consulté en avril 2013), p. 4 ; A. Bailly, *Les concepts de la géographie humaine*, 5ᵉ éd., Paris, 2001 [1984], p. 124, n. 13.

262 C. A. Smith (dir.), *Regional Analysis. Volume I : Economic Systems*, Londres, 1976.

263 Expression proposée lors de la Table Ronde « Researching network urbanism » à l'occasion de la Conférence internationale *Maritime Networks and Urbanism in the Early Medieval World*, 11-12 avril 2013, Roskilde (Danemark).

des réseaux terrestres et maritimes, locaux et suprarégionaux[264]. Toutefois, ces tendances générales communes ne sauraient occulter de nombreuses disparités dans les formes et l'intensité des relations qu'entretenaient ces différents ports avec leurs hinterlands : les *emporia* francs jouissaient d'un arrière-pays à l'économie déjà bien structurée, avec de gros propriétaires fonciers, notamment les grands monastères, leur permettant de jouer le rôle de centres d'échanges pour leur hinterland immédiat, tout en bénéficiant d'un réseau urbain préexistant – celui des villes du nord de la Gaule – ; mais c'est encore loin d'être le cas à cette même époque en Scandinavie, moins peuplée que le Continent et encore dépourvue d'un solide réseau urbain, ou en Europe orientale. Les relations de Dorestad ou de Quentovic avec leur arrière-pays sont par conséquent assez différentes de celles de Birka ou de Truso avec leur région, ce que l'étude des monnaies confirme.

---

264 Voir les Schémas 1 et 2 en Annexe 2.

CHAPITRE 4

PORTS MARCHANDS ET MOYENS D'ÉCHANGE

L es échanges entre *emporia* et arrière-pays rural ou avant-pays ultramarin pouvaient se faire sous forme de productions agricoles et de matières premières d'une part, de biens manufacturés et d'importations d'autre part, à une époque où les transferts de biens revêtent des formes très diverses : pillage et prélèvement tributaire contribuent activement à la mise en circulation de certaines marchandises et richesses[1] ; le troc est encore une pratique courante, en Scandinavie comme sur le Continent ; et l'ancienne économie d'affichage et du don, essentiel au maintien des relations sociales et politiques, perdure. Les sagas comportent ainsi de nombreuses mentions de dons d'anneaux en or comme marque de la générosité d'un chef envers ses fidèles[2] ; et Ibn Fadlân rapporte que, chez les Rous, on ne cache pas son rang ni l'état de sa fortune, mais qu'on l'affiche avec le plus d'ostentation possible[3]. Quant à la monnaie, elle n'est pas simplement un instrument d'échange ; c'est aussi un marqueur politique, aux fortes connotations symboliques, comme en témoignent les motifs choisis pour figurer sur les pièces[4] : croix, divinités païennes (Odin ou Wotan notamment), bateaux, poissons, animaux divers (serpents, cerfs…). Ces représentations mythologiques et religieuses sont lourdement chargées de sens et dotées d'un caractère légitimant et prestigieux pour celui qui détient le monopole de leur frappe. Entre fonctionnalité et symbolisme, les monnaies contribuent à faciliter les échanges, tout en servant de « vecteurs de l'autorité », reflet en cela de l'ordre social et politique[5].

---

1 T. Reuter, « Plunder and Tribute in the Carolingian Empire », dans *Transactions of the Royal Historical Society, Fifth Series*, 35, 1985, p. 75-94.
2 Voir par exemple la strophe 39 de la *Rígsþula* (dans *The Poetic Edda*, vol. II, *op. cit.*, p. 171 ; dans *L'Edda poétique, op. cit.*, p. 151, strophe 38) ; ou à plusieurs reprises dans la *Saga de saint Óláf*, par exemple dans les chapitres 43 et 208 (Snorri Sturluson, « Ólafs Saga Helga », dans *Hkr*, vol. II, *op. cit.*, p. 3-415, ici p. 54-55 et 362). Les scaldes en particulier pouvaient être, à en croire les sagas, généreusement récompensés lorsque les louanges chantées plaisaient au roi ou chef.
3 Ibn Fadlân, *Voyage chez les Bulgares…, op. cit.*, p. 72-73.
4 S. Coupland, *Carolingian Coinage…, op. cit.* ; P. Grierson, « Commerce in the Dark Ages… », art. cit. ; A. Rovelli, *Coinage and Coin Use in Medieval Italy*, Farnham/Burlington, 2012 ; R. Naismith, *Money…, op. cit.* ; C. Kilger, « Wholeness and Holiness : Counting, Weighing and Valuing Silver in the Early Viking Period », dans D. Skre (dir.), *Means of exchange, op. cit.*, p. 253-325.
5 M. Gravel, *Distances…, op. cit.*, p. 113.

1. Des économies de plus en plus monétarisées

1.1 Des systèmes d'échanges protéiformes

La « monnaie-marchandise » (*commodity money*) joue un rôle encore important dans les échanges du premier Moyen Âge, qu'elle prenne la forme de métaux
au poids (or, argent, fer...), d'ambre, d'ivoire, de perles de verre, d'armes ou encore
de fourrures, de grain, de sel, ou même d'esclaves : les possessions frisonnes de
l'abbaye de Fulda lui devaient par exemple diverses redevances chaque année, en
argent mais aussi en nature (blé, tissu...) ; et le capitulaire de Francfort (794) indique que le grain constituait une forme commune de monnaie-marchandise[6]. Le
vin aussi pouvait servir de moyen de paiement : en 866, le roi Charles le Chauve,
afin de payer le tribut exigé par les vikings, « réunit tant en argent qu'en vin la
somme à verser aux Normands selon le pacte »[7]. En Scandinavie, l'association de
monnaies avec d'autres objets suggère que divers biens ont pu servir de monnaie
d'échange, en particulier les perles : un des deux trésors découverts dans le port
de Hedeby (enfoui vers 825) comprenait ainsi, outre sept pièces en argent (six
imitations des monnaies de Dorestad et une pièce du type *Christiana Religio* de
Louis le Pieux), environ 600 petites perles de verre bleues[8].
Toutefois, à mesure que les échanges s'amplifient, particulièrement dans le
cadre des *emporia*, et changent de nature, devenant plus impersonnels, le recours
à la monnaie se développe, dans un contexte d'abandon de l'or monnayé et de
passsage au monométallisme d'argent : il ne s'agit pas seulement de troquer un
métal pour un autre, mais de mettre en place un « nouveau système monétaire »,
révélateur d'un « changement des mentalités économiques » et rendant possibles
des « calculs économiques »[9]. Les nombreuses découvertes de monnaies faites
ces dernières années et leur vaste circulation plaident ainsi pour une économie
bien plus monétarisée qu'on ne le pensait jusque-là : les petites pièces d'argent
de type *sceattas* paraissent assez utilisées, particulièrement en Frise, tant pour les
échanges locaux que pour le commerce international ; en Angleterre aussi, ces
piécettes ont dû circuler dans des milliers de villages[10]. Cette révision à la hausse
du degré de monétarisation des économies ne s'oppose toutefois en rien à l'idée
que toutes ces pièces pouvaient revêtir diverses fonctions, comme en témoignent

---

6 Extrait d'une liste des biens de l'abbaye de Fulda (vers 830), texte cit. (n. 225, p. 146), p. 17-18 ; *Synodus Franconofurtensis* (794), dans *M.G.H., Capit.*, t. I, *op. cit.*, n° 28, p. 73-78, ici c. 4, p. 74.
7 *AB*, a° 866.
8 S. M. Sindbæk, « Møntskatten fra Hedebys havn til revision », dans *Nordisk Numismatisk Unions Medlemsblad*, 1, 2012 (février), p. 4-8.
9 G. Depeyrot, *Richesse et société...*, *op. cit.*, p. 149.
10 W. Op Den Velde et D. M. Metcalf, « Series E reconsidered », dans T. Abramson (dir.), *Studies in Early Medieval Coinage*, vol. 2, *op. cit.*, p. 104-110 ; R. Naismith, *Money...*, *op. cit.*, p. 292.

les monnaies montées en pendentifs retrouvées dans des tombes scandinaves[11]. Toutefois, cela vaut surtout pour certaines monnaies, en particulier les pièces en or ou les deniers carolingiens, et semble au contraire peu concerner les *sceattas*, peut-être un peu petits pour être montés en pendentifs, avec un diamètre de 11 ou 12 mm en moyenne, mais surtout circulant en trop grand nombre pour pouvoir être dotés de la moindre connotation prestigieuse : la fonction première des *sceattas* était très vraisemblablement économique.

La période du VIIᵉ au Xᵉ siècle est donc marquée par la complexité des systèmes d'échanges, à la fois protéiformes et non-exclusifs : plus qu'à une rupture – avec un passage d'un système à un autre –, on assiste, durant ces quelques siècles, à des formes de cohabitation entre les différents systèmes (pondéral, monétaire ou fondé sur le troc), dans des proportions difficiles à déterminer. L'histoire d'Audun, enrichi grâce au commerce et qui dépense tout ce qu'il possède pour un ours polaire qu'il veut offrir au roi danois, sous l'apparence d'un conte, souligne la persistance des règles du don au XIᵉ siècle, dans une société scandinave où la réciprocité est une norme morale et sociale essentielle et où les acteurs évoluent dans un monde de grandeur et d'honneur[12]. Le système des échanges de l'époque viking a désormais deux visages, se déployant dans « deux sphères parallèles de transactions » qui coexistent largement : une « sphère de prestige », où biens de luxe s'échangent entre catégories sociales de rang élevé, et une « sphère de consommation », où des produits ordinaires sont échangés par tous[13] ; et ces deux sphères, loin d'être étanches, s'interpénètrent largement. Ces systèmes d'échanges sont ainsi « encastrés » dans le social[14]. Toutefois, parmi les différentes formes qui coexistent au premier Moyen Âge, l'échange marchand occupe une position de plus en plus centrale et permet d'établir des « points de référence qui donnent sens aux échanges non marchands »[15].

Or, les *emporia* permettent d'articuler les différents types d'échanges : ces ports ne font pas seulement le lien entre les réseaux commerciaux et leur arrière-pays, mais aussi entre différentes logiques d'échanges, en étant le lieu où l'on peut passer de l'une à l'autre. Les échanges, en particulier marchands, s'opèrent en grande partie sur des « lieux précis, les marchés, où vendeurs et acheteurs, offreurs et demandeurs se rencontrent physiquement » et faisant l'objet d'une

---

11 F. Audy, « Pour une étude méthodique... », art. cit. ; I. H. Garipzanov, « Carolingian Coins... », art. cit.

12 W. I. Miller, *Audun and the polar bear : luck, law, and largesse in a medieval tale of risky business*, Leiden/Boston, 2008.

13 J. Moreland, « The significance of production in eighth-century England », dans I. L. Hansen et C. Wickham (dir.), *The Long Eighth Century...*, *op. cit.*, p. 69-104, ici p. 18-19.

14 K. Polanyi, *The Great Transformation*, *op. cit.*

15 L. Feller, « Sur la formation des prix dans l'économie du haut Moyen Âge », dans *Annales E.S.C.*, 66 (3), 2011, p. 627-661, ici p. 628.

attention toute particulière de la part des pouvoirs[16]. Si les modalités restent malheureusement mal connues, ces lieux nécessitaient, pour pouvoir fonctionner, un certain nombre de règles, qui devaient être acceptées par tous : les rites organisant l'échange, les moyens de paiement, les poids et mesures communs et la reconnaissance d'une autorité.

1.2 Un contexte de réformes monétaires

Jusqu'au VIIIᵉ siècle, les liens entre autorité et monnaie ne sont pas toujours évidents, particulièrement dans les mondes anglo-saxon et scandinave, la plupart des émissions de cette période n'étant pas explicitement liées à un roi : le débat est par conséquent encore vif pour savoir si le pouvoir royal contrôlait vraiment la frappe monétaire, notamment celle des fameux *sceattas*, marqués par la diversité de l'iconographie et semblant refléter, par leur hétérogénéité, l'absence de production centralisée. Les premiers *sceattas* sont frappés dans le Kent, puis très vite dans tout le sud de l'Angleterre, en Northumbrie, en Frise et dans le delta du Rhin[17]. Leur faible valeur les rend faciles à utiliser, ce qui explique probablement que leur usage se répande si largement et si rapidement. Les rois carolingiens se décident à frapper à leur tour des deniers d'argent, qui, au fil des réformes monétaires, gagnent en régularité et en poids. Charlemagne, alors qu'il s'efforce de remettre de l'ordre dans l'ensemble de son royaume, des lettres à l'administration, en passant par la religion, n'oublie pas l'économie : il réforme la monnaie de ce qui ne tarde guère à devenir l'Empire carolingien, encadre sa frappe de façon de plus en plus stricte au moyen de capitulaires[18] et organise la perception du tonlieu royal aux portes de son royaume, dans des villes-frontières telles que Dorestad et Quentovic, toutes deux associées à un atelier monétaire important, mais aussi Marseille et Lyon. Sous son règne, les coins destinés aux ateliers de Quentovic et Dorestad, sont vraisemblablement fabriqués au palais impérial d'Aix-la-Chapelle, ainsi que ceux d'Arles, Bonn, Cologne, Francfort, Lyon, Mayence, Rouen et Worms. À la même époque, outre-manche, c'est sous Offa que, pour la première fois, un monnayage unique est produit sur une si vaste région : le roi de Mercie émet à son tour des *sceattas*, puis des *pennies* de plus en plus lourds à la fin de son règne[19]. À la même époque, alors que l'argent est également le métal dominant dans le Califat, les dirhams arabes commencent à affluer en nombre en

---

16 *Ibid.*, p. 640.

17 S. Lebecq, « The Northern Seas (5ᵗʰ-8ᵗʰ c.) », dans P. Fouracre (dir.), *The New Cambridge Medieval History*, vol. 1, *op. cit.*, p. 639-659.

18 Capitulaire de Mantoue (781 ?) et *Synodus Franconofurtensis* (794), dans *M.G.H., Capit.*, t. I, *op. cit.*, n° 90, p. 190-191, ici c. 9, et n° 28, p. 73-78, ici c. 5, p. 74.

19 D. M. Metcalf et J. P. Northover, « Coinage alloys from the Time of Offa and Charlemagne to c. 854 », dans *Numismatic Chronicle*, 149, 1989, p. 101-120.

Scandinavie, où les quantités modestes d'émissions locales contrastent avec le très grand nombre de ces monnaies islamiques. En effet, l'usage monétaire du métal y est encore très faible au début de la période viking et varie selon les régions : la partie occidentale de la Scandinavie (globalement, à l'ouest de l'Elbe) utilise plutôt les pièces à leur valeur faciale, comme en Europe occidentale, tandis que dans la partie orientale, sous l'effet d'influences arabes, le moyen de paiement privilégié est l'argent au poids[20]. Il faut toutefois attendre le Xe siècle pour que les pièces passent de mains en mains à un rythme de plus en plus rapide et le XIe siècle pour qu'elles soient utilisées régulièrement lors de transactions[21].

L'argent, sous forme monnayée ou au poids, est alors le métal privilégié des échanges dans le bassin des mers nordiques : le moyen de paiement qui a été favorisé fut donc celui des marchands au long cours – peut-être sous l'impulsion des Frisons –, afin de faciliter les petites transactions, de plus en plus nombreuses en contexte urbain. Les étalons pondéraux des Anglo-Saxons, des Carolingiens, des Scandinaves ou même des Arabes ne sont certes pas identiques, mais, du moment que le métal utilisé est le même, il reste toujours possible de le fondre ou de couper les pièces en morceaux, pratique bien attestée en Scandinavie et peut-être en Angleterre, où les balances retrouvées dans des tombes et fréquemment associées avec des poids, malgré plusieurs usages possibles, pourraient être l'expression d'un besoin de peser des métaux ou des pièces de monnaie[22]. Un bassin monétaire, avec l'argent pour étalon, se constitue ainsi autour des mers du Nord, contribuant largement à faciliter les échanges entre les différentes rives, ce que la quasi-concomittance de certaines réformes monétaires semble confirmer : dans les années 840, la monnaie subit une phase de dévaluation, tant dans l'Empire carolingien que dans le monde anglo-saxon, avec la Northumbrie du roi Æthelred (v. 841-848), mais aussi l'Est-Anglie et le Kent. Par la suite, la nouvelle *renovatio monetae* lancée par Charles le Chauve avec l'édit de Pîtres (864) est suivie outre-Manche par le roi Alfred vers 875 : le souverain carolingien marque clairement sa volonté de diminuer le nombre des ateliers dans son royaume, limité au Palais, à Quentovic, Rouen, Reims, Sens, Paris, Orléans, Chalon (sur-Saône), Melle et Narbonne, tout en imposant un type nouveau et unique, portant la légende *Gratia Dei Rex* autour du monogramme de *Karolus* et, sur l'autre face, le nom de l'atelier autour d'une croix[23] ; et quelques décennies plus tard, le roi anglais Æthelstan (927-939) en fait autant, limitant notamment le nombre de monétaires à huit à Lundenwic/

---

20 B. Hårdh, *Silver...*, *op. cit.* ; J. Graham-Campbell, « 'Silver Economies' and the Ninth-Century Background », dans *Id.*, S. M. Sindbæk et G. Williams (dir.), *Silver Economies...*, *op. cit.*, p. 29-39.

21 H. Steuer, W. B. Stern et G. Goldenberg, « Der Wechsel von der Münzgeld- zur Gewichtsgeldwirtschaft in Haithabu um 900 und die Herkunft des Münzsilbers im 9. und 10. Jahrhundert », dans K. Brandt, M. Müller-Wille et C. Radtke (dir.), *Haithabu...*, *op. cit.*, p. 133-167.

22 C. Scull, « Scales and Weights... », art. cit.

23 Édit de Pîtres (864), dans *M.G.H.*, *Capit.*, t. II, *op. cit.*, n° 273, p. 310-328, ici c. XII et XI, p. 315.

Londres, six à Winchester ou encore deux à Hamwic/Southampton[24]. Les interdépendances qui se sont tissées d'une rive à l'autre de la Manche ont ainsi des conséquences directes sur les évolutions monétaires de chaque royaume. De même, poids et étalons scandinaves sont visiblement influencés par des modèles byzantins et islamiques : parmi les instruments de mesure standardisés, qui se développent surtout au Xᵉ siècle, les poids cubiques octaédriques sont par exemple basés sur l'étalon pondéral islamique, le *mitqāl*[25]. La grande intimité des différents horizons, frison et scandinave du sud par exemple, transparaît également à travers les *sceattas* du type *Wodan/Monster* (ou série X) retrouvés en grand nombre à Ribe et dont l'origine fait encore débat : qu'elles soient frappées dans cet *emporium* ou plutôt frisonnes, ces pièces, dont le modèle et les exemplaires circulent d'une rive à l'autre des mers nordiques, attestent l'existence d'un univers économique relativement unifié, dans lequel même les échanges fondés sur l'usage du métal au poids sont fortement standardisés. En témoignent également les anneaux dits « permiens », que l'on trouve en grand nombre dans la région qui leur a donné leur nom (autour de Perm, en Russie), mais également dans la région de la Baltique, et qui pèsent autour de 410 grammes, ce qui correspond à vingt dirhams[26]. Même les lingots ont pu connaître une forme de standardisation, destinée à faciliter les échanges, comme en témoigne la régularité de la forme et du poids des barres en métal découvertes à Ribe, Hedeby, Birka, Staraya Ladoga, Wolin[27]...

1.3 Emporia *et monnaie : une corrélation étroite*

S'ajoutant à la présence d'un marché de consommateurs et à un accès facilité aux matières premières, la diversité des moyens de paiement a ainsi pu être un atout pour l'essor économique des *wics*, qui semblent concentrer à la fois un grand nombre de découvertes de monnaies – notamment sur les secteurs des marchés, indiquant assez clairement qu'une part non négligeable des échanges y étaient monétarisés – et d'importants ateliers monétaires : en Occident, avec Dorestad et Quentovic, mais aussi Lundenwic (avec notamment la série L) et vraisemblablement Eoforwic (probable lieu de frappe de la série Y) et Hamwic (probable lieu de frappe de la série H), ainsi qu'en Scandinavie, Ribe étant

---

24 « II Æthelstan », dans F. L. Attenborough, *The laws...*, *op. cit.*, p. 126-143, ici c. 14.2, p. 134-135.

25 C. Kilger, « Hack-Silver, Weights and Coinage : the Anglo-Scandinavian Bullion Coinages and their Use in Late Viking-Age Society », dans J. Graham-Campbell, S. M. Sindbæk et G. Williams (dir.), *Silver Economies...*, *op. cit.*, p. 259-280, ici p. 264.

26 B. Hårdh, « Oriental-Scandinavian contacts on the Volga, as manifested by silver rings and weight systems », dans J. Graham-Campbell et G. Williams (dir.), *Silver Economy...*, *op. cit.*, p. 135-147, ici p. 142.

27 B. Hårdh, « Hacksilver and Ingots », dans D. Skre (dir.), *Means of exchange, op. cit.*, p. 95-118, ici p. 115 ; S. M. Sindbæk, « An Object of Exchange... », *art. cit.*, p. 50.

peut-être le premier lieu de frappe nordique vers le milieu du VIIIe siècle (avec la série X), avant Hedeby au début du IXe siècle[28]. L'Édit de Pîtres mentionne encore, en 864, Quentovic parmi les ateliers majeurs des Carolingiens ; et une loi d'Æthelstan en fait de même pour Hamwic au cours de la première moitié du Xe siècle[29]. Alors que les échanges s'accroissent et que des systèmes fiscaux se mettent en place, les sites urbains, lieux majeurs de production de richesses, jouent un rôle moteur dans le développement de l'argent à la fois comme devise et comme étalon, comme moyen d'échange et de paiement des taxes, permettant d'expliquer la corrélation entre *emporia* et monnaie. On a par exemple retrouvé à Hamwic bien plus de monnaies isolées des VIIIe et IXe siècles que sur tous les autres sites anglo-saxons : avec plus de 230 pièces, il s'agit d'un ensemble unique, dont le total est estimé, au vu de l'étroitesse de la surface effectivement fouillée à ce jour, à plusieurs milliers, preuve de l'ampleur prise par l'économie monétaire dans ce *wic*[30].

Dans un premier temps, l'usage de ce moyen de paiement spécifique reste toutefois limité à quelques sites, à commencer par les *emporia*, contribuant à définir les contours d'une culture urbaine et cosmopolite, différenciant ces ports de leur arrière-pays et posant la question de leur représentativité dans des sociétés médiévales, qui, en matière monétaire, manqueraient d'« unité d'ensemble »[31]. Cependant, si l'usage commercial de la monnaie est probablement moindre en-dehors de ces ports marchands, la présence de pièces conjointement avec d'autres marqueurs (importations, productions artisanales...) sur certains sites de l'arrière-pays tendrait à confirmer que les habitants des *wics* n'étaient pas les seuls utilisateurs de monnaie, ce que les très nombreuses découvertes faites récemment dans les sites productifs et sites côtiers semblent confirmer.

À la fin du Xe siècle, alors que la prise de Montreuil*, arrachée au comte de Flandre Arnoul II en 980 par Hugues Capet, est encore récente, il est possible que Robert II ait préféré, pour battre monnaie, un nom à la fois illustre et sans tache pour l'autorité royale, critères que réunissait alors le toponyme « Quentovic », jadis deuxième atelier monétaire du royaume après celui du Palais. Le choix de ce toponyme serait ainsi une façon, pour le pouvoir royal, de réaffirmer son autorité sur la région, incluant l'ancien site de Quentovic, à la suite de cet affrontement avec les comtes de Flandre, mais témoigne aussi de l'étroitesse des liens entre atelier monétaire et *emporium*, jusque dans l'esprit des souverains, encore à la fin du

---

28 D. Hill et D. M. Metcalf (dir.), *Sceattas in England and on the Continent* (*BAR British Series*, 128), Oxford, 1984 ; Grierson P. et Blackburn M., *Medieval European Coinage...*, *op. cit.*, p. 155-189.

29 « II Æthelstan », dans F. L. Attenborough, *The laws...*, *op. cit.*, p. 126-143, ici c. 14.2, p. 134-135.

30 D. M. Metcalf, « The coins », dans P. Andrews, D. M. Metcalf et J. Timby (dir.), *Southampton finds*, vol. 1, *op. cit.*, p. 17-59.

31 G. Williams, « Silver Economies, Monetisation and Society : An Overview », dans J. Graham-Campbell, S. M. Sindbæk et G. Williams (dir.), *Silver Economies...*, *op. cit.*, p. 337-372, ici p. 360-361.

Xᵉ siècle. Il s'agirait toutefois du dernier monnayage au nom du *wic* de la Canche : à partir de Philippe Iᵉʳ (1060-1108), les monnaies portent celui de Montreuil[32].

En dépit d'indéniables difficultés d'interprétation, les questions monétaires restent donc une composante essentielle pour appréhender les relations entre les *emporia* et leur arrière-pays. Le nombre et la diversité des origines des pièces peuvent en dire beaucoup sur la vitalité économique d'un site, tout en laissant entrevoir l'émergence de schémas globaux, avec une tendance générale à un usage accru des monnaies, qui vient se surimposer à des schémas plus spécifiques. La coupure des VIIᵉ et VIIIᵉ siècles mérite toutefois d'être quelque peu nuancée : les changements s'accentuent et les évolutions deviennent alors plus visibles, sans qu'il s'agisse vraiment d'un reversement brusque et total. La hausse du nombre de pièces de monnaie peut en effet laisser penser que les échanges s'accroissent alors fortement ; mais peut-être sont-ils simplement plus visibles qu'auparavant – lorsque d'autres formes, telles que le troc, l'emportaient sur les échanges monétaires.

2. Systèmes monétaires, circulation et régulation des moyens d'échange

Les *emporia* ne semblent pas tous relever des mêmes systèmes monétaires : il ne s'agit pas seulement de différences en termes de devises (poids, taille, motifs et inscriptions), mais aussi dans la façon de concevoir et d'utiliser les moyens de paiement, ce qui implique des modalités de circulation des pièces et métaux précieux et des rapports avec l'arrière-pays différents, mais également des degrés et formes d'implication du pouvoir politique variables.

2.1 *Des zones monétaires ouvertes*

Les systèmes monétaires associés aux ateliers les plus anciens semblent être les plus « ouverts » : les premières inscriptions WIC IN PONTIO datent des environs de 630, ainsi que l'apparition de Dorestad sur des *trientes* d'or frappés par Madelinus. Le nom des dirigeants contrôlant la frappe n'apparaît pas sur les pièces dans les premiers temps, les légendes impériales et royales étant remplacées, depuis la fin du VIᵉ siècle, sur les monnaies franques par le nom de l'atelier et celui du monétaire (*monetarius*). Néanmoins, l'homogénéité des monnaies et le nombre très restreint de monétaires qui officiaient à Dorestad – seulement deux, contre huit à Huy* et douze à Maastricht* dans la seconde moitié du VIIᵉ siècle[33]

---

32 P. Crinon, « Le monnayage de Quentovic au nom de Robert II (associé 987 – seul roi 996-1031) », dans *Bulletin de la Société française de numismatique*, 55 (8), 2000 (octobre), p. 183-185.
33 A. Verhulst, *The Rise...*, *op. cit.*, p. 24-43.

– peuvent être interprétés comme le signe d'une forme de contrôle de la frappe ; et le transfert par Dagobert du monétaire Madelinus de Maastricht à Dorestad vers 630 est un signe évident de la volonté royale de promouvoir ce lieu et de contrôler l'activité frisonne. Les pièces portant le nom des ateliers de Quentovic et Dorestad connaissent rapidement une diffusion très large, mettant en lumière le rôle de ces *emporia* dans les réseaux d'échanges et l'économie franque dès le VIIᵉ siècle. On a ainsi mis au jour de nombreuses monnaies de Quentovic dans tout le royaume franc, à proximité du *wic*, avec plusieurs trouvailles isolées portant le nom *Wicus* à Étaples*, Marquise et Nesles, mais également plus loin : à Glisy (Somme) et Imbleville (Seine-Maritime), où les monnaies frappées par l'atelier de la Canche sont les mieux représentées, à Compiègne, Chalon-sur-Saône, et même jusqu'à Échiré (Deux-Sèvres) et dans la *villa* de Séviac (à Montréal-du-Gers), mais aussi en Angleterre, avec notamment sept *tremisses* portant la mention VVICCO et celle d'un monétaire, DVTTA, dans le trésor de Crondall (enfoui vers 640/650, à une soixantaine de kilomètres au nord-est de Hamwic), et en Frise, à Domburg par exemple[34]. De même, plusieurs *trientes* d'or portant le nom de Madelinus ont été retrouvées à la fois à proximité de Dorestad et beaucoup plus loin, jusqu'à l'embouchure du Limfjord, à Gadegård, et même récemment à Kaupang[35].

Toutefois, pour étudier les relations commerciales et les courants d'échanges, les *sceattas* d'argent, à la valeur bien plus faible et frappés en nombre bien plus important, restent un meilleur marqueur. Quantités de ces petites pièces probablement issues de l'atelier de Dorestad et/ou peut-être de celui de Domburg ont été découvertes, dans certains cas tout près du lieu de frappe et dans d'autres bien plus loin. Il est toutefois délicat de dresser ici un tableau fiable, dans la mesure où l'origine précise de la plupart des séries de *sceattas* frisons n'est pas certaine : la série D (type « runique continental ») est plutôt attribuée à Domburg, tandis que la série E (type « au porc-épic »), estimée à pas moins de 50 millions d'exemplaires à partir du nombre de coins utilisés, a pu être frappée à Dorestad, au moins en partie[36]. Elle est très présente en Frise, en particulier près de l'embouchure du Rhin, par exemple à Maurik, à Rijswijk, dans le trésor de Franeker, mais aussi au-delà, peut-être jusque dans le trésor de Cimiez (Nice)[37]. Ce groupe est également

---

34 J. Lafaurie, « Wic in Pontio... », art. cit., p. 212 ; S. Coupland, « Trading places... », art. cit. ; H. H. Völckers, *Karolingische Münzfunde der Frühzeit (751-800) : Pippin, Karlmann, Karl der Grosse (I. und II. Münzperiode)*, Göttingen, 1965 ; A. Roes, « Les trouvailles... », art. cit.

35 D. M. Metcalf, « Viking Age Numismatics 2... », art. cit., p. 400-403.

36 W. Op Den Velde, « The Sceattas of Series D », art. cit. ; *Id.* et D. M. Metcalf, « Series E reconsidered », dans T. Abramson (dir.), *Studies in Early Medieval Coinage*, vol. 2, *op. cit.*, p. 104-110.

37 W. Op Den Velde, W. J. De Boone et A. Pol, « A survey of sceatta finds from the Low Countries », dans D. Hill et D. M. Metcalf, *Sceattas in England...*, *op. cit.*, p. 117-145, ici p. 129. Voir la Carte 15 en Annexe 1.

représenté en Angleterre, où 14 % des *sceattas* découverts relèvent du type « au porc-épic », en Scandinavie, avec notamment 22 exemplaires à Ribe, 44 dans le trésor de Goting-Kliff sur l'île de Föhr et jusqu'en Suède, dans une tombe à Helgö[38]. Au cours du VIIIe siècle et encore au début du IXe, alors que ces pièces circulent très largement, des monnaies venues de plus en plus loin affluent également à Domburg et Dorestad, où l'on a mis au jour des pièces originaires des différentes régions de l'Empire carolingien (Mayence, Melle, Arles, Milan, Pavie, Narbonne, Toulouse…)[39], mais aussi des *sceattas* frisons et anglo-saxons ou encore un dirham abbasside à Dorestad.

Tab. 2. Monnaies retrouvées à Dorestad (600-950)[40]

Origine	Nombre
Royaume franc/mérovingien (~675-750)	19
Royaume carolingien (751-877)	223
Frise (~680-790)	63
Frise ou royaume franc (~680-750)	31
Royaumes anglo-saxons (~675-850)	13
Dont 4 de Northumbrie (Eanred et Eadberht) 1 de Mercie (Offa)	
Califat abbasside (Haroun al-Rachid, 786-809)	1
Empire byzantin (Héraclius, 613-638)	1
TOTAL (600-950)	355

En Frise, les quantités de pièces découvertes sur la plage de Domburg (plus d'un millier pour les seuls *sceattas*) n'en finissent pas de susciter des interrogations[41], tandis que Dorestad se trouve au cœur d'une intense circulation monétaire, générant des flux dans les deux sens, à la fois depuis et vers l'*emporium*, l'insérant dans un vaste réseau commercial qui s'étend à tout l'Empire et même au-delà (Tab. 2). À partir des années 820-830, alors que Dorestad est l'un des ateliers

---

38 D. M. Metcalf, « Regions Around the North Sea With a Monetised Economy in the Pre-Viking and Viking Ages », dans J. Graham-Campbell et G. Williams (dir.), *Silver Economy…*, op. cit., p. 1-11, ici p. 5 ; C. Feveile, « Series X… », art. cit. (n. 99, p. 54), p. 62, Fig. 5 ; G. Hatz (dir.), *Der Münzfund vom Goting-Kliff/Föhr* (*Numismatische Studien*, 14), Hambourg, 2001.

39 S. Coupland, « Boom and bust at 9th century Dorestad », dans A. Willemsen et H. Kik (dir.), *Dorestad…*, op. cit., p. 95-103, voir notamment Fig. 78-81, p. 98-100.

40 D'après la base de données NUMIS (https://nnc.dnb.nl/dnb-nnc-ontsluiting-frontend/#/numis/) pour « Wijk bij Duurstede, 600-950 » (consultée en octobre 2013).

41 W. Op Den Velde et C. J. F. Klaassen, *Sceattas and Merovingian deniers from Domburg and Westenschouwen*, Middelbourg, 2004.

impériaux les plus importants, le nom des souverains, notamment de Louis le Pieux et de Lothaire Ier, apparaît désormais clairement sur les monnaies. À cette même époque, la très large diffusion des pièces carolingiennes, notamment le type XPISTIANA RELIGIO, participe de la volonté du pouvoir carolingien d'afficher ses visées hégémoniques. Mais rapidement, à partir des années 840, ce réseau semble se rétracter considérablement, avec la quasi-disparition du commerce suprarégional, si important à l'apogée du site. Dorestad est donc à la fois un atelier dont les monnaies connaissent une très large diffusion, jusqu'à jouer le rôle d'« étalon des échanges » en Europe du Nord au tournant des VIIIe et IXe siècles[42], et un site commercial très largement ouvert aux monnaies étrangères de divers horizons. Dans la vaste zone monétaire se déployant autour de Domburg, Dorestad et Quentovic, un très large éventail de monnaies semble accepté : le caractère cosmopolite de la circulation monétaire dans ces régions facilitait probablement les échanges, tout en favorisant l'afflux de commerçants étrangers. Dorestad – où l'on a mis au jour les monnaies carolingiennes les plus nombreuses en Europe – et Quentovic, à la fois sièges d'importants ateliers monétaires et foyers d'attraction pour des monnaies d'origines très diverses, se retrouvent ainsi au cœur de régions économiques très puissantes.

Cela semble également être le cas en Angleterre d'Eoforwic, de Gipeswic et surtout de Lundenwic, qui abrite dès la première moitié du VIIe siècle un important atelier monétaire, diffusant largement ses pièces dès les années 640, ce qui en fait alors le plus prolifique de l'île[43]. Les monnaies découvertes à Londres sont en effet très variées, puisque pièces locales (notamment la série L) côtoient *sceattas* frisons (notamment les séries D et E), monnaies mérovingiennes et carolingiennes, ainsi que d'autres pièces anglo-saxonnes, sorties par exemple des ateliers de Canterbury et même d'Eoforwic ; et les pièces frappées à Lundenwic se sont assez largement diffusées, dans la région mais aussi plus loin, jusque dans le Yorkshire. De même, les grandes quantités de monnaies battues à Eoforwic se retrouvent dans une vaste aire autour du *wic* et au-delà, jusque dans le sud de l'Angleterre ; et, si près de deux pièces sur trois retrouvées en ce lieu semblent provenir de l'atelier local, on n'en compte pas moins plusieurs monnaies frappées dans le Kent (série C), le Wessex, en Frise (séries D et E), dans le royaume mérovingien puis carolingien dans l'ensemble du mobilier numismatique[44]. Les monnaies retrouvées à Gipeswic indiquent également que le *wic* échangeait avec une grande partie du monde anglo-saxon et que des liens privilégiés existaient

---

42 S. Lebecq, *Marchands…*, *op. cit.*, vol. 1, p. 60.
43 A. Vince, « The economic basis of Anglo-Saxon London », dans R. Hodges et B. Hobley (dir.), *The rebirth…*, *op. cit.*, p. 83-92, notamment Fig. 44, p. 88.
44 D'après les chiffres et cartes du Fitzmuseum : http://www.fitzmuseum.cam.ac.uk/coins/emc/emc_search.php (consulté en octobre 2016).

vraisemblablement avec le royaume franc : parmi les quelques dizaines de *sceattas* mis au jour, plusieurs proviennent du Kent (série A) et d'Est-Anglie (série R), mais aussi de Frise (séries D et E) et du royaume franc (trois *tremissis* mérovingiens, dont deux de Quentovic, et quatre deniers de Charles le Chauve).

2.2 Des zones monétaires fermées

2.2.1. Une diffusion monétaire limitée

Au contraire, dans les systèmes monétaires fermés, seules les monnaies frappées localement circulent – et leur diffusion est limitée en-dehors du territoire en question –, à l'exclusion des monnaies étrangères. Ralf Wiechmann qualifie ainsi Hedeby et son arrière-pays de « région monétaire locale »[45], ce qui est vraisemblablement le cas pour Ribe également. Faute d'unification politique sous un roi unique aux VIIIe et IXe siècles, il faut attendre le Xe siècle pour qu'apparaisse un monnayage national danois : les premiers systèmes monétaires qui voient le jour peut-être à Ribe puis à Hedeby sont fortement régionalisés. À Ribe, les monnaies de la série X apparaissent au début du VIIIe siècle : qu'elles soient frappées sur place ou en Frise, ces pièces circulent assez peu en-dehors du *wic*, où elles sont très largement prédominantes des années 720 aux années 820 ; elles sont même rarissimes sur la côte orientale du Jutland et dans l'intérieur des terres[46]. Cet *emporium* n'a par conséquent rien d'un « puissant moteur de circulation monétaire »[47] : les transactions monétaires semblent largement confinées au *wic* proprement dit ; et hors du Danemark, les *sceattas* de la série X sont très peu nombreux : on en recense seulement 83 pour toute l'Angleterre et ils ne représentent guère plus de 5 % des monnaies mises au jour à Dorestad. On a toutefois découvert 120 de ces *sceattas* sur la plage de Domburg, ce qui pourrait aller dans le sens d'une origine frisonne et souligne dans tous les cas l'étroitesse des liens entre l'*emporium* danois et le port frison. Hormis les trois pièces dans l'énorme trésor de Cimiez (Nice), ces monnaies semblent totalement absentes du royaume franc[48]. De telles découvertes sont encore plus rares dans les régions à l'est de Ribe : outre les trois exemplaires retrouvés dans l'ancien territoire danois de Scanie, à Yngsjö, quelques *sceattas* de la série X ont été découverts dans des tombes à Birka, montés en pendentifs – ce qui suggère qu'ils avaient donc perdu leur fonction monétaire – ; et on en a

---

45 R. Wiechmann, « Hedeby and Its Hinterland : A Local Numismatic Region », dans J. Graham-Campbell et G. Williams (dir.), *Silver Economy...*, *op. cit.*, p. 29-48.

46 C. Feveile, « Series X... », art. cit. (n. 99, p. 54), p. 64.

47 D. M. Metcalf, « Viking Age Numismatics 2... », art. cit., p. 407.

48 W. Op Den Velde, W. J. De Boone et A. Pol, « A survey of sceatta finds from the Low Countries », art. cit. (n. 37, p. 165).

retrouvé un à Kaupang[49]. Si elles ont été frappées à Ribe, ces monnaies ont donc peu voyagé : leur diffusion reste faible dans l'arrière-pays, tant local que régional et suprarégional.

À Hedeby aussi l'origine des pièces fait encore débat : les catégories KG 3 à 5 de Brita Malmer[50] (imitant des monnaies de Dorestad, avec un navire et parfois un cerf) étaient-elles produites à Hedeby ou à Birka ? La frappe de cette monnaie, plus tardive que celle de Ribe, est interrompue à la fin du IXe siècle, puis reprise au Xe, mais sa diffusion n'est pas très importante en-dehors de Hedeby et de Birka[51]. Autour de l'*emporium* de la Schlei, plusieurs exemplaires ont été mis au jour dans la péninsule d'Angeln, essentiellement en contexte funéraire (à Gelting, Nadelhöft, Sieverstedt, Süderbrarup, Thumby-Bienebek), et dans la région de Flensburg, sous forme de quelques découvertes isolées, mais pas pour l'instant en contexte d'habitat, ce qui pourrait être un signe supplémentaire de la faible diffusion de ce groupe[52].

Outre la faible diffusion des monnayages locaux dans l'arrière-pays, les régions de Ribe et de Hedeby se caractérisent par une quasi-absence des monnaies étrangères. De façon générale, en dépit des nombreux raids et tributs, les monnaies carolingiennes de la seconde moitié du IXe siècle sont très rares en Scandinavie. À Ribe et Hedeby, elles sont également très peu nombreuses pour la première moitié du IXe siècle : la série *Christiana Religio* de Louis le Pieux, monnaie la plus couramment découverte pour la période 750-900, semble même en être totalement absente. À Ribe, la très nette prédominance des *sceattas Wodan/Monster* contraste fortement avec la rareté des autres séries, par exemple les pièces dites « au porc-épic » (série E), pourtant largement diffusées : peut-être n'étaient-elles pas tolérées dans la région. De même, l'absence totale de monnaies carolingiennes dans ce port, qui n'était pourtant pas si éloigné du royaume franc et qui entretenait avec lui des relations diplomatiques étroites, révèle vraisemblablement une décision – peut-être royale – les excluant, ce que la très faible représentation des monnaies étrangères dans l'arrière-pays confirmerait. Toutefois, la prédominance des *sceattas* du type *Wodan/Monster* pourrait aussi indiquer que ces pièces étaient avant tout un instrument dévolu aux échanges, à la nature strictement commerciale, ce qui expliquerait leur concentration dans l'*emporium*, alors seul lieu dans la région où les échanges monétarisés avaient cours à une échelle relativement importante : frappées en Frise ou d'influence nettement frisonne, ces pièces sont

---

49 K. Bendixen, W. J. De Boone et A. Pol, « Finds of sceattas from Scandinavia », dans D. Hill et D. M. Metcalf, *Sceattas in England...*, op. cit., p. 151-157. Voir la Carte 5 en Annexe 1.

50 B. Malmer, *Nordiska mynt...*, op. cit. (l'auteure y classe les premières monnaies scandinaves en douze groupes, répartis en trois séries selon les combinaisons de leurs motifs).

51 *Ibid.*, n° 93, p. 278-279, n° 100, p. 280 et n° 104, p. 281.

52 R. Wiechmann, « Hedeby and Its Hinterland... », art. cit. (n. 45, p. 168), cartes 3.6 et 3.12, p. 37 et 44 ; B. Malmer, *Nordiska mynt...*, op. cit., n° 5, 6, 13, p. 261 et 263.

vraisemblablement arrivées à Ribe avec des marchands frisons, soucieux de faciliter les échanges – et donc de faire prospérer leurs affaires – dans ce port.

À Hedeby, les monnaies mérovingiennes et carolingiennes ne représentent
que 5 % des 151 pièces mises au jour au cours d'un siècle de fouilles ; les autres
monnaies étrangères y sont également peu nombreuses : ici aussi, les pièces locales prédominent, même si cette domination est un peu moins écrasante qu'à
Ribe. Autour de Hedeby, notamment dans la péninsule d'Angeln, le mobilier
numismatique, clairement dominé par les monnaies locales, ne comprend que
de rares exemplaires étrangers : en-dehors de quelques monnaies arabes, le site de
Schuby a par exemple livré un *styca* northumbrien frappé au nom d'Æthelred II
dans les années 840 à Eoforwic. Quant aux monnaies carolingiennes, aucune n'a
encore été mise au jour en-dehors de Hedeby, et ce alors même que la région est
devenue mitoyenne du royaume franc depuis la conquête franque de la Saxe[53].
Cette absence quasi-complète de monnaies étrangères dans la région semble
donc indiquer, comme pour Ribe, l'existence d'une zone monétaire relativement fermée, avec un approvisionnement en devises quasi-exclusif par l'atelier de
Hedeby et la probable refonte des monnaies étrangères. Une question demeure
toutefois : si les devises étrangères n'étaient pas acceptées et si celles de Hedeby
ne quittaient pas le port, quel était le moyen de paiement pour les transactions
suprarégionales ? Le marchand frison souhaitant vendre ou acheter sur place
changeait peut-être ses pièces – probablement refondues pour en frapper des
locales –, mais qu'avait dans sa bourse le voyageur scandinave quittant Hedeby
pour Truso, Dorestad ou Lundenwic ? À moins qu'il parte seulement avec des
marchandises, ensuite troquées contre d'autres ou contre des monnaies refondues à son retour.

Ces premières monnaies scandinaves fonctionnant dans une zone assez restreinte n'ont toutefois qu'une durée de vie assez limitée et ne survivent pas au
déclin des *emporia* danois. Si la série X fut frappée à Ribe, elle demeure une exception : à partir de la seconde moitié du IXᵉ siècle, l'arrivée massive de dirhams qui
a fortement marqué le contexte monétaire dans la région de la Baltique gagne
l'ouest et le sud de la Scandinavie. On trouve alors ces monnaies arabes dans
les environs de Ribe (à Gammel Hviding, Råhede et Høgsbrogård)[54]. La partie
méridionale de la Scandinavie, où sont implantés les *wics*, est à la fois celle qui a vu
les premières frappes monétaires scandinaves, peut-être dès le VIIIᵉ siècle, et celle
où l'argent semble fragmenté de la façon la plus standardisée aux IXᵉ et Xᵉ siècles,
signe que l'usage de la monnaie à sa valeur faciale n'était pas bien ancré dans la

---

53 S. Coupland, « Carolingian coinage… », art. cit., tableau II, p. 26.
54 C. Feveile, « At the geestland edge… », art. cit. (n. 176, p. 133) ; *Id.*, « The Høgsbrogård Hoard – a
Scrap Metal Hoard from the Early Germanic Iron Age in Southwest Jutland », dans *Arkæologi i Slesvig.
Archäologie in Schleswig. Det 61. Internationale Sachsensymposion 2010*, Neumünster, 2011, p. 269-281.

région, mais aussi peut-être que la vocation première de ces monnaies n'était pas tant économique que politique[55].

2.2.2. Une régulation économique stricte ?

La prédominance, avec la série X, d'un type local, relativement stable, dont l'iconographie, le poids et l'aloi varient peu, mais également la rareté des émissions étrangères peuvent être le reflet d'un pouvoir alors assez puissant, vraisemblablement royal : refuser une monnaie est un acte éminemment politique. De même, la faible diffusion de certaines monnaies pourrait indiquer l'existence d'une forme de contrôle. Les *emporia* danois de Ribe et Hedeby (et plus tard Sigtuna) semblent ainsi montrer des signes de régulation économique dans la région du Jutland, respectivement aux VIIIe et IXe siècles. Le fonctionnement de ces systèmes monétaires à une échelle essentiellement régionale, voire locale, apparaît ici, non comme un signe de repli économique[56] – ces régions étant fortement engagées dans les échanges à une échelle suprarégionale –, mais plutôt comme la conséquence du contrôle opéré par une autorité. Cette faible diffusion des monnaies frappées sur place serait donc à la fois signe que ces établissements portuaires, au cœur du grand commerce, étaient dans le même temps impliqués dans des échanges locaux et qu'il y existait alors une forme de contrôle des monnaies, qui avaient par ailleurs peut-être une vocation avant tout fiscale. Il est donc possible qu'une politique volontaire ait été menée dans la région de Hedeby, visant à établir une zone monétaire relativement homogène, une « région numismatique locale », excluant assez largement l'argent coupé et les monnaies étrangères[57] et dans laquelle la monnaie locale servait avant tout à s'acquitter de taxes et à effectuer des échanges sur place.

Chez les Carolingiens, la monnaie a une dimension politique et symbolique essentielle : si donc c'est suivant leur exemple que l'on se met à frapper monnaie au Danemark, il est très vraisemblable que cet aspect ait été repris de l'autre côté de la frontière. Les *sceattas*, dépourvus de la moindre inscription, sont malheureusement muets sur la question et les motifs représentés sur chacune des deux faces ne nous aident guère davantage. Le masque barbu sur les monnaies de la série X a longtemps été interprété comme la représentation du dieu Odin ou Wotan, divinité la plus puissante des panthéons scandinave et germanique : une telle lecture

---

55 B. Varenius, « The Hedeby Coinage », art. cit.

56 A. Rovelli, « Gold, silver and bronze : an analysis of monetary circulation along the Italian coasts », dans S. Gelichi et R. Hodges (dir.), *From one sea...*, *op. cit.*, p. 267-295.

57 R. Wiechmann, « Haithabu und sein Hinterland – ein lokaler numismatischer Raum ? Münzen und Münzfunde aus Haithabu (bis zum Jahr 2002) », dans D. A. Hepp *et al.*, *Das archäologische Fundmaterial VIII* (*Berichte über die Ausgrabungen in Haithabu*, 36), Neumünster, 2007, p. 182-278.

aurait pu être un argument en faveur d'un lien entre ces monnaies et un pouvoir fort, probablement royal. Toutefois, une telle identification entre cette figure et Wotan ou Odin est tout sauf certaine[58]; quant au « monstre » stylisé représenté sur l'autre face, il demeure bien mystérieux. Il n'en demeure pas moins que le nombre limité et la faible diffusion des premières monnaies frappées à Hedeby pourraient plaider en faveur d'une fonction avant tout symbolique : le pouvoir à l'origine de leur émission a pu s'en servir comme d'un instrument de prestige, lui permettant de diffuser son autorité en cours d'affirmation dans la région. En cela, les monnaies de Hedeby s'inscriraient dans la tradition des bractéates d'or des vᵉ et vɪᵉ siècles, symboles de pouvoir et de richesse aux fortes connotations religieuses, que l'on retrouve en grand nombre en Scandinavie, mais également dans le reste de l'Europe (Angleterre, France, Allemagne, Hongrie...), souvent sur des sites élitaires[59].

Dans cette hypothèse, l'ampleur encore limitée du pouvoir émetteur pourrait expliquer la faible diffusion des pièces en-dehors de la région de Hebedy. La concomitance entre l'épisode de la destruction de Reric et le début de la frappe monétaire dans le sud du Jutland est de fait assez frappante[60] : Godfred, à l'origine du transfert des marchands de Reric, est peut-être également l'initiateur du premier monnayage de Hedeby. Il l'aurait créé pour les mêmes raisons qui le poussèrent à prendre le contrôle des marchands de Reric, c'est-à-dire pour tirer profit des échanges commerciaux, mais aussi très vraisemblablement pour affirmer son autorité dans la région. Or, pour émettre ces symboles statutaires prestigieux que sont les pièces de monnaie, il choisit précisément le *wic* de la Schlei. L'arrêt de cette frappe monétaire du milieu du ɪxᵉ siècle au milieu du xᵉ semble confirmer ce lien entre pouvoir royal et monnayage : dans le contexte des rivalités faisant suite à la mort du roi Horic Iᵉʳ en 854, l'autorité royale danoise se trouve bien affaiblie et ce pour près d'un siècle, jusqu'au règne de Gorm, dans les années 930. Pendant cette période troublée, Hedeby est tantôt sous contrôle germanique, tantôt sous domination danoise. Dans de telles circonstances, il n'est plus guère possible de maintenir une norme monétaire ; il faut ensuite attendre le tournant des xᵉ et xɪᵉ siècles pour que le Danemark connaisse un monnayage unique.

---

58 G. Williams, « Kingship, Christianity and Coinage : Monetary and Political Perspectives on Silver Economy in the Viking Age », dans J. Graham-Campbell et G. Williams (dir.), *Silver Economy...*, *op. cit.*, p. 177-214, ici p. 186 ; S. Lebecq, « Les Vikings en Frise : Chronique d'un échec relatif », dans *Id.*, *Hommes...*, *op. cit.*, vol. ɪ, p. 151-166, ici p. 153.

59 N. L. Wicker, « Display... », art. cit. ; M. Axboe, « Gudme and he gold bracteates », dans P.-O. Nielsen, K. Randsborg et H. Thrane, *The archaeology of Gudme and Lundeborg*, (*University of Copenhagen Archaeological studies*, 10), Copenhague, 1994, p. 68-77.

60 *AF*, aᵒ 808.

2.3 Des zones monétaires mixtes

À Hamwic aussi, la série frappée sur place domine assez largement le mobilier numismatique : la série H (notamment le type 49), attribuée à cet atelier, représente plus du tiers des découvertes faites sur ce site. Par ailleurs, la circulation de ces pièces locales semble, comme les premières monnaies scandinaves, très limitée en-dehors du site proprement dit, tant dans le reste du monde anglo-saxon qu'au-delà. On en recense ainsi seulement 59 pour tout le reste de l'Angleterre, majoritairement dans le Hampshire ou les régions environnantes (sur l'île de Wight*, à Sutton Scotney, Winchester, Micheldever...) (Fig. 4). Dès que l'on s'éloigne de l'*emporium*, les pièces appartenant à ce groupe se raréfient : la plupart ont été retrouvées dans le sud de l'Angleterre, essentiellement dans un rayon d'une centaine de kilomètres autour de Hamwic[61]. La concentration des types 39, 48 et 49 de la série H à Hamwic et leur rareté en-dehors semble donc indiquer à la fois la présence d'un atelier monétaire sur ce site et une forme de contrôle de la diffusion des monnaies dans la région environnante. Cela irait dans le sens d'une frappe locale, réservée à une utilisation sur place et peut-être monopole royal dans cet *emporium* au milieu du VIIIe siècle, période qui correspond par ailleurs à la mise en place de parcelles régulières sur le site de *Six Dials*. L'hypothèse d'un contrôle de la frappe et de la diffusion de cette série semble confirmée par l'absence de contrefaçons, mais peut-être aussi par celle, en l'état actuel des fouilles, de matériel pour peser (balances, poids), inutile lorsque la frappe respecte un étalon fixe et est étroitement surveillée, ce qui garantit sa valeur. Alors que l'usage de la monnaie se développe sur ces marchés cosmopolites, des formes de mélange et même de fraude auraient dû se développer. La grande homogénéité de l'assemblage monétaire durant plusieurs décennies plaiderait ainsi plutôt en faveur d'une forme de contrôle strict : les responsables de la loi et de la monnaie dans l'*emporium* anglo-saxon ont visiblement bien réussi à contrôler la qualité de la production sortie de cet atelier, ce que pourrait confirmer la répartition des séries étrangères (notamment D et X), peu présentes dans la région de Hamwic (Fig. 3) mais assez largement présentes plus à l'est, notamment dans le Kent. Cela tient probablement à la géographie des échanges, les monnaies frisonnes et danoises entrant en Angleterre majoritairement par la côte la plus proche, c'est-à-dire la côte est, mais peut-être également à une explication plus politique : cette distribution pourrait être le reflet d'un embargo sur l'utilisation de monnaies frappées par des rois rivaux et/ou à l'étranger[62].

---

61 D'après les chiffres du Fitzmuseum : http://www.fitzmuseum.cam.ac.uk/coins/emc/emc_search. php (consulté en janvier 2014) ; D. M. Metcalf, « Twenty-five notes on sceatta finds », dans D. Hill et D. M. Metcalf, *Sceattas...*, *op. cit.*, p. 193-205. Voir la Carte 13 en Annexe 1.

62 D. A. Hinton, *Gold and Gilt...*, *op. cit.*, p. 90.

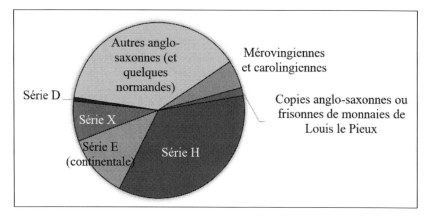

Fig. 3. **Monnaies retrouvées à Hamwic**[63]

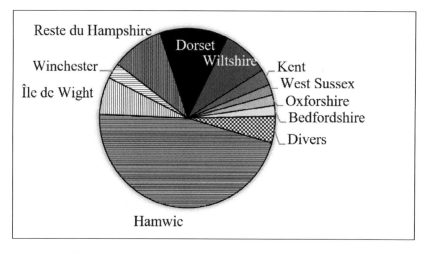

Fig. 4. *Sceattas* **de la série H retrouvés en Angleterre**[64]

Toutefois, à la différence de Ribe et de Hedeby, le nombre de monnaies étrangères découvertes à Hamwic n'est pas négligeable : parmi les 136 pièces recensées, plus d'un tiers provient d'autres régions anglo-saxonnes (séries C et W du Kent, série K de Mercie, série L de Lundenwic...), auquel s'ajoutent environ 12 % de

---

63 D'après les chiffres du Fitzmuseum : http://www.fitzmuseum.cam.ac.uk/coins/emc/emc_search.php (consulté en juin 2013).

64 Hamwic et sa région (dans un rayon d'environ 100 km) sont en hachurés ; les régions environnantes (dans un rayon d'environ 200 km) en couleurs pleines ; et les régions plus éloignées (au-delà de 200 km) en damier.

monnaies frisonnes (notamment de la série E), quelques *sceattas* de la série X et des monnaies franques (Fig. 3), ce qui semble confirmer que des échanges intenses existaient avec le Continent et qu'une partie au moins était monnayée en devises étrangères. Le passage au cours du VIIIe siècle d'une période d'utilisation de devises étrangères à l'usage quasi-exclusif d'une monnaie locale irait ainsi de pair avec l'affirmation progressive d'un pouvoir central dans la région[65].

Le cas de Hamwic ne semble par conséquent correspondre à aucun des deux groupes précédemment évoqués : la diffusion de la monnaie locale est trop limitée pour pouvoir parler de système monétaire ouvert ; la présence de monnaies étrangères en quantité relativement importante n'en fait pas non plus véritablement un système totalement clos, mais plutôt un système monétaire que l'on qualifiera de « mixte ». Les marchands anglo-saxons et étrangers se côtoyant dans cet *emporium* semblent avoir utilisé, de façon peut-être simultanée, des monnaies à la fois locales et étrangères : l'emploi de l'une de préférence à l'autre dépendait probablement de l'origine du marchand et/ou de l'acheteur. En d'autres termes, l'usage de devises étrangères devait être assez fréquent pour les échanges avec l'extérieur, tandis que les échanges locaux devaient davantage passer par le biais des *sceattas* de la série H, sans qu'il s'agisse là d'une règle systématique.

La distribution plus ou moins large de certains types monétaires peut être à l'origine d'aires d'influence contrastées, parfois concurrentes entre elles. Ce phénomène est particulièrement bien visible dans le monde anglo-saxon au VIIIe siècle, où les monnayages régionaux semblent correspondre à des régions plus petites que les principaux royaumes mentionnés dans les sources écrites – même s'il n'est pas toujours aisé de les délimiter clairement –, ce qui pose la question de l'étendue du pouvoir royal. La méthode de l'« analyse de régression » (*regression analysis*) permet, en calculant la fréquence d'un type particulier – par rapport au nombre total de monnaies découvertes de façon isolée dans un cercle de vingt-cinq kilomètres de rayon –, de délimiter des zones qui font apparaître les endroits où le type étudié est plus ou moins fréquent. Il apparaît ainsi clairement que la monnaie de Hamwic se diffuse dans la partie occidentale de son arrière-pays, mais pas dans ses parties orientale et septentrionale[66], et que le monde rural est loin d'être totalement isolé, se situant bien au contraire dans le prolongement du commerce international. La faible diffusion des *sceattas* H à l'est du *wic* contraste avec celle de la série C, très présente dans le Kent, région où elle était très vraisemblablement frappée, mais également plus au sud et à l'ouest. Si l'on se fie à la distribution plus large de ce type, les logiques de distribution des séries H et

---

65 D. M. Metcalf, « A coinage for King Cynewulf of Wessex ? », dans D. Hill et D. M. Metcalf (dir.), *Sceattas in England...*, *op. cit.*, p. 175-179.

66 D. M. Metcalf, « Variations in the composition of the Currency at Different Places in England », dans T. Pestell et K. Ulmschneider (dir.), *Markets...*, *op. cit.*, p. 37-47, ici Fig. 4.1, p. 41.

C, toutes deux probablement frappées dans une fourchette chronologique assez similaire, dans les années 700-740, paraissent différentes : le contrôle semble moins strict concernant la diffusion des monnaies du Kent, à moins que cela ne révèle plutôt une influence plus grande de cette région de l'Angleterre dans la première moitié du VIIIe siècle. Quoi qu'il en soit, la présence d'un autre royaume puissant, le Kent de Wihtred (v. 690-725) puis de ses fils (Æthelberht II, Ælfric et Eadberht Ier), battant lui aussi monnaie, peut contribuer à expliquer que l'aire d'influence monétaire de Hamwic s'étend peu vers l'est, « buttant » en quelque sorte contre une autre aire, à l'influence au moins aussi grande. Lors des périodes de domination du Kent puis de la Mercie, la rivalité avec le Wessex revêtait par conséquent une dimension à la fois économique et politique, l'autorité de chaque roi se marquant également par la taille de l'aire d'influence de l'*emporium* de son royaume.

2.4 Des zones non-monétaires

Dans les autres *emporia* scandinaves et les *wics* slaves, l'attitude envers la monnaie est assez différente de celle observée plus à l'ouest. La plupart ne paraissent pas avoir accueilli de frappe locale ; et on semble s'y fier davantage au poids de métal précieux qu'à la valeur faciale des pièces : ce second usage n'était visiblement pas vraiment dans la culture de ces régions, qui s'insèrent dans des systèmes économiques différents de ceux ayant cours plus à l'ouest et au sud[67]. La très grande fragmentation des monnaies arabes et les nombreux poids et balances des IXe et Xe siècles retrouvés dans ces *emporia* trendraient à confirmer cette théorie, même s'il est vrai que ces objets ont pu avoir des usages autres que commerciaux et être utilisés par exemple par les fondeurs de bronze pour obtenir le bon alliage[68]. À Birka comme à Kaupang, mais aussi à Truso et Wolin, les monnaies arabes, utilisées au poids, sont ainsi largement majoritaires, signe d'un usage intensif de l'argent au poids comme moyen d'échange, notamment dans le commerce local[69]. À Truso, les archéologues ont par exemple mis au jour les fragments de plus de 300 monnaies arabes, ainsi que des restes de balances et 300 poids[70]. La refonte des pièces peut expliquer l'absence ou la grande rareté de monnaies occidentales dans ces régions, le trésor de Hon, près de Kaupang, attestant qu'elles pouvaient

---

67 Heiko Steuer distingue ainsi une « *Gewichtsgeldwirtschaft* » et une « *Münzgeldwirtschaft* » (H. Steuer, « Der Handel der Wikingerzeit... », art. cit., p. 122).

68 U. Pedersen, « Weights and Balances », dans D. Skre (dir.), *Means of exchange...*, *op. cit.*, p. 119-195.

69 I. Gustin, « Means of Payment... », art. cit. ; M. Blackburn, « The Coin-Finds », dans D. Skre (dir.), *Means of exchange...*, *op. cit.*, p. 29-74 ; M. Bogucki, « Coin finds in the Viking-Age *emporium*... », art. cit. ; *Id.*, « Coin finds from Wolin and its hinterland », dans M. Bogucki et M. Rębkowski (dir.), *Economies, Monetisation...*, *op. cit.*, p. 345-358.

70 M. Bogucki, « Viking Age ports of trade in Poland », art. cit., p. 114.

très bien aller jusque-là et la découverte de quatre pièces occidentales à Truso qu'elles circulaient loin vers l'est, au-delà de la Vistule[71].

Pourquoi le sud de la Scandinavie n'a-t-il pas vraiment développé d'usage monétaire des pièces en-dehors du Jutland ? Peut-être qu'une telle utilisation des pièces n'a pu s'implanter dans un premier temps que dans des régions en contact direct avec le reste de l'Europe, qui utilisait déjà la monnaie. L'apparition du monnayage de Hedeby, dans la première moitié du IXe siècle, coïncide en effet avec l'intensification des contacts politiques entre élites danoises et royauté carolingienne. Tandis que l'Occident a hérité de la tradition antique en matière monétaire – dotant le monnayage carolingien d'une forte connotation antique et chrétienne –, les mondes nordique et slave n'ont pas bénéficié des conditions politiques et idéologiques permettant à l'usage de la monnaie de s'enraciner comme à Dorestad, Quentovic ou même Hamwic et Lundenwic. Il faut attendre les environs de l'an mil pour que les premiers monnayages norvégien et suédois soient frappés : le roi norvégien Olaf Tryggvason (995-1000), le premier, bat monnaie à son nom (v. 995/998), tandis que le roi Olof Skötkonung (995-1022) fait frapper les premières pièces suédoises à Sigtuna dès le début de son règne et que l'usage de l'argent fragmenté se fait de plus en plus rare. De même, les premières monnaies polonaises sont frappées sous le souverain piast, Boleslav Ier (992-1025), au tournant des Xe et XIe siècles. Le concept même de monnaie se trouve ainsi largement adopté par les sociétés scandinaves et même slaves, inaugurant une nouvelle ère économique en Europe septentrionale et orientale.

Jusque-là, faute de frappe monétaire locale, les habitants de Birka, Kaupang, Wolin ou Truso devaient importer la totalité des monnaies utilisées (au poids ou à leur valeur faciale). Ces ports étaient par conséquent très ouverts aux monnaies étrangères, particulièrement aux pièces arabes à partir de la seconde moitié du IXe siècle. En effet, en dépit de la présence de quelques monnaies occidentales, ce sont les émissions arabes qui dominent rapidement le contexte monétaire de ces *wics*. Alors que la route de la Volga s'ouvre dès le VIIIe siècle, de nombreux dirhams affluent à Wolin, Staraya Ladoga, Menzlin, Truso, où les nombreuses monnaies retrouvées sont extrêmement fragmentées et où la découverte de 600 à 700 poids et de plus de vingt balances va clairement dans le sens d'une économie pondérale[72]. À Kaupang, si les pièces furent peut-être utilisées à leur valeur faciale dans un premier temps (de 820 à 840/850 environ), l'arrivée des

71 K. Skaare, « Der Schatzfund von Hon und seine Münzen », dans P. Berghaus (dir.), *Commentationes Numismaticae 1988. Festgabe für Gert und Vera Hatz zum 4. Januar 1988 dargebracht*, Hambourg, 1988, p. 51-61 ; M. F. Jagodzinski, « The settlement of Truso », art. cit. (n. 60, p. 48), p. 184.

72 M. Bogucki, « The Use of Money in the Slavic Lands from the Ninth to Eleventh Century : the Archaeological/Numismatic Evidence », dans J. Graham-Campbell, S. M. Sindbæk et G. Williams (dir.), *Silver Economies...*, op. cit., p. 133-151, ici p. 137-138.

monnaies abbassides coïncide avec l'introduction de l'économie de l'argent coupé dans ce port, où le taux de fragmentation de ces pièces est particulièrement élevé : plus de la moitié des fragments pèsent moins de deux grammes[73]. Dans la région de Birka et du lac Mälar, l'usage de la monnaie, sans être aussi répandu qu'en Occident, semble toutefois mieux implanté que dans la région de Kaupang, tout en cohabitant avec un système pondéral : les pièces découvertes à Birka, majoritairement arabes, sont bien plus nombreuses que celles mises au jour à Kaupang, sans oublier celles qui furent peut-être frappées sur place (ou à Hedeby).

Ces monnaies étrangères ne sont par ailleurs pas cantonnées aux *emporia* même. On les retrouve, avec le même déséquilibre en faveur des pièces arabes, par exemple dans l'arrière-pays de Birka : à Alsnö, à Hovgården, dans une tombe à Kunsta, à Lindby, à Rackmyra, à Stenby, ou encore dans les trésors de Djursholm et de Näs, mais aussi parfois bien plus loin, à l'intérieur des terres, comme à Flokerudstorp[74]. Les récentes découvertes dans la région de Kaupang, jusqu'à peu seul endroit du Viken où des dirhams avaient été trouvés de façon isolée, indiqueraient que les échanges recourant à la monnaie n'étaient pas cantonnés au seul *emporium*, mais que l'argent coupé était au contraire utilisé dans plusieurs endroits de la région du fjord d'Oslo, à Rygge et à Manvik par exemple[75] : au total, ce sont plus de 300 trouvailles isolées qui ont été faites dans tout le Vestfold. La découverte en 2012 du site productif et commercial de Heimdalsjordet (v. 850-950), dans le Sandefjord, confirme que l'économie monétarisée émergeant à Kaupang n'était pas un phénomène isolé : parmi les 183 pièces mises au jour grâce au détecteur de métaux, 182 sont des dirhams, pour la plupart très fragmentés, les plus récents datant des environs de 905. Cet important degré de fragmentation (peut-être plus grand encore qu'à Kaupang), ainsi que la découverte de 147 poids plaident clairement en faveur de la tenue d'échanges commerciaux sur ce site. Des monnaies arabes étaient également présentes dans deux des trois plus grands trésors découverts en Norvège, toujours dans la région du Viken : à Grimestad, dans le voisinage immédiat de Kaupang, et à Teisen[76]. Ces nouvelles découvertes permettent de faire remonter l'inté-

---

73 B. Hårdh, « Hacksilver and Ingots », art. cit. (n. 27, p. 162).

74 http://sml.myntkabinettet.se/Uppland_SML4/Uppland%20Adels%C3%B6%20SML4.pdf (consulté en novembre 2013) ; R. K. Kovalev, « Dirham Mint... », art. cit., note 19, p. 215 ; B. Malmer, *Nordiska mynt...*, *op. cit.*, p. 278-280 et 281, n° 95 et 104. Voir les Cartes 5 et 21 en Annexe 1.

75 S. H. Gullbekk, « Norway : Commodity Money, Silver and Coins », dans J. Graham-Campbell, S. M. Sindbæk et G. Williams (dir.), *Silver Economies...*, *op. cit.*, p. 93-111, ici p. 99. Voir la Carte 20 en Annexe 1.

76 C. Kilger, « Kaupang from Afar : Aspects of the Interpretation of Dirham Finds in Northern and Eastern Europe between the Late 8th and Early 10th Centuries », dans D. Skre (dir.), *Means of exchange*, *op. cit.*, p. 199-252.

gration économique de cette région aux économies d'Europe occidentale et du monde arabe au milieu du IXe siècle, et même probablement avant, et de faire ainsi sortir Kaupang de son isolement. L'*emporium* norvégien, tout comme Birka, semble donc avoir malgré tout joué un rôle moteur dans la diffusion de l'argent non monnayé dans les régions environnantes, et même probablement plus loin. L'arrivée massive de dirhams et l'introduction de l'argent coupé à Kaupang constituent ainsi, vers 840/860, un tournant important dans l'économie de la région, où ces phénomènes semblent apparaître avant de gagner le reste de la Norvège. Ce port a probablement un rôle moteur, mais n'est pas isolé. À la suite de l'abandon de Kaupang, le Vestfold ne joue d'ailleurs plus qu'un rôle mineur dans le développement de l'économie d'argent en Norvège au Xe siècle[77]. Les découvertes en-dehors de Truso sont toutefois plus rares, mettant en lumière le caractère exceptionnel de ce port en matière monétaire : jusqu'à la fin du Xe siècle, ce sont seulement quelques dizaines de dirhams qui ont été découverts dans la région, l'usage des pièces paraissant se cantonner assez largement au *wic*[78].

Le faible usage des monnaies dans les *emporia* les plus septentrionaux et orientaux n'est pas pour autant synonyme d'absence de zone économique autour de ces ports : ce système au poids ne consiste pas seulement à peser les métaux précieux, mais aussi à accepter des poids normalisés, permettant un accord pour les paiements sous forme de fragments d'argent. Ces poids peuvent ainsi être considérés comme un « concept monétaire »[79] : dans ce système, l'étalon pondéral remplit le même rôle que l'étalon monétaire dans l'économie monétarisée, rendant possible des échanges de biens divers entre acteurs de tous horizons. La reconnaissance de l'argent fragmenté comme moyen de paiement nécessite par conséquent de recourir à certains instruments, en particulier des poids normalisés, vraisemblablement limités à quelques sites dans les débuts, essentiellement les *wics* : c'est peut-être à Kaupang qu'une économie fondée sur l'argent fragmenté apparaît pour la première fois dans le Viken, et même en Norvège, au cours de la seconde moitié du IXe siècle, avec l'afflux massif de dirhams. Par la suite, une région économique semble se constituer autour de l'*emporium*, ce système pondéral gagnant le reste de la région au cours du Xe siècle : en témoigne la concentration de poids et de balances découverts dans le Vestfold, notamment dans plusieurs tombes à Tune et Hedrum/Larvik[80].

---

77 S. H. Gullbekk, « Vestfold... », art. cit.
78 M. Bogucki, « The Use of Money in the Slavic Lands... », art. cit. (n. 72, p. 177), p. 138-139.
79 C. Kilger, « Wholeness and Holiness... », art. cit. (n. 4, p. 157), p. 301.
80 U. Pedersen, « Weights and Balances », dans D. Skre (dir.), *Means of exchange...*, *op. cit.*, p. 119-195. Voir la Carte 20 en Annexe 1.

Même Birka et Kaupang, privilégiant les paiements en métaux précieux à leur valeur pondérale, montrent donc des signes de régulation économique, qui passe notamment par un strict contrôle des poids servant à peser ces métaux. Dans le *wic* norvégien, les paiements pouvaient se faire au moyen d'anneaux et de lingots en or ou en argent, en respectant visiblement un poids standardisé, dans le cadre du système de l'*øre*[81] : cette unité de mesure est mentionnée dans des textes du XIIᵉ siècle, mais est en réalité probablement plus ancienne et a dû avoir cours dans toute une partie du sud de la Scandinavie[82]. Kaupang a pu prendre une part active dans la légitimation de l'*øre* comme principe de valeur, en lien avec le site élitaire de Huseby et le *þing* à Tjølling. Les coïncidences métrologiques, géographiques et chronologiques entre deux grands mouvements de standardisation des moyens de paiement en Scandinavie, l'*øre* à Kaupang et la frappe de monnaies à Ribe et Hedeby après 825 environ, pourraient en outre indiquer une action globale à l'initiative du roi des Danois, afin de standardiser les devises dans le second quart du IXᵉ siècle, ce que les nombreux moules à lingots (plus de 200 à Hedeby et 25 à Kaupang) pourraient confirmer, en indiquant que la refonte était alors pratiquée à grande échelle dans ces lieux[83]. À travers ces nouveaux étalons transparaîtrait la volonté du roi danois d'affirmer son autorité et l'intégrité de son royaume – incluant alors encore le Vestfold –, tout en conservant un rôle central dans les échanges commerciaux. Pour ce faire, il impose un système monétaire et pondéral, à l'instar de ce qu'avaient déjà fait les empereurs carolingiens et les rois anglo-saxons. Dans le contexte troublé qui voit l'arrêt du monnayage de Hedeby du milieu du IXᵉ siècle au milieu du Xᵉ, la politique de standardisation cesse et le système ayant cours dans la région de la Baltique est introduit plus à l'ouest, comme l'atteste la présence accrue, à partir des années 860/870, de poids cubiques et octogonaux assez caractéristiques.

La présence de plusieurs monnaies occidentales à Birka, Kaupang, Wolin et Truso, tendrait à suggérer que ces zones économiques étaient moins fermées que les zones monétaires dans le Jutland, ce qui pourrait être lié à l'absence de monnayage local et de pouvoir central fort : les enjeux de contrôle ne seraient alors pas les mêmes. Les pourtours de la Baltique se situent par conséquent à « l'interface de deux influences, venues de deux grandes puissances économiques et politiques » : cette région est périphérique à la fois par rapport à l'économie occidentale et à l'économie arabe. Néanmoins, ces « économies solides et avancées » ont probablement exercé une influence sur cette région, notamment

---

81 *Aurar* au pluriel (un *øre* valant trois *ertogs*).

82 A. W. Brøgger, *Ertog og øre: den gamle norske vegt*, Christiana, 1921 ; C. Kilger, « Wholeness and Holiness... », art. cit. (n. 4, p. 157).

83 D. Skre, « Dealing with Silver: Economic Agency in South-Western Scandinavia AD 600-1000 », dans *Id.* (dir.), *Means of exchange, op. cit.*, p. 343-355.

à travers les deux *emporia* nordiques, Birka et Kaupang, et les ports slaves de
Truso, Wolin, Staraya Ladoga[84]... Toutefois, les monnaies occidentales restent
peu nombreuses et semblent généralement perdre leur usage monétaire dans
l'arrière-pays de Birka et de Kaupang : le lieu de découverte des monnaies occidentales – dans des tombes – et leur forme – montées en pendentifs – tendent
à indiquer qu'elles sont alors sorties du circuit économique, comme à Borg,
Hemlanden et Kärrbacka, où tous les exemplaires découverts dans des tombes
sont traversés d'un trou. À Birka même, les sept deniers carolingiens découverts
dans les sépultures sont tous percés, ainsi que six monnaies anglo-saxonnes sur
dix et 34 scandinaves sur 38[85] ; et il en va de même pour les quelques monnaies
occidentales mises au jour à Truso[86]. Tout porte donc à croire qu'en Scandinavie,
en-dehors du Jutland, les monnaies occidentales n'avaient que très rarement une
fonction monétaire avant la fin du xe siècle, se distinguant en cela des monnaies
arabes – sous forme fragmentée –, nettement privilégiées pour les transactions
économiques à Birka et Kaupang, mais aussi à Truso, Wolin et Staraya Ladoga,
ce qui explique que très peu soient montées en pendentifs, contrairement aux
pièces occidentales, dont la valeur serait ainsi avant tout symbolique. La diversité
des systèmes économiques dans l'Europe du premier Moyen Âge semble ainsi
refléter à la fois des conceptions assez différentes des usages de la monnaie et
l'éclatement politique des contrées scandinaves et slaves jusqu'au xe-xie siècle.
Dans cette partie de l'Europe, à partir du ixe siècle surtout, on utilise donc largement les monnaies arabes, tandis que l'on arbore les monnaies occidentales,
n'hésitant pas à les imiter.

Les *emporia* apparaissent donc comme des points-clés pour le contrôle des
instruments d'échange, qu'il s'agisse de monnaies ou de métaux au poids, un
contrôle qui a toutefois pu être plus ou moins fort et s'étendre de façon plus ou
moins vaste dans l'arrière-pays selon les sites. L'aire de diffusion des monnaies
semble en effet déterminée, au moins en partie, par la force du pouvoir émetteur : l'usage encore régional du premier monnayage de Hedeby tendrait ainsi à
indiquer que le Danemark compte toujours plusieurs souverains dans la première
moitié du ixe siècle, tandis que la vaste diffusion des monnaies de Quentovic et
de Dorestad reflète la puissance du pouvoir carolingien.

---

84 B. Hårdh, *Silver...*, *op. cit.*, p. 168.
85 F. Audy, « Pour une étude méthodique... », art. cit., Fig. 1, p. 408.
86 M. Bogucki, « Coin finds in the Viking-Age *emporium*... », art. cit.

3. Monnaies et intégration au grand commerce

3.1 Circulations et influences monétaires

Au premier Moyen Âge, tous les monnayages sont issus d'un nombre limité de traditions monétaires et l'imitation des monnaies est largement répandue, qu'il s'agisse de s'inspirer de modèles connus pour créer un nouveau monnayage ou de forger des contrefaçons. Dans tous les cas, on imite les monnaies connues pour leur qualité et leur valeur, comme dans le Jutland – et peut-être à Birka si le site abritait un atelier monétaire – et même en Angleterre, où les imitations de monnaies franques ont joué un rôle important dans les débuts des monnayages locaux, qui reprennent la forme et le poids des monnaies carolingiennes. Ce sont avant tout les monnaies des systèmes ouverts et largement monétarisés qui servent de source d'inspiration dans les régions dépourvues de traditions moné-taires, comme l'atteste le grand nombre d'imitations des monnaies frappées par Madelinus à Dorestad entre environ 630 et 650, ainsi que la large circulation de ces copies de plus ou moins bonne qualité, sorties d'ateliers francs et frisons souvent indéterminés[87].

Par la suite, les monnaies carolingiennes, et tout particulièrement celles de Dorestad arborant un navire, sont largement imitées, en combinant ce motif avec des éléments scandinaves ou germaniques comme un cerf. Ces copies jouent un rôle particulier à Hedeby, où elles ont été retrouvées en grand nombre : les motifs carolingiens ont, de toute évidence, constitué une source d'inspiration privilégiée pour les monétaires de cet atelier. Lors des fouilles du port de 1978 à 1980, 33 des 68 pièces retrouvées étaient des imitations de Dorestad[88] ; et, de façon générale, ces copies représentent près de la moitié des découvertes isolées faites jusqu'en 2002. Tout porte donc à croire qu'elles constituaient la monnaie la plus utilisée dans le *wic* de la Schlei, y servant pour les transactions au IXᵉ siècle et dans la première moitié du Xᵉ siècle. Dominant largement les monnaies en circulation dans cet *emporium*, ces pièces se retrouvent également dans la région environ-nante, notamment dans le trésor de Steinfeld et dans une tombe à Süderbrarup, confirmant leur popularité parmi l'élite locale et les marchands de Hedeby et des environs[89]. Des imitations de ce modèle au navire ont également été retrouvées en Angleterre, comme celle frappée sous Æthelstan Iᵉʳ en Est-Anglie et découverte

---

87 A. Pol, « A New Sceat of the Dorestad/Madelinus-Type », dans T. Abramson (dir.), *Studies in Early Medieval Coinage*, vol. 1, *op. cit.*, p. 119-122.

88 V. Hilberg, « Silver Economies of the Ninth and Tenth Centuries AD in Hedeby », dans J. Graham-Campbell, S. M. Sindbæk et G. Williams (dir.), *Silver Economies ...*, *op. cit.*, p. 203-225, ici p. 209, tableau 10.2.

89 B. Malmer, *Nordiska mynt...*, *op. cit.*, p. 263 n.° 15 et 16. Voir la Carte 18 en Annexe 1.

dans le Norfolk en 1977, autre exemple des liens internationaux de Dorestad et de l'étendue de son influence économique sur les rives de la Mer du Nord[90]. En Angleterre, on a même retrouvé deux imitations du *solidus* d'or de Louis le Pieux, à cinquante mètres seulement à l'extérieur de Hamwic et à Portchester* : la présence de ces imitations, peut-être frappées à Hamwic, en ces deux lieux, non loin de la Manche, pourrait suggérer un éventuel rôle dans les échanges transmanche, comblant ainsi le vide laissé par l'absence de frappe officielle d'un monnayage d'or en Angleterre ; leur grande valeur rend en revanche peu probable un rôle important dans le commerce intérieur[91]. Quant au *mancus* d'or de Cœnwulf de Mercie (796-821), d'un poids très proche du *solidus* carolingien, on peut supposer qu'il fut frappé, vraisemblablement à Lundenwic, en réponse au prestigieux monnayage d'or de Charlemagne : Cœnwulf tente d'y présenter ce *wic* comme l'équivalent anglo-saxon de l'*emporium* des Francs, Dorestad. Cette pièce représente donc une forme de rivalité entre concurrents économiques, encore très inégaux, mais est probablement aussi l'expression d'une concurrence politique, la monnaie permettant d'affirmer son autorité et son prestige.

L'ampleur de ce phénomène d'imitation est révélatrice de l'importance économique de l'atelier d'où sortent les originaux : les copies de monnaies mérovingiennes et carolingiennes témoignent probablement d'une influence franque, à la fois économique, politique et même religieuse, tandis que leur effacement à la fin du IXᵉ siècle reflète vraisemblablement la perte d'influence du monde carolingien. Les *sceattas* frisons des séries D et E en particulier, monnaie d'exportation pour le commerce entre l'intérieur de la Frise, l'embouchure du Rhin, l'Angleterre et la Scandinavie, sont copiés dès leurs débuts, soulignant par là même l'importance économique et commerciale de Domburg et Dorestad[92] ; mais la série D, frappée au début du VIIIᵉ siècle, s'inspirait elle-même de pièces d'Est-Anglie et du Kent[93] : les horizons monétaires et commerciaux anglo-saxon et frison sont alors très proches. Ces imitations, ainsi que la diffusion des monnaies frappées par les ateliers des *emporia* confirment donc l'existence de liens, plus ou moins étroits, entre ces sites, d'une rive à l'autre des mers nordiques : des monnaies de Dorestad se retrouvent aussi à Quentovic et inversement[94]. À Hamwic, les dix *sceattas* de la série X s'ajoutent aux seize continentaux de la série E, présente également à Ribe.

---

90 G. Williams, « The influence of Dorestad coinage on coin design in England and Scandinavia », dans A. Willemsen et H. Kik (dir.), *Dorestad...*, *op. cit.*, p. 105-111.

91 H. E. Pagan, « The imitative Louis the Pious *solidus* from Southampton and finds of other related coins in the British Isles », dans P. Andrews, D. M. Metcalf et J. Timby (dir.), *Southampton finds*, vol. 1, *op. cit.*, p. 71-72.

92 W. Op Den Velde, « The Sceattas of Series D », art. cit.

93 S. Lebecq, « L'*emporium* proto-médiéval de Walcheren-Domburg... », art. cit. (n. 41, p. 15).

94 H. H. Völckers, *Karolingische Münzfunde...*, *op. cit.* (n. 34, p. 165), p. 51-60 ; S. Coupland, « Trading places... », art. cit., p. 228 et p. 230 (Appendix 1).

À Hedeby, les monnaies frisonnes sont peu nombreuses, mais les imitations des pièces de l'*emporium* frison sont elles pléthore. Même à Truso, Birka et Kaupang, où les monnaies occidentales sont plutôt rares, on a découvert quelques exemplaires continentaux, par exemple de Hedeby à Truso, de Dorestad, peut-être de Ribe et de Hedeby à Kaupang[95]; tandis qu'à Birka les multiples monnaies des catégories KG 3 à 5 de Brita Malmer, inspirées de celles de Quentovic et surtout de Dorestad, qu'elles soient frappées sur place ou à Hedeby, attestent l'existence de liens étroits entre tous ces sites, preuve de la circulation des monnaies en tant que telles ou des modèles monétaires : ces pièces d'inspiration occidentale contribuent à intégrer Birka et Hedeby dans une zone monétaire englobant la majeure partie de l'Europe du Nord. En effet, même si les différentes monnaies se diffusent plus ou moins bien, aucun *emporium* n'apparaît totalement isolé : les *sceattas* de la série H de Hamwic se diffusent par exemple peu, mais la présence de seize *sceattas* continentaux de la série E et de deux deniers carolingiens est un signe assez clair de liens commerciaux avec le Continent (probablement Dorestad et la région de l'embouchure du Rhin), ainsi qu'éventuellement les copies de monnaies d'Offa et Cœnwulf, peut-être elles aussi d'origine continentale[96]. Les trésors et autres découvertes numismatiques (notamment en contexte funéraire) retrouvés autour de Kaupang et du Viken, ainsi que de Birka et du lac Mälar, montrent que ces régions aussi, pourtant marginales par rapport au reste de l'Europe, étaient impliquées dans ces mêmes activités économiques : grâce à leur position périphérique, influences occidentales et orientales, septentrionales et méridionales s'y rencontrent, dans le cadre d'un processus d'intégration économique remontant probablement au milieu du IXᵉ siècle, voire avant.

3.2 *Circulations monétaires dans l'arrière-pays*

La diffusion contrastée des différentes pièces dans des sites très divers se fait l'écho des usages multiformes des monnaies et souligne qu'une présentation dichotomique entre d'une part des échanges en nature à une échelle locale et d'autre part des paiements monétaires pour le grand commerce est trop réductrice pour pouvoir expliquer les mécanismes économiques et commerciaux à l'œuvre dans le bassin des mers nordiques à partir du VIIᵉ siècle. L'usage de la monnaie n'était pas totalement inconnu dans le monde rural non plus, ce que l'existence

---

95 G. Rispling, M. Blackburn et K. Jonsson, « Catalogue of the Coins », dans D. Skre (dir.), *Means of exchange, op. cit.*, p. 75-93, ici p. 76-77 ; D. M. Metcalf, « Viking Age Numismatics 2... », art. cit., carte 3, p. 414.

96 D. M. Metcalf, « The coins », art. cit. (n. 30, p. 163).

de redevances en deniers dans le monde franc laisse entendre[97] ; il suffit de consulter le polyptyque d'Irminon pour s'en apercevoir : à Villemeux, par exemple, on exige huit deniers par manse[98]. Les marchands, alors parmi les principaux utilisateurs des pièces, ont probablement joué un grand rôle dans la diffusion de ce moyen de paiement. Il est par exemple frappant de constater que « les Frisons qui demeurent à Duisburg » s'acquittent de leur redevance à l'abbaye de Prüm exclusivement en onces et deniers, contrairement à tous les autres dépendants de ce monastère qui paient eux à la fois en nature (œufs, porcs, livres de lin...) et en deniers[99]. Le cens annuel que Saxger, probable marchand anglo-saxon installé près de Quentovic, à Tubersent, doit à l'abbaye de Saint-Bertin revêt également une forme exclusivement monétaire (trois sous)[100]. Le monde rural n'était donc pas isolé ; au contraire, il s'inscrit dans le prolongement du grand commerce, par l'intermédiaire notamment de la monnaie, qui semble fonctionner dans des cercles à des échelles différentes : les monnaies frappées à Dorestad et Quentovic par exemple, en particulier les piécettes en argent de faible valeur comme les *sceattas* de la série E, étaient utilisées à la fois dans les échanges locaux, dans le cadre d'une économie monétaire déjà bien développée au VIIIe siècle, et pour le commerce international, afin de payer les importations venues d'Angleterre ou d'ailleurs ; deux aspects qui expliquent leur présence en grand nombre à la fois dans l'arrière-pays immédiat, par exemple à Rijswijk et Maurik en Frise, et par delà les mers, comme à Royston, en Angleterre[101].

Il est toutefois peu probable que toutes les pièces découvertes en-dehors des *emporia* aient au préalable transité par ces ports, ce que la composition du mobilier numismatique de Dorestad, très différente de celle du reste des Pays-Bas, tendrait à confirmer. Les monnaies de Pépin, Lothaire ou Charles le Chauve en sont en effet absentes et le type *Christiana Religio* de Louis le Pieux peu représenté, tandis que dans le reste de la Frise ces monnaies sont largement majoritaires[102]. Le passage par les *wics* paraît d'autant moins systématique que la localisation des sites secondaires qui ont livré du mobilier numismatique est souvent favorable aux contacts et échanges en tous genres. En Frise par exemple, les nombreuses découvertes monétaires dans des sites comme Houten – avec des monnaies de différentes périodes, types et origines : or et argent, *tremissis* et *sceattas*, francs,

97 J.-P. Devroey, « Réflexions sur l'économie des premiers temps carolingiens (768-877) : grands domaines et action politique entre Seine et Rhin », dans *Francia*, 13, 1985, p. 475-488.

98 *Polyptyque de l'abbaye de Saint-Germain-des-Prés...*, vol. II, *op. cit.*, IX ; O. Bruand, *Voyageurs...*, *op. cit.*, p. 59.

99 S. Lebecq, *Marchands...*, *op. cit.*, vol. 2, p. 389.

100 *Le polyptyque de l'abbaye de Saint-Bertin, op. cit.*, p. 23.

101 Voir les Cartes 15 et 11 en Annexe 1.

102 H. E. van Gelder, « Coins from Dorestad, Hoogstraat I », dans W. A. van Es et W. J. H. Verwers, *Excavations at Dorestad 1...*, *op. cit.*, p. 212-224.

frisons et anglo-saxons – ou Grave s'expliquent probablement en grande partie par la proximité immédiate du Rhin, sans être nécessairement passées par Dorestad, pourtant à seulement une douzaine de kilomètres de Houten et à une quarantaine de Grave. Il va de même pour des sites côtiers : la mer du Nord toute proche permet d'être en relation directe avec le reste de l'Europe septentrionale. À Katwijk par exemple, non loin de l'embouchure du Rhin, les nombreuses monnaies des époques mérovingienne et carolingienne mises au jour, exclusivement en argent, suggèrent des fonctions commerciales – plus qu'un statut élitaire, qui aurait impliqué la présence de monnaies d'or –, ainsi qu'à Wieringen qui, à l'extrémité septentrionale de la Frise, au bord de la Mer des Wadden, face à l'île de Texel, a livré à la fois des monnaies occidentales et de nombreuses pièces arabes[103]. Têtes de pont du commerce frison en mer du Nord, certaines îles non loin des côtes frisonnes semblent également avoir joué un rôle important dans les échanges innervant l'Europe du Nord : sur l'île de Schouwen, les découvertes monétaires sont nombreuses et variées pour les VIIIe et IXe siècles (deniers francs, *sceattas* anglo-saxons et frisons...).

De même, dans le sud de l'Angleterre, le site côtier de Dorchester a livré des monnaies frisonnes et on compte un *triens* de Quentovic, un denier de Pépin le Bref frappé à Dorestad et des *sceattas* frisons à Sandtun*[104]. Toutefois, la présence de monnaies frappées à Hamwic rend une arrivée directe des pièces étrangères, sans passer par l'*emporium*, plus difficile à affirmer avec certitude. L'île de Wight*, face à Hamwic, a ainsi livré 17 pièces, essentiellement anglo-saxonnes, dont trois *sceattas* de la série H, mais comprenant également quatre *sceattas* continentaux et même une monnaie originaire d'Espagne wisigothique, signe de l'importance économique et commerciale de cette île à partir de la fin du VIIe siècle[105]. Elle occupe en effet une position stratégique pour l'accès au détroit du Solent, voie maritime très fréquentée et permettant notamment de gagner le port de Hamwic, ce qui en fait une véritable tête de pont commerciale entre le sud de l'Angleterre et le nord de la Gaule. Les *sceattas* des séries X et E, retrouvés essentiellement dans les régions orientales et méridionales de l'Angleterre, ont quant à eux été découverts majoritairement dans des sites secondaires, comme sur le site productif de Royston dans le Hertfordshire et sur celui connu sous le seul nom de *South Lincolnshire*, qui a livré plus de 90 monnaies[106]. Ces pièces sont donc présentes à la fois à l'intérieur des terres et sur la côte : dans le premier cas,

---

103 Voir les Cartes 14bis et 15 en Annexe I.

104 Données d'après http://www.fitzmuseum.cam.ac.uk (consulté en octobre 2013) ; M. Gardiner *et al.*, « Continental Trade... », art. cit.

105 K. Ulmschneider, « Archaeology, History, and the Isle of Wight in the Middle Saxon Period », dans *Medieval Archaeology*, 43, 1999, p. 19-44.

106 K. Ulmschneider, « Settlement... », art. cit.

elles sont nécessairement passées par un site portuaire, peut-être un des grands *wics* anglo-saxons; dans le second, elles ont pu arriver directement, sans transiter auparavant par un autre port. La question d'un éventuel passage par Hamwic se pose avec une acuité particulière pour les découvertes faites le long de la rivière Itchen (à Otterbourne, Twyford, Winchester), en amont du port[107]; une telle hypothèse paraît en revanche beaucoup moins probable pour le site côtier de Portchester*. On peut par conséquent supposer qu'une partie au moins des monnaies étrangères retrouvées en Angleterre y sont parvenues directement par la mer, avant d'être échangées sur des sites productifs dont le fonctionnement pouvait être similaire à celui des *emporia* et où ces devises étrangères (essentiellement frisonnes) constituent une part bien plus importante du mobilier numismatique que dans les campagnes environnantes[108].

Les monnaies ne suffisent pas à elles seules à indiquer les routes commerciales, mais elles font partie des indices permettant de les retracer. Les pièces arabes découvertes à l'intérieur des terres en Norvège et en Suède confirmeraient ainsi que des processus commerciaux pénètrent progressivement dans les arrière-pays: celles que l'on a retrouvées dans le Svealand central, par exemple, ont dû suivre les routes depuis le lac Mälar et Birka en direction du nord et du nord-ouest, s'enfonçant à l'intérieur des terres[109]. Plus au sud, à partir des quelques rares *sceattas* du type *Wodan/Monster* retrouvés dans les anciens territoires danois – notamment à Holmsland Klit, sur la côte occidentale du Jutland, et à Yngsjö en Scanie –, il est tentant d'esquisser deux voies alors empruntées par les marchands: une à l'ouest, longeant le Jutland et passant près de Holmsland Klit (à mi-chemin entre Ribe et Gadegård, dans le nord de la péninsule, sur les rives du Limfjord); et une autre à l'est, allant de Hedeby à Helgö (où un *sceat* continental de la série E a été retrouvé) et Birka, sur les bords du lac Mälar, et passant peut-être par Yngsjö[110].

Le degré de monétarisation des économies du premier Moyen Âge ne doit toutefois pas être exagéré: tous les échanges sont loin de passer par l'intermédiaire de la monnaie et, au vu de la diffusion relativement limitée des *sceattas* dans les arrière-pays scandinaves, slaves et même anglo-saxons, le nombre d'acteurs qui recouraient à ce moyen de paiement doit être nuancé. La proportion importante de découvertes faites sur les sites commerciaux et lieux de pouvoir semble indiquer qu'élites politiques et marchands restaient malgré tout les principaux

---

107 Voir les Cartes 10 et 11 en Annexe 1.
108 D. M. Metcalf, « English Money, Foreign Money... », art. cit.
109 M. Bäck, « No Island is a Society. Regional and Interregional Interaction in Central Sweden during the Viking Age », dans H. Andersson, P. Carelli et L. Ersgård (dir.), *Visions of the Past: trends and traditions in Swedish medieval archaeology*, Stockholm, 1997, p. 129-161.
110 Voir les Cartes 5 et 16 en Annexe 1.

utilisateurs de ce moyen d'échange, sans pour autant que cet usage soit exclusif, d'autres formes de transfert ayant pu avoir cours : du troc, mais surtout des modes de mobilisation des ressources plus contrainte, sous forme de prélèvement ou de taxation. Les rares *sceattas* retrouvés en-dehors de Ribe, dans le reste de la péninsule du Jutland et au-delà, proviennent par exemple en grande majorité de sites élitaires et/ou commerciaux[111] : Dankirke (IIᵉ siècle av. J.-C. – fin VIIIᵉ), siège d'un pouvoir local ou régional dans le Jutland occidental, et Okholm, possible quartier d'hiver pour les artisans de Ribe, mais aussi Tissø et Gudme, à la fois sites productifs et résidences aristocratiques sur les îles de Seeland et de Fionie. Dans le fjord de la Schlei, des copies de monnaies de Dorestad, vraisemblablement frappées à Hedeby, ont été retrouvées dans des tombes à Süderbrarup, site qui a peut-être accueilli des fonctions centrales, servant notamment de lieu d'assemblée. Même dans une grande partie du monde franc, c'était probablement avant tout dans des « milieux restreints », au cœur d'« espaces d'échanges dominés par les élites », que la monnaie circulait le plus rapidement et régulièrement[112] ; ce sont d'ailleurs les puissants qui battent monnaie.

Au même titre que certains artefacts, les monnaies d'or peuvent être interprétées comme un marqueur statutaire. À Bunnik par exemple, non loin d'Utrecht, plusieurs *tremissis* francs de la première moitié du VIIᵉ siècle ont été mis au jour : une telle découverte, s'ajoutant à plusieurs monnaies carolingiennes (de Charlemagne, Charles le Chauve...) et *sceattas* frisons et anglo-saxons, plaiderait en faveur d'un site abritant des activités créatrices de richesses et d'habitants relativement prestigieux. Cette monnaie est par ailleurs présente parfois très loin de son lieu de frappe, sur des sites semblant avoir accueilli, sous une forme ou sous une autre, une présence élitaire : à Dankirke (où il y avait également deux deniers en argent au nom de Madelinus de la fin du VIIᵉ siècle), à Jelling, berceau d'une dynastie royale, à Füsing*, domaine royal ou résidence élitaire de la Schlei, et peut-être en lien avec la grande halle de Huseby (seconde moitié du VIIIᵉ – milieu du Xᵉ siècle) pour l'exemplaire de Kaupang[113]. Si la Suède n'a pas pour l'instant livré la moindre de ces pièces d'or, la découverte de trois imitations scandinaves du monnayage de Dorestad datant des environs de 825 dans des tombes de Hovgården pourrait être liée au statut élitaire de ce site surplombant le lac Mälar.

---

111   C. Feveile, « Series X and Coin Circulation in Ribe », art. cit. (n. 99, p. 54), p. 62, Fig. 5.

112   J.-P. Devroey, *Économie rurale...*, *op. cit.*, p. 166.

113   J. C. Moesgaard et A. Pol, « Nouvelle trouvaille... », art. cit. ; A. S. Dobat, « Tidligt tegn », dans *Skalk*, 5, 2005, p. 15-17 ; M. Blackburn, « The Coin-Finds », dans D. Skre (dir.), *Means of exchange...*, *op. cit.*, p. 29-74.

4. Conclusion : une économie régionalisée ?

La circulation des monnaies du premier Moyen Âge dans le bassin des mers nordiques est donc relativement vaste, mais encore assez fragmentée : les monnayages sont en majorité régionaux, voire locaux, dessinant des zones de diffusion différenciées, la formation de systèmes économiques contrastés et des zones d'échanges privilégiées. Même si les pièces franques connaissent une distribution assez large, aucune monnaie ne domine véritablement la circulation monétaire dans cet espace. Loin des grandes aires de circulation économique de l'Antiquité dans la région méditerranéenne, les pourtours des mers septentrionales se caractérisent par une forme de régionalisation de l'économie, conclusion qui rejoint celle faite par Chris Wickham à partir de l'étude de la circulation des céramiques au premier Moyen Âge[114]. Néanmoins, la très large diffusion de certaines monnaies invite à nuancer la thèse du morcellement économique de cette aire du VIIᵉ au Xᵉ siècle : les échanges sont plus fractionnés et les économies fonctionnent à des échelles plus régionales, voire locales, mais cela ne signifie pas pour autant que tout schéma plus global soit totalement absent – ce que l'existence de nombreuses imitations tend à confirmer –, sans quoi le fonctionnement même des *emporia* aurait été compromis. Le recours généralisé à l'argent et le choix d'étalons ou de poids similaires facilitent les transactions et contribuent à créer des zones monétaires ou pondérales régionales. Progressivement, c'est ainsi un bassin commercial qui peut émerger autour des mers nordiques, les *wics* faisant le lien entre divers ensembles économiques. La monnaie, à la fois instrument et indicateur – en partie au moins – des échanges, accompagne ainsi le développement du commerce et sa monétarisation croissante dans le nord de l'Europe. On est encore loin d'un usage universel et systématique de ce moyen de paiement, mais sa diffusion dans les arrière-pays est un signe de la pénétration progressive de l'économie de marché dans le monde rural, prenant appui sur des réseaux commerciaux qui intègrent à la fois les *wics* et les sites ruraux environnants.

Néanmoins, tous ces ports marchands n'étaient pas de « puissants moteurs de la circulation monétaire »[115] : la diffusion plus ou moins importante des monnaies dans les arrière-pays est largement dépendante du degré de monétarisation des économies des régions en question, assez forte sur le Continent, plus faible dans le sud de l'Angleterre et dans le Jutland, et quasi-inexistante en Suède, en Norvège et dans le monde slave, où les quantités de monnaies en usage n'augmentent de façon significative qu'à partir du Xᵉ siècle, avec l'arrivée massive de dirhams islamiques. La région de la Baltique se situe ainsi plutôt en marge des systèmes économiques

---

114 C. Wickham, *Framing...*, *op. cit.*
115 D. M. Metcalf, « Viking Age Numismatics 2... », art. cit., p. 407.

et monétaires occidentaux, tandis que l'économie du sud-ouest de la Scandinavie, autour de Ribe et de Hedeby, paraît étroitement liée aux Empires carolingien et germanique. La diffusion des monnaies semble par conséquent confirmer le lien entre dynamisme d'un *wic* et taille de son aire d'influence : la profondeur de l'arrière-pays est en grande partie dépendante de la puissance (économique, démographique, voire politique) du port marchand. Le rayonnement d'un *emporium*, sa centralité s'appuient également sur les réseaux de communication, comme le montre la diffusion des *sceattas* dans la vallée de l'Itchen, qui empruntaient probablement le réseau routier longeant la rivière[116], ou celle des pièces frappées à Dorestad, assez nombreuses le long du Rhin[117].

L'étude des moyens de paiement, notamment de la circulation des pièces et des types monétaires, contribue donc à esquisser un tableau tout en nuances des *emporia* des mers nordiques, confirmant en grande partie les conclusions précédemment tirées des modes d'approvisionnement et de la diffusion de divers artefacts ; un tableau qu'il s'agit à présent de compléter par l'étude des apects politico-religieux.

---

116 Voir les Cartes 10 et 11 en Annexe 1.
117 S. Coupland, « Trading places... », art. cit., p. 210.

CHAPITRE 5

DES *PORTUS REGNI* DISPUTÉS

... traversant en bateau les mers les séparant de la terre, ils parvinrent enfin au port du royaume (portus regni) *qu'on appelle Birka*[1].

L'étude de l'approvisionnement des *emporia*, de la diffusion de certains artefacts et des monnaies a permis de mettre en évidence la nature et l'intensité des liens matériels qu'entretenaient ces ports avec leurs arrière-pays, pour lesquels ils jouaient le rôle de nœuds économiques à différentes échelles. On peut toutefois se demander si leur rayonnement se limitait au seul domaine économique. Certaines similitudes permettent de proposer ici un tableau comparatif des différentes fonctions de ces établissements portuaires, en se focalisant essentiellement sur le IXᵉ siècle et l'Europe du Nord-Ouest.

Les formes de domination et de pouvoir sont alors largement fondées sur le contrôle des ressources : un peu partout en Europe, le développement des royaumes au cours du premier Moyen Âge a pour corrélat une mobilisation accrue de ces dernières[2]. Or, les *emporia* apparaissent tout à la fois comme des points de concentration et de redistribution pour nombre d'entre elles. Par conséquent, l'essor de ces ports, lié au développement des échanges suprarégionaux, doit être étudié également à la lumière des évolutions politiques, en lien notamment avec les changements de nature de la royauté. En effet, l'apparition des premiers *wics* semble correspondre à l'émergence et à la consolidation de pouvoirs plus forts, sur le Continent dans un premier temps, puis dans le monde anglo-saxon et enfin en Scandinavie et dans le monde slave. Le contrôle s'accroît sur les territoires : apparition des *wics* et restructuration des sites ruraux en sont deux manifestations. Dans la Scandinavie des IIᵉ-Vᵉ siècles, dominée par un système tribal[3], les anciens centres de pouvoir, souvent à proximité de la mer ou d'un fleuve navigable, participaient aux grands courants d'échanges : Helgö sur le lac Mälar, Gudme sur l'île de Fionie ou Tissø sur l'île de Seeland ; mais à mesure que ces courants se développent, surtout à partir des VIIᵉ et VIIIᵉ siècles, et que commencent progressivement à se

---

1 Rimbert, *VA*, c. 11.

2 U. Näsman, « The Ethnogenesis of the Danes and the Making of a Danish Kingdom », dans T. Dickinson et D. Griffiths (dir.), *The making of kingdoms, op. cit.*, p. 1-10, ici p. 4.

3 Le diplomate byzantin Procope mentionne, dans les années 550, pas moins de « treize peuples » parmi les « Danois », ayant chacun son roi (Procope de Césarée, « History of the wars. Book VI... », texte cit., c. XV.1, p. 414-415).

former les premiers royaumes scandinaves[4], ce sont d'autres sites qui semblent bénéficier de ces dynamiques, signe de la recomposition des pouvoirs qui s'opère à cette époque. Les *emporia* slaves sont également fondés dans un contexte de stabilisation des différentes tribus, la Vistule servant de frontière entre Slaves et Prussiens[5] : de profondes mutations affectent ces sociétés à partir du tournant des VIIIᵉ et IXᵉ siècles, mais il faut toutefois attendre le Xᵉ siècle pour qu'un pouvoir royal fort commence à se développer.

Ces nouveaux sites, dont la vocation est avant tout économique, s'insèrent dans les réseaux commerciaux alors en plein essor ; mais, dans le même temps, fonder un *wic* peut s'inscrire dans une stratégie de marquage et de contrôle du territoire[6]. En cela, ces établissements portuaires s'inscrivent également dans les réseaux de pouvoir. Reste à savoir quelles pouvaient être les motivations des autorités s'impliquant dans leur fonctionnement et quelles formes elles revêtaient, dans une perspective comparative.

1. Un contrôle accru sur les territoires et les flux

Dans la plupart des cas, les *emporia* se développent dans des régions qui intéressent depuis longtemps les élites. Dans la région du lac Mälar par exemple, plusieurs sépultures privilégiées semblent indiquer une présence élitaire, peut-être en lien avec l'exploitation du fer, comme à Valsgärde (VIᵉ-XIᵉ siècle), non loin de Gamla Uppsala[7]. À partir du XIIIᵉ siècle, les textes mentionnent de nombreux domaines royaux (*husabyar*) dans cette même région, des domaines peut-être mis en place progressivement entre le VIIᵉ et le IXᵉ siècle[8]. La richesse des découvertes faites dans le Viken, contemporaines de Kaupang mais aussi antérieures ou postérieures, confirme également une présence élitaire, sur plusieurs siècles, dans la région, qu'il s'agisse des sépultures à bateau de Gokstad, Oseberg et Tune (IXᵉ siècle), peut-être liées à la dynastie royale des Ynglingar[9], ou des *tumuli* royaux de Borre, dont le plus ancien remonterait au tout début du VIIᵉ siècle et le plus récent

---

4 Suivant une chronologie différente selon les régions : le Danemark semble connaître relativement tôt un système politique assez unifié (dont les débuts pourraient remonter au Vᵉ ou VIᵉ siècle), centré sur le sud de la péninsule du Jutland, tandis qu'il n'y a pas de réelle unification de la Norvège avant le début du XIᵉ siècle et qu'il faut attendre les environs de l'an mil en Suède pour voir s'esquisser un mouvement qui ne prend fin que vers le milieu du XIIIᵉ siècle (« Early political organisation », dans K. Helle (dir.), *The Cambridge History of Scandinavia*, vol. 1, *op. cit.*, p. 160-234).

5 M. Bogucki, « Viking Age ports of trade in Poland », art. cit., p. 103-105. Voir la Carte 1 en Annexe 1.

6 D. Skre, « Centrality, Landholding, and Trade in Scandinavia c. AD 700-900 », dans B. Poulsen et S. M. Sindbæk (dir.), *Settlement...*, *op. cit.*, p. 197-212.

7 Å. Hyenstrand, *Excavations at Helgö*, VI (*The Mälaren area*), Stockholm, 1981, p. 5-9.

8 G. Larsson, *Husabyarna, led i en forntida samhällsplanering* (*Meddelande från Institutionen för fastighetsteknik*, 4 (49), 1986.

9 T. Sjøvold, *Les fouilles d'Oseberg et les autres découvertes de bateaux vikings*, Oslo, 1972.

daterait des environs de 900[10]. Dans le Jutland, la découverte de quelques objets datant de la fin du vi[e], du viie et du viiie siècle à proximité de Hedeby indiquerait également que le secteur a accueilli une ferme élitaire avant que ce dernier ne devienne un grand *emporium*[11]. Dans les environs de Ribe et de Hamwic, la présence d'élites est attestée par des sources plus tardives mais évoquant souvent une implantation plus ancienne : à Riberhus sur la côte occidentale du Jutland[12] et à Bowcombe/Carisbrooke dans le détroit du Solent, où la découverte dans certaines sépultures d'objets de luxe et d'importation suggère qu'il y avait là un riche centre assez ancien, en lien avec une présence élitaire[13]. La très riche sépulture à bateau de Sutton Hoo, à une quinzaine de kilomètres seulement de Gipeswic, pourrait également être le signe de la présence d'un pouvoir fort (peut-être royal) dans la région, à partir du début du viie siècle au plus tard, de même que le tombeau princier de Prittlewell, sur l'estuaire de la Tamise, à une soixantaine de kilomètres à l'est en aval de Lundenwic[14]. Marqué par la remarquable longévité de l'implantation des élites, l'espace social dans lequel ces sites portuaires s'intègrent se structure donc autour de lieux à la connotation symbolique très forte, qu'il s'agisse de grandes halles ou d'imposants tertres funéraires en Scandinavie, affirmation de l'emprise d'une autorité sur un territoire, ou de palais, églises et monastères en Occident. En cela, les *emporia* font partie intégrante d'un espace en cours de hiérarchisation, structuré par différents pouvoirs politiques et que la circulation de différents flux (de personnes, de marchandises) contribue à façonner.

1.1 Les grandes façades maritimes

1.1.1. Dans le royaume franc

Alors que les pouvoirs s'affirment et se recomposent, le contrôle des grandes façades maritimes devient un enjeu majeur, notamment dans le royaume franc, où les marges littorales septentrionales de la Gaule, « espace longtemps négligé » par les rois neustriens, sont réinvesties[15] : au cours du viie siècle, les détenteurs francs

---

10 B. Myhre, « The Royal Cemetery at Borre, Vestfold : A Norwegian centre in a European periphery », dans M. Carver (dir.), *The age of Sutton Hoo...*, *op. cit.*, p. 301-313.

11 V. Hilberg, « Hedeby in Wulfstan's days... », art. cit. (n. 86, p. 80).

12 Le château de Riberhus sert de résidence temporaire aux rois danois à partir du xiie siècle, mais les lieux semblent occupés dès le ixe siècle (sans qu'il soit vraiment possible de faire le lien de façon certaine avec le château médiéval) (C. A. Jensen, *Riberhus Slotsbanke*, Copenhague, 1942).

13 Dans le *Domesday Book*, dont certaines entrées renvoient à des situations antérieures au xie siècle, Bowcombe, abrite un important manoir royal (T. Pestell et K. Ulmschneider (dir.), *Markets...*, *op. cit.*, p. 80-81 ; V. Birbeck *et al.*, *The origins...*, *op. cit.*, p. 90). Voir la Carte 10 en Annexe 1.

14 M. Carver (dir.), *Sutton Hoo...*, *op. cit.* ; I. Blair, L. Barham et L. Blackmore, « My lord Essex », dans *British Archaeology*, 76, 2004 (mai), p. 10-17. Voir la Carte 11 en Annexe 1.

15 C. Mériaux, *Gallia irradiata...*, *op. cit.*, p. 59.

du pouvoir se disputent âprement l'ensemble du littoral, depuis l'embouchure de
la Seine jusqu'à l'estuaire de l'Escaut, et même au-delà jusqu'en Frise[16]. Les luttes
que se livrent, durant tout le premier tiers du VIIᵉ siècle, rois de Neustrie et d'Austrasie autour du mystérieux « duché de Dentelin » mentionné à deux reprises
dans la Chronique du Pseudo-Frédégaire, soulignent l'enjeu que constituaient
alors cette zone littorale et l'accès qu'elle offrait sur la mer du Nord[17] : perdu par
Clotaire II en 600, ce « duché » réintègre définitivement le royaume de Neustrie
sous Dagobert en 635[18]. Dans ce contexte hautement compétitif, la région de la
Basse Seine, avec Rouen, important port commercial à l'époque romaine, occupe
une place de premier plan, dans la mesure où elle met en relation la vallée de la
Seine et Paris d'un côté et l'Angleterre anglo-saxonne de l'autre, tout en permettant de remonter jusqu'à Boulogne*, ancien port de la flotte romaine.

Alors que l'évangélisation des campagnes gauloises se poursuit, les établissements religieux ont servi de points d'appui essentiels à toutes les revendications
dans ces régions : les nombreuses fondations monastiques participent pleinement
de cette volonté de contrôler les façades maritimes septentrionales avec leur arrière-pays proche et de prendre pied dans des régions particulièrement disputées.
La politique très active menée dans ce domaine par les souverains mérovingiens au
cours de la première moitié du VIIᵉ siècle, souvent sur des terres fiscales, témoigne
du désir de s'implanter durablement dans le Ponthieu et ses environs. Alors
qu'il vient tout juste de reprendre le contrôle du duché de Dentelin, Clotaire II
fonde Saint-Valéry-sur-Somme (v. 611-612), afin de réaffirmer la mainmise royale
sur la région ; et quelques décennies plus tard, lorsque les maires du palais sont
désormais les acteurs politiques les plus influents, Erchinoald (641-658) fonde
Péronne, probablement pour des raisons assez similaires. La multiplication de
ces fondations monastiques à partir des années 640 (Saint-Josse, Fontenelle,
Jumièges...) « tradui[t] probablement une volonté politique de contrôler plus
directement l'espace régional »[19]. Le groupe des Mauront est ainsi à l'origine de
plusieurs établissements monastiques, notamment Saint-Riquier, fondé en 641,
au cœur du dispositif permettant de s'assurer la maîtrise de la région. Dans le
même temps, les possessions du maire du palais de Neustrie Erchinoald dans

---

16 C. Mériaux, « Quentovic dans son environnement politique et religieux : cités et diocèses au nord
de la Somme au VIIᵉ siècle », dans S. Lebecq, B. Béthouart et L. Verslype (dir.), Quentovic..., op. cit.,
p. 195-214.

17 Chronicarum quae dicuntur Fredegarii Scholastici ? Libri IV..., op. cit., c. 20 et 38. Les frontières de
cet obscur duché posent malheureusement problème : le Pseudo-Frédégaire nous dit qu'il se situe entre
la Seine, l'Oise et la « mer Océane », mais ne nous précise pas quelle était sa limite au nord-est. Or,
Quentovic se trouvait dans cet espace.

18 C. Mériaux, Gallia irradiata..., op. cit., p. 53-59.

19 R. Le Jan, « Les élites neustriennes et Quentovic au VIIᵉ siècle », dans S. Lebecq, B. Béthouart et
L. Verslype (dir.), Quentovic..., op. cit., p. 177-194, ici p. 180. Voir la Carte 9 en Annexe 1.

les environs immédiats de Fontenelle/Saint-Wandrille, la résidence du maire du palais Grimoald (700-709) à Nouvion ou encore les séjours des rois mérovingiens puis carolingiens au cours de la seconde moitié du VIIe et au début du VIIIe siècle dans le palais de Crécy-en-Ponthieu, mais aussi la proximité du fisc d'Attin, confirment l'intérêt du pouvoir pour les régions maritimes, en particulier pour le Ponthieu[20]. À la suite de sa victoire à Tertry en 687, Pépin met la main sur certains « postes monastiques » stratégiques, tels que Fontenelle, dans le but d'intégrer cette façade maritime dans un royaume unifié[21].

À la fin du VIIe siècle, les Pippinides sont donc en mesure d'ajouter dans leur sphère d'influence une région neustrienne essentielle, autour de Rouen, jusque-là sous le contrôle des Faronides-Audoinides, groupe auquel appartient saint Ouen, évêque de Rouen de 641 à 684[22]. Ils tissent alors un réseau étroit de relations pour y consolider leur emprise, tandis que des fidèles sont placés à des postes-clés[23] : l'évêque neustrien de Rouen, Ansbert, est envoyé en exil ; Bainus est nommé abbé de Saint-Wandrille par Pépin de Herstal ; et plus tard, le neveu de Charles Martel, Hugues, renforce cette influence dans la région en cumulant les fonctions d'abbé de Saint-Wandrille et de Jumièges, d'évêque de Rouen, Bayeux, Paris et peut-être aussi de Lisieux et Avranches. Ce véritable quadrillage, voire verrouillage, de la région rouennaise est d'autant plus important pour les Pippinides, alors en train de s'affirmer sur le devant de la scène politique, qu'à cette époque la région de la Seine et de l'Oise demeure sous contrôle neustrien et que des établissements-clés comme Saint-Denis ou Saint-Germain leur échappent donc encore – jusqu'à ce que Saint-Denis rejoigne définitivement le giron pippinide en prenant en charge l'éducation du futur Pépin le Bref. Chelles et Corbie, mais également Jumièges, Fontenelle et Sithiu/Saint-Bertin, anciens joyaux neustriens qui avaient largement bénéficié des largesses de la reine Bathilde (657-665), finissent par passer sous contrôle pippinide, comme le reste du royaume[24]. Les Pippinides ont ainsi tissé un réseau de relations denses qui intègre toute cette façade maritime, en s'appuyant sur des relais fidèles, afin de s'assurer le contrôle de régions-clés dans les réseaux commerciaux.

---

20 *Chronique des abbés de Fontenelle...*, op. cit., c. 4 et 7, p. 10-11 et p. 24-25 ; J. Barbier, « Du *vicus* de la Canche... », art. cit. (n. 66, p. 74).

21 J. dom Laporte, « Les monastères francs et l'avènement des Pippinides », dans *Revue Mabillon*, 30, 1940, p. 1-30, ici p. 15 et p. 17.

22 R. Le Jan, *Famille et pouvoir dans le monde franc, VIIe-Xe siècle. Essai d'anthropologie sociale*, Paris, 1995, tableau 48, p. 390-391.

23 I. Wood, *The Merovingian Kingdoms...*, op. cit., p. 256-264 et 278 ; P. Fouracre, *The Age of Charles Martel*, Harlow/Londres/New York, 2000, p. 48-49.

24 J. Heuclin, « Les abbés des monastères neustriens 650-850 », dans H. Atsma (dir.), *La Neustrie. Les pays au nord de la Loire de 650 à 850*, t. 1, Sigmaringen, 1989, p. 321-340, ici p. 326.

Plus à l'est, Pippinides puis Carolingiens tiennent fermement à mettre la main sur la région de Dorestad et d'Utrecht. Autour de l'embouchure du Rhin, alors que le commerce frison est en plein essor, c'est un jeu à trois qui se déploie : Neustriens, Austrasiens et Frisons cherchent chacun à s'assurer le contrôle de la région. La première tentative de mainmise sur le Rhin supérieur remonte à Dagobert Ier, avant que les Frisons ne reprennent cet espace disputé : en 678, Wilfrid aurait été accueilli par Aldgisl, premier « roi des Frisons » apparaissant dans les sources[25]. La détermination que mettent Pépin puis Charles Martel à se rendre maîtres du delta du Rhin, puis de toute la Frise vers le milieu du VIIIe siècle, témoigne de l'importance de cette autre façade maritime aux yeux des élites occidentales : Pépin parvient à vaincre le chef des Frisons, Radbod, près du *castrum Duristate*[26], puis Charles Martel consolide la présence franque en Frise en s'assurant de la région d'Utrecht et de Dorestad[27]. Mettre la main sur l'embouchure du Rhin permet aux Francs de contrôler les flux d'hommes et de marchandises qui y transitent, en s'appuyant sur le grand port marchand développé dans la région par les Frisons dès le dernier quart du VIIe siècle. Passé sous domination carolingienne, Dorestad prospère alors au cours du VIIIe siècle, devenant la « plaque tournante du commerce de l'Europe du Nord-Ouest »[28]. Les affrontements entre Francs et Scandinaves au IXe siècle autour du « comté » de Frise – comprenant visiblement Dorestad et accordé, dans un premier temps, par Louis le Pieux en bénéfice aux Danois Harold et Roric en 826 – semblent indiquer que, plus d'un siècle plus tard, c'est encore largement le cas, jusqu'à ce que le chef danois Roric soit réinvesti de son fief par Lothaire en 850[29].

En Frise, au-delà de la seule façade maritime ouvrant sur la mer du Nord, ce sont également les vallées des grands fleuves, Rhin et Meuse en particulier, directement connectées à cette façade, qui se trouvent au cœur de la politique des Pippinides. Ces derniers possèdent en effet de nombreux biens, dans un premier temps dans la région mosane, où ils résident régulièrement, notamment dans leur domaine de Herstal, et où ils encouragent les fondations monastiques, comme celle du monastère double de Stavelot-Malmédy par Remacle avec le soutien de Grimoald au milieu du VIIe siècle[30]. Avec les Pippinides, l'axe se déplace donc

---

25 Eddius Stephanus, *Vita Wilfridi, op. cit.*, c. 26 et 27, p. 220.

26 *Chronicarum quas dicuntur Fredegarii..., op. cit.*, p. 172.

27 En 734, les Frisons, sous le commandement du duc Bubo (ou Poppo), sont défaits par l'armée franque de Charles Martel à la rivière Boorne (D. Gerrets, « Evidence of Political Centralization in Westergo : the Excavations at Wijnaldum in a (supra-) Regional Perspective », dans T. Dickinson et D. Griffiths (dir.), *The making of kingdoms..., op. cit.*, p. 119-126).

28 W. A. van Es et W. J. H. Verwers, « L'archéologie de Dorestad », art. cit. (n. 73, p. 77), p. 326.

29 *AB*, a° 850 ; *AF*, a° 850 ; S. Lebecq, « Les Vikings en Frise : Chronique d'un échec relatif », dans *Id., Hommes..., op. cit.*, vol. 1, p. 151-166.

30 I. Wood, *The Merovingian Kingdoms..., op. cit.*, p. 186 et 193.

vers l'est et Dorestad se retrouve englobé dans la sphère d'influence d'un pouvoir de plus en plus fermement établi. Sous les Carolingiens, la distance qui séparait cette région, à l'origine excentrée, des principaux lieux de pouvoir (palais et monastères) s'amenuise : Nimègue par exemple, une des résidences favorites de Charlemagne, où il passe notamment Pâques en 776, est à moins d'une centaine de kilomètres de l'embouchure du Rhin et donc de la mer, et Utrecht à une bonne soixantaine de kilomètres au nord-ouest. Les souverains carolingiens peuvent ainsi prendre pied durablement dans la région et quadriller efficacement le territoire frison, récemment intégré à leur royaume : mettre la main sur Dorestad, c'est une façon d'inscrire son pouvoir dans une région disputée, d'affirmer son emprise sur les marges du royaume franc ; et le commerce « franco-frison » qui se développe dans le bassin des mers nordiques fait alors partie intégrante de la politique d'expansion des souverains carolingiens[31].

1.1.2. Dans le monde anglo-saxon

À la même époque, alors que plusieurs royaumes anglo-saxons coexistent aux VIIe et VIIIe siècles (Northumbrie, Mercie, Kent, Est-Anglie, Essex, Sussex, Wessex), le contrôle des façades maritimes britanniques est également un enjeu majeur. Chaque grand royaume cherche ainsi à posséder un accès à la mer et à y développer son propre *emporium* : tandis que le Kent paraît dominer le paysage politique anglo-saxon à la charnière des VIe et VIIe siècles, Lundenwic semble être le premier grand *wic* à apparaître en Angleterre, à peu près à la même époque que Quentovic, avant de vraiment se développer au cours de la seconde moitié du VIIe siècle[32] ; en 672-674, le site est suffisamment structuré pour qu'une charte de Frithuwold mentionne « le port de Londres, où les navires accostent »[33]. Cette ouverture sur la mer du Nord, contrôlée dans un premier temps par Æthelberht de Kent († 616), alors à la tête d'un royaume assez puissant et étroitement lié au monde franc[34], est ensuite disputée par la Mercie, dominant assez nettement le sud de l'Angleterre sous les règnes d'Æthelbald (716-757) puis d'Offa (757-796)[35]. Dépourvu originellement de façade maritime importante, ce royaume enclavé parvient à s'emparer de Lundenwic, porte d'entrée essentielle vers le sud

---

31 S. Lebecq, « Dans l'Europe du Nord des VIIe-IXe siècles : commerce frison ou commerce franco-frison ? », dans *Id.*, *Hommes...*, *op. cit.*, vol. 2, p. 273-289.

32 B. Hobley, « Lundenwic and Lundenburh : two cities rediscovered », dans R. Hodges et B. Hobley (dir.), *The rebirth...*, *op. cit.*, p. 69-82 ; L. Blackmore, « The Origins and Growth of *Lundenwic*, a Mart of many Nations », dans B. Hårdh et L. Larsson (dir.), *Central places...*, *op. cit.*, p. 273-301.

33 P. H. *Sawyer*, *ASC*, S 1165.

34 Æthelberht épouse en effet une princesse franque, Berthe, fille du roi Charibert (B. Yorke, *Kings...*, *op. cit.*, p. 25-44).

35 B. Yorke, *Kings...*, *op. cit.*, p. 100-127.

de l'Angleterre, et à en faire son principal port de commerce, consolidant ainsi la domination mercienne sur le commerce maritime transmanche, ce que la charte S 1165, dans laquelle Frithuwold se présente explicitement comme le « sous-roi de Wulfhere, roi des Merciens », semble confirmer. Plus à l'ouest, la façade maritime du détroit du Solent ne devient un enjeu majeur qu'au tournant des VIIᵉ et VIIIᵉ siècles : en témoigne la conquête de l'île de Wight* par Cædwalla (685-688), permettant aux rois *Gewissan*, premier nom des rois du Wessex, de s'assurer une tête de pont vers le Continent[36]. Dès lors, le site du futur port de Hamwic offrait une situation idéale pour commercer avec des *wics* francs tels que Rouen et Quentovic. L'*emporium* du Solent commence alors à se développer, en particulier sous Ine (688-726), qui est peut-être le premier à parvenir à unifier le pouvoir royal dans la région[37]. En effet, à partir du règne de ce dernier, on ne rencontre plus de mention de « sous-rois »[38], tandis que l'on trouve dans ses lois et chartes les premières références aux *ealdormen* (*patricii, principes* ou *praefecti* en latin) et aux comtés[39] : le remplacement des sous-rois par des officiers royaux participe pleinement de la réorganisation administrative de l'ensemble du royaume. Conquête de l'île de Wight et fondation de Hamwic pourraient par conséquent participer de la même logique de prise de contrôle d'une importante façade maritime, dans le but peut-être de concurrencer le Kent puis la Mercie en matière d'échanges transmanche, jusque-là largement monopolisés par Lundenwic. Par la suite, réorganisation des structures politiques du royaume et développement de son économie s'inscrivent dans le cadre de la même politique ambitieuse visant à construire un royaume fort dans le sud-ouest de l'Angleterre, alors que, plus au nord et à l'est, les rois de Mercie sont en train de se constituer un royaume sans précédent dans le monde anglo-saxon, favorisant le développement de Lundenwic, mais également de Gipeswic[40].

Les raids vikings et surtout l'installation des Scandinaves dans les îles Britanniques au cours de la seconde moitié du IXᵉ siècle en bouleversent la géographie politique et sociale. L'établissement des Danois dans ce qui prend alors le nom de *Danelaw*, profite à l'*emporium* d'Eoforwic[41], ainsi qu'à celui de Gipeswic, qui, passé sous leur contrôle, connaît de profondes modifications. En parallèle, le IXᵉ siècle est marqué par la montée en puissance du Wessex, qui dispute alors le

---

36 Bède le Vénérable, *HE*, lib. IV, c. 15-16 ; B. Yorke, *Wessex...*, *op. cit.*, p. 52-93.

37 B. Yorke, *Kings...*, *op. cit.*, p. 143-144.

38 Bède le Vénérable rapporte qu'à la mort de Cenwalh en 673 « des sous-rois s'approprièrent le royaume et, après l'avoir divisé entre eux, régnèrent pendant environ dix ans » (Bède le Vénérable, *HE*, lib. VI, c. 12).

39 B. Yorke, *Kings...*, *op. cit.*, p. 146.

40 K. Wade, « Ipswich », dans R. Hodges et B. Hobley (dir.), *The rebirth...*, *op. cit.*, p. 93-100.

41 R. A. Hall, « Eoforwic (York) du VIIᵉ au milieu du IXᵉ siècle : questions de définition », dans S. Lebecq, B. Béthouart et L. Verslype (dir.), *Quentovic...*, *op. cit.*, p. 367-380.

contrôle de Lundenwic à la Mercie : la politique d'expansion d'Alfred le Grand (871-899) est poursuivie par ses fils et son petit-fils, Æthelstan, qui est le premier à régner sur toute l'Angleterre après la conquête de la Northumbrie en 927. L'unité de l'île, encore objet de discorde sous ses successeurs, s'enracine vraiment sous le règne d'Edgar (959-975). Les débuts des *wics* anglo-saxons s'inscrivent par conséquent dans un contexte de compétition entre les principaux royaumes anglo-saxons, aux prises à la fois pour le contrôle des échanges transmanche et pour la suprématie sur de vastes régions de l'île : développer un port puissant était une façon d'afficher son pouvoir dans une région. Le sud de la Baltique est encore loin de connaître de telles formations politiques, mais une logique assez similaire y régit peut-être l'implantation des principaux *emporia* : Menzlin est le grand port de la tribu des Polabiens et Wolin celui des Poméraniens, tandis que Truso se trouve au croisement des sphères d'influence poméranienne et prussienne balte[42].

L'enjeu était donc avant tout de contrôler des régions entières, littorales en l'occurrence, plus que des lieux précis : de Rouen jusqu'en Frise sur le Continent – avec certaines zones particulièrement disputées, de l'estuaire de la Somme jusqu'à celui de l'Escaut notamment –, ou encore autour du détroit du Solent en Angleterre ou sur la rive occidentale du Jutland. Traditionnellement, on faisait de Dankirke, site élitaire particulièrement actif au Ve siècle associant une riche ferme et des activités commerciales et artisanales, le point névralgique de cette région avant la fondation de Ribe. Toutefois, la récente découverte d'objets de luxe, d'importations et de monnaies dans plusieurs autres sites des environs (Gammel Hviding, Råhede, Høgsbrogård, Vivegrøften), datant de bien avant les débuts de Ribe, remet en question cette vision « monolithique » : plus qu'un site unique comme Dankirke, ce serait tout le secteur qui pourrait être identifié comme un large centre de pouvoir, une « région centrale », concentrant pouvoir et richesses[43]. De même, la présence du trésor d'or le plus important de l'époque viking à Hon et du principal trésor monétaire norvégien pour les IXe et Xe siècles à Grimestad invite à considérer l'ensemble de la région du Viken, et non pas seulement Kaupang[44]. Par la suite, plusieurs ensembles, à la fois politiques et économiques, semblent se dégager, confirmant l'importance pour les différents groupes de contrôler des zones, plus que des lieux précis : les grands ports (Ribe et Hedeby), puis les plus anciennes villes du pays et les trois premiers diocèses (Ribe, Aarhus et Schleswig) se concentrent ainsi tous dans le territoire jutlandais sous domination des rois de Jelling au Xe siècle, une région qui offrait à la fois un accès direct sur la mer du Nord et une certaine proximité avec le reste du Continent. Ces différents sites ont pu servir de points d'appui à cette dynastie pour s'emparer

---

42 Voir la Carte 1 en Annexe 1.
43 C. Feveile, « At the geestland edge... », art. cit. (n. 176, p. 133), p. 87. Voir la Carte 16 en Annexe 1.
44 S. H. Gullbekk, « Vestfold... », art. cit. Voir la Carte 20 en Annexe 1.

de « tout le Danemark », comme le clame Harald à la Dent Bleue sur la plus grosse pierre runique de Jelling[45]. Ici aussi, c'est donc une façade maritime – au sens large – qui intéresse particulièrement un groupe, parvenu à s'imposer à la tête d'un premier royaume danois.

1.2 Les régions frontalières

L'épisode, relaté dans les *Annales royales des Francs*, de la destruction de Reric et du transfert de ses marchands vers *Sliesthorp*, traditionnellement identifié à Hedeby[46], souligne que les régions frontalières pouvaient également être férocement disputées. On y apprend qu'en 808 le roi danois Godfred a fait raser Reric, site à vocation commerciale d'où il tirait des revenus importants sous forme de taxes, tout en veillant bien à conserver les marchands à sa portée en les transférant à *Sliesthorp*, qu'il protège par un rempart. Parfois identifié à Mecklenburg ou Lübeck sur Continent, Reric est à présent plutôt associé au village de Groβ Strömkendorf (Mecklembourg-Poméranie occidentale), où d'abondantes traces d'activités commerciales et artisanales, ainsi qu'une organisation planifiée du secteur central datant du VIII⁵ siècle ont été mises au jour[47]. Dans un contexte de tensions et même d'affrontement entre le roi danois Godfred et Draško, chef des Obodrites, la destruction de Reric par la flotte de Godfred est bien plus qu'un simple exemple d'arbitraire royal : elle dissimule (assez mal) un véritable conflit politico-commercial. La présence de l'armée ne vise pas seulement à contraindre les marchands à changer de lieu, mais s'inscrit dans un contexte de guerre. À cette époque, en effet, Charlemagne, allié des Obodrites, a soumis la Saxe, devenant ainsi le nouveau « voisin » des Danois. Voisin encombrant, le souverain franc est alors aux portes du monde scandinave, ce qui pousse les Danois à déplacer leurs sites commerciaux pour les garder sous leur contrôle. À cette même période, plusieurs forteresses sont érigées dans les environs (deux à Ilow et une à Mecklembourg), tandis que l'on répare un pont long de 57 mètres de long et large de 3,5 mètres, traversant la rivière de Søvig Bæk près de Nybro dans le sud du Jutland[48], que le Danevirke est encore renforcé et que Füsing*, non loin de là, a pu servir temporairement de garnison. Alors que la frontière méridionale du royaume de Godfred est plus menacée que jamais, la maîtrise des

---

45 A. Nissen-Jaubert, « Un ou plusieurs royaumes danois ? », art. cit., p. 152-153 ; B. Sawyer, *The Viking-Age Rune-Stones...*, *op. cit.*, p. 158-166.

46 On reviendra sur le problème de l'identification de *Sliesthorp* un peu plus bas dans le chapitre, au 2.4.

47 A. Tummuscheit, « Groβ Strömkendorf : a Market Site of the Eighth Century on the Baltic Sea Coast », dans T. Pestell et K. Ulmschneider (dir.), *Markets...*, *op. cit.*, p. 208-220.

48 Il s'agit sans doute d'un ouvrage militaire, construit vers 761, puis restauré en 785/791 et réparé en 805 et 812, autrement dit à l'époque du transfert des activités de Reric vers Hedeby, avant d'être abandonné vers 834 (M. Ravn, « Nybro... », art. cit.). Voir la Carte 17 en Annexe 1.

sites permettant de contrôler les échanges dans la région (Reric puis *Sliesthorp*) apparaît alors comme un enjeu crucial, sur les plans à la fois politico-militaire et économique.

Le lieu choisi pour implanter Hedeby semble témoigner de cette volonté de contrôle : situé tout au fond du fjord de la Schlei, son accès est assez aisément maîtrisable, notamment au niveau du rétrécissement formé par la petite péninsule de Reesholm, où est établi le site de Füsing*[49]. Cet habitat permanent, au milieu du fjord, était vraisemblablement doté de fonctions militaires, comme en témoignent la présence d'armes (notamment des pointes de lance) et la proximité du Danevirke. Établi à l'endroit le plus étroit de la Schlei, non loin de Hedeby, Füsing a vraisemblablement servi de point de contrôle pour l'entrée dans la partie occidentale du fjord, faisant du rétrécissement naturel créé à cet endroit précis du lac par un poulier et un musoir, le point de passage obligé pour accéder à Hedeby. Lien entre les parties orientale et occidentale de cette petite mer intérieure, Füsing présentait par conséquent des avantages indéniables pour toute forme de trafic et de circulation (militaire comme commerciale) sur le fjord, permettant de contrôler, voire de bloquer, l'accès à l'*emporium* de la Schlei, mais plus généralement d'occuper une position-clé pour le contrôle de la région dans son ensemble. Une telle situation n'est par ailleurs pas sans parallèle, qu'il s'agisse du site élitaire de Huseby, non loin de Kaupang, de l'île de Wight*, dont le roi Ine s'empare à la fin du VIIe siècle, s'assurant l'accès au détroit du Solent et au port de Hamwic, ou encore du site élitaire de Hovgården, permettant de contrôler l'accès à Birka grâce à l'étroitesse de l'ouverture du lac Mälar sur la mer, comme le rappelle Snorri Sturluson[50].

Le riche mobilier de plusieurs sites funéraires dans ces régions pourrait également étayer l'hypothèse de la volonté politique de contrôler, par la force au besoin, l'accès à ces dernières et à leur *emporium*. La situation du cimetière de Thumby-Bienebek, où l'on a découvert des tombes de guerriers et cavaliers, en aval de Hedeby, fait penser que cet espace funéraire était peut-être associé à un site (pas encore découvert à ce jour) contribuant à contrôler le trafic sur la Schlei[51]. Quant aux riches cimetières de Vendel et Valsgärde, implantés à proximité de voies navigables permettant de rejoindre le lac Mälar et non loin du lieu de pouvoir de Gamla Uppsala, ils abritent peut-être les sépultures d'aristocrates contrôlant une partie des échanges entre la Baltique et l'intérieur des terres[52]. La situation

---

49 Voir la Carte 18 en Annexe 1.

50 « Une seule embouchure permettait de sortir du lac Mälar et de gagner la mer, et elle était si étroite que bien des rivières sont plus larges » (Snorri Sturluson, « Ólafs Saga Helga », dans *Hkr*, vol. II, *op. cit.*, p. 3-415, ici c. 7).

51 M. Müller-Wille, *Das wikingerzeitliche Gräberfeld...*, *op. cit.*, p. 47. Voir la Carte 18 en Annexe 1.

52 B. Myhre, « The Iron Age », art. cit. (n. 40, p. 69). Voir la Carte 21 en Annexe 1.

du tombeau princier de Prittlewell, à l'entrée de l'estuaire de la Tamise, soulève également la question du contrôle de ce fleuve et donc de l'accès à Lundenwic, et ce dès le début du VIIᵉ siècle. Autant de « postes de guets », dont la proximité avec les *emporia* met en lumière l'intérêt des élites politico-militaires pour le contrôle des grands ports marchands et de leur région[53].

1.3 Organiser les emporia

À la fois manifestation concrète de la prise de contrôle d'un territoire et instrument permettant d'y implanter son autorité, le développement des *emporia* s'inscrit pleinement dans cette logique de quadrillage par les élites politiques de régions stratégiques. À partir du VIIIᵉ siècle, les Carolingiens sont désormais les maîtres incontestés des grands ports de Quentovic et de Dorestad et peuvent dès lors y organiser les échanges à leur profit. Un pouvoir de nature royale semble également s'intéresser de près au site de Hedeby, comme pourraient l'indiquer la sépulture à bateau découverte au sud du port, à l'extérieur de l'enceinte semi-circulaire[54], et les deux pierres runiques du Xᵉ siècle mentionnant les rois Sigtrygg et Gnupa (DR2[55] et DR4[56]), retrouvées dans les environs immédiats de l'*emporium*[57]. Les manifestations de pouvoir et de richesse ne manquent pas dans les environs de Birka non plus, comme la luxueuse sépulture d'un enfant de neuf ans, appartenant probablement à une famille de rang élevé, ou celles où l'on a retrouvé des restes de tissus très fins portés par des personnages de haut rang liés à la cour, sinon des membres de la famille royale[58] ; sans oublier les nombreuses mentions de la présence d'un roi à Birka dans la *Vita Anskarii*[59].

La plupart de ces ports marchands semblent en outre être en relation avec un lieu central situé plus à l'intérieur des terres. Martin Biddle fut un des premiers à insister sur cette complémentarité fonctionnelle entre *emporium* et lieu de pouvoir, en comparant les fonctions de Winchester, centre religieux et administratif du royaume de Wessex, et celles de Hamwic, centre marchand et artisanal, les

---

53 J. Ulriksen, *Anløbspladser...*, *op. cit.*, p. 216-228.

54 M. Müller-Wille, *Das Bootkammergrab von Haithabu* (*Berichte über die Augrabungen in Haithabu*, 8), Neumünster, 1976.

55 « Ásfríðr a élevé cette pierre à la mémoire de Sigtryggr, son fils et celui de Gnupa » (http://abdn. ac.uk/skaldic/db.php ?id=18831&if=srdb&table=mss).

56 « Ásfríðr, fille d'Óðinkárr, a élevé cette pierre à la mémoire du roi Sigtryggr, son fils et celui de Gnupa. Gormr a gravé les runes. » (http://abdn.ac.uk/skaldic/db.php ?id=18833&if=srdb&table=mss).

57 Voir les Cartes 18 et 19 en Annexe 1.

58 A.-S. Gräslund, « A Princely Child in Birka », dans A. Wesse (dir.), *Studien zur Archäologie...*, *op. cit.*, p. 281-289 ; I. Hägg, « Aussagen der Textilfunde zu den gesellschaftlichen und wirtschaftlichen Verhältnissen frühstädtischer Zentren in Nordeuropa – die Beispiele Haithabu und Birka », dans K. Brandt, M. Müller-Wille et C. Radtke (dir.), *Haithabu...*, *op. cit.*, p. 181-218.

59 Rimbert, *VA*, notamment c. 9, 11, 12, 24, 26, 27, 31 et 32.

deux faisant partie du même complexe[60]. Dans la région de Dorestad, les fonctions administratives et religieuses auraient plutôt été dévolues respectivement à Nimègue, qui abrite un palais carolingien, voire à Aix-la-Chapelle, et à Utrecht[61], tandis que, plus à l'ouest, Quentovic fonctionnait en lien avec le bassin parisien, qui abritait résidences royales et aristocratiques et grands établissements religieux, comme Saint-Denis et Saint-Germain-des-Prés. Dans le Viken, Kaupang serait le doublon commercial du site élitaire tout proche de Huseby, où les archéologues ont notamment mis au jour les traces d'une grande halle visiblement utilisée jusqu'au Xᵉ siècle et une plate-forme aux dimensions imposantes (36 mètres sur 13), assez similaire à celles que l'on trouve par exemple dans la région de Gamla Uppsala, près du lac Mälar[62]. Birka serait à mettre en lien avec cet important site cérémoniel des Vᵉ et VIᵉ siècles, qui a également livré des traces d'activités pour les siècles suivants, ainsi qu'avec les sépultures élitaires du VIIᵉ au XIᵉ siècle un peu plus au nord, à Valsgärde, peut-être liées à la dynastie royale d'Uppsala[63]. Le roi mentionné par Rimbert a-t-il pu régner sur la région depuis l'ancien lieu de pouvoir de Gamla Uppsala[64] ? Quelques dizaines de kilomètres séparaient les deux sites, mais l'hiver facilitait peut-être le trajet, lorsque le lac et les cours d'eau étaient pris par les glaces. À moins que le roi n'ait préféré établir sa résidence plus près de l'*emporium*, à Hovgården (Iᵉʳ-XVIᵉ siècle), sur l'île d'Adelsö, ou encore à Helgö (IIIᵉ-Xᵉ siècle), site aristocratique et centre de commerce qui semble encore en activité à l'époque de Birka. Il n'est du reste pas impossible que différents sites aient abrité une résidence royale : à une époque où le pouvoir est encore largement itinérant, le roi des *Svear* a très bien pu séjourner alternativement à différents endroits[65]. Plusieurs *emporia* semblent donc s'intégrer dans la sphère d'influence politique d'un lieu central, qui en retour s'inscrit dans l'hinterland économique du port marchand, à l'exception notable de Lundenwic et Eoforwic.

L'existence d'un lien très étroit de ces deux *wics* anglo-saxons avec le pouvoir royal ne fait en effet pas le moindre doute, au point qu'ils acquièrent tous deux le statut de centre politique, voire de capitale, évolution qu'aucun autre *emporium* n'a connue : Lundenwic, implanté dans une région en marge des grands ensembles politiques, est probablement contrôlé, à ses débuts, depuis des sièges de pouvoir

---

60 M. Biddle, « Winchester : the development of an early capital », dans H. Jankuhn, W. Schlesinger et H. Steuer (dir.), *Vor- und Frühformen der europäischen Stadt...*, t. I, *op. cit.*, p. 229-261 ; *Id.*, « Towns », art. cit., Tableau p. 114.

61 A. Verhulst, « La vie urbaine dans les anciens Pays-Bas avant l'an mil », dans *Le Moyen Âge*, 92, 1986, p. 185-210. Voir les Cartes 14 et 14ᵇⁱˢ en Annexe 1.

62 D. Skre, « Excavations of the Hall at Huseby », dans *Id.* (dir.), *Kaupang in Skiringssal...*, *op. cit.*, p. 223-247.

63 J. Ljungkvist, « Gamla Uppsala... », art. cit. ; *Id.*, « Valsgärde... », art. cit. Voir la Carte 21 en Annexe 1.

64 Rimbert, *VA*, c. 11.

65 Rimbert évoque plusieurs assemblées se tenant, toutes en présence du roi, en divers endroits du royaume (Rimbert, *VA*, c. 27).

situés dans l'arrière-pays – peut-être déjà Windsor –, à l'image des autres *wics*[66]. Il s'agit vraisemblablement de « la capitale du royaume terrestre » (*temporalis sui regni sedem*) du roi d'Est-Anglie Sigeberht (v. 629-634) évoquée par Bède[67], avant que les rois du Kent Hlothhere (673-685) et Eadric (685-686) n'y implantent une résidence royale, probablement destinée au représentant du roi dans un premier temps et qui a ensuite pu abriter le souverain en personne[68]. En effet, à partir du milieu du VIIIᵉ siècle, Lundenwic acquiert un rôle central dans la politique anglo-saxonne et le transfert, à la fin du IXᵉ siècle, des activités à quelques centaines de mètres plus à l'est, sur l'ancien site fortifié romain, qui prend alors le nom de Lundenburgh, n'altère en rien ce rôle[69]. Eoforwic suit peut-être une évolution assez similaire, en étant contrôlé au début du VIIᵉ siècle depuis la *villa regalis* située non loin de là, un peu à l'est, sur la rivière Derwent[70], avant de devenir la capitale du royaume de Northumbrie au cours du VIIᵉ siècle, puis celle du royaume viking, sous le nom de *Jórvík*, de 866 à 954 ; mais si une résidence royale se trouvait quelque part, elle n'a malheureusement pas encore pu être découverte[71].

La volonté de contrôler un site portuaire et plus largement la région dans laquelle il est implanté passe par différentes formes de marquage du territoire. En Scandinavie par exemple, *tumuli* funéraires, comme ceux de Gamla Uppsala, ou grandes halles et plateformes, comme celles non loin de Kaupang et de Birka, visibles de loin pour le voyageur ou les habitants de la région, sont tous des marqueurs de pouvoirs à forte connotation symbolique. Verticalité et hauteur constituent autant d'éléments permettant de dominer une région, à la fois d'un point de vue physique et politique. Les pierres runiques sont d'autres marqueurs spatiaux, pouvant servir par exemple de bornes (de propriété ou d'influence), symboles de possession territoriale. Dans les environs de Hedeby, on n'en a découvert pas moins de quatre[72] : même si on ignore leur emplacement originel exact, elles indiquent qu'au Xᵉ siècle la région faisait encore l'objet de toutes les attentions de la part du pouvoir, en particulier du roi Sven (986-1014), mentionné sur les inscriptions de deux d'entre elles[73].

---

66 L. Blackmore, « The Origins and Growth of *Lundenwic*, a Mart of many Nations », dans B. Hårdh et L. Larsson (dir.), *Central places…*, *op. cit.*, p. 273-301.

67 Bède le Vénérable, *HE*, III, 22.

68 F. L. Attenborough, *The laws…*, *op. cit.*, p. 22-23, § 16.1 ; B. Hobley, « Lundenwic and Lundenburh… », art. cit., p. 73.

69 D. J. Keene, « London in the early Middle Ages 600-1300 », dans *The London Journal*, 20 (2), 1995, p. 9-21, ici p. 10.

70 Bède le Vénérable, *HE*, lib. II, c. 9.

71 R. A. Hall, « Anglo-Saxon and Viking-Age York », art. cit.

72 S. Kalmring, *Der Hafen…*, *op. cit.*, p. 41-55. Voir la Carte 18 en Annexe 1.

73 Celle dite « d'Érik » ou DR1 et celle « de Skarthi » ou DR3 : datées de 983-1014, elles précisent que « Þorolfr, suivant de Sven, a élevé cette pierre en mémoire d'Érik, son associé, qui trouva la mort lorsque les guerriers assiégèrent Hedeby ; c'était un capitaine et un bon et farouche guerrier » (http://runer.ku.dk/

Toutefois, dans les *emporia* même, implantés en bord de mer ou de rivière, dans un paysage essentiellement horizontal, le marquage du territoire prend d'autres formes : le secteur central du marché est ainsi souvent découpé en parcelles régulières, organisées de part et d'autre de rues parallèles ou perpendiculaires au rivage formant un quadrillage que l'on a tout lieu de penser réfléchi, peut-être résultat de l'intervention d'une autorité[74]. Pouvoir et planification iraient ainsi de pair : structurer le secteur du marché en parcelles peut être une façon d'organiser rationnellement l'espace, de faciliter la circulation (des hommes comme des marchandises) sur des sites de taille de plus en plus importante et d'éviter d'éventuels conflits entre différents acteurs en définissant les propriétés de chacun et en garantissant les possessions de chaque marchand et artisan ; mais cela permet aussi de délimiter et de marquer son territoire, en affirmant son autorité sur un lieu et ses occupants[75]. La mise en place de ce système de parcelles dans les sites portuaires coïncide d'ailleurs avec le développement d'autres systèmes d'assignation et de prélèvement, tels que le *mansus* chez les Francs et la *hide* chez les Anglo-Saxons, systèmes d'unité fiscale et de gestion se développant à partir du VIIe siècle[76]. Dans les *wics*, l'espace n'est donc plus organisé autour de points sacrés comme dans les lieux de pouvoir des siècles précédents, mais pour répondre aux besoins des activités artisanales et commerciales : l'orientation des rues structurant le quadrillage est déterminée par la rivière ou le rivage, et non plus par un tertre funéraire, une colline sacrée ou un temple plus ou moins proches. En d'autres termes, les voies de communication sont conçues pour relier, en priorité, ces ports à leur arrière-pays économique (local ou suprarégional). Les logiques d'organisation et d'appropriation de l'espace changent donc de nature, révélant une forme de « rationalité économique ». Les parcelles ne sont d'ailleurs pas le seul marqueur imprimé dans l'espace de ces établissements portuaires : le fossé creusé autour de la partie orientale de Ribe au cours de la première moitié du IXe siècle et entourant une zone avoisinant les douze hectares ou les structures militaires mises au jour à Birka semblent également indiquer l'implication d'une forme de pouvoir dans l'organisation de ces sites. La législation anglo-saxonne, en mettant l'accent sur la différence de statut entre les échanges se déroulant à l'intérieur du site portuaire et ceux se tenant à l'extérieur, soulève la question de l'éventuelle présence d'une délimitation entre ces deux zones : comment se

---

VisGenstand.aspx ?Titel=Haddeby-sten_1 et http://abdn.ac.uk/skaldic/db.php ?if=srdb&table=mss&id=18830) et que « Le roi Sven a élevé cette pierre en mémoire de Skarði, son suivant, qui voyagea vers l'ouest, mais qui mourut à Hedeby » (http://runer.ku.dk/VisGenstand.aspx ?Titel=Haddeby-sten_3 et http://abdn.ac.uk/skaldic/db.php ?if=srdb&table=mss&id=18832).

74 A. Hed Jakobsson, « Towns, Plots... », art. cit.

75 J. Murdoch, *Post-structuralist Geography : a guide to relational space*, Londres/Thousand Oaks/New Delhi, 2006.

76 J.-P. Devroey et A. Nissen-Jaubert, « Family, income... », art. cit., p. 19.

marquait « l'extérieur de l'*emporium* »[77] ? Peut-être par une sorte de petit fossé ou de rempart semblable à celui de Ribe, plutôt limite administrative et marquage ancré matériellement dans le territoire que structure défensive.

Les *wics* font par conséquent partie intégrante d'un espace très hiérarchisé. Toutefois, aborder leurs relations avec le pouvoir à partir de la seule dichotomie entre lieux de pouvoir et ports marchands rend souvent mal compte de la réalité historique. Cantonner, pour le sud du monde anglo-saxon, les fonctions administratives à Winchester est ainsi problématique : comment interpréter dès lors les chartes signées à Hamwic[78] ? Lundenwic et Eoforwic sont des centres religieux et politiques de premier plan ; et au Danemark, Ribe a pu assumer une partie des fonctions qui étaient auparavant dévolues à l'ancien site élitaire de Dankirke. En présentant les *emporia* comme les « doublons » de lieux de pouvoir installés dans l'arrière-pays, le débat est par conséquent peut-être mal posé : les fonctions politiques et économiques étaient-elles vraiment dissociées et réparties dans deux sites bien distincts ? Le pouvoir se trouvait dans la région, non loin de ces ports, mais textes comme traces archéologiques montrent qu'il était loin d'avoir déserté les *wics* eux-mêmes.

1.4 Des régions toujours disputées au X⁰ siècle

Dans ces régions âprement disputées, les ports ne sont finalement qu'une des pièces maîtresses permettant de quadriller et contrôler une zone plus vaste, ce qui explique que les compétitions pour ces régions aient débuté avant l'apogée des grands ports marchands et qu'elles ne cessent pas avec leur déclin. Alors que l'âge d'or économique de ces derniers est déjà loin et qu'une nouvelle période d'instabilité politique s'ouvre en Occident, les luttes pour certaines façades maritimes stratégiques renaissent, signe que les enjeux dépassaient largement le seul cadre des *wics*, comme le montrent notamment l'histoire de la région du Ponthieu, celle du fjord de la Schlei au X⁰ siècle ou encore le conflit dans les années 960 pour la région de Wolin entre les Danois et le pouvoir alors en train d'émerger autour de la dynastie des Piast[79]. En l'absence d'un pouvoir central fort, les sites-clés que sont les *emporia* se retrouvent à nouveau pris au cœur de formes de compétition entre différents groupes cherchant à s'affirmer : la lutte qui met aux prises les comtes de Flandre et les souverains francs pour la domination de Montreuil-sur-Mer* et du Ponthieu au X⁰ siècle en témoigne.

---

77 *... nan man ne ceapige butan porte...* (F. L. Attenborough, *The laws...*, *op. cit.*, p. 114-115, c. 1).
78 Les chartes S 272, S 273, S 275 et S 276, qui sont vraisemblablement des faux mais reprenant des chartes des années 820, sont signées *in (H)omtune* ; et la charte S 288, elle probablement authentique, est signée vers 840 *in villa regali quae appelatur Hamptone* (P. H. *Sawyer, ASC*). Voir le Tableau 1 en Annexe 3.
79 D. Meier, *Seafarers...*, *op. cit.*, p. 89.

La région et son port marchand constituent toujours un point de passage important, expliquant que les derniers Carolingiens, dans une ultime tentative pour restaurer leur autorité, aient tout tenté pour en reprendre le contrôle. Il faut toutefois attendre qu'Hugues Capet rattache Montreuil* à la Couronne pour que le pouvoir royal parvienne à réaffirmer durablement son emprise sur le Ponthieu et l'ancien site de Quentovic[80]. À la fin du xe siècle, dans le contexte de la répudiation de la reine Rozala-Suzanne par Robert le Pieux (991), la région est cependant une nouvelle fois au cœur de luttes entre grands : rejetée par Robert, Rozala cherche à récupérer le douaire qu'Hugues Capet lui avait accordé lors de son mariage et qui était constitué du Ponthieu et du port de Montreuil[81]. À cette époque, il semble bien que Quentovic ne soit plus qu'un souvenir. C'est désormais Montreuil le port maritime et fluvial essentiel dans la région : situé à l'embouchure de la Canche, il rapporte d'importants revenus (tonlieux, taxes...). Lorsque Richer de Reims relate, dans les années 990, le premier siège de ce site par Arnoul de Flandre en 939, il insiste ainsi sur « les bénéfices importants qu'y procurent les importations maritimes », ce qui pourrait indiquer que ce port a alors hérité des fonctions portuaires de Quentovic[82]. Montreuil bénéficie en outre d'une situation très stratégique : il s'agissait d'un point de passage qui permettait de contrôler la circulation des navires sur le fleuve, disputé par les comtes de Flandres et ceux de Normandie, sous l'œil attentif du souverain capétien. L'acharnement de Rozala-Suzanne à défendre son bien s'explique donc aisément par cette situation stratégique et les enjeux économiques autour de Montreuil, mettant la région, une nouvelle fois, au cœur des tensions et processus compétitifs entre grands.

À la même époque, les environs de la Schlei se trouvent eux aussi à nouveau âprement disputés : le conflit qui oppose la dynastie de Gnupa – mentionné sur des pierres runiques retrouvées dans la région – et les rois germaniques se solde par une période de domination ottonienne sur la région (entre 934/940 et 983 environ)[83]. À l'image du Ponthieu et du comté de Montreuil-sur-Mer*, ce territoire, doté d'un *emporium* important, reste un enjeu au cœur des compétitions entre différents groupes politiques bien après le déclin du port marchand : c'est la région dans son ensemble, et pas seulement le site de Hedeby ou de son successeur, Schleswig, qui occupe une place stratégique dans les luttes d'influence du moment.

---

80 H. Martin, « Domaine royal », dans F. Menant *et al.* (dir.), *Les Capétiens. Histoire et dictionnaire, 987-1328*, Paris, 1999, p. 823-825, ici p. 823.

81 Richer de Reims, *Histoire de France...*, vol. II, *op. cit.*, lib. IV, c. 87 ; F. Menant *et al.* (dir.), *Les Capétiens...*, *op. cit.* (n. 80, ci-dessus), p. 35.

82 Richer de Reims, *Histoire de France...*, vol. I, *op. cit.*, lib. II, c. 11.

83 I. Skovgaard-Petersen, « The making of the Danish kingdom », dans K. Helle (dir.), *The Cambridge History...*, vol. 1, *op. cit.*, p. 168-183, ici p. 174.

Plus à l'est, à partir du milieu du Xe siècle, la région du delta de la Vistule est dominée par un pouvoir politique fort, de nature dynastique et non plus seulement tribale, probablement en lien avec les premiers Piast : le déclin de Truso au cours de la seconde moitié du Xe siècle est peut-être lié à la volonté politique de prendre le contrôle du grand commerce dans l'ensemble de la région[84]. En effet, à la même époque, les principales routes commerciales sont redéfinies, au profit de Gdańsk, nouveau grand port qui amorce alors son essor, sous l'œil attentif du pouvoir. Pour consolider son autorité, Mieszko Ier, fédérateur des tribus slaves entre Oder et Vistule, multiplie ainsi les points d'ancrage dans la région, en fondant Gdańsk, mais aussi en s'emparant de Wolin, ce qui lui permet de quadriller la façade maritime située entre l'Oder et la Vistule et ouvrant sur la Baltique.

1.5 Les grands itinéraires de circulation : l'exemple de la traversée de la Manche

Au premier Moyen Âge, des liens étroits unissaient mondes franc et anglo-saxon, comme l'attestent à la fois l'archéologie[85] et les textes[86], inscrivant Lundenwic, Hamwic, Gipeswic, Rouen, Quentovic, Domburg et Dorestad dans le cadre d'une histoire parallèle et faisant du contrôle des échanges transmanche un enjeu majeur pour les pouvoirs alors en train de s'affirmer. La seconde moitié du VIe siècle semble marquée par la volonté des rois mérovingiens de reprendre en main le *litus saxonicum*, grâce notamment au mariage de la fille du roi de Paris Charibert avec Æthelberht de Kent († 616), faisant du souverain anglo-saxon le cousin par alliance du roi neustrien Clotaire III (663-673)[87]. Un personnage comme le maire du palais de Neustrie Erchinoald, qui offrit au roi Clovis II une esclave anglo-saxonne, Bathilde, et maria peut-être sa propre fille, Emma, à Eadbald, fils du roi Æthelberht, témoigne également des nombreux liens de parenté existant alors entre aristocraties franque et anglo-saxonne[88] ; et un siècle

---

84 M. Bogucki, « Viking Age ports of trade in Poland », art. cit., p. 114. Voir la Carte 1 en Annexe 1.
85 À travers la présence d'objets francs dans le cimetière anglo-saxon de Sutton Hoo ou dans le tombeau princier de Prittlewell sur l'estuaire de la Tamise (I. Wood, « Quentovic et le sud-est britannique... », art. cit.), ou encore de mobilier de type anglo-saxon dans la nécropole de la Calotterie (J. Soulat, « La présence saxonne et anglo-saxonne sur le littoral de la Manche », dans S. Lebecq, B. Béthouart et L. Verslype (dir.), *Quentovic...*, *op. cit.*, p. 147-163 ; *Id.*, « Le mobilier archéologique de type mérovingien dans le Kent au VIe siècle : échanges, influences, commerce ou mobilité ? », dans A. Gautier et S. Rossignol (dir.), *De la mer du Nord...*, *op. cit.*, p. 61-74).
86 Bède le Vénérable évoque par exemple l'arrivée du moine Augustin, envoyé du pape Grégoire le Grand, sur les rives de l'île de Thanet, dans le Kent du roi Æthelberht, en 597 (Bède le Vénérable, *HE*, lib. I, c. 25).
87 Grégoire de Tours, *Libri Historiarum X*, *op. cit.*, lib. IV, c. 25 ; Bède le Vénérable, *HE*, lib. I, c. 25.
88 I. Wood, « Frankish hegemony in England », dans M. Carver (dir.), *The age of Sutton Hoo...*, *op. cit.*, p. 235-241, ici p. 239 ; *Id.*, *The Merovingian North Sea*, *op. cit.* ; *Id.*, *The Merovingian Kingdoms...*, *op. cit.*, p. 176-179.

plus tard, le roi du Wessex porte encore un nom franc, Sigebert[89]. Alors que les échanges septentrionaux s'intensifient et que des relations étroites se tissent entre les deux rives de la Manche, les élites franques cherchent à tout prix à prendre pied sur le littoral et à contrôler des points de passage-clés, tels que Quentovic ou Boulogne*. Après Augustin de Canterbury – qui, recommandé par Grégoire le Grand à Brunehaut, n'a toutefois pas dû franchir la mer à partir de Quentovic, mais peut-être depuis Boulogne[90] –, c'est au tour de Wilfrid vers 678[91] et de saint Boniface (de Mayence) au début du VIIIᵉ siècle de traverser la Manche. Lorsque ce dernier, originaire du Wessex, se rend en Frise pour évangéliser les Frisons en 715, il passe par *Dorstet*[92] ; et, en 718, pour se rendre à Rome auprès du pape Grégoire II, il débarque à *Cuentawich*[93], alors présenté comme « la voie la plus directe » pour se rendre de Rome en Angleterre[94]. Dans un premier temps, ce n'est donc peut-être pas tant pour ses fonctions économiques qu'un port comme Quentovic fut développé et disputé : à en croire les sources écrites – faute de données matérielles détaillées en la matière –, le site fut d'abord conçu comme un port pour la circulation des voyageurs, en particulier en vue de la traversée transmanche. La lutte pour le « duché de Dentelin », dès le premier tiers du VIIᵉ siècle, peut par conséquent s'expliquer notamment par la volonté de s'assurer, très tôt, des points de passage pour franchir la Manche.

Néanmoins, à la fin du VIᵉ et au début du VIIᵉ siècle, plusieurs sites sur une grande partie de l'actuelle Côte d'Opale paraissent encore en activité, même à une échelle assez modeste : Étaples*, Boulogne*, Wissant*, Ambleteuse[95]. Tous sont d'anciens ports d'embarquement pour l'Angleterre à l'époque romaine, bénéficiant de la présence dans les environs immédiats d'une importante voie romaine, reliant la côte à Thérouanne et au-delà. On peut ainsi s'interroger sur la destination de Pierre, abbé de *St Peter and St Paul* à Canterbury, lorsqu'il périt dans un naufrage au large d'Ambleteuse (*Amfleat*) en 614/616[96] : cherchait-il à gagner Boulogne, à seulement une dizaine de kilomètres plus au nord, Quentovic ou même Ambleteuse, de taille probablement plus modeste mais peut-être toujours en usage à l'époque mérovingienne ? Le fait que son corps soit par la suite déposé et vénéré comme martyr à Boulogne pourrait plaider

---

89 Ce nom d'origine germanique est porté par plusieurs rois d'Austrasie aux VIᵉ et VIIᵉ siècles, mais également par des rois d'Essex et d'Est-Anglie au VIIᵉ siècle (I. Wood, « The Franks and Sutton Hoo », dans *Id.* et N. Lund (dir.), *People and Places in Northern Europe 500-1600. Essays in honour of Peter Hayes Sawyer*, Woodbrige, 1991, p. 1-14, ici p. 9-10).

90 A. Gautier, « Traverser la Manche… », art. cit. (n. 43, p. 71).

91 Eddius Stephanus, *Vita Wilfridi, op. cit.*, c. 25.

92 *Bonifatii, op. cit.*, c. 4.

93 *Ibid.*, c. 5.

94 Eddius Stephanus, *Vita Wilfridi, op. cit.*, c. 25.

95 Voir la Carte 8 en Annexe 1.

96 Bède le Vénérable, *HE*, lib. I, c. 33.

en faveur de ce port, mais l'incertitude demeure[97]. Au fil du temps, nombre de ces ports disparaissent toutefois de la documentation écrite. Il semble que, progressivement, le trafic d'hommes et de marchandises soit de plus en plus canalisé par quelques grands ports, de taille importante et en nombre moindre, en particulier Rouen et Quentovic en Gaule, Dorestad et Domburg en Frise. C'est d'ailleurs très probablement la position privilégiée de ce dernier, inter-médiaire entre l'Austrasie, la Frise et l'Angleterre, qui a fait sa fortune aux VIIᵉ et VIIIᵉ siècles.

Par conséquent, dans la seconde moitié du VIIᵉ siècle, Quentovic est plus que jamais un enjeu majeur : les maires du palais, hommes forts de cette période, s'intéressent de près au contrôle de ce port et, par voie de conséquence, d'un des itinéraires pour la traversée transmanche. Bède le Vénérable nous rapporte que, en 668, le maire du palais neustrien Ébroïn accorde à Raedfrid, représentant du roi du Kent Egbert (664-673), l'autorisation d'accompagner Théodore, archevêque de Tarse, en Angleterre depuis Quentovic, ce qui sous-entend clairement que le port était alors sous son contrôle[98]. On voit ainsi se dessiner des itinéraires dif-férents en fonction des groupes : les Mauront passent surtout par le Ponthieu et Quentovic pour se rendre essentiellement dans le Kent, notamment à Lundenwic, et en Est-Anglie, tandis que les Faronides-Audoinides, entretenant eux aussi des liens outre-manche – comme en témoignent les princesses anglo-saxonnes ac-cueillies à Faremoutiers, le monastère double fondée par Burgundofara/sainte Fare vers 620 –, partent plutôt de la Basse-Seine, notamment de Rouen, sous leur contrôle sous l'épiscopat d'Ouen (641-684), pour des destinations anglo-saxonnes plus occidentales, peut-être Hamwic[99]. Ces routes multiples seraient par conséquent le reflet du kaléidoscope des forces politiques en présence, soulignant l'importance pour chaque groupe de disposer d'un port d'embarquement pour l'Angleterre : tant que Rouen leur échappe, les Pippinides et leurs alliés, notam-ment les Mauront, doivent s'appuyer sur d'autres ports de la Manche ; Quentovic semblait donc tout indiqué. Un peu plus tard, après une nouvelle période de troubles dans les années 680-690, Grimoald, devenu maire du palais de Neustrie, s'installe à Nouvion-en-Ponthieu, manifestant à son tour un vif intérêt pour la région : il tient clairement à s'y implanter, toujours dans le but probable de contrô-ler les échanges transmanche, mais aussi plus généralement de consolider son pouvoir et d'assoir son influence en Neustrie. Un siècle plus tard, la concession par Charlemagne à son fils Charles le Jeune de l'ancien *ducatus Cenommanicus*[100]

---

97 A. Gautier, « Traverser la Manche… », art. cit. (n. 43, p. 71), p. 228.

98 Bède le Vénérable, *HE*, lib. IV, c. 1 ; I. Wood, *The Merovingian Kingdoms…*, *op. cit.*, p. 295.

99 R. Le Jan, « Les élites neustriennes… », art. cit. (n. 19, p. 194).

100 *Annales Mettenses priores*, *op. cit.*, aᵒ 790.

(ou *regnum ultra Segona*[101]), dans l'« espace royal » jadis donné à Grifon, fils de Charles Martel, alors qu'il est question à peu près à la même époque de marier Charles à la fille d'Offa de Mercie, confirme l'étroitesse des relations entre l'ancien espace neustrien, où se situe ce *ducatus/regnum*, et l'Angleterre encore à la fin du VIIIe siècle[102].

De l'autre côté de la Manche, des enjeux similaires peuvent expliquer qu'il ait été si important pour la Mercie, enclavée, de se procurer un accès à la mer : il s'agissait de pouvoir participer aux échanges entre deux royaumes et même de s'assurer du contrôle d'une partie de ceux-ci, comme s'en fait l'écho la correspondance entre Offa et Charlemagne[103]. Cela explique les efforts merciens pour prendre le contrôle de Lundenwic. Quant à Hamwic, sa situation sur le détroit du Solent, face au Continent, en faisait un candidat idéal pour installer un port destiné aux échanges transmanche. Le contrôle de cet *emporium* au IXe siècle ne suffit probablement pas à expliquer à lui seul l'essor de la maison royale ouest-saxonne, mais a très vraisemblablement constitué un des piliers contribuant à renforcer son pouvoir, lui assurant la maîtrise d'une des principales voies de passage vers le Continent.

2. Les instruments fiscaux de ce contrôle

Dans un contexte de développement des échanges, contrôle des circulations et enjeux économiques sont étroitement liés. Il s'agit pour les élites politiques de surveiller les mouvements d'hommes mais aussi ceux de marchandises, tout en s'assurant un accès privilégié à toutes sortes de biens : de luxe, pour maintenir leur statut, mais aussi plus ordinaires, pour assurer l'approvisionnement de leur groupe.

2.1 Importer et préempter

Pour cela, les autorités territoriales ont pu instituer dans les *emporia* des systèmes de préemption sur certaines denrées, afin d'assurer l'approvisionnement de leur table : elles savaient en effet pouvoir s'y procurer aussi bien les aliments de base (grain, viande...) que des importations prestigieuses, plus difficiles à trouver en-dehors de ces ports (bijoux, fourrures, produits exotiques...) et dotées de fortes connotations symboliques, pouvant contribuer à créer de la distinction sociale. Quelques mentions textuelles attestent l'existence de

---

101 *Annales Sancti Amandi Continuatio Altera*, dans *M.G.H., SS*, t. I, éd. G. H. Pertz, Hanovre, 1826, p. 12, a° 789.
102 R. Le Jan, « Écriture de l'histoire... », art. cit.
103 Charlemagne, « Lettre à Offa de Mercie », lettre cit.

tels droits : dans le monde anglo-saxon, une charte du roi du Kent Eadberht II évoque la concession à l'abbaye *St Peter* (*Minster*), sur l'île de Thanet, d'une exemption de tonlieu dans les ports de Sarre* et Fordwich* en échange de droits de préemption sur les marchandises acquises[104]. Plus tard, en Scandinavie, le *konungs kaup* (en quelque sorte la « part du roi ») est un des droits importants de la Couronne à l'époque médiévale[105] : le roi de Norvège Magnus Håkonsson (1263-1280) le fait mettre par écrit, décrétant que « pour toutes les marchandises, le roi ou son représentant achète le premier »[106]. Quant à la loi du *Frostaþing*, rédigée sous Olaf III (1067-1093), mais avec des références à des lois plus anciennes attribuées à Olaf le Saint dans les années 1020, elle mentionnait déjà les droits exclusifs du roi de Norvège pour l'achat de fourrures venues du Nord[107] : « Toutes les fourrures de bêtes sauvages du nord de l'*Umeyiarsund* [au sud du Hålogaland], le roi seul peut les acheter »[108] ; et la « Loi de Birka » (*Bjärköarätt*) spécifie que le roi, par l'intermédiaire de son représentant, avait le droit d'acquérir les marchandises nouvellement importées trois jours avant n'importe qui d'autre[109]. Ces mentions législatives sont certes tardives et ne concernent pas directement les *emporia* nordiques, mais il n'est pas impossible qu'il s'agisse d'une mise par écrit de pratiques plus anciennes, pouvant remonter à l'âge d'or de ces ports.

Certaines formes de préemption ont pu concerner des matières premières, ce qui constituait un excellent moyen pour les élites de se placer en fournisseurs privilégiés (voire monopolistiques) et de s'assurer ainsi la mainmise sur une partie des activités et productions des artisans travaillant sur place. La légende du forgeron Völundr, relatée dans l'*Edda poétique*, nous raconte comment cet artisan talentueux, « l'homme le plus adroit de ses mains dont on ait jamais parlé dans les récits anciens », est retenu par le roi Nídudr, qui tient à l'avoir à son entière disposition pour bénéficier de son art, et contraint de forger pour lui armes et bijoux[110]. Le poète, peu soucieux des aspects pragmatiques, ne nous précise pas

---

104 P. H. *Sawyer, ASC,* S 29 ; S. Kelly, « Trading privileges... », art. cit., p. 6 et 16.

105 F. Iversen, « The Beauty of *Bona Regalia* and the Growth of Supra-regional Powers in Scandinavia », dans S. Sigmundsson (dir.), *Viking Settlements...*, *op. cit.*, p. 225-244.

106 « Den nyere Lands-Lov, utgiven av Kong Magnus Haakonsson », dans *Norges Gamle Love...*, vol. II, *op. cit.*, p. 1-178, ici VIII, c. 9, p. 155.

107 L. M. Larson, *The Earliest Norwegian Laws...*, *op. cit.*, p. 26.

108 « Den ældre Frostathings-Lov », dans *Norges Gamle Love...*, vol. I, *op. cit.*, p. 257-258, ici XVI, c. 2 ; L. M. Larson, *The Earliest Norwegian Laws...*, *op. cit.*, p. 405.

109 T. T. Cagner *et al.* (dir.), *Les Vikings*, Paris, 1968, p. 44.

110 *Vǫlundarkviða*, dans *The Poetic Edda*, vol. II, *op. cit.*, p. 239-328 ; « Le Chant de Völundr », dans *L'Edda poétique*, *op. cit.*, p. 567-578. L'*Edda poétique* est un recueil tardif de poèmes scaldiques composé entre le IXe et le XIIIe siècle, mais dont la plupart sont issus de la tradition orale et donc bien plus anciens : cet épisode est par exemple représenté sur le coffret d'Auzon (ou *Franks Casket*) du VIIIe siècle ou sur la pierre d'Ardre VIII (Gotland, probablement de la seconde moitié du VIIIe siècle).

comment Völundr obtenait la matière première (métaux et joyaux) nécessaire à la fabrication de tous les « trésors » qu'il forge pour le roi. Toutefois, prisonnier sur un îlot, isolé du monde, il paraît très peu probable qu'il se la soit procurée seul : c'est plus vraisemblablement Nídudr qui fournissait au forgeron le fer, l'or et les gemmes dont il avait besoin. Ce mythe pourrait ainsi suggérer que les élites ont pu contrôler, à l'image du roi Nídudr, l'approvisionnement des ateliers des orfèvres en pierres et métaux précieux, peut-être également dans le cadre des *emporia*. Il est assez vraisemblable que les matières premières les plus stratégiques ont tout autant, si ce n'est davantage, retenu leur attention, à commencer par le fer – sous forme de minerai ou de barres de fer prêtes à être travaillées –, indispensable pour la fabrication des outils, armes et rivets de bateaux. Les armes en tous genres (épées, mais aussi pointes de lance ou de flèche...) permettent en effet d'accroître son pouvoir, tandis qu'un outillage agricole plus performant rend possible une hausse de la productivité agricole et donc des richesses. L'augmentation importante de la production de fer en Scandinavie à partir du VIᵉ siècle constitue probablement une raison essentielle de l'enrichissement du royaume des *Svear* en Suède et les riches personnages ensevelis dans de luxueuses sépultures comme à Vendel ont pu intervenir dans l'exploitation de ce minerai au nord-ouest du lac Mälar[111]. De même, à Valsgärde, la sépulture 3 (première moitié du Xᵉ siècle) comprend un marteau avec un fer de lance pour manche, ce qui pose la question de l'utilité pratique d'un tel objet, que l'on pourrait donc plutôt interpréter comme un symbole du contrôle de la production de fer dans la région[112]. La valeur du fer, mais aussi du grain, peut sembler dérisoire en comparaison de celle de bijoux, armes et autres produits de luxe, mais de tels matériaux et denrées étaient indispensables à la vie des habitants de ces sites portuaires et à leurs activités artisanales : sans grain venu de l'extérieur, ces populations n'auraient pas pu se consacrer entièrement à des activités non-agricoles ; et sans minerai de fer, pas de production métallurgique possible.

Contrôler l'approvisionnement des *emporia* était donc une façon indirecte de contrôler ces sites et les activités – avec les productions en découlant – qu'ils abritaient. En ce sens, ces ports constituaient pour les élites un remarquable outil de mobilisation des ressources, mais aussi un moyen efficace de s'assurer la maîtrise des réseaux d'approvisionnement et circuits économiques assurant la diffusion de certains matériaux et biens. Ainsi, les arrivages de stéatite à Kaupang ont pu être contrôlés par un groupe restreint de personnes – plutôt qu'assurés par différents fournisseurs sur un marché ouvert –, la majorité des fragments de cette roche retrouvés sur le site semblant provenir des mêmes carrières, non

111 Å. Hyenstrand, *Excavations at Helgö*, VI (*The Mälaren area*), Stockholm, 1981, p. 38-40. Voir la Carte 21 en Annexe 1.
112 A. Nissen-Jaubert, « Pouvoir, artisanat... », art. cit. (n. 106, p. 84), p. 77.

loin du port, peut-être dans le sud-est de la Norvège[113]. On peut même aller jusqu'à supposer que les hommes importants de Kaupang, qu'il s'agisse du roi des Danois, de ses représentants ou de chefs locaux, contrôlaient la production des carrières ; à moins que celle-ci n'ait été dominée par quelqu'un d'extérieur à ce *wic*, s'imposant comme le principal fournisseur de stéatite dans le Viken au IXe siècle et s'assurant une position de monopole dans la région. La présence de récipients en stéatite dans plusieurs tombes masculines assez riches, contenant aussi poids et balances, pourrait d'ailleurs confirmer l'hypothèse d'un commerce organisé par des élites, dans lequel Kaupang jouerait le rôle de centre local de distribution pour cette roche. Cette source unique d'approvisionnement serait par conséquent le signe d'une forme de contrôle strict de la production et de la distribution de ces récipients tout au long du IXe siècle. Malheureusement, les sources textuelles ne nous renseignent pas vraiment sur le sujet : une des rares mentions retenant l'attention des historiens sur le sujet se trouve dans une lettre de Charlemagne adressée à Offa de Mercie, qui mentionne des *petras nigras*[114], traditionnellement interprétées comme des pierres de meule en basalte, mais de nombreux arguments vont malheureusement à l'encontre de cette interprétation. Il paraît en effet peu vraisemblable que ces meules en basalte, plus grises que « noires », aient attiré l'attention des monarques[115] ; et l'idée ne tient même plus du tout si l'on considère qu'elles sont arrivées en Angleterre en partie sous forme de ballast, alors que Charlemagne emploie un terme très fort dans sa lettre (*flagitabat*), suggérant qu'Offa lui demande ces pierres avec insistance, et parle également du transport (*in vehendo*), laissant entendre que ces pierres sont transportées pour elles-mêmes et non comme lest. En outre, si l'on en croit le terme *ubicumque,* ces « pierres noires » semblent pouvoir être extraites dans plusieurs endroits, ce qui n'était pas vraiment le cas du basalte, originaire des carrières des monts de l'Eifel ou éventuellement de Volvic. En outre, la lettre mentionne la longueur de ces pierres (*longitudine petrarum*), terme peu approprié pour des meules circulaires, évoquant plutôt des colonnes et donc un matériau de construction : peut-être du porphyre pourpre destiné à un bâtiment prestigieux ; mais la mention de la couleur sombre peut également faire penser à du jais ; dans tous les cas, une matière première bien plus précieuse que du basalte, expliquant l'intérêt qu'elle pouvait susciter auprès de Charlemagne et Offa.

---

113 I. Baug, « Soapstone Finds », et D. Skre, « The Inhabitants : Activities », dans *Id.* (dir.), *Things...*, *op. cit.*, p. 311-337 et p. 397-415.
114 Charlemagne, « Lettre à Offa de Mercie », lettre cit.
115 J. Parkhouse, « The Distribution... », art. cit., p. 103.

2.2 Encadrer et taxer les flux de marchandises à partir des wics

Aux VIIIe et IXe siècles, il ne s'agit plus seulement de faire franchir la Manche à des pèlerins, ambassadeurs et autres voyageurs – même si cela reste toujours une des vocations de ces ports –, mais également d'accueillir et d'expédier diverses marchandises en quantités toujours plus importantes, de stocker, acheter et vendre des biens en tous genres, tout en prélevant taxes et tonlieux sur ces transactions. Cette pratique remonte probablement au VIe siècle en Gaule et aux VIIe et VIIIe siècles en Angleterre : la protection des hommes et des marchandises ainsi que la sécurité des transactions ont un prix. En effet, consommation ostentatoire et largesses des élites, pour pouvoir perdurer, nécessitent des sources de revenus à la fois importantes et permanentes : cela peut passer par l'intensification de la production agricole, mais aussi par des taxes sur les échanges – même si une partie des revenus générés par ces prélèvements servait, en théorie du moins, à l'entretien des routes et ponts sur les chemins, ainsi que des quais et places de commerce, à l'initiative du pouvoir royal. Les *emporia*, en raison de l'importance des volumes qui y transitaient, constituaient des candidats idéaux pour ce faire, comme en témoignent les chartes concernant Lundenwic signées par les rois du Kent et de Mercie dans les années 710-760[116] ou la mention de Dorestad et Quentovic dans le *Praeceptum Negotiatorum* de Louis le Pieux. À l'intérieur de l'enceinte éventuellement délimitée par un fossé peu profond ou une mince palissade, tout pouvait être imposé : le droit d'amarrage, de stockage et de passage (sous forme de tonlieux), mais également la vente des marchandises, en prélevant un pourcentage du prix, ou encore la production agricole des environs. Le découpage du secteur central de ces ports en parcelles régulières, forme de marquage du territoire ou simple gestion pratique des propriétés des uns et des autres, a également pu jouer un rôle dans ce système de taxation en définissant des unités soumises aux divers droits de douane et taxes sur les transactions : une des raisons d'être de ce quadrillage régulier a pu être la délimitation des prérogatives de la puissance publique, notamment en matière de taxation, afin qu'elles s'appliquent dans des secteurs bien définis de l'*emporium*[117] ; des « parcelles fiscales » en somme, sur lesquelles les représentants du pouvoir pouvaient exercer leur autorité, en matière de droits et de taxes.

Toutefois, concernant les formes de taxation, des différences assez considérables ont pu exister selon les périodes et les régions : la fiscalité carolingienne n'est pas la fiscalité mérovingienne et le système des péages est probablement moins efficace en Angleterre et surtout en Scandinavie que chez les Francs. Les ports

---

116 S. Kelly, « Trading privileges... », art. cit. Voir le Tableau 2 en Annexe 3.
117 S. Lebecq, « L'administration portuaire de Quentovic et de Dorestad (VIIIe-IXe siècles) », dans *Id.*, B. Béthouart et L. Verslype (dir.), *Quentovic..., op. cit.*, p. 241-251.

marchands carolingiens, forts à la fois de leur situation comme points de rupture de charge et de l'ampleur des échanges qui y étaient opérés, semblent ainsi servir directement de péages, en rayonnant sur une région assez vaste. Les sources textuelles (diplomatiques en particulier) indiquent clairement que Quentovic et Dorestad sont des bureaux de douane littoraux majeurs pour les Carolingiens, deux des trois plus importants (avec les *Clusas*, probablement les cluses alpines)[118]. Le contrôle de la vallée, des ports et des routes de la Canche et du delta du Rhin revêtait une importance capitale, à la fois politique et économique : Quentovic et Dorestad en étaient les points de passage et de contrôle, à la tête de provinces douanières et fiscales puissantes. L'expression *regalis decima* dans le Registre des biens de Saint-Martin d'Utrecht, désignant le dixième des revenus royaux accordé à l'église, est un droit qui remonte probablement à la première moitié du VIIIe siècle et est confirmé par Pépin en 753[119] : cette formulation semble utilisée uniquement à propos des propriétés royales d'où le trésor tire des revenus du commerce, en particulier du tonlieu. Elle apparaît ainsi notamment pour Leut, sur la rive est du Rhin courbé – soit la rive opposée à Dorestad –, pour Maasland, régulant probablement le commerce de la région du delta de la Meuse près de Vlaardingen, et surtout pour Dorestad, à l'intersection du Rhin courbé et du Lek[120]. Toutes les grandes routes commerciales fluviales en Frise étaient donc étroitement contrôlées et l'ensemble des tonlieux perçus dans les propriétés royales de la région dépendait peut-être de Dorestad, supervisé par le *procurator rei publice* ou *prefectus*, à l'image de Quentovic et de son *prefectus-dux*[121]. Ce dernier rayonnait aussi très largement sur la région environnante et même probablement jusqu'à Rouen, ce préfet n'étant autre, sous Charlemagne, que l'abbé de Fontenelle (Gervold, abbé de 789 à 806/807), un des monastères les plus puissants de la région[122]. Ce port, dont la douane et la monnaie semblent progressivement passer sous la coupe du bureau de douane et de l'atelier monétaire de Quentovic servirait par conséquent d'auxiliaire au *vicus* de la Canche dans la basse vallée de la Seine, peut-être un peu comme Medemblik*, autre propriété royale où l'église d'Utrecht se voit concéder la *regalis decima*, ou même Domburg pour Dorestad en Frise occidentale.

Dorestad et Quentovic seraient ainsi les chefs-lieux des douanes environnantes et peut-être les sièges des hauts fonctionnaires gérant toutes les douanes

---

118 Diplôme de Charlemagne pour l'église de Strasbourg (775), texte cit. (n. 34, p. 43) ; Louis le Pieux, *Praeceptum Negotiatorum* (828), texte cit. (n. 33, p. 43) ; Diplôme d'Otton II pour l'église de Strasbourg (974), dans *OSU*, vol. 1, *op. cit.*, n° 131, p. 129-130.

119 Extrait d'un inventaire de biens et de revenus..., texte cit. (n. 37, p. 43) ; Diplôme de Pépin le Bref en faveur de l'église d'Utrecht (753), dans *OSU*, vol. 1, *op. cit.*, n° 43, p. 36-37.

120 Voir les Cartes 14 et 14bis en Annexe 1.

121 J. C. Besteman, « North Holland AD 400-1200 : turning tide or tide turned ? », dans *Id.*, J. M. Bos et H. A. Heidinga (dir.), *Medieval Archaeology...*, *op. cit.*, p. 91-120, ici p. 109.

122 *Chronique des abbés de Fontenelle...*, *op. cit.*, lib. XII, c. 2, p. 136-137.

dépendantes. Ce système pourrait remonter au Bas-Empire, lorsqu'un fonctionnaire impérial contrôlait, depuis sa douane centrale – vraisemblablement sur le
Rhin – et pour le compte du fisc impérial, les douanes aux embouchures des autres
rivières, une thèse que la découverte de vestiges romains à Domburg pourrait appuyer[123]. Déjà en 828, le *Praeceptum Negotiatorum* avait introduit une certaine res-
triction des lieux d'exemption. L'absence de la mention des places de commerce
autres que Quentovic, Dorestad et les Cluses – Rouen, Amiens, Maastricht*...,
encore cités en 779[124], n'apparaissant plus sur les documents officiels – ne signifie toutefois pas qu'elles ont disparu, mais peut-être plutôt que Quentovic et
Dorestad seraient à ce moment à la tête de toutes les activités commerciales du
nord de l'Empire[125]. Il n'est pas impossible que les autres établissements soient
alors passés sous leur administration, dans le cadre d'un processus de hiérarchisation assez caractéristique des Carolingiens – cette réorganisation douanière
pouvant être mise en parallèle de la réorganisation monétaire de 794. Les *wics* du
monde anglo-saxon, notamment Lundenwic et Hamwic, semblent aussi avoir
servi à centraliser la collecte des taxes, tant en nature qu'en monnaie, pour leur
région, sous le contrôle d'agents royaux.

Faute de sources écrites équivalentes, le statut des *emporia* scandinaves concernant le paiement d'éventuelles taxes et droits de passage est plus difficile à établir. Toutefois, le passage du marchand Ohthere à Kaupang vers 890 sur la route
qui le menait du nord de la Norvège à Hedeby pourrait indiquer que Kaupang
remplissait également les fonctions de poste de douane pour la Norvège[126]. Le
texte ne précise pas la raison de cette étape, mais il est possible qu'Ohthere fasse
cette halte pour acquitter les taxes dues pour le transfert de sa cargaison vers le
sud. L'épisode de la destruction en 808 par le roi danois Godfred de Reric, site
à vocation commerciale générant d'importants revenus sous forme de tonlieux,
nous apprend également que, dans cette région frontalière, entre Francs, Danois
et Slaves, un roi danois était en mesure de percevoir des taxes sur les échanges
commerciaux dans un site portuaire. Quelques marqueurs spatiaux pourraient
également être le signe que certains de ces ports étaient dotés d'un statut particulier : le fossé peu profond découvert autour de Ribe a ainsi pu servir à indiquer que
le statut fiscal du site se démarquait du reste de la région environnante. À l'intérieur de cette limite, marchands et artisans étaient soumis aux taxes et droits de
passage sur leurs marchandises et transactions, avant de pouvoir éventuellement
s'enfoncer à l'intérieur des terres. Quant aux rangées de pieux barrant l'entrée de
certains ports, elles ont pu avoir pour vocation de défendre cette dernière contre

123 C. L. Verkerk, « Les tonlieux... », art. cit.
124 Diplôme de Charlemagne pour Saint-Germain-des-Prés (779), texte cit. (n. 13, p. 12).
125 S. Lebecq, « L'administration portuaire... », art cit. (n. 117, p. 215), p. 245.
126 Ohthere, dans « Ohthere's report... », texte cit., p. 47.

d'éventuelles attaques venues de la mer, mais également de contrôler l'accès au port, de surveiller de près les entrées et sorties des navires le fréquentant. Dans la *Knýtlinga saga*, l'empereur germanique Henri V (1111-1125) explique au duc Knut Eriksson (aussi connu sous le nom de Knud Lavard), détenteur du « duché de Hedeby » (1115-1131)[127], que :

> Ici, en Saxe, et dans de nombreux autres endroits, on a pour coutume de bloquer l'accès aux ports, d'y collecter des tonlieux, de ne pas laisser le moindre navire s'amarrer au port tant qu'il n'a pas payé son droit de mouillage[128].

Et le duc Knut de suivre le conseil en faisant construire deux ouvrages fortifiés de part et d'autre du détroit pour barrer l'entrée au fond du fjord de la Schlei permettant d'accéder à Hedeby, puis en ajoutant des chaînes de fer et structures en bois en travers du détroit afin d'en bloquer l'accès ; des hommes postés sur les deux fortifications étaient chargés de ne laisser entrer dans le port que les navires ayant acquitté un droit de passage[129]. Cet épisode, mis par écrit seulement vers 1260, est certes assez tardif, mais l'archéologie a confirmé que de telles pratiques existaient déjà dès la fin du IXe siècle : des alignements de pieux dans l'eau, encerclant l'entrée du port, ont ainsi été découverts à Birka et à Hedeby[130]. Les travaux effectués par le duc Knut au XIIe siècle seraient-ils une reconstruction ou une consolidation de cette première phase ? Une éventuelle vocation fiscale de tels ouvrages, longtemps interprétés comme strictement défensifs, tout en étant difficile à démontrer avec certitude, n'est ainsi pas à exclure.

2.3 Des villae regales *portuaires ?*

La gestion de telles taxes et la mobilisation des surplus agricoles ont dû nécessiter de mettre en place un système de collecte et de gestion structuré et efficace. Dans le cas des *emporia* francs, les revenus générés par la perception des tonlieux devaient être tels que des provinces furent peut-être créées spécialement. La « *villa* d'Attin en Boulonnais »[131], petit village situé sur la rive droite de la Canche, a ainsi pu être mise en place en lien direct avec Quentovic et son atelier monétaire, afin de centraliser les productions agricoles de la région, contribuant par là même à approvisionner les habitants du port en denrées alimentaires et

---

127 *Knýtlinga saga, op. cit.,* c. 84, p. 241.
128 *Ibid.,* c. 85, p. 243.
129 *Ibid.,* c. 86, p. 244.
130 C. Hedenstierna-Jonson, *The Birka warrior..., op. cit.,* p. 48 ; E. Roesdahl, *The Vikings,* Londres, 1998 [1987], p. 122. Voir la Carte 19 en Annexe 1.
131 Diplôme de Charles le Chauve en faveur Sainte-Marie-de-Compiègne (877), dans *RACC*, t. II, *op. cit.,* n° 425, p. 448-454, ici p. 451.

matières premières. En effet, certains prélèvements pouvaient se faire en nature[132] :
en bétail, grain et autres denrées, comme le rappelle le chapitre 70.1 des lois d'Ine,
mentionnant des paiements en miel, pain, bière, vaches, oies, poules, fromages,
beurre, saumons, anguilles et fourrage[133], autant de denrées qui se trouvaient également sur le site de Hamwic, mais peut-être aussi sous forme de matières premières.
La *villa* d'Attin a également pu servir à gérer les revenus issus des tonlieux et autres
taxes prélevés à Quentovic ou à proximité. Toutefois, le territoire compris dans ce
fisc reste très incertain et l'existence de cette *villa* avant 877, date du diplôme de
Charles le Chauve l'évoquant, est sujette à caution : la seule mention avant celle
de 877 se trouve dans un diplôme de Thierry III en faveur de Saint-Bertin daté de
684, mais il s'agit d'une forgerie réalisée vers le milieu du IXe siècle. Avant 877, le
wic de la Canche a pu remplir directement ces fonctions ; et d'autres *villae* royales
sont attestées dans la région pour les VIIe et VIIIe siècles. Crécy-en-Ponthieu est la
plus proche de Quentovic au VIIe siècle, à seulement une trentaine de kilomètres.
C'est une résidence fréquentée par les souverains mérovingiens[134], qui en font
ensuite un de leurs palais royaux dans la seconde moitié du VIIe siècle, le plus
septentrional des palais mérovingiens puis pippinides, avec celui de Valenciennes.
Le choix d'un tel site, à moins de trente kilomètres de la Manche et à moins de
quarante au sud de Quentovic, peut être lié au rapide essor du *wic* de la Canche
dans la seconde moitié du VIIe siècle et plus généralement au développement des
échanges transmanche, rendant nécessaire la gestion des revenus générés dans la
région[135].

La *villa* fiscale d'Attin mentionnée en 877 n'est d'ailleurs pas sans rappeler
la « *villa* royale que l'on appelle Hamptone » dans une charte du roi du Wessex
Æthelwulf (839-858), datée de 840 et qui est vraisemblablement un des rares
textes authentiques parmi la petite dizaine de chartes, datées du IXe et début du Xe
siècle, mentionnant ce site[136]. Une des fonctions de cette *villa*, qui se trouvait peut-
être dans le secteur de *St Mary*, dans la partie orientale de l'*emporium*, a pu être de
prélever les taxes liées aux échanges commerciaux se déroulant sur le marché de

---

132 J. Barbier, « Du *vicus* de la Canche au *castrum* de Montreuil... », art. cit. (n. 66, p. 74).

133 Lois d'Ine, dans F. L. Attenborough, *The laws...*, *op. cit.*, c. 70.1, p. 58-59.

134 Plaid tenu par Childebert III à Crécy-en-Ponthieu (709), dans *M.G.H., DD Mer.*, t. I, *op. cit.*, n° 155,
p. 386-388, ici p. 387. Voir la Carte 9 en Annexe 1.

135 J. Barbier, « Le système palatial franc : genèse et fonctionnement dans le nord-ouest du *regnum* »,
dans *Bibliothèque de l'École des Chartes*, 148 (2), 1990, p. 245-299, ici p. 275.

136 La charte est signée *in villa regali quae appellatur Hamptone* (P. H. Sawyer, *ASC*, S 288). La liste des
signataires, extraordinairement courte (le roi Æthelwulf et l'évêque Athelstan, qui précise toutefois qu'il
a signé ce texte « avec de nombreux autres »), tendrait à confirmer son authenticité, surtout en comparaison de celle des chartes S 212, S 273, S 275 et surtout S 276, qui ne compte pas moins de 35 signataires : un
tel nombre paraît toujours un peu suspect, donnant l'impression que les faussaires ont éprouvé le besoin
de multiplier les garanties d'authenticité (M. Gelling, *The Early Charters...*, *op. cit.*, n° 21, p. 27). Voir le
Tableau 1 en Annexe 3.

Hamwic[137]. Une *villa* royale, dans le monde anglo-saxon (où l'on parle également de *tun* ou *tune*) comme sur le Continent, était avant tout un domaine agricole royal, géré par un intendant du roi depuis la *curtis*, ou peut-être depuis le site portuaire dans le cas des *wics* semblant avoir eu ce statut, ce qui confèrerait à ces derniers une influence administrative sur leur région. Ces domaines apparaissent fréquemment dans les testaments royaux anglo-saxons et leur centre pouvait accueillir les conseils réunis par le roi ou être le lieu de signature de chartes[138]. Les fonctions de ces *villae* étaient donc assez larges : administratives et économiques, mais aussi éventuellement résidentielles et festives, et servant plus largement au contrôle des communautés locales. Centres de collecte des redevances liées à la terre, elles pouvaient aussi jouer, dans le cas des domaines royaux, un rôle central dans la levée des taxes et péages. La monotonie du régime carné à Hamwic, mais aussi à Ribe, Gipeswic, Dorestad ou Eoforwic, tendrait à indiquer que les sources d'approvisionnement étaient assez limitées pour chacun de ces ports et que les consommateurs urbains n'entretenaient pas de contacts directs avec les producteurs[139] : les bêtes seraient plutôt arrivées dans l'*emporium* comme impôt en nature versé au pouvoir royal, exactement comme mentionné dans le capitulaire *De Villis*[140]. Selon ce modèle redistributif, les habitants des *emporia* n'auraient pas vraiment été libres de choisir leurs fournisseurs, ni de commercer directement avec les producteurs alimentaires : un « filtre » aurait empêché ce passage direct du producteur vers le consommateur, mettant en place une organisation centralisée de la distribution des ressources animales ; une économie de commande, plus que de demande en somme, expliquant que les occupants de ces ports ne consommaient que fort peu de volailles et relativement peu de porc, en d'autres termes les animaux qu'ils auraient pu obtenir assez facilement par eux-mêmes[141].

Toutefois, ces territoires fiscaux ne sont en général pas clairement définis, consistant en domaines éparpillés aux frontières mal délimitées. Les propriétaires fonciers, avec le roi au premier rang, en possédaient souvent plusieurs et se déplaçaient de l'un à l'autre, vivant lors de leur séjour, avec leur entourage, sur les productions du domaine en question. En leur absence, ces *villae* étaient placées sous la responsabilité d'un *gerefa* (ou régisseur), chargé de leur gestion et

---

137 L. Keen, « Illa mercimonia que dicitur Hamwih : a study in early medieval urban development », dans *Archaeologia Atlantica*, 1, 1975, p. 165-187, ici p. 184. Voir la carte dans V. Birbeck *et al.*, *The origins…*, *op. cit.*, p. 2, Fig. 1.

138 B. Yorke, *Wessex…*, *op. cit.*, p. 76.

139 J. Bourdillon, « Countryside and Town… », art. cit. ; *Ead.*, « The animal provisioning of Saxon Southampton », dans J. Rackham (dir.), *Environment and economy…*, *op. cit.*, p. 120-125 ; T. O'Connor, « On the interpretation of bone assemblages from *wics* », dans D. Hill et R. Cowie (dir.), *Wics…*, *op. cit.*, p. 54-60.

140 *Capitulaire* De Villis, *op. cit.*, c. 39, p. 56.

141 H. Hamerow, « Agrarian production and the *emporia* of mid Saxon England, ca. AD 650-850 », dans J. Henning (dir.), *Post-Roman towns…*, *op. cit.*, p. 219-232, ici p. 221.

de la perception des divers prélèvements, mais aussi de la logistique avant l'arrivée de la cour royale ou de la suite seigneuriale[142]. Elles ont par conséquent pu
contribuer activement à l'approvisionnement des *emporia* proches : les redevances
alimentaires délivrées à la *villa* pouvaient servir à nourrir le roi et sa suite, mais
aussi les habitants, artisans et marchands de sites tels que Hamwic. Or, le roi et
ses représentants ont très bien pu mettre en place un tel système sans s'installer à
demeure à Hamwic ni même y développer nécessairement un centre administratif
majeur, qui aurait vraisemblablement laissé des traces de différenciation sociale
dans le sol. Dans le cadre des *wics*, une des fonctions de ces *villae* a également pu
être de réguler le commerce dans la région et de prélever les taxes qui y étaient
liées. L'épisode du *gerefa* de Dorchester, assassiné par des pirates nordiques alors
qu'il pensait aller à la rencontre de marchands pour les amener à la *villa* royale
toute proche[143], semble confirmer que le commerce était géré grâce à un nombre
limité de sites, au sein desquels *villae* et *emporia* occupaient une place de choix :
la *cyninges tune* mentionnée par la *Chronique anglo-saxonne* ne désigne probablement pas tant la résidence du roi que le lieu où étaient perçus taxes et tonlieux
au profit du trésor royal.

En Frise, les *Annales de Saint-Bertin* mentionnent une *villa non modica* dans
les environs de Dorestad[144] : les circonstances dans lesquelles elle est évoquée – les
habitants frisons de Dorestad s'y réfugient lors du dernier grand raid sur le *wic*
mentionné dans les sources, en 863 – semblent plaider en faveur d'une structure plus défensive qu'agricole, administrative et fiscale, mais les deux aspects ne
s'excluent pas nécessairement. Après avoir suggéré que cette *villa* pouvait être
Tiel, d'autres possibilités sont à présent envisagées, notamment le site de De Geer,
récemment fouillé, à cinquante mètres seulement à l'ouest de la partie septentrionale de Dorestad et aisément accessible par la route[145] : les archéologues y ont mis
au jour les restes d'un impressionnant système de fossés, construit en plusieurs
étapes, avec des traces d'habitations à l'intérieur de la zone ainsi entourée et probablement aussi quelques portes. La dimension défensive de ces structures est ici
assez évidente, fournissant un refuge suffisamment grand pour abriter temporairement une partie de la population de l'*emporium* avec quelques bêtes et marchandises en cas d'attaque, ce qui pourrait expliquer le faible nombre de bâtiments et
au contraire le grand nombre de puits dans ce secteur[146], mais elles ont également
pu servir de limite administrative. D'autres hypothèses sont toutefois avancées,

142 A. Gautier, « Le régisseur intelligent... », art. cit. (n. 39, p. 44).
143 *CAS*, a° 787 ; Æthelweard, *Chronicon, op. cit.*, lib. III, c. 1.
144 *AB*, a° 863.
145 Voir le Plan 1 en Annexe 1.
146 J. van Doesburg, « *Villa non modica* ? Some thoughts on the interpretation of a early medieval earthwork near Dorestad », dans A. Willemsen et H. Kik (dir.), *Dorestad..., op. cit.*, p. 51-58.

comme celle du *vicus Meginhardi* (Meinerswijk) situé sur le Rhin, neuf milles en amont de Dorestad, et où se trouvaient rassemblées suffisamment de richesses pour que les Normands remontent le fleuve jusque-là pour y « faire du butin » [147].

Le terme de *villa* appliqué à un *wic* ou à un site proche n'est par conséquent pas sans soulever un certain nombre de problèmes, mais, à en croire les textes, tant diplomatiques que narratifs, tous les *emporia* occidentaux seraient insérés dans des structures administratives et fiscales contrôlées par le pouvoir royal. Pour autant, l'emploi du même terme, *villa*, dans des contextes franc, frison et anglo-saxon ne signifie pas que celui-ci recouvre des réalités strictement identiques ; et les fonctions précises de chacune de ces *villae* nous restent largement inconnues. En Scandinavie, les sources médiévales mentionnent des sites royaux appelés *husebyer* ou *konunglef*, à la fois importantes fermes domaniales et centres administratifs approvisionnant le roi et ses hommes quand ils parcouraient le pays [148], des fonctions en somme assez proches de celles que remplissaient les *villae* carolingiennes ; le rapprochement entre les deux termes est même explicitement fait dans une charte royale danoise évoquant « nos *villae* que l'on appelle *Huseby* » [149]. Malheureusement, toutes ces mentions sont beaucoup plus tardives : on les trouve à partir du XIIIe siècle, dans cette charte datée de 1233, mais surtout dans le Cadastre établi à la demande du roi du Danemark Valdemar II en 1231 [150]. Elles ne peuvent donc pas vraiment nous renseigner sur la situation du VIIe au Xe siècle, sauf à supposer qu'elles fassent écho à des structures plus anciennes.

2.4 *Encadrer et taxer les flux de marchandises à proximité des wics*

En dépit de certaines similitudes entre les différents espaces, le contrôle fiscal opéré à partir des *emporia* semble moins complet en Angleterre et surtout en Scandinavie que sur le Continent : chez les Anglo-Saxons et les Scandinaves, le pouvoir royal n'avait vraisemblablement la possibilité de lever des taxes que sur les principaux marchés et un petit nombre de points stratégiques [151]. La Scandinavie ne semble même pas avoir disposé de système fiscal vraiment formalisé avant les XIe et XIIe siècles [152], ce qui n'exclut pas cependant quelques tentatives plus

---

147 *AX*, a° 847 ; S. Lebecq, *Marchands...*, *op. cit.*, vol. 2, p. 313-314. Voir la Carte 14bis en Annexe 1.
148 N. Hybel et B. Poulsen, *The Danish Resources c. 1000-1550 : Growth and Recession,* Leiden/Boston, 2007, p. 299-322 ; F. Iversen, « The Beauty of *Bona Regalia* and the Growth of Supra-regional Powers in Scandinavia », dans S. Sigmundsson (dir.), *Viking Settlements...*, *op. cit.*, p. 225-244.
149 Diplôme de Valdemar II pour l'évêque de Ribe (1233), dans *Diplomatarium Danicum*, vol. 1.6 (1224-1237), éd. N. Skyum-Nielsen, 1979, Copenhague, n° 167, p. 213.
150 *Liber Census Daniæ...*, *op. cit.*
151 S. Kelly, « Trading privileges... », art. cit., p. 19.
152 B. Poulsen et S. M. Sindbæk, « Settlement and Lordship in Viking and Early Medieval Scandinavia », dans *Id.* (dir.), *Settlement...*, *op. cit.*, p. 1-28.

anciennes : les forteresses circulaires danoises du xe siècle (Trelleborg sur l'île
de Seeland, Fyrkat et Aggersborg dans le nord du Jutland, Nonnebakken sur
l'île de Fionie, auxquelles s'est récemment ajoutée celle de Koge, au sud-ouest
de Copenhague), centres royaux et militaires, ont peut-être servi aussi pour la
collecte d'impôts[153] et les *emporia* de lieux de taxation sur les marchandises et
les transactions. Toutefois, Hedeby n'a peut-être pas joui du même statut en
matière fiscale que Quentovic ou Dorestad, les taxes n'étant pas nécessairement
prélevées sur le site même mais à proximité. On a en effet longtemps vu derrière
l'ombre de *Sliesthorp*, où Godfred fait transférer les marchands de Reric, le port
de Hedeby, plus au nord, à l'abri du Danevirke – les *Annales* précisant d'ailleurs
que Godfred fortifie la frontière à partir de ce nouveau lieu – en territoire danois,
et dont l'accès était aisé à contrôler en raison de sa situation au fond du fjord
de la Schlei[154]. Le rapprochement entre les toponymes *Sliesthorp* et Schleswig,
successeur de Hedeby, semblait conforter cette hypothèse. Cependant, le *-thorp*,
désignant une forme d'habitat groupé en vieux saxon, de la Schlei et le *-wic*, évoquant un site portuaire, de la Schlei ne désignent peut-être pas exactement la
même réalité[155] : tandis que le premier fait davantage référence à un site d'habitat,
le second insiste plutôt sur les aspects économiques et commerciaux. De même,
sous la plume de l'auteur des *Annales*, *Sliesthorp* est un *portus*, tandis que Reric est
un *emporium*. Les fonctions de production, généralement sous-entendues derrière
le terme *emporium*, étaient pourtant probablement plus développées à Hedeby
et les deux sites possédaient vraisemblablement des fonctions fiscales, transférées
de l'un à l'autre : l'emploi de deux termes différents pourrait-il renvoyer à une
différence de statut entre ces deux sites dans l'esprit de l'auteur, ou même à deux
sites distincts, les fonctions fiscales prenant le pas sur les activités artisanales et
commerciales à *Sliesthorp* ?

La découverte de Füsing*, sur la péninsule de Reesholm, pourrait conforter
cette hypothèse, livrant de nouvelles clés pour la compréhension du fonctionnement de la région de la Schlei. Cet habitat permanent, au milieu du fjord, était
vraisemblablement doté de fonctions militaires, comme en témoignent la présence d'armes (notamment des pointes de lance) et la proximité du Danevirke,
avec des fonctions économiques et commerciales visiblement bien plus modestes
que celles de Hedeby : en somme, un *thorp* plus qu'un *wic*. La taille de certains
bâtiments sur la partie la plus élevée du site, longs de plusieurs dizaines de mètres
et donc bien trop imposants pour être de simples dépendances agricoles, tendrait
à indiquer que Füsing n'était pas un site rural ordinaire, mais bien plutôt un

---

153   E. Roesdahl, « Les fortifications circulaires de l'époque viking au Danemark », dans *Proxima Thulé :
Revue d'études nordiques*, 1, 1994, p. 25-50. Voir la Carte 17 en Annexe 1.
154   V. Hilberg, « Hedeby in Wulfstan's days... », art. cit. (n. 86, p. 80). Voir la Carte 18 en Annexe 1.
155   E. Marold, « Hedeby... », art. cit.

lieu central dans la région, doté de fonctions politiques et peut-être également religieuses : il pourrait s'agir de grandes halles, similaires à celles que l'on peut trouver dans d'autres lieux de pouvoir scandinaves[156]. Ce site, qui a pu servir de lieu central pour la région et l'*emporium* de Hedeby avant la création de Schleswig au Xᵉ siècle, ne pourrait-il être le fameux *Sliesthorp* des *Annales* ? Un des bâtiments imposants de Füsing aurait ainsi pu être destiné à accueillir la rencontre prévue (et avortée) entre les souverains Godfred et Charlemagne en 804[157] : un tel événement requérait un cadre grandiose, que l'*emporium* de Hedeby ne pouvait visiblement pas offrir[158]. Un tel site serait par conséquent doté de fonctions politico-militaires, mais également fiscales : en transférant les marchands de Reric dans ce nouvel endroit, difficile d'imaginer que Godfred n'ait pas également transféré la manne fiscale qui découlait de leurs activités ; et pour ce faire, la péninsule de Reesholm offrait un site idéal, en créant un goulot d'étranglement, point de passage obligé et aisément contrôlable pour accéder, en arrivant de la mer, à Hedeby, au fond du fjord. Les récentes fouilles menées à Füsing ont en outre permis de faire ressortir le caractère scandinave de ce site, contrastant en cela avec l'aspect plus germano-slave de Hedeby[159] : sur la centaine de cabanes excavées apparaissant grâce au relevé géomagnétique, la plupart sont de forme scandinave, ovales, tandis que seulement deux reprennent la forme carrée typique de la région (que l'on retrouve par exemple en nombre à Winning, non loin de là)[160]. En d'autres termes, on aurait d'un côté les marchands et artisans locaux et étrangers et de l'autre les élites scandinaves gérant les flux dans la région : implantés à seulement quelques kilomètres de Hedeby, des chefs d'origine scandinave ont pu contrôler la région et exiger taxes et droits de passage des marchands désirant franchir la « barrière de péage » naturelle de Reesholm pour accéder à l'*emporium* de la Schlei. La volonté de contrôler, voire bloquer au besoin, l'accès au fond du fjord peut ainsi contribuer à expliquer la possible présence d'une garnison à Füsing, une situation peut-être assez proche de celle du site élitaire de Hovgården sur l'île d'Adelsö, surplombant l'accès à Birka, à seulement trois ou quatre kilomètres de ce port.

Non loin de Hedeby, le Danevirke a également pu être davantage qu'une simple structure défensive : peut-être a-t-il aussi servi de frontière administrative pour

---

156 A. S. Dobat, « Füsing. Ein frühmittelalterlicher Zentralplatz im Umfeld von Haithabu/ Schleswig », dans C. von Carnap-Bornheim (dir.), *Studien zu Haithabu und Füsing...*, *op. cit.*, p. 129-256.

157 *ARF*, aᵒ 804.

158 W. Schlesinger, « Unkonventionelle Gedanken zur Geschichte von Schleswig/Haithabu », dans H. Fuhrmann, H. E. Mayer et K. Wriedt (dir.), *Aus Reichsgeschichte und Nordischer Geschichte*, Stuttgart, 1972, p. 70-91, ici p. 76 et suiv.

159 J. Owen, « Lost Viking Military Town Unearthed in Germany ? », dans *National Geographic News*, publié en ligne le 11 juillet 2012 : http://news.nationalgeographic.com/news/2012/07/120711-lost-viking-town-germany-archaeology-science/.

160 A. S. Dobat, « Füsing... », art. cit. (n. 156, ci-dessus).

délimiter l'application de lois particulières et éventuels privilèges. Un tel ouvrage a donc pu avoir pour objectif tout à la fois de défendre une région menacée et de collecter des taxes et droits de passage : l'unique porte laissée, selon les *Annales*, dans le rempart édifié par Godfred servirait pour le passage de convois que l'on peut supposer commerciaux (*carra*) et de guerriers (*equites*), les deux aspects étant toutefois généralement étroitement liés, les chariots pouvant servir à ravitailler l'armée et les soldats à cheval pouvant contrôler le passage des convois[161]. Dans ces conditions, le franchissement du Danevirke était aisé à contrôler. Les archéologues, après avoir longtemps rêvé de découvrir cette porte entre le royaume danois de Godfred et l'empire de Charlemagne, en ont finalement mis au jour une, large de cinq mètres, laissant supposer qu'un des objectifs du Danevirke fut, au IXe siècle, de protéger le commerce transitant par la péninsule du Jutland, notamment pour passer de la mer du Nord à la Baltique sans être obligé de contourner toute la péninsule par le nord, en abritant les activités de déchargement et chargement des marchandises : un « bouclier pour le commerce » en somme[162]. Cette découverte n'est d'ailleurs pas sans faire penser au passage des *Gesta Danorum* de Saxo Grammaticus, dans lequel il évoque une construction de « 240 pieds » de long (soit environ 78 mètres), servant à lever tribut sur les Saxons par l'intermédiaire d'un agent royal[163]. L'épisode est pour le moins étrange et délicat à interpréter, l'agent fiscal acceptant les monnaies au son qu'elles font en tombant dans le creux d'un bouclier. Quoi qu'il en soit, cette construction longue de plusieurs dizaines de mètres n'est pas sans évoquer la fortification mentionnée dans les *Annales*, les deux désignant, selon toute vraisemblance, une portion du Danevirke. Fossés, remparts, rangées sous-marines de pieux ont ainsi pu remplir des fonctions assez proches de celles de certains ponts et routes médiévaux. Ces points de passage incontournables sont des lieux privilégiés pour la levée de droits divers, aussi bien en Scandinavie à partir du Xe siècle que dans le reste de l'Europe durant toute l'époque médiévale : de nombreux diplômes évoquent le *pontaticum*, levé au passage d'un pont par les agents royaux ; tandis qu'au Danemark la dynastie de Jelling étend le réseau routier et construit des ponts, comme celui de Ravning vers 980. De tels « marqueurs territoriaux », servant à contrôler à la fois les communications, le commerce et les mouvements militaires hostiles, ont contribué à « diviser et structurer le paysage »[164].

---

161 *ARF*, a° 808. Voir la Carte 17 en Annexe 1.

162 M. Schulz « 'Sensational' Discovery : Archeologists Find Gateway to the Viking Empire », dans *Spiegel Online*, publié en ligne le 08/27/2010 : http://www.spiegel.de/international/germany/sensational-discovery-archeologists-find-gateway-to-the-viking-empire-a-714235.html.

163 Saxo Grammaticus, *GD*, lib. VIII, c. 16.

164 C. Hedenstierna-Jonson, « Social and political formations in the Scandinavian areas, 8th-10th century. The martial perspective », dans F. J. Fernández Conde et C. García de Castro Valdés (dir.), *Symposium Internacional : Poder y simbología en Europa, siglos VIII-X. Territorio Sociedad y Poder. Revista de Estudios Medievales, Anejo*, 2, Oviedo, 2009, p. 89-104, ici p. 96-97.

Par conséquent, si *Sliesthorp* est bien un site différent de Hedeby – peut-être Füsing* donc –, cela montrerait que les taxes n'étaient pas nécessairement levées dans les *emporia* même : Hedeby, avec Füsing, et peut-être également Birka, avec Hovgården, n'auraient ainsi pas exactement le même statut ni le même mode de fonctionnement que Quentovic ou Dorestad, et peut-être Ribe ou Kaupang. Dans le monde anglo-saxon, on peut imaginer que le détroit de Wantsum, point de passage obligé séparant l'île de Thanet du Kent, ait servi, comme la péninsule de Reesholm, à contrôler les flux d'hommes et de marchandises dans la région, ainsi qu'à lever des taxes[165].

2.5 Diversité des systèmes fiscaux

En matière de taxation et de droits de douane, c'est donc la diversité des situations qui semble ressortir : tous les *wics* n'ont peut-être pas servi de points de collecte pour les taxes et tonlieux, une différence qui tenait probablement pour beaucoup au degré de consolidation atteint par le pouvoir politique. En effet, le prélèvement de taxes participe au contrôle d'un territoire et permet d'afficher ce contrôle au vu et su de toute la population d'une région. Quentovic et Dorestad se situent en territoire carolingien, sous l'autorité d'un pouvoir bien établi, prélevant sa part des richesses générées par ces ports, tandis qu'en Scandinavie le pouvoir royal, encore en cours d'affirmation, doit composer avec d'autres acteurs influents : chefs locaux, mais aussi riches marchands et artisans. Le rapport de force avec les acteurs économiques (étrangers ou locaux) n'a par conséquent probablement pas été le même à Quentovic et à Hedeby, ce qui peut contribuer à expliquer que, dans le premier cas, les souverains francs n'aient guère eu de difficultés à imposer leur fiscalité sur place. Au contraire, les élites dirigeantes, à l'autorité encore mal assurée dans l'*emporium* de la Schlei et n'ayant donc peut-être pas les moyens d'y soumettre les riches marchands frisons, francs ou même scandinaves au paiement de leurs taxes, ont peut-être préféré agir depuis Füsing*, où la topographie et la présence d'une garnison en armes leur assuraient un rapport de force plus favorable.

Il faut donc probablement renoncer, ici encore, à élaborer un modèle unique : le prélèvement de taxes et droits de douane est un autre critère de différenciation entre les *wics*. La fiscalité a même pu constituer la spécificité de certains de ces ports, à leurs débuts du moins. En effet, si « le péage est une réalité omniprésente du monde médiéval »[166], peut-être a-t-il existé quelques rares exceptions, en particulier dans des territoires encore mal contrôlés par le pouvoir, notamment en

---

165 S. Kelly, « Trading privileges... », art. cit., p. 19. Voir le zoom de la Carte 11 en Annexe 1.
166 O. Bruand, « Péage », dans C. Gauvard, A. De Libera et M. Zink (dir.), *Dictionnaire du Moyen Âge*, Paris, 2002, p. 1060.

Scandinavie. Par exemple, l'attractivité de Ribe, au moins à ses débuts, a pu résider, bien plus que dans le commerce du bétail, dans un système de taxation très avantageux pour les marchands des mers nordiques. Alors que la plupart des grands ports qu'ils fréquentaient étaient soumis à des droits de passage et sur les transactions, une éventuelle absence de prélèvements dans l'*emporium* danois pouvait en séduire plus d'un. Les sources qui attesteraient un tel phénomène en Europe du Nord-Ouest manquent, mais, à la même époque, en 922, à plusieurs milliers de kilomètres au sud, le marin Ismaïlouïa accoste à Sofala, au Mozambique et s'y livre au commerce avec la population indigène, un commerce, précise-t-il, « sans nulle entrave, sans droits à payer »[167]. On peut supposer qu'une telle liberté des échanges commerciaux est alors chose assez rare dans l'océan Indien, ce qui explique que ce marin insiste sur ce fait. Transposer un épisode dans un autre contexte géographique est toujours délicat, mais l'hypothèse d'une situation similaire dans les mers nordiques ne paraît pas complètement improbable, en particulier en Scandinavie au tout début du VIIIe siècle, où des pouvoirs forts sont encore en cours d'affirmation.

3. Encadrer et organiser par la loi et le droit

Que la plupart des *emporia* n'ait pas joué le rôle de centre politique à l'échelle d'un royaume ne signifie pas qu'ils étaient totalement dépourvus, à l'échelle de leur région, de fonctions politiques et administratives, désignant tout ce qui pouvait concerner leur gestion, c'est-à-dire à la fois leur organisation interne et les échanges s'y déroulant ; autant d'aspects qui passaient notamment par la mise en place et l'application de lois et de règlements, peut-être en partie décidés sur le site même – et pas nécessairement toujours depuis un lieu de pouvoir de l'arrière-pays.

3.1 Emporia *scandinaves et* þings

L'« île des bouleaux » pour certains, Birka tient peut-être aussi son nom de la reprise d'un terme frison à connotation juridique, signifiant « île disposant d'un *björk* [c'est-à-dire un droit spécifique] »[168]. Plus tard en effet, au XIIIe siècle, marchés et foires scandinaves sont soumis à un droit spécifique connu sous le nom de « Loi de Birka » (*Bjärköarätt* ou *Biärkerät* en Scanie, ou encore *Biarkeyiarréttr* en Norvège), qui aborde les droits pénal, maritime, fiscal et urbain, accordant une protection spéciale aux marchands en instituant en leur faveur un tarif de

---

167 Buzurg Ibn Shahriyâr (?), *Kitâb adjâ'ib yib al-Hind…*, *op. cit.*, c. XXXI.
168 E. Wadstein, « Zu den alten Beziehungen zwischen Friesland und Skandinavien », dans *It Beaken*, vol. 2, Assen, 1940, p. 172-180, ici p. 178-179.

compensation en cas de meurtre[169]. Difficile d'affirmer que cela fasse de Birka, sur l'île de Björkö, son lieu d'origine, d'autant que le manuscrit parvenu jusqu'à nous date des environs de 1345 seulement : une mention plus ancienne se trouve dans le contrat conclu entre le roi Olaf le saint et l'Islande vers 1020 et ratifié par serment entre 1056/1057 et 1082/1083, mais cela reste bien trop tardif pour espérer en tirer des conclusions concernant le fonctionnement de ce port au IX° siècle. La *Vita Anskarii* semble toutefois indiquer que, dans le premier tiers du IX° siècle, Birka possédait déjà une organisation administrative et juridique assez structurée, et donc peut-être même un code de lois à l'usage de la communauté marchande : lorsqu'Ansgar y arrive la première fois vers 829-830, ce site commercial dispose visiblement de son propre *þing* et de son propre droit. L'assemblée évoquée par Rimbert peut même être encore plus ancienne et remonter aux siècles précédents, mais le moine ne nous dit malheureusement rien d'éventuelles spécificités juridiques dans ce port. Il nous précise juste que des assemblées y étaient réunies pour statuer sur les affaires importantes – comme autoriser les missionnaires chrétiens à prêcher dans la ville – et que le roi devait tenir compte de la volonté des grands[170], mais aussi de l'ensemble de la population, ou plutôt de l'ensemble des hommes libres[171] : le roi Olof explique ainsi à Ansgar que les affaires publiques (*negotia publica*) se traitent à Birka de façon collective, « plus conformément à la volonté unanime du peuple qu'au pouvoir du roi »[172]. Ce roi apparaît donc ici comme un *primus inter pares*, capable de convoquer des assemblées, qui conservent toutefois l'autorité pour prendre les décisions, en Suède du moins[173]. En l'absence du roi, il semble que ce soit son représentant qui assiste à l'assemblée, comme le fait le *prefectus* Herigar[174]. En-dehors des affaires religieuses qui intéressent Rimbert, la *Vita Anskarii* nous en apprend peu sur la nature exacte de ces *negotia publica* et les attributions précises de ces assemblées. Peut-être avaient-elles pour fonction de mettre en place un droit spécifique au marché, visant notamment à assurer la protection des marchands. L'échelle de ces assemblées reste également incertaine : étaient-elles locales ou générales ? La mention par Rimbert de plusieurs assemblées irait plutôt dans le sens de rassemblements statuant à une échelle locale ou régionale[175], mais l'éclatement du pouvoir royal qui semble encore prévaloir à l'époque de la

---

169 D. Strauch, *Mittelalterliches nordisches Recht...*, op. cit., p. 512-517 ; T. T. Cagner *et al.* (dir.), *Les Vikings*, Paris, 1968, p. 44.

170 Rimbert, *VA*, c. 27.

171 Le *þing* est l'assemblée générale de tous les hommes libres du district, qui se réunit pour résoudre les conflits et débattre de la loi.

172 Rimbert, *VA*, c. 26.

173 Au Danemark, les rois semblent disposer d'une plus grande liberté d'initiative (C. F. Hallencreutz, « Rimbert, Sverige och religionsmötet », dans E. Odelman *et al.*, *Boken om Ansgar*, Stockholm, 1986, p. 163-180, ici p. 169).

174 Rimbert, *VA*, c. 19.

175 *...in alio placito, quod erat in altera parte regni sui futurum...* (*Ibid.*, c. 27).

mission d'Ansgar brouille quelque peu les cartes : on ne peut probablement pas parler d'assemblée « générale » au sens où on l'entend pour le Continent ; tout au plus les décisions prises au cours de ces réunions s'appliquaient-elles à l'ensemble d'un royaume, ici celui des *Svear*, de taille encore limitée – situé, selon toute vraisemblance, essentiellement dans la région du lac Mälar.

Quoi qu'il en soit, l'exemple du *þing* de Birka semble confirmer que les *emporia* scandinaves pouvaient être dotés de fonctions législatives et juridiques. Cette association entre rassemblement d'un *þing* et tenue d'un marché est d'ailleurs rappelée plus tardivement dans la *Saga de saint Olaf*[176] ; et une telle situation n'est pas unique en Scandinavie : il n'est pas impossible qu'un *þing* se soit trouvé à proximité immédiate de Kaupang, sur le site de *þjóðalyng* – la « lande du peuple » (ou « de l'assemblée ») en vieux norrois –, à moins de trois kilomètres au nord de l'*emporium*, lui permettant d'assumer, outre son rôle commercial, des fonctions cultuelles et juridiques[177]. Si, à partir du XIIe siècle, le principal *þing* pour la région du Vestfold se trouvait à Haugar, près de Tønsberg, il n'est en effet pas impossible que l'assemblée du Vestfold ait pu se trouver, à l'époque viking, à Skiringssal/ Kaupang : les fonctions centrales du *þing* auraient ensuite été transférées au site royal de Tønsberg[178]. Le territoire concerné par cette éventuelle juridiction reste toutefois un mystère : elle a pu s'étendre sur une vaste aire, peut-être l'ensemble du Viken, voire les provinces alentours, et peut-être même l'ensemble du Vestfold lorsqu'il avait son propre roi[179]. Les incertitudes sont encore plus grandes pour les VIIIe et IXe siècles, faute de sources écrites. Malgré tout, les fouilles menées dans ce secteur en 2003 ont livré des traces d'occupation remontant aux environs de l'an 600 et pouvant accréditer la thèse d'un site contemporain de Kaupang.

3.2 L'encadrement législatif et juridique des échanges en Occident

En tout état de cause, on peut supposer que, si les fossés et autres structures délimitant un *wic* étaient effectivement des limites administratives, comme à Ribe, cela indiquerait précisément que la protection accordée aux marchands ne s'étendait pas en-dehors du port, une situation en cela assez différente de ce qui avait cours à la même époque en Occident, où les souverains légifèrent également sur le comportement et les activités des marchands locaux et étrangers, mais à l'échelle de tout un royaume. En témoignent notamment les lois des rois anglo-saxons de la fin du VIIe au

---

176 Snorri Sturluson, « Ólafs Saga Helga », dans *Hkr*, vol. II, *op. cit.*, p. 3-415, c. 77.

177 D. Skre, « The Skiringssal *Thing* Site *þjóðalyng* », dans *Id.* (dir.), *Kaupang in Skiringssal...*, *op. cit.*, p. 385-406.

178 P. S. Andersen, *Samlingen av Norge og kristningen av landet 800-1130*, Bergen/Oslo/Tromsø, 1977, p. 251 ; O. A. Johnsen, *Tønsberg historie*, vol. I, Oslo, 1929, p. 24.

179 G. Storm, « Skiringssal og Sandefjord », dans *Historisk Tidsskrift*, 16, 1901, p. 214-237, ici p. 227.

xe siècle, qui tentent en particulier d'imposer la présence de témoins lors des achats et la tenue de ces derniers à l'intérieur de l'*emporium* : l'article 16 des lois de Hlothhere (673-685) et Eadric (685-686) prévoit ainsi que les achats faits à Lundenwic aient lieu en présence du témoin ou du représentant du roi, afin de parer à toute réclamation ultérieure[180]. Dans le monde franc, c'est à travers les capitulaires que les souverains carolingiens cherchent à règlementer le commerce : celui de Herstal en 779 prohibe le commerce des esclaves, celui de Francfort en 794 fixe le prix des denrées, celui de Thionville en 805 interdit l'exportation d'armes (épées, cuirasses) en terres slaves et scandinaves, tandis que celui de Nimègue en 806 condamne l'usure[181].

Cette activité législative ne se déroule d'ailleurs pas dans les *emporia* même, les souverains préférant pour cela leur palais, et les dispositions prises ne sont pas spécifiques à ces ports. De fait, la protection et le contrôle des marchands dépasse le seul cadre des *wics* : la lecture de certaines lois anglo-saxonnes laisse entendre que les autorités en place s'efforçaient de réglementer les déplacements des marchands vers l'intérieur des terres, tandis que, une fois la marchandise embarquée, les divers droits de passage et taxes acquittés auprès des autorités portuaires et les amarres larguées, leurs mouvements outremer étaient probablement peu contrôlés[182]. À cet égard, l'*emporium* se présente comme un lieu de passage obligé : point d'entrée du marchand dans le royaume, il joue un rôle-clé dans le contrôle des échanges, comme semble l'indiquer la législation anglo-saxonne, notamment les lois d'Édouard l'Ancien, visant clairement à contrôler et restreindre les échanges « en-dehors de l'*emporium* »[183]. À son arrivée, le marchand devait vraisemblablement se signaler aux autorités portuaires et s'acquitter alors des taxes et tonlieux dus pour sa cargaison et son passage ; peut-être déclarait-il également à cette occasion son intention de pénétrer ensuite à l'intérieur des terres. L'*emporium* servirait donc en quelque sorte de « bureau d'enregistrement », afin de tenter de contrôler les mouvements des marchands étrangers à l'intérieur des terres et surtout de s'assurer que les taxes qu'ils doivent ont bien été payées, ce qui pourrait expliquer le besoin de matérialiser la sortie du port marchand, par un fossé par exemple : une fois son arrivée signalée, les taxes acquittées et éventuellement la destination suivante indiquée, le marchand obtient le droit de franchir la limite du monde connu et protégé du port pour pénétrer à l'intérieur des terres. Les cas de fraude devaient toutefois être suffisamment fréquents pour que les souverains anglo-saxons légifèrent, à plusieurs reprises, sur la question.

---

180 F. L. Attenborough, *The laws…, op. cit.*, p. 22-23.
181 Capitulaire de Herstal (779) ; *Synodus Franconofurtensis* (794) ; Capitulaire de Thionville (805) ; Capitulaire de Nimègue (mars 806), dans *M.G.H., Capit.*, t. I, *op. cit.*, n° 20, p. 46-51, art. 19 ; n° 28, p. 73-78, art. 4 ; n° 44, p. 122-126, art. 5 ; n° 46, p. 130-132, art. 10 et suiv.
182 C. Loveluck, *Northwest Europe…, op. cit.*, p. 208.
183 F. L. Attenborough, *The laws…, op. cit.*, p. 114-115, c. 1.

Quentovic, Dorestad, Domburg sont étroitement surveillés et les mouvements d'hommes et de marchandises y sont strictement encadrés par des lois et règlements émanant de lieux de pouvoir plus ou moins éloignés. Il semble toutefois en aller différemment en Angleterre, en particulier à Lundenwic, qui abrite une résidence royale peut-être dès les règnes de Hlothhere et Eadric et d'où les rois Æthelstan et Æthelred II (978-1016) promulguent des lois[184], mais aussi à Hamwic, lieu de signature de plusieurs chartes royales datées des années 820 à 900, qui mettent à mal la théorie défendue par Martin Biddle du doublon Winchester-Hamwic[185]. En effet, si ces textes concernent majoritairement des dons de terres faits à Winchester (sept chartes sur neuf)[186] et comptent presque toujours son évêque parmi les signataires[187], le lieu de signature indiqué à la fin de la charte est bien *Hamtun* et non Winchester : même dans le cas des faux, ce lieu reste très vraisemblable – ne serait-ce que parce qu'ils semblent fondés sur des textes authentiques perdus. Pourquoi ces documents ne furent-ils pas plutôt signés à Winchester si ce site était bien le centre administratif et royal de la région ? La présence du dénommé Wulfheard, *ealdorman*, *dux* ou *prefectus* selon les sources[188], à Hamwic en 837 (en réalité 840) pourrait au contraire s'expliquer assez aisément si cet *emporium* était alors le centre administratif de la région[189]. Peut-être *gerefa* de Hamwic, son nom, sous diverses formes (*Wlfhard, Wlfrard...*), figure parmi les signataires de neuf chartes (S 270a, S 271, S 272, S 274, S 275, S 276, S 280, S 283 et S 284), dont trois précisément signées à Hamwic (S 272, S 275 et S 276), contribuant à accréditer la thèse de la présence en ce lieu d'une *villa* royale durant le premier tiers du IXe siècle. Le centre administratif de la région aux VIIIe et IXe siècles serait donc *Hamtun* et non Winchester, ce que le choix du toponyme Hamwic/*Hamtun* pour désigner la région, le Hampshire, pourrait confirmer[190]. Si l'on en croit les chartes et les lieux qui y sont mentionnés (fréquemment à propos de dons de terres), c'est une vaste région qui devait être administrée depuis cette *villa* royale de *Hamtun*. Sa taille reste difficile à déterminer avec précision, mais la majorité des sites se situe dans un rayon d'une cinquantaine kilomètres, jusqu'à

---

184   F. L. Attenborough, *The laws...*, *op. cit.*, p. 22-23, § 16.1 ; B. Hobley, « Lundenwic and Lundenburh... », art. cit., p. 73.

185   M. Biddle, « Winchester : the development of an early capital », dans H. Jankuhn, W. Schlesinger et H. Steuer (dir.), *Vor- und Frühformen der europäischen Stadt...*, t. I, *op. cit.*, p. 229-261.

186   Dons au vieux monastère, *Old Minster* (*Ealdan mynstræ on Winceastræ*), pour S 272, S 273, S 275 et S 276 ; et au nouveau monastère, *New Minster* (*nouo monasterio Wyntonie*), pour S 360, S 366 et S 370.

187   Hereferth dans S 272, S 275 et S 276 ; Denulf dans S 360, S 366 et S 370. Voir le Tableau 1 en Annexe 3.

188   Selon la base de données PASE (« Wulfheard 12 », Prosopography of Anglo-Saxon England : http:// www.pase.ac.uk, consulté en mars 2014).

189   *CAS*, *op. cit.*, a° 837.

190   B. Yorke, « The foundation of the Old Minster and the status of Winchester in the seventh and eighth centuries », dans *Proceedings of the Hampshire Field Club and Archaeology Society*, 38, 1982, p. 75-83, ici note 29, p. 80.

une centaine pour quelques-uns, généralement dans les chartes les plus tardives, du début du xᵉ siècle : Chisledon dans S 366 et S 370, Compton Beauchamp dans S 369, Burcot dans S 370, mais également Ashdown Park dans S 288[191]. Il s'agit donc de distances pour la plupart parcourables en une journée pour un cavalier – au-delà des quatre-vingt kilomètres, le voyage nécessitait probablement deux jours. Les aires d'influence de Hamwic que dessine l'étude cartographique des chartes signées *in Homtune* restent donc dans la limite raisonnable d'une journée de chevauchée, mais sans pour autant se limiter à l'arrière-pays immédiat du port : si plusieurs dons de terres mentionnés dans ces documents se trouvent dans un rayon de vingt ou trente kilomètres seulement, ils sont aussi assez nombreux dans un second rayon, entre une trentaine et une bonne soixantaine de kilomètres.

Qu'il s'agisse de la *Chronique anglo-saxonne* ou de ces chartes, le nom de Wulfheard est associé à chaque fois à la forme *Hamtun* (et non Hamwic). Ces textes mettent donc l'accent, non sur les fonctions commerciales de Hamwic, mais sur ses aspects administratifs. Reste à déterminer si ces deux toponymes qui apparaissent sous la plume des contemporains, *Hamwic* et *Hamtun*, renvoient simplement à différentes fonctions d'un même site – commerciales et artisanales pour le *wic*, administratives pour le *tune*, que l'on trouve dans les chartes et lois[192] – ou à deux endroits distincts, tandis que l'hypothèse d'une succession des deux dans le temps est assez problématique[193]. Aucune trace de résidence élitaire n'a pour l'heure été découverte à Hamwic ; il n'est toutefois pas impossible qu'un tel bâtiment ait existé dans ce lieu suffisamment important pour abriter un atelier monétaire, d'où sortaient des *sceattas* dès le milieu du viiiᵉ siècle, alors que celui de Winchester ne fonctionne pas avant le règne d'Alfred le Grand (871-899). Un tel site a par conséquent peut-être eu vocation, à partir de la seconde moitié du ixᵉ siècle, à « centralis[er] des fonctions jusque-là dispersées »[194]. Hamwic/ *Hamtun* formerait ainsi un ensemble, fonctionnant autour de plusieurs pôles : le port et la place du marché pour les aspects commerciaux, la *villa* royale pour la gestion administrative et fiscale, en lien probablement avec l'atelier monétaire, mais également peut-être un secteur à vocation agricole dans la partie sud. Dès lors, le choix d'un toponyme plutôt qu'un autre indiquerait bien la volonté des auteurs d'insister davantage sur un de ces pôles, et de là sur une des fonctions de l'ensemble. Dans cette hypothèse, les *wics* seraient des sites polynucléaires bien

---

191 Voir les Cartes 12 et 13 en Annexe 1.

192 « II Æthelstan », dans F. L. Attenborough, *The laws...*, *op. cit.*, p. 126-143, ici c. 14.2, p. 134-135.

193 Il paraît peu vraisemblable que le toponyme *Hamwic* succède à *Hamtun*, ce dernier apparaissant dans les chartes royales datées des années 820-900, c'est-à-dire alors que le marché de Hamwic était bien développé et dynamique.

194 É. Lorans, « Les élites et l'espace urbain : approches archéologique et morphologique (France du Nord et Angleterre, du viiᵉ au xᵉ siècle) », dans P. Depreux, F. Bougard et R. Le Jan (dir.), *Les élites et leurs espaces. Mobilité, rayonnement, domination (du vɪᵉ au ɪxᵉ siècle)*, Turnhout, 2007, p. 67-97, ici p. 97.

plus complexes que ce que l'on pouvait imaginer jusqu'aux récentes découvertes. Se pose toutefois la question de la représentativité de Hamwic par rapport aux autres *emporia*, notamment Quentovic et Dorestad, qui ne paraissent pas être des centres administratifs majeurs pour leur région. Le corpus diplomatique dont on dispose pour étudier le cas de Hamwic est unique : aucun autre *wic* anglo-saxon, pas même Lundenwic, n'apparaît au IXᵉ siècle comme un lieu de signature de chartes aussi important. Le lieu de signature exact des chartes anglo-saxonnes n'étant souvent pas précisé, il est difficile d'avoir une vue globale de la question. Toutefois, en l'absence fréquente de cette mention, le fait que Hamwic soit explicitement évoqué dans plusieurs documents semble confirmer son statut exceptionnel en la matière. Parmi les six chartes du VIIIᵉ siècle mentionnant des privilèges consentis dans le port de Lundenwic, seule la S 91 est explicitement signée sur place (*in ciuitate Lundonia*) et ce *wic* n'est pas davantage mentionné comme lieu de signature pour la première moitié du IXᵉ siècle[195].

4. Des pôles religieux ?

Les *emporia*, ports marchands générateurs de grandes richesses, relevaient-ils d'« un idéal séculier, diamétralement opposé aux idéaux dominants de l'Église », comme on l'a longtemps affirmé[196] ? Dans des sociétés où on ne peut aborder l'économique « sans montrer en même temps sa relation avec les autres éléments du système social » et auxquelles c'est l'idéel qui donne sens[197], une telle théorie paraît difficile à défendre, d'autant que les *wics* occidentaux paraissent tous dotés de bâtiments religieux.

4.1 En Occident

À Dorestad, si le nombre de « cinquante-cinq églises » avancé dans la *Passio* de l'évêque Frédéric d'Utrecht, rédigée par le prêtre Odbert au début du XIᵉ siècle, paraît quelque peu exagéré[198], il n'en demeure pas moins que ce *wic* comptait vraisemblablement de « multiples églises, prêtres et clercs », capables de baptiser des chrétiens que l'on retrouve ensuite à Hedeby ou Birka[199]. L'inventaire des biens de Saint-Martin d'Utrecht et un diplôme de Charlemagne évoquent d'ailleurs tous

---

195 Voir le Tableau 2 en Annexe 3.

196 R. Hodges, « Dream Cities : Emporia and the End of the Dark Ages », dans N. Christie et S. T. Loseby (dir.), *Towns in Transition : Urban Evolution in Late Antiquity and the Early Middle Ages*, Aldershot, 1996, p. 289-305, ici p. 301.

197 M. Godelier, « Objets et méthodes de l'anthropologie économique », dans *L'Homme. Revue française d'anthropologie*, 5 (2), 1965, p. 32-91, ici p. 39 ; *Id., Au fondement..., op. cit.*, p. 191-220.

198 Odbert, *Passio Friderici episcopi Traiectensis, op. cit.*, c. 19, p. 354.

199 Rimbert, *VA*, c. 20 et 24.

deux l'existence d'une église « Saint-Martin, construite à Dorestad et nommée *Upkirika* », vraisemblablement placée sous l'autorité du siège d'Utrecht[200]. Or, les fondations en bois d'un bâtiment de forme rectangulaire orienté ouest-est ont été retrouvées dans le quartier du Heul, à l'ouest du marché, au centre du plus grand cimetière de Dorestad, ainsi que les restes d'une construction plus petite et d'un « puits » de pierre – unique sur tout le site[201] : il s'agirait des vestiges d'une église, du châssis de son clocher et des fonts baptismaux ; peut-être a-t-on là l'*Upkirika* des textes du VIIIe siècle. À son apogée, Dorestad semble donc bien avoir été un important centre baptismal, ce qui s'explique probablement par ses fonctions de carrefour commercial : point de départ idéal pour les missionnaires, tandis que les marchands frisons se firent « propagandistes de la religion nouvelle », constituant probablement les premières populations chrétiennes de Ribe, Birka et Hedeby évoquées par Rimbert[202]. L'influence religieuse de Dorestad se serait par conséquent exercée à la fois sur sa région environnante et bien au-delà, jusqu'en Scandinavie, les populations baptisées dans son (ou ses) église(s) s'implantant sur toutes les rives des mers nordiques, comme la veuve Frideburg installée avec sa fille, Catla, à Birka, où elle finit ses jours vers 845[203]. À la mort de sa mère et suivant sa dernière volonté, Catla choisit de (re)prendre le chemin de Dorestad : qu'il s'agisse du lieu de naissance de Frideburg ou simplement celui de son baptême, l'*emporium* frison incarne à l'évidence pour ces deux femmes le fondement même de leur identité chrétienne, signe du vaste rayonnement de ses églises et fonds baptismaux[204]. Ce rôle de « plaque-tournante » baptismale explique peut-être que Dorestad, comme d'autres *emporia* chrétiens, joue un rôle dans la circulation des livres, incluant certains ouvrages précieux et anciens : un manuscrit de Tite-Live datant du Ve siècle a pu y être acheté[205], peut-être par celui qui se présente, probablement au VIIIe siècle, comme « Theatbert, évêque de Dorestad »[206] ; et,

---

200 Extrait d'un inventaire de biens et de revenus..., texte cit. (n. 37, p. 43) ; Diplôme de Charlemagne pour l'église Saint-Martin d'Utrecht (777), dans *OSU*, vol. 1, *op. cit.*, n° 48, p. 41-42.

201 Voir le Plan 1 en Annexe 1.

202 S. Lebecq, « Les Frisons entre paganisme et christianisme », dans *Id., Hommes...*, *op. cit.*, vol. 1, p. 53-73, ici p. 72.

203 Rimbert, *VA*, c. 20.

204 Pour Stéphane Lebecq, il est très probable que Frideburg était d'origine frisonne (S. Lebecq, *Marchands...*, *op. cit.*, vol. 1, p. 31-32) ; tandis que selon Anne-Sofie Gräslund, Frideburg est une femme d'origine nordique, récemment convertie au christianisme (A.-S. Gräslund, « The Christianization of Central Sweden from a Female Perspective », dans M. Müller-Wille (dir.), *Rom und Byzanz im Norden. Mission und Glaubenswechsel im Ostseeraum während des 8.-14. Jahrhunderts*, vol. 1, Stuttgart, 1997, p. 313-329). Quoi qu'il en soit, il est très vraisemblable que Frideburg a été baptisée à Dorestad : si elle n'en est pas originaire, elle y serait ainsi de toute façon passée. Le lieu est alors pour elle celui de sa re-naissance : il n'y a donc rien de surprenant à ce qu'elle veuille y consacrer sa fortune.

205 M. McCormick, « Comparing and connecting... », art. cit. (n. 28, p. 66).

206 *Iste codex est Theatberti episcopi de Dorostat* (Manuscrit de Tite-Live, *Ab Urbe Condita* (XLI-XLV) (Ve siècle), Vienne, Österreichische Nationalbibliothek, ms. 15, Fol. 193^v, décrit dans E. A. Lowe, *Codices*

après avoir fui York/Eoforwic avec les marchands frisons, Liudger regagne l'école cathédrale d'Utrecht « les bras chargés de nombreux livres »[207].

Notre connaissance des éventuels bâtiments religieux édifiés à Quentovic est encore plus pauvre, mais, contrairement à Dorestad en Frise, Quentovic se situe dans un territoire déjà bien christianisé : les fouilles partielles n'ont pas permis, à ce jour, d'y découvrir de traces d'églises et aucun texte ne mentionne la présence de bâtiments religieux dans ce *wic*. Toutefois, le passage de nombreux pèlerins à Quentovic avant ou après leur traversée de la Manche, notamment pour se rendre à Rome ou en revenir, supposait la présence d'au moins un lieu de culte dédié à leur accueil. L'important monastère de Saint-Riquier paraît un peu éloigné, à une bonne cinquantaine de kilomètres au sud-est, pour avoir joué un rôle central dans l'encadrement religieux de ces pèlerins et de la population du port : Saint-Josse, qui appartient au IXe siècle à l'abbaye de Ferrières, l'église Saint-Pierre, contrôlée par Saint-Wandrille et qui est « à proximité de l'*emporium* de Quentovic »[208], ou encore celle de la Calotterie paraissent plus à même d'avoir rempli ces fonctions[209]. Le *wic* entretient également des liens étroits avec l'abbaye de Fontenelle, proche de Rouen mais ayant des intérêts matériels à Quentovic et dans la région et dont l'abbé est nommé « administrateur des affaires commerciales du royaume pendant de nombreuses années, percevant l'impôt public et les redevances sur les marchandises dans les ports et les villes, et principalement à Quentovic »[210]. Toutefois, considérant la taille supposée du *wic* de la Canche, il paraît peu probable qu'il n'ait pas abrité la moindre église pour assurer l'encadrement de sa population, probablement en majorité chrétienne : le caractère très partiel des fouilles constitue vraisemblablement un facteur d'explication à une absence simplement virtuelle.

On ne sait pas grand-chose non plus de l'encadrement religieux de la population de Hamwic et de ses environs. Il semble toutefois faire peu de doutes que l'*emporium* comptait une ou plusieurs églises, identifiées en général à partir des cimetières les entourant : *St Mary* serait la plus ancienne, peut-être fondée par l'évêque Birinus dans les années 630 sur un monastère plus ancien ; elle serait l'église-mère de Hamwic/Southampton. Envoyé par le pape Honorius Ier (625-638), Birinus aurait accosté en 634 dans un port du sud de l'Angleterre – peut-être

---

latini antiquiores : a palaeographical guide to Latin manuscripts prior to the ninth century, Part X (Austria, Belgium, Czechoslovakia, Denmark, Egypt and Holland), Oxford, 1963, n° 1472, p. 11 ; et en ligne sur la Bibliothèque virtuelle de l'abbaye de Lorsch (*Bibliotheca Lauresbamensis*) : http://bibliotheca-lauresha-mensis-digital.de/view/onb_cod15).

207 Altfrid, *Vita sancti Liudgeri*, op. cit., c. 12, p. 17.

208 *Miracula sancti Wandregisili*, op. cit., p. 408.

209 J. Dhondt, « Les problèmes de Quentovic », art. cit., p. 205 ; S. Garry et A.-M. Helvétius, « De Saint-Josse à Montreuil... », art. cit. (n. 30, p. 67). Voir la Carte 9 en Annexe 1.

210 *Chronique des abbés de Fontenelle...*, op. cit., lib. XII, c. 2, p. 136 et 138.

Hamwic –, où il aurait prêché trois jours durant, avant de convertir le roi des *Gewissae* (Saxons de l'Ouest), Cynegils[211]. On a également retrouvé les traces de deux autres églises, dans les secteurs 13 et 32, mais sans être certain qu'elles soient aussi anciennes que les tombes alentours[212]. Dans tous les cas, pour les aspects religieux, Hamwic semble ressortir, dans un premier temps, de Dorchester, siège épiscopal des Saxons de l'Ouest, avec Birinus pour évêque de 634 à 649[213], avant que ce siège ne soit transféré en 660 à Winchester. Quant à Lundenwic, on sait qu'une décision pontificale en 601 en fait le principal siège épiscopal en Angleterre : Mellitus arrive alors dans l'*emporium* et le roi du Kent Æthelberht y fait édifier la première église, dédiée à saint Paul en 604. De même, Eoforwic est un siège épiscopal de premier plan, remontant lui aussi à l'époque de la christianisation de l'Angleterre, avant d'acquérir le statut de métropole en 735[214]. En matière religieuse, le statut de ces deux *wic* est donc assez différent de leurs homologues francs. Leur essor semble coïncider avec l'implantation du christianisme et le rayonnement que la décision du pape Grégoire le Grand et l'implication d'Augustin de Canterbury leur confèrent dépasse probablement de beaucoup l'influence religieuse de Quentovic sur sa région. Comme en Frise ou en Scandinavie, les liens entre mission et *emporia* paraissent donc ici étroits, ce qui confère à ces ports une influence religieuse assez vaste sur leur région.

4.2 *Chez les Scandinaves et les Slaves*

Les mondes scandinave et slave sont encore largement païens avant le second millénaire : le Danemark est le premier à adopter officiellement la nouvelle religion vers 965 sous le règne de Harald à la Dent Bleue – c'est du moins ce que Harald clame lui-même sur la plus grosse des pierres runiques de Jelling ; la Norvège suit, au début du XIe siècle, sous l'impulsion d'Olaf Tryggvason, tandis qu'en Suède le processus amorcé par le premier roi chrétien des Suédois, Olof Skötkonung, est beaucoup plus lent et se poursuit durant tout le XIe siècle[215]. Plus à l'est, il faut également attendre la seconde moitié du Xe siècle pour que le christianisme progresse autour de l'Oder et de la Vistule : comme en Scandinavie, c'est la conversion en 966 du souverain piast, Mieszko, qui constitue une étape déterminante. Pour autant, les *emporia* et leur région ne paraissent pas dépourvus d'activités cultuelles, comme en témoigne le temple païen utilisé à Wolin du IXe

---

211 *CAS*, a° 634 ; Bède le Vénérable, *HE*, lib. III, c. 7 ; *Vita Sancti Birini, op. cit.*, c. 13-14, p. 26-27.
212 A. D. Morton (dir.), *Excavations at Hamwic*, vol. I, *op. cit.*, p. 50-51.
213 *CAS*, a° 650 ; Bède le Vénérable, *HE*, lib. IV, c. 12.
214 D. M. Palliser, *Medieval York..., op. cit.*, p. 30-34.
215 B. et P. H. *Sawyer*, « Scandinavia enters Christian Europe », dans K. Helle (dir.), *The Cambridge History..., op. cit.*, vol. 1, p. 147-159.

au XIᵉ siècle[216]. À Kaupang, le *þing* de *þjóðalyng* aurait accueilli de telles activités depuis les environs de l'an 600 – soit bien avant la création du port marchand –, peut-être en lien avec le lac sacré de *Vítrir* (ou *Vettrir*) et la montagne sacrée *Helgefjell*. Il est possible que ces activités aient décliné au cours de la période viking, au profit des fonctions juridiques du *þing*, mais ce site n'en demeure pas moins l'endroit choisi pour implanter une église, qui remonte peut-être au XIᵉ siècle, voire à la seconde moitié du Xᵉ, avant le bâtiment de pierre bâti au XIIᵉ siècle[217]. Et le cas de Kaupang n'est probablement pas isolé en Scandinavie : il est par exemple possible que Süderbrarup, à une bonne vingtaine de kilomètres au nord-est de Hedeby, soit toujours, à l'époque viking, le lieu central servant à la tenue des assemblées cultuelles et juridiques : la présence d'un marais sacrificiel datant de l'Âge du Fer romain, ainsi que de riches tombes de l'époque viking et d'un possible site de *þing* à proximité pourrait aller dans le sens d'une telle hypothèse[218]. Par la suite, l'*emporium* de la Schlei a pu directement abriter des fonctions religieuses. En effet, alors que la religion monothéiste commence à s'implanter dans le Nord, en 849 le roi danois Horic Iᵉʳ autorise la construction d'une église à Hedeby, mais, selon Rimbert, l'établissement portuaire abritait déjà plusieurs chrétiens, baptisés à Dorestad ou Hambourg[219]. Après une période de persécution faisant suite à la mort de ce roi, Horic II fait finalement rouvrir l'église vers 860 et autorise dans le même temps la construction d'une autre à Ribe[220]. On ne retrouve toutefois pas toujours dans la culture matérielle les traces de ces premiers bâtiments mentionnés dans les textes : à Hedeby, la première église se situait peut-être sous l'église romane construite entre le IXᵉ et le XIᵉ siècle[221] ; et, à Ribe, on peut supposer qu'elle se trouvait sous la cathédrale du XIIᵉ siècle, de l'autre côté de la rivière par rapport au marché, à moins qu'il ne s'agisse de Dankirke, littéralement « l'église des Danois », qui n'a toutefois pas livré à ce jour la moindre église datant de l'époque d'Ansgar.

La région de Birka semble aussi avoir abrité des fonctions cultuelles, et ce bien avant que le christianisme ne commence à s'y implanter et que le *prefectus* Herigar ne décide de faire construire une église sur ses terres[222] : le toponyme « Helgö » (« île sainte » ou « île protégée ») pourrait renvoyer à un ancien lieu de culte. L'association de nombreux objets au symbolisme païen, chrétien, mais aussi bouddhiste y est par ailleurs unique pour la Scandinavie des VIIIᵉ et IXᵉ

---

216 M. Bogucki, « Viking Age ports of trade in Poland », art. cit., p. 107.

217 D. Skre, « The Skiringssal *Thing* Site *þjóðalyng* », art. cit. (n. 177, p. 229).

218 V. Hilberg, « Hedeby in Wulfstan's days... », art. cit. (n. 86, p. 80). Voir la Carte 18 en Annexe 1.

219 Rimbert, *VA*, c. 24.

220 *Ibid.*, c. 32.

221 J. Staecker, « The 9ᵗʰ-century Christian mission to the North », dans A. Englert et A. Trakadas (dir.), *Wulfstan's Voyage...*, *op. cit.*, p. 309-329.

222 Rimbert, *VA*, c. 11.

siècles : peut-être simplement perçus comme des objets « exotiques », ils ont également pu représenter les diverses religions connues des Scandinaves, formant en ce lieu une sorte de panthéon des différentes croyances à l'époque viking. Lorsque Rimbert évoque la construction d'une église sur les terres de Herigar, il ne précise pas la localisation exacte de ces possessions foncières, mais il paraît très probable qu'elles se situaient dans les environs de Birka, peut-être à Helgö, à seulement neuf kilomètres de là par voie d'eau : les objets à connotation religieuse découverts sur ce site, en particulier la partie supérieure d'une crosse épiscopale et un bol décoré servant peut-être au cours de la messe, proviendraient alors de l'église de Herigar ou de celle construite un peu après, dans les années 830, à la demande de Gautbert, envoyé à Birka par l'empereur Louis le Pieux avec « objets du culte et moyens nécessaires à sa dépense »[223]. Mais le domaine de Herigar a également pu se trouver sur l'île de Björkö proprement dite, peut-être sur la colline fortifiée de Borg[224].

Le premier édifice religieux construit dans les *emporia* scandinaves semble donc relégué en marge de la zone centrale organisée autour du port et du marché, à l'écart de l'habitat, peut-être pour éviter de provoquer les populations locales païennes, à moins que ce ne soit parce que les fonctions religieuses n'étaient pas jugées essentielles dans ces sites, à la vocation avant tout commerciale et artisanale. Ces églises ont ainsi dû servir, dans un premier temps, essentiellement aux marchands chrétiens étrangers – plus qu'aux populations locales. Par conséquent, contrairement aux anciens lieux de pouvoir, servant tout à la fois de résidence aux élites et de lieu de culte, la religion n'aurait pas été une activité structurante des *wics* nordiques, dans les premiers temps du moins. Les fonctions religieuses ont ainsi pu s'organiser autour d'un petit pôle, de taille éventuellement moindre que les noyaux commerciaux, agricoles, juridiques et fiscaux, ce qui plaiderait, une fois encore, en faveur d'une structure polynucléaire de ces ports. L'activité religieuse n'étant pas l'objectif premier de ces sites, on peut supposer que le rayonnement initial de ces églises et des prêtres les desservant restait assez limité sur la région environnante, même si, à partir de l'autorisation accordée par le roi Horic au milieu du IXe siècle, le son de la cloche peut enfin retentir dans l'*emporium* et ses environs immédiats[225]. La découverte d'une cloche datant du IXe siècle dans le port de Hedeby, seule trace des premières églises danoises à notre disposition à ce jour, tendrait à confirmer le témoignage de Rimbert[226].

---

223 Rimbert, *VA*, c. 14 ; Å. Hyenstrand, « Helgö, Birka and the churh of St Gautbert », dans A. Lundström (dir.), *Thirteen studies on Helgö*, Stockholm, 1988, p. 64-71.

224 A.-S. Gräslund, *Birka…, op. cit.*, p. 83 ; T. Zarichsson, « The Archaeology of Rimbert. The Churches of Hergeir and Gautbert and Borg in Birka », dans S. Sigmundsson (dir.), *Viking Settlements…, op. cit.*, p. 469-493.

225 Rimbert, *VA*, c. 32.

226 H. Drescher, « Glockenfunde aus Haithabu », dans K. Schietzel (dir.), *Das Archäologische Fundmaterial IV der Ausgrabung Haithabu* (*Berichte über die Augrabungen in Haithabu*, 19), Neumünster, 1984, p. 9-63, ici p. 56-57.

Comme en Angleterre, les liens entre *wics* et mission sont par conséquent étroits : ces ports sont les principaux lieux d'accueil des missionnaires et des premières populations chrétiennes ; ils servent ensuite de points de départ pour l'évangélisation du reste du monde nordique. Dès le début du VIIIe siècle, le premier apôtre du Nord, Willibrord (v. 657-739), basé à Utrecht, c'est-à-dire en un lieu à la fois proche de Dorestad et en étroite association avec lui, s'embarque pour le Danemark[227], mais sa tentative de christianisation avorte et il faut ensuite attendre un siècle avant que de nouvelles missions ne soient lancées en Europe du Nord. Au IXe siècle, les moines Ansgar et Rimbert marchent dans ses pas, concentrant leurs efforts sur Hedeby et surtout Birka, où l'on retrouve de nombreuses traces matérielles confirmant la présence missionnaire : fibules émaillées décorées de croix, pichets de Tating, souvent ornés d'une croix en étain et qui ont pu servir à stocker le vin de messe ou lors du rituel du lavage des mains pendant la liturgie. La présence de ces pichets dans des tombes exclusivement féminines ne peut d'ailleurs manquer de rappeler l'épisode de la veuve Frideburg et de sa fille Catla, pour lesquelles le vin remplissait visiblement une fonction essentiellement liturgique[228]. La diffusion, même limitée, de ces objets à l'intérieur des terres atteste une certaine pénétration des symboles chrétiens dans ces contrées nordiques. L'attrait exercé par ces ports sur les missionnaires occidentaux ne tient pas seulement au fait qu'ils constituent des foyers de peuplement, mais également à leur situation au terme ou au croisement de routes commerciales importantes, par lesquelles les premières influences chrétiennes avaient déjà pu gagner la Scandinavie. Par la suite, la plupart des *emporia* sont d'ailleurs choisis pour abriter les premiers sièges épiscopaux en Scandinavie. C'est le cas de Schleswig/ Hedeby, de Ribe et d'Aarhus, dépendant tous trois de l'archevêché de Hambourg créé au début des années 830[229]. Cette situation n'est pas sans évoquer celle de Lundenwic et d'Eoforwic, mais également le cas italien de Comacchio, hissé au rang de siège épiscopal au cours de la seconde moitié du VIIIe siècle[230]. Cependant, jusqu'à la réforme impulsée par le roi Sven II Estridsen (1047-1076), ces évêchés restent des territoires de mission, sans limites clairement définies, et on ne sait pas grand-chose d'eux ni de leurs évêques. On peut supposer, d'après leur taille au XIe siècle, qu'une région assez vaste se trouvait sous leur juridiction, mais, dans les faits, il est impossible de mesurer l'influence que ces évêques exerçaient réellement sur ces territoires. Avant la conversion de Harald à la Dent Bleue vers 958/965

---

227 Alcuin, *Vita Willibrord, op. cit.*

228 Rimbert, *VA*, c. 20.

229 Canons du synode d'Ingelheim, texte cit. ; Lettre d'immunité d'Otton Ier aux évêques de Schleswig, Ribe et Aarhus (965), texte cit. (n. 20, p. 65).

230 L'évêque Vitale est le premier dont on est certain de l'existence, grâce à un diplôme accordé par Charlemagne à ce dernier en 781 (S. Gasparri, « Un placito carolingio... », art. cit.).

– suivie de la création d'un quatrième diocèse, à Odense, sur l'île de Fionie –, il n'est même pas certain que ces évêques aient eu accès à leur diocèse putatif[231]. En revanche, dans les contrées slaves, tiraillées entre l'influence de Rome, par l'intermédiaire notamment du clergé germanique, et celle de Byzance, incarnée par les frères Cyrille et Méthode, ni Wolin, ni Truso, ni Menzlin n'acquièrent le statut de siège épiscopal, contrairement à Gdańsk, élevé au rang de métropole au début du XIᵉ siècle.

Le rayonnement religieux des *emporia* scandinaves est donc probablement resté assez limité dans les premiers temps, mais cette influence s'est accrue à mesure que les missions se sont multipliées, que le pouvoir des missionnaires a grandi – à la fois auprès des rois et auprès des populations du port puis de l'arrière-pays – et que la christianisation a ensuite gagné l'intérieur des terres scandinaves, jusqu'à donner naissance aux premiers diocèses nordiques. Les *wics* ont joué un rôle central dans ce processus, servant de têtes de pont missionnaires en Scandinavie puis de points d'ancrage pour la nouvelle religion et ses institutions. Ce rayonnement de plus en plus fort sur une vaste région encore majoritairement païenne contraste ainsi fortement avec l'influence religieuse très modeste de certains *emporia* occidentaux sur leur région, notamment Quentovic et Hamwic, où l'encadrement religieux des populations au quotidien était vraisemblablement assuré à une échelle relativement locale. Au contraire, pour les premiers chrétiens scandinaves, ces établissements portuaires, même assez éloignés de leur lieu de résidence, étaient quasiment les seuls lieux pourvus de bâtiments religieux – ou au moins de prêtres – dans les premiers temps de la christianisation, expliquant la profondeur de leur arrière-pays religieux.

5. Conclusion : stabilisation politique et insertion des *emporia* dans les réseaux de pouvoir

Les *wics* servent de lieux physiques pour l'échange des marchandises, mais contribuent également à réguler l'économie, comme le soulignent à la fois le rôle central de ces sites dans les processus de redistribution et leurs fonctions en tant qu'ateliers monétaires et éventuellement que péages. Dans un contexte à la fois d'essor de la production agricole et d'ancrage de plus en plus fort de différentes autorités territoriales, ces ports ont constitué un instrument efficace de contrôle de la production et de mobilisation des surplus agricoles. Dans un monde encore très largement multipolaire, les *emporia*, marqués semble-t-il par une structure plutôt polynucléaire, exercent une domination matérielle mais aussi symbolique

---

231 M. Gelting, « Elusive Bishops : Remembering, Forgetting, and Remaking the History of the Early Danish Church », dans S. Gilsdorf (dir.), *The Bishop : Power and Piety at the First Millennium*, Münster, 2004, p. 169-200.

sur leur région, ce qui leur confère une forme de centralité. L'influence d'un *wic* n'était toutefois pas seulement déterminée par sa puissance économique : Quentovic et Dorestad, adossés au puissant Empire carolingien, paraissent être à la fois les sites les mieux contrôlés par le pouvoir et ceux qui avaient l'aire d'influence la plus vaste, comme en témoignent la vaste diffusion de leurs monnaies ou l'attrait qu'ils exerçaient sur des établissements ecclésiastiques parfois très éloignés ; tandis que les aires d'influence des ports scandinaves étaient bien plus réduites, en raison du grand morcellement du paysage politique scandinave à l'époque viking, et que la plupart des *wics* anglo-saxons semblent avoir eu un statut intermédiaire, le contrôle opéré en ces lieux par le pouvoir étant encore incomplet[232]. La situation un peu particulière de certains sites anglo-saxons, en particulier Hamwic et surtout Lundenwic et Eoforwic, plus étroitement liés au pouvoir politique – notamment royal –, pousse toutefois à nuancer le tableau des relations entre ce dernier et les *emporia*, soulignant que le degré et la nature de la centralité de ces ports n'étaient pas nécessairement les mêmes pour tous : des situations diverses semblent au contraire avoir coexisté.

Au cœur d'enjeux à la fois politiques, symboliques et économiques, les *wics* sont âprement disputés par différents groupes aristocratiques et royaux, en s'inscrivant, à leurs débuts, dans des territoires en cours de prise de contrôle. Ils ont alors pu servir de points d'ancrage à des pouvoirs politiques en cours de consolidation, selon des chronologies différentes en fonction des espaces. Toutefois, à mesure que les pouvoirs se stabilisent, le contrôle de ces sites stratégiques ne semble plus vraiment poser de problème : le groupe sorti vainqueur des affrontements et parvenu à affirmer son autorité sur ces ports peut désormais les organiser à sa guise et conformément à ses intérêts (Pippinides puis Carolingiens sur le Continent, maison royale de Mercie puis du Wessex en Angleterre, dynastie de Jelling au Danemark...). À une période assez troublée sur le plan politique, durant laquelle les *emporia* sont des enjeux dans les compétitions entre groupes élitaires – à la fin du VIe et au VIIe siècle en Occident, plutôt aux VIIIe et IXe siècles en Scandinavie –, succède ainsi une période d'affermissement du pouvoir central et, dans le même temps, de consolidation de ces ports, dont le fonctionnement tend à être de plus en plus normalisé et régulé. Au VIIIe siècle, Pippinides puis Carolingiens semblent ainsi contrôler l'essentiel du système d'échanges transmanche, « réunifiant l'ensemble des régions côtières », de Dorestad à Rouen en passant par Quentovic, qui « deviennent alors les têtes de pont d'espaces plus nettement hiérarchisés, dans une société qui se hiérarchisait elle-même »[233].

---

232 Voir les Cartes 21 et 20 en Annexe 1.
233 R. Le Jan, « Les élites neustriennes... », art. cit. (n. 19, p. 194), p. 194.

Moins disputés à mesure que les pouvoirs se renforcent, les *wics* et leur région n'en restent pas moins au cœur de la politique royale puis impériale carolingienne, comme en témoigne la présence de Charlemagne dans la région de la Basse-Seine et du Ponthieu en 768 et surtout en 800 : alors qu'il a déjà passé les premières fêtes de Pâques suivant la mort de son père, en 768, à Rouen, en 800, année symbolique s'il en est, il choisit de célébrer Pâques à Centula/Saint-Riquier, après avoir inspecté sa flotte et les défenses de la côte, probablement du côté de Boulogne*, et avant de se rendre à nouveau à Rouen. Ces séjours soulignent toute l'importance accordée à cette zone maritime par le futur empereur en cette année de couronnement impérial[234]. L'essor de Hamwic semble également correspondre à la stabilisation et consolidation du pouvoir royal ouest-saxon dans le sud de l'Angleterre, à partir d'Egbert (802-839), après un temps d'immixtion mercienne dans les affaires ouest-saxonnes sous Offa à partir de 786[235]. Ce pouvoir peut alors achever d'organiser l'*emporium* à son avantage, comme en témoignent les premières chartes le mentionnant, datées de 825 ou 826[236]. Si leur authenticité est assez douteuse, le choix même de ce règne pour les dater est probablement révélateur du tournant qu'il représente dans l'histoire du Wessex. Mais lorsque les rois anglais parviennent à reprendre le contrôle du sud de l'Angleterre au cours du Xᵉ siècle, c'est Lundenwic qu'ils choisissent pour installer leur principal port de commerce : la fin des rivalités entre rois semble mettre un terme à la concurrence de différents ports dans le sud de l'Angleterre et Southampton, successeur de Hamwic, reste alors secondaire par rapport à Londres.

Inversement, le développement économique des *emporia* peut pâtir des périodes de forts troubles. Ainsi, le destin de Kaupang a pu être si étroitement mêlé à celui du royaume du Vestfold que son déclin à la fin du Xᵉ siècle pourrait être lié, dans un premier temps, aux tensions politiques qui affectent cette partie de la Norvège au cours de la seconde moitié du Xᵉ siècle et qui mettent notamment aux prises le roi danois Harald à la Dent Bleue et son ancien jarl, Håkon Sigurdsson. C'est peut-être dans ce contexte qu'il faut restituer la mise à sac des sépultures à bateau de Gokstad et d'Oseberg (et éventuellement celle de Tune, Borre et même Ladby au Danemark), vraisemblablement entre 953 et 975, le but étant de détruire des monuments qui légitimaient des concurrents au pouvoir[237]. Si Harald à la Dent Bleue est bien le commanditaire de ces opérations de vandalisme – ce que rien ne permet vraiment d'affirmer avec certitude –, il s'agirait alors de la destruction de symboles associés à la légitimation de concurrents politiques : de

---

234 *ARF*, aᵒ 800.

235 Le royaume demeure indépendant, mais son roi, Beorhtric, est clairement placé sous l'influence d'Offa (B. Yorke, *Kings...*, *op. cit.*, p. 141 et 147).

236 P. H. Sawyer, *ASC*, S 272, S 273, S 275 et S 276. Voir le Tableau 1 en Annexe 3.

237 J. Bill et A. Daly, « The plundering... », art. cit.

tels actes participeraient alors de la même construction idéologique que l'édifi-
cation d'un site funéraire dynastique monumental à Jelling – construit autour de
deux vastes tertres et de deux pierres runiques, intégrés dans un tracé naviforme
et une palissade longs d'environ 360 mètres –, d'un imposant pont à Ravning
Enge – long de 760 mètres pour cinq mètres de large – ou encore des grandes forteresses circulaires danoises, toutes construites selon le même plan géométrique
vers 980, entourées d'un rempart circulaire, percé par quatre portes aux points
cardinaux, mais de dimensions variables (de 120 mètres de diamètre pour Fyrkat
et Nonnebakken à 240 mètres pour Aggersborg)[238]. Dans le même temps, les
différents pouvoirs aux prises ont pu se désintéresser de l'ancien *emporium*, par la
suite intégré dans une unité politique plus large : alors que le royaume s'agrandit,
Kaupang perd sa dimension monopolistique au profit d'autres sites[239].

Les VIIe (plutôt VIIIe en Scandinavie) et Xe siècles sont, dans l'histoire de ces
ports et des façades maritimes dans lesquelles ils s'inscrivent, à bien des égards,
des siècles charnières, marqués par les crises et recompositions politiques, économiques et même plus largement sociales. Cette inscription dans un contexte
bien spécifique permet d'expliquer à la fois la relative brièveté de ces « villes-
champignons »[240] et leur statut particulier de centres économiques importants
au plan politique.

238 M. S. Jørgensen, « Vikingetidsbroen i Ravning Enge – nye undersøgelser », dans *Nationalmuseets Arbejdsmark*, Copenhague, 1997, p. 74-87 ; K. Randsborg, « Kings' Jelling. Gorm and Thyra's palace – Harald's monument and grave. – Svend's cathedral », dans *Acta archaeologica*, 79, 2008, p. 1-23 ; A. S. Dobat, « The state and the strangers : The role of external forces in a process of state formation in Viking-Age South Scandinavia (c. AD 900-1050) », dans *Viking and Medieval Scandinavia*, 5, 2009, p. 65-104 ; E. Roesdahl *et al.* (dir.), *Aggersborg..., op. cit.* Voir la Carte 17 en Annexe 1.
239 A. Christophersen, « Ports and trade in Norway during the transition to historical time », dans O. Crumlin-Pedersen (dir.), *Aspects..., op. cit.*, p. 159-170.
240 J. Dhondt, « Les problèmes de Quentovic », art. cit., p. 244 et 247.

TROISIÈME PARTIE

ARTICULER LES RÉSEAUX

Au morcellement politique et économique des Ve et VIe siècles, qui faisait suite à la rupture des anciens circuits économiques, succèdent des processus de recomposition, soulevant la question de l'insertion des *emporia* dans les nouvelles trames, politique et commerciale, qui s'esquissent alors en Europe du Nord. L'organisation spatiale des lieux d'échanges et leurs liens avec les lieux de pouvoir contribuent en effet à la mise en place de nouveaux réseaux, animés par des acteurs pouvant jouer le rôle d'« articulateurs » ; des réseaux qui se transforment sans cesse, en s'adaptant aux évolutions politiques et économiques, ce qui nécessite de raisonner à une échelle suprarégionale, tout en contextualisant les différentes étapes du développement de ces ports et en les considérant chacun à la fois dans leur singularité et en parallèle les uns des autres.

Le recours à l'analyse réticulaire a permis de renouveler notre approche des relations et communications et de reconstituer en partie les « liens rompus d'un réseau en miettes », tout en favorisant le développement des études comparatives et le traitement statistique des données archéologiques[1]. Derrière le terme de « réseau », désignant à la fois une méthode, un outil, un mode de représentation, mais aussi un objet étudié, une réalité sociale, il ne faut pas voir « une addition de liens disparates », mais une structuration des relations autour de « nœuds », reliés par des « intermédiaires », invitant à « penser les relations et le pouvoir en termes d'interactions »[2]. L'espace n'est plus conçu comme une étendue, mais comme une série de points reliés entre eux : une toile, dont les différents points peuvent être des *emporia*, mais également d'autres lieux. La notion de « réseau » permet par conséquent d'avoir une approche dynamique des réalités économiques, sociales, culturelles ou politiques, à partir des flux commerciaux, des transports ou encore des relations de pouvoir : les endroits où ces liens convergent forment des nœuds et la centralité d'un site est déterminée par le nombre de ces liens, ce qui permet de dégager des relations hiérarchiques entre différents sites. Cette approche peut

---

1 A. Collar *et al.*, « Analyser les réseaux du passé en archéologie et en histoire », dans *Les Nouvelles de l'Archéologie*, 135, 2014 (mars), p. 9-13 ; S. M. Sindbæk, « Broken Links... », art. cit., p. 71 ; L. Hedeager, « A quantitative analysis of Roman imports in Europe north of the limes (0-400 A.D.), and the question of Romano-Germanic exchange », dans K. Kristiansen et C. Paludan-Müller (dir.), *New directions in Scandinavian archaeology*, Copenhague, 1978, p. 191-216.
2 C. Lemercier, « Conclusion » à la Journée d'étude du CRESC, Université Paris 13, 14 mars 2008, en ligne : http://www.univ-paris13.fr/cresc/images/stories/PDF%20JE%202008-03-14/c._lemercier.pdf (consulté en mai 2013) ; R. Le Jan, « Introduction », dans A. Gautier et C. Martin (dir.), *Échanges...*, *op. cit.*, p. 5-16, ici p. 13.

aider à mieux comprendre les interactions, à étudier les points communs et différences des *emporia*, au cœur de réseaux politiques et d'échanges, dont les points peuvent entretenir différents types de liens (complémentaires, concurrentiels...). Sur un territoire, les réseaux assurent en effet la mise en relation de différents lieux et des acteurs qui les occupent ; ils sont liés à un besoin de mobilité, de communication, d'échange, dû à l'hétérogénéité de l'espace géographique.

À la fois au centre de flux d'échanges suprarégionaux et locaux, les *emporia* ne jouent pas seulement le rôle de centres redistributifs à plusieurs échelles : leur position centrale dans ces différents réseaux leur permet de les articuler, de faire la transition entre les échelles, tout en étant reliés entre eux. Le concept utilisé en sociologie de « transitivité » permet de qualifier ce statut particulier[3] : un paysan de l'arrière-pays fréquentant un port marchand en relation avec d'autres ports étrangers se retrouve ainsi à son tour en relation – indirecte – avec ces derniers. Les *wics* occupent une place centrale comme point d'ancrage indirect des sites de leur région dans les réseaux d'échanges suprarégionaux : sans ces marchés, la rencontre des deux échelles serait impossible.

L'étude, d'abord centrée sur la question des différents acteurs intervenant dans la fondation de ces ports et ayant contribué à leur prospérité (chapitre 6), proposera ensuite une synthèse de l'insertion des *emporia* dans différents réseaux, à des échelles diverses (chapitre 7). Pour cela, elle se centrera largement sur le IXᵉ siècle, seule période qui permette d'aborder ensemble à peu près tous les *wics*, afin de faciliter une approche comparative entre les différents sites et de les replacer dans la perspective d'une histoire globale.

---

3 La « transitivité », utilisée dans l'étude des réseaux sociaux, désigne la probabilité que si X est lié à Y et Y à Z, alors X est lié à Z (A. Degenne et M. Forsé, *Les réseaux sociaux...*, *op. cit.*, p. 87).

CHAPITRE 6

COMMUNAUTÉS PORTUAIRES
ET RÉSEAUX D'ACTEURS

L es *emporia* ne sont pas des entités abstraites, au sein desquels les individus ne seraient que des sujets ballotés au gré des processus économiques et sociaux. Il convient donc à présent de rendre leur « chair » à ces ports, dont la prospérité est le résultat de l'implication d'un large éventail d'acteurs, des paysans et artisans aux autorités territoriales et ecclésiastiques, en passant par les marchands et autres navigateurs. À la suite de Richard Hodges et Peter Hayes Sawyer[1], historiens et archéologues ont peut-être trop insisté sur le rôle du pouvoir royal dans leur fondation, au détriment d'autres acteurs : le rôle des marchands et artisans, mais aussi de l'Église et de ses représentants tend désormais à être revalorisé[2]. Chris Wickham considère ainsi que les élites rurales jouent un rôle croissant dans l'économie, en mobilisant toujours plus de ressources agricoles, entraînant une massification des échanges à longue-distance ; et ne néglige pas non plus le dynamisme des acteurs économiques, marchands et artisans[3]. Peut-on encore aller jusqu'à parler de « fondation royale »[4] ?

L'apparition des *emporia* change les données de la production, en permettant aux artisans et marchands de pratiquer leurs activités ailleurs que dans les résidences aristocratiques (comme Dankirke, Tissø, Lejre, Helgö ou encore Uppåkra lors des siècles précédents), sous le patronage d'un chef ou d'un roi, ce qui leur permet de travailler plus librement, sans dépendre aussi étroitement du contrôle des élites. Mais cela les rend également davantage dépendants de leur production, qu'ils sont incités à augmenter (en développant notamment des produits plus standardisés)[5]. L'artisan, en sortant du foyer aristocratique dans lequel il était intégré, deviendrait ainsi plus réceptif aux motivations commerciales et à

1 R. Hodges, *Dark Age Economics...*, *op. cit.* ; P. H. Sawyer, « Kings and Merchants », dans *Id.* et I. Wood (dir.), *Early Medieval Kingship*, Leeds, 1977, p. 139-158 ; *Id., Kings...*, *op. cit.*

2 C. Loveluck, *Northwest Europe...*, *op. cit.*, p. 9-29 ; J. Naylor, « Coinage, Trade and the Origins of the English Emporia », et C. Wickham, « Comacchio and the central Mediterranean », dans S. Gelichi and R. Hodges (dir.), *From one sea...*, *op. cit.*, p. 237-266 et p. 503-510.

3 C. Wickham, *Framing...*, *op. cit.*

4 W. Holmqvist, *Swedish Vikings on Helgö and Birka*, Stockholm, 1979 ; S. Jensen, *Les Vikings de Ribe, op. cit.*, p. 10.

5 E. Hjärthner-Holdar, K. Lamm et B. Magnus, « Metalworking and Central Places », dans B. Hårdh et L. Larsson (dir.), *Central places...*, *op. cit.*, p. 159-183.

l'innovation[6]. En s'affranchissant, en partie au moins, de l'emprise des élites politiques, marchands et artisans des *emporia* participeraient pleinement à la création d'un nouveau tissu social, fait de relations plus horizontales que verticales.

Les réseaux qui se tissent entre les différentes rives des mers nordiques prennent ainsi appui sur divers points, reliés entre eux par des individus ou des groupes humains. Les marchands traversant les mers et s'enfonçant pour certains dans les terres sont des instruments d'échanges économiques et culturels, qu'il s'agisse des Frisons se rendant en Scandinavie, des Scandinaves présents aux foires de Saint-Denis ou encore des Suédois pénétrant à l'intérieur des terres slaves. Plus que les ports, ce sont les individus s'y rencontrant qui apparaissent centraux dans les réseaux commerciaux, occupant une position privilégiée dans les échanges, notamment par rapport à ceux qui en restent en marge, les paysans par exemple : ce sont les « articulateurs » dans ces processus de communication pour reprendre la terminologie de l'étude sociologique des réseaux[7]. Ces « articulateurs » appartiennent à différents groupes (ethniques, professionnels...), tout en partageant un espace commun : pour autant, peut-on aller jusqu'à considérer qu'ils forment une « communauté » ? Une communauté n'est pas un donné, mais une production sociale, construite par les interactions entre ses membres ayant la volonté consciente de faire partie d'un groupe distinct, de se forger une identité spécifique[8] : les différents acteurs impliqués dans la vie économique des *emporia* vivaient ensemble, mais partageaient-ils des intérêts et objectifs communs ? Et avaient-ils conscience de former un groupe avec ses caractéristiques propres ?

1. Échanges matériels et intermédiaires

> ...*je vends mes marchandises et j'achète des marchandises précieuses, qui ne sont pas originaires de ce pays...,* le Marchand[9].

1.1 Mercatores *et* negotiatores, *de la mer à l'intérieur des terres*

Parmi les acteurs intervenant dans les échanges entre les *wics* et leur région, les marchands occupaient une place essentielle. Venus de divers horizons, plus ou moins lointains, ils jouent pleinement le rôle d'« articulateurs » entre différents

---

6 D. Skre, « Markets, towns and currencies in Scandinavia ca. AD 200-1000 », dans S. Gelichi et R. Hodges (dir.), *From one sea...*, *op. cit.*, p. 47-63.

7 A. Degenne et M. Forsé, *Les réseaux sociaux...*, *op. cit.*, p. 8 ; R. V. Gould et R. M. Fernandez, « Structures of mediation : a formal approach to brokerage in transactions networks », dans *Sociological Methodology*, 19, 1989, p. 89-126, ici p. 92-93.

8 A. P. Cohen, « Epilogue », dans V. Amit (dir.), *Realizing community. Concepts, social relationships and sentiments*, Londres, 2002, p. 165-170.

9 Ælfric, *Colloquium*, *op. cit.*, p. 33.

groupes ethniques ou culturels (Francs, Frisons, Anglo-Saxons, Scandinaves, Slaves), mais aussi sociaux (agriculteurs, artisans, élites), entre producteurs et consommateurs. Ils assument ainsi la fonction de canaux de diffusion, pour les marchandises, comme pour les innovations, savoir-faire et autres informations circulant d'une rive à l'autre des mers nordiques, « mus par l'esprit de profit », comme le souligne l'insistante répétition, sous la plume d'Alcuin, du *lucrum* qu'ils espèrent faire dans ces ports et qui motive leurs voyages[10].

On aperçoit à plusieurs reprises dans la *Vita Anskarii* la silhouette fugace de quelques marchands au long cours : les *negotiatores* en compagnie desquels Ansgar voyageait lors de l'attaque par des pirates du navire les conduisant en Suède, les *negotiatores* originaires de Dorestad qui se trouvent à Birka ou encore ceux qui s'apprêtent à quitter le port de Schleswig[11]. Tout au long du récit de Rimbert, on ne voit toutefois jamais les marchands locaux, assurant le lien avec l'arrière-pays : tout au plus peut-on supposer qu'ils font partie des *negotiatores* de Birka mentionnés à plusieurs reprises dans le chapitre 19. *Negotiatores* est également le terme retenu par les auteurs des *Annales regni Francorum* ou des *Annales Bertiniani*[12], ainsi que par les rédacteurs des textes législatifs et diplomatiques[13] ; tandis qu'Alcuin opte plutôt pour *mercator* pour évoquer, dans un de ses poèmes, le « noir Hrotberct », « avide » et méprisant la poésie[14], terme également retenu dans le *Colloquium* pour désigner la figure-type du marchand qui se rend outre-mer afin d'acquérir des objets de luxe et de les rapporter en Angleterre[15]. Les textes de lois anglo-saxons parlent quant à eux généralement de *ciepemon*[16]. Hormis le « noir Hrotberct », seul marchand de Dorestad ayant laissé son nom dans l'histoire, toutes ces figures restent anonymes, incarnant davantage l'archétype du marchand que des individus précis, qui n'intéressaient visiblement que fort peu les auteurs. À cet égard, les récits des voyageurs Ohthere et Wulfstan sont exceptionnels, dans la mesure où ils évoquent des hommes clairement nommés ; mais Ohthere, probablement norvégien, est l'hôte du roi Alfred de Wessex dans les années 880 : parti avec un chargement de produits issus des échanges avec les Lapons ou des taxes prélevées sur ces derniers, il faisait visiblement partie d'une élite locale, habilitée à lever des taxes et fréquentant les cours royales européennes. Dans ces conditions, quelle représentativité accorder à ces quelques parcours individuels ?

---

10 Alcuin, « Versus de patribus regibus... », poème cité (n. 1, p. 11).

11 Rimbert, *VA*, c. 10, c. 19 et c. 33.

12 *ARF*, a° 808 ; *AB*, a° 863.

13 Diplôme faux de Dagobert en faveur de Saint-Denis pour 624, texte cit. (n. 13, p. 12) ; Louis le Pieux, *Praeceptum Negotiatorum* (828), texte cit. (n. 33, p. 43).

14 Alcuin, « Ad amicos Poetas », poème cité (n. 38, p. 104), v. 13.

15 Ælfric, *Colloquium, op. cit.*, p. 33-34.

16 Loi d'Ine et Loi d'Alfred, dans F. L. Attenborough, *The laws..., op. cit.*, p. 36-61 (ici c. 25, p. 44-45) et p. 62-93 (ici c. 34, p. 78-79).

Dès que l'on sort des formes d'autoconsommation, le marchand devient un intermédiaire indispensable, un « agent interstitiel » assurant le lien entre un centre de distribution et son arrière-pays[17]. Certaines sources textuelles anglo-saxonnes nous apprennent ainsi qu'il ne se limitait pas aux seuls *emporia*, mais n'hésitait pas à pénétrer à l'intérieur des terres. La vingt-cinquième loi du roi Ine précise qu'un marchand échangeant avec les habitants de l'arrière-pays doit le faire « devant témoins », ce qui sous-entend que certains n'hésitaient pas à quitter le *wic* pour commercer ailleurs dans la région[18]. Une vingtaine d'années plus tard, Édouard l'Ancien, roi des Anglo-Saxons de 899 à 924, décrète que l'on ne doit pas « échanger en-dehors de l'*emporium* », mesure répétée quelques années plus tard par Æthelstan[19] : difficile de croire qu'une telle insistance n'ait pas pour objectif de lutter contre une pratique assez répandue. De toute évidence, les étrangers ne se limitaient pas aux marchés côtiers, ce que la présence aux foires de Saint-Denis de marchands « venus d'outre-mer », des Anglo-Saxons aussi bien que des Frisons et d'autres nations proches (peut-être des Scandinaves), corrobore[20].

Quant à l'archéologie, si elle confirme la diffusion de certaines importations dans les arrière-pays, elle reste malheureusement souvent muette sur leur mode de circulation. On ignore ainsi quasiment tout des marchandises transportées par ces marchands, ainsi que de leur *modus operandi* : certains étrangers, habitués des *emporia* scandinaves et y faisant des séjours assez longs, ont-ils pu nouer des contacts avec des habitants de l'intérieur des terres, afin d'obtenir fourrures du Grand Nord, minerai de fer norvégien et esclaves par exemple ? La distribution des monnaies arabes dans le Svealand central, en suivant les routes depuis le lac Mälar et Birka en direction du Nord et du Nord-Ouest, pourrait confirmer l'implication d'agents commerciaux étrangers dans les circuits locaux[21]. Reste à savoir si ces derniers agissaient en personne, en se déplaçant auprès des populations locales de l'arrière-pays, ou s'ils établissaient plutôt des contacts en passant par des intermédiaires. En effet, ces marchands étrangers étaient bien insérés dans les réseaux commerciaux internationaux, mais probablement pas ou mal dans les réseaux locaux : ils avaient par conséquent besoin de relais pour pouvoir espérer entrer et s'implanter dans ces derniers. Les marchands indigènes, également présents dans les *emporia*, ont ainsi pu servir de « relais » à leurs confrères étrangers, assurant le lien avec les villages et fermes de la région. Les *wics* permettaient donc peut-être

---

17 S. M. Plattner, « Periodic trade in developing areas without markets », dans C. A. Smith (dir.), *Regional Analysis. Volume I : Economic Systems*, Londres, 1976, p. 69-89, ici p. 81.
18 F. L. Attenborough, *The laws...*, *op. cit.*, p. 44-45, c. 25.
19 *... nan man ne ceapige butan porte...* (*Ibid.*, p. 114-115, c. 1) ; *ibid.*, p. 134-135, c. 12, et p. 134-135, c. 13.1.
20 Diplôme faux de Dagobert en faveur de Saint-Denis pour 624, texte cit. (n. 13, p. 12) ; Privilège de Pépin le Bref en faveur de Saint-Denis (753), texte cit. (n. 26, p. 42).
21 M. Bäck, « No Island is a Society... », art. cit. (n. 109, p. 187).

à ces différents marchands, chacun insérés dans des réseaux commerciaux à des échelles variées, de se rencontrer et de se compléter.

1.2 Les artisans, itinérants ou à demeure ?

Les modalités d'action des artisans restent elles aussi mal cernées et font l'objet de débats pour savoir notamment si les forgerons ou tabletiers s'étaient installés à demeure dans les *wics* ou s'ils étaient itinérants, s'ils exerçaient leur art à temps plein ou s'ils partageaient leurs journées entre plusieurs activités. En effet, certains ont pu travailler à la fois le verre et les métaux, des activités qui nécessitent toutes deux – avec la fabrication de céramique – des températures élevées et une construction adaptée (four ou fourneau), ce qui peut contribuer à expliquer qu'elles soient souvent associées, tout particulièrement dans le cas des *emporia*[22]. Les artisans pouvaient cependant opter pour une autre solution et choisir l'itinérance, entre un port et certains sites de la région ou entre plusieurs ports, ce qui pose la question de l'organisation des activités artisanales : la demande de ces marchés étaient-elle suffisante pour faire vivre entièrement un forgeron ou un tabletier ? Un même individu a ainsi pu desservir deux marchés à la fois – le port et son arrière-pays – pour pouvoir vivre de son savoir-faire : dans ce cas, on pourrait parler de « micro-mobilités », sur quelques dizaines de kilomètres seulement ; mais d'autres artisans ont pu se lancer dans des « migrations aventureuses », sur des centaines de kilomètres, se fondant notamment sur un principe de saisonna-lité[23] : en quête de débouchés, ces artisans privilégient les destinations où ils savent trouver un marché suffisant pour écouler leur production. À ce titre, les *wics* faisaient vraisemblablement partie de leurs destinations de prédilection, ce qui n'exclut toutefois pas de courts séjours dans certains sites ruraux de l'arrière-pays, contribuant ainsi à diffuser biens et savoir-faire à l'intérieur des terres. Certains de ces artisans ont pu avoir par ailleurs des activités agricoles et être installés dans une ferme à la campagne, qu'ils quittaient régulièrement ou durant une saison donnée afin de se rendre sur les marchés. On peut ainsi imaginer qu'un tabletier suédois se consacrait aux travaux des champs à la belle saison et se rendait à Birka en hiver, saison morte pour l'agriculture et période privilégiée pour la tenue des grandes foires. À Kaupang, il semblerait que les hommes travaillant les métaux

---

22 A. Lundström, *Bead making in Scandinavia in the Early Middle Ages* (*Early Medieval Studies*, 9), Stockholm, 1976, p. 1-38 ; S. M. Sindbæk, « Networks... », art. cit. ; J. Callmer, « North-European trading centres and the Early Medieval craftsman. Craftsmen at Åhus, north-eastern Scania, Sweden ca. AD 750-850 », dans B. Hårdh et L. Larsson (dir.), *Central places..., op. cit.*, p. 133-158 ; U. Pedersen, *Into the Melting Pot..., op. cit.*
23 A. Belmont, « Les artisans itinérants dans les campagnes françaises sous l'Ancien Régime », dans M. Mousnier (dir.), *L'artisan au village dans l'Europe médiévale et moderne*, Toulouse, 2001, p. 316-333, ici p. 316 et 319.

(or, argent, bronze, cuivre…), mobiles durant la première phase du site, encore saisonnier au début du IXe siècle, se soient davantage fixés dans ce port au cours du IXe siècle, comme pourrait l'indiquer le recours à de l'argile locale pour les moules, signe d'un lien fort avec le site[24].

Les artisans travaillant le verre ont quant à eux peu circulé à l'intérieur des terres scandinaves si l'on se fie à la rareté du verre découvert en-dehors des *emporia*. Cette activité se prêtait toutefois bien à l'itinérance, les outils étant simples et légers et les fourneaux pouvant être fabriqués à partir d'argile locale ; le seul préalable était un accès en quantité suffisante à la matière première, facilité dans des sites portuaires, mais plus délicat en-dehors, du moins en ce qui concerne le monde scandinave. Sur le Continent, le verre était plus répandu que chez les vikings. Ainsi, à Dorestad, bien qu'on ignore à quelle échelle – ces activités temporaires laissant peu de traces –, il semble bien y avoir eu une forme de travail du verre, qui était peut-être le fait d'artisans très mobiles, ne travaillant là que pour un temps, et se rendant en d'autres lieux le reste de l'année, notamment dans des sites élitaires et centres de pouvoir où ils savaient que leurs productions seraient appréciées et leur travail bien rétribué. Or, de tels endroits ne manquaient pas dans l'arrière-pays du *wic* frison, qu'ils abritent des élites ecclésiastiques ou laïques, comme les sièges épiscopaux de Maastricht* et d'Utrecht ou l'abbaye de Prüm, ou même le palais de Paderborn. On sait en effet que l'atelier de verre de ce site royal n'était en activité que durant une courte période[25] : à quelques deux cent cinquante kilomètres à l'est, ce palais était peut-être un peu loin de Dorestad pour avoir été la destination privilégiée par les artisans quittant le port, mais les traces de travail du verre, des métaux, d'os, de corne et de bois de cervidés à Huy* et Maastricht* suggèrent également que les artisans représentaient une part non négligeable de la population de ces sites ; et il est très vraisemblable que nombre d'entre eux n'y étaient pas à demeure, n'y passant qu'une partie de l'année et visitant, le reste du temps, d'autres sites, en particulier Dorestad.

En d'autres termes, il n'existe probablement pas un modèle unique de l'artisan itinérant, comme tendait à le considérer Kristina Ambrosiani pour les fabricants de peignes en Scandinavie, en se fondant notamment sur le nombre réduit de déchets liés à cette activité et sur l'homogénéité de la morphologie et de la décoration des peignes en Europe du Nord[26]. Les recherches actuelles sur le sujet insistent davantage sur la diversité des situations et sur l'importance de prendre

---

24   U. Pedersen, « Urban craftspeople at Viking-Age Kaupang », dans G. Hansen, S. P. Ashby et I. Baug (dir.), *Everyday Products…*, *op. cit.*, p. 51-68.

25   F. Preiß, « *Tesserae* and glass drops. Indications for glass-working in early medieval Dorestad », dans A. Willemsen et H. Kik (dir.), *Dorestad…*, *op. cit.*, p. 123-134. Voir les Cartes 14 et 14bis en Annexe 1.

26   K. Ambrosiani, *Viking Age combs…*, *op. cit.*

en compte le contexte[27] : il ne s'agit pas de rejeter la possible existence d'artisans itinérants, mais plutôt de ne pas en faire quelque chose de systématique, tout en prenant en compte les échelles temporelle et spatiale. Le groupe formé par les artisans exerçant leur savoir-faire dans les *emporia* était de toute évidence très hétérogène : certains circulaient à travers de vastes aires, d'autres sur des distances plus réduites, de façon plus ou moins régulière, pour des périodes plus ou moins longues, quand d'autres encore préféraient s'installer sur un site pour plusieurs années et y fonder un « foyer », à l'image des marchands arrivant à York/Eoforwic et qu'Alcuin évoque dans son poème[28]. Leurs rapports avec le pouvoir ont également pu être assez divers : le cadre des *wics* leur offrait une liberté plus grande, mais dans le même temps, au tournant des VIIe et VIIIe siècles, le roi Ine précise encore dans ses lois qu'un noble se déplaçant peut emmener avec lui, outre son intendant et la nourrice de ses enfants, « <u>son</u> forgeron »[29] ; loin d'être exclusifs, ces deux types de rapports au pouvoir ont très bien pu coexister dans les sociétés du premier Moyen Âge et même dans ces communautés portuaires.

Certains artisans spécialisés possèdent par ailleurs un statut qui les place quelque peu en marge de la communauté dans laquelle ils exercent leur art. C'est en particulier le cas des forgerons, indispensables en temps de guerre comme durant les périodes de paix, pour forger armes ou outils, « maîtres du feu » connaissant « l'ivresse d'un démiurge »[30]. Dans les sociétés traditionnelles, ces artisans forment en effet un groupe à part et sont considérés comme des individus extérieurs à la communauté, en raison de leur statut d'intermédiaire entre les forces de la nature (feu, minerai) et celles relevant du surnaturel[31]. Ce statut est symbolisé dans le mythe de Völundr, un des forgerons les plus célèbres dans la littérature norroise, par ses origines sociales et familiales, qui sont une bonne illustration de la position de cet artisan dans la cosmologie nordique[32]. Völundr, surnommé dans l'*Edda poétique* « roi des Elfes », est en effet fils de roi avant d'être forgeron, plus précisément fils d'un roi finnois, groupe souvent confondu dans les sources norroises avec les *Saami*, peuple des confins septentrionaux de la Scandinavie parlant des langues différentes, d'origine finno-ougrienne[33]. À ce titre, il est donc perçu par les Scandinaves comme un étranger, marié qui plus est à une Valkyrie.

---

27 S. P. Ashby, « 'With staff in hand, and dog at heel ?' What did it mean to be an 'itinerant' artisan ? », dans G. Hansen, S. P. Ashby et I. Baug (dir.), *Everyday Products...*, *op. cit.*, p. 11-27.

28 ... *quaerentes [...] sedem sibimet, [...] laremque...* (Alcuin, « Versus de patribus regibus... », poème cité (n. 1, p. 11), v. 36-37).

29 Lois d'Ine, dans F. L. Attenborough, *The laws...*, *op. cit.*, c. 63, p. 56-57.

30 M. Eliade, *Forgerons et Alchimistes*, Paris, 1956, p. 81.

31 E. W. Herbert, *Iron, Gender and Power : rituals of transformation in African societies*, Bloomington/ Indianapolis, 1993, p. 12 ; L. Makarius, *Le sacré et la violation des interdits*, Paris, 1974, p. 108-149.

32 *Vǫlundarkviða*, texte cit. (n. 110, p. 212).

33 R. Jørgensen, « The Iron Age blacksmith, simply a craftsman ? », dans G. Hansen, S. P. Ashby et I. Baug (dir.), *Everyday Products...*, *op. cit.*, p. 300-318.

Il n'est donc ni un nain – les artisans-magiciens par excellence dans la mythologie nordique –, ni vraiment un être humain, comme le rappelle la localisation de sa forge, symboliquement située sur une île isolée, en marge du reste du monde[34]. Il est pourtant indispensable à la « légitimation idéologique et au pouvoir des élites (divines ou royales) »[35]. Dotés d'un savoir-faire que l'on peut qualifier d'« ésotérique » et d'une position souvent élevée dans la société, à l'image de Völundr, ces personnages ambigus sont tout à la fois puissants et craints, méprisés et indispensables, vivant à l'écart du reste de la communauté et souvent en lien avec des lieux et marchands étrangers, pour obtenir métaux et pierres précieuses par exemple. Il faut d'ailleurs se méfier de « l'interprétation professionnelle des tombes », qui nous fait souvent oublier que parmi le mobilier funéraire dans ces sépultures, à côté des outils du forgeron, se trouvent généralement des armes ; ces tombes ne peuvent donc pas être réduites à des « tombes de forgerons » : ce sont avant tout des sépultures privilégiées[36]. Dans le cadre de sites tels que les *emporia*, interfaces entre différents mondes, ces personnages exceptionnels sont à la fois en marge de la société et essentiels à son bon fonctionnement : leur expérience, leur savoir-faire hors du commun et leurs relations suprarégionales en font des médiateurs, entre le port et l'arrière-pays, entre la communauté locale et des groupes étrangers, entre la société humaine et le monde extérieur.

1.3 Des monétaires itinérants ?

Les artisans et marchands, porteurs de monnaies dans leurs bourses, ne sont toutefois pas les seuls qui, en se déplaçant d'un lieu à un autre, ont contribué à créer et entretenir des liens d'une rive à l'autre des mers nordiques, mais peut-être aussi entre les *emporia* et leurs arrière-pays : les monétaires ont également pu se déplacer et emprunter les grandes routes commerciales. Le premier connu dans la région de Quentovic est *Morianus*, qui signe la monnaie de *Quantia* vers 580, suivi par *Dagulfus*, qui a frappé des *tremissis* portant à la fois son nom et celui du lieu d'émission, *Wicus* (VVICC IN PONTIO), vers 580-590 ; apparaissent ensuite des noms de *Tuianus, Domolenus, Ela, Aldinus, Donn, Anglus* I, *Dutta, Gesacus* et *Anglus* II[37]. En-dehors de leur nom, on ignore tout de ces personnages : esclaves ou hommes libres ? Riches ou pauvres ? De condition sociale élevée ou

---

34 Lotte Hedeager rappelle que, dans la littérature norroise, les Finnois (ou *Saami*) sont généralement décrits comme des magiciens, représentant les « dangereuses forces magiques venues de l'extérieur » (L. Hedeager, *Iron Age Myth...*, op. cit., p. 143).

35 *Ibid.*

36 A. Nissen-Jaubert, « Pouvoir, artisanat... », art. cit. (n. 106, p. 84), p. 77-78 ; M. Müller-Wille, « Der frühmittelalterliche Schmied im Spiegel skandinavische Grabfunde », dans *Frühmittelalterliche Studien. Jahrbuch des Instituts für Frühmittelalterforschung der Universität Münster*, 11, 1977, p. 127-140.

37 J. Lafaurie, « *Wic in Pontio*... », art. cit., p. 195 et suiv.

de basse extraction ? La grande variété des noms de lieux inscrits sur les pièces semble toutefois aller dans le sens d'« une extrême diversité des situations sociales, juridiques et économiques des monétaires » et les noms de ces individus peuvent donner quelques pistes sur leurs origines[38]. Ceux des premiers monétaires officiant à Quentovic (*Dagulfus, Dutta, Anglus, Donna* et *Ela*) suggèreraient une origine anglo-saxonne et par conséquent des relations économiques et monétaires entre le nord de la Gaule et le sud de l'Angleterre jusqu'au début du VIIe siècle[39], ce que les nombreuses découvertes isolées assez loin de Quentovic, en particulier en Angleterre, tendraient à confirmer : à Sutton Hoo, Crondall, ainsi qu'à plusieurs endroits dans le Kent, et jusqu'à Peak[40].

Comme pour les artisans, la notion de monétaires « itinérants » est débattue : certains paraissent avoir exercé leurs fonctions de manière ambulante, œuvrant tantôt dans les palais, les églises, les *villae* ou encore les *emporia*[41]. Parmi les monétaires frappant de nombreux *tremissis* d'or à Maastricht* au VIIe siècle, on retrouve ainsi les noms de *Madelinus* et *Rimoaldus*, également connus pour avoir battu monnaie à Dorestad[42] : ces hommes sont, selon toute vraisemblance, la preuve que, dès la première moitié du VIIe siècle, des liens existaient entre ce qui n'était pas encore le grand *wic* franc sur la mer du Nord et ce site dans son arrière-pays. Sous Charlemagne, il semble que les coins ayant servi à battre monnaie dans les ateliers de Quentovic et de Dorestad – mais aussi d'Arles, Bonn, Cologne, Francfort, Lyon, Mayence, Rouen et Worms – étaient fabriqués au palais d'Aix-Chapelle[43] : que les monétaires aient rayonné ensuite à partir du palais impérial ou qu'on leur ait apporté les coins, cela témoigne dans tous les cas de liens étroits entre la capitale et les différents ateliers, ainsi peut-être qu'entre les ateliers eux-mêmes.

Les monétaires relèvent par conséquent, au même titre que les marchands et artisans itinérants, de la catégorie des « articulateurs », intermédiaires itinérants et cosmopolites, pouvant opérer à différentes échelles et assurant le lien entre divers ateliers monétaires, parmi lesquels les *emporia* occupent une place essentielle, tout particulièrement Dorestad et Quentovic.

---

38 G. Depeyrot, *Richesse et société...*, *op. cit.*, p. 95.

39 S. Lebecq, « Aux origines du renouveau urbain sur les côtes de l'Europe du Nord-Ouest au début du Moyen Âge ? Les *emporia* des mers du Nord », dans *Id., Hommes...*, *op. cit.*, vol. 2, p. 123-131.

40 J. Lafaurie, « *Wic in Pontio...* », art. cit., p. 212. Voir les Cartes 10 et 11 en Annexe 1.

41 G. Depeyrot, *Richesse et société...*, *op. cit.*, p. 94 ; J.-F. Boyer, « À propos des *triens* mérovingiens... », art. cit.

42 A. Pol, « Madelinus and the disappearing of gold », dans A. Willemsen et H. Kik (dir.), *Dorestad...*, *op. cit.*, p. 91-94.

43 S. Coupland, « Trading places... », art. cit., p. 216.

1.4 Femme de marchand ou marchande ?

Marchands, artisans, voyageurs, navigateurs, pirates... autant de noms toujours employés au masculin. La question du genre ne peut toutefois être évitée et la place des femmes dans ces sociétés portuaires doit être reconsidérée : ces médiateurs étaient-ils tous des hommes ? Le travail des métaux était-il nécessairement une activité masculine ? La plupart des tombes contenant des outils de forgerons sont certes celles d'hommes, mais renvoient plus vraisemblablement aux idéaux des élites ou à la figure mythique du forgeron, ne reflétant donc pas toujours les activités urbaines, dans lesquelles les femmes ont certainement eu un rôle à jouer[44]. Peut-on réduire les femmes présentes dans les *emporia* uniquement à des épouses de marchands ou femmes d'artisans comme on l'a longtemps fait[45] ? Existait-il une division sociale et sexuée du travail et des activités commerciales dans ces ports ? Plus que jamais, l'historien se heurte ici au silence des sources, aucun texte ne mentionnant explicitement des femmes impliquées dans le commerce. Toutefois, certaines traces archéologiques laissent entrevoir quelques figures féminines, bien présentes dans les cimetières des *emporia* : il est souvent malaisé d'identifier avec certitude le sexe des défunts, mais à Kaupang par exemple, ainsi peut-être qu'à Birka et Hedeby, il semble que la proportion de tombes féminines soit plus importante que dans les sites ruraux de la région, ce qui pourrait indiquer des différences dans les rôles dévolus aux deux sexes entre le contexte rural et le contexte urbain[46].

Dans les tombes féminines à proximité des *wics*, les archéologues ont fréquemment mis au jour nombre d'objets en lien avec la production textile (pesons, fusaïoles, aiguilles...), tâche traditionnellement associée aux femmes[47] : c'est l'une des principales activités pratiquées dans les *genicia* carolingiens, où travaillaient exclusivement des femmes[48]. La présence féminine assez importante dans les cimetières des *emporia* pourrait par conséquent s'expliquer par le rôle des femmes dans ces activités. Des fusaïoles, peignes à laine, aiguilles, ciseaux, pesons de tissage ont également été retrouvés en nombre sur les *wics* même, ce qui indiquerait que la production textile y jouait un rôle important et pose la question de la part prise par les femmes dans l'écoulement de la production[49]. En effet, quelques tombes mas-

---

44 U. Pedersen, « Urban craftspeople at Viking-Age Kaupang », dans G. Hansen, S. P. Ashby et I. Baug (dir.), *Everyday Products...*, *op. cit.*, p. 51-68, ici p. 63.

45 I. Øye, « Women in early towns », dans J. Sheehan et D. Ó Corráin (dir.), *The Viking Age...*, *op. cit.*, p. 298-308.

46 *Ead.*, « Textile-production Equipment », dans D. Skre (dir.), *Things...*, *op. cit.*, p. 339-372.

47 N. Stoodley, *The Spindle...*, *op. cit.*, notamment p. 24.

48 Capitulaire *De Villis*, *op. cit.*, c. 43, p. 61 et 105.

49 E. Andersson, *Birka Studies 8...*, *op. cit.* ; L. Bender Jørgensen, « Textiles and Textile Implements », dans M. Bencard, L. Bender Jørgensen et H. B. Madsen (dir.), *Ribe excavations 1970-76*, vol. 3, Esbjerg,

culines renfermant pesons, fusaïoles et aiguilles semblent suggérer l'implication de certains hommes dans les activités textiles : s'occupaient-ils de l'organisation, de la supervision et de la vente d'une production essentiellement assumée par les femmes, derrière les murs de leur maison ou atelier ? Cette partition intérieur/ extérieur, femmes/hommes, traditionnellement admise, est aujourd'hui de plus en plus remise en question[50] : la distinction entre les sexes n'était probablement pas si nette et la question des frontières entre les genres demande à être nuancée. On peut ainsi supposer que les tâches administratives et organisationnelles ont aussi pu être assumées par des femmes ayant un statut social assez élevé, tandis que le travail lui-même était dévolu aux femmes des catégories inférieures. Ce pourrait même être une des spécificités des *emporia* : activité strictement domestique et féminine dans les campagnes, la production textile, en acquérant dans ces sites une dimension commerciale, y était peut-être mixte, faisant se côtoyer hommes et femmes, ces dernières pouvant éventuellement elles aussi se lancer dans l'organisation et la gestion de véritables ateliers, dévolus à cette production. Peut-on aller jusqu'à envisager que quelques femmes – probablement une minorité malgré tout –, loin de n'être que de simples ouvrières textiles, aient pu accéder au statut de marchandes ou de gestionnaires, au même titre que les hommes ?

Quelques traces dans plusieurs sources, textuelles et archéologiques, suggèrent en effet que certaines femmes pouvaient exercer des activités commerciales, par exemple les tombes comprenant des instruments commerciaux : à Birka, sur les 132 dans lesquelles on a retrouvé poids et balances, 32 % étaient celles de femmes, 28 % d'hommes, 3 % de couples et 37 % restent indéterminées[51] ; au total, pas moins de 19 % des poids et balances découverts en Scandinavie proviennent de sépultures féminines[52]. On interprète traditionnellement ces sépultures comme celles d'épouses de marchands, employant toujours ce terme au masculin et ne parlant jamais de « marchandes » ; mais pourquoi exclure d'emblée l'hypothèse de tombes de femmes ayant des responsabilités économiques ? Pourquoi ne pas envisager la possibilité que quelques figures féminines se soient glissées parmi les « articulateurs » et autres intermédiaires assurant le lien entre les *emporia* et leur région ? La composition des cimetières montre que ces ports étaient loin d'être des univers strictement masculins ; la participation des femmes aux échanges devait par ailleurs permettre de pallier un certain nombre de difficultés pratiques. Elles

---

1991, p. 59-78 ; P. Addyman et D. Hill, « Saxon Southampton : a review of the evidence, part II : Industry, trade and everyday life », dans *Proceedings of the Hampshire Field Club of Archaeological Society*, 26, 1969, p. 61-96, ici p. 72-75.

50 S. Croix, *Work and space in rural settlements in Viking Age Scandinavia – gender perspectives*, thèse de doctorat (sous la direction d'Else Roesdahl) soutenue en 2012 à l'Université d'Aarhus (Danemark).

51 A. Stalsberg, « Women as Actors in North European Viking Age Trade », dans R. Samson (dir.), *Social Approaches...*, *op. cit.*, p. 75-83.

52 J. Jesch, *Women...*, *op. cit.*, p. 36.

pouvaient en effet assurer une forme de continuité dans le port, où elles étaient présentes en permanence, tandis que les hommes étaient en mer. Certains textes semblent aller dans le même sens : à en croire l'épisode de la riche Frideburg et de sa fille Catla dans la *Vita Anskarii*, les femmes pouvaient posséder des biens importants à Birka[53]. Rimbert emploie des termes assez vagues, mais il semble néanmoins que la fortune de cette femme n'était pas négligeable : le terme *census* renvoie selon toute vraisemblance à une somme d'argent assez importante[54]. Comment Frideburg a-t-elle acquis ses biens ? Le moine ne le précise malheureusement pas, mais, dans un lieu tel que Birka, on peut supposer un lien entre cette richesse et des activités commerciales. Un éventuel mari déjà mort – et jamais mentionné par Rimbert – en était-il à l'origine ? Ou Frideburg elle-même ? Le texte ne permet pas de trancher, mais montre que, dans tous les cas, cette femme en était la seule gestionnaire peu avant sa mort. La dimension exemplaire de cet épisode – Frideburg faisant don de toute sa fortune aux pauvres sur son lit de mort[55] – peut faire douter de l'authenticité de ce personnage, mais il n'en reste pas moins que cet épisode montre comment Rimbert a choisi de dépeindre Birka, préférant, pour incarner un personnage riche et vieux qui renonce à ses biens à l'article de la mort, une figure féminine à un personnage masculin[56]. Il est vrai que les femmes ont probablement été les premières touchées par la christianisation[57], mais c'est peut-être également un signe de leur implication dans la vie économique des *emporia*. Les traces restent ténues et toute conclusion hypothétique, mais rien ne permet donc de leur dénier toute participation à des transactions économiques : elles ont pu, elles aussi, acheter et vendre, en se servant de poids et balances pour les paiements.

2. Les élites politiques, entre compétition et coopération

> *Le roi Bjørn possédait lui aussi des navires marchands qui se rendaient dans les pays étrangers [...] Ses frères l'appelaient le Navigateur ou le Marchand*[58].

Les VIIᵉ-Xᵉ siècles voient tout à la fois l'essor des *emporia* et la consolidation de pouvoirs forts, à une époque où les formes de domination sont largement fondées

---

53 Rimbert, *VA*, c. 20.

54 J. F. Niermeyer, « *Census* », dans *Id.*, *Mediae Latinitatis Lexicon...*, *op. cit.*, p. 167-168, ici p. 168 (sens 8 et 9).

55 Cet épisode n'est pas sans faire penser à la parabole du riche notable relatée dans l'Évangile de Luc (18, 22) (J.-B. Brunet-Jailly, *Vie de saint Anschaire*, *op. cit.*, p. 186, note 152).

56 I. Wood, *The Missionary Life...*, *op. cit.*, p. 131.

57 A.-S. Gräslund, « The Christianization of Central Sweden from a Female Perspective », dans M. Müller-Wille (dir.), *Rom und Byzanz im Norden. Mission und Glaubenswechsel im Ostseeraum während des 8.-14. Jahrhunderts*, vol. 1, Stuttgart, 1997, p. 313-329.

58 Snorri Sturluson, « Histoire de Harald à la Belle Chevelure », dans *Histoire des rois de Norvège*, t. 1, *op. cit.*, c. 35, p. 155.

sur le contrôle des ressources, à l'origine de processus compétitifs. Au cœur de tensions pour leur contrôle et celui de leurs richesses, ces ports ont toutefois aussi pu générer des formes de coopération assurant leur bon fonctionnement et leur prospérité. La figure de Bjørn, fils du roi Harald à la Belle Chevelure et gouvernant alors le Vestfold, qui « ne participait guère aux expéditions guerrières », préférant s'adonner au commerce, souligne également la diversité des modes d'implication des élites dans les échanges[59] : taxation et préemption n'excluent pas d'y prendre part directement, le roi se faisant alors marchand.

2.1 Processus « coopétitifs » en Occident

Dans la lutte pour la maîtrise de régions permettant de contrôler les échanges transmanche, en particulier le Ponthieu avec Quentovic et la Basse-Seine avec Rouen, les souverains mérovingiens puis les maires du palais sont au premier plan. Ils ne peuvent toutefois pas se passer du soutien apporté par leurs fidèles, mais également par les autres groupes aristocratiques locaux. La politique d'alliance des Pippinides avec les aristocraties locales est une bonne illustration des formes de coopération et de compétition qui pouvaient être à l'œuvre à la fin du VIIe siècle et durant la première moitié du VIIIe siècle dans les zones à enjeux du nord de la Gaule : jamais en totale opposition mais jamais non plus complètement alliés, les différents groupes et acteurs en présence n'hésitent guère à faire évoluer leurs alliances en fonction de leurs intérêts, du contexte politique et des rapports de force du moment. Les *emporia* se trouvent au cœur de processus compétitifs et de tensions, voire d'affrontements, entre différents groupes ; pour autant, cela ne semble pas avoir eu trop de répercussions négatives sur leur développement économique : les élites, bien conscientes des enjeux que représentaient ces ports, ont vraisemblablement veillé à ce que leurs luttes n'aillent jamais jusqu'à la ruine de ces derniers. Alors que les différents groupes se disputent, durant une bonne partie du VIIe siècle, le contrôle du Ponthieu et du grand *emporium* qu'il abrite, il est frappant de constater que Quentovic ne semble guère souffrir de ces troubles politiques, pas plus que les fréquents changements de maîtres (tantôt francs, tantôt frisons, puis scandinaves) à Dorestad ne paraissent avoir vraiment affecté son essor commercial. Une telle situation s'explique par le fait que, tout en étant l'objet de compétitions entre grands, les *wics* étaient également pris dans des stratégies de coopération permettant d'en assurer le bon fonctionnement dans la durée, quels que soient les aléas politiques. L'histoire de ces grands ports marchands est faite tout à la fois de compétition et de coopération des différents acteurs : un processus dialectique entre les deux permet de créer un équilibre, même relativement

---

59 *Ibid.*

fragile, au sein de la société. C'est cette tension entre deux attitudes à première vue contradictoires que deux auteurs américains s'intéressant au monde du travail contemporain ont baptisée « coopétition » (ou « co-opétition »), définie comme la collaboration opportuniste entre différents acteurs économiques qui, par ailleurs, sont des compétiteurs[60] : toute compétition, tout conflit, en créant des interactions entre groupes ou individus, peut jouer un rôle positif et avoir une fonction socialisante[61]. Cette notion permet de reconsidérer la question des rapports entre les différents groupes (sociaux, politiques, économiques), tantôt amenés à coopérer, tantôt devant s'affronter, ou plutôt jouant simultanément des deux, de façon plus moins consciente[62].

Dans la plupart des *emporia*, si ce n'est tous, en dépit des nombreuses remises en question du rôle des élites politiques dans leur fondation et leur développement, l'intervention, d'une façon ou d'une autre, de ces dernières paraît faire peu de doutes. En effet, si l'on se fie aux sépultures comprenant des armes et des objets liés aux activités commerciales (balances et poids) trouvées à Hamwic, notamment dans le cimetière découvert sur le site du Stade de *St Mary*, mais aussi à Gipeswic et à Lundenwic, il semble bien que ces ports aient abrité des personnages se distinguant du reste de la population, peut-être des élites locales impliquées dans la fondation de ces sites, en collaboration avec le pouvoir royal[63]. Dans un contexte hautement compétitif, les armes placées à leurs côtés ont pu servir de marqueurs symboliques – en raison de leur richesse ou de leur origine, notamment franque – pour démontrer avec ostentation la position élevée de ces individus dans la société. En effet, tout au long du VIIIᵉ siècle, Hamwic semble pris en tenailles entre luttes de pouvoir et groupes politiques concurrents d'une part, et formes de collaboration et groupes alliés d'autre part : contrôler Hamwic pouvait permettre de s'affirmer à l'échelle du royaume face à d'éventuels pouvoirs concurrents, tout en essayant, à une échelle plus globale, de faire pièce aux prétentions de la Mercie, qui disposait alors avec Lundenwic d'un grand port lui permettant d'échanger avec le Continent et la Scandinavie. Pour ce faire, les tensions internes devaient être mises de côté et les énergies mobilisées au profit de l'affirmation du Wessex face à son concurrent mercien, faisant par conséquent coexister de façon variable, selon les échelles et les enjeux, compétition et collaboration des élites politiques. Comme ses homologues continentaux, Hamwic

---

60 A. M. Brandenburger et B. J. Nalebuff, *Co-opetition...*, *op. cit.*
61 G. Simmel, *Le conflit* (trad. S. Muller), Saulxures, 1992 [1908 pour l'éd. allemande].
62 E. Pellegrin-Boucher, *La coopétition : enjeux et stratégies*, Paris, 2010, p. 40.
63 C. Scull, « Scales and Weights... », art. cit. ; *Id.*, « Foreign identities in burials at the seventh-century English *emporia* », dans S. Brookes, S. Harrington et A. Reynolds (dir.), *Studies in Early Anglo-Saxon Art and Archaeology : Papers in Honour of Martin G. Welch* (*BAR British Series*, 527), Oxford, 2011, p. 82-87, ici p. 85-86 ; V. Birbeck *et al.*, *The origins...*, *op. cit.*, p. 11-81.

semble donc naître et se développer dans le cadre de formes de coopétition, sans que les Saxons de l'Ouest parviennent pour autant à enrayer l'essor de la Mercie.

2.2 Essor des emporia et consolidation du pouvoir royal en Scandinavie

En Scandinavie, où les pouvoirs sont encore très éclatés et les sources assez rares pour le VIIᵉ siècle, la question des liens des *emporia* avec le pouvoir politique est encore plus délicate à appréhender. La forte augmentation des vestiges archéologiques à partir du VIIᵉ siècle, à commencer par les nouvelles défenses terrestres et navales[64], pourrait toutefois témoigner de l'affirmation d'un pouvoir – peut-être de nature royale – en cours d'affirmation[65]. Or, c'est précisément dans ce contexte de consolidation des pouvoirs politiques qu'apparaissent les premiers *emporia* scandinaves. Cela suffit-il à en faire des fondations royales ? Soyons honnête : rien, dans nos maigres sources écrites ni dans les traces archéologiques, ne permet vraiment d'attribuer avec certitude les toutes premières phases de Ribe, antérieures à l'apparition des parcelles, à un « roi ». Il n'en demeure pas moins que, très rapidement, dès la première moitié du VIIIᵉ siècle, le site est organisé de façon rationnelle, structuré autour d'un système de rues et parcelles, faisant penser qu'un pouvoir suffisamment fort pour imposer un tel schéma d'organisation est intervenu. La consolidation d'un pouvoir central au cours du VIIIᵉ siècle a vraisemblablement facilité le développement du commerce[66] et, à mesure que ce pouvoir se renforce, il semble affirmer sa mainmise sur les grands ports marchands situés sur le territoire qu'il contrôle, à commencer par Ribe : ce n'est probablement pas un hasard si le premier *emporium* danois s'implante précisément dans cette partie du Jutland, alors au cœur du processus de consolidation du pouvoir, un processus qui se poursuit au Xᵉ siècle à Jelling, à seulement quelques soixante-dix kilomètres de là. Au milieu du IXᵉ siècle, le roi Horic fait plus que simplement autoriser le missionnaire Ansgar à prêcher : il va jusqu'à lui fournir un terrain pour édifier une église à Ribe, signe que le pouvoir royal disposait alors d'une partie du foncier dans ce port marchand[67] ; il s'agit là de la même faveur qu'il avait accordée sur le site de Hedeby, l'autre grand *wic* du royaume des Danois. La découverte à Ribe d'un pichet à vin totalement intact importé de France ou de Belgique au tout début du VIIIᵉ siècle pourrait indiquer que des liens existaient avec le royaume franc dès l'apparition

---

64 La première consolidation du Danevirke établie par dendrochronologie date de 737, mais elle semble se situer au-dessus de phases encore plus anciennes (H. Andersen, *Til hele rigets værn – Danevirkes arkæologi og historie*, Højbjerg, 2004) et le canal de Kanhave sur l'île de Samsø date des environs de 726.

65 A. Nissen-Jaubert, « Un ou plusieurs royaumes danois ? », art. cit.

66 O. Olsen, « Royal power... », art. cit.

67 Rimbert, *VA*, c. 32.

du site, ce qui serait une confirmation, aux yeux de Søren M. Sindbæk, que la fondation de Ribe n'est pas le produit d'une initiative locale qui se serait ensuite transformée, de façon progressive, en un important site à vocation commerciale[68]. Même si cette découverte inédite paraît difficilement suffisante – en raison précisément de son caractère unique dans la région pour une date aussi précoce – pour en conclure que cet *emporium* aurait « débuté en fanfare et non dans un murmure », pour reprendre les termes de Søren M. Sindbæk, elle n'en demeure pas moins un élément important à ajouter au débat en cours, allant plutôt dans le sens des théories actuelles, qui tendent de plus en plus à réduire la phase saisonnière du site et à accentuer le rôle d'un pouvoir assez fort ; un débat probablement amené à être encore enrichi par de nouvelles découvertes dans la région.

À Birka aussi, un pouvoir fort, peut-être royal, semble être intervenu, alors que la Suède était visiblement divisée en plusieurs régions, avec chacune son chef et son ou ses centre(s) de commandement[69] ; mais l'historien est ici fortement dépendant du prisme d'un auteur occidental, le moine Rimbert, qui qualifie Birka de « port du royaume » (*portus regni*)[70]. Avant l'an mil, les rois des *Svear* sont généralement associés avec le lac Mälar[71] ; et depuis une trentaine d'années, les fouilles archéologiques ont montré que Gamla Uppsala était alors un important centre royal et que cette région constituait le noyau territorial des *Svear*, confirmant en cela les dires des sagas. Helgö, sur le lac Mälar, est l'autre site élitaire de la région et Birka probablement le principal port de ces rois depuis la fin du VIIIᵉ siècle. Le roi des *Svear* serait ainsi impliqué dans les débuts de cet établissement, peut-être en lien avec le commerce et l'exportation de fer et de fourrures, possible reflet de la volonté royale de marquer sa mainmise sur la région[72]. Birka et le lac Mälar se trouvent en effet aux portes de deux provinces, l'Uppland au nord et le Södermanland au sud. Le site de Birka a par conséquent peut-être été choisi par le roi des *Svear* pour affirmer son autorité dans une région disputée entre plusieurs pouvoirs. Cet *emporium* a donc pu servir de point d'ancrage pour un pouvoir politique en cours de consolidation. À son arrivée à Birka, le moine Ansgar aurait

---

68 http://sciencenordic.com/ancient-urn-hints-global-trade-network (mis en ligne le 18 juin 2015).

69 Néanmoins, le cœur du royaume médiéval semble constitué de deux régions qui étaient déjà au centre des enjeux de pouvoir à l'époque viking : le Svealand (autour du lac Mälar) et le Götaland (constitué des plaines de l'Östergötland et du Västergötland), séparés l'un de l'autre par d'épaisses forêts (T. Lindkvist, « Kings and provinces in Sweden », dans K. Helle (dir.), *The Cambridge History...*, vol. I, *op. cit.*, p. 221-234 ; C. Löfving, « Who Ruled the Region East of the Skagerrak in the Eleventh Century ? », dans R. Samson (dir.), *Social Approaches...*, *op. cit.*, p. 147-156).

70 Rimbert, *VA*, c. 11.

71 Quatre rois des *Svear* apparaissent par exemple dans la *Vita Anskarii* (Rimbert, *VA*) : Érik (vers 800), Björn (dans les années 830), aux prises avec Anund (jusqu'en 837), notamment pour le contrôle de Birka (*VA*, c. 19), et enfin Olof (à partir des années 850).

72 A.-S. Gräslund, « Birka... », art. cit.

d'ailleurs été accueilli par le « roi » Björn[73] : il semble donc bien qu'un roi y soit présent de temps à autre dans les années 830, y accueillant les étrangers de marque, notamment les missionnaires, et y convoquant des assemblées afin de prendre des décisions importantes[74]. Pour autant, une fois encore, cela ne suffit pas à conclure que le roi soit le fondateur du site marchand : les données archéologiques les plus récentes font remonter cette fondation à la seconde moitié du VIIIᵉ siècle, soit plusieurs décennies avant l'arrivée d'Ansgar, période dont Rimbert ne se préoccupe pas dans son récit. Par conséquent, ici aussi, le pouvoir royal a très bien pu s'intéresser à l'*emporium* seulement une fois que les activités économiques s'y étaient déjà bien développées.

Le territoire norvégien ressemble également à une mosaïque de petits royaumes formant encore des unités bien distinctes, dans les régions côtières du Vestfold, du Rogaland, du Hordaland, mais aussi plus à l'intérieur des terres, en Oppland et dans le Telemark, avant une progressive consolidation politique au cours des IXᵉ et Xᵉ siècles[75] ; et l'histoire de Kaupang s'inscrit dans une région, le Vestfold ou Viken, marquée par une longue tradition de suprématie danoise[76]. Dès le début du IXᵉ siècle, la région semble en effet faire partie d'une aire d'influence danoise, si l'on en croit les *Annales royales des Francs,* qui nous rapportent, pour 813, que

> Les rois des Danois Reginfred et Harald Klak [...] n'étaient alors pas chez eux, mais marchaient avec leur armée sur le Vestfold, région la plus reculée de leur royaume, située entre le Nord et l'Occident, qui était tournée vers le point le plus septentrional de la Bretagne et dont les chefs et le peuple refusaient de se soumettre à ces rois[77].

La fondation de l'*emporium*, probablement vers le début du IXᵉ siècle, semble par conséquent correspondre à une période très particulière pour cette région et il n'est pas évident de déterminer si elle se place sous les auspices des rois du Vestfold encore indépendants ou d'une domination danoise. La relative proximité du Danemark a en effet pu jouer un rôle important dans la fondation de ce port, peut-être né d'une volonté externe : les rois qui règnent alors dans la péninsule jutlandaise ont pu vouloir établir un site dédié au commerce entre les deux parties de leur territoire, le Jutland et le sud-est de l'actuelle Norvège, séparées par un bras de mer d'environ cent cinquante kilomètres. Kaupang aurait alors été

---

73 Rimbert, *VA*, c. 11.

74 *Ibid.*, c. 26 et 27.

75 Voir la Carte 4 en Annexe 1.

76 K. Helle (dir.), *The Cambridge History*..., vol. 1, *op. cit.*, p. 165 ; D. Skre, « Kaupang : between East and West ; between North and South », dans *Id.* (dir.), *Things...*, *op. cit.*, p. 443-449.

77 *ARF*, aº 812-813 ; A. Christophersen, « Ports and trade in Norway... », art. cit. (n. 239, p. 243), p. 169, Fig. 9.

conçu à l'origine comme un trait d'union entre les deux rives du Skagerrak[78]. Ce ne serait donc que dans un second temps que les rois du Vestfold, probablement la dynastie des Ynglingar, seraient parvenus à en prendre le contrôle, cherchant alors à affirmer leur autorité dans une région particulièrement disputée et leur ayant longtemps échappé : ce *wic*, après avoir peut-être permis aux rois danois de prendre pied dans la région, a pu servir à un pouvoir royal norvégien alors en cours de consolidation de point d'ancrage dans le Viken, lui permettant d'y afficher son autorité et de s'y maintenir durablement.

L'ampleur du pouvoir des « rois » danois mentionnés dans les sources, parfois simples prétendants au trône ou souverains détrônés en exil, ainsi que l'étendue du territoire sur lequel il s'exerçait demeurent malheureusement un mystère pour nous, d'autant que le risque d'un rapprochement forcé des institutions occidentales et des réalités scandinaves est grand : quelle réalité historique se cache derrière le terme de « roi » (*rex*) au Danemark, en Suède ou en Norvège aux VIIIe et IXe siècles ? Dans un monde encore fortement marqué par l'éclatement politique, roitelets et chefs de groupe se côtoient, sans qu'aucun d'entre eux puisse réellement être mis sur le même plan qu'un Pépin le Bref ou un Charlemagne. Les sources occidentales parlent bien de « rois », mais leurs auteurs ont eu recours, pour décrire les réalités scandinaves, à des termes et concepts occidentaux, faute de mieux. Cet éclatement politique n'est d'ailleurs pas sans répercussions économiques : les grands *emporia* se développent dans la partie centrale et méridionale du Jutland, tandis que plus à l'est, notamment dans les îles, et au nord, vers le Limfjorden, on trouve surtout des sites portuaires temporaires ou de taille moindre. Une telle répartition pourrait suggérer que ces différents systèmes économiques, possédant chacun leurs infrastructures, tiennent en partie à l'existence d'ensembles politiques distincts[79] : avec Ribe, la dynastie de Jelling disposait d'un accès direct sur la mer du Nord.

2.3 Processus « coopétitifs » en Scandinavie

L'importance des *emporia* scandinaves semble donc tenir pour une bonne part à l'implication des élites, qui insèrent ces sites commerciaux dans les réseaux politiques, diplomatiques et militaires de l'époque. En cela, les ports nordiques ne sont peut-être pas si différents des ports occidentaux, faisant interagir pouvoir royal en cours de consolidation et élites régionales tentant de préserver leur influence dans un monde en pleine mutation. En effet, dans des territoires encore peu unifiés, les petits rois d'alors ont difficilement pu agir seuls, en se passant

---

78 A. Pedersen, « Skagerrak... », art. cit. Voir la Carte 4 en Annexe I.
79 A. Nissen-Jaubert, « Un ou plusieurs royaumes danois ? », art. cit., p. 152.

du soutien, ou au moins de l'accord, des acteurs locaux, notamment les chefs régionaux, pour mettre en place et développer de tels établissements portuaires. Il faut donc plus probablement envisager une forme de collaboration, plus ou moins volontaire, des différents groupes : Ribe par exemple est peut-être le résultat d'une forme de coopération du pouvoir local, implanté à Dankirke, probable siège d'une dynastie de chefs locaux à seulement quelques kilomètres au sud, avec un pouvoir royal alors en train de s'affirmer et encore trop faible en ce début de VIIIe siècle pour s'imposer seul dans la région[80]. La présence d'une dizaine de *sceattas* datant du début du VIIIe siècle, similaires à ceux que l'on a retrouvés en grand nombre à Ribe, indiquerait qu'un lien existait alors encore entre les deux sites[81]. La fondation de ce *wic* a ainsi pu être le fruit d'une collaboration entre un pouvoir local toujours fort dans le secteur et un pouvoir royal en train de s'imposer dans le Jutland central et méridional. Ce dernier, en cherchant à s'affirmer sur les pouvoirs locaux comme celui implanté à Dankirke, entre en compétition avec eux, tout en en ayant besoin pour consolider son assise dans la région, générant ainsi un processus dialectique de coopétition. Alors que le puzzle des pouvoirs s'organise en Scandinavie, la fondation de sites-clés, à la fois pour le développement économique de la région et la maîtrise d'un territoire progressivement inséré dans un royaume en cours de formation, a par conséquent pu participer pleinement de la réorganisation politique de la région, en servant en même temps de point d'entrée dans les réseaux commerciaux septentrionaux et de point d'ancrage pour un pouvoir central encore balbutiant.

La fondation de Kaupang, peut-être sous domination danoise, n'a probablement pas pu se faire non plus sans une certaine collaboration des rois du Vestfold. Même passés sous tutelle danoise durant une grande partie du IXe siècle, ces derniers semblent en effet fortement impliqués dans les débuts du *wic*, peut-être dans le contexte d'une exploitation plus intense des ressources (bois de cervidés, pierres à aiguiser d'Eidsborg et fer du Telemark)[82]. Les nombreuses découvertes qui évoquent la présence d'élites – royales ou autres – faites dans la région pourraient en témoigner, telles que les *tumuli* funéraires ou les sépultures à bateau, souvent situés à des endroits stratégiques : des tertres funéraires de Borre il est par exemple possible de surveiller le trafic entrant et sortant du fjord d'Oslo.

---

80 H. J. Hansen, « Dankirke : Affluence in late Iron Age Denmark », dans K. Randsborg (dir.), *The Birth of Europe, op. cit.*, p. 123-128 ; S. Jensen, « Dankirke – Ribe. Fra handelsgård til handelsplads (From trading-post to market-place) », dans P. Mortensen et B. M. Rasmussen (dir.), *Fra Stamme...*, *op. cit.*, vol. 1, p. 73-88.
81 S. Jensen, « Early towns », dans S. Hvass et B. Storgaard (dir.), *Digging...*, *op. cit.*, p. 202-205 ; *Id.*, *Les Vikings de Ribe, op. cit.*, p. 11.
82 C. Blindheim, « Introduction », dans J. E. Knirk (dir.), *Proceedings of the Tenth Viking Congress (Larkollen, Norway, 1985)*, Oslo, 1987, p. 27-42 ; A. Christophersen, « Ports and trade in Norway... », *art. cit.* (n. 239, p. 243).

Les personnages enterrés sous ces monticules ont donc peut-être joué un rôle dans le contrôle des flux reliant l'outre-mer aux vallées intérieures de la Norvège méridionale[83]. Rois danois et rois du Vestfold ont ainsi pu s'affronter sur le plan politique pour le contrôle de la région, tout en collaborant sur le plan économique pour développer un grand port marchand dans une contrée qui en était encore dépourvue, afin de l'insérer dans les réseaux du grand commerce septentrional.

Une tension similaire entre des formes de compétition et de collaboration se retrouve probablement, à la charnière des VIIIe et IXe siècles, dans la région de Reric et de Hedeby. En effet, la politique expansionniste de Charlemagne en direction du Nord et de l'Est menace directement la frontière danoise, poussant les Danois à unir leurs efforts pour défendre leurs côtes, eaux et frontières[84]. Dans ce contexte, cette région frontalière particulièrement disputée a pu à la fois être un enjeu dans la compétition locale, en étant au cœur de tensions entre groupes élitaires danois, et cristalliser la coopération de ces mêmes groupes dans une région menacée par l'avancée carolingienne. Cette période d'agitation diplomatique[85] et militaire correspond au moment où la structure de Reric/Groß Strömkendorf est profondément remaniée, avec une organisation visiblement planifiée, en parcelles le long du rivage, sur le secteur central, possible signe du contrôle accru d'un pouvoir politique sur le site[86]. Ces changements, intervenus dans les années 760-790, seraient ainsi liés à l'intensification des contacts entre Obodrites et Francs, mais également à la formation de structures politiques fortes dans la région. Par conséquent, les tensions autour de Reric ne sont pas simplement économiques, mais doivent être lues à la lumière de la consolidation des pouvoirs dans la région. Toutefois, Godfred, tout en cherchant à s'affirmer face aux autres prétendants au pouvoir, n'a d'autre choix que de s'appuyer sur eux pour faire face à Charlemagne et à ses visées expansionnistes et pour développer des lieux stratégiques tels que *Sliesthorp*, qui lui permet à la fois de maîtriser la région frontalière de la Schlei et de s'assurer d'importants revenus issus du commerce – pouvant contribuer au financement des structures défensives et de l'armée. Il est par conséquent assez probable que Hedeby ait été fondé, ou à tout le moins développé, en collaboration avec les élites locales, comme en témoignent peut-être les tombes à bateau et à char découvertes à proximité du port et qui ont pu abriter les dépouilles de personnages ayant joué un rôle important dans le développement du commerce dans la région de la Schlei et dans les débuts du *wic*[87].

---

83   B. Myhre, « The Iron Age », art. cit. (n. 40, p. 69).

84   O. Olsen, « Royal power... », art. cit.

85   La première mention de contacts entre Francs et Obodrites date de 789 (*ARF*, a° 789).

86   A. Tummuscheit, « Groß Strömkendorf... », art. cit. (n. 47, p. 200).

87   H. Steuer, « Soziale Gliederung der Bevölkerung von Haithabu nach archäologischen Quellen », dans H. Jankuhn, K. Schietzel et H. Reichstein (dir.), *Archäologische und naturwissenschaftliche Untersuchungen*

Il est cependant assez vraisemblable que cette implication du pouvoir royal soit en fait une volonté de mainmise plus tardive, sur un site déjà existant, puisque des fouilles archéologiques ont montré que les phases les plus anciennes du site remontaient au VIIIe siècle, soit plusieurs décennies avant l'intervention de Godfred. Avant le site planifié du IXe siècle, un petit noyau, occupé probablement de façon saisonnière, baptisé *Südsiedlung* par les archéologues allemands, est implanté sur les bords de la Schlei dès le siècle précédent[88]. Le transfert des marchands de Reric à *Sliesthorp* imposé par Godfred serait alors plutôt une tentative pour mettre la main sur une partie des profits générés par les échanges dans la région de la Schlei, pour prendre le contrôle d'un système commercial préexistant : si *Sliesthorp* et Hedeby ne font qu'un, cela marquerait une nouvelle étape dans le développement de ce port, mais pas son point de départ. Sans être à l'origine du premier site de marché sur les bords de la Schlei, l'ingérence du roi dans les affaires commerciales de la région pourrait donc être à l'origine de l'apogée économique de Hedeby au IXe siècle. De même, les sépultures privilégiées dans la région, qui datent essentiellement de la première moitié du Xe siècle, ne représenteraient pas un groupe impliqué dans le développement initial du site, mais plutôt des membres de l'élite attirés, dans un second temps, par les richesses qui ont alors commencé à s'y accumuler[89].

Quoi qu'il en soit, ici encore, les échelles régionale et suprarégionale s'imbriquent pour donner naissance à des formes de coopétition : Hedeby, au carrefour des mondes scandinave, franc et même slave, était un point stratégique, dont le contrôle et les revenus qu'il générait justifiaient la compétition entre acteurs danois, mais aussi leur collaboration face aux menaces extérieures – carolingienne mais peut-être également slave. Le cas de Reric/*Sliesthorp* est donc une nouvelle illustration de l'aspect multidimensionnel de la coopétition : compétition et coopération interviennent ici à différents niveaux, local ou régional d'une part et suprarégional d'autre part, les multiples acteurs danois (Godfred et les autres chefs) étant en concurrence à l'échelle du royaume danois en cours de constitution, mais coopérant sur la scène extérieure afin de pouvoir faire face à Charlemagne.

Dans le monde scandinave, comme sur le Continent, développement des *emporia* et processus politiques de compétition et d'affirmation des pouvoirs semblent par conséquent aller de pair. Ces ports, qui ont pu représenter une « expérimentation relativement courte dans l'exercice du pouvoir royal »[90],

---

an ländlichen und frühstädtischen Siedlungen im deutschen Küstengebiet vom 5. Jahrhundert v. Chr. bis zum 11. Jahrhundert n. Chr., vol. 2, 1984, Weinheim, p. 339-365, ici p. 357-362.
88 H. Steuer, *Die Südsiedlung von Haithabu* (*Die Ausgrabungen in Haithabu*, 6), Neumünster, 1974 ; H. Jöns, « Was the *emporium*... », art. cit.
89 M. McCormick, « Where do trading towns come from ?... », art. cit. (n. 69, p. 20).
90 A. Grenville, « General Survey 600-1300 », dans D. M. Palliser (dir.), *The Cambridge urban history...*, op. cit., vol. I, p. 27-49, ici p. 33.

servent à contrôler les échanges et à s'assurer des sources de revenus considérables, mais également à s'affirmer face à des pouvoirs concurrents, en prenant
pied dans une région disputée, ce qui pourrait expliquer leur situation très souvent périphérique : Dorestad permet aux Francs de s'ancrer en Frise ; Birka sert
de trait d'union entre deux régions ; et le transfert de Reric à Hedeby, aux portes
de l'Empire de Charlemagne, est une façon pour Godfred de résister à la pous-
sée carolingienne. L'implication active du pouvoir, notamment royal, dans les
activités portuaires et commerciales dès le VIIᵉ siècle semble donc faire peu de
doutes, une implication qui ne cesse de s'accentuer au fil du temps. Au tournant
des VIIIᵉ et IXᵉ siècles, les préoccupations commerciales occupent ainsi une part
non négligeable de la correspondance qu'entretiennent Charlemagne et Offa de
Mercie : on y apprend que le souverain carolingien a accordé sa protection aux
marchands anglo-saxons présents dans l'ensemble de son royaume, en échange
d'une protection similaire pour ses marchands en Angleterre, une préoccupa-
tion visiblement ancienne puisque cette protection est accordée aux marchands
« conformément à l'ancienne tradition commerciale »[91]. Sur le Continent, avant
d'en venir aux armes au début du IXᵉ siècle, Charlemagne avait également réuni
des ambassadeurs saxons, danois et avars[92], ouvrant une période de calme relatif,
propice au développement du commerce rhénan vers le Nord – avant que le nouveau roi des Danois, Godfred, dénonce l'accord entre Francs et Danois et lance
une attaque sur Reric en 808. Près d'un siècle plus tard, le traité conclu entre le
roi danois Siegfried et le roi de Francie orientale Louis II le Germanique afin
d'assurer la paix dans les régions frontalières anciennement troublées, à des fins
avant tout commerciales[93], réaffirme l'implication active des souverains dans les
activités commerciales entre royaumes.

3. Acteurs économiques et élites politiques : une nécessaire collaboration

3.1 Des fondations marchandes récupérées par les élites politiques ?

Sans dénier tout rôle au pouvoir politique dans le développement des *emporia*,
on ne saurait plus négliger désormais le dynamisme des acteurs économiques,
marchands et artisans. Les tout débuts des différents *wics* restent encore bien
confus, mais la plupart ont peut-être connu une (brève) période d'occupation saisonnière, de nature plutôt empirique : en quête d'endroits se prêtant à l'échouage
de leurs bateaux, les marchands – notamment frisons, alors très actifs dans le

---

91 Voir notamment Charlemagne, « Lettre à Offa de Mercie », lettre cit.
92 *ARF*, aº 782.
93 Pour garantir la liberté de circulation des marchands ainsi que la possibilité d'acheter et vendre en
paix, précisent les *Annales de Fulda* (*AF*, aº 873).

bassin des mers nordiques – ont pu commencer à investir les lieux, de façon encore modeste et temporaire, avant que les élites politiques ne décident d'une nouvelle configuration, davantage planifiée et ancrée dans le sol. Dorestad, par exemple, a pu être fondé par une communauté de marchands frisons, avant d'être, dans un second temps, récupéré par les Pippinides/Carolingiens pour en faire un entrepôt franc leur permettant de contrôler le commerce rhénan avec la mer du Nord[94]. À partir de cette prise de contrôle, les intérêts des acteurs économiques doivent cohabiter avec ceux des groupes élitaires.

Élites politiques et agents économiques ont donc parfaitement pu collaborer pour développer ces nouveaux marchés, dans lesquels chacun trouve ensuite son compte, qu'il s'agisse d'écouler ou d'acheter de la marchandise et de faire des affaires pour les marchands et artisans, ou de contrôler les flux d'hommes et de biens tout en prélevant des taxes pour les autorités : tous les participants sortent ainsi gagnants d'un processus coopétitif, le gain global étant plus important que ce que chaque acteur avait « misé » au départ, selon les modèles de la théorie des jeux[95]. Il est même assez probable que, dans des contextes politiques troublés, les agents économiques les plus influents jouèrent un rôle essentiel, de sorte que les troubles n'eurent pas de répercussions négatives sur l'essor économique des grands ports. À Dorestad par exemple, les agents économiques locaux ont pu assurer une forme de continuité lors des fréquents changements de maîtres : au cœur d'une région disputée, d'abord entre Francs et Frisons, puis entre Francs et Scandinaves, ce port ne semble pas vraiment souffrir des aléas politico-militaires, en particulier durant la première moitié du VIIIe siècle, lorsque Pépin et Radbod s'affrontent, et encore au IXe siècle avec Lothaire et Roric ; ce sont vraisemblablement les acteurs locaux qui continuent, à leur modeste échelle, à faire « tourner la boutique » pendant que rois et autres chefs se disputent la suprématie sur la région.

En Scandinavie aussi, pour développer les *emporia*, les « rois » en train de s'affirmer sur la scène politique ont difficilement pu agir seuls en se passant du soutien, ou au moins de l'accord, des acteurs locaux : chefs régionaux mais aussi marchands et artisans les plus riches et influents, voire fermiers des environs, désireux d'exporter leurs produits. La fondation de Ribe, est ainsi peut-être le fruit de la coopération du pouvoir – un « roi » et/ou un chef local – avec les marchands et artisans locaux et étrangers, notamment frisons, ayant déjà commencé à déployer leurs activités sur place, au moins une partie de l'année : cela suffit-il à faire de ce *wic* une colonie frisonne, thèse qui a toujours ses partisans[96] ? Difficile d'avoir la moindre certitude

94 R. Hodges, « Debating the history of 'mushroom cities' », dans *Id., Dark Age Economics : A New Audit, op. cit.,* p. 91-115, ici p. 105.
95 A. M. Brandenburger et B. J. Nalebuff, *Co-opetition…, op. cit.*
96 C. Feveile, « Ribe *Emporium* and town in the 8th and 9th centuries », dans A. Willemsen et H. Kik (dir.), *Dorestad…, op. cit.,* p. 143-148 ; S. M. Sindbæk, *Ruter…, op. cit.,* p. 172-175.

en l'état actuel des fouilles. La dimension polynucléaire de certains *emporia* – si ce n'est tous –, ainsi que la multiplicité des espaces funéraires, pourrait néanmoins suggérer que ces ports se sont développés sous l'influence de différents groupes[97].

3.2 Des fondations en « zones grises » ?

La relative unanimité qui faisait des *emporia* des fondations royales, ou du moins en étroite association avec le pouvoir royal, se fissure, pour laisser place à un tableau plus complexe, dans lequel les élites locales voient leur rôle revalorisé et où marchands et artisans ont gagné leur place, intervenant au moins autant – si ce n'est plus[98] – que les autorités politiques territoriales dans l'essor des *wics*, sans que cela oblitère toute intervention de ces dernières. Sauro Gelichi soulignait, à propos des ports marchands du nord de l'Italie, que le choix de régions périphériques, un peu éloignées de celles qui concentraient les lieux de pouvoir, n'était probablement pas anodin : les acteurs économiques ont pu privilégier ces « zones grises », à l'écart des pouvoirs forts[99]. Cette notion géopolitique, conceptualisée en particulier par le chercheur en géostratégie contemporain Gaïdz Minassian, désigne un espace échappant aux pouvoirs forts, dans lequel « les institutions centrales ne parviennent pas à affirmer leur domination [politique ou socio-économique], laquelle est assurée par des micro-autorités alternatives »[100]. Ce concept, associé à celui de périphérie et permettant des jeux complexes d'acteurs, met en lumière l'existence d'espaces marqués par des formes de concurrence d'autorité, des zones d'incertitudes géopolitiques, composées d'une myriade de pouvoirs plus ou moins puissants.

Difficile, au vu de tout ce qui précède, de considérer que les *emporia* furent implantés dans des zones totalement à l'écart des sphères d'influence des différentes élites, mais peut-être le choix d'emplacements relativement à l'écart des régions les plus densément peuplées a-t-il pu conférer, dans les débuts des sites du moins, une forme de « neutralité politique » ? La « paradoxale proximité et en même temps séparation d'une région plus vaste et plus peuplée », ce caractère « *near but far* », pourrait refléter, pour certains de ces sites, un « statut initial '*offshore*' et non-réglementé »[101]. Les *wics* auraient ainsi été implantés dans des « espaces interstitiels », à la croisée de différentes sphères d'influence, une situation qui a pu permettre, au moins un temps, d'échapper à toute forme d'entrave,

---

97 R. Fleming, « Elites, boats... », art. cit., p. 415-416.

98 S. M. Sindbæk, *Ruter...*, *op. cit.*, p. 166-172.

99 S. Gelichi, « A new urban network in the Adriatic Sea during the Early Middle Ages (8ᵗʰ-9ᵗʰ c. A. D.) », communication à la Conférence internationale *Maritime Networks and Urbanism in the Early Medieval World*, 11-12 avril 2013, Roskilde (Danemark).

100 G. Minassian, *Zones grises. Quand les États perdent le contrôle*, Paris, 2011, p. 11.

101 M. McCormick, « Comparing and connecting... », art. cit. (n. 28, p. 66), p. 480 et 501.

de contrôle et de taxes, et de commercer en toute liberté. Marchands et artisans ont pu profiter, dans un premier temps, d'un certain flou politico-administratif pour participer activement à la mise en place puis au fonctionnement des *emporia* : dans de telles zones d'indistinction, des formes de pouvoir alternatives pouvaient se déployer. Stefano Gasparri a montré, à partir d'un *placitum* des années 850 et du capitulaire de Liutprand (715), que la société marchande et portuaire de Comacchio, très active dès le premier quart du VIIIe siècle, notamment dans la vallée du Pô[102], n'était peut-être pas, à ses débuts, encore fortement hiérarchisée, laissant entrevoir une communauté nombreuse et « acéphale », destinataire de documents publics dès le VIIIe siècle[103]. S'il ne s'agit pas de plaquer le cas, très spécifique, de ce port italien – qui fait partie de l'Empire byzantin jusqu'au milieu du VIIIe siècle, avant de passer sous contrôle lombard et d'être enfin offert par Charlemagne à l'Église – sur tous les autres *emporia*, ces textes mettent tout de même en lumière le rôle des acteurs locaux dans son développement, avant que des pouvoirs centraux ne s'y intéressent de près, au plus tard à partir du milieu du VIIIe siècle, Comacchio devenant alors un siège épiscopal et abritant peut-être une autorité civile[104]. De fait, à mesure que les richesses échangées en ces lieux se multiplient, les regards des différentes autorités territoriales, même assez éloignées, ont probablement dû être attirés[105] : situés dans des espaces intermédiaires, les *wics* se sont alors trouvés au cœur de rivalités entre plusieurs acteurs.

3.3 *Protection et contreparties*

Toutefois, les différents groupes ont tout intérêt à coopérer, plus qu'à s'affronter, bien que leurs intérêts ne soient pas nécessairement les mêmes : marchands et artisans ont besoin de protection pour pouvoir développer leurs activités dans la sécurité et la tranquillité, tandis que les élites politiques ont besoin de leurs compétences pour se procurer certains artefacts et denrées. La situation très particulière des *emporia*, largement ouverts et pas ou peu fortifiés avant le xe siècle, en faisait en effet des proies faciles, ce dont témoigne la fréquence avec laquelle

---

102 S. Gelichi, « The eels of Venice. The long eighth century of the emporia of the northern region along the Adriatic coast », dans S. Gasparri (dir.), *774. Ipotesi su una transizione,* Turnhout, 2008, p. 81-117.

103 S. Gasparri, « Un placito carolingio... », art. cit.

104 S. Gelichi *et al.,* « The history of a forgotten town : Comacchio and its archaeology », dans S. Gelichi et R. Hodges (dir.), *From one sea..., op. cit.,* p. 169-205.

105 M. McCormick, « Where do trading towns come from ?... », art. cit. (n. 69, p. 20) ; S. Lebecq, « The new *wiks* or *emporia* and the development of a maritime economy in the Northern Seas (7th-9th centuries) », et C. Loveluck, « Central Places, Exchange and Maritime-Oriented Identity around the North Sea and Western Baltic, AD 600-1100 », dans S. Gelichi et R. Hodges (dir.), *From one sea..., op. cit.,* p. 11-21 et p. 123-165.

ces sites sont attaqués, particulièrement au IXe siècle. Ces ports, à la fois vulnérables et attractifs, sont en effet parmi les premières cibles des vikings, comme l'illustrent les pillages à répétition de Quentovic, Hamwic et surtout Dorestad dans
les années 830-840[106]. Avant même d'atteindre le port, toute traversée maritime
comportait en effet des risques, que le regain de la piraterie dans le bassin des mers
nordiques au IXe siècle ne fait qu'accroître : le missionnaire Ansgar en a lui-même
fait les frais vers 830, réchappant de justesse à une attaque de « pirates » (*pyra-
tas*), au cours de laquelle il perd tous les cadeaux destinés au roi des Suédois ainsi
que quarante livres sacrés[107]. L'enjeu est donc double pour les autorités : sécuriser
l'avant-pays maritime et protéger le territoire des *emporia*. Cela explique probablement la construction d'ouvrages tels que le canal de Kanhave vers 726, essentiel
pour contrôler les eaux danoises[108] : vraisemblablement pensé à l'origine pour le
passage des navires de guerre – plus que pour celui des navires marchands –, il a dû
largement contribuer, en permettant un rassemblement rapide de la flotte royale
pour protéger côtes et navires qui naviguaient dans les parages, à la sécurisation
des eaux de la région, ce qui profite largement aux navires de commerce[109]. Mais
pour éviter l'aventure tragique survenue au prêtre Ragenbert qui, à la fin des
années 850, périt dans une embuscade tendue par des « brigands danois » comme
il se rendait au port de Schleswig/Hedeby[110], il faut également protéger les *wics*
même et leurs abords terrestres.

Le commerce à longue-distance, s'affranchissant des frontières culturelles et
politiques, exigeait la mise en place de garanties en matière de sécurité : la protection de ces marchés et de leurs habitants, en particulier les marchands étrangers
et les femmes pendant que les hommes étaient en mer, faisait ainsi probablement
partie des fonctions dévolues aux élites politico-militaires de la région. Dans
l'*Admonitio generalis* de 789, Charlemagne affirme par exemple sa volonté de
lutter contre les vagabonds, afin d'éviter tout trouble sur les routes[111]. Les fortifications à proximité immédiate du port de Birka furent aussi peut-être une
première réponse, qu'il s'agisse du rempart du IXe siècle, de la colline fortifiée de
Borg, abritant, selon toute vraisemblance, des « guerriers professionnels » chargés d'assurer la protection du lieu et permettant ainsi l'essor du commerce, ou

---

106 Les *Annales de Saint-Bertin* mentionnent par exemple des attaques sur Dorestad tous les ans de 834 à
837 et à nouveau en 847 et 863, mais aussi sur Quentovic en 842. Lundenwic est aussi régulièrement atta-
quée à partir des années 830 : la *Chronique anglo-saxonne* mentionne par exemple « un grand carnage »
en 839 et l'arrivée de 350 navires danois en 851.

107 Rimbert, *VA*, c. 10.

108 Voir la Carte 17 en Annexe 1.

109 O. Olsen, « Royal power... », art. cit.

110 Rimbert, *VA*, c. 33.

111 *Admonitio generalis*, dans M.G.H., *Capit.*, t. I, *op. cit.*, n° 22, p. 52-62, ici c. 79, p. 60-61.

encore du système de pieux prolongeant le rempart dans la mer[112]. À Hedeby également, la colline fortifiée de Hochburg surplombant le site et l'arc formé de pieux
qui entoure le port en complétant le rempart semi-circulaire dans les eaux du
fjord ont pu servir à garantir la sécurité des marchands et artisans[113]. Le roi danois
Godfred, après avoir transféré les marchands de Reric à *Sliesthorp*, veille à protéger
la région par un rempart et par la présence d'une force armée, à la fois maritime
et terrestre[114]. Ce transfert et cet ouvrage défensif lui permettent de garantir la
sécurité des marchands, tout en s'assurant un accès aux richesses générées par le
commerce, à partir d'un site probablement plus facile à contrôler que Reric, trop
exposé aux menaces franques et slaves. Près de deux siècles plus tard, alors que le
bassin des mers nordiques semble connaître une recrudescence de l'insécurité des
conditions commerciales, le traité passé vers 994 entre le roi du Wessex Æthelred
et l'armée viking insiste encore sur la protection des marchands[115] : les deux parties
en présence s'accordent pour que ni les navires anglais ni les navires danois ne
soient attaqués, et cela où qu'ils se trouvent, et que l'ensemble des marchands
soient protégés, en accordant à leurs navires l'immunité dès qu'ils entrent dans un
estuaire en Angleterre ou au Danemark. De même, sur le Continent, le *castrum*
dénommé *Guisum* évoqué par Flodoard suggère que le besoin se fait sentir, au xe
siècle, de protéger la région de Quentovic[116].

En contrepartie de cette protection, les autorités territoriales ont probablement prélevé des taxes, fait valoir un droit de préemption sur certaines marchandises, mais aussi peut-être exercé une forme de contrôle de la production. Il est en
effet vraisemblable que les artisans, même après avoir quitté le cadre des résidences
aristocratiques pour les *emporia*, ont malgré tout dû composer avec les exigences
des hommes forts du lieu. Les relations entre ces deux groupes sont donc ici aussi
faites à la fois d'une nécessaire collaboration et de tensions assez inévitables : rois
et chefs ont besoin des artisans pour fabriquer des objets précieux, partie intégrante de leur prestige et de l'entretien de leurs réseaux, et, en retour, l'artisan ne
peut se passer d'un protecteur garantissant sa sécurité et de bonnes conditions
de travail ; mais, dans le même temps, les artisans devaient être attachés à la plus
grande indépendance dont ils jouissaient dans ces ports. Les relations entre ces

112 L. Holmquist Olausson, « The fortification of Birka. Interaction between land and sea »,
dans A. Nørgård Jørgensen, J. Pind et L. Jørgensen (dir.), *Maritime warfare...*, op. cit., p. 159-167 ;
C. Hedenstierna-Jonson, *The Birka warrior...*, op. cit., Fig. 4, p. 47.

113 A. S. Dobat, « Danevirke Revisited... », art. cit., p. 49 ; S. Kalmring, *Der Hafen...*, op. cit., p. 194-243.
Voir la Carte 19 en Annexe 1.

114 *ARF*, a° 808.

115 M. Gardiner, « Shipping and trade between England and the Continent during the eleventh century », dans C. Harper-Bill (dir.), *Anglo-Norman Studies*, 22 (*Proceedings of the Battle Conference*, 1999),
2000, p. 71-93, ici p. 81.

116 Flodoard, *Annales*, op. cit., a° 938.

différents acteurs sont donc complexes et nécessitent de trouver un équilibre. Peut-être d'ailleurs faudrait-il distinguer deux catégories d'artisans spécialisés, avec d'une part des spécialistes encore attachés à une personne ou une famille et travaillant majoritairement, voire exclusivement, pour elle et d'autre part des artisans indépendants produisant pour une demande non-spécifique, qui varie en fonction des conditions économiques, sociales et politiques[117]. Cela n'est pas sans conséquences en termes de production, d'intensité, de productivité et d'organisation de ces activités, différentes dans chacun de ces deux cas : les questions d'accès à la matière première, par exemple, ne se posent pas exactement de la même façon. Le mode de vie précédemment qualifié d'« urbain » de ces communautés reflèterait ainsi une richesse amassée par elles-mêmes et pour elles-mêmes, et non plus pour un protecteur[118]. Dans ce nouveau contexte, les autorités territoriales ne seraient pas seulement garantes de la sécurité des marchands et du bon déroulement des échanges, mais également parmi les acteurs économiques essentiels du lieu.

Au total, il reste malaisé d'évaluer le rôle joué par les différents groupes et acteurs dans la fondation et le développement des *wics*, même si les élites politiques ne peuvent plus être systématiquement considérées comme les initiatrices de ces sites : une « relation équilibrée et mutuelle » a pu s'instaurer entre les élites locales et les agents commerciaux, variant probablement selon les sites[119]. Le fait que les *emporia* occidentaux et les *emporia* scandinaves n'aient pas vu le jour dans les mêmes contextes explique que leur essor se fasse selon des modalités différentes. En effet, l'histoire de la gestion de ces ports a dû emprunter des chemins différents selon les endroits et les générations, qui, au fil du temps, ont redéfini les fonctions attribuées à ces sites par les « pères fondateurs »[120], esquissant un tableau tout sauf figé des *wics*, où se mêlent marchands, artisans, agriculteurs et élites, ce qui en fait le lieu parfait pour le déploiement de formes de « coopétition ». En fonction des moments, l'intensité de la coopération et celle de la compétition ont pu varier : la coopétition, c'est un mélange de coopération et de compétition, mais pas nécessairement à parts égales ; il s'agit bien plutôt d'une alchimie complexe, dans des proportions pouvant varier en fonction des circonstances, des périodes, des régions, des acteurs... Des phases où coopération et compétition sont simultanées et à peu près à l'équilibre peuvent ainsi alterner avec des phases où l'équilibre est rompu – pas forcément de façon définitive –,

---

117 E. M. Brumfiel et T. K. Earle, *Specialization, exchange and complex societies*, Cambridge/New York, 1987, p. 1-9.

118 C. Loveluck, *Northwest Europe...*, *op. cit.*, p. 212.

119 R. Hodges, « Adriatic Sea Trade in an European perspective », dans S. Gelichi et R. Hodges (dir.), *From one sea...*, *op. cit.*, p. 65-80, ici p. 207-234.

120 R. Hodges, « Debating the history of 'mushroom cities' », dans *Id.*, *Dark Age Economics: A New Audit*, *op. cit.*, p. 91-115, ici p. 103-104.

l'une des deux composantes du mélange – souvent la compétition – prenant le dessus à la suite d'une évolution du rapport de force, comme l'illustrent les luttes et alliances autour des grands ports des mers nordiques. On aboutit ainsi à un tableau plus complexe, fait de territoires peut-être plus fragmentés qu'on ne le pensait et évoluant au fil du temps.

4. Les autorités territoriales et leurs représentants

Les *emporia* ont joué un rôle dans les systèmes de prélèvement et de mobilisation des ressources par les élites. Toutefois, ces dernières n'y résidaient visiblement pas en nombre, leurs préférences allant à des lieux centraux plus à l'intérieur des terres. Par conséquent, l'espace urbain n'était pas un lieu de consommation des élites, qui, pour organiser les échanges et assurer le bon fonctionnement des ports dont elles ont pris le contrôle, à défaut de résider sur place et d'agir en personne, ont désigné des représentants : *exactores regis, gerefa, prefecti, procuratores*... Certaines sépultures, comme la tombe 3520 à Hamwic, sur le site de *St Mary*, et la 1306 à Gipeswic, sur le site de *Buttermarket*, sont d'ailleurs peut-être celles de tels fonctionnaires royaux[121]. Malheureusement, si tous ces personnages semblent renvoyer à des individus investis d'une forme d'autorité et probablement nommés par le roi, les textes manquent de précisions sur leurs fonctions[122].

4.1 Chez les Anglo-Saxons et les Francs

Dans le monde anglo-saxon, de tels personnages apparaîtraient au plus tard à la fin du VIᵉ siècle, comme pourraient en témoigner les tombes à armes des cimetières de Sarre* et Douvres*, qui sont peut-être celles d'individus chargés de contrôler les échanges dans ces ports[123]. Les rois du Kent semblent avoir disposé d'une administration bien organisée dès le VIIᵉ siècle, les lois de Hlothhere et Eadric mentionnant la fonction de « représentant du roi dans le *wic* » (*cyninges wicgerefan*) à Lundenwic[124]. Chargés de la gestion des *tunas* (ou *villae regales*), les *gerefa* (*praepositus* dans les sources latines et *reeve* en anglais moderne) restent des personnages mal connus, mais ils servaient visiblement d'agents de l'autorité royale, défendant ses intérêts dans des secteurs précis tels que des *villae* et des ports, où ils étaient également chargés d'enregistrer la présence d'étrangers[125].

---

121 V. Birbeck *et al.*, *The origins...*, *op. cit.*, p. 11-81 ; D. A. Hinton, *Gold and Gilt...*, *op. cit.*, p. 75.

122 A. Thacker, « Some terms for noblemen in Anglo-Saxon England, c. 650-900 », dans *Anglo-Saxon Studies in Archaeology and History*, vol. 2 (*BAR British Series*, 92), Oxford, 1981, p. 201-236, ici p. 211-212.

123 B. Yorke, *Kings...*, *op. cit.*, p. 40.

124 F. L. Attenborough, *The laws...*, *op. cit.*, p. 22-23, c. 16.

125 A. Gautier, « Le régisseur intelligent... », art. cit. (n. 39, p. 44), p. 216.

Les grands propriétaires, au premier rang desquels se trouvait le roi, possédaient souvent plusieurs domaines, se déplaçant de l'un à l'autre : le *gerefa* était alors aussi chargé de la logistique avant l'arrivée du propriétaire et de son entourage. Agent fiscal, gestionnaire, administrateur, le *gerefa*, à l'instar de l'intendant caro-lingien qui doit mettre de côté ce qui est nécessaire à l'usage du souverain[126], nous rappelle ainsi que l'itinérance des élites au premier Moyen Âge impliquait de prévoir suffisamment de nourriture en cas de venue royale, nourriture qui restait probablement disponible pour la population si le roi ne venait pas. Une des fonc-tions essentielles de ces agents du pouvoir royal dans les *emporia* était la collecte des taxes, notamment le tonlieu, comme le laisse clairement entendre la charte d'Eadberht II du Kent en 763/764 en mentionnant les *theloneariis nostris*[127]. Si l'on en croit ces sources, ces intendants portuaires, « recrutés dans la petite aris-tocratie », sont nommés par le pouvoir royal et agissent en son nom[128] : les lois des rois du Wessex Ine et, plus tard, Alfred mentionnent ainsi clairement la fonction de *kyninges gerefan*, « intendant du roi »[129]. Encore mentionné dans le premier tiers du Xᵉ siècle dans les lois d'Édouard l'Ancien et d'Æthelstan[130] (*portgerefan*), ce personnage apparaît également dans la *Chronique anglo-saxonne* pour 787[131]. Le titre d'*exactor regis*, mentionné pour le port de Dorchester dans la *Chronique* d'Æthelweard[132], met aussi assez nettement l'accent sur les fonctions fiscales d'un tel personnage, qui servait aussi de témoin des transactions commerciales, sa pré-sence en garantissant la validité[133], et de recours en cas de contestation ultérieure. De tels personnages ont également pu être chargés d'effectuer sur les arrière-pays ruraux les prélèvements en nature, ensuite écoulés sur le marché des *emporia*, et de faire valoir le droit de préemption de leur souverain sur certaines marchandises arrivant dans le port.

Dans le monde franc, si l'on ne dispose pas sur la question de sources équi-valentes aux lois anglo-saxonnes pour le VIIᵉ siècle, on sait néanmoins que le pouvoir s'appuie là-aussi sur des agents locaux, tels que le neveu de Charles Martel, Hugues, qui consolide l'influence pippinide dans la région de Rouen en cumulant les fonctions d'abbé de Saint-Wandrille et de Jumièges, d'évêque de Rouen, Bayeux, Paris et peut-être aussi Lisieux et Avranches : nulle part il n'est qualifié de *prefectus* ou d'un autre terme latin équivalent au vieil anglais *gerefa*,

---

126 *Capitulaire* De Villis, *op. cit.*, c. 30 et 44, p. 47 et 61-62.

127 P. H. Sawyer, *ASC*, S 29.

128 S. Lebecq, « Îles des rois, des saints et des marchands (fin VIᵉ-début IXᵉ siècle) », dans *Id. et al.*, *Histoire des îles Britanniques*, Paris, 2007, p. 69-121, ici p. 89.

129 F. L. Attenborough, *The laws...*, *op. cit.*, p. 60-61, c. 73, et p. 78-79, c. 34.

130 *Ibid.*, p. 114-115, c. 1, et p. 134-135, c. 12.

131 *CAS*, aᵒ 787.

132 Æthelweard, *Chronicon, op. cit.*

133 F. L. Attenborough, *The laws...*, *op. cit.*, p. 22-23.

mais, même sans porter encore officiellement un tel titre, il apparaît bien comme le principal relais de Charles Martel à l'Ouest. Ce n'est toutefois qu'à l'époque carolingienne que des fonctions spécifiques à la gestion des *emporia* semblent vraiment se développer : *prefecti, procuratores, exactores regi* et autres agents du pouvoir royal apparaissent alors dans les sources continentales, essentiellement dans les textes narratifs. Parmi ces hommes de rang probablement assez élevé, ces *viri illustres*[134], à la fois agents fiscaux et judiciaires, on compte par exemple, dans la seconde moitié du VIIIe siècle, un *procurator* à Quentovic, l'abbé de Fontenelle. Sa fonction principale semble être de percevoir les taxes non seulement pour le port lui-même mais plus largement pour l'ensemble de la région[135], de même que Dorestad aurait dû être soumis à l'un des *procuratores rei publice* du royaume[136], si une partie importante de ses prérogatives n'avait été concédée à l'évêque de Saint-Martin d'Utrecht[137].

Auparavant, en plus de certains acteurs ecclésiastiques particulièrement influents comme Hugues de Rouen, ces fonctions de gestion, notamment douanières, dans les *emporia* étaient peut-être dévolues aux monétaires opérant dans les ateliers de Quentovic et de Dorestad. À l'époque mérovingienne, ces individus semblent en effet être plus que de simples artisans chargés de la frappe des monnaies : ils occupaient visiblement une place relativement centrale dans le dispositif fiscal[138]. Dagulfus, frappant les monnaies à l'inscription VVIC IN PONTIO dans la première moitié du VIIe siècle à Quentovic, ou Madelinus, officiant à Dorestad à la fin du VIIe siècle, « sorte de 'banquier' qui travaillait pour le compte des rois francs »[139], étaient ainsi peut-être chargés de telles fonctions. Par la suite, le rôle du monnayeur dans les *wics* a pu évoluer : à mesure que le port se développe, que les marchands affluent et que, dans le même temps, le pouvoir se réorganise sous les Carolingiens, un seul individu n'a peut-être plus suffi à la tâche. Alors que dans l'ensemble de son royaume en pleine expansion Charlemagne institue les *missi dominici*, chargés de contrôler les acteurs locaux (comtes, évêques), la mise en place de *procuratores* dans les plus grands ports n'a-t-elle pu s'inscrire dans la même logique, visant à réorganiser les pouvoirs et à tisser un réseau de relations remontant jusqu'au souverain ? Les *procuratores* ont alors peut-être eu les *monetarii* sous leur responsabilité, tout en rendant des comptes à leur tour aux *missi* royaux. La surveillance des monnaies faisait en effet partie des attributions de

---

134 *Miracula sancti Wandregisili, op. cit.*, c. 15.

135 *Chronique des abbés de Fontenelle..., op. cit.*, lib. XII, c. 2, p. 137-137.

136 Diplôme de Louis le Pieux pour Saint-Martin d'Utrecht (815), dans *OSU*, vol. 1, *op. cit.*, n° 56, p. 61-62.

137 Diplôme de Charlemagne pour l'église Saint-Martin d'Utrecht (777), dans *OSU*, vol. 1, *op. cit.*, n° 48, p. 41-42.

138 J. Lafaurie, « *Wic in Pontio...* », art. cit. ; J.-F. Boyer, « À propos des *triens* mérovingiens... », art. cit.

139 W. A. van Es et W. J. H. Verwers, « L'archéologie de Dorestad », art. cit. (n. 73, p. 77), p. 323.

ces derniers, comme le rappelle encore le Capitulaire d'Attigny lorsqu'il précise, à leur intention, que les monnaies doivent être « examinées avec soin » et « les faussaires châtiés »[140]. Par la suite, l'évolution de la titulature souligne peut-être le renforcement de la mainmise du pouvoir politique sur les *emporia* sous les Carolingiens[141]. Ainsi, si dans les années 780-800 l'abbé de Fontenelle Gervold était le *procurator* de Quentovic, vers 860 Grippo en est le *prefectus*[142] : le *procurator*, c'est celui qui gère pour un autre[143], voire plus précisément un agent du fisc[144] (un synonyme d'*exactor* en quelque sorte) ; le *prefectus*, c'est l'officier public (comprenant comtes, ducs, marquis), en général nommé par le roi[145], exerçant, en son nom, les pouvoirs administratif, judiciaire, fiscal et militaire, en d'autres termes, des fonctions de plus en plus larges. Après le passage du monnayeur au *prefectus*, il s'agirait donc d'une nouvelle évolution du rôle dévolu aux personnages en charge de la gestion des *wics* francs : à mesure que ces ports se développent et qu'ils génèrent de plus en plus de richesses, les fonctions des représentants royaux ont pu s'étendre.

4.2 Chez les Scandinaves

Dans le monde scandinave enfin, s'il semble bien y avoir eu également des représentants du pouvoir dans les *emporia*, la situation est beaucoup moins évidente qu'en Occident, faute de sources écrites équivalentes, d'autant que se pose la question de la transposition par les moines occidentaux des termes latins en contexte scandinave. En effet, lorsqu'il qualifie Herigar de *praefectus vici*, Rimbert voit probablement en lui un homologue de Grippo[146], mais faute de détails sur ces fonctions précises, il est difficile d'en être certain. De même, que désigne réellement, toujours dans la *Vita Anskarii*, le terme de *comes*, attribué à un dénommé Hovi au milieu du IXe siècle[147] ? L'évocation de son renvoi par le roi danois Horic au chapitre suivant tendrait à indiquer qu'il s'agit d'un représentant du pouvoir royal, un peu comme dans le monde franc en somme, mais on peut alors se demander de quel pouvoir royal : s'agissait-il d'un représentant du roi des Danois ou du roi des Francs[148] ? Dans la seconde hypothèse, Hedeby serait alors inclus dans la

---

140 Capitulaire d'Attigny (854), texte cit., c. 9, p. 278.

141 A. J. Stoclet, *Immunes…, op. cit.*, p. 119-127.

142 *Miracula sancti Wandregisili, op. cit.*, c. 15, p. 408.

143 « 1. Procurator », dans Du Cange *et al.*, *Glossarium mediae…, op. cit.*, t. 6.

144 J. F. Niermeyer, *Mediae Latinitatis Lexicon…, op. cit.*, p. 857-858.

145 *Ibid.*, p. 831-832.

146 Rimbert, *VA*, c. 11.

147 Rimbert, *VA*, c. 31.

148 A. Mohr, *Das Wissen über die Anderen : zur Darstellung fremder Völker in den fränkischen Quellen der Karolingerzeit*, New York/Munich/Berlin, 2005, p. 294.

juridiction carolingienne, ce qui, lorsqu'on se souvient de l'épisode du transfert des marchands depuis Reric paraît peu vraisemblable – même s'il est vrai qu'un demi-siècle s'est écoulé. En revanche, les rois scandinaves, alors en train de mettre en place les fondements de leur pouvoir, ont pu recourir pour gérer leurs ports à des élites franques, plus familières que les élites locales des problématiques soulevées par la gestion des *emporia*, mais également peut-être moins turbulentes et moins enclines à contester le pouvoir royal encore fragile : imitation d'une institution franque ou recrutement extérieur, ce titre de *comes* serait une illustration supplémentaire de la porosité de la frontière entre royaume des Danois et Empire carolingien, en matière économique du moins. Certaines tombes sont peut-être celles de tels individus : la sépulture à bateau de Hedeby, datée elle aussi du milieu du IXe siècle, reproduit de façon évidente le cérémoniel de la cour franque, en combinant une chambre funéraire de type continental avec un bateau scandinave et en comptant, parmi le mobilier, deux épées et un verre à boire francs[149]. Les tertres funéraires de Borre (VIIe-Xe siècle) ou encore les riches cimetières de Vendel (VIe-VIIIe siècle) et de Valsgärde (VIe-XIe siècle) sont peut-être le signe de la présence de responsables locaux en charge de la gestion politique et économique de ces régions, incluant les *emporia* de Kaupang et Birka[150]. Plusieurs sépultures privilégiées contenant à la fois des armes et des outils de forgerons et/ou des instruments de commerce (balances, poids), généralement du Xe siècle, sont aussi probablement les tombes de membres de l'élite, plus que celles « de forgerons » ou « de marchands », mettant en lumière la « polyvalence » des élites masculines[151] : leur présence près des sites commerciaux et des voies de communication témoigne de l'implication de ces individus dans les échanges. Les objets placés aux côtés des défunts peuvent ainsi revêtir une dimension avant tout symbolique, qu'il s'agisse du marteau monté sur un fer de lance de la sépulture 3 de Valsgärde ou des poids placés aux côtés de certaines dépouilles enfantines à Birka[152] : s'ils peuvent difficilement renvoyer aux fonctions des enfants eux-mêmes, ces poids peuvent en revanche faire écho à celles de leur famille et servir de « support des

---

149 E. Wamers, « König im Grenzland. Neue Analyse des Bootkammergrabes von Haiðaby », dans *Acta Archaeologica*, 65, 1994, p. 1-56 ; *Id.*, « Ein dänischer Vasall im Bootkammergrab von Haithabu – fränkisches Hofzeremoniell in Norden », dans *Id.* et M. Brandt (dir.), *Die Macht des Silbers...*, *op. cit.*, p. 165-172.

150 B. Myhre, « The Iron Age », art. cit. (n. 40, p. 69). Voir la Carte 21 en Annexe 1.

151 M. Müller-Wille, « Der frühmittelalterliche Schmied im Spiegel skandinavische Grabfunde », dans *Frühmittelalterliche Studien. Jahrbuch des Instituts für Frühmittelalterforschung der Universität Münster*, 11, 1977, p. 127-140 ; H. Steuer, « Gewichtsgeldwirtschaften im frühgeschichtlichen Europa », dans K. Düwel *et al.* (dir.), *Untersuchungen zu Handel und Verkehr der vor- und frügeschichtlichen Zeit in Mittel- und Nordeuropa – Teil IV Der Handel der Karolinger- und Wikingerzeit*, Göttingen, 1987, p. 405-527 ; A. Nissen-Jaubert, « Pouvoir, artisanat... », art. cit. (n. 106, p. 84), p. 77-78.

152 A.-S. Gräslund, « Grave Finds... », art. cit.

affichages identitaires »[153]. Dans cette hypothèse, ces enfants appartiendraient à des familles responsables de la gestion du commerce, statut symbolisé par la présence d'objets en lien direct avec ces fonctions dans les tombes. Ce sont donc peut-être de telles fonctions, assez proches de ce qu'il connaît sur le Continent, que Rimbert a à l'esprit lorsqu'il qualifie de *praefectus vici* Herigar à Birka, se livrant à une forme d'« *interpretatio franca* »[154].

Rimbert ne donne malheureusement que peu de détails sur les fonctions précises d'Herigar. On a toutefois une vague idée du rôle qu'il pouvait remplir dans cet *emporium* puisque le moine précise qu'il servait de « conseiller » au roi, qu'il semble représenter à Birka en son absence, en assurant peut-être la défense de la cité portuaire[155]. Visiblement, Herigar était aussi un riche propriétaire foncier à Birka ou dans les environs, puisqu'il n'hésite pas à donner une terre pour y ériger une église. Enfin, c'est lui qui reçoit les étrangers dans le *wic*, en particulier les hommes de Dieu, comme l'ermite Ardgar vers 845. Il semble ainsi servir de représentant pour la petite communauté chrétienne de Birka ; Adam de Brême en fait même « l'unique soutien du christianisme » dans ce port[156]. Les attributions de ce *prefectus* paraissent par conséquent assez larges : Herigar a ainsi pu remplir des fonctions assez diverses, de même que Grippo sur le Continent.

Données textuelles comme archéologiques soulignent donc l'aspect multifonctionnel et polyvalent de ces agents, chargés de collecter les taxes, de réguler les échanges, d'assurer la sécurité des marchands, mais aussi peut-être d'enregistrer la présence d'étrangers dans les ports. Ils contribuent donc à faciliter et à réguler les relations entre différents groupes, en faisant le lien entre eux. Certains de ces *prefecti*, en particulier à Quentovic, étaient d'ailleurs chargés par le souverain des relations diplomatiques avec d'autres rois : Gervold, qui paraît posséder « une sorte de contrôle des relations avec les îles Britanniques », est l'envoyé de Charlemagne auprès d'Offa de Mercie[157] ; et plus tard Grippo se fait le messager de Charles le Chauve auprès de rois anglo-saxons[158]. De même, Herigar semble faire partie des personnages éminents à Birka, qui servent d'intermédiaires entre la société scandinave et les étrangers arrivant dans l'*emporium*, peut-être même d'un point de vue linguistique, en remplissant eux-mêmes le rôle de traducteurs si leurs compétences linguistiques le leur permettaient ou, à défaut, en ayant à

153 A. Nissen-Jaubert, « La femme riche... », art. cit., p. 316.
154 A. J. Stoclet, *Immunes...*, *op. cit.*, p. 122.
155 Rimbert, *VA*, c. 11 et 19.
156 Adam de Brême, *GH*, lib. I, c. 21.
157 R. Le Jan, « Écriture de l'histoire... », art. cit., p. 457 et 464 ; *Chronique des abbés de Fontenelle...*, *op. cit.*, lib. XII, c. 2, p. 136-139.
158 *Miracula sancti Wandregisili*, *op. cit.*, c. 15, p. 408.

leurs côtés une personne polyglotte[159]. En cela, les *prefecti* ont dû participer activement à l'intégration des étrangers dans ces sociétés portuaires, tout en servant d'intermédiaires entre élites régionales – voire suprarégionales –, population locale et marchands étrangers, en somme entre port, avant-pays et arrière-pays. Dans ces interfaces sociales que sont les *emporia*, ces « articulateurs » contribuent à « huiler » les relations entre les différents groupes[160], à la fois en réglementant leurs rapports et en faisant le lien entre eux, contribuant activement par là même à l'émergence d'une culture propre aux *wics*, faite de mélanges et de syncrétismes, et portée par des acteurs spécifiques à ces ports marchands cosmopolites.

5. *Emporia* et acteurs ecclésiastiques

La remise en cause, au moins partielle, de la théorie des fondations royales entraîne une certaine revalorisation des élites locales, notamment ecclésiastiques. À la suite des travaux de Jean-Pierre Devroey et Adriaan Verhulst, qui mettaient l'accent sur les aristocraties rurales[161], et à de nouvelles fouilles, comme celles de San Vincenzo al Volturno en Italie[162], plusieurs auteurs insistent désormais davantage sur l'importance des structures religieuses d'encadrement, notamment les monastères, importants centres économiques[163] – même si Léon Levillain, dans sa série d'articles consacrés à l'abbaye de Saint-Denis, s'était déjà penché sur le rôle économique des monastères, « grosse[s] maison[s] de commerce »[164].

5.1 D'actifs « agents de commercialisation »

Importants sites de production et de consommation, mais aussi actifs « agents de commercialisation », les établissements religieux jouaient un rôle économique essentiel[165]. Grands producteurs de grain et de vin dans le nord de la Gaule ou éle-

---

159 S. Rossignol, « Modes de communication dans les *emporia* de la mer Baltique », dans A. Gautier et S. Rossignol (dir.), *De la mer du Nord...*, *op. cit.*, p. 105-118.

160 R. V. Gould et R. M. Fernandez, « Structures of Mediation... », art. cit. (n. 7, p. 248), p. 92-93.

161 J.-P. Devroey, *Économie rurale...*, *op. cit.* ; Id., *Puissants et misérables...*, *op. cit.* ; A. Verhulst, *The Carolingian Economy*, Cambridge, 2002.

162 K. D. Bowes, K. Francis et R. Hodges (dir.), *Between Text and Territory : Survey and Excavations in the « Terra » of San Vincenzo al Volturno*, Londres, 2006.

163 J. Moreland, « The significance of production in eighth-century England », dans I. L. Hansen et C. Wickham (dir.), *The Long Eighth Century...*, *op. cit.*, p. 69-104 ; K. Ulmschneider, *Markets...*, *op. cit.* ; S. Lebecq, « Le rôle des monastères dans les systèmes de production et d'échanges du monde franc entre le VIIe et le début du IXe siècle », dans *Id.*, *Hommes...*, *op. cit.*, vol. 2, p. 47-71 ; R. Hodges, *Dark Age Economics : A New Audit, op. cit.*, p. 67-90 ; I. Wood, « Monastères et ports dans l'Angleterre des VIIe-VIIIe siècles », dans A. Gautier et C. Martin (dir.), *Échanges...*, *op. cit.*, p. 89-100.

164 L. Levillain, « Études sur l'abbaye de Saint-Denis à l'époque mérovingienne », dans *Bibliothèque de l'Ecole des Chartes*, 91, 1930, p. 264-300, ici p. 276.

165 J.-P. Devroey, « Les services de transport... », art. cit., p. 553.

vant d'importants troupeaux de moutons sur les marais côtiers anglais et frisons,
ils contribuent à la fois à la croissance agricole et à celle des échanges. En effet,
sur le Continent comme probablement en Angleterre, ils assuraient la centralisation des productions à partir de leurs différents domaines, puis la redistribution
ou commercialisation, notamment pour le vin et le grain. Pour cela, ils ont mis
en place des formes de prélèvement en nature à destination des communautés
rurales et organisé des « services de transport », comme à partir de Prüm et de
Saint-Germain-des-Prés[166]. Le système des charrois, transport de marchandises
par chariots, pouvait opérer sur de longues distances et assurait le transport de
quantités considérables de produits agricoles, à commencer par des céréales et du
vin, principales productions des grandes abbayes. Particulièrement bien visible
dans le polyptyque d'Irminon pour Saint-Germain-des-Prés, cette organisation
met en avant l'important rôle joué par les monastères dans la vie économique du
IXᵉ siècle sur le Continent, où économies domaniale et commerciale paraissent
ainsi profondément imbriquées. Ces charrois, assurés par les paysans à la demande
des seigneurs ecclésiastiques, en assurant la diffusion et la commercialisation des
surplus produits dans les domaines monastiques, sont l'une des manifestations
de l'implication croissante des campagnes dans l'économie d'échanges qui se
développe alors, de l'interpénétration entre monde agricole et commerce régional, voire grand commerce. Les acteurs ecclésiastiques ont un poids considérable
notamment sur le marché du vin, tant pour la production que pour le transport.
Ainsi, si l'on en croit le polyptyque de Saint-Germain-des-Prés, la collecte du
vin – organisée jusqu'en Anjou, Blésois et Orléanais – puis sa redistribution au
nord de la Seine, facilitées par les exemptions de tonlieu de 779 et 846, sont
assurées par les charrois et convois en direction de Quentovic[167]. L'abbaye de
Saint-Denis, avec ses vastes domaines agricoles, était un autre centre important
de commerce viticole, stimulé par les foires au vin de renom international qui
s'y tenaient. Elle disposait d'une production commercialisable probablement
largement supérieure aux 5 000 hectolitres de Saint-Germain et bénéficiait elle
aussi de diplômes d'exemption de tonlieu mentionnant expressément le vin, lui
permettant d'approvisionner aisément ses foires d'octobre[168]. Les grands établissements religieux, comme Saint-Germain-des-Prés, possédaient en outre leurs
propres marchands, qui pouvaient bénéficier d'avantages et de facilités parfois

---

166 *Ibid.*; *Id.*, « Un monastère... », art. cit.
167 Diplôme de Charlemagne pour Saint-Germain-des-Prés (779), texte cit. (n. 13, p. 12) ; Diplôme de
Charles le Chauve pour Saint-Germain-des-Prés (846), dans *RACC*, t. I, éd. G. Tessier, Paris, 1943, n° 88,
p. 238-241.
168 O. Bruand, *Voyageurs...*, *op. cit.*, p. 203-234.

très importants : les marchands de Saint-Germain étaient par exemple affranchis de toute taxe à Quentovic et Dorestad, ainsi qu'à Rouen ou encore Amiens[169].

L'implication active des établissements ecclésiastiques dans certaines productions stratégiques, comme le sel, témoigne également de leur dynamisme économique. L'intérêt pour les marais salants côtiers de la part des grands domaines religieux, parfois implantés à plusieurs dizaines de kilomètres à l'intérieur des terres, rappelle l'importance de cette ressource au premier Moyen Âge et explique que ces marais puissent susciter nombre de convoitises et faire l'objet de plusieurs dons royaux à l'Église ou aux grands, tant sur le Continent qu'en Angleterre, et cela dès le VIIIe siècle. Une charte de 732 évoque ainsi le don fait par le roi du Kent Æthelberht II à l'église *St Mary* à Lyminge d'un marais salant à Sandtun* ; et, dans le Dorset, le roi Cynewulf de Wessex accorde une petite terre sur la rive ouest de la rivière Lym à l'évêque de Sherborne pour l'exploitation du sel[170]. Sur le Continent, l'abbaye de Lorsch se voit notamment accorder 17 marais salants en Zélande[171] ; et, au xe siècle, Saint-Maurice d'Agaune revendique la possession, dans le Ponthieu, non loin de Quentovic, de Verton, « où l'on produisait du sel » précise la fausse bulle d'Adrien I[er][172]. Sachant que le sel faisait également l'objet d'un important commerce, comme en témoigne le récit de ce marchand de Trèves évoquant la descente de la Moselle vers Trèves avec une cargaison de sel acheté à Metz[173], difficile de ne pas imaginer que certains de ces chargements n'aient pas trouvé le chemin des *emporia* voisins de Hamwic, Dorestad et Quentovic, même si les données manquent malheureusement pour développer cette hypothèse.

Enfin, les monastères, ainsi que les évêchés, sont d'importants foyers de consommation et contribuent à stimuler la vie économique par les nouveaux besoins qu'ils créent en vin, soie, parchemin, etc., mais aussi plus simplement en denrées alimentaires destinées à nourrir l'ensemble de la communauté. Les marchands, venus de plus ou moins loin, ne pouvaient donc qu'être attirés par ces nouveaux centres, qui fleurissent dans tout le monde chrétien, tant sur le Continent que dans le monde anglo-saxon, à partir des VIe et VIIe siècles. Les artisans pouvaient trouver là de nombreuses occasions d'exercer leur savoir-faire : érection d'une église,

---

169 Diplôme de Charlemagne pour Saint-Germain-des-Prés (779), texte cit. (n. 13, p. 12).

170 P. H. Sawyer, *ASC*, S 23 et 263 ; D. Whitelock, *English historical documents*, vol. 1, *op. cit.*, n° 65, p. 450-451 ; J. R. L. Allen *et al.*, « The archaeological resource : chronological overview », dans M. Fulford, T. Champion et A. Long (dir.), *England's Coastal Heritage. A survey for English Heritage and the RCHME* (*English Heritage Archaeological Report*, 15), Londres, 1997, p. 103-153, ici p. 146.

171 S. Rippon, *The Transformation...*, *op. cit.*, p. 220-240.

172 Bulle du pape Adrien Ier (772-795), dans É. Aubert, *Trésor de l'abbaye de Saint-Maurice d'Agaune*, Paris, 1872, n° 4, p. 209-211, ici p. 210.

173 Grégoire de Tours, *De virtutibus sancti Martini*, dans *M.G.H., SRM*, t. I, éd. B. Krusch, Hanovre, 1885, p. 584-661, ici lib. IV, c. 29, p. 656.

atelier de céramique pour les besoins locaux, forge pour la réparation et fabrication d'outils... Tous ces aspects contribuent à faire des abbayes des foyers d'animation économique essentiels dans l'Europe chrétienne, en étant tout à la fois sources d'approvisionnement, par la vente des surplus de leurs domaines, et lieux centraux pour la redistribution des marchandises dans la région – et même au-delà.

Il est par ailleurs frappant de constater que, dans les *emporia* occidentaux, les représentants royaux sont toujours des ecclésiastiques de haut rang. Gervold, par exemple, n'est pas seulement un agent royal nommé par Charlemagne : outre ses attributions économiques et les missions diplomatiques dont il est chargé, il est aussi, et même avant tout, abbé de Saint-Wandrille/Fontenelle, un des établissements-clés de la région rouennaise depuis l'époque mérovingienne. Ses fonctions économiques, commerciales et diplomatiques sont ainsi « enchâssées » dans son statut religieux. Les rois mérovingiens puis leurs maires du palais et ensuite les Pippinides ont en effet jeté les bases d'une étroite collaboration entre royauté et acteurs ecclésiastiques : abbés, mais aussi évêques deviennent des relais essentiels pour le pouvoir, tout particulièrement dans le Ponthieu. Clotaire puis son fils Dagobert, en associant les évêques fidèles au gouvernement du royaume, s'assurent ainsi de relais locaux. Le diocèse de Noyon/Tournai, « pivot de la 'politique' ecclésiastique de Dagobert », fait ainsi l'objet de toutes leurs attentions[174] : Achaire, évêque de Noyon/Tournai dans les années 620-630, est un proche conseiller de Clotaire II puis de son fils ; par la suite, les évêques Audomar/Omer (627-639) et surtout Éloi (641-660) sont des relais fidèles des souverains mérovingiens dans cette région septentrionale. Sous les Pippinides, les évêques restent des appuis essentiels du pouvoir : ils reprennent en main toute la hiérarchie ecclésiastique entre vallée de la Seine et plaine maritime flamande, dans le cadre d'une politique plus générale de quadrillage du territoire et d'affirmation de leur autorité dans un royaume franc unifié. Dans les environs du *wic* de la Canche, Charles Martel n'hésite par exemple pas à favoriser la concentration de plusieurs monastères entre les mains d'un homme sûr : Cochin, déjà abbé de Jumièges (687-724), obtient ainsi Saint-Riquier[175]. Un tel cumul de fonctions chez des hommes de confiance, comme Hugues dans la basse vallée de la Seine ou Cochin, permet au pouvoir en place de s'assurer le contrôle de régions-clés dans les réseaux commerciaux du nord de la Gaule, tout en conférant aux acteurs ecclésiastiques un rôle essentiel dans ces derniers. Le choix, un siècle plus tard, par Charlemagne de Gervold, abbé de Fontenelle, pour être *procurator* à Quentovic apparaît donc en quelque sorte comme la suite assez logique de cette politique de fondations et de soutien aux établissements

---

174 C. Mériaux, *Gallia irradiata...*, *op. cit.*, p. 64.
175 J. dom Laporte, « Les monastères francs et l'avènement des Pippinides », dans *Revue Mabillon*, 30, 1940, p. 1-30, ici p. 25.

monastiques menée à l'époque mérovingienne, participant pleinement à l'élaboration de « la centralité du monastère dans le réseau d'échanges »[176]. Nombre des grands monastères francs (Saint-Valéry-sur-Somme, Péronne, Saint-Riquier, Saint-Josse, Fontenelle, Jumièges...) sont ainsi liés, souvent par l'intermédiaire de leur abbé, aux grands *emporia* occidentaux, à commencer par Quentovic.

5.2 Les possessions des acteurs ecclésiastiques dans les emporia et à proximité

Les grandes abbayes du royaume franc mènent en outre une politique très active d'acquisition de domaines sur les côtes, afin de participer pleinement au grand commerce. À cet égard, la concentration autour de Quentovic de domaines et dépendances d'établissements extérieurs à la région est frappante. Le lieu de culte fondé vers le milieu du VIIe siècle à Saint-Josse et placé sous la domination du pouvoir royal est probablement l'un des établissements – si ce n'est l'établissement – les plus impliqués dans la vie à la fois religieuse et économique du *wic* de la Canche. Chargée d'assurer l'accueil des voyageurs en partance pour les îles Britanniques ou en provenant, la communauté de Saint-Josse jouissait visiblement de revenus importants directement liés à la proximité de Quentovic[177]. À une cinquantaine de kilomètres plus au sud, Centula/Saint-Riquier possédait au moins deux *setici* dans cet *emporium*[178]. Toujours dans un rayon de quelques dizaines de kilomètres, Sithiu/Saint-Bertin possédait également des domaines à Quentovic ou dans les environs immédiats, comme à Tubersent, où le dénommé Saxo Alfward gérait neuf bonniers (soit environ 12,5 hectares) pour le compte de l'abbaye[179] ; et, en 857, un moine dénommé Gundbert fait une importante donation, constituée de l'église Saint-Sauveur de Steneland et de ses biens, parmi lesquels « un manse à Quentovic »[180]. Ces « fenêtres sur la mer »[181] étaient essentielles pour Saint-Bertin, à l'intérieur des terres, à une bonne cinquantaine de kilomètres de la mer, afin de s'insérer dans les réseaux du grand commerce maritime, qu'il s'agisse d'échanger avec les Anglo-Saxons ou les Frisons : Saxo Alfward est vraisemblablement un

---

176 R. Le Jan, « Écriture de l'histoire... », art. cit., p. 457 et 464.

177 Au milieu du IXe siècle, saint Josse était d'ailleurs considéré comme le saint patron des marins, spécialement des voyageurs d'outre-Manche qui débarquaient à Quentovic (S. Garry et A.-M. Helvétius, « De Saint-Josse à Montreuil... », art. cit. (n. 30, p. 67), p. 464).

178 Acte de confirmation générale des biens de Saint-Riquier par Charles le Chauve (844/845), dans *RACC*, t. I, *op. cit.*, n° 58, p. 163-166 ; et dans Hariulf, *Chronicon Centulense...*, *op. cit.*, III, 7, p. 109-111. *Seticus* désigne une exploitation, un domaine, une tenure ; mais Stéphane Lebecq rapproche ce terme de *sedilia*, désignant les emplacements définis dans les lotissements urbains (S. Lebecq, « La Neustrie et la mer », art. cit., p. 426).

179 *Le polyptyque de l'abbaye de Saint-Bertin, op. cit.*, c. XXXIV, p. 23.

180 Chartes en faveur de Saint-Bertin (857) et liste de biens (867), dans *Diplomata Belgica...*, *op. cit.*, n° 33, p. 56-57, et n° 37, p. 67-69. Voir la Carte 9 en Annexe 1.

181 S. Lebecq, « La Neustrie et la mer », art. cit., p. 426.

Anglo-Saxon, peut-être un « marchand d'abbaye » commerçant en Angleterre pour le compte de Saint-Bertin[182] ; et le manse à Quentovic sert peut-être à acheter des draps frisons, voire d'autres importations venues de plus loin encore, notamment de Scandinavie[183]. À en croire un privilège du pape Étienne III daté de 765, Saint-Vaast d'Arras, à environ quatre-vingt-dix kilomètres à l'est de Quentovic, possédait également un domaine à Campigneulles, à seulement quelques kilomètres au sud de l'*emporium*[184]. Dans un rayon un peu plus large, à quelques cent cinquante kilomètres du *wic*, l'abbaye de Fontenelle/Saint-Wandrille dispose elle aussi d'importantes possessions dans le Boulonnais, notamment de propriétés à proximité de Quentovic : des liaisons assez régulières devaient relier ces dernières à la vallée de la Seine, où se trouvait l'abbaye-mère, probablement en faisant du cabotage le long de ce que nous nommons actuellement la « Côte d'Opale »[185]. Un diplôme daté de 854 nous apprend en effet que l'abbaye possédait des manses *in portu Wiscus*[186] ; et Stéphane Lebecq de souligner que cette « antenne » explique probablement la désignation par Charlemagne de l'abbé de Fontenelle Gervold pour être son « représentant en divers ports, principalement à Quentovic »[187] : ayant des intérêts directs dans l'*emporium*, il y avait tout lieu de supposer qu'il y serait un représentant royal particulièrement zélé. La volonté des abbés de ce monastère, pourtant très proche du port de Rouen, de prendre pied dans les environs immédiats de Quentovic souligne que cela représentait un enjeu important à la fois d'un point de vue économique et d'un point de vue politique ; un autre argument peut-être en faveur de la primauté de ce port sur celui de Rouen à l'époque carolingienne.

Beaucoup plus loin, à plus de trois cents kilomètres au sud, l'abbaye de Ferrières-en-Gâtinais a également des intérêts dans la région de Quentovic, intérêts que son abbé, Loup Servat, défend avec acharnement dans les années 840. L'établissement possédait en effet la celle de Saint-Josse, à quelques kilomètres seulement au sud-ouest de Quentovic, d'abord donnée par Charlemagne à Alcuin vers 762, avant que Louis le Pieux ne décide d'accorder ses excédents de revenus à l'abbaye de Ferrières ; mais peu après, Lothaire concède la celle à un certain Rhuodingus, ce que le nouvel abbé, Loup, ne peut se résoudre à accepter. Parmi ses 131 lettres, cette affaire n'en occupe pas moins de treize depuis 840, adressées à Lothaire en

---

182 *Le polyptyque de l'abbaye de Saint-Bertin, op. cit.*, p. 123.

183 *Cartulaire de l'abbaye de Saint-Bertin, op. cit.*, p. 80.

184 Privilège du pape Etienne III pour les possessions, la liberté et l'exemption du monastère et du Castrum de Saint-Vaast d'Arras (765), dans *Cartulaire de l'abbaye de Saint-Vaast d'Arras, rédigé au XIIᵉ siècle par Guiman*, éd. E. Van Drival, Arras, 1875, p. 22-25, ici p. 23.

185 J. Le Maho, « Avant et après les Normands. Les lieux d'échanges dans l'espace fluvio-maritime normand du haut Moyen Âge (VIIIᵉ-Xᵉ siècle) », dans J. Chameroy et P.-M. Guihard (dir.), *Circulations monétaires..., op. cit.*, p. 185-206, ici p. 192.

186 Diplôme de Charles le Chauve en faveur de Fontenelle (854), texte cit. (n. 13, p. 12), p. 34.

187 S. Lebecq, « La Neustrie et la mer », art. cit., p. 427 ; *Chronique des abbés de Fontenelle..., op. cit.*, lib. XII, c. 2, p. 136-137.

personne, à Hugues l'Abbé, au chancelier royal Louis, au roi Charles, à Hincmar de Reims ou encore à l'abbé Marcward de Prüm[188]. L'acharnement finit par payer et Loup obtient finalement gain de cause pour son abbaye vers 846-847[189]. Cette âpre lutte pour une possession à quelques trois cents kilomètres de l'abbaye-mère, à une époque où il faut compter une vingtaine de kilomètres par jour en moyenne pour un transport par chariots, en dit long sur l'enjeu que représentait pour Ferrières la possession d'une « antenne » sur la Manche. Dans plusieurs de ses lettres, l'abbé insiste en effet lourdement sur l'importance de la celle pour l'approvisionnement des moines en légumes, poisson, fromage et vêtements, en lien probablement avec l'*emporium* de Quentovic[190]. Saint-Josse était également primordiale dans les liens qu'entretenait Ferrières avec l'Angleterre : essentielle à l'accueil des voyageurs outre-Manche selon Loup[191], elle lui permettait également d'obtenir de l'île du plomb et des livres[192]. Les liens entre Ferrières et l'Angleterre sont ainsi à la fois politiques, économiques, culturels et religieux : peu après avoir récupéré la celle, l'abbé s'empresse, en 852, d'écrire au roi anglo-saxon Æthelwulf, à l'évêque d'York et à l'abbé d'York[193], afin de leur annoncer son succès et de renouer les échanges de prières, livres et autres bons services entre les deux rives de la Manche, Saint-Josse constituant entre elles le trait d'union essentiel où arrivent les « courriers très sûrs » envoyés de l'île à l'abbé Loup[194]. Autant de facteurs qui expliquent que ce dernier, pas peu fier d'avoir finalement eu gain de cause, s'empresse de claironner dans sa lettre à Æthelwulf son statut retrouvé d' « abbé du monastère Saint-Josse »[195]. L'acquisition de biens à proximité de Quentovic n'était donc pas l'apanage d'établissements proches du *wic*, bien au contraire : l'éloignement de la mer rendait la possession de « fenêtres sur la mer » d'autant plus nécessaire pour pouvoir accéder à la Manche et à la mer du Nord, et par là même au grand commerce d'Europe du Nord-Ouest. Bien plus loin encore, à plus de sept cents kilomètres au sud-est de Quentovic, dans l'actuel Valais suisse, Saint-Maurice d'Agaune aurait possédé au Xe siècle des biens dans « le comté du Ponthieu, dans la vallée Canche », plus précisément à Brimeux (là où la voie romaine Amiens-Boulogne traverse la Canche), à Verton et à Nouvion[196]. L'existence de liens entre

---

188 Loup de Ferrières, *Correspondance*, vol. I, *op. cit.*, n° 19, 32, 36, 42, 49, 57, 48, 58, 65, p. 102-105, 146-151, 196-199, 174-179, 202-209, 220-225, 198-203, 224-229, 239-243 ; vol. II, *op. cit.*, n° 82, p. 66-67 ; P. Lardin, « Les lettres de Loup de Ferrières... », art. cit.

189 Loup de Ferrières, *Correspondance*, vol. II, *op. cit.*, n° 82, p. 66-67.

190 *Ibid.*, vol. I, n° 36, 42 et 49, p. 198-199, 174-179 et 202-209.

191 *Ibid.*, n° 42 et 49, p. 176-177 et 202-209.

192 *Ibid.*, vol. II, n° 84 et 87, p. 70-73 et 78-81.

193 *Ibid.*, n° 84, 86 et 87, p. 70-73, 74-77 et 78-81.

194 *Ibid.*, n° 87, p. 78-81.

195 *Ibid.*, n° 84, p. 70-71.

196 Bulle du pape Adrien Ier (772-795), texte cit. (n. 172, p. 283) ; M. Zufferey, *Die Abtei Saint-Maurice im Hochmittelalter, 830-1258*, Göttingen, 1988, p. 34 et 39 et carte hors-texte n° 2. Voir la Carte 9 en Annexe 1.

ces deux régions très éloignées est peut-être même attestée dès 866 par la présence à Saint-Maurice de moines originaires des environs de la Canche[197] : les *Miracles de saint Wandrille* évoquent en effet un certain Wandalgaire et sa sœur Giselberte, « originaires du Ponthieu et du finage de Bloville, appartenant au monastère de Saint-Maurice »[198].

Même les grands établissements qui n'ont pas nécessairement de possessions à Quentovic y font transporter des marchandises destinées à la vente : l'abbaye de Saint-Germain exige ainsi de ses hommes à Villemeux dans la Beauce et à Combs-La-Ville dans la Brie la *wicharisca*, forme de transport périodique à destination du *wic* de la Canche[199]. Si ce service de charroi concernait bien *Wicus*/Quentovic comme le laisse penser son nom, il témoignerait des stratégies mises en place par les grands établissements ecclésiastiques, bien insérés dans les réseaux du grand commerce (notamment grâce à leurs importants surplus), qu'ils disposent ou non de « fenêtres sur la mer ». Pour Saint-Germain, à quelques deux cents kilomètres de l'embouchure de la Canche, la mise en place de tels convois devait être compliquée et coûteuse, ce qui explique qu'elle n'ait été exigée qu'une fois l'an et seulement de la part des domaines les plus riches et les plus peuplés.

Les informations sont moins nombreuses concernant les implantations monastiques sur les côtes frisonnes : on sait que l'église d'Utrecht disposait de possessions à Dorestad même et dans les environs, notamment à Beusichem[200] ; mais les abbayes ne semblent pas avoir ici disposé de « fenêtres sur la mer » comme à l'ouest : les possessions de l'abbaye de Prüm paraissent essentiellement continentales, dans une région incluant Aix-la-Chapelle et Francfort[201]. Dans cette région, les grandes voies de commerce sont en effet essentiellement fluviales : ce sont avant tout les vallées du Rhin, mais également de la Meuse et de l'Escaut qui permettent aux marchandises et aux marchands de circuler, expliquant l'essor de *portus* dans la région au Xᵉ siècle (Namur, Huy*, Verdun, Liège, Deventer*, Tiel...)[202].

Notre connaissance du monde monastique anglo-saxon reste elle aussi très parcellaire et concerne surtout le Kent. Il est ainsi difficile de savoir si des établissements religieux avaient à Hamwic des intérêts comparables à ceux des monastères francs à Quentovic, mais certains ont pu jouer un rôle important dans la région :

---

197 C. Mériaux, *Gallia irradiata...*, *op. cit.*, p. 174.
198 *Miracula Sancti Wandregisili...*, *op. cit.*, c. 33, p. 288.
199 *Polyptyque de l'abbaye de Saint-Germain-des-Prés...*, *op. cit.*, vol. II, c. IX, 9, p. 101, et c. XVI, 3, p. 236 ; A. Longnon, *Polyptyque de l'abbaye de Saint-Germain-des-Prés...*, *op. cit.*, vol. I, p. 177-178.
200 Extrait d'un inventaire de biens et de revenus..., texte cit. (n. 37, p. 43). Voir la Carte 14bis en Annexe I.
201 J.-P. Devroey, « Les services de transport... », art. cit.
202 J.-P. Devroey et C. Zoller, « Villes, campagnes, croissance agraire dans le pays mosan avant l'an mil vingt ans après... », dans J.-M. Duvosquel et A. Dierkens (dir.), *Villes et campagnes au Moyen Âge : mélanges Georges Despy*, Liège, 1991, p. 223-260 ; P. Demolon, H. Galinié et F. Verhaeghe (dir.), *Archéologie des villes...*, *op. cit.*

peut-être le monastère de Nursling, situé entre la capitale royale de Winchester et l'*emporium* de Hamwic ; mais le fait que Boniface embarque pour le Continent depuis Lundenwic, et non depuis Hamwic, pourtant bien plus proche, pourrait indiquer que les liens entre Nursling et Hamwic n'étaient pas si étroits[203]. Il n'en demeure pas moins que certains monastères anglo-saxons veillaient, comme sur le Continent, à s'implanter sur les côtes : Winchester et Waltham sont deux autres exemples dans la région de Hamwic[204]. De même, le monastère de Glastonbury, à l'intérieur des terres, pourrait avoir possédé un domaine dans le port de Lyme lui permettant d'avoir accès aux ressources maritimes (poisson et surtout sel), mais aussi au trafic littoral[205]. L'évêque de Sherborne se voit également accorder une petite terre sur la rive ouest de la rivière Lym pour l'exploitation du sel[206]. D'autres établissements religieux anglo-saxons majeurs, en particulier les établissements royaux, tels que *St Peter* (*Minster*, Thanet), ceux de Lyminge ou de Reculver étaient tous idéalement situés sur les côtes ou rivières navigables du Kent oriental, soulignant l'importance de la région autour de l'île de Thanet et de l'estuaire de la Tamise comme voie commerciale, en particulier en direction du nord de la Gaule[207]. Lundenwic semble également avoir entretenu des liens étroits avec plusieurs établissements religieux de la région, notamment Westminster, Bermondsey et Barking[208]. Les détails manquent pour pouvoir dresser un tableau plus complet des relations avec les établissements ecclésiastiques à l'intérieur des terres, mais on peut supposer, avec Ian Wood, que « les monastères anglais, comme leurs homologues francs, s'intéressaient aux ports et au commerce, [...] participaient des mêmes réseaux de communications et des mêmes systèmes d'échanges »[209].

5.3 *Exemptions et privilèges : des instruments politiques et économiques*

Certains des établissements anglo-saxons et francs des VIIe et VIIIe siècles ont ainsi pu, en raison de leurs liens avec des sites portuaires, acquérir une « forte centralité d'intermédiarité », « en relation avec le réseau des ports et des *emporia*, lui-même de plus en plus hiérarchisé », leur permettant de s'impliquer activement dans les activités commerciales[210] : Saint-Riquier est doté, sous l'abba-

---

203 Willibald, *Vita Bonifatii, op. cit.*, c. 4 et 5. Voir la Carte 11 en Annexe 1.

204 A. D. Morton (dir.), *Excavations at Hamwic*, vol. I, *op. cit.*, p. 61.

205 I. Wood, « Monastères et ports dans l'Angleterre... », art. cit. (n. 163, p. 281) p. 96.

206 P. H. Sawyer, *ASC*, S 263.

207 Voir le zoom de la Carte 11 en Annexe 1.

208 L. Blackmore, « The Origins and Growth of *Lundenwic*, a Mart of many Nations », dans B. Hårdh et L. Larsson (dir.), *Central places...*, *op. cit.*, p. 273-301, ici p. 291.

209 I. Wood, « Monastères et ports dans l'Angleterre... », art. cit. (n. 163, p. 281), p. 100.

210 R. Le Jan, « Introduction », dans A. Gautier et C. Martin (dir.), *Échanges...*, *op. cit.*, p. 5-16, ici p. 14.

tiat d'Angilbert (794-814), d'un « quartier des marchands »[211] et Saint-Bertin
obtient son marché en 873[212] ; et cette « centralité d'intermédiarité » se trouve
renforcée par l'octroi d'exemptions et privilèges par le pouvoir royal. Les évêques
de Worcester, de Londres ou encore d'Utrecht, mais également les abbayes de
Saint-Denis, Saint-Germain-des-Prés, Stavelot-Malmédy, Corbie ou encore
Reculver et *St Peter* en sont les principaux bénéficiaires[213].

De telles concessions, assez rares sous les Mérovingiens, deviennent relativement courantes sous les Carolingiens, allant jusqu'à devenir un instrument de
gouvernement des plus efficaces, permettant au pouvoir royal d'afficher et de
légitimer son autorité, tout en construisant un espace sacré[214]. Les revenus tirés des
droits de péage devaient être considérables – 10 % de la valeur des marchandises
à Quentovic et Dorestad selon le *Praeceptum Negotiatorum* –, ce qui explique
que les acteurs commerciaux aient cherché à obtenir des exemptions, dont les
enjeux sont également politiques : exempter de tout ou partie d'un prélèvement
est un moyen pour les élites de « structurer leurs alliances et réseaux de clientèle
avec le roi par le biais des églises », tout en rappelant qu'il s'agit là d'un monopole royal[215]. Toutefois, seuls les acteurs les plus influents parvenaient à obtenir
une telle faveur, à commencer par les principales communautés ecclésiastiques.
Les plus anciennes mentions de tels privilèges accordés à des monastères, évoquant par exemple Quentovic et Dorestad, excluent précisément ces deux ports
de l'exemption consentie, probablement parce que les revenus qu'ils généraient
étaient trop importants pour que le roi se prive de cette manne[216]. Au contraire,
le diplôme de Charlemagne pour Saint-Germain-des-Prés en 779 mentionne une
exemption de droits en particulier à Quentovic et Dorestad[217] : c'est un privilège
colossal, probablement parce que ce monastère est alors un des plus importants du
royaume et surtout qu'il entretient des liens très étroits avec le pouvoir royal, dès
sa fondation par Childebert Ier dans les années 550 sur des terres fiscales ; peut-être
aussi parce que pour cette abbaye ne disposant pas de possessions à Quentovic le
transport des marchandises vers la côte coûtait déjà bien assez cher. De fait, des

211 Inventaire des cens et redevances dus à l'abbaye de Saint-Riquier (794-814), dans Hariulf, *Chronicon Centulense...*, *op. cit.*, Appendice VII, p. 306-308, ici p. 307.

212 S. Lebecq, « Le rôle des monastères dans les systèmes de production et d'échanges du monde franc entre le VIIe et le début du IXe siècle », dans I. L. Hansen et C. Wickham (dir.), *The Long Eighth Century...*, *op. cit.*, p. 121-148, ici p. 138.

213 N. Middleton, « Early medieval port customs... », art. cit.

214 B. H. Rosenwein, *Negotiating Space. Power, Restraint and Privileges of Immunity in Early Medieval Europe*, Ithaca, 1999.

215 G. Koziol, *The Politics...*, *op. cit.*, p. 62.

216 Diplôme de Charlemagne pour l'église de Strasbourg (775), texte cit. (n. 34, p. 43): ce texte est repris dans le *Praeceptum Negotiatorum* de Louis le Pieux (828), texte cit. (n. 33, p. 43), et dans le Privilège de Louis le Pieux relatif à l'église de Strasbourg pour 831 (6 juin), texte cit. (n. 34, p. 43).

217 Diplôme de Charlemagne pour Saint-Germain-des-Prés (779), texte cit. (n. 13, p. 12).

établissements plus proches de l'embouchure de la Canche, comme Saint-Riquier ou Saint-Bertin, n'ayant pas les mêmes frais de transport, ne bénéficièrent visiblement jamais d'une telle exemption. En d'autres termes, les acteurs ecclésiastiques les plus influents du nord du royaume disposaient soit de « fenêtres sur la mer », soit d'une exemption : le cumul des deux les aurait peut-être rendus trop puissants – en termes économiques mais aussi politiques –, tandis que l'absence des deux aurait constitué un handicap certain pour leur développement. Le pouvoir royal, seul capable d'accorder de telles exemptions, a ainsi pu veiller à préserver une forme d'équilibre, indispensable pour préserver sa propre influence.

L'église de Saint-Martin d'Utrecht, relevée par le missionnaire Willibrord avec le soutien de Pépin, se voit également octroyer par les premiers souverains carolingiens d'immenses privilèges à Dorestad : à l'immunité accordée par Pépin le Bref et confirmée par Charlemagne[218], Louis le Pieux ajoute des avantages considérables *in ripis* à Dorestad, en concédant à l'évêque le droit de ban et de perception des amendes et impôts, dont le « giscot » – probablement un droit d'amarrage et/ou de chargement et déchargement[219]. Un tel privilège est très important puisqu'il porte non seulement sur les habitants de ce secteur ripuaire mais également sur les marchands y accostant. En 777, les Carolingiens avaient déjà concédé à Saint-Martin le *ripaticum super Lokkia*, droit de rivage sur le Lek, gardant ainsi le contrôle de la rive du Rhin courbé, la plus importante et celle où l'on a fouillé un grand complexe portuaire dans les années 1960-1980[220]. Les modalités précises de ce *ripaticum* restent mal définies[221], mais une chose semble certaine : en ajoutant cette rive aux privilèges déjà consentis, Louis le Pieux prive son Trésor d'une importante source de revenus et fait une concession exceptionnelle, lui permettant d'insérer l'église d'Utrecht dans ses réseaux de clientèle ; et, dans le même temps, en concédant le droit de ban dans le secteur ripuaire de Dorestad, ainsi que la perception des amendes et impôts à l'évêque d'Utrecht, il confirme que, sur le reste du site, il s'agit là d'une prérogative royale, au début du IXe siècle, mais même dès le milieu du VIIIe siècle au plus tard puisque son diplôme reprend en partie certaines dispositions déjà prises par Pépin le Bref et Charlemagne[222].

---

218 Diplôme de Pépin le Bref en faveur de l'église d'Utrecht (751-754) et Diplôme de Charlemagne en faveur de l'église d'Utrecht (769), dans *OSU*, vol. 1, *op. cit.*, n° 40 et 45, p. 33-34 et 38-39.

219 Diplôme de Louis le Pieux pour Saint-Martin d'Utrecht (815), dans *OSU*, vol. 1, *op. cit.*, n° 56, p. 61-62.

220 Diplôme de Charlemagne pour l'église Saint-Martin d'Utrecht (777), dans *OSU*, vol. 1, *op. cit.*, n° 48, p. 41-42. Voir le Plan 1 en Annexe 1.

221 Selon Alain J. Stoclet, il ne s'agit pas d'une taxe de mouillage ou d'accostage mais d'un « droit prélevé dès lors qu'il y a mouvement de fret entre le bateau et la terre » (A. J. Stoclet, *Immunes...*, *op. cit.*, p. 166), mais le diplôme de Louis le Pieux mentionnant « le ban, les amendes et impôts » laisse entendre qu'il s'agit de quelque chose de beaucoup plus large.

222 Diplôme de Pépin le Bref en faveur de l'église d'Utrecht (751-754), Diplôme de Pépin le Bref en faveur de l'église d'Utrecht (753), Diplôme de Charlemagne en faveur de l'église d'Utrecht (769) et

À partir des années 840, il ne semble plus y avoir de nouvelle concession d'exemption concernant Quentovic et Dorestad, les diplômes se contentant de réaffirmer d'anciens privilèges : celui de Louis le Pieux pour Saint-Martin d'Utrecht en 815 est probablement l'un des derniers qui innove en accordant de nouvelles concessions[223] ; en 896, le diplôme de Zwentibold se contente de le reprendre[224] ; et les privilèges accordés par Louis le Germanique en 873, Louis l'Enfant en 904 et Otton II en 974 à l'église de Strasbourg ne sont en réalité que la réitération de dispositions prises par Charlemagne en 775[225]. Cette situation tient peut-être aux perturbations alors engendrées par les raids scandinaves, dont la première vague, dans les années 830-840, touche notamment Dorestad et Quentovic, et plus généralement au déclin économique des *emporia* francs : les enjeux économiques sont alors bien moindres, ce qui contribuerait par ailleurs à confirmer que l'intérêt des élites, laïques comme ecclésiastiques, pour ces sites tient en grande partie à l'ampleur des échanges et par voie de conséquence à celle des revenus générés. À mesure que les marchands désertent ces marchés, cela ne vaut plus guère la peine de batailler auprès du roi pour y obtenir exemptions et privilèges en tous genres. L'affaiblissement du pouvoir royal à partir de la fin du IXe siècle a probablement contribué à renforcer cette tendance : alors que la dynastie carolingienne paraît s'essouffler en Occident dans la seconde moitié du IXe siècle, les pouvoirs se segmentent, les réseaux d'alliances et de clientèle se recomposent ; les enjeux évoluent et les moines ont pu estimer moins utile de se tourner vers des souverains au pouvoir déclinant. La Francie orientale connaît également une période de recomposition à la charnière des IXe et Xe siècles, avant que les Ottoniens ne s'imposent et n'inaugurent un nouveau chapitre des relations entre pouvoir royal et institutions ecclésiastiques.

Dans le monde anglo-saxon, les privilèges accordées par les rois sont plus spécifiques que ceux consentis par les souverains francs : l'exemption de tonlieu n'est généralement valable que pour un nombre limité de navires, souvent un

---

Diplôme de Charlemagne pour l'église Saint-Martin d'Utrecht (777), dans *OSU*, vol. 1, *op. cit.* n° 40, 43, 45 et 48, p. 33-34, 36-37, 38-39 et 41-42.

223 Mais son interprétation pose de nombreux problèmes : s'agit-il d'un partage des revenus entre Louis le Pieux et l'évêque Hrikfredus d'Utrecht ? Ou Louis le Pieux essaye-t-il de regagner du terrain perdu ? À moins que ce ne soit l'évêque qui tente de maintenir ses droits envers marchands et *procuratores* (C. L. Verkerk, « Les tonlieux... », art. cit.).

224 Diplôme de Zwentibold pour Saint-Martin d'Utrecht (896), dans *OSU*, vol. 1, *op. cit.*, n° 88, p. 94-96.

225 Privilège de Louis le Germanique relatif à église de Strasbourg pour 873, dans *M.G.H., DD Mer.*, t. I, éd. P. F. Kehr, Berlin, 1934, n° 149, p. 208-210 ; Privilège de Louis l'Enfant relatif à église de Strasbourg pour 904 (15 mai), dans P.-A. Grandidier, *Histoire de l'église et des évêques-princes de Strasbourg*, t. II, « Pièces justificatives », Strasbourg, 1778, p. CCCXVII, n° 170 ; Diplôme d'Otton II pour l'église de Strasbourg (974), dans *OSU*, vol. 1, *op. cit.*, n° 131, p. 129-130.

seul[226], plus rarement deux[227] et même pour seulement la moitié du tonlieu perçu sur un navire[228]. La brièveté de la période durant laquelle elles sont accordées (des années 710 aux années 760) contraste également avec l'étalement chronologique de ces privilèges sur le Continent, probablement parce que ces exemptions s'inscrivent dans le cadre de la politique royale mercienne[229] : les rois de Mercie, lorsqu'ils cherchent à affirmer leur pouvoir sur le sud de l'Angleterre, y ont vraisemblablement recouru pour tisser un réseau de clientèle autour d'eux. En effet, la grande majorité de ces chartes (sept sur dix) est le fait d'Æthelbald de Mercie (716-757), dont le règne marque le début de l'essor de ce royaume[230] : la concession de ces privilèges, concernant pour la plupart le port de Lundenwic ou l'évêque de cette cité, et leur mise par écrit sont probablement une façon pour ce roi d'affirmer son contrôle sur les tonlieux perçus dans l'ancien grand port du Kent, alors passé aux mains des Merciens, mais encore âprement disputé durant toute la première partie du VIIIe siècle entre le Kent, les Saxons de l'Est, le Wessex et la Mercie[231]. Le successeur d'Æthelbald, Offa, n'est à l'origine que d'une des dix chartes et encore ne s'agit-il que de la confirmation d'un ancien privilège consenti par son prédécesseur (S 143). D'autres textes ont pu être perdus, mais ce contraste pourrait également indiquer que le contrôle mercien sur le grand *emporium* de Lundenwic est désormais bien assuré et ne nécessite par conséquent plus d'y afficher haut et fort son autorité. Les deux dernières chartes (S 29 et S 1612) sont le fait, dans les années 760, du roi du Kent Eadberht, mais ne concernent plus Lundenwic : les exemptions consenties aux abbayes *St Peter* (*Minster*) sur l'île de Thanet et de Reculver s'appliquent respectivement dans les ports de Sarre* et Fordwich*. Il s'agit de deux petits ports du Kent : sur les rives de l'ancien détroit du Wantsum, ils se trouvent sur la route fluviale qui mène à Canterbury[232] ; mais en dépit de cette situation favorable, ils ne sont en rien comparables à Lundenwic. Le fait qu'Eadberht ne consent des exemptions que dans ces deux ports est probablement le signe que Lundenwic lui échappe toujours, demeurant sous contrôle mercien.

Dans tous les cas cependant, comme sur le Continent, les privilèges consentis par les souverains anglo-saxons sont destinés à des acteurs ecclésiastiques influents : sièges épiscopaux de Londres, Rochester et Worcester, abbayes de Reculver et *St Peter* ; et ils s'inscrivent dans le cadre d'une politique plus générale visant, pour le pouvoir royal, à se constituer des réseaux de clientèle, à s'assurer

---

226 P. H. Sawyer, *ASC*, S 86, S 88, S 87, S 103b, S 143 et S 1612.

227 *Ibid.*, S 98 et S 29.

228 *Ibid.*, S 91.

229 S. Kelly, « Trading privileges... », art. cit., p. 25.

230 Voir le Tableau 2 en Annexe 3.

231 B. Yorke, *Kings...*, *op. cit.*, p. 49.

232 Voir la Carte 11 et son zoom en Annexe 1.

des fidélités, sans oublier les prières (pour le salut du royaume, du souverain, des armées...) et services (dons annuels, assistance militaire des vassaux de l'abbaye...) accordés en contrepartie. En somme, à l'instar des diplômes sur le Continent, les chartes royales anglo-saxonnes sont un instrument de gouvernement. Le nombre important de textes en faveur de l'abbaye *St Peter* (S 86 reprise par S 143, S 87, S 91 et S 29) tient ainsi aux liens étroits de cet établissement avec la Maison du Kent[233] : cette fondation royale a reçu, entre sa création dans les années 660 par Domneva (sainte Eormenburg) avec le soutien du roi Ecgberht et les années 780, de nombreux dons de terres dans le Kent, auxquels viennent s'ajouter les exemptions de tonlieu, ce qui fit rapidement de cet établissement une des abbayes les plus riches et les plus importantes de l'Angleterre du VIIIᵉ siècle. Cet établissement ne possède d'ailleurs pas moins de trois navires de commerce à en croire la charte d'Eadberht (S 29), soit une véritable flotte commerciale : pour les autres communautés, y compris l'évêché de Londres, il n'est fait mention que d'un ou deux navires dans les chartes. Tout porte donc à croire que *St Peter* était fortement impliqué dans le grand commerce, vraisemblablement tourné en grande partie vers les ports francs : Mildthryth, qui succède à sa mère, Domneva – elle-même fille d'un obscur sous-roi du Kent, Eormenred –, comme abbesse en 694 n'a pas seulement des liens avec la famille royale du Kent ; elle est aussi liée au monde franc, ayant reçu une partie de son éducation à l'abbaye royale mérovingienne de Chelles.

6. Conclusion : des communautés portuaires ?

Peut-être nés d'une collusion d'intérêts – ceux des autorités territoriales, de l'Église, des producteurs et des marchands –, plus que fondation unilatérale par un roi ou un chef local, les *emporia* témoignent à la fois de la multiplicité et des évolutions des acteurs sur la scène économique du VIIᵉ au Xᵉ siècle[234] : paysans corvéables, marchands de monastères ou indépendants, artisans à demeure ou itinérants, agents fiscaux, hommes et femmes, Francs, Frisons, Anglo-Saxons et Slaves... Tous ces acteurs n'étaient d'ailleurs pas nécessairement exclusifs : ils pouvaient être plusieurs à intervenir au cours d'un échange, mais à des moments différents de cette « chaîne opératoire », avec par exemple le paysan comme premier maillon et l'agent fiscal comme dernière étape. Tous ces « agents interstitiels »[235] participent ainsi, plus ou moins directement, aux échanges entre intérieur des terres et outre-mer, entre arrière-pays local et mondes lointains, contribuant à animer la vie économique du bassin des mers septentrionales et à faire des ports

---

233 Voir le Tableau 2 en Annexe 3.

234 J. Hines, « North-Sea trade... », art. cit.

235 S. M. Plattner, « Periodic trade in developing areas without markets », dans C. A. Smith (dir.), *Regional Analysis. Volume I : Economic Systems*, Londres, 1976, p. 69-89, ici p. 81.

s'y trouvant des productions sociales, forgées par des rapports multiformes (antagonisme, complémentarité, collaboration...). Dans ces melting-pots culturels, faits tout à la fois de syncrétismes et d'éclectisme, certains groupes jouent le rôle d'intermédiaires (ou d'« articulateurs ») : ces « groupes interstitiels » assurent le lien entre les différents ensembles au sein de la communauté, contribuant ainsi activement à la définition de son identité spécifique et assurant sa cohésion[236].

Ces individus et groupes, si divers qu'ils soient, interagissaient assez largement entre eux. Avaient-ils pour autant conscience d'appartenir à un même ensemble, de former une communauté ? Faute de sources écrites détaillées sur le sujet, la question reste délicate pour l'historien. Il n'en demeure pas moins que tous ces acteurs occupaient un espace commun et que certains intérêts partagés ont pu les pousser à coopérer. Le lien avec le territoire est particulièrement fort, dans un milieu marqué par l'élément marin ou fluvial : le premier point commun de tous ces hommes et femmes vivant dans les *emporia*, c'est leur rapport à la mer, qu'ils la prennent en personne (marchands, pêcheurs, navigateurs, pirates...) ou qu'ils en vivent (charpentiers pour les bateaux, tisseuses de voiles, paysans fournissant le ravitaillement pour la traversée...). La spécificité de ce territoire tient également à sa situation de frontière – entre différents ensembles culturels, politiques et économiques – et de carrefour. Pour autant, le fait d'habiter un port et d'y pratiquer ses activités suffit-il à former une communauté portuaire, ou même plus largement maritime ou littorale ? Probablement pas, mais d'autres critères permettant de « faire communauté » peuvent s'observer dans le cas des *wics* des mers nordiques, à commencer par une forme d'organisation spécifique, à la fois de l'espace urbain et des activités : ces ports constituent des lieux bien délimités – par un fossé dans certains cas –, dans lesquels s'appliquent certaines règles, notamment en matière de commerce (paiement devant témoin, acquittement de taxes...), et où, dans certains cas du moins, se tenaient même des assemblées, statuant sur les règles régissant la vie du groupe et renforçant par là même son identité et sa cohésion ; c'est en particulier le cas à Birka, autour de la figure du roi. Dans l'espace bien circonscrit des *emporia*, le secteur du marché était lui-même strictement structuré par un découpage en parcelles régulières, définissant un mode de rapport au sol particulier, des formes de propriété et des statuts fiscaux spécifiques au port. La dimension polynucléaire de la plupart de ces sites contribue également à définir une identité propre à ces lieux : des groupes divers y déploient leurs activités dans différentes zones, contribuant à faire émerger un tissu urbain complexe, fait de plusieurs secteurs à la fois distincts et interconnectés, formant une communauté portuaire.

---

236 F. L. Bates et L. Bacon, « The Community as a Social System », dans *Social Forces*, 50 (3), 1972 (mars), p. 371-379.

Les habitants partageaient en outre un certain nombre d'activités propres au lieu, notamment en matière de commerce et d'artisanat, et ce marché était animé par d'intenses échanges, au cours desquels les différents acteurs étaient amenés à manipuler des instruments communs, en particulier les monnaies, poids et balances, alors que la région environnante les utilisait souvent encore peu, voire pas. Qu'il s'agisse de vendre, d'acheter, de payer des taxes ou de les percevoir, tous les intervenants se retrouvaient donc autour de pratiques de paiement communes, pouvant contribuer à les distinguer de leurs contemporains dans les arrière-pays. En ce sens, les communautés portuaires qui émergent dans les *emporia* des mers nordiques peuvent apparaître comme des « communautés de pratique », concept forgé par Étienne Wenger en sociologie de l'éducation et du travail, c'est-à-dire des groupes qui, sans avoir nécessairement un caractère très institutionnalisé, se construisent par leurs pratiques communes au quotidien, partageant des façons de faire – de payer par exemple –, mais aussi des symboles et références, comme la consommation de vin ou de viande bovine, précédemment définie comme une pratique urbaine et cosmopolite[237]. Une « communauté de pratique » se définit donc aussi par les interactions et échanges réguliers entre ses membres, des échanges de biens dans le cas des *wics*, mais surtout de savoir-faire et autres connaissances : techniques de tabletterie, travail du verre, informations en matière de navigation maritime (routes dangereuses ou au contraire sûres)... Autant d'échanges qui font de ces ports des lieux d'innovation et de mélange, le métissage faisant partie intégrante de la définition de ces communautés et contribuant à en faire des interfaces (entre terre et mer, entre différents peuples...)[238]. En ce sens, les *emporia* sont bien des « *gateway communities* », ou « communautés d'interface », mais dans un sens bien plus large que celui que Richard Hodges leur donnait, les restreignant à leurs fonctions de commandement pour le commerce à longue-distance[239].

Ces communautés portuaires se construisent progressivement en se distinguant d'autres ensembles, en particulier de leur région environnante : elles développent des pratiques et des références qui leur sont propres, se retrouvant davantage par delà les mers que dans les fermes environnantes. Ces groupes peuvent ainsi prendre conscience de leur spécificité et même aller jusqu'à développer un certain sens communautaire, qui passe par tout un ensemble de pratiques (alimentaires, de paiement...), mais aussi par la défense du groupe, de ses intérêts et de son avenir lorsqu'il se sent menacé. Cette cohésion dans l'adversité peut

---

237 E. Wenger, *Communities of Practice : Learning, Meaning, and Identity*, Cambridge, 1998.
238 C. Hedenstierna-Jonson, « Foreigner and Local... », art. cit.
239 R. Hodges, « The evolution of gateway communities : their socio-economic implications », dans C. Renfrew et S. Shennan (dir.), *Ranking...*, *op. cit.*, p. 117-123 ; C. Fabech, « Centrality in sites and landscapes », art. cit. (n. 227, p. 147).

expliquer en partie le transfert des habitants et de leurs activités vers d'autres sites mieux protégés lorsque les attaques se multiplient sur ces ports : la décision peut venir d'en haut (comme à Reric en 808), il n'en demeure pas moins que les marchands s'y rangent, car leur intérêt est également de pratiquer leurs activités en un lieu protégé. Le transfert des marchands de Reric vers *Sliesthorp* en 808, mais aussi le glissement de plusieurs sites au cours du Xe siècle (Quentovic vers Montreuil*, Hamwic vers Southampton...) soulignent par ailleurs qu'un site ne suffit pas à définir une communauté qui, pour attachée qu'elle y soit, peut se résoudre à le quitter définitivement si la situation et sa survie l'exigent. Les habitants des *emporia* des mers nordiques formaient par conséquent bien, par leurs pratiques et références partagées, des communautés portuaires (ou maritimes), qui survivent à la disparition des sites qui les ont vu se constituer : au cours du Xe siècle, les *wics* s'effacent, mais le processus de définition d'une identité spécifique se poursuit, donnant naissance aux communautés urbaines et portuaires médiévales. Deux siècles avant la Hanse, avec ses pratiques, ses privilèges, son mode de fonctionnement, les habitants des *emporia*, sans en être nécessairement toujours conscients, ont esquissé une première forme de sens communautaire dans le cadre de sites portuaires marchands.

CHAPITRE 7

CONNECTER LES MERS ET ÉLARGIR LES HORIZONS

A lors que les réseaux économiques et politiques se recomposent, les divers sites interconnectés dessinent un espace ouvert et réticulaire : loin d'être isolés, les *emporia* sont en liens étroits, la mer servant de trait d'union entre eux. La mise en place d'un tel réseau a même pu être une condition essentielle pour le développement des échanges suprarégionaux dans le bassin des mers nordiques à partir du VIIe siècle. Les *wics*, lieux de rencontre privilégiés, au carrefour de diverses routes et influences, y jouent le rôle de nœuds, à la fois intérieurs et ouverts sur le reste du monde. Ces ports occupent ainsi une place centrale dans les réseaux maritimes de cette période, des réseaux qui, loin d'être statiques, étaient au contraire extrêmement dynamiques et évolutifs et qui ne se réduisaient pas à leur dimension spatiale : l'espace géographique est avant tout un espace vécu. Par conséquent, une réflexion en termes de réseaux ne doit pas tant considérer les distances géographiques que les routes privilégiées par les voyageurs de l'époque.

Toutefois, contrairement à ce qui a longtemps été la tendance historiographique prédominante, les chapitres précédents ont montré que les *emporia*, au-delà de leur rôle suprarégional, ont également joué un rôle régional, voire local, ce qui pose la question de leur insertion dans ces différents réseaux et de l'articulation de ces derniers : les échanges à l'échelle locale se greffent-ils sur les réseaux suprarégionaux ? Et si oui, comment et jusqu'à quel point ? Cela revient à s'interroger sur la taille des arrière-pays des *wics*, tout en justifiant l'emploi du pluriel : ces ports semblent fonctionner dans plusieurs cercles, de dimensions variables, de l'aire de captation locale pour le commerce avec l'arrière-pays rural aux échanges à longue-distance avec le reste de l'Europe. Réfléchir en termes de réseaux revient également à s'interroger sur le statut des autres établissements commerciaux et portuaires et sur les relations qu'ils pouvaient entretenir avec les *emporia*. Il convient donc, pour saisir le fonctionnement de ces derniers, d'emboîter les différentes échelles (locale, régionale, suprarégionale) et de voir comment, tout en entretenant d'intenses relations avec leurs hinterlands terrestres, ces ports étaient, par delà les mers, étroitement reliés entre eux, mais aussi à d'autres sites, contribuant à tisser une toile d'échanges d'une rive à l'autre des mers nordiques. Nœuds étroitement connectés entre eux, ces ports peuvent donc aussi être étudiés en termes d'interconnexion, notion qui implique au minimum deux réseaux, qui se combinent, s'interpénètrent. Elle permet donc de s'intéresser à l'articulation de différents réseaux, en général hétérogènes – parce qu'ils reposent sur des acteurs ou des modes de transport différents, ou parce qu'ils fonctionnent à des échelles différentes –, tout en prenant un peu de hauteur, afin de resituer ces ports dans la perspective d'une histoire globale.

1. Connexions

Depuis Sciringes healh [Kaupang] Ohthere dit qu'il gagna à la voile en cinq jours le port appelé [Hedeby] [1].

Le développement des *emporia* suit l'installation de nouvelles populations, à la fin des mouvements migratoires maritimes dans la mer du Nord et la Manche, des populations qui partagent « les mêmes horizons culturels le long des côtes maritimes nordiques », faisant émerger des « paysages culturels maritimes » [2]. Quentovic sert ainsi de trait d'union entre les mondes franc et anglo-saxon, Dorestad et Hedeby entre les mondes franc, anglo-saxon, slave et scandinave, tandis que Birka et Kaupang mettent en relation le Nord avec l'Occident, mais aussi l'Orient. En voyageant de Kaupang vers Hedeby, Ohthere est l'un des premiers témoins de ces réseaux maritimes ; et les pérégrinations de saint Ansgar permettent également de retracer un réseau, constitué des différents lieux qu'il a pu visiter, de Rome à Birka, en passant par Dorestad, Hambourg... Dans le schéma qu'il établit de ces voyages, Søren M. Sindbæk souligne la position centrale de Dorestad, au plan géographique mais aussi dans le réseau d'Ansgar ; quant au Danemark et à Birka, en dépit de leur position géographique marginale, ils occupent également une place essentielle dans le réseau du saint voyageur [3]. La vaste diffusion des pierres runiques mentionnant Hedeby semble également confirmer l'existence de liens entre ces différentes régions : présentes autour de la Schlei (*Erikstein* ou DR1 et *Skarthistein* ou DR3 [4]), elles ont aussi été retrouvées plus loin, à Aarhus (DR63 [5]), et jusqu'en Suède (Sö16 [6] et U1048 [7]). Les deux pierres découvertes en Suède, à Kattnäs et Björkinge, pour éloignées qu'elles soient de l'*emporium* de la Schlei (à quelques sept cents kilomètres à vol d'oiseau), ne sont pas moins situées dans une région bien particulière, au sud du lac Mälar, ce qui pourrait

---

1 Ohthere, dans « Ohthere's report... », texte cit., p. 47.
2 S. Lebecq, « The new *wiks* or *emporia*... », art. cit., p. 16-17 ; C. Westerdahl, « The maritime cultural landscape », art. cit.
3 S. M. Sindbæk, « The Small World... », art. cit.
4 Citées n. 73, p. 204. Voir la Carte 18 en Annexe 1.
5 Datée de 970-1020, elle est très mutilée, mais il est question d'un personnage « mort à Hedeby » (http://runer.ku.dk/VisGenstand.aspx?Titel=%C3%85rhus-sten_1 et http://abdn.ac.uk/skaldic/db.php?if=srdb&table=mss&id=18888).
6 « ... il mourut... Hedeby... » (http://abdn.ac.uk/skaldic/db.php?if=srdb&table=mss&id=15959).
7 « Gillaug fit graver cette pierre en mémoire de Jǫrundr, son fils ; il mourut à Hedeby » (http://abdn.ac.uk/skaldic/db.php?if=srdb&table=mss&id=17856). Voir la Carte 21 en Annexe 1.

indiquer l'existence de liens entre la région de la Schlei et celle de ce lac, abritant toutes deux un *emporium* important, respectivement Hedeby et Birka, ou leurs successeurs, Schleswig et Sigtuna.

1.1 Des « vecteurs d'échange et de communication »

1.1.1. Des sites connectés entre eux...

Nœuds dans les réseaux de communication, les *emporia*, bien qu'assez éloignés les uns des autres, semblent donc avoir été en lien étroit par delà les mers, directement ou indirectement, comme l'a montré notamment la diffusion des monnaies. Birka n'a peut-être pas échangé directement avec Hamwic, mais les deux sont en contact avec Dorestad et Hedeby qui, forts de leur situation géographique, jouent le rôle de plaques-tournantes, faisant le lien entre Est et Ouest, entre mer du Nord et Baltique. Depuis le delta du Rhin, les routes maritimes mènent en Angleterre ; et au-delà, de l'autre côté de la mer d'Irlande, se trouve le port de Dublin, qui prospère au Xe siècle, comme les autres ports donnant sur cette mer (Chester, Bristol...). La mer crée des liens culturels et les *wics* jouent le rôle de points de rencontre, d'échange, de mélange, de diffusion, de circulation, aboutissant à la constitution d'un réseau qui relie les différentes rives des mers septentrionales, couvrant le nord du monde franc (avec Quentovic, Dorestad et, dans une moindre mesure, Rouen), le monde anglo-saxon (avec Hamwic, Gipeswic et Eoforwic) et l'Irlande (avec Dublin[8]), ainsi que le sud du monde scandinave (avec Hedeby, Ribe, Birka et Kaupang, mais aussi Aarhus et Åhus) et le monde slave (avec Truso, Menzlin, Wolin, et même jusqu'à Staraya Ladoga)[9]. Ces sites présentent tous des similitudes assez frappantes, tant dans leur structure qu'en ce qui concerne les objets que l'on a pu y retrouver (*sceattas*, céramiques et basalte rhénans, stéatite et pierres à aiguiser norvégiennes, verre et bijoux occidentaux...) ou leurs activités artisanales (travail du métal, du verre, de l'ambre, du bois de cervidés...). Le découpage de leur partie centrale en parcelles organisées de part et d'autre de rues parallèles ou perpendiculaires au rivage et aux jetées pourrait aller dans le sens d'un modèle qui aurait essaimé le long des rives des mers nordiques[10]. Les comptoirs commerciaux fondés par les Scandinaves à partir du IXe siècle au départ des voies commerciales implantées sur les grands fleuves de l'actuelle Russie (Volga, Dvina, Dniepr...) ne sont ainsi pas sans similitudes avec les *emporia* nordiques, dont la structure n'était

---

8 P. F. Wallace, « The archaeology... », art. cit.

9 Voir la Carte 2 en Annexe 1.

10 Claus Feveile va même jusqu'à en faire un argument en faveur de la thèse de la fondation frisonne de Ribe, un tel schéma étant sans équivalent pour le Danemark de cette époque (C. Feveile, « Ribe. *Emporium* and town in the 8th and 9th centuries », dans A. Willemsen et H. Kik (dir.), *Dorestad...*, *op. cit.*, p. 143-148).

déjà pas sans rappeler celle des ports francs : l'essor de Menzlin, Reric, Truso, Wolin doit probablement beaucoup au dynamisme des marchands scandinaves[11] ; et Ibn Fadlân, nous présente les Rous implantés le long de la Volga comme des commerçants déployant leurs activités à partir du réseau fluvial de l'actuelle Russie, jusqu'à la mer Caspienne et Constantinople, en prenant appui sur des sites comme Novgorod et Staraya Ladoga[12]. La coïncidence de certains phénomènes d'une rive à l'autre des mers nordiques est également frappante : l'apparition de bois de renne, de perles de verre du Moyen Orient, de céramiques franques à Ribe dans le dernier quart du VIIIe siècle est par exemple contemporaine de l'essor du monnayage de Dorestad, probable « site-clé dans le réseau de Ribe »[13]. Le déclin de l'*emporium* jutlandais semble par ailleurs correspondre à la période qui voit le développement de Kaupang et Hedeby, qui transforme les réseaux de communication des mers nordiques. De même, l'affaiblissement du point nodal frison au cours de la seconde moitié du IXe siècle a probablement eu des répercussions sur les autres nœuds, contribuant à désorganiser, ou plutôt réorganiser l'ensemble du réseau : les flux économiques sont captés par de nouveaux sites et les réseaux du grand commerce européen se redessinent. Les fonctions institutionnelles de Dorestad sont par exemple transférées aux deux ports voisins, Tiel et Deventer* ; et Cologne hérite de ses fonctions suprarégionales, « constituant le maillon rhénan du nouveau système de communication mis en place aux XIe-XIIe siècles par une Hanse balbutiante »[14].

Autant de convergences qui, en dépit d'un certain nombre de décalages chronologiques entre *wics* continentaux, anglo-saxons, scandinaves, slaves et même irlandais, incitent à resituer l'histoire de ces ports dans un contexte plus global et à les étudier en lien les uns avec les autres. Les comparaisons opérées n'ont ainsi pas vocation à montrer que tous ces sites étaient strictement similaires, mais plutôt qu'ils étaient connectés : plus de 2 000 kilomètres séparent Hamwic à l'ouest de Staraya Ladoga ou de Birka plus à l'est, mais tous trois présentent pourtant des similitudes frappantes, suggérant que, d'une façon ou d'une autre, directement ou indirectement, ces ports ont pu être en contact. Les *emporia* jouent par conséquent un rôle essentiel dans la diffusion des hommes et des marchandises, mais également, par leur biais, dans celle des idées et des valeurs, notamment le christianisme en Scandinavie, ainsi que des savoir-faire – en particulier pour des activités artisanales très spécifiques, comme la fabrication de peignes. Ces échanges font ainsi ressortir le « pouvoir structurant » des circulations[15], qui ont largement

11 M. Bogucki, « Viking Age ports of trade in Poland », art. cit. ; S. M. Sindbæk, « Scandinavian Settlement South of the Baltic Sea », dans P. Bauduin et A. E. Musin (dir.), *Vers l'Orient et vers l'Occident...*, *op. cit.*, p. 167-176.
12 Ibn Fadlân, *Voyage chez les Bulgares...*, *op. cit.*, note n° 256, p. 118-119.
13 S. P. Ashby, A. N. Coutu et S. M. Sindbæk, « Urban Networks... », art. cit., p. 692-693.
14 S. Lebecq, « L'homme, la mer... », art. cit., p. 81.
15 P.-Y. Saunier, « Circulations... », art. cit., p. 115.

contribué à façonner ces sites commerciaux (dans leur forme, leur organisation, leurs activités) et à faire émerger des communautés portuaires.

1.1.2. ... et au cœur des circuits commerciaux

Pour la première fois, des objets similaires sont fabriqués sur de vastes aires, en s'adressant à une clientèle assez large : les broches ovales scandinaves, retrouvées notamment à Ribe, Hedeby, Kaupang, Birka, sont un de ces objets-types, produit en série à partir de moules en argile et nécessitant à la fois des matières premières assez spécifiques et un grand savoir-faire ; autant de raisons qui expliquent que leur fabrication initiale se soit essentiellement développée dans les sites urbains[16]. La forte ressemblance des exemplaires découverts à Ribe et Kaupang ne permet pas d'affirmer que celles de Kaupang étaient fabriquées à Ribe, mais cela plaide en faveur de liens entre ces deux *emporia*. De même, les grandes quantités de céramiques rhénanes de bonne qualité découvertes dans le Nord indiquent l'existence de liens entre la Scandinavie et la Frise, et peut-être plus précisément entre Birka, Kaupang, Ribe, Hedeby d'une part, et Dorestad d'autre part. Le *wic* frison a ainsi pu jouer un rôle déterminant dans la diffusion de ces céramiques, ainsi que dans celle des meules en basalte de l'Eifel, retrouvées dans le sud et l'est de l'Angleterre, aux Pays-Bas, en Allemagne du Nord, au Danemark[17]. Même à Kaupang, qui montre pourtant une diversité moins grande de céramiques d'importation, plusieurs tessons d'origine continentale ont été découverts[18], ainsi que trois fragments de basalte rhénan, qui soulignent que l'aire de diffusion de la roche de l'Eifel était encore plus étendue que l'on a longtemps pu le penser[19]. L'étude de la répartition des monnaies confirme la place centrale qu'occupait Dorestad dans ces circuits commerciaux. Plusieurs ensembles de sites et d'artefacts, plus ou moins fortement connectés entre eux par des « schémas d'affinités culturelles », semblent ainsi s'esquisser[20]. Ce qui pouvait jusque-là apparaître comme un mode de dispersion assez aléatoire ressort désormais, grâce à l'analyse statistique et à des représentations visuelles, associées à l'analyse des réseaux, comme un réseau interconnecté reflétant le rôle particulier assumé par certains nœuds et faisant ressortir des logiques de diffusion qui restaient largement cachées auparavant, en somme la « colonne vertébrale » des réseaux de communication du premier Moyen Âge[21].

---

16 S. M. Sindbæk, « Urban Crafts... », art. cit, p. 409.
17 J. Parkhouse, « The Dorestad Quernstones », dans *Berichten van de Rijksdienst voor het Oudheidkundig Bodemonderzoek*, 26, 1976, p. 181-188, ici p. 186. Voir la Carte 7 en Annexe 1.
18 L. Pilø, « The Pottery », dans D. Skre (dir.), *Things..., op. cit.*, p. 281-304.
19 S. M. Sindbæk, « Networks... », art. cit., p. 124.
20 *Id.*, « Broken Links... », art. cit., p. 74.
21 *Ibid.*, p. 88.

Les objets ne sont toutefois pas les seuls à circuler : techniques et savoir-faire peuvent également s'échanger, parfois sur des distances importantes. Certaines activités artisanales, telles que la fabrication de peignes ou de perles de verre, re-quièrent en effet, outre la matière première, des compétences pratiques assez spé-cifiques, qui passent par la circulation des personnes. Les techniques employées par les artisans qui fabriquaient des perles à Ribe se sont ainsi révélées similaires à celles qu'utilisaient ceux d'Åhus en Suède[22]. Dans les faits, il est souvent très malaisé de distinguer nettement circulation des marchandises et circulation des savoir-faire, les deux étant étroitement liées : l'immatériel transite par des vec-teurs très matériels. L'adoption de nouvelles pratiques et techniques peut ainsi permettre de suivre les liens entre sites ou régions, les *emporia* jouant ici le rôle de « vecteurs d'échange et de communication »[23]. La grande uniformité des peignes de l'époque viking à travers de vastes régions est ainsi assez frappante : de Staraya Ladoga à l'est à Dublin à l'ouest, ils sont très similaires en termes de taille et de décoration[24]. Fabriqués essentiellement dans les *wics*, par des artisans possédant un savoir-faire spécifique, ils semblent confirmer l'existence de contacts étroits entre ces différents centres. Les nombreux peignes et fragments découverts à Ribe lors des fouilles menées dans les années 1970 et qui paraissent dater de la seconde moitié du VIIIe siècle et du début du IXe ont des parallèles dans toutes les direc-tions, notamment en Frise et dans la région de la Baltique, où Birka a visiblement été un autre centre important de production de tabletterie et où certains peignes font aussi penser à des modèles connus pour la Frise et plus généralement l'Europe du Nord[25]. Des fragments de peignes ont également été mis au jour à Hamwic et à Winchester, à Lundenwic, Gipeswic, Eoforwic, La Calotterie (avec des parallèles notamment à Elisenhof, dans le nord de l'Allemagne), à Staraya Ladoga, Menzlin, Wolin... Le site de Dorestad n'a quant à lui livré que peu de peignes et de traces du travail de l'os, de la corne et du bois de cervidés, semblant rester quelque peu en marge de ce « réseau des peignes ». Cela tient peut-être au statut particulier de cet *emporium*, plaque-tournante du commerce en Europe du Nord-Ouest, trait d'union entre Manche et mer du Nord, entre monde anglo-saxon, Continent et Scandinavie : Dorestad a ainsi pu servir davantage de site de transbordement, pour le transfert de marchandises vers la Scandinavie ou l'Angleterre, que de site de pro-duction. Sa force tenait avant tout à sa situation et aux importantes infrastructures portuaires qu'il accueillait, lui permettant de jouer le rôle de point centralisant les

---

22 T. Sode, « Glass Bead Making Technology », dans M. Bencard, A. K. Rasmussen et H. B. Madsen (dir.), *Ribe excavations 1970-76*, vol. 5, Højbjerg, 2004, p. 83-102.

23 S. M. Sindbæk, « Urban Crafts... », art. cit, p. 409.

24 K. Ambrosiani, *Viking Age combs...*, *op. cit.*, Fig. 19, p. 48.

25 *Ibid.*, p. 91-164 et p. 57-90 ; S. P. Ashby, « An Atlas of Medieval Combs from Northern Europe », dans *Internet Archaeology*, 30, 2011, en ligne : http://dx.doi.org/10.11141/ia.30.3 (consulté en avril 2014).

céramiques fabriquées dans l'arrière-pays rhénan, les pierres de meule de l'Eifel, ou encore les bijoux et armes des ateliers carolingiens, autant d'artefacts ensuite diffusés, à partir de ce port, assez largement dans le nord de l'Europe.

L'exemple des peignes illustre bien la circulation des artisans et des savoir-faire, permettant l'émergence de motifs et formes pan-scandinaves, voire pan-européens, tels que les types 5 (« plan-convexe long ») et 6 (« plan-convexe court ») de la typologie établie par Steve P. Ashby et que l'on retrouve aussi bien à Lundenwic et Eoforwic, dans les Îles Orkney, à Dublin, qu'à Elisenhof, Hedeby, Ribe, Aarhus, Birka, ou encore Staraya Ladoga, Wolin[26]. La large diffusion de ces modèles, couvrant les mondes franc, anglo-saxon, scandinave et slave, met ainsi en lumière les réseaux de voyageurs et de commerce, ainsi que les différentes formes de communication et d'innovation à l'œuvre sur les rives des mers nordiques à l'époque viking : les peignes peuvent apparaître, dans une certaine mesure, comme un moyen de communication, qui permet d'exprimer à la fois des affinités entre différents sites, par l'intermédiaire de modèles communs, mais aussi des formes d'identités régionales, exprimées par un certain nombre de nuances. Au-delà de grands traits communs, on peut en effet déceler des variations régionales et distinguer différents types[27] : les artisans déploient leur savoir-faire en différents lieux, l'adaptant probablement à chaque fois aux attentes et habitudes des populations locales. Les similitudes suprarégionales n'effacent pas par conséquent toute spécificité régionale, mettant en lumière la complexité du fonctionnement des *emporia*.

Au même titre que les pratiques alimentaires, les activités artisanales et les échanges à longue-distance contribuent à forger des modes de vie urbains et cosmopolites : dans ces ports marchands, à la fois lieux de rencontre, d'échange, d'adoption de pratiques étrangères, de brassage et de syncrétisme, flux et interactions représentent une composante importante du caractère « urbain »[28], participant activement à l'émergence d'une identité propre à ces lieux.

1.2 Des plaques tournantes du commerce des esclaves ?

Au sein des échanges transitant par les *wics* et contribuant à leur dynamisme, le commerce des esclaves a dû jouer un rôle important, bien qu'il demeure très

---

26 On peut visualiser la carte en ligne : http://intarch.ac.uk/journal/issue30/3/images/map48.html (consulté en avril 2014). Voir aussi le site *Artefacts* de l'université Lyon II : http://artefacts.mom.fr/en/result.php?id=PGN-5011&find=PGN&pagenum=1&affmode=vign ; http://artefacts.mom.fr/en/result.php?id=PGN-6002&find=Ashby%206&pagenum=1&affmode=vign (consulté en novembre 2016).

27 S. P. Ashby, « An Atlas of Medieval Combs from Northern Europe », art. cit. (n. 25, p. 304) ; *Id.*, « The Language of the Combmaker : interpreting complexity in Viking-Age Industry », dans J. Baron et B. Kufel-Diakowska (dir.), *Written in Bones. Studies on technological and social contexts of past faunal skeletal remain*, Wrocław, 2011, p. 9-23.

28 S. P. Ashby, A. N. Coutu et S. M. Sindbæk, « Urban Networks... », art. cit.

difficile à évaluer faute de sources écrites : avant le XIIIᵉ siècle, les textes ne font que suggérer un tel commerce, la plupart étant rédigés par des moines, qui ont souvent préféré passer ces aspects sous silence, l'éthique chrétienne étant hostile à l'esclavage[29]. Malgré tout, plusieurs lois, comme celle des Frisons, mise par écrit à la fin du VIIIᵉ siècle, attestent l'existence d'esclaves à l'époque carolingienne[30]. Bède le Vénérable mentionne quant à lui un marchand frison acheteur d'esclaves à Londres, à qui un comte du roi de Mercie vend, après la bataille de la Trent (678), un jeune aristocrate northumbrien[31] ; et lorsque Rimbert se rend à Hedeby, probablement dans les années 870 ou 880, frappé par la vue de chrétiens enchaînés, il fait sauter, par ses seules larmes et prières, la chaîne au cou d'une des prisonnières, qui se trouve être une religieuse (*sanctimonialis*), qu'il rachète ensuite aux païens – ou plutôt qu'il échange contre son cheval –, afin de lui rendre sa liberté, démontrant ainsi sa grande miséricorde[32]. L'ambassadeur du calife de Bagdad, Ibn Fadlân, évoque également le commerce d'esclaves pratiqué par un groupe de Rous le long de la Volga[33]. De tels échanges sont également quasiment invisibles pour l'archéologue : quelques fers ont été mis au jour dans certains *emporia*, notamment à Hedeby, dans le ventre de l'épave du navire n° 1, daté de 982, sans que cela soit suffisant pour en tirer la moindre conclusion, de tels objets ayant très bien pu servir aussi pour entraver un voleur, un faux-monnayeur ou un meurtrier[34]. Le recours plus fréquent aux analyses des isotopes du strontium, telles que celles menées sur 48 sépultures du cimetière de la forteresse de Trelleborg (dernier quart du Xᵉ siècle), devrait également per-mettre d'en savoir davantage sur l'origine des différents individus et groupes, et par conséquent sur la mobilité des populations, qu'il s'agisse de mercenaires – comme peut-être à Trelleborg, où les analyses menées sur les os et l'émail des dents indique-raient que plusieurs jeunes hommes avaient une origine norvégienne ou slave – ou d'esclaves[35]. On sait également que la vallée de la Meuse était un axe majeur pour le commerce des esclaves du VIIIᵉ au Xᵉ siècle et Verdun un marché important[36], et ce, en dépit des tentatives, dès Charlemagne, pour interdire ce commerce et repous-ser ces marchés aux frontières du royaume[37]. Joachim Henning a d'ailleurs montré qu'après une baisse durant l'époque mérovingienne, le nombre de fers remonte sous

29 R. M. Karras, *Slavery...*, op. cit., p. 167-183 ; S. M. Sindbæk, « Trade and Exchange. Part 2... », art. cit. (n. 110, p. 120), p. 312.

30 *Lex Frisionum*, op. cit., notamment IV.

31 Bède le Vénérable, *HE*, lib. IV, c. 22.

32 *Vita Rimberti*, op. cit., c. 18.

33 Ibn Fadlân, *Voyage chez les Bulgares...*, op. cit., p. 73-74.

34 S. Kalmring, « Of Thieves... », art. cit.

35 T. D. Price *et al.*, « Who was in Harold Bluetooth's army ?... », art. cit.

36 C. Verlinden, « Traite et esclavage dans la vallée de la Meuse », dans *Mélanges Félix Rousseau. Études sur l'histoire du Pays mosan au Moyen Âge*, Bruxelles, 1958, p. 673-686.

37 Capitulaire de Herstal (779), dans *M.G.H., Capit.*, t. I, op. cit., n° 20, p. 46-51, ici art. 19, p. 51.

les Carolingiens, avant de baisser à nouveau à partir du XIᵉ siècle[38]. Certains signes indirects tendent également à confirmer la persistance de ces pratiques durant le premier Moyen Âge : l'augmentation de la taille de certaines fermes, en particulier au Danemark, et du nombre de bâtiments les composant aux alentours de 700 a inévitablement nécessité une importante force de travail, dépassant le cadre familial au sens strict[39] ; et certains toponymes, comme Trelleborg, le « château des esclaves », laissent peu de doutes sur la présence d'une population servile.

D'où venaient ces esclaves ? À qui étaient-ils destinés ? Quel était leur rôle et leur place dans la société ? Autant de questions auxquelles il reste difficile de répondre avec des sources aussi maigres. On sait malgré tout que les îles Britanniques étaient réputées au premier Moyen Âge pour être « un lieu de recrutement d'esclaves prisonniers de guerre », vendus plus au Sud, comme en témoigne par exemple la célèbre esclave anglo-saxonne, Bathilde, qui devient l'épouse de Clovis II[40]. La majorité des fers a d'ailleurs été découverte à l'extérieur de l'Empire carolingien, de l'Islande à l'Irlande, en passant par la Scandinavie et les contrées slaves, dans des territoires encore non christianisés, mais aussi en grande partie dans des sites commerciaux, tels que Dublin ou Hedeby[41]. Le commerce d'esclaves semble donc bien faire partie intégrante du renouveau commercial qui débute au VIIᵉ siècle dans la partie septentrionale de l'Europe : l'acheteur du jeune aristocrate northumbrien à Londres est aussi le premier marchand frison apparaissant dans les textes (vers 678), soulignant la probable importance des échanges d'esclaves étrangers dans le commerce frison[42]. À côté de l'ambre, des peaux et fourrures ou encore de l'ivoire de morse ramenés par les marchands frisons depuis le Nord vers le sud de l'Europe, les esclaves, achetés dans les îles Britanniques et en Scandinavie, devaient représenter une part importante des « marchandises »[43]. Alors que la demande en main-d'œuvre servile croît au cours de la seconde moitié du VIIIᵉ siècle en Méditerranée musulmane – avec la demande notamment du Califat de Bagdad et d'Al-Andalus –, les marchands d'esclaves, frisons mais aussi scandinaves, ont ainsi mis en relation l'Europe du Nord et le monde méditerranéen. Les vikings ont par ailleurs dû participer activement à ce commerce, en capturant au cours de leurs raids et en mettant sur le marché Francs, Anglo-Saxons, Irlandais[44], mais aussi très probablement d'autres Scandinaves, comme l'attestent

38 J. Henning, « Strong Rulers... », art. cit., Fig. 2.5, p. 46.
39 R. M. Karras, Slavery..., op. cit., p. 69-95 ; J.-P. Devroey et A. Nissen-Jaubert, « Family, income... », art. cit., p. 15.
40 F. Jouffret, « Le commerce d'esclaves dans les mers du Nord au haut Moyen Âge : un bilan historiographique », dans A. Gautier et S. Rossignol (dir.), De la mer du Nord..., op. cit., p. 91-104, ici p. 96.
41 J. Henning, « Strong Rulers... », art. cit., Fig. 2.3 et 2.4, p. 39.
42 Bède le Vénérable, HE, lib. IV, c. 22.
43 S. Lebecq, Marchands..., op. cit., vol. 1, p. 134-135 ; D. Pelteret, « Slave raiding and slave trading in early England », dans Anglo-Saxon England, 9, 1981, p. 99-114.
44 R. M. Karras, Slavery..., op. cit., p. 40-68.

certains passages de sagas : selon Snorri Sturluson, le roi norvégien Olaf Tryggvason (995-1000) aurait été capturé et réduit en esclavage par des vikings basés en Estonie lorsqu'il était enfant[45] ; et la plupart des saints partis en mission en Europe du Nord ont, selon leurs hagiographes, racheté des esclaves sur les marchés locaux : Ansgar rachète captifs et jeunes danois et slaves pour les éduquer dans la foi chrétienne et, un peu plus tard, Rimbert se livre également à de telles « transactions »[46].

Les transferts de monnaies entre le Proche-Orient et la Scandinavie, en passant par la Russie, peuvent également être liés au commerce d'esclaves, depuis la Baltique jusqu'en Orient, en particulier le long de la Volga, signe que cet axe représentait une importante route commerciale : les très nombreux dirhams découverts en Scandinavie sont peut-être directement liés à ce type d'échanges, bien que cela reste impossible à prouver. Les transferts d'esclaves, peut-être le « premier grand élan donné au développement de l'économie marchande européenne »[47], ont par conséquent dû représenter une part importante des échanges se tenant sur les marchés slaves : Staraya Ladoga a vraisemblablement joué un rôle central dans ce commerce, en bénéficiant d'une situation très favorable, sur la Volkhov, rivière insérée dans l'important ensemble commercial que constituait la route de la Volga, reliant la Baltique à la mer Noire et permettant de gagner Byzance et l'Orient arabe. Comme en Scandinavie, les *emporia* slaves ont dû accueillir de grands marchés d'esclaves. Ce commerce a ainsi contribué activement à tisser des réseaux d'échanges dans le nord de l'Europe et n'est par conséquent probablement pas sans liens avec l'essor rapide puis l'effacement de ces ports, dont le développement et le déclin suivent assez bien la courbe de l'évolution du nombre de fers découverts[48].

1.3 Des réseaux à géométrie variable

Au sein de ces réseaux commerciaux, les *wics* n'étaient toutefois pas tous strictement identiques, que l'on considère leur taille, leurs évolutions chronologiques ou leurs orientations économiques et commerciales. Ces ports paraissent dotés d'un degré de nodalité variable : Dorestad et Hedeby semblent se distinguer par un rôle plus nodal que les autres, en grande partie en raison de leur situation de carrefour – notion précisément au cœur de l'idée de « nodalité » –, à la jonction entre différents ensembles politico-culturels. Les activités de transbordement y occupaient probablement une part encore plus grande que dans les autres *emporia*, à tel point

---

45 Snorri Sturluson, « Óláfs saga Tryggvasonar », dans *Hkr.*, vol. I, *op. cit.*, p. 225-372, c. 6-7.

46 Rimbert, *VA*, c. 15 ; *Vita Rimberti*, *op. cit.*, c. 17.

47 M. McCormick, *Origins…*, *op. cit.*, p. 758 et 768.

48 J. Henning, « Strong Rulers… », art. cit., p. 49.

que les fonctions de production ont pu être, en proportion, relativement limitées à Dorestad, « plaque tournante du commerce de l'Europe du Nord-Ouest »[49].

Par ailleurs, dans un même réseau, certaines marchandises ont pu connaître une diffusion plus restreinte que d'autres, mettant ainsi en lumière des phénomènes d'évitement et de concurrence, mais aussi de possibles liens privilégiés entre certaines régions. La diffusion des schistes cristallins norvégiens (*Glimmerschiefer*), extraits dans la région de Hyllestad, dans la partie ouest de la Norvège, contraste ainsi avec la vaste distribution du basalte rhénan, de l'Angleterre au Jutland : 99 % des fragments de meules retrouvés à Hedeby sont en basalte et seulement 1 % en *Glimmerschiefer*[50], tandis que la Norvège, la Suède et même, dans une moindre mesure, le nord du Danemark sont le domaine de ces solides schistes, fournissant de bonnes pierres de meule. En la matière, les différents *emporia* européens semblent donc s'inscrire dans deux réseaux différents, qui ne se recoupent qu'assez peu[51] – même si trois fragments de basalte ont été retrouvés à Kaupang en 2000-2003. De même, les céramiques d'importation découvertes à Hamwic semblent provenir davantage du nord de la Gaule que de la région rhénane : les pâtes noires sont peut-être originaires des Ardennes, les grises de la région de Quentovic, les pots à fond plat de Normandie ou de la basse vallée de la Loire, les céramiques peintes en rouge du Beauvaisis ; le Bassin parisien et l'est de la Gaule ont également pu produire certaines de ces céramiques ; tandis que seuls quelques fragments de Tating proviennent vraisemblablement de la région rhénane. Un tel assemblage est très différent de ceux que l'on peut observer à Dorestad ou Hedeby, où les récipients d'origine rhénane prédominent largement. Cela ne signifie pas que Hamwic n'entretenait aucun lien avec cette région et l'*emporium* frison – verre et pierres de meule confirment que de tels échanges existaient –, mais cela tendrait à indiquer qu'il y avait alors différents circuits de commercialisation des céramiques. La diffusion des récipients en stéatite norvégienne pourrait d'ailleurs être le signe de liens privilégiés entre Kaupang et Hedeby, la composition de la roche retrouvée sur les deux sites étant semblable[52] : cela confirmerait à la fois le récit d'Ohthere, se rendant de Kaupang à Hedeby, et ici encore l'existence de plusieurs réseaux commerciaux. L'étude de la diffusion contrastée de certains artefacts permet ainsi de faire ressortir des « schémas d'affinité culturelle », soulignant l'existence de relations privilégiées entre certaines régions[53].

49 W. A. van Es et W. J. H. Verwers, « L'archéologie de Dorestad », art. cit. (n. 73, p. 77), p. 326.

50 V. Schön, *Mühlsteine von Haithabu und Schleswig* (*Ausgrabungen in Haithabu*, 31), Neumünster, 1995, p. 12.

51 P. Carelli et P. Kresten, « Give us this day our daily bread… », art. cit., p. 124-125.

52 I. Baug, « Soapstone Finds », dans D. Skre (dir.), *Things…*, *op. cit.*, p. 311-337.

53 S. M. Sindbæk, « Broken Links… », art. cit., p. 74.

2. Les « articulateurs » des réseaux

> *[Le roi et ses navires] mouillèrent fort longtemps dans les Sóleyjar et y apprirent de marchands les nouvelles du nord du pays*[54].

2.1 Le « petit monde » des voyageurs au premier Moyen Âge

Marchands, artisans itinérants et autres voyageurs (diplomates, missionnaires…), par leurs déplacements et leurs échanges, créent des liens entre différents groupes ou régions, mettant ainsi en relation plusieurs cercles (à la fois de personnes et de marchandises). En effet, tout voyageur connaît généralement bien son univers proche, le cercle dans lequel il s'insère : ce qui se trouve au-delà de ce premier cercle lui est déjà moins familier et il ignore presque tout de ce qui peut se situer dans un troisième cercle, voire un quatrième ou un cinquième. Le chevauchement de ces cercles et les points de rencontre situés sur ces zones de chevauchement permettent de mettre en relation, indirectement, les cercles les plus éloignés : la communication entre deux cercles qui ne sont pas directement reliés passe donc par l'intermédiaire d' « articulateurs ». Dans ce « petit monde » que constitue le bassin des mers nordiques (et même au-delà), un voyageur, un marchand, un artisan ou même un paysan peut être relié à un autre par une courte chaîne de relations sociales[55]. En somme, pas de réseaux sans personnes, supports matériels indispensables des réseaux commerciaux.

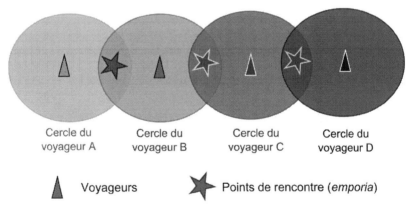

Cercle du voyageur A   Cercle du voyageur B   Cercle du voyageur C   Cercle du voyageur D

▲ Voyageurs   ★ Points de rencontre (*emporia*)

Fig. 5. Le « petit monde » des voyageurs au premier Moyen Âge

---

54 Snorri Sturluson, « Ólafs Saga Helga », dans *Hkr*, vol. II, *op. cit.*, p. 3-415, c. 174.
55 Le « phénomène du petit monde » (ou « paradoxe de Milgram ») développe l'idée selon laquelle chaque individu peut être relié à n'importe quel autre par une courte chaîne de relations sociales (six en moyenne) (S. Milgram, « The Small World Problem », dans *Psychology Today*, 61, 1967, p. 62-67).

Le missionnaire Ansgar, en se rendant à Dorestad et à Birka, contribue par exemple à mettre en place des liens entre ces deux ports, de même que ses successeurs, comme le prêtre Ragenbert, qui, pour gagner Birka, passe par Hedeby, où il trouve la mort[56], sans oublier Ohthere, qui se rend de Kaupang à Hedeby. Les ambassadeurs, souvent choisis parmi les hommes de Dieu, ont également servi de traits d'union entre les différentes rives des mers nordiques : Gervold, abbé de Fontenelle, puis Grippo sont ainsi chargés par Charlemagne et Charles le Chauve de missions diplomatiques auprès de souverains anglo-saxons[57]. Ce rôle de « connecteur » assumé par les diplomates pouvait s'exercer à une échelle bien plus vaste, comme en témoigne l'exemple de l'envoyé du calife de Bagdad, Ibn Fadlân, qui assure le lien entre la région méditerranéenne et l'Europe centrale, en parcourant les quelques 3 000 kilomètres les séparant[58], le juif espagnol Ibrâhîm ibn Ya'qûb al-Turtushi, qui a notamment visité Rouen chez les Francs, Utrecht en Frise et Hedeby en Scandinavie[59], ou encore le diplomate byzantin Théodose (*Theodosios Baboutzikos*). Ce dernier, parti de Constantinople vers 840 à la demande de l'empereur Théophile (829-842), se rend à Venise auprès du doge Pietro Tradonico (836-864) et à Trèves auprès de l'empereur Lothaire (840-855), afin de conclure des alliances pour faire face à la menace musulmane en Méditerranée. Théodose a alors peut-être profité de sa présence en Occident pour envoyer des lettres vers le Nord : trois sceaux portant son nom ont été retrouvés à Ribe, Tissø et Hedeby, à plus de 2 500 kilomètres de Constantinople[60]. Les destinataires de ces missives restent incertains : peut-être le roi Horic (813-854) et/ou certains chefs danois – dont celui qui avait établi sa résidence à Tissø ? Quoi qu'il en soit, la présence de deux de ces sceaux dans des *emporia* souligne le rôle que ces ports pouvaient jouer, sans être des sites politiques majeurs, dans les réseaux diplomatiques de l'époque, par delà les mers, parfois sur des milliers de kilomètres, témoignant des liens qui ont pu exister entre le Nord et Constantinople.

Marchands et artisans itinérants participaient quant à eux pleinement à la diffusion des marchandises, idées et savoir-faire, tout en mettant en relation les *wics* par delà les mers. L'uniformité des peignes de l'époque viking à travers de vastes régions pourrait ainsi suggérer que ces objets étaient fabriqués par des spécialistes se déplaçant de marché en marché, mais pas nécessairement à travers toute l'Europe : les tabletiers ont pu être plusieurs à travailler dans de petites régions, qui se chevauchaient les unes les autres, ce qui permettait la vaste diffusion des

---

56 Rimbert, *VA*, c. 24 et 33.

57 *Chronique des abbés de Fontenelle...*, *op. cit.*, lib. XII, c. 2, p. 136-139 ; *Miracula sancti Wandregisili*, *op. cit.*, c. 15, p. 408.

58 Ibn Fadlân, *Voyage chez les Bulgares...*, *op. cit.*

59 Ibrâhîm ibn Ya'qûb al-Turtushi, dans A. Miquel, « L'Europe occidentale... », art. cit.

60 J. Shepard et J.-C. Cheynet, « Theodosios' voyages », dans S. M. Sindbæk et A. Trakadas (dir.), *The World...*, *op. cit.*, p. 68-73.

techniques et matériaux, les artisans échangeant leurs idées, outils et savoir-faire lorsqu'ils se rencontraient dans les *emporia*[61]. En la matière, Hedeby semble avoir occupé une position centrale dans ce réseau tissé par les tabletiers entre les différentes rives des mers du Nord et de la Baltique, servant probablement de point nodal, à partir duquel ces artisans rayonnaient ensuite largement[62]. Les techniques et matériaux employés pour la fabrication des perles de verre semblent également assez similaires à travers les différents *wics*, ce qui peut indiquer que cette production aussi était assurée par un petit groupe de verriers itinérants[63]. Les perles mises au jour à Ribe ressemblent en effet beaucoup à celles découvertes à Åhus en Scanie et dans de nombreux autres sites du VIIIᵉ siècle du sud de la Scandinavie : soit les mêmes artisans – dont l'origine reste très incertaine – opéraient sur ces deux lieux, soit il s'agissait de verriers différents, mais travaillant selon les mêmes traditions ; dans les deux cas, cela indique des liens assez étroits entre ces sites[64].

Ces articulateurs, tout en reliant des individus appartenant à des cercles différents, relèvent cependant eux-mêmes d'un cercle qui leur est propre, ce qui en fait, en un sens, des « étrangers » partout et en permanence, et cela quelle que soit leur origine : l'extranéité fait partie intégrante de leur statut. Ils peuvent s'intégrer dans la communauté, mais sans jamais y appartenir de la même façon que celui qui en est issu : à la fois « étrangers » et « cosmopolites », ils viennent toujours d'ailleurs, introduisant produits et savoir-faire qui ne se trouvent pas dans le cercle qu'ils intègrent et entretenant des contacts en-dehors de celui-ci[65]. C'est cette position marginale par rapport à une communauté qui leur permet d'occuper une place centrale dans les réseaux d'échanges, en assurant des fonctions d'intermédiaires, extérieurs aux hiérarchies locales. Grâce à cela, ils peuvent faire le lien entre les différents groupes sociaux et échelles : ils n'appartiennent ni au groupe des travailleurs de la terre, ni à celui des élites politiques, mais les mettent en relation. Avant même l'apparition des guildes aux XIᵉ et XIIᵉ siècles, la figure du marchand (ou de l'artisan itinérant) s'affirme ainsi, dans un monde urbain balbutiant, avec ses propres règles et un mode de vie distinct de celui des sites de l'arrière-pays, formant de nouvelles communautés, marquées par leur dimension portuaire et cosmopolite.

Tous ces voyageurs, si grand que soit leur esprit d'aventure, ne s'élançaient toutefois pas à l'aveuglette sur les mers, mais optaient pour des trajets réputés

61 K. Ambrosiani, *Viking Age combs...*, *op. cit.*, p. 91-164.
62 *Ibid.*, p. 49.
63 J. Callmer, *Trade beads...*, *op. cit.* ; *Id.*, « Beads as a criterion of shifting trade and exchange connections », dans *Studien zur Sachsenforschung*, 7, 1991, p. 25-38.
64 T. Sode et J. H. Andersen, « The Glass Bead Material », dans M. Bencard et H. B. Madsen (dir.), *Ribe excavations 1970-76*, vol. 6, Højbjerg, 2010, p. 17-128.
65 C. Meillassoux (dir.), *L'évolution du commerce africain depuis le xixe siècle en Afrique de l'Ouest / The Development of indigenous trade and markets in West Africa*, Londres, 1971, p. 31.

relativement sûrs. Ils se rendaient dans des sites qu'ils connaissaient ou dont ils avaient entendu parler, où ils savaient pouvoir trouver à la fois infrastructures et protection, ainsi éventuellement que des compatriotes lorsqu'une communauté était déjà implantée sur place, comme cela semble avoir été le cas des marchands frisons dans de nombreux *emporia*. Marchands, missionnaires, diplomates sont ainsi à l'origine d'un phénomène de « routinisation » : ils n'empruntaient pas n'importe quelles routes et celles-ci ne reliaient pas n'importe quels points, les échanges à longue-distance se déroulant dans des endroits spécifiques, des « points nodaux »[66], où ils n'hésitent pas à s'établir, parfois durablement, jusqu'à y fonder un « foyer »[67].

Au cœur du fonctionnement de ces ports marchands cosmopolites, se trouverait ainsi une « diaspora commerçante », définie comme « un réseau de communautés dispersées mais avec d'étroites interrelations sociales »[68] et composée de marchands et artisans frisons, francs, anglo-saxons, scandinaves, slaves, tissant un réseau qui reliait entre elles les rives des mers nordiques et assurant ainsi les échanges entre différentes aires culturelles, contribuant en cela à expliquer l'organisation du commerce dans les *emporia*, du moins à leurs débuts – plus que ne le ferait la volonté d'un pouvoir royal. La position marginale de ces acteurs commerciaux leur permet de créer ce lien, tout en préservant une identité culturelle distincte de celle des populations locales.

2.2 Les Frisons, « connecteurs » des mers nordiques ?

Nous avons voyagé pour rencontrer les courageux Frisons, et avons échangé le butin de la guerre[69].

Parmi cette « diaspora commerçante », un groupe semble se détacher, se caractérisant par son extrême mobilité et sa grande dispersion à travers toute l'Europe du Nord-Ouest : les marchands « frisons ». Après avoir vu des Frisons partout et leur avoir accordé une place décisive dans l'essor des échanges, en faisant par exemple de Birka une colonie frisonne[70], certains chercheurs ont toutefois dénoncé, à partir des années 1960, cette « théorie frisonne », de façon

---

66 S. M. Sindbæk, *Ruter...*, *op. cit.* ; *Id.*, « Routes and long-distance traffic... », art. cit.

67 ... *quaerentes [...] sedem sibimet, [...] laremque...* (Alcuin, « Versus de patribus regibus... », poème cité (n. 1, p. 11), v. 36-37).

68 A. Haour, « To the Other Shore : West African trade centre and the wics », dans S. Gelichi et R. Hodges (dir.), *From one sea...*, *op. cit.*, p. 441-456.

69 R. I. Page, *Runes*, *op. cit.*, p. 48 ; J. Jesch, « The Senja Neck-Ring and Viking Activity in the Eleventh Century », dans L. Elmevik et L. Peterson (dir.), *Blandade runstudier*, vol. 2, Uppsala, 1997, p. 7-12.

70 D. Jellema, « Frisian Trade in the Dark Ages », dans *Speculum*, 30 (1), 1955 (janvier), p. 15-36.

parfois très radicale[71], avant que Stéphane Lebecq ne la nuance, en précisant que *Frisiones* a pu devenir synonyme de « marchand au long cours », désignant en cela l'archétype du navigateur, sans renvoyer forcément à un caractère ethnique ou géographique[72]. Ce terme engloberait donc les marchands originaires de Frise, mais également des Scandinaves, des Anglo-Saxons, des Francs, voire des Slaves. Les récentes fouilles ont relancé le débat, en particulier à propos de Kaupang, dont une partie des habitants est probablement d'origine frisonne, et surtout de Ribe[73]. Les Frisons, plus que tout autre groupe peut-être, auraient ainsi assuré la mise en relation des différents *emporia* : dotés de larges réseaux de contacts et de connaissances, ils servent de points de convergence, d'intermédiaires entre d'autres individus ou groupes faiblement reliés entre eux. Les Frisons occuperaient ainsi une position centrale au cœur du réseau des marchands, dont l'inscription runique sur un collier en argent du IXᵉ siècle découvert à Stenja (dans le nord de la Norvège) pourrait témoigner[74] : si le « nous » mentionné sur ce bijou reste assez énigmatique, il paraît évident que, pour les contemporains, les Frisons étaient des agents commerciaux essentiels, tant pour se procurer des marchandises continentales que pour écouler les productions nordiques mais aussi le butin fait lors de raids. La plupart des sites funéraires en lien avec des *wics* ont également livré des tombes reflétant la présence très probable de marchands frisons dans la région, qu'il s'agisse de la nécropole du lieu-dit « La Fontaine aux Linottes », non loin de Quentovic, ou du cimetière de *St Mary's Stadium* pour Hamwic[75]. Implantés également à Lundenwic[76], ces marchands n'hésitaient pas à s'éloigner des côtes pour s'enfoncer à l'intérieur des terres, jusqu'aux foires de Saint-Denis par exemple[77].

Cette « diaspora commerçante » frisonne, sans être nécessairement à l'origine de la fondation des *wics* sur les diverses rives des mers nordiques, a pu contribuer, en s'y implantant, à offrir un réseau de ports sûrs le long de ces côtes et être ainsi à

71 A. E. Christensen, « Birka uden Frisere », dans *Handels- of Søfartsmuseet på Kronborg. Arbog 1966*, Helsingør, 1966, p. 7-38.
72 S. Lebecq, *Marchands...*, *op. cit.*, vol. 1 ; *Id.*, « Dans l'Europe du Nord des VIIᵉ-IXᵉ siècles : commerce frison ou commerce franco-frison ? », dans *Id., Hommes...*, *op. cit.*, vol. 2, p. 273-289 ; H. H. Munske (dir.), *Handbuch des Friesischen / Handbook of Frisian studies*, Tübingen, 2001 ; J. Schneider, « L'ethnogenèse des Frisons », dans C. Mériaux et É. Santinelli-Foltz (dir.), *Un premier Moyen Âge...*, *op. cit.*, p. 749-759.
73 D. Skre, « The Inhabitants : Activities », dans *Id.* (dir.), *Things...*, *op. cit.*, p. 397-415 ; C. Feveile, « Ribe : *emporia* and town in the 8ᵗʰ and 9ᵗʰ century », dans S. Gelichi et R. Hodges (dir.), *From one sea...*, *op. cit.*, p. 111-122.
74 Il s'agit du texte cité en tête de ce paragraphe.
75 C. Scull, « Foreign identities... », art. cit. ; J. Soulat, « Le port de Taillebourg – Port d'Envaux et les contacts avec le Nord-Ouest de l'Europe », dans A. Dumont et J.-F. Mariotti (dir.), *Archéologie et histoire du fleuve Charente...*, *op. cit.*, p. 249-262.
76 Bède le Vénérable, *HE*, lib. IV, c. 22.
77 Privilège de Pépin le Bref en faveur de Saint-Denis (753), texte cit. (n. 26, p. 42).

l'origine de phénomènes de « routinisation ». Les Frisons participent donc activement à la mise en place de réseaux commerciaux, transportant sur des distances parfois très importantes des artefacts particulièrement reconnaissables – pour les vendre ou pour leur usage personnel –, telles que les céramiques rhénanes dites de Tating, très largement découvertes en Europe du Nord-Ouest : en Allemagne du Nord et en Rhénanie, mais aussi en Grande-Bretagne, en Scandinavie et jusqu'à Saint-Denis[78], en d'autres termes le long des grands itinéraires de commerce frisons autour des mers du Nord et de la Baltique. Les marchands qui acheminaient, depuis les monts de l'Eifel, les blocs de basalte destinés à fabriquer des meules étaient aussi, selon toute vraisemblance, en majorité frisons, du moins du temps du rayonnement de Dorestad, d'où partaient probablement aussi verre, céramiques, bijoux, vin et grain de la région du Rhin. Comme pour les céramiques rhénanes, mais aussi les *sceattas* frisons – qu'il s'agisse d'exemplaires frappés en Frise ou d'imitation de ces derniers –[79], c'est donc assez logiquement que l'on retrouve le basalte de l'Eifel le long des routes empruntées par les Frisons, de l'Angleterre au Jutland : à Dorestad, Domburg, Eoforwic, Lundenwic, Hamwic, ou encore à Hedeby et Ribe[80]. Parmi les marchandises transportées en grand nombre dans les cales des navires frisons se trouvaient probablement aussi les fameux *pallia fresonica* des sources écrites carolingiennes, que l'on retrouve peut-être à Ribe[81] et plus largement sur les rives de la mer du Nord : dans les régions frisonne et franque, en Angleterre et en Scandinavie méridionale. Ces tissus colorés, notamment mentionnés par Notker le Bègue, feraient partie des présents offerts par Charlemagne au roi de Perse, mais seraient également donnés par Louis le Pieux aux membres de sa maison royale d'un rang intermédiaire[82]. À la fois cadeaux diplomatiques et dons permettant de fidéliser ses gens, ces tissus étaient par conséquent un des instruments permettant de créer du lien social, à la fois entre égaux (l'empereur carolingien et le roi de Perse) et entre un seigneur et ses inférieurs. De tels objets, au même titre que les ambassadeurs – qui pouvaient d'ailleurs les emporter dans leurs bagages – et autres voyageurs, étaient donc un des supports des réseaux se tissant à travers les différentes parties du monde médiéval, autour des mers nordiques, mais également jusqu'en Méditerranée et au Proche-Orient.

En sillonnant les mers nordiques et en s'implantant, plus ou moins durablement dans tous les *emporia* situés sur leurs rives, ces « navigateurs accomplis » ont activement participé à mettre en place et à animer les réseaux commerciaux du

---

78 http://www.culture.gouv.fr/fr/arcnat/saint-denis/fr/vignet_fich8.htm (consulté en avril 2014).

79 S. M. Sindbæk, « Trade and Exchange. Part 2… », art. cit. (n. 110, p. 120), p. 310.

80 J. Parkhouse, « The Distribution… », art. cit., p. 97. Voir la Carte 7 en Annexe 1.

81 L. Bender Jørgensen, « Textiles and Textile Implements », dans M. Bencard, L. Bender Jørgensen et H. B. Madsen (dir.), *Ribe excavations 1970-76*, vol. 3, Esbjerg, 1991, p. 59-78, ici p. 75.

82 Notker le Bègue, *Gesta Karoli Magni, op. cit.*, lib. II, c. 9 et 21, p. 63 et 92.

premier Moyen Âge : « la contribution la plus importante des territoires frisons au commerce ne fut pas tant les marchandises que les marchands eux-mêmes »[83], faisant de Dorestad un important centre de transit pour des marchandises venues en grande partie de son arrière-pays rhénan, mais aussi parfois de bien plus loin. Les marchands « frisons », incluant donc des Scandinaves, des Anglo-Saxons, des Francs et peut-être des Slaves, grands navigateurs des mers nordiques, ont constitué des groupes intermédiaires entre les cultures et les peuples[84].

3. Interconnexions

> *Les gens du Vík faisaient aussi force voyages de commerce en Angleterre, en Saxe et en Flandre ou au Danemark*[85].

3.1 Des réseaux commerciaux de plus en plus complexes

L'ensemble formé par le bassin commercial autour des mers nordiques est un espace de contact, bien plus qu'une frontière, d'où se dégage une impression d'unité culturelle par delà ses différentes mers. Au même titre que l'organisation du peuplement, la structure des sites ruraux, la forme de certains bâtiments, du sud de l'Angleterre au Danemark en passant par le nord de la Gaule, les échanges commerciaux contribuent pleinement à créer cette unité. Pratiques et artefacts similaires se retrouvent ainsi de part et d'autre de la Manche, de la mer du Nord et de la Baltique : pour la première fois, des objets identiques, tels que les broches ovales scandinaves ou des peignes, sont fabriqués à travers de vastes régions, en s'adressant à une large clientèle. Certaines influences se font sentir sur plusieurs centaines de kilomètres : la chambre funéraire d'un enfant découverte à Birka suggère que les rites funéraires y étaient imprégnés des pratiques occidentales, notamment celles de la région de la Frise, de la Basse-Saxe et de Westphalie, reliant ainsi Birka à un environnement suprarégional[86] ; et la présence de sépultures à bateaux (à clins) typiquement scandinaves à Reric indique que des liens existaient entre ce port et l'autre rive de la Baltique, tandis que d'autres tombes – notamment celles contenant un cercueil en bois – trahissent une influence occidentale[87]. Autant d'éléments qui semblent renvoyer à une forme d'identité commune, une

---

83 J. C. Besteman, « North Holland... », art. cit. (n. 121, p. 216), p. 106.
84 G. Bührer-Thierry, « Affrontement, accommodation, médiation : mémoire des Vikings et construction des identités à l'Est et à l'Ouest de l'Europe. Conclusions de la session française », dans P. Bauduin et A. E. Musin (dir.), *Vers l'Orient et vers l'Occident...*, *op. cit.*, p. 417-422.
85 Snorri Sturluson, « Ólafs Saga Helga », dans *Hkr*, vol. II, *op. cit.*, p. 3-415, c. 64.
86 A.-S. Gräslund, « A Princely Child in Birka », dans A. Wesse (dir.), *Studien zur Archäologie...*, *op. cit.*, p. 281-289, ici p. 285.
87 A. Tummuscheit, « Groß Strömkendorf... », art. cit. (n. 47, p. 200).

« forte communauté d'identité »[88], faisant émerger un véritable bassin culturel à l'échelle de l'ensemble des mers nordiques, sans que cela exclue pour autant la persistance de spécificités régionales.

Dans ce contexte, la fondation des *wics* est tout sauf le fruit du hasard : la création de Ribe au tout début du VIIIᵉ siècle pourrait par exemple manifester la volonté danoise de participer pleinement au système économique alors impulsé par le monde carolingien. Signe le plus visible des mutations profondes que connaît l'économie à partir du VIIᵉ siècle, ces ports sont devenus un symbole de la nouvelle ère commerciale qui s'ouvre alors, une ère qui ne peut toutefois plus se résumer à ces seuls sites. Les récentes découvertes laissent en effet de plus en plus penser qu'historiens et archéologues ont peut-être largement contribué, depuis des décennies, à construire la centralité des *emporia* : on a fait de ces ports, seuls mentionnés dans les sources textuelles, des lieux centraux. On peut toutefois se demander si leur apparition dans les textes est le signe de leur suprématie économique ou si elle tient simplement au fait que ces sites étaient contrôlés par les élites politiques, alors que d'autres restaient à l'écart d'une telle emprise et donc ignorés par la documentation écrite.

3.1.1. Des découvertes en nombre exponentiel

En effet, depuis la parution de *Dark Age Economics*, d'une part la liste des *emporia* s'est considérablement allongée, gagnant le sud de l'Europe avec la découverte des sites de Comacchio et de Venise[89] ; et d'autre part les sites impliqués dans les échanges maritimes au premier Moyen Âge paraissent plus nombreux et plus divers qu'on ne pouvait le penser jusque-là. Difficiles à identifier, en raison notamment de leur taille, inférieure à celle des *emporia*, et pour la plupart invisibles à travers les seuls textes, ces nombreux sites de plage (ou d'échouage, *landing-sites* en anglais), catégorie inédite dans l'archéologie des sites d'Europe du Nord, ont été découverts tant en Scandinavie qu'en Angleterre ou sur le Continent. L'usage du détecteur de métaux a été ici décisif et leur existence semble confirmer que les populations côtières accédaient assez largement aux réseaux d'échanges. Lars Jørgensen distingue ainsi sept types de sites danois pour la période du VIᵉ au XIᵉ siècle : les sites aristocratiques (Lejre, Gudme, Tissø...), les *emporia*, les *landing/ trading places*, abritant des activités de commerce et d'artisanat, les sites productifs spécialisés, en particulier dans le textile (Næs, Selsø...), les sites plus ordinaires,

88 Y. Desfossés et M. Philippe, « Les contacts transmanche Moyen Âge », dans *Archéologia*, 391, 2002 (juillet/août), p. 46-57, ici p. 46.
89 S. Gelichi *et al.*, « The history of a forgotten town : Comacchio and its archaeology », et R. Hodges, « Adriatic Sea trade in an European perspective », dans S. Gelichi et R. Hodges (dir.), *From one sea...*, *op. cit.*, p. 169-205 et p. 207-234.

abritant des activités agricoles mais aussi artisanales, les fermes et villages ordinaires, aux activités essentiellement agricoles, et les sites fortifiés (Trelleborg,
Fyrkat...)[90]. Autant de lieux qui n'apparaissent pas nommément sous la plume
des auteurs médiévaux, mais dans un de ses poèmes Alcuin évoque la possibilité
d'« arrêter le navire » et d'« enfoncer la poupe dans le sable » (*puppis potiatur
harena*) sur les rives de la Moselle, non loin d'Echternach[91] : l'échouage était
donc une pratique bien connue. Sur la route le ramenant de Gaule vers les côtes
anglaises aux environs de 664, Wilfrid se retrouve en vue du *portum Sandvic* : aux
yeux d'Étienne de Rippon (*Eddius Stephanus*) Sandwich était donc un *portus*,
mais ce dernier ne nous dit malheureusement rien de plus dessus ; le texte ne
précise même pas si le saint y a finalement accosté[92].

Les premières réflexions envisageant la possibilité de réseaux maritimes autres
que strictement liés aux *emporia* concernaient notamment la Frise et ses réseaux
de paysans vivant à la fois de l'élevage sur les marais salants, de la pêche et du commerce[93]. Plusieurs sites côtiers du VIIᵉ au XIᵉ siècle ont en effet révélé la présence de
monnaies (par exemple six *sceattas* de la série E à Rijswijk et quatorze à Maurik)[94]
et d'importations (perles, céramiques...), alors même qu'ils ne disposaient visiblement pas d'infrastructures portuaires artificielles. De telles découvertes suggèrent
que leurs habitants étaient intégrés dans les réseaux commerciaux de l'époque, et
cela même sans grand centre urbain à proximité. Ces premières observations ont
permis de conclure que les populations côtières – du moins certaines – avaient
un accès aux importations plus large qu'on ne le pensait jusqu'alors, un accès
facilité par la proximité de la mer. Non loin de Dorestad même, plusieurs autres
ports, de taille souvent moindre, semblent avoir coexisté avec le grand *wic* frison :
Domburg sur l'île de Walcheren, Medemblik* au bord du lac Almere (actuel
lac de l'IJssel) ou encore Witla* sur l'île de Voorne[95]. En Scandinavie aussi, les
fouilles menées depuis les années 1980-1990 sur les côtes suédoises (essentiellement l'île de Gotland) et danoises (surtout autour du fjord de Roskilde et de l'île
de Fionie) ont amené archéologues et historiens à reconsidérer le schéma tradi-
tionnel de la navigation et des échanges au premier Moyen Âge. De nombreux
petits ports, avec quelques traces d'activités artisanales et commerciales, ont en
effet été découverts : ces *landing-sites*, orientés vers les activités maritimes, jettent
une lumière nouvelle sur les relations étroites que pouvaient entretenir les sites
ruraux de l'arrière-pays avec le monde maritime[96]. Ce ne sont plus seulement

---

90 L. Jørgensen, « Manor and Market... », art. cit. (n. 228, p. 147), p. 175-176.
91 Alcuin, « Ad amicos Poetas », poème cité (n. 38, p. 104).
92 ... *prospere in portum Sandvic salutis pervenerunt* (Eddius Stephanus, *Vita Wilfridi, op. cit.*, c. 13).
93 J. C. Besteman, J. M. Bos et H. A. Heidinga (dir.), *Medieval Archaeology..., op. cit.*
94 Voir la Carte 15 en Annexe 1.
95 Voir les Cartes 14 et 14ᵇⁱˢ en Annexe 1.
96 J. Ulriksen, *Anløbspladser..., op. cit.*

quelques centres d'importance suprarégionale, mais désormais toute la côte du sud de la Scandinavie – incluant l'arrière-pays proche – qui s'avère impliquée dans un réseau de communication complexe, allant du niveau local au suprarégional. Le fjord de la Schlei, fouillé et étudié en particulier par Andres S. Dobat, fait partie de ces régions scandinaves suscitant un regain d'intérêt[97] : zone densément peuplée à l'époque viking, il apparaît désormais clairement qu'il revêtait une importance vitale pour l'ensemble de la région – et non uniquement pour Hedeby. En témoigne la présence possible de plusieurs sites d'accostage, en particulier les doublons formés par la baie de Weseby et le site de Kosel*, et par la baie de Lindau et le village de Süderbrarup, esquissant « un tableau bien plus complexe du fjord de la Schlei comme voie navigable que la vision traditionnelle d'un couloir maritime unique vers Hedeby »[98].

Les fonctions de ces sites sont toutefois assez difficiles à cerner et leur statut exact fait encore débat. Il ne s'agit pas à proprement parler de petits *emporia* : la densité et la diversité des activités y sont moins importantes ; et il ne s'agit pas non plus de sites élitaires, ni de sites ruraux ordinaires. Katharina Ulmschneider évoque plusieurs critères permettant de caractériser ces *productive sites* : leur position géographique et leur implantation dans des zones d'activité ancienne, la présence en nombre de monnaies et d'objets en métal. En même temps, elle les distingue des *wics*, essentiellement pour des questions de taille et d'organisation de l'espace, de diffusion et de frappe des monnaies et de proximité des axes de communication majeurs[99]. Toutefois, malgré ces tentatives pour théoriser cette nouvelle catégorie, celle-ci demeure très hétérogène, regroupant des sites de taille et de nature parfois très différentes.

3.1.2. La remise en cause des anciens modèles et la fin du monopole des *emporia*

La question du statut de ces sites soulève celle de l'organisation du commerce et surtout de sa gestion : le déchargement des marchandises avait-il lieu à plusieurs endroits ? Et dans cette éventualité, quels étaient les liens entre ces différents sites de débarquement ? Y avait-il plusieurs circuits parallèles, des réseaux maritimes indépendants des grands ports marchands, avec des lieux d'accostage et petits ports indépendants ? Autant de questionnements qui font émerger « une interprétation plus complexe » que « la vision simpliste » que l'on avait jusqu'alors de quelques *emporia* exerçant une forme de monopole sur le commerce à longue-distance et qui poussent à envisager des circuits commerciaux

---

97 A. S. Dobat, « Füsing… », art. cit. (n. 156, p. 224).
98 *Id.*, « 'Come together'… », art. cit., p. 69.
99 K. Ulmschneider, « Markets around the Solent… », art cit. (n. 77, p. 50).

impliquant un plus grand nombre de sites portuaires[100]. Cette complexification des anciennes typologies rend les catégories et modèles élaborés jusque-là de plus en plus inopérants, des *ports of trade* de Karl Polanyi aux *gateway communities* et modèles établis par Richard Hodges, dont les types A, B et C ne correspondent pas forcément aux différentes phases chronologiques d'un même site qui se succèderaient, mais éventuellement à des sites différents pouvant coexister[101]. En effet, alors que pour Richard Hodges le type A par exemple désignait des sites saisonniers, remplacés ensuite par des sites permanents, Mark Gardiner souligne que ce schéma ne correspond pas à l'évolution de Sandtun*[102]. On peut également se demander si le modèle redistributif, construit autour des notions d'accumulation centrale et de redistribution à partir de points étroitement contrôlés par les élites et monopolisant une partie des échanges, est toujours valable en l'état actuel des connaissances : les *wics* échangeaient largement avec leurs arrière-pays ; cela ne signifie toutefois pas que ces grands ports étaient toujours les points de passages obligés ni que les flux transitaient nécessairement par leur intermédiaire. Les échanges avec l'extérieur ne pouvaient-ils pas passer par d'autres sites ? Cela remettrait en cause le schéma de Carol A. Smith, repris par Richard Hodges[103].

Ces nouvelles approches reposent la question de l'intensité du pouvoir de polarisation des *emporia* et poussent à reconsidérer la définition traditionnelle de ces ports par les seules activités artisanales et commerciales. Alors que de nombreux petits sites voient leur rôle dans l'économie et les échanges largement revalorisé, il devient de plus en plus évident que les *wics* n'étaient pas les seuls à servir de marchés. Ces ports n'étaient pas isolés, mais s'inséraient dans une économie plus large, mêlant relations suprarégionales et locales, activités artisanales et agricoles. Le tableau qui est en train de se dessiner est donc de plus en plus complexe, contrastant avec celui des années 1970-1980, qui se focalisait sur des *emporia* considérés comme largement coupés de leur arrière-pays, ou même avec celui des années 1990 et du début des années 2000, centré sur des *emporia* bien insérés dans leur région. Les termes du débat ont profondément changé : la question ne se pose plus tant en termes d'isolement ou d'insertion dans une région donnée ; il s'agit bien plutôt de revenir sur la traditionnelle focalisation sur les *wics*, en s'interrogeant sur sa légitimité face aux récentes découvertes. L'ensemble Manche-mer du Nord-Baltique ne saurait se résumer à un réseau mettant en relation quelques points centraux : on ne peut plus ignorer les autres sites pour mener

---

100 M. Gardiner *et al.*, « Continental Trade... », art. cit., p. 277.
101 R. Hodges, *Dark Age Economics...*, *op. cit.*, p. 50-52.
102 M. Gardiner *et al.*, « Continental Trade... », art. cit., p. 277-278.
103 C. A. Smith, « Exchange systems... », art. cit. (n. 118, p. 59) ; R. Hodges, *Primitive and peasant markets*, Oxford, 1988, p. 90.

une réflexion sur les phénomènes circulatoires du premier Moyen Âge. Dans des réseaux qui apparaissent de plus en plus polycentriques, les *wics* étaient-ils vraiment les seuls nœuds ? Pour comprendre comment ces réseaux commerciaux fonctionnaient, il faut donc resituer les *emporia* plus largement dans les sociétés maritimes de cette période, au cœur de phénomènes de connexion, mais également d'interconnexion.

3.2 Hiérarchie et réseaux parallèles

Ces récentes découvertes renouvellent l'étude des réseaux d'échanges, qui apparaissent beaucoup plus larges et protéiformes qu'on ne pouvait le penser jusque-là, et posent la question des relations que tous ces sites côtiers – *emporia* compris – entretenaient entre eux et donc d'une éventuelle hiérarchie.

3.2.1. Les *wics* et leurs « satellites »

Les liens de Domburg, Medemblik* ou encore Witla* avec Dorestad restent par exemple mal élucidés : ce dernier était-il au sommet d'une hiérarchie de sites urbains et commerciaux situés dans la partie aval du Rhin et sur la Meuse ? La plupart des auteurs s'accordent pour reconnaître la diversité des sites d'accostage de l'époque viking, particulièrement nombreux dans les fjords de Roskilde et de la Schlei, le Limfjord, ou encore les côtes méridionales du monde anglo-saxon[104] ; mais tous n'étaient pas nécessairement insérés dans les grands réseaux commerciaux : l'accès des communautés côtières au verre ou à la céramique d'importation peut simplement être le reflet d'« opportunités locales fondées sur la situation géographique »[105]. L'essor de Quentovic ne semble pas non plus avoir entraîné la disparition de tous les autres sites côtiers de la région : le seul fait que l'abbé de Fontenelle Gervold, *procurator* à Quentovic, lève des taxes *per diversos portus* sous-entend que d'autres ports du nord de la Gaule étaient encore impliqués dans les échanges commerciaux en Europe du Nord-Ouest du VIIe au IXe siècle : on peut penser à Étaples*, Boulogne*, Wissant* ou encore Ambleteuse[106]. Il nous ne nous en reste toutefois que peu de traces et la plupart d'entre eux semble s'effacer progressivement au cours des VIIe et VIIIe siècles : le cabotage dans ce secteur – plutôt que la traversée hauturière – a très vraisemblablement facilité les liens entre ceux qui subsistent et le *wic* de la Canche.

---

104 A. S. Dobat, « 'Come together'… », art. cit. ; C. Loveluck, « The dynamics of elite lifestyles… », art. cit. ; J. Ulriksen, « Danish coastal landings places and their relation to navigation and trade », dans J. Hines, A. Lane et M. Redknap (dir.), *Land…, op. cit.*, p. 7-26.

105 C. Loveluck, *Northwest Europe…, op. cit.*, p. 55.

106 Voir la Carte 8 en Annexe 1.

Dans le fjord de la Schlei, des sites portuaires de taille probablement plus modeste que Hedeby puis Schleswig ont également pu servir de relais à ces derniers
dans la région. Hollingstedt*, sur les rives de la rivière Treene, semble ainsi jouer le
rôle de port pour Schleswig au XIIe siècle et peut-être même de point d'accostage
près de Hedeby dès le IXe siècle. Il a alors pu servir d'étape au commerce entre ce
dernier et la mer du Nord et de point de départ occidental du portage à travers la
partie méridionale du Jutland, afin d'éviter un long et périlleux voyage contournant toute la péninsule[107]. La Treene, affluent de l'Eider, permettait ensuite de
rejoindre aisément, vers l'ouest, la mer du Nord et même, au-delà, la Manche,
tandis qu'après une quinzaine de kilomètres par voie de terre en direction de l'est,
on arrivait à Hedeby/Schleswig : de là, on pouvait embarquer vers la Baltique ou
emprunter l'*Hærvejen* afin de remonter vers le nord du Jutland ou au contraire de
descendre vers le Sud[108]. On n'a malheureusement pas découvert pour l'instant le
moindre reste d'infrastructure portuaire contemporaine de Hedeby, ce qui tendrait à indiquer que le site, s'il était alors déjà en usage, ne s'était pas encore vraiment développé de façon importante ; et il est d'ailleurs probable qu'au IXe siècle
une partie des échanges avec le Continent passait directement par l'*Hærvejen*.
Un peu plus au nord, toujours dans le Jutland, le site d'Okholm, tout proche de
Ribe, a livré plusieurs objets d'importation (céramique et basalte rhénans, verre,
stéatite et pierres à aiguiser norvégiennes, quelques monnaies) : peut-être s'agissait-il d'un quartier d'hiver pour certains artisans de Ribe, à seulement quelques
kilomètres de là, en d'autres termes, un site satellitaire s'inscrivant étroitement
dans la sphère d'influence de l'*emporium* tout proche[109]. En Suède, dans la région
du lac Mälar, Åshusby, Österåker et Tumbo, du fait de leur situation favorable, en
lien avec les autres sites importants de la région, ont pu seconder Birka en servant
de places commerciales pour l'important marché fourni par le vaste arrière-pays et
les nombreux autres sites qu'il comprenait[110] : la situation d'Österåker, à l'entrée
du lac Mälar, a probablement favorisé le développement des activités de transport
et d'échanges dans ce lieu ; tandis que Tumbo, à l'extrémité occidentale du lac, a
pu servir d'étape pour un voyage vers l'intérieur des terres.

3.2.2. Des têtes de réseaux

L'archéologie et les textes paraissent par conséquent s'accorder pour indiquer
que les marchandises pouvaient être déchargées à plusieurs endroits. Ohthere,

---

107 K. Brandt (dir.), *Hollingstedt an der Treene...*, *op. cit.* Voir la Carte 16 en Annexe 1.
108 Voir la Carte 6 en Annexe 1.
109 C. Feveile, « Okholm... », art. cit.
110 B. Ambrosiani, « Royal manors and towns in central Sweden », dans J. E. Knirk (dir.), *Proceedings of the Tenth Viking Congress (Larkollen, Norway, 1985)*, Oslo, 1987, p. 247-253. Voir la Carte 21 en Annexe 1.

lors du périple qui le mena du nord de la Norvège jusqu'en Angleterre, a ainsi très certainement fait de multiples étapes. Il n'en mentionne toutefois explicitement que deux dans son récit : *Skiringssal* (Kaupang) et Hedeby ; seuls les points nodaux dans le réseau de communication sur lequel il s'est appuyé semblent avoir retenu son attention. Une situation qui pourrait s'expliquer par la dépendance de certains petits sites d'accostage envers les grands *emporia* : les premiers ne s'insèreraient ainsi dans les réseaux à longue-distance qu'indirectement, par l'intermédiaire des seconds. En Frise par exemple, Medemblik* paraît en position secondaire par rapport à Dorestad, qui l'a même peut-être approvisionné directement, ce qui placerait Medemblik en position de dépendance assez forte envers le grand *wic* frison et en ferait en quelque sorte une « fille de Dorestad »[111]. En effet, alors que les liaisons entre le lac Almere et la Vlie s'améliorent nettement, une nouvelle route commerciale se développe depuis Dorestad vers le Nord, à travers le delta du Rhin, en passant par le Rhin courbé, la Vecht, le lac Almere et la voie navigable qu'offrait la Vlie[112]. Le besoin a alors pu se faire sentir d'installer un centre de commerce dans la région encore assez peu habitée de l'Almere : c'est probablement dans ce contexte que Medemblik* est fondé vers 700, sur la rive d'une petite rivière, la Middenleek, qui lui donne son nom. Celle-ci, en s'intégrant au système fluvial assez dense de la région, donne à ce site un accès relativement aisé sur l'arrière-pays occidental, en faisant un relais entre Dorestad et la traversée maritime vers la Scandinavie. D'autres ports frisons ont pu servir d'étapes aux navires de passage, comme par exemple Meinerswijk sur la route vers l'est. Quant à Domburg, sur l'île de Walcheren, en dépit d'un habitat permanent dès le VIIe siècle et de nombreuses traces d'échanges commerciaux (sous forme d'importations et de monnaies), il n'a pas livré la moindre trace d'atelier monétaire ni de douane, signe de sa possible subordination à Dorestad en la matière[113] : à partir du VIIIe siècle, ce site est peut-être devenu une sorte d'avant-port de Dorestad en direction du sud-est britannique. De même, bien que les rapports entre Rouen et Quentovic restent encore très mal élucidés, il semble que, dans le cadre de la rationalisation administrative qui touche à la fois la monnaie et les douanes carolingiennes, Rouen passe, au plus tard au IXe siècle, dans une certaine mesure sous l'autorité de Quentovic. Au chapitre 12 de l'édit de Pîtres, le port de la Seine est en effet présenté comme dépendant du *wic* de la Canche pour

---

111 W. A. van Es, « Dorestad centred », dans J. C. Besteman, J. M. Bos et H. A. Heidinga (dir.), *Medieval Archaeology..., op. cit.*, p. 151-183, ici p. 171.

112 J. C. Besteman, « The Pre-Urban Development of Medemblik : From an Early Medieval Trading Centre to a Medieval Town », dans H. A. Heidinga et H. H. van Regteren Altena (dir.), *Medemblik and Monnickendam : Aspects of Medieval Urbanization in Northern Holland*, Amsterdam, 1989, p. 1-30, ici Fig. 1.3. Voir la Carte 14bis en Annexe 1.

113 A. Roes, « Les trouvailles... », art. cit. ; S. Lebecq, « L'*emporium* proto-médiéval de Walcheren-Domburg... », art. cit. (n. 41, p. 15).

la frappe monétaire[114]. Dès la fin du VIIIe siècle même, Gervold est *procurator* « principalement à Quentovic »[115], ce qui revient à sous-entendre que ce port a alors acquis « une position dominante sur l'ensemble des douanes d'une vaste région » (incluant Rouen et Amiens), ce qui expliquerait le choix de l'abbé de Fontenelle – établissement à la fois proche de Rouen et qui possédait des intérêts directs dans la région de Quentovic – pour assumer ces fonctions[116]. Le *wic* de la Canche serait ainsi le chef-lieu d'une province monétaire et douanière dont plusieurs autres sites – parmi lesquels peut-être Rouen – dépendaient.

Tout porte donc à croire que les échanges étaient gérés à travers un nombre limité de lieux centraux, qui accueillaient un représentant du pouvoir chargé d'assumer les fonctions administratives : l'épisode du *reeve* de Dorchester/Portland, qui souhaitait amener les arrivants à la *villa* royale, l'atteste[117]. Dans la région du détroit du Solent, la *villa* royale remplissant ce rôle était peut-être Hamwic. Les *emporia* joueraient donc le rôle de têtes de réseaux : points d'entrée vers l'intérieur des terres, ils permettaient de redistribuer diverses marchandises, mais aussi d'enregistrer l'arrivée de voyageurs étrangers, dans le cadre de la gestion administrative d'une région économique. Ces ports, en tant qu'interfaces (entre terre et mer, outre-mer et intérieur des terres, populations locales et étrangères) ou « points nodaux », ont ainsi pu fonctionner comme un réseau de premier ordre, auquel certains marchés locaux ont pu être rattachés de façon secondaire : un ensemble de contacts dendritiques se tisse ainsi à partir de ces centres, innervant tout l'arrière-pays[118].

3.2.3. Des réseaux parallèles ?

Néanmoins, en dépit de cette primauté administrative, les *emporia* n'avaient pas l'exclusivité du commerce à longue-distance : tous les flux, d'hommes comme de marchandises, ne transitaient pas nécessairement par ces ports. Toute forme de monopole commercial semble désormais exclue et les réseaux d'échanges n'était pas nécessairement tous hiérarchisés de façon stricte, les multiples points qui les composaient étant plus ou moins bien contrôlés. Certains sites côtiers ont pu rester relativement indépendants, sorte d'« électrons libres », participant à des réseaux parallèles : des sociétés côtières ont très bien pu participer à des échanges à longue-distance sans nécessairement passer par l'intermédiaire des *wics* ou en dépendre.

---

114 Édit de Pîtres (864), dans *M.G.H., Capit.*, t. II, *op. cit.*, n° 273, p. 310-328, ici c. XII,, p. 315.

115 ... *maxime in Quentawic...* (*Chronique des abbés de Fontenelle...*, *op. cit.*, lib. XII, c. 2, p. 136-137).

116 S. Lebecq, « L'administration portuaire... », art. cit. (n. 117, p. 215), p. 248-249.

117 Æthelweard, *Chronicon*, *op. cit.*, lib. III, c. 1 ; *Chronicon Fani Sancti Neoti*, *op. cit.*, a° 789, p. 128.

118 S. M. Sindbæk, « Routes and long-distance traffic... », art. cit.

Dans le monde anglo-saxon, la multiplicité des royaumes entraîne celle des sites portuaires : au VIIIe siècle, alors que le Kent ne dispose pas vraiment d'un grand port « attitré », Lundenwic étant à la frontière de plusieurs royaumes (Kent, Wessex, Mercie, Sussex), le réseau d'échanges de ce royaume est plutôt tissé autour de plusieurs ports de taille inférieure, tels que Sandtun*, Fordwich*, Sarre*, Douvres* ou Sandwich*, qui bénéficient d'une situation particulièrement favorable aux échanges. Sandtun, par exemple, se trouve au fond d'une crique bien protégée faisant directement face au nord de la Gaule, ce qui en fait un point d'accostage idéal après la traversée de la Manche[119]. Ce site semble avoir abrité une communauté indépendante, peut-être seulement présente de façon saisonnière, vivant essentiellement du commerce maritime. Les importations que l'on y a retrouvées, notamment la céramique continentale, ont pu d'abord être amenées dans un centre plus important – comme Lundenwic –, avant d'être redistribuées par l'intermédiaire de bateaux plus petits se livrant au cabotage et au commerce côtier régional, mais il est plus probable que ces objets atteignaient le petit port directement depuis le Continent, indépendamment de tout *emporium* majeur. En 664, le futur évêque d'York, Wilfrid, ayant toutes les peines du monde à regagner l'Angleterre, accoste finalement à Sandwich, qui paraît être alors un *portum* bien actif[120]. Quant à la mention d'un représentant du pouvoir royal (*exactor regis*) à Dorchester, elle pourrait aussi suggérer que ce port jouissait d'une forme d'indépendance, n'étant pas subordonné à l'agent royal de Hamwic[121] : en l'absence de précision sur la *villa* royale mentionnée, difficile de trancher. De même, Portchester*, siège d'une ancienne forteresse romaine, sur un promontoire dominant le détroit du Solent, paraît avoir abrité des fonctions commerciales au IXe siècle, servant alors peut-être à la fois de point d'accostage et de marché, sans que de telles activités soient de façon nécessaire directement liées à celles de Hamwic, à seulement environ vingt-cinq kilomètres de là. Certains cimetières dans le sud du Hampshire, comme Dever et Meon, au bord des rivières du même nom, pourraient également indiquer que chaque vallée avait son site élitaire, en charge de l'administration et de la collecte des taxes[122]. La mention des ports de Sarre*, Douvres* et Fordwich* dans une charte concédant une exemption de tonlieu et émanant du roi du Kent dans les années 760 suggère également qu'il s'agissait de ports assez importants pour le trafic des marchandises[123]. La présence de tombes à armes, peut-être celles d'individus chargés de contrôler le trafic

119 M. Gardiner *et al.*, « Continental Trade... », art. cit. Voir la Carte 11 en Annexe 1.
120 *Vita Wilfridi, op. cit.*, c. 13.
121 Æthelweard, *Chronicon, op. cit.*, lib. III, c. 1.
122 M. Stedman et N. Stoodley, « Eight early Anglo-Saxon Metalwork pieces... », art. cit. ; V. Birbeck *et al.*, *The origins..., op. cit.*, p. 190. Voir la Carte 11 en Annexe 1.
123 P. H. Sawyer, *ASC*, S 29 ; S. Kelly, « Trading privileges... », art. cit.

dans ces sites, dans les cimetières associés aux ports de Sarre et Douvres pourrait confirmer que, suffisamment importants pour attirer l'attention des élites,
ils fonctionnaient de façon autonome par rapport aux grands *emporia* : ils ont
pu être en lien avec ces derniers par l'intermédiaire d'échanges de marchandises
et par la circulation des hommes, mais sans en dépendre directement. Le fait
que Sarre, Douvres et Fordwich constituent par ailleurs les centres de domaines
royaux aux VIIe et VIIIe siècles, ou soient à tout le moins étroitement associés à des
villae royales, pourrait être un autre indice de leur importance économique et de
leur fonctionnement indépendant des *emporia*[124]. Ces ports ont également pu être
gérés depuis Canterbury[125]. Les approches des régions littorales évoluent donc : les
fouilles récentes de Douvres ou Sandwich ont révélé une société côtière complexe,
faite de sites ruraux ayant leur propre port ou plage d'échouage[126]. Non loin de
Hamwic, autour du détroit du Solent et de l'île de Wight*, les nombreuses découvertes de monnaies faites grâce au détecteur de métaux ont permis d'identifier
plusieurs sites côtiers d'échouage et peut-être même des marchés[127] : la présence à
Bowcombe, près de Carisbrooke, de pièces frappées à Hamwic semble indiquer
des échanges avec l'*emporium*, mais celle d'autres pièces (de Frise, de Gaule et de
l'est de l'Angleterre), absentes d'autres sites du Solent, est probablement le signe
que des réseaux maritimes indépendants du *wic* existaient aussi.

Sur le Continent, la place de la façade Atlantique a longtemps été sous-estimée
dans les réseaux d'échanges, au profit des rives de la mer du Nord et de la Manche.
Cependant, les fouilles récentes menées dans l'ensemble formé par Taillebourg*
et le Port d'Envaux, sur la Charente, à une quarantaine de kilomètres de l'estuaire
donnant sur l'océan, ont permis de reconsidérer, ici aussi, les anciens schémas du
commerce maritime au premier Moyen Âge[128]. Les nombreux objets de type
anglo-saxon des VIe-IXe siècles qui y ont été mis au jour attestent l'existence de
contacts assez anciens entre la région charentaise et le monde anglo-saxon, mais
aussi plus généralement avec l'espace maritime Manche-mer du Nord ; les importations et productions artisanales pourraient indiquer la présence sur cette côte
d'un port de commerce à peu près contemporain de Quentovic sur la Manche.
Son insertion dans les réseaux commerciaux des VIe-Xe siècles reste encore mal
connue, mais sa découverte ouvre de nouvelles perspectives, poussant à reconsidérer le fonctionnement et le dynamisme de cette façade océanique. Plus à l'est,

---

124 B. Yorke, *Kings...*, *op. cit.*, p. 40.

125 M. Gardiner *et al.*, « Continental Trade... », art. cit., p. 276.

126 C. Loveluck, *Northwest Europe...*, *op. cit.*, p. 198 ; B. Philp, *The Discovery and Excavation...*, *op. cit.* ;
H. Clarke *et al., Sandwich...*, *op. cit.*

127 K. Ulmschneider, « Markets around the Solent... », art cit. (n. 77, p. 50). Voir la Carte 10 en
Annexe 1.

128 A. Dumont et J.-F. Mariotti (dir.), *Archéologie et histoire du fleuve Charente...*, *op. cit.* Voir la Carte 9
en Annexe 1.

on peut également s'interroger sur les rapports entre Dorestad et Andernach*, port fluvial à environ deux cent cinquante kilomètres en amont du *wic* frison : situé à la fois dans une grande région viticole et aux portes de l'Eifel, sa prospérité repose dès l'époque romaine sur le commerce du basalte extrait non loin de là. À l'apogée de Dorestad, ce port d'embarquement pour cette roche, ainsi que probablement pour du vin, est-il subordonné au grand *emporium* frison, alors à la tête du commerce du basalte ? Rien n'est moins sûr si l'on considère qu'Andernach est aussi, à l'époque carolingienne, un centre administratif et fiscal, avec une chapelle palatine, un atelier monétaire et une *curtis* royale[129]. Pour autant, ce port fluvial fonctionnait-il de façon totalement indépendante de Dorestad ? Cela reste difficile à dire.

En Norvège, les activités et fonctions d'Avaldsnes, siège royal à partir du XIe siècle, restent assez mal connues pour l'époque viking, mais sa situation stratégique sur l'île de Karmøy, sur les rives du détroit du Karmsund, dans la partie occidentale de la Norvège, en faisait une voie d'accès privilégiée vers le nord du pays, entre deux grands fjords (le Hardangerfjord et le Boknafjord)[130]. Ce site portuaire, point de contrôle du trafic maritime nord-sud, a pu commencer à se développer à peu près à la même époque que Kaupang, à quelques quatre cents kilomètres à l'est par voie de terre – en traversant d'ouest en est le sud du pays – et à environ six cents kilomètres par voie de mer – en contournant le sud de la Norvège. Le contrôle royal qui s'accroît sur l'*emporium* du Viken au cours du IXe siècle a également pu concerner cet autre site côtier, trop éloigné du premier pour lui être subordonné ou même seulement étroitement lié[131]. On peut également s'interroger sur le statut des différents petits sites formant un véritable « chapelet » le long de la côte occidentale du Jutland : la présence de basalte rhénan dans chacun d'entre eux tendrait à confirmer l'existence de liens entre des sites comme Sædding, Gammelby ou Lille Darum et l'*emporium* de Ribe[132]. Toutefois, le passage des blocs de pierre par ce dernier n'a rien de certain : la région étant très humide, un transport par voie de terre paraît peu probable ; reste alors la possibilité du cabotage ou d'une arrivée directe du basalte dans ces petits sites. Les traces du travail de la pierre à Ribe seraient plutôt en faveur de la première hypothèse, ce qui ferait de tous ces petits villages des sites satellitaires de Ribe, mais le cas de Hyllinge, dans la partie méridionale de l'île de Seeland, invite à la plus grande prudence avant de conclure de façon trop systématique au rôle à la fois centralisateur

---

129 M. Huiskes, *Andernach im Mittelalter : Von Den Anfängen Bis Zum Ende Des 14. Jahrhunderts*, Bonn, 1980.

130 E. Elvestad et A. Opedal (dir.), *Maritim-arkeologiske forundesøkelser av middelalderhavna på Avaldsnes, Karmøy* (*AmS-Rapport*, 18), Stavanger, 2001. Voir les Cartes 4 et 5 en Annexe 1.

131 O. Grimm et F.-A. Stylegar, « Norwegische Handels- und Marketplätze… », art. cit.

132 Voir la Carte 16 en Annexe 1.

et redistributeur des seuls *emporia*. On a en effet découvert sur ce site, outre des fragments de meules en basalte, des bijoux et de la céramique importés de l'ouest du continent ou d'inspiration continentale, signe évident qu'il était parfaitement intégré aux réseaux d'échanges de l'époque[133]. Considérant que Ribe et Hedeby étaient relativement éloignés – respectivement à environ cent soixante et cent quarante kilomètres à vol d'oiseau – et sur la péninsule, ne peut-on envisager que Hyllinge se soit passé de leur intermédiaire, jouissant d'un statut assez indépendant ? Sa position stratégique, entre Danemark et Scanie, non loin d'une côte permettant de rejoindre par les détroits du Storebælt et du Langelandbælt la mer du Nord et la Baltique, irait dans ce sens.

3.3 Des régions littorales dynamiques

Les *emporia* ne sont donc pas de simples « points », des lieux uniques déconnectés de leur région, mais s'insèrent plus largement dans de vastes zones littorales dynamiques, en lien avec d'autres sites portuaires et productifs. L'existence et le dynamisme de ces derniers, peut-être de taille inférieure et dotés d'activités moins nombreuses, ne font à présent plus de doutes, sans que leurs liens avec les *wics* se conçoivent systématiquement en termes hiérarchiques. Ils ont pu, de façon plus générale, profiter du contexte économique et commercial favorable créé dans une région par la présence d'un *emporium*.

3.3.1. Des sites profitant du dynamisme économique régional

L'embouchure du Rhin en particulier, ouvrant sur la mer du Nord, sert de point de départ pour de nombreux voyages vers le monde anglo-saxon et la Scandinavie : les villages de Katwijk et Valkenburg* ont par exemple révélé 36 *sceattas* et, dans la région des *terpen*, ce sont plus de 200 de ces pièces qui ont été mises au jour[134]. La Frise est engagée dans les échanges outre-mer depuis longtemps, bien avant l'âge d'or de Dorestad, comme l'atteste la prospérité, à partir du VIe siècle, de l'autre grand port de la région, Domburg, sur l'île de Walcheren. L'apogée de ce point de passage important vers l'Angleterre, notamment vers Gipeswic, paraît se situer aux VIIe et VIIIe siècles, avant celui de Dorestad : des centaines de *sceattas* originaires d'Angleterre et de Frise, datés de la fin du VIIe et de la première moitié du VIIIe siècle ont été découverts sur sa plage[135]. Toutefois,

---

133 *Arkæologiske udgravninger i Danmark. Katalog 1998*, Copenhague, 1998, n° 111 ; O. T. Kastholm, « Vestervang... », art. cit.

134 W. Op Den Velde, « The Sceattas of Series D », art. cit. Voir la Carte 15 en Annexe 1.

135 https://nnc.dnb.nl/dnb-nnc-ontsluiting-frontend/#/numis/ (base interrogée en octobre 2016) ; S. Lebecq, « L'*emporium* proto-médiéval de Walcheren-Domburg... », art. cit. (n. 41, p. 15).

l'essor de Dorestad à partir du VIIᵉ siècle et son dynamisme au siècle suivant ont probablement contribué au développement économique de certains sites environnants, comme Domburg ou encore Maastricht*. De même, le déclin du port de Walcheren au cours du IXᵉ siècle est peut-être lié aux difficultés que connaît alors Dorestad : Domburg ne bénéficie plus de la prospérité commerciale impulsée par le grand port frison et ne parvient pas non plus à renouer avec son dynamisme d'antan, probablement en partie sous l'effet des raids vikings et de sa situation particulièrement exposée. Les aléas économiques de ce port suscitent par conséquent de nombreuses interrogations sur la place qu'il occupait dans les réseaux commerciaux du premier Moyen Âge, surtout à partir du moment où Dorestad se développe à son tour. L'intensification des contacts du grand port rhénan avec la région environnante au cours du VIIIᵉ siècle en fait donc un véritable centre économique régional, dont le dynamisme a pu profiter au chapelet de sites, plus ou moins importants, le long des côtes frisonnes et des rives rhénanes. La nouvelle phase d'occupation à Valkenburg*, à environ quatre-vingts kilomètres, au VIIᵉ siècle pourrait ainsi correspondre aux débuts de l'*emporium*, tandis que les liens avec le Kent suggérés par le mobilier du cimetière de Katwijk (VIᵉ-VIIIᵉ siècle), vraisemblablement antérieurs à Dorestad, ont pu connaître une nouvelle impulsion avec son développement[136]. La présence d'une majorité de *sceattas* de la série D à La Panne* pourrait également indiquer que ce lieu entretenait des liens avec l'intérieur des terres, peut-être par l'intermédiaire des marchands frisons, échangeant ces monnaies contre des productions locales, probablement en grande partie composées de laine[137]. Les tombes les plus anciennes, qui remontent au Vᵉ siècle, semblent indiquer que ce site était occupé bien avant l'âge d'or de Dorestad. Toutefois, le développement de ses modestes activités commerciales daterait surtout des VIIᵉ et VIIIᵉ siècles, en lien peut-être avec l'essor contemporain de l'*emporium*, avant que la croissance ne semble gagner l'ensemble de la région à partir des années 820-830. De même, quelques décennies plus tard, Quentovic paraît à son tour dynamiser son arrière-pays, du moins sur le plan monétaire, en créant une véritable région numismatique après la réforme de 864 : plusieurs ateliers significatifs se développent alors dans son hinterland, notamment à Amiens et Arras, ainsi que des ateliers mineurs à Cassel et Thérouanne[138].

Les deux rives de la Schlei semblent elles aussi avoir accueilli plusieurs lieux d'accostage pour les bateaux : les nombreuses importations (basalte rhénan, stéatite norvégienne, céramiques rhénanes...), bijoux et monnaies retrouvées à Kosel*,

136 Voir la Carte 14bis en Annexe 1. J. Bazelmans, M. Dijkstra et J. De Koning, « Holland during the First Millenium », dans M. Lodewijckx (dir.), *Bruc ealles well...*, *op. cit.*, p. 3-36, ici p. 24-26.

137 P. Deckers, « An illusory *emporium* ? Small trading places around the Southern North Sea », dans A. Willemsen et H. Kik (dir.), *Dorestad...*, *op. cit.*, p. 159-167.

138 S. Coupland, « Trading places... », art. cit., p. 227. Voir la Carte 9 en Annexe 1.

Winning ou Schuby les distinguent des autres sites ruraux, plaidant en faveur de l'hypothèse d'une population au niveau de vie assez aisé[139]. Les occupants de ces petits sites commerciaux avaient visiblement accès aux mêmes catégories de marchandises que celles qui affluaient à Hedeby. On peut donc se demander si leur richesse est vraiment inhérente à leur communauté. En effet, ils ont pu servi de lieux de mouillage et peut-être de petits marchés – la présence de poids en bronze notamment confirmerait leur implication dans les activités commerciales – et ce en dépit de la proximité de Hedeby. Le *wic* de la Schlei n'aurait donc pas monopolisé les échanges dans la région, mais aurait largement contribué à créer un climat économique propice au développement de telles activités. Par conséquent, il est possible que Schuby et Kosel*, tout en se trouvant dans sa sphère d'influence, aient développé leurs propres activités commerciales : le contexte régional a pu être largement dominé par Hedeby, mais sans nécessairement que tous les échanges opérés dans les sites secondaires soient en lien direct avec cet *emporium*[140]. Il n'est pas impossible que des sites comme Schuby aient tiré une partie de leurs richesses du commerce des esclaves : sa situation, dans le sud du Jutland et donc à la jonction de différentes régions, a pu favoriser le développement de tels échanges en ce lieu, expliquant la présence de nombreuses importations et monnaies, notamment islamiques. Quant à l'ensemble Kosel-Weseby, il se situait en un lieu pratique pour accoster : en profitant du port naturel créé par la baie et en offrant des conditions parfaites pour échouer des navires de taille moyenne et ainsi les charger et décharger, les habitants du lieu ont pu participer directement à des échanges commerciaux, s'insérant dans les circuits d'échanges du moment, sans systématiquement recourir aux infrastructures de Hedeby. Le mobilier assez riche de la plupart des tombes du cimetière de Thumby-Bienebek, à l'embouchure de la Schlei, confirme que la région abritait une population d'un niveau social élevé (de guerriers et de cavaliers), vraisemblablement en lien avec la richesse générée par le commerce transitant par Hedeby[141]. Dans l'ombre du grand *emporium* de la Schlei, Thumby-Bienebek, Kosel, Winning, en aval de Hedeby, sur la route menant au *wic,* pourraient ainsi former un réseau régional, dans lequel ce dernier était également impliqué. Ces ports ont ainsi pu tirer profit d'une situation assez favorable pour les échanges régionaux et même suprarégionaux, ce qui leur permettait de bénéficier d'une partie des flux drainés par ce port. La toile d'échanges qui se tisse dans la région n'était donc pas nécessairement structurée de façon verticale, dans un

---

139 U. M. Meier, *Die früh- und hochmittelalterliche Siedlung...*, op. cit. ; H. J. Kühn, « Die ländliche Siedlung der Wikingerzeit in Schuby », art. cit. (n. 178, p. 133). Voir la Carte 18 en Annexe 1.

140 D. Meier, « Ländliche wikingerzeitliche und hochmittelalterliche Siedlungen im Umland von Haithabu », dans *Id.* (dir.), *Beretning fra niende tvaerfaglige vikingesymposium,* Højbjerg, 1990, p. 16-32, ici p. 26.

141 M. Müller-Wille, *Das wikingerzeitliche Gräberfeld...*, op. cit., p. 47.

rapport de supérieur à subordonnés, mais peut-être plutôt de façon horizontale, par des systèmes d'échanges parallèles, profitant vraisemblablement de la prospérité impulsée autour de la Schlei par Hedeby, sans être toutefois centralisés par ce port.

Plus au nord, en Norvège, les poids et balances découverts dans 130 endroits (dont une centaine de tombes) autres que Kaupang semblent indiquer que l'*emporium* du Viken n'avait pas non plus l'exclusivité des échanges marchands. La concentration de tels artefacts relevée dans des sites funéraires comme Tune ou Hedrum/Larvik dans le Vestfold, où les tombes qui en contenaient se sont avérées plus nombreuses qu'à Kaupang même, montrerait que d'autres sites dans les environs étaient engagés dans les échanges régionaux, voire suprarégionaux[142]. Plus récemment, la découverte du site productif et commercial de Heimdalsjordet, dans le Sandefjord, confirme également que l'économie monétarisée émergeant à Kaupang n'était pas un phénomène isolé : 183 pièces y ont été mises au jour grâce au détecteur de métaux, ainsi que 147 poids, reflet des fonctions commerciales de ce site côtier[143]. La nature des liens qu'il a pu entretenir avec Kaupang, à une quinzaine de kilomètres, reste encore mal cernée, mais toutes ces importations et accumulations de richesses, signe de la tenue d'échanges commerciaux, non loin d'un grand port, sont peut-être le reflet de l'influence de ce dernier dans sa région. La proximité de Kaupang avec Heimdalsjordet, mais également avec la tombe élitaire de Gokstad à moins d'une vingtaine de kilomètres au nord-est, tendrait par conséquent à indiquer que l'*emporium* du Viken, loin de constituer un phénomène isolé, doit être étudié à la lumière des dynamiques (économiques et politiques) de la région dans laquelle il s'insère et qu'il contribue à animer.

De même, dans les îles Britanniques, la région du détroit du Solent, qui sert de trait d'union entre les deux rives de la Manche avant même l'essor de Hamwic, a pu voir ses activités commerciales connaître un nouveau dynamisme au VIIIe siècle, alors que Hamwic drainait une bonne part des échanges dans cette partie du monde anglo-saxon. Les nombreux *sceattas* découverts dans la vallée de l'Itchen (à Twyford, Winchester, Otterbourne, Cheriton) indiquent en effet qu'un réseau commercial florissant se développe dans la région à partir de la première moitié du VIIIe siècle[144]. Dans ce contexte, l'île de Wight*, tête de pont pour les Saxons de l'Ouest vers le Continent, jouissait d'une situation particulièrement favorable : les environs de Bowcombe/Carisbrooke ont révélé un grand nombre de monnaies, dont plusieurs *sceattas* frappés dans le Bas-Rhin ou en Frise, ainsi qu'au Jutland[145]. Tous les échanges se déroulant dans cette région n'avaient pas

---

142 Voir la Carte 20 en Annexe 1.

143 S. H. Gullbekk, « Vestfold... », art. cit.

144 K. Ulmschneider, *Markets...*, *op. cit.*, p. 152-172. Voir la Carte 10 en Annexe 1.

145 *Ead.*, « Archaeology... », art. cit., p. 32 ; C. J. Young (dir.), *Excavations at Carisbrooke Castle, Isle of Wight, 1921-1996*, Salisbury, 2000.

forcément pour point de départ ou d'arrivée Hamwic, pourtant tout proche, mais la présence de ce port, sur l'autre rive du Solent, a très certainement joué dans l'essor de cette île. Ce *wic* est ainsi la force motrice de cette partie méridionale de l'Angleterre : tous les flux commerciaux ne passaient pas nécessairement par Hamwic, mais, sans lui, ils n'auraient probablement pas pris une telle ampleur.

Les régions abritant les *emporia* apparaissent par conséquent comme des ensembles de sites, des régions au sens d'« espaces fonctionnels », dotés d'une cohésion interne en termes de fonctions économiques et parcourus par des flux d'échanges les reliant à d'autres espaces régionaux ou suprarégionaux. Une bonne part de l'existence, des activités et de la richesse des sites implantés dans ces régions, souvent sur la côte ou non loin de là, reste toutefois indirectement liée à la proximité d'un *emporium* : ils participent au dynamisme économique de leur région, mais cette richesse, aux causes purement exogènes, en fait des villages fortement dépendants d'un port marchand plus important, avec lequel ils semblent vivre en lien étroit, mais sans avoir d'existence propre. Seuls, ils ne sont par conséquent pas viables du point de vue économique, à tel point que la plupart d'entre eux ne survivent visiblement pas à la ruine de leur poumon économique : Elisenhof semble s'effacer au cours du XIᵉ siècle, alors que Hedeby disparaît, et la majorité des tombes de Thumby-Bienebek datent du temps de son apogée, au Xᵉ siècle ; dans l'arrière-pays de Dorestad, Witla*, port de l'île de Voorn assez important au début du IXᵉ siècle pour être qualifié d'*emporium* dans les *Annales de Fulda*[146], ou encore Medemblik*, sur la route entre Dorestad et la Scandinavie, voient leurs activités commerciales fortement chuter, en même temps que le grand *wic* frison décline.

3.3.2. Des sites « étouffés »

La participation active des grands *emporia* au dynamisme des territoires dans lesquels ils s'inséraient a toutefois pu aussi entraver le développement de certains autres sites portuaires et commerciaux dans la région, ne leur laissant pas l'espace ni le marché suffisants pour pouvoir prendre leur essor. C'est ainsi particulièrement le cas de la région du delta du Rhin, où la plupart des sites secondaires ne semblent pas vraiment se développer du temps de l'apogée de Dorestad : le grand port rhénan a ainsi pu faire de l'ombre à Domburg, surtout à partir de la seconde moitié du VIIIᵉ siècle. Inversement, à la suite de son déclin dans la seconde moitié du IXᵉ siècle, plusieurs autres ports et marchés commencent à croître et à voir leurs activités s'intensifier. Le puissant *emporium*, à une quarantaine de kilomètres en aval de Nimègue et de sa résidence royale, a dû largement freiner les possibilités

---

146 *AF*, aᵒ 836.

d'expansion de ce site en direction de l'ouest ; et Rijnsburg*, un des nombreux points d'accostage sur la côte frisonne de la mer du Nord, en dépit de quelques traces d'activités métallurgiques (restes de fours, scories...) et de travail du verre dans la phase la plus ancienne des VII⁰ et VIII⁰ siècles, ne prend toute sa place dans le système d'échanges régional qu'au cours de la seconde phase, à partir des IX⁰ et X⁰ siècles, ce qui pourrait indiquer que, jusque-là, son essor avait été contrarié par Dorestad[147]. Deventer*, marché de taille modeste jusqu'à la fin du VIII⁰ siècle, et Tiel ne paraissent pas non plus avoir eu leurs chances tant que le grand *wic* frison était florissant, captant l'essentiel des flux régionaux et suprarégionaux à son profit : c'est son déclin qui leur permettrait, à partir de la fin du IX⁰ siècle, de s'insérer à leur tour dans les réseaux à longue-distance[148].

La situation paraît assez similaire dans la vallée de la Canche, où Quentovic a visiblement canalisé une grande partie des échanges régionaux et suprarégionaux du temps de son apogée. Avant le IX⁰ siècle, Étaples* ne semble ainsi pas avoir connu un développement économique particulièrement remarquable, alors même que le site paraissait relativement important à l'époque gallo-romaine : il faut attendre la période du déclin de Quentovic pour voir Étaples commencer à se développer à son tour, alors que, plus en amont, le *wic* de la Canche est progressivement en train de s'ensabler, conséquence de l'arrêt de la transgression. Cela pourrait expliquer que, en 852, l'abbé Loup de Ferrières préfère cet autre port pour faire décharger le plomb qu'il a commandé en Angleterre pour la couverture de son église[149] : à partir du milieu du IX⁰ siècle, Étaples joue visiblement de plus en plus le rôle d'avant-port de Quentovic, avant que ce dernier ne disparaisse progressivement du système des échanges dans la région. Jusque-là, l'essor de Quentovic, voisin « trop puissant », a pu entraver celui d'Étaples, l'empêchant « d'atteindre les grands rôles »[150]. À une cinquantaine de kilomètres plus au nord, Wissant* a également pu bénéficier de ce déclin pour devenir un port actif pour le trafic transmanche, où se presse au XI⁰ siècle « une foule d'hommes de guerre et de marchands, qui souhaitaient tous ardemment passer en Angleterre à la faveur d'une mer haute »[151].

---

147 M. Dijkstra, « Between Britannia and Francia. The Nature of External Socio-economic Exchange at the Rhine and Meuse Estuaries in the Early Middle Ages », dans *Bodendenkmalpflege in Mecklenburg-Vorpommern*, 51, 2004, p. 397-408, ici p. 402-404.

148 B. Päffgen, « Urban Settlements and Sacral Topography in the Rhineland at the Time of the Viking Raids », dans R. Simek et U. Engel (dir.), *Vikings on the Rhine...*, *op. cit.*, p. 83-109, ici p. 94-96.

149 Loup de Ferrières, *Correspondance*, vol. II, *op. cit.*, n⁰ 84, p. 70-73.

150 H. Le Bourdellès, « Les ports de la Canche à l'époque gallo-romaine et dans le haut Moyen Âge », dans A. Lottin, J.-C. Hocquet et S. Lebecq (dir.), *Les Hommes et la Mer dans l'Europe du Nord-Ouest : de l'Antiquité à nos jours* (Actes du colloque de Boulogne-sur-Mer, 15-17 juin 1984), Villeneuve-d'Ascq, 1986, p. 179-188, ici p. 183-184.

151 Hariulf, *Chronicon Centulense...*, *op. cit.*, p. 241.

3.4 Concurrence et complémentarité des activités maritimes

3.4.1. Des sites concurrents

Lorsqu'une région se développe fortement, avec plusieurs sites dynamiques importants, le risque devient grand qu'ils entrent en compétition. La question se pose notamment pour Hamwic et les sites de l'île de Wight* : ces derniers se contentaient-ils de bénéficier du dynamisme généré par l'*emporium* ou avaient-ils développé des activités assez similaires à celles de Hamwic, jusqu'à le concurrencer dans certains domaines ? La *Vie de saint Willibald* mentionne par exemple, pour le VIIIᵉ siècle, ce qui semble s'apparenter à un port de mouillage à l'embouchure de la rivière Hamble, qui se jette dans le détroit du Solent[152] : Hamblemouth, « près du marché de Hamwic »[153], a pu servir pour accoster au terme d'une traversée de la Manche, et ce en dépit de la proximité de ce *wic*. Les archéologues qui ont fouillé ce site vont même jusqu'à envisager qu'il s'agisse du lieu de frappe des *sceattas* du type 48 de la série H, ce qui reviendrait à faire de ce site un concurrent direct de Hamwic en matière commerciale et monétaire[154]. De l'autre côté du Solent, les traces d'un centre économique retrouvées dans la région de Newport (notamment des monnaies), sur l'île de Wight, et les objets de luxe et d'importation découverts dans les cimetières de Bowcombe Down et Carisbrooke Castle suggèrent la présence de sites assez riches, qui ont pu concurrencer Hamwic, sur l'autre rive du détroit. Ils ont pu bénéficier de leur position avancée dans le Solent, en aval de Hamwic, alors que ce dernier était légèrement plus en retrait, ce qui en faisait des têtes de pont anglo-saxonnes idéales pour une traversée vers le Continent. Cela revient à remettre en question à la fois le « fort degré de spécialisation » et le « caractère unique » du *wic* à l'échelle régionale, qui n'a probablement pas été « le seul port marchand du Wessex au VIIIᵉ siècle »[155].

En Frise, Domburg, sur l'île de Walcheren, tête de pont frisonne vers le monde anglo-saxon, est peut-être le seul site commercial à avoir pu vraiment égaler Dorestad. Les deux ports connaissent en effet une période d'existence commune, de la seconde moitié du VIIᵉ siècle au début du IXᵉ. Si Domburg, déjà occupé à l'époque romaine et connaissant un nouvel essor à partir du VIᵉ siècle, a probablement bénéficié de la prospérité commerciale de Dorestad, on peut supposer qu'il est allé jusqu'à le concurrencer sur le terrain des échanges outre-manche, du moins jusqu'à la seconde moitié du VIIIᵉ siècle, avant la période d'apogée du *wic* rhénan. La position plus avancée dans la mer du Nord du port

---

152 Voir la Carte 10 en Annexe 1.

153 Huneberc de Heidenheim, *Vita Willibaldi...*, *op. cit.*, p. 91.

154 V. Birbeck *et al.*, *The origins...*, *op. cit.*, p. 190.

155 É. Lorans, « Les élites et l'espace urbain... », art. cit. (n. 194, p. 232).

de Walcheren par rapport à Dorestad, légèrement plus en retrait à l'intérieur des terres, a dû jouer dans cette possible concurrence, un peu comme pour l'île de Wight par rapport à Hamwic. Au cours du VIIIe siècle, lorsque l'*emporium* rhénan se développe à son tour, Domburg, ne parvenant plus à faire le poids face à son dynamisme commercial, a alors pu entrer dans sa sphère d'influence et en devenir une sorte d'avant-port en direction du sud-est britannique : Domburg n'est alors plus « qu'un maillon parmi d'autres dans le système des relations entre le sud-est britannique et le continent »[156]. Inversement, il est possible qu'à une période de relative hégémonie de Dorestad du temps de son apogée succèdent des formes de concurrence croissantes à partir de la seconde moitié du IXe siècle, alors que le *wic* rhénan amorce son déclin.

De même, Rouen a pu, dans une certaine mesure, faire concurrence à Quentovic pour la traversée de la Manche : à la fin du VIIe siècle, le groupe des Mauront et des Pippinides passe visiblement plutôt par le *wic* de la Canche, pour gagner semble-t-il de préférence Lundenwic, tandis que les Faronides semblent privilégier le port de la Seine, pour se rendre plutôt vers Hamwic. La traversée dans l'autre sens de Wilfrid et Boniface confirme l'étroitesse des liens entre Quentovic et Lundenwic, comme celle de Willibald entre Rouen et Hamwic[157]. Des itinéraires parallèles, voire concurrents, ont ainsi pu exister, recoupant les luttes de pouvoir du moment, mais peut-être aussi des logiques plus économiques, faisant de Rouen le partenaire privilégié du port du Solent – où l'on retrouve par exemple des céramiques de La Londe – et de Quentovic celui du port sur la Tamise, tandis que Domburg paraît entretenir des liens particulièrement étroits avec l'Est-Anglie et son port, Gipeswic[158].

3.4.2. Des sites complémentaires

L'essor des échanges à partir du VIIe siècle a toutefois pu entraîner aussi une forme de répartition des différentes activités entre plusieurs sites d'une même région : les richesses générées étaient peut-être suffisamment importantes pour qu'ils n'entrent pas systématiquement dans des rapports compétitifs. Certains ports ont ainsi pu connaître un essor relativement indépendant, sans être ni subordonnés aux grands *emporia* ni en concurrence avec eux, et développer une certaine complémentarité avec ces derniers. C'était peut-être le cas dans le détroit du Solent, où un site comme Hamblemouth n'est pas nécessairement entré en

---

156 S. Lebecq, « *L'emporium* proto-médiéval de Walcheren-Domburg... », art. cit. (n. 41, p. 15), p. 140.
157 Eddius Stephanus, *Vita Wilfridi, op. cit.*, c. 25 ; Willibald, *Vita Bonifatii, op. cit.*, c. 4 et 5 ; Huneberc de Heidenheim, *Vita Willibaldi..., op. cit.*, c. 3.
158 S. Lebecq, « *L'emporium* proto-médiéval de Walcheren-Domburg... », art. cit. (n. 41, p. 15), p. 140.

concurrence directe avec Hamwic pour le trafic transmanche : une certaine répartition des rôles a également pu s'opérer, avec d'une part des fonctions essentiellement commerciales à Hamwic et d'autre part un point d'arrivée pour les voyageurs après leur traversée de la Manche à Hamblemouth. Il est ainsi possible que ce port ait accueilli essentiellement des personnes, tandis que les marchandises transitaient surtout par Hamwic, seul des deux qualifié de *mercimonium* dans la *Vita Willibaldi*[159]. La proximité des deux ports, loin d'entraîner une forme de concurrence entre eux, a ainsi pu créer une véritable complémentarité fonctionnelle, l'arrivée de voyageurs ne nécessitant pas d'infrastructures portuaires aussi développées que celle de quantités de marchandises volumineuses : pour accueillir des personnes – et éventuellement des marchandises en nombre limité –, un port naturel permettant aux navires d'accoster pouvait suffire, tandis que la mise en place d'un marché accueillant des biens volumineux et en quantité réclamait un certain nombre d'infrastructures (jetées, appontements, débarcadères, entrepôts de stockage…). Une telle hypothèse reste malgré tout difficile à prouver, d'autant que les archéologues n'ont pas, pour l'heure, mis au jour de telles infrastructures à Hamwic, qui a pu se contenter d'une plage naturelle pour l'échouage des navires. Toutefois, d'autres exemples pourraient aller dans le sens de cette supposition. Ainsi, en Suède, sur l'île de Björkö, à quelques centaines de mètres au nord-est de Birka, le petit site de *Salviksgropen* a pu venir compléter le port principal de l'*emporium* : tandis que ce dernier était essentiellement engagé dans des activités commerciales et probablement militaires, le port artificiel de *Salviksgropen* a peut-être accueilli les activités de construction et réparation navales, en lien avec le port principal, ce qui permettait de ne pas encombrer ce dernier avec des activités qui réclamaient de la place.

La complémentarité entre les *wics* et d'autres petits ports peut également faire intervenir un jeu d'échelles : alors que les grands ports marchands concentrent les flux suprarégionaux, d'autres sites des environs pouvaient se consacrer essentiellement aux échanges locaux et éventuellement régionaux. Une telle répartition explique peut-être la multiplicité des sites portuaires dans la région du fjord de la Schlei[160] : Schuby, Kosel* et peut-être même Füsing* ont pu accueillir des activités commerciales et artisanales à une échelle essentiellement locale et régionale, jouant ainsi le rôle de relais locaux du grand *emporium* de la Schlei dans la région. Les conditions d'échouage particulièrement favorables dans la baie de Weseby, par exemple, faisait probablement de Kosel un port d'accostage à l'échelle locale, voire régionale[161]. De façon assez similaire, les sites implantés autour du lac Mälar, tels que Husby/Tumbo, Åshusby et Österåker, ont pu compléter Birka

---

159 Huneberc de Heidenheim, *Vita Willibaldi…, op. cit.*, c. 13.
160 Voir la Carte 18 en Annexe 1.
161 A. S. Dobat, « 'Come together'… », art. cit.

comme places commerciales secondaires, desservant essentiellement les marchés locaux de l'arrière-pays[162]. Quant au port artificiel de *Salviksgropen*, tout proche de Birka, sa profondeur moindre que celle du port principal de l'*emporium* suggère qu'il a pu servir à accueillir, outre les activités de réparation des navires, des bateaux plus petits, possédant un tirant d'eau moins important et venant peut-être de moins loin que ceux qui accostaient plus à l'ouest directement à Birka[163]. Les multiples petits sites sur la côte occidentale du Jutland ont pu assumer des fonctions assez semblables de redistribution et d'animation de l'économie à l'échelle locale, ce que la découverte de l'épave d'un navire datant du VIIe siècle près de Vilslev pourrait confirmer. Dans le sud du monde anglo-saxon, le port de Chichester*, grâce à sa situation favorable sur une côte indentée de nombreuses petites criques et îles, a également pu être engagé dans des échanges maritimes, jouant probablement un rôle commercial à l'échelle régionale, à moins d'une cinquantaine de kilomètres à l'est de Hamwic. Les navires datant de la période anglo-saxonne découverts à Langstone, à environ cent cinquante kilomètres au nord-ouest de Hamwic, sur les rives du Canal de Bristol, et dans le grand port naturel de Poole Harbour, dans le Dorset, à une cinquantaine de kilomètres à l'ouest de Hamwic, dans une sorte de petite baie intérieure, attestent aussi des mouvements côtiers de biens et de personnes, à une échelle peut-être plus régionale que les flux transitant par Hamwic[164]. En Frise aussi, il est probable que des sites comme Nimègue ou Witla* ont essentiellement servi de centres régionaux du temps de l'apogée de Dorestad.

On ne peut donc plus envisager les *emporia* comme les seuls moteurs du développement économique : ces ports s'inscrivent dans une « région », au sens géographique du terme, mais aussi, et peut-être même plus, au sens de zone économiquement intégrée, une région qui incluait des campagnes mais également d'autres sites portuaires et productifs. Les liens que tous ces sites pouvaient entretenir ont dû présenter de nombreuses nuances et ne doivent pas par conséquent être réduits à une catégorisation trop systématique, d'autant que le statut exact de la plupart d'entre eux nous échappe largement. La distinction entre un site marchand et un site rural disposant de quelques facilités d'amarrage pour de petits navires reste par exemple assez floue : comme le souligne Stéphane Lebecq, « tout était port en Frise », ce qui ne facilite pas une étude différenciée[165]. Les

---

162 B. Ambrosiani, « Royal manors... », art. cit. (n. 110, p. 332). Voir la Carte 21 en Annexe 1.

163 G. Jones, *A History of the Vikings*, Oxford/New York, 1984 [1968], p. 169.

164 M. Carver, C. Loveluck *et al.*, « Early medieval, AD 400 to 1000 », dans J. Ransley *et al.* (dir.), *People and the Sea. A Maritime Archaeological Research Agenda for England* (*CBA Research Report*, 171), York, 2013, p. 202-239, ici p. 222. Voir les Cartes 10 et 11 en Annexe 1.

165 S. Lebecq, *Marchands...*, *op. cit.*, vol. 1, p. 139.

relations entre différents sites ne sont pas non plus toujours très claires : les céramiques produites dans les ateliers de La Londe passaient-elles ensuite par Rouen ou par Quentovic ? À moins que La Londe n'ait été un site commercial à part entière. Medemblik*, tout en paraissant entretenir des liens de dépendance avec Dorestad, abritait probablement des activités de taille – et pas seulement de redistribution – des pierres de meule en basalte rhénan : en se rangeant dans la catégorie, assez restreinte, des sites de taille, ce port aurait donc en la matière un statut assez équivalent – plus que subordonné – à celui de Dorestad. En dépit de ces difficultés d'interprétation, on commence à percevoir la grande diversité des sites côtiers impliqués dans des activités commerciales et artisanales au premier Moyen Âge, ainsi que la complexité de leurs relations : dépendance, concurrence, complémentarité n'étaient pas nécessairement incompatibles et ces rapports ont pu varier en fonction des flux (de personnes, de diverses marchandises...), mais aussi au fil du temps.

3.5 Des différences de degré et de nature

3.5.1. Des activités contrastées

Si les échanges commerciaux transitaient par de multiples sites portuaires, on peut se demander ce qui distinguait finalement les *emporia* des autres : ne s'agissait-il que d'une différence de taille et de volume des transactions ? Ou différaient-ils d'une façon plus fondamentale ? Peut-on toujours attribuer à ces grands ports un statut à part ? En même temps, ne risque-t-on pas de sombrer dans l'excès inverse et, après en avoir fait des sites exceptionnels, sans le moindre équivalent, de les « noyer » dans un ensemble de marchés et ports à la taille et aux fonctions très variables ? En effet, il ne s'agit pas de faire du moindre site ayant livré une planche de navire ou quelques modestes objets d'importation un port marchand en puissance. Il existait indéniablement plusieurs endroits pour accueillir voyageurs et marchandises au terme de leur traversée maritime ; cela ne signifie pas que les côtes des mers nordiques étaient couvertes d'un chapelet quasi-ininterrompu de ports. Le tableau de plus en plus complexe que les récentes découvertes dessinent n'est encore qu'une esquisse, parfois quelque peu confuse, dans laquelle les *wics* semblent malgré tout conserver un certain nombre de spécificités, à commencer par les infrastructures portuaires servant à l'accostage et l'amarrage des bateaux, qui deviennent de plus en plus indispensables à mesure que la capacité de charge des navires augmente. Elles n'étaient certes pas l'apanage de ces ports : la découverte sur la côte ouest de la Norvège, en particulier dans le Nord, de hangars à bateaux mesurant jusqu'à quarante mètres de long et datant du Ve au XIVe siècle – visiblement souvent en lien avec des centres politiques et économiques, accueillant des navires de commerce et de guerre[166] – indique par exemple que les *emporia* étaient loin d'avoir le monopole des activités nautiques. Il n'en demeure pas moins que jetées et débarcadères, destinés à faciliter les opérations de transbordement et de stockage, semblent présents dans la plupart de ces établissements portuaires, tandis que la majorité des sites d'accostage se contentent d'un port naturel, constitué d'une plage en pente douce dans un secteur côtier abrité. « Tout était port en Frise », mais tout n'était pas forcément *emporium* ou *wic* : en l'état actuel des découvertes, il est par exemple encore un peu tôt pour classer des sites comme Taillebourg* ou Füsing* dans cette catégorie, ce qui reviendrait en quelque sorte à les placer sur le même plan que des ports tels que Quentovic ou Hedeby, ce qui n'était pas nécessairement le cas[167]. On peut ainsi penser avec Søren M. Sindbæk que « de loin, la vue de tous les mâts des navires à voile devait indiquer que [les *emporia*] étaient des lieux uniques et particuliers »[168].

Contrairement à ces ports, nombre des sites secondaires évoqués n'ont visiblement pas connu d'occupation permanente : certains ont pu n'être occupés que pendant quelques mois par an, un peu à l'image du type A de Richard Hodges[169]. Toutefois, ce dernier pensait que les établissements de ce type étaient ensuite remplacés par des sites permanents : une telle évolution paraît au contraire loin d'être systématique. L'étude du port anglo-saxon de Sandtun* montre par exemple que ce site a probablement été fondé et actif à la même époque que les grands *emporia*, entre la fin du VIIe et le milieu du IXe siècle, mais il n'y a, en l'état actuel des découvertes, aucune trace permettant de conclure qu'un établissement permanent lui aurait succédé. Il reste en outre encore difficile de déterminer s'il existait alors beaucoup d'autres sites côtiers similaires ou si Sandtun était à son tour une exception – en raison de sa position près du point le plus court pour traverser la Manche.

Si l'on se fie aux données disponibles pour l'instant, il semble bien y avoir une différence d'échelle entre les *emporia* et les autres sites, les volumes échangés dans les premiers étant plus importants que dans des sites visiblement de taille

---

166 O. Grimm, *Großboothaus – Zentrum und Herrschaft. Zentralplatzforschung in der nordeuropäischen Archäologie (1.-15. Jahrhundert)*, Berlin/New York, 2006 ; A. E. Herteig, « The coastal courtyard-sites in Norway from the 1st millennium AD », dans H. Galinié (dir.), *Les Mondes Normands (VIIIe-XIIe s.)*, Caen, 1989, p. 9-15 ; B. Myhre, « Boathouses as Indicators of Political Organization », dans *NAR*, 18 (1-2), 1985, p. 36-60.

167 J. Soulat insiste sur la prudence qui s'impose encore pour qualifier Taillebourg de *wic* (J. Soulat, « Le port de Taillebourg – Port d'Envaux et les contacts avec le Nord-Ouest de l'Europe », dans A. Dumont et J.-F. Mariotti (dir.), *Archéologie et histoire du fleuve Charente...*, *op. cit.*, p. 249-262, ici p. 260-262) et Andres S. Dobat préfère parler de *landing-sites* pour qualifier les sites de la Schlei autres que Hedeby, tels que Kosel ou Schuby (A. S. Dobat, « 'Come together'... », art. cit. p. 61-70).

168 S. M. Sindbæk, « Introduction : The World in the Viking Age », dans S. M. Sindbæk et A. Trakadas (dir.), *The World...*, *op. cit.*, p. 8-11, ici p. 11.

169 R. Hodges, *Dark Age Economics...*, *op. cit.*, p. 50-52.

inférieure et abritant des activités moins variées. Dans les *wics*, la concentration des richesses paraît bien plus importante, comme le souligne l'épisode du raid mené en 842 sur Quentovic : après le pillage, les habitants sont encore en mesure de payer une rançon pour conserver les bâtiments debout[170]. Par ailleurs, certaines activités semblent être restées l'apanage des *emporia*, en particulier le travail du verre pour faire des perles, qui n'a pu avoir lieu, pour la Scandinavie des VIIIᵉ et IXᵉ siècles, que dans un nombre limité de sites, en particulier Ribe, Åhus et Reric, nœuds sur les routes commerciales où l'accès à la matière première était garanti et où se trouvaient également les artisans maîtrisant cette technique[171]. Ces grands ports ont ainsi pu bénéficier d'une forme d'« exclusivité » pour la réalisation de perles en verre, mais aussi de peignes en bois de cervidés ou en os, ce qui ferait de la présence d'activités artisanales nécessitant des matières premières d'importation un critère de distinction assez net entre les différents types de sites. D'autres tâches, à la base moins discriminantes, comme tout ce qui a trait à la production textile, semblent quant à elles voir se développer une forme de spécialisation : en la matière, la différence n'est donc pas simplement de degré mais également de nature, les *emporia* abritant des activités à la fois très spécifiques et plus diversifiées que les autres sites portuaires et productifs.

Ici aussi, la distinction a également pu se faire en termes d'échelle, avec plusieurs réseaux, fonctionnant à des niveaux différents mais s'imbriquant les uns dans les autres[172]. Cela permet d'envisager que d'autres sites portuaires aient éventuellement assumé des fonctions similaires à celles des *wics*, mais à une échelle inférieure : largement régionale et suprarégionale pour ces derniers et essentiellement locale pour les ports secondaires. Entre ces différents sites une forme de complémentarité des échelles a donc pu se mettre en place, contribuant à les distinguer. Dans une région donnée, les *emporia* ont pu jouer un rôle moteur en commençant à s'impliquer dans les échanges en plein essor dans le bassin des mers nordiques et à développer leurs activités à une échelle jusqu'alors inégalée, avant que d'autres sites, profitant du dynamisme généré, ne prennent à leur tour leur essor. Le pichet récemment découvert à Ribe, fabriqué dans le nord de la France ou de la Belgique au tout début du VIIIᵉ siècle, pourrait aller dans ce sens[173] : sa présence dans la terre jutlandaise atteste l'existence de liens avec le Continent, faisant de Ribe un lieu à part, avant même le début de l'époque viking ; pour pouvoir en conclure à l'intégration précoce de cet *emporium* dans des réseaux à longue-distance, des découvertes un peu plus nombreuses seraient toutefois nécessaires.

---

170 *AB*, aᵒ 842.

171 S. M. Sindbæk, *Ruter...*, *op. cit.*, p. 75-77 ; J. Callmer, *Trade beads...*, *op. cit.*

172 S. M. Sindbæk, « Routes and long-distance traffic... », art. cit. Voir le Schéma 2 en Annexe 2.

173 http://sciencenordic.com/ancient-urn-hints-global-trade-network (mis en ligne le 18 juin 2015).

3.5.2. Des degrés de contrôle variables

Le degré de contrôle exercé par le pouvoir politique, se manifestant de façon concrète par le prélèvement de taxes et de droits de péage, fait probablement aussi partie de ce qui distinguait fondamentalement les *emporia* des autres sites : ces grands ports pourraient représenter une économie sous contrôle, tandis que l'intégration politique (et fiscale) des nombreux sites de plage de moindre importance serait beaucoup plus faible. De fait, les possibilités d'embarquement et de débarquement dépassaient le seul cadre des *wics*, mais parmi les différents points qui ont pu remplir ces fonctions tous n'étaient vraisemblablement pas contrôlés de la même façon. Il paraît en effet difficile d'envisager que les élites politiques soient parvenues à contrôler l'ensemble des grandes façades maritimes, le pouvoir n'ayant vraisemblablement pas les moyens de placer des agents dans le moindre site portuaire accueillant quelques voyageurs ou marchandises, alors même qu'il semble déjà peiner à garantir leur sécurité dans des sites de taille intermédiaire tels que Dorchester, comme en témoigne l'assassinat du représentant royal s'y trouvant à la fin du IXe siècle[174]. On peut ainsi supposer que, sans être nécessairement des ports dénués d'importance, tous ces points d'accostage avaient un poids économique et surtout politique probablement secondaire par rapport à celui des grands *emporia*, qui généraient d'importants revenus, notamment sous forme de taxes[175]. Généralement multifonctionnels – abritant des activités de pêche, de réparation des navires, commerciales, artisanales, voire militaires –, ces sites de plage paraissent en effet être majoritairement libres de toute intervention royale. Cette multiplication des ports a même pu compliquer la tâche des agents royaux portuaires, ce que reflète peut-être l'assassinat du *reeve* de Portland/Dorchester en 789 : loin d'un officier suffisamment puissant pour être en mesure de lever les taxes directement et sans contestation, le contrôle royal dans les régions côtières a pu être « sporadique »[176]. Dans ces conditions, le pouvoir politique a certainement préféré concentrer ses moyens et ses hommes sur quelques lieux-clés, optant pour les ports servant au transit de personnages importants (missionnaires, diplomates) et de certains produits jugés stratégiques, et où les volumes échangés étaient les plus importants – et donc à la fois les plus faciles à contrôler et les plus profitables en termes de taxes –, tandis qu'un contrôle beaucoup plus lâche, voire inexistant, a pu constituer le principal atout de sites moins gros. L'épisode du marin Ismaïlouïa commerçant à Sofala, au Mozambique, « sans nulle entrave, sans droits à payer », souligne par exemple que, encore au Xe siècle, l'absence de taxes pouvait faire

---

174 Æthelweard, *Chronicon, op. cit.*, lib. III, c. 1.
175 J. Ulriksen, *Anløbspladser…, op. cit.*, p. 216-228.
176 C. Loveluck, *Northwest Europe…, op. cit.*, p. 198.

toute l'attractivité de certains sites portuaires, de taille probablement moindre que les *wics*[177].

En effet, c'est peut-être aussi précisément ce faible contrôle des activités maritimes qui a permis à un réseau de communication d'une telle densité de se développer sur les rives des mers nordiques : imperfection du contrôle politique et intensité du degré de connectivité iraient ainsi de pair. Or, à mesure que les points d'entrée des hommes et marchandises se multiplient, toute forme de contrôle intégral de ces flux se complique. Les récents travaux de Søren M. Sindbæk ont montré que le nombre et la hiérarchie des sites marchands ne peuvent pas être simplement considérés comme le reflet d'une forme de contrôle socio-politique[178] : le dynamisme marchand, motivé dans une certaine mesure par la « recherche du profit », joue un rôle essentiel à la fois dans le succès des ports marchands majeurs impliqués dans le commerce à longue-distance et dans celui des marchés côtiers locaux où se déroulent des activités artisanales et commerciales à une échelle plus restreinte. Ces derniers forment ainsi un réseau de marchés locaux qui n'étaient pas totalement coupés de tout appui politique, mais restaient en marge de toute forme de contrôle trop systématique. De fait, les multiples découvertes de sites côtiers en Angleterre, en Flandre, en Frise et au Danemark tendent à démontrer que les *emporia* n'ont pas réussi à contrôler de façon monopolistique l'accès aux importations et productions de luxe, si ce fut jamais leur fonction. Ils ont toutefois certainement joué un rôle essentiel en tant que centres fiscaux permettant de taxer le gros des échanges maritimes.

Le pouvoir a par conséquent pu s'impliquer à des degrés divers dans le fonctionnement des différents sites portuaires. Les textes mentionnent essentiellement les grands *emporia* parce qu'ils étaient au cœur des préoccupations des élites politiques, alors que de nombreux autres ports, accueillant des fonctions assez similaires mais probablement de taille inférieure, restaient largement à l'écart de l'emprise du pouvoir, et donc absents de la documentation écrite. Ces différents degrés de contrôle sont également à relier aux processus compétitifs mettant aux prises divers groupes aristocratiques et ayant pour enjeu la maîtrise de certains de ces sites portuaires et productifs, à commencer par les *wics*. En témoignent les luttes pour le contrôle de Quentovic et de sa région au VIIe siècle ou celles pour la maîtrise de Reric puis de Hedeby et de la région de la Schlei au début du IXe siècle : dans le cadre de la consolidation des pouvoirs politiques et de la formation des royaumes, la mainmise sur les *emporia* constitue un enjeu (à la fois économique et symbolique) majeur, ce qui n'était de toute évidence pas le cas des autres sites secondaires, générant des revenus plus faibles et jugés moins stratégiques.

---

177 Buzurg Ibn Shahriyâr (?), *Kitâb adjâ'ib yib al-Hind...*, *op. cit.*, c. XXXI.
178 S. M. Sindbæk, *Ruter...*, *op. cit.*, notamment p. 38-41 et p. 268-269 ; *Id.*, « Networks... », art. cit.

Toutefois, entre implication du pouvoir et développement économique, il n'est pas toujours aisé de déterminer quelle est la cause et quelle est la conséquence : le pouvoir semble accorder un intérêt plus faible aux sites dont la taille et les activités n'ont pas atteint la même ampleur que dans les *wics*, mais cette taille moindre est peut-être aussi la conséquence de ce relatif désintérêt. Si l'essor de ces ports semble précisément correspondre au moment où le pouvoir commence à s'en préoccuper, les autres sites côtiers ont pu voir leur croissance entravée par l'absence de soutien et de protection du pouvoir ou au contraire encouragée par l'absence de taxes et de préemptions, en fonction du contexte (politique, social, économique) dans lequel ils s'inséraient. En la matière, les nuances régionales et chronologiques rendent par conséquent toute généralisation délicate.

En effet, au décalage chronologique entre mondes franc, anglo-saxon et scandinave, s'ajoutent d'autres nuances régionales : le grand nombre de lieux d'accostage sur les côtes danoises, en particulier dans les parties septentrionale et orientale, reflète peut-être l'existence d'ensembles politiques distincts, n'ayant pas le même poids politique et ne s'appuyant pas sur les mêmes points d'ancrage[179]. Le pouvoir royal en train de s'affirmer commence alors à consolider son emprise dans le sud et le centre du Jutland, où se situent précisément Ribe et Hedeby, tandis que tout au nord, dans la région du Limfjord, les nombreux sites dotés de fonctions commerciales et productives, comme Sebbersund (VIIIe-XIe siècle), Lindholm Høje (VIIe-IXe siècle) ou Aggersborg (VIIIe-Xe siècle), sont peut-être le reflet de pouvoirs plus éclatés entre différents groupes aristocratiques[180]. Sebbersund, où l'on a retrouvé des traces de production artisanale (textile, bijoux), jouit par exemple d'une situation très favorable, à l'entrée du fjord, lui permettant d'échanger avec la Norvège et le monde anglo-saxon[181]. La grande concentration de découvertes faites le long de la rivière Hellegård, au sud du Limfjord, suggèrerait également la présence de lieux d'accostage dans cette région[182] ; une concentration qui recoupe d'ailleurs celle, plus tard, des manoirs médiévaux ; et le *triens* de Madelinus découvert à Gadegård est probablement le signe d'une présence élitaire dans la région[183], qui semble donc contrôlée à l'époque viking – et même avant – par des groupes vraisemblablement différents de celui qui est en train de s'imposer plus au

---

179 A. Nissen-Jaubert, « Un ou plusieurs royaumes danois ? », art. cit., p. 152.

180 D. Meier, *Die wikingerzeitliche Siedlung von Kosel...*, *op. cit.*, p. 272-273. Voir la Carte 16 en Annexe 1.

181 P. Birkedahl et E. Johansen, « The Eastern Limfjord in the Germanic Iron Age and the Viking Period. Internal Structures and External Relations », dans *Acta Archaeologica*, 71, 2000, p. 25-33, ici p. 28-29.

182 L. H. Olesen, « Vikingetid i Vestjylland », dans L. Bender Jørgensen et P. Eriksen (dir.), *Trabjerg. En vestjysk landsby fra vikingetiden (Jysk Arkæologisk Selskabs Skrifter, XXXI :1), Aarhus, 1995, p. 79-106, ici p. 103-106.

183 K. Bendixen, W. J. De Boone et A. Pol, « Finds of sceattas from Scandinavia », art. cit. (n. 49, p. 169). Voir la Carte 16 en Annexe 1.

sud, du moins jusqu'au xᵉ siècle. Par la suite, la dynastie de Jelling entreprend de quadriller l'ensemble du territoire jutlandais, comme en témoigne le choix d'un de ces sites éloignés, Aggersborg (VIIIᵉ-xᵉ siècle), pour implanter la plus grande des forteresses circulaires (avec un diamètre intérieur de 240 mètres) à la fin du xᵉ siècle[184] : on y a retrouvé des traces de céramique de la Baltique et de Tating, de la stéatite, du verre, des pierres de meule en basalte rhénan, des perles en verre et en ambre. Désormais, le nord du Jutland, notamment la région stratégique du Limfjord, est également passé sous le contrôle de la famille de Harald à la Dent Bleue. Le fjord de Roskilde a lui aussi dévoilé plusieurs sites de plage de l'époque viking, tels que Selsø-Vestby ou Lynæs, qui n'étaient vraisemblablement pas tous reliés à un réseau fait de relations commerciales denses et systématiques[185]. À la fin du xᵉ et au xiᵉ siècle, ces sites d'accostage s'effacent progressivement, mais les *emporia* aussi, pour laisser place à de nouveaux ports comme Roskilde ou Odense : la fin de l'éclatement politique du Jutland a peut-être entraîné la fin de la pluralité des systèmes économiques qui semblaient coexister jusque-là.

Au total, il apparaît donc de plus en plus nécessaire d'envisager des circuits commerciaux impliquant un plus grand nombre de ports et marchés que les schémas traditionnels n'incitaient à le faire. Les *emporia* ne peuvent plus être abordés de façon isolée : ils doivent être réinsérés dans une région plus vaste, comprenant d'autres sites portuaires et productifs, avec lesquels ils entretiennent des liens plus ou moins forts. Ce sont désormais les sociétés maritimes dans leur ensemble qui apparaissent de plus en plus comme des agents actifs dans les changements économiques et sociaux qui affectent alors l'Europe en profondeur. Les *wics* semblent toutefois jouir d'une place de choix dans les réseaux commerciaux de l'époque : ils n'étaient qu'un des maillons d'une chaîne d'échanges complexe, impliquant des acteurs et des échelles très variés, dans le cadre de réseaux protéiformes, mais un maillon probablement plus gros que les autres. Même sans dimension monopolistique, ces ports apparaissent bien comme les « têtes de pont » d'espaces en cours de hiérarchisation, dans un contexte compétitif d'affirmation des groupes élitaires[186]. Cette vaste réorganisation, qui touche une grande partie de l'Europe entre le viiᵉ et le xᵉ siècle, est ainsi à la fois territoriale et politique. En faisant le lien entre les échelles locale, régionale et suprarégionale, les *emporia* se situent donc au cœur de formes d'interconnexion, faisant apparaître l'ensemble Manche-mer du Nord-Baltique comme un espace – davantage que comme quelques points – dans lequel l'accessibilité prime sur la

---

184 E. Roesdahl *et al.* (dir.), *Aggersborg...*, *op. cit.* Voir la Carte 17 en Annexe 1.

185 J. Ulriksen, « Danish coastal landings places and their relation to navigation and trade », dans J. Hines, A. Lane et M. Redknap (dir.), *Land...*, *op. cit.*, p. 7-26 ; *Id.*, *Anløbspladser...*, *op. cit.*

186 R. Le Jan, « Les élites neustriennes... », art. cit. (n. 19, p. 194).

distance physique, une zone qui permet à d'autres sites de se développer, contribuant à créer un véritable « bassin économique » autour des mers nordiques ; un espace dynamique plusieurs siècles avant le développement de la Hanse[187], mais un espace qui n'était peut-être pas si isolé à l'échelle du globe que l'on a longtemps voulu le croire.

4. L'histoire globale des *emporia*

> *Abhara [...] s'embarqua sur un navire chinois. Enfin il devint capitaine, traversa la mer en tous sens et fit sept fois le voyage de la Chine. Personne avant lui n'avait achevé cette traversée sans accident*[188].

À l'heure de l'histoire globale (ou connectée), il convient d'élargir encore davantage l'horizon et de replacer dans une perspective plus globale les sociétés médiévales européennes, contemporaines d'autres sociétés (africaines, asiatiques...), en tentant de « saisir du même mouvement ces deux dynamiques contradictoires, de rapprochement et d'éloignement »[189]. Cette approche globale, privilégiant les interdépendances, permet de poser la question des connexions lointaines, depuis l'ensemble Manche-mer du Nord-Baltique jusqu'à l'Afrique et l'Asie, en passant par le Califat[190]. De plus en plus, l'historiographie considère en effet la période viking sous un nouvel angle, plus large, en s'appuyant sur les voyages maritimes des confins de la Scandinavie jusqu'en Méditerranée, du golfe Persique à l'Afrique orientale et jusqu'en Chine[191]. Les échanges commerciaux ne se cantonnaient pas au nord de l'Europe, mais concernaient aussi des contrées plus éloignées, comme le continent africain. Commerce, pillage, exploration et réseaux maritimes ne se limitaient pas aux ports septentrionaux : dans d'autres régions du monde, personnes, marchandises et idées circulaient aussi sur de grandes distances, faisant émerger des nœuds, dans lesquels se développaient de nouvelles cultures et communautés, faites d'échanges, de brassages et de syncrétismes.

---

187 Dont l'essor commence vers le milieu du XIIᵉ siècle, avec la fondation de Lübeck par le duc de Saxe Henri le Lion (1142-1180).

188 Buzurg Ibn Shahriyâr (?), *Kitâb adjâ'ib yib al-Hind...*, *op. cit.*, c. XLV.

189 C. Grataloup, G. Fumey et P. Boucheron (dir.), *L'Atlas Global*, *op. cit.*, p. 17.

190 Tout au long de cette partie, on pourra se référer à la Carte 3 en Annexe 1.

191 En témoigne l'important colloque international, *Maritime Networks and Urbanism in the Early Medieval World*, qui s'est tenu les 11 et 12 avril 2013, au Musée des Bateaux Vikings de Roskilde (Danemark), et qui préparait la grande exposition *The World in the Viking Age*, présentée dans ce même musée du 11 avril au 30 décembre 2014 : http://www.vikingeskibsmuseet.dk/en/news/archive/2013/march/article/maritime-networks-and-urbanism-international-research-conference-1/ et http://www.vikingeskibsmuseet.dk/en/exhibitions/special-exhibition-2014-the-world-in-the-viking-age/ (consulté en mai 2015).

4.1 Relier les mers nordiques, la Méditerranée et l'océan Indien

Les travaux d'Henri Pirenne ont profondément marqué les études sur l'économie médiévale, mais en cloisonnant peut-être un peu trop les différents espaces, à commencer par le bassin des mers nordiques et le bassin méditerranéen : près d'un siècle de fouilles archéologiques et de recherches historiques plus tard, il est temps de passer « d'une mer à une autre »¹⁹², en suivant par exemple le parcours des lettres du diplomate byzantin Théodose¹⁹³, de Constantinople au Danemark, le trajet qu'effectua l'envoyé du calife de Bagdad, Ibn Fadlân, parti de Bagdad pour gagner, quelques 3 000 kilomètres plus loin, l'Europe centrale¹⁹⁴, ou encore les marchands suédois arrivés en terre rous, d'où ils gagnent la mer Noire puis Byzance et même, pour certains, la Caspienne, après avoir traversé le lac Ladoga. Les échanges de verre – notamment les *tesserae*, tesselles de différentes couleurs pouvant être refondues pour fabriquer par exemple des perles –, produit dans la région méditerranéenne (en particulier en Italie), mais également le commerce des esclaves devaient contribuer activement à mettre en relation espaces nordique et méditerranéen. Au IX⁰ siècle, des *emporia* méridionaux comme Venise étaient probablement en lien avec les ports nordiques, par l'intermédiaire de l'Empire carolingien¹⁹⁵ : c'est le trajet suivi par le diplomate byzantin Théodose, parti de Constantinople pour Venise puis Trèves et qui envoie des lettres au Danemark. Dans le delta du Pô, non loin de l'Adriatique, Comacchio présente d'ailleurs un certain nombre de similitudes avec les ports des mers nordiques, en termes d'infrastructures portuaires, d'activités artisanales et commerciales¹⁹⁶. Charlemagne lui-même avait d'ailleurs conçu le projet pharaonique d'un canal qui aurait relié le Danube au Main – et donc au Rhin –, la « Fosse Caroline », mettant ainsi en relation la mer Noire et la mer du Nord et donc plus largement le bassin méditerranéen et celui des mers septentrionales¹⁹⁷ : commencé mais jamais mené à terme, ce projet reste malgré tout la preuve flagrante que, même dans l'esprit des contemporains, il était évident que ces deux espaces entretenaient des liens étroits.

Au-delà même du bassin méditerranéen, certains sites portuaires, sur les rives des différentes mers du globe, ne sont pas non plus sans faire penser aux *wics*

---

192 S. Gelichi et R. Hodges (dir.), *From one sea...*, *op. cit.*

193 J. Shepard et J.-C. Cheynet, « Theodosios' voyages », dans S. M. Sindbæk et A. Trakadas (dir.), *The World...*, *op. cit.*, p. 68-73.

194 Ibn Fadlân, *Voyage chez les Bulgares...*, *op. cit.*

195 M. McCormick, *Origins...*, *op. cit.*, p. 361-369 et p. 523-531.

196 S. Gelichi *et al.*, « The history of a forgotten town... », art. cit. ; M. McCormick, « Comparing and connecting... », art. cit. (n. 28, p. 66).

197 *ARF*, a° 793 ; R. Koch, « Fossa Carolina. Neue Erkenntnisse zum Schifffahrtskanal Karls des Großen », dans K. Elmshäuser (dir.), *Häfen, Schiffe...*, *op. cit.*, p. 54-70 ; R. Molkenthin, *Straßen aus Wasser...*, *op. cit.*, p. 54-80 ; K. Spindler, « Der Kanalbau... », art. cit.

nordiques : de nouveaux centres urbains, nœuds dans les réseaux économiques et même sociaux en train de se mettre en place, apparaissent aussi dans le golfe Persique et l'océan Indien, encadrés par deux puissants empires, les Abbassides au Proche-Orient (750-1258) et la dynastie Tang en Chine (619-907). L'essor du commerce maritime semble ainsi toucher des régions maritimes très éloignées les unes des autres, de l'Afrique à la Scandinavie et de l'Europe occidentale au monde oriental : à peu près à la même époque qu'apparaissent des sites septentrionaux comme Dorestad, Ribe, Birka, Wolin ou Truso, émergent en Méditerranée des ports comme Venise ou Comacchio, se développe le commerce maritime chinois au milieu de la période Tang, ou encore naissent des *emporia* africains comme Unguja Ukuu (VIIe-Xe siècle) sur la côte méridionale de l'île de Zanzibar[198] ou Kilwa sur la côte est-africaine (en actuelle Tanzanie). Cette dernière, sujette aux vents de mousson d'avril à août dans un sens, puis de décembre à mars dans l'autre, se prêtait particulièrement bien au commerce maritime[199]. Kilwa, port swahili qui se développe à partir du IXe siècle, se démarque de sa campagne environnante par le plus grand accès qu'avait sa population aux biens d'importation et de luxe : ces objets deviennent des marqueurs sociaux créant une forme d'« urbanité », faisant émerger des formes de communautés portuaires, à l'image de ce qui s'opère à la même époque dans les *wics* européens. On a également retrouvé des céramiques turquoises à glaçure alcaline et des perles des VIIIe-Xe siècles en cornaline d'Inde, probablement originaires du Gujarat, dans des villages de l'actuelle Tanzanie qui ont également livré des traces d'activités artisanales : Tumbe, Shanga ou Unguja Ukuu, et même jusqu'au lac Victoria[200]. Autant d'éléments qui pourraient faire de ces villages de la côte swahilie des *emporia* africains, mettant en relation ces sociétés villageoises avec les réseaux commerciaux à longue-distance, dans lesquels ils s'inséraient également par des exportations de matières premières (ivoire, or, fer) et d'esclaves. Dans son récit, le célèbre navigateur persan dit « Sindbâd le Marin », dont les aventures se situeraient vers 806-807 et auraient été mises par écrit entre 835 et 840, évoque la vente de défenses d'ivoire africaines dans le port d'Hormuz, la cannelle et le poivre qui poussent sur la côte orientale de l'Afrique et même le bois d'aloès des Maldives, sur la route vers l'Inde. La situation même de ces ports swahilis, à la périphérie des mondes musulman et africain, n'est pas sans évoquer celle des ports des mers nordiques : ces sites côtiers « formaient

---

198 S. Wynne-Jones, A. Crowther et M. Horton, « Zanzibar : a network society », dans S. M. Sindbæk et A. Trakadas (dir.), *The World...*, *op. cit.*, p. 111-114.

199 M. Horton et J. Middleton, *The Swahili...*, *op. cit.* ; S. Wynne-Jones, « Creating urban communities... », *art. cit.*

200 S. Wynne-Jones, « Africa's emporia », dans S. M. Sindbæk et A. Trakadas (dir.), *The World...*, *op. cit.*, p. 51-53 ; H. Jason et S. Wynne-Jones, « India in Africa », dans S. M. Sindbæk et A. Trakadas (dir.), *The World...*, *op. cit.*, p. 64.

une interface ethnique et culturelle entre les Africains des hauts-plateaux et les marchands de l'océan Indien »[201].

À ces routes maritimes s'ajoute l'important réseau de routes terrestres qui irrigue une partie du continent africain. Le monde méditerranéen est ainsi relié au monde subsaharien, soit par voie de terre (à travers le Sahara), soit par voie de mer (par l'océan Indien), et les pouvoirs africains en train d'émerger s'insèrent dans « un vaste système d'échanges qui connecte les différentes parties du vieux monde »[202].

4.2 Rejoindre la route de la soie et gagner la Chine

Sur la rive orientale du golfe Persique, au carrefour de la « Route maritime de la Soie » et du commerce caravanier à l'intérieur des terres, Sirâf est, toujours à la même époque, une grande cité portuaire cosmopolite attirant marins et marchands de tout l'océan Indien (Arabes, Africains de l'Est, Indiens, Javanais, Sumatranais, Chinois...). Ce port est le point de départ du capitaine Abhara, héros au cœur d'un des récits du capitaine Buzurg Ibn Shahriyâr dans son *Livre sur les Merveilles de l'Inde* : à partir de là, il se serait rendu en Chine à sept reprises, probablement au cours du IXe siècle[203]. Toutefois durant l'apogée du commerce abbasside, du milieu du VIIIe au milieu du IXe siècle, c'est Bassora, sur le Chatt-al-Arab, estuaire commun des fleuves Tigre et Euphrate, qui apparaît comme la plus grande cité du golfe Persique[204]. Sohar, un des principaux ports d'Oman, stratégiquement situé à l'entrée du golfe Persique, servait d'escale, en lien avec Sirâf et Bassora, ce qui en faisait un « point névralgique de l'économie du golfe » au Xe siècle[205]. Autre point de départ possible pour la Chine, Aylah, port sur la mer Rouge (dans le port jordanien actuel d'Aqaba) décrit par le géographe arabe al-Muqaddasî lorsqu'il le visite au Xe siècle, a livré quantités d'amphores, de céramiques glaçurées d'Égypte, d'Irak et de Perse, et même de la porcelaine de Chine[206]. La mer Rouge, important « corridor maritime », permet de mettre en

---

201 S. Pradines, « Commerce maritime et islamisation dans l'océan Indien : les premières mosquées swahilies (XIe-XIIIe siècles) », dans *Revue des mondes musulmans et de la Méditerranée*, 130, 2012 (février), p. 131-149.

202 F.-X. Fauvelle-Aymar, « L'Afrique en son âge d'or médiéval », dans C. Grataloup, G. Fumey et P. Boucheron (dir.), *L'Atlas Global*, op. cit., p. 30-31.

203 D. A. Agius, « Abhara's voyages », dans S. M. Sindbæk et A. Trakadas (dir.), *The World...*, op. cit., p. 40-45 ; S. Khakzad et A. Trakadas, « The world in a grain of sand : Siraf », dans S. M. Sindbæk et A. Trakadas (dir.), *The World...*, op. cit., p. 108-110.

204 T. Power, « The Abbasid Indian Ocean trade », dans S. M. Sindbæk et A. Trakadas (dir.), *The World...*, op. cit., p. 46-49.

205 S. Pradines, « Commerce maritime et islamisation... », art. cit. (n. 201, ci-dessus).

206 Al-Muqaddasî, *Kitab aḥsan al-Tàqâsîm fî Ma'rifat al-Aqâlim*, dans *The Best Divisions for Knowledge of the Regions*, éd. B. A. Collins, Reading, 2001, p. 149 ; K. Damgaard, « Aylah, 'Palestine's harbour on the China Sea' », dans S. M. Sindbæk et A. Trakadas (dir.), *The World...*, op. cit., p. 106-107.

relation les différentes cultures de la mer Méditerranée et de l'océan Indien, faisant d'Aylah un nœud au cœur de ces échanges internationaux. À l'image des *wics* nordiques, ce port ne semble toutefois pas avoir revêtu une grande importance administrative ni avoir été une ville particulièrement grande ; mais sa situation, au carrefour des routes maritimes et caravanières, en fait un *emporium* arabe de premier plan à cette époque. On trouve d'ailleurs des cauris, coquillages de porcelaine originaires de la région, datés du VIIᵉ siècle, jusqu'en Angleterre, à Lundenwic, Eoforwic et dans plusieurs cimetières anglo-saxons, preuve que des contacts existaient avec la mer Rouge ou les golfes d'Aden et Persique[207].

Au terme de la traversée de l'océan Indien, explorateurs et marchands pouvaient accoster à Suzhou, centre régional majeur enjambant le Grand Canal, dans la province du Jiangsu (près de l'actuelle Shanghai). Parmi les activités de ce site, la fabrication de la soie occupait une place essentielle : il s'agissait alors d'une des principales exportations chinoises, qui allait jusqu'au Moyen Orient et en Europe, en suivant le réseau des routes caravanières connu précisément sous le nom de « Route de la Soie ». L'essor du commerce maritime au cours des VIIIᵉ et IXᵉ siècles entraîne donc l'émergence d'une « Route maritime de la Soie », qui permet aussi le transport de marchandises lourdes et volumineuses, à l'origine du développement commercial d'une autre production chinoise : la porcelaine[208]. Par l'intermédiaire de Sirâf et d'Aylah, la Chine se trouve par conséquent elle aussi intégrée à ces réseaux maritimes, mais aussi fluviaux et terrestres. Depuis la cité marchande rous de Bolgar, sur la Volga, les marchands suédois peuvent poursuivre leur route à l'intérieur des terres des nomades khazars pour atteindre leur capitale, Itil, sur la Caspienne, terminus de la route de la soie partant de Chine[209] : à Itil, les Scandinaves rencontrent les caravanes de la soie, précieux tissu qu'ils rapportent en Suède, comme en témoignent les fragments découverts dans des tombes à Birka, mais qu'ils peuvent également aller échanger sur d'autres marchés, comme Lundenwic et Eoforwic, où l'on a mis au jour quelques restes de soies byzantine et chinoise. Depuis Itil, ils peuvent aussi décider de gagner ensuite Bagdad, pour y vendre des esclaves par exemple, avant de rentrer chez eux la bourse pleine de dirhams.

Comme dans le bassin des mers nordiques, le Xᵉ siècle semble constituer dans la région du golfe Persique une période-charnière : Sirâf décline à la fin du Xᵉ siècle et Sohar est détruite par les Bouyides en 971. L'important tremblement de

---

207 J. W. Huggett, « Imported grave goods and the early Anglo-Saxon economy », dans *Medieval Archaeology*, 32, 1988, p. 63-96, ici p. 72 et p. 75, Fig. 6.

208 S. M. Sindbæk, « Suzhou, China, and the Maritime Silk Road », dans S. M. Sindbæk et A. Trakadas (dir.), *The World...*, *op. cit.*, p. 121-123.

209 T. S. Noonan, « Khazaria as an Intermediary between Islam and Eastern Europe in the Second Half of the Ninth Century : The Numismatic Perspective », dans *Archivum Eurasiae Medii Aevi*, 5, 1985, p. 179-204, ici p. 202.

terre en 977 a probablement contribué à l'affaiblissement de Sirâf, mais la perte d'influence des Abbassides et la montée des puissances régionales dans le monde musulman sont très vraisemblablement des causes majeures de la diminution du nombre d'établissements portuaires dans le golfe Persique, alors concurrencé par la mer Rouge, avant l'émergence d'autres ports. Comme plus au nord, la vie économique et les échanges sont largement dépendants des facteurs politiques ; et là aussi, lorsque le commerce reprend de plus belle, essentiellement à partir du XIIᵉ siècle, ce sont de nouveaux établissements qui en profitent : Hormuz, qui remplace Sohar, Mascate, très vieux port d'Oman, ou encore l'île de Kish. Le vent a tourné pour Sirâf, Sohar, Aylah, comme pour Quentovic, Hamwic, Hedeby ou Birka, alors qu'une nouvelle ère commerciale s'ouvre.

Unguja Ukuu, Sirâf, Aylah, Suzhou... autant de sites qui s'inscrivent dans un contexte global, entretenant même peut-être des liens matériels directs entre eux, comme pourraient l'indiquer les perles de types identiques, les monnaies, les céramiques et textiles découverts de l'Afrique orientale à l'Asie du Sud, en passant par l'Europe, auxquels on pourrait ajouter des flux similaires de matières premières (fourrures, métaux...) et l'adoption de techniques semblables et d'innovations sociales assez ressemblantes, sans oublier l'important commerce des esclaves. Dans ces conditions, les activités des Frisons et des vikings dans les mers septentrionales apparaissent beaucoup moins exceptionnelles : ils prennent place aux côtés des pirates croates ou des guerriers sarrasins, des marchands swahilis et des navigateurs perses, autant de « champions de modèles culturels »[210] poussant à dépasser notre vision monolithique d'un Moyen Âge qui aurait vu le développement d'une civilisation unique, la civilisation européenne. Navires et caravanes permettent aux hommes, marchandises, mais également idées et croyances de traverser les différentes mers et contrées du globe, et pas seulement les mers et terres septentrionales : alors qu'en Scandinavie les missionnaires francs établissent les premières églises entre 825 et 850 dans les *emporia* de Ribe, Hedeby et Birka, plus au sud, la religion musulmane connaît elle aussi une importante diffusion, s'étendant même vers le Nord jusqu'à la Volga. Des copies du Coran circulent de plus en plus largement et des mosquées apparaissent sur la côte orientale du continent africain, en Inde et au Sri Lanka, créant un « univers culturel et économique islamique »[211].

---

210 S. M. Sindbæk, « All in the same boat... », art. cit., p. 85.
211 J. Loiseau, « L'avènement de l'Islam », et F.-X. Fauvelle-Aymar, « L'Afrique en son âge d'or médiéval », dans C. Grataloup, G. Fumey et P. Boucheron (dir.), *L'Atlas Global, op. cit.*, p. 26-27 et p. 30-31 ; S. M. Sindbæk et A. Trakadas, « The journey of ideas », dans *Id.* (dir.), *The World...*, *op. cit.*, p. 124-125.

Cette approche globale du monde au premier Moyen Âge n'en est encore qu'à ses balbutiements et il faut rester prudent face à toute tentative de généralisation, qui tenterait de dégager des similarités sur les rives de toutes les mers du globe, créant ainsi le mythe d'un monde parfaitement unifié dès le IXe siècle. Ce renouvellement historiographique, en dépoussiérant quelque peu le concept des *emporia*, ouvre néanmoins de nouvelles perspectives, qui demandent encore à être approfondies.

5. Conclusion : des synapses au cœur d'un jeu d'échelles

En mettant l'accent sur la grande diversité et multiplicité des sites côtiers, on a atténué la marginalité et l'altérité des *emporia*, qui s'insèrent dans des réseaux polycentriques, qu'ils contribuent à animer, peut-être plus activement que d'autres sites de taille moins importante, mais sans exclusivité. C'est désormais un tableau beaucoup plus complexe qui semble s'esquisser, fait de réseaux commerciaux impliquant de différentes façons et à des échelles diverses de nombreux sites implantés sur les rives des mers nordiques, qui ont pu dépendre de ports principaux comme points régionaux de distribution, mais qui ont aussi pu fonctionner dans des réseaux alternatifs. Pour autant, les *wics* apparaissent toujours comme des synapses : ils occupent une place essentielle dans les réseaux commerciaux, mais plus largement aussi dans les échanges interculturels ; ils assurent le lien à la fois entre différents mondes (franc, anglo-saxon, scandinave, slave) et entre avant-pays maritime et arrière-pays terrien, dotés chacun de modes de vie et de systèmes de valeurs assez différents[212].

L'inscription au cœur d'un jeu scalaire de ces ports, dotés d'un degré de centralité et de nodalité vraisemblablement plus important que d'autres sites plus petits et qui voient se développer des « communautés d'articulateurs », est probablement l'une de leurs spécificités les plus marquantes. Dorestad se situe ainsi à l'articulation de l'embouchure du Rhin, de la Frise et de l'ensemble Manche-mer du Nord ; Quentovic à la charnière entre la Canche, la région de l'actuelle Côte d'Opale et la Manche ; Hamwic à celle du détroit du Solent, du Wessex et de la Manche ; tandis que Ribe met en relation les marais du sud-ouest du Jutland, la péninsule dans son ensemble et la mer du Nord, et que Hedeby assure le lien entre le lac Haddebyer Noor, le fjord de la Schlei et la Baltique. Birka articule l'île de Björkö avec le reste du lac Mälar et au-delà avec la Baltique ; et Kaupang est le lien entre la région de l'actuelle Larvik (dans le Vestfold), le Viken/fjord d'Oslo et la mer du Nord. Menzlin et Wolin, entre Scandinavie au nord-ouest et monde rous au sud-est, entre mers du Nord et Baltique, s'insèrent en même

---

212 Voir le Schéma 2 en Annexe 2.

temps dans des régions dominées par différentes tribus slaves, dans lesquelles les voyageurs peuvent s'enfoncer en suivant la Peene et l'Oder, tandis que plus à l'est, Truso, met en relation Scandinavie et intérieur des terres rous, mais aussi Prussiens baltes à l'est et Poméraniens à l'ouest ; et Staraya Ladoga connecte la Baltique à Constantinople et Bagdad, tout en faisant l'interface avec la région du lac Ladoga. Toutefois, tous les *emporia* ne bénéficient pas du même degré de centralité, de nodalité et d'intermédiarité : Hedeby et surtout Dorestad semblent pourvus, grâce à leur situation géographique mais également grâce à l'appui d'un pouvoir fort et à l'intermédiaire des marchands frisons, d'un fort degré d'intermédiarité, entre Nord et Sud, mer du Nord/Baltique et Méditerranée – en passant par l'Europe centrale –, Est et Ouest, mondes franc et anglo-saxon et contrées slaves. Dans ce tableau se complexifiant, ce n'est donc pas tant la définition des *wics* qui a été fondamentalement modifiée que l'approche globale de l'économie du premier Moyen Âge, une approche plus nuancée, prenant davantage en compte le contexte régional, à la fois politique et économique, en lien avec des réseaux de relations plus ou moins denses et polymorphes.

Enfin, de même qu'on ne peut plus se focaliser sur les seuls *emporia*, il n'est plus possible de se concentrer uniquement sur une partie du monde en ignorant totalement le reste du globe, qui semble bien, dès les premiers siècles du Moyen Âge, avoir développé des activités économiques et des réseaux commerciaux présentant certaines similitudes avec ceux du bassin des mers nordiques. Pour étudier cette époque marquée par l'élargissement des horizons géographiques, il est temps de relier Europe du Nord et Europe méditerranéenne, mais même bien au-delà de sortir de notre vision très européocentrée de l'histoire économique de cette période, « mythe imposé par les Européens pour se penser distincts des autres »[213].

---

213 C. Grataloup, « Le Premier Monde : aux origines de la mondialisation », dans *Id.*, G. Fumey et P. Boucheron (dir.), *L'Atlas Global, op. cit.*, p. 38-39.

CONCLUSION GÉNÉRALE

Et depuis le Nord, cet océan [l'Atlantique] embrasse l'orbe de la terre sur des espaces infinis[1].

B irka était, aux yeux du moine Rimbert, un *vicus* « où se trouvaient de nombreux riches marchands, ainsi que des biens de toutes sortes en abondance, beaucoup d'argent et de trésors »[2]. Ainsi, pour un homme du IXᵉ siècle, l'*emporium* du Nord se définissait d'abord par l'abondance de ses richesses. Toutefois, au terme de cette réflexion, on ne peut pas résumer ce site, ni les autres ports du même genre, à leurs seules richesses : leur dynamisme économique a fait leur force, mais leur fonctionnement apparaît bien plus complexe qu'on ne pouvait le croire, dans une période qui a vu la nature même des échanges être bouleversée.

Pour ne pas réduire les *wics* à leurs seules richesses, il était utile de mettre en évidence les différentes formes d'interdépendance, en n'hésitant pas à faire varier la focale – tantôt en l'élargissant, tantôt en la réduisant – et de s'interroger sur les relations que ces ports entretenaient avec leur région. Dans une période d'effervescence archéologique et historiographique, on a donc tenté de redéfinir la place de ces établissements portuaires dans les sociétés du premier Moyen Âge, en optant pour une approche comparative et interdisciplinaire : l'ampleur géographique et chronologique du sujet a permis de faire ressortir des traits communs et même des formes de cohérence globale, sans pour autant nier les spécificités de chaque site et de chaque période. Cette approche a pu contribuer à pallier certaines lacunes des sources, tout en tentant de voir en quoi ces ports marchands pouvaient être considérés comme l'expression matérielle de la réorganisation des structures des sociétés des VIIᵉ-Xᵉ siècles dans leur ensemble, de la mise en place de nouveaux systèmes, à la fois politiques et économiques, sans toutefois pouvoir répondre à toutes les questions.

1. Des communautés d'interfaces

Situés dans des zones de confluence, entre terre et mer, les *emporia* sont des interfaces géographiques, mais également économiques, politiques, sociales et culturelles : ils font le lien entre outre-mer et intérieur des terres, populations locales et étrangères, échelles suprarégionale et locale. En reliant un vaste avant-pays

---

1 Adam de Brême, *GH*, lib. IV, c. 10.
2 Rimbert, *VA*, c. 19.

maritime et un arrière-pays terrestre plus restreint, ils jouent le rôle de synapses, ce qui en fait des points-clés de l'organisation de l'espace, au cœur de formes de connexion et d'interconnexion[3]. Ni isolés ni autosuffisants, ils accueillent différents types d'échanges, commerciaux mais aussi plus largement interculturels, et jouent un rôle dans les processus de production, distribution, transformation et consommation. Ils contribuent à la circulation des hommes, à la diffusion des objets, mais aussi des idées, croyances et savoir-faire. Ils sont donc des « vecteurs d'échange et de communication » entre plusieurs groupes – ethniques ou culturels, mais aussi sociaux ou hiérarchiques –, concentrant à la fois les richesses et favorisant les évolutions culturelles et innovations techniques[4]. L'éventail des sites qui entretenaient des relations avec ces ports est par conséquent aussi large que protéiforme, depuis la simple ferme jusqu'à la résidence royale : les *emporia* sont des interfaces sociales, capables d'assurer de nombreux échanges sous différentes formes (monnaie, troc, prélèvements...) entre des communautés aux niveaux de vie et statuts très divers : Scandinaves, Frisons, Francs, Anglo-Saxons et Slaves, acheteurs et vendeurs, paysans, pêcheurs, chasseurs, marchands, artisans et élites politiques.

L'existence même de ces ports invite à nuancer la thèse d'une régionalisation de l'économie au premier Moyen Âge : les circulations dans le bassin des mers nordiques n'avaient peut-être pas la même ampleur qu'en Méditerranée et au-delà durant l'Antiquité[5], mais la très large diffusion de certains artefacts, matières premières et monnaies met en lumière les échanges entre différentes aires (économiques, politiques, culturelles), dans lesquels les *emporia* jouaient un rôle important. Leur étude nécessite par conséquent d'emboîter sans cesse les échelles, mais également de dépasser une approche strictement spatiale des voyages et des échanges pour intégrer pleinement les aspects sociaux, ce que le concept de « routinisation », forgé par Søren M. Sindbæk, permet de faire, tout en replaçant les individus au cœur des phénomènes circulatoires de cette période[6].

En effet, il ne faudrait pas personnifier ces ports : en eux-mêmes ces nœuds dans les réseaux « n'agissent » pas ; ce sont les différents acteurs s'y côtoyant qui, par leurs interactions, sont à l'origine de leur dynamisme économique et des relations qu'ils entretiennent avec leur région. C'est pourquoi on s'est attaché ici à rendre à ces établissements portuaires leur dimension charnelle, en mettant en lumière, dans la mesure du possible, le rôle des divers agents « interstitiels », ou « articulateurs » : marchands et artisans au long cours, commerçants et artisans

---

3 Voir les Schémas 1 et 2 en Annexe 2.
4 S. M. Sindbæk, « Urban Crafts... », art. cit, p. 409.
5 Chris Wickham a par exemple montré que la circulation des céramiques se faisait à une échelle plus locale, dans le cadre d'aires plus étroites que durant l'Antiquité (C. Wickham, *Framing...*, *op. cit.*).
6 S. M. Sindbæk, *Ruter...*, *op. cit.*

locaux, paysans de l'arrière-pays, missionnaires, ambassadeurs, femmes de marchands ou même éventuelles marchandes... sans oublier les agents du pouvoir présents sur les lieux et qui semblent avoir servi d'intermédiaires entre les différents groupes et échelles. Plus que les ports en eux-mêmes, ce sont donc les individus s'y rencontrant qui apparaissent centraux dans les réseaux commerciaux, par la position privilégiée qu'ils occupent dans les échanges.

L'essor des *wics* va de pair avec le début de formes de « diversification du corps social » : ils offrent « une structure sociale plus complexe, des rapports entre les hommes plus variés, des occasions plus nombreuses de rencontre », font coexister divers milieux sociaux, différentes activités. En cela, ils intensifient et facilitent les relations[7], tandis que s'ébauchent une première forme d'« identité urbaine » et des pratiques communautaires étroitement liées à une culture littorale originale, fondée sur les échanges, assurés pour partie par des communautés dispersées et itinérantes, comme les Frisons ou les vikings, des « diasporas commerçantes ». L'apparition des *emporia* n'entraîne donc pas seulement de nouveaux réseaux commerciaux, mais aussi celle de nouvelles communautés, génératrices de modes de vie distincts de ceux des communautés rurales de l'arrière-pays : la présence en nombre de marchands venus d'horizons différents confère à la population de ces sites « une dimension inédite »[8]. En faisant le lien entre différents espaces, ces ports permettent « une confrontation de vues du monde » et jouent un rôle important dans la « communication interculturelle »[9]. Ils sont ainsi l'illustration parfaite que « les populations humaines construisent leurs cultures en interaction les unes avec les autres et non dans l'isolement »[10]. Les *emporia* font émerger un milieu spécifique, doté de sa propre culture, faite de syncrétismes, d'une identité que l'on pourrait qualifier de « cosmopolite ». Diasporas commerçantes et communautés portuaires, toutes deux définies par des formes d'interrelations, s'intriquent et contribuent mutuellement à se définir dans le cadre de ces établissements portuaires : peut-être s'agit-il là de la principale spécificité des *wics*. Cette identité urbaine et cosmopolite en train de se définir est « encore vague et hésitante, mais [...] bien présente »[11], contribuant à faire émerger des communautés portuaires ou littorales, des communautés d'articulateurs.

---

7 T. Dutour, *La ville médiévale*..., *op. cit.*, p. 24.
8 S. Rossignol, *Aux origines*..., *op. cit.*, p. 287.
9 F. Theuws, « Exchange, religion... », *art. cit.*, p. 134.
10 E. R. Wolf, *Europe and the People without History*, Berkeley, 1982, p. 387.
11 S. Rossignol, *Aux origines*..., *op. cit.*, p. 251.

2. D'anciens modèles déconstruits

Les *emporia* apparaissent comme des sociétés complexes, faites de mélanges et d'échanges avec des arrière-pays plus ou moins vastes. De ces échanges se dégage un tableau plus nuancé que celui que l'on en a longtemps dressé : ces ports ne peuvent être considérés comme de simples « parasites » ou « profiteurs passifs » de la région dans laquelle ils s'insèrent[12], mais se situent au contraire au cœur d'interrelations beaucoup plus complexes que de simples liens de dépendance, alors que tout un pan de l'économie rurale se trouve intégré à cette économie portuaire.

L'étude des *wics*, lieux d'échanges et de production, sans être des lieux de pouvoir au sens strict du terme, a également nécessité de dépasser le débat un peu réducteur sur le rôle des élites politiques (essentiellement royales) dans leur fondation, en reconsidérant à la fois d'éventuelles évolutions au fil du temps et la multiplicité des acteurs qui ont pu intervenir dans leur développement (élites royales ou locales, acteurs économiques suprarégionaux ou locaux...). Leur profil reste assez flou, mais les tout débuts de ces ports marchands pourraient être le résultat du dynamisme des acteurs maritimes, marchands et artisans, impliqués dans les réseaux d'échanges transmanche et en mer du Nord. Cependant, à mesure que les volumes échangés augmentent et que les richesses s'accumulent, l'intervention du pouvoir politique se fait de plus en plus nette, pour organiser et encadrer les échanges, comme pourrait également le suggérer la frappe monétaire qui se tient dans plusieurs de ces ports. Têtes de pont d'espaces en cours de hiérarchisation et enjeux dans les compétitions mettant aux prises divers groupes élitaires en cours d'affirmation, tous ces ports semblent avoir joué, dans une certaine mesure, le rôle de pôle administratif, fiscal, juridique, et pas seulement économique, pour leur région. Ces différentes fonctions n'étaient toutefois pas nécessairement concentrées exactement dans le même secteur des *emporia*, qui apparaissent de plus en plus comme des agglomérations complexes et polynucléaires : à un noyau commercial et artisanal, autour des infrastructures portuaires et du marché découpé en parcelles, ont pu s'agréger des pôles plus politiques – autour de l'atelier monétaire par exemple –, agricoles et même religieux.

La dimension monopolistique de ces ports se trouve elle aussi sérieusement mise à mal par les récentes découvertes : témoins les plus visibles des mutations profondes que connaît l'économie à partir du VIIe siècle, ils ne sont toutefois pas les seuls. Les *wics* sont des points de passage importants, sans être pour autant nécessairement inévitables ni pouvoir être tenus pour seuls responsables du dynamisme économique. La mise en évidence du rôle économique d'autres

---

12 J. Callmer, « Urbanisation in Northern and Eastern Europe, ca. AD 700-1100 », dans J. Henning (dir.), *Post-Roman towns..., op. cit.*, p. 233-270, ici p. 240.

sites portuaires et productifs a ainsi permis de remettre en question toute forme d'hégémonie des *emporia* au premier Moyen Âge. Ces derniers ne détenaient pas l'exclusivité du commerce à longue-distance : les réseaux commerciaux qui s'esquissent paraissent bien plus vastes qu'on ne pouvait le penser et rien ne permet de conclure qu'ils étaient strictement hiérarchisés ; au contraire, il a pu exister des réseaux fonctionnant de façon parallèle. Les *wics* ne monopolisaient pas les échanges dans leur région, mais ils semblent avoir largement contribué à créer un climat économique favorable au développement des activités commerciales et artisanales. Les rapports qu'ils entretenaient avec leurs arrière-pays étaient par conséquent d'une grande diversité : développement indépendant ou subordonné, formes de complémentarité avec des fermes de l'arrière-pays ou au contraire formes de concurrence sont autant de relations possibles, qui ont pu évoluer au cours du temps, tissant des réseaux polymorphes et évolutifs. C'est pourquoi ces établissements ne sauraient être étudiés de façon isolée : ils doivent au contraire être réintégrés dans une région plus vaste, comprenant d'autres sites portuaires et productifs, avec lesquels ils entretiennent des liens plus ou moins forts.

Dans cet effort pour nuancer les anciennes approches, il s'agit toutefois de ne pas tomber dans l'excès inverse en faisant de ces importants établissements portuaires simplement des sites parmi d'autres ou au contraire en baptisant le moindre site côtier découvert d'*emporium*. En effet, tout porte à croire que ces grands ports étaient malgré tout « des lieux uniques et particuliers »[13], en particulier en termes d'échelle et de diversité, que l'on considère les volumes échangés, la taille des infrastructures, la variété des activités, la diversité de leurs occupants ou encore le degré de contrôle exercé par le pouvoir politique. Sans exercer de monopole, ils n'en jouaient pas moins un rôle essentiel en tant que centres fiscaux permettant de taxer le gros des échanges, conséquence de l'implication du pouvoir dans leur fonctionnement, bien plus forte que dans celui de sites portuaires de taille moindre.

Les anciens modèles cèdent donc le pas devant cette nouvelle approche, moins formalisée, plus mouvante, mais rendant probablement mieux compte de la réalité complexe à l'œuvre derrière le terme d'« *emporium* » ou de « *wic* ».

3. Nuances et variations

Tous ces sites portuaires présentent des similitudes assez frappantes, en termes d'organisation, d'infrastructures et d'activités, et forment un réseau par les liens qu'ils entretiennent, mais non sans comporter également certaines différences. Il

---

13 S. M. Sindbæk, « Introduction : The World in the Viking Age », dans *Id.* et A. Trakadas (dir.), *The World...*, *op. cit.*, p. 8-11, ici p. 11.

faut donc renoncer à établir un modèle unique de l'*emporium,* un type universel qui fonctionnerait pour toutes les régions à toutes les époques, et avoir plutôt une vision plurielle de ces ports. La domination matérielle et même symbolique qu'ils exercent sur leur région est plus incomplète que celle des lieux de pouvoir de l'arrière-pays, mais non moins réelle, comme l'attestent la collecte de taxes et la frappe monétaire qui s'y déroulaient. Toutefois, dans le monde multipolaire du premier Moyen Âge, tous ne disposaient pas de la même centralité et ne polarisaient pas leur région de façon identique. La profondeur d'un arrière-pays dépend en grande partie de la puissance (économique, démographique, voire politique) du port, mais aussi de sa nodalité. L'étude du fonctionnement des *wics* a permis de mettre en lumière divers degrés de centralité, d'intermédiarité, de réticularité, faisant ressortir différents profils d'*emporia.* Pour ce faire, sont également à prendre en compte la position géographique des matières premières, mais aussi la capacité des sociétés à les exploiter et à compenser leur absence locale par la mise en place de circuits d'approvisionnement efficaces, à des échelles variables. Les *wics,* au cœur de ces circuits, font le lien entre les différentes aires d'approvisionnement, locales, régionales et suprarégionales, assurant une forme de drainage centrifuge des ressources depuis leurs arrière-pays et jouant le rôle de centres de collecte des taxes pour leur région. Cependant, tous n'ont pas disposé du même statut fiscal : certains ont servi directement de bureaux de douane, tandis que d'autres ont pu dépendre de péages situés un plus loin, peut-être en lien avec l'ampleur de l'autorité du pouvoir politique, expliquant en partie les différences entre les espaces franc, anglo-saxon, scandinave et slave en la matière. En dépit de prises en main suivant des chronologies décalées et d'un degré de contrôle variable en fonction des sites, la présence et l'influence d'une autorité à l'apogée de chacun d'entre eux paraît assez indéniable.

Au final, c'est un tableau assez complexe et nuancé qui se dégage de tous ces emboîtements d'échelles et de toutes ces différenciations, faisant ressortir, pour s'en tenir aux traits essentiels, trois grands ensembles, de Dorestad, doté du plus fort degré de centralité, à Kaupang, avec le plus faible. Sur le Continent, les *wics* francs, adossés au puissant Empire carolingien, peuvent s'appuyer sur un arrière-pays à l'économie déjà bien structurée – autour notamment de gros propriétaires fonciers –, ainsi que sur un réseau urbain préexistant : ce sont visiblement ceux qui disposent de l'hinterland le plus profond, tout en servant de péages. Au sein de ce premier groupe, le rôle macro-économique de Dorestad est le plus évident : le port frison bénéficie d'un degré de nodalité probablement supérieur à celui des autres *wics,* en grande partie grâce à sa situation de carrefour, à la jonction entre différents ensembles politico-culturels (Francs, Frisons, Scandinaves...), une dimension qu'il semble partager avec Hedeby, site danois un peu plus tardif qui a pu prendre en partie le relais du port frison après son déclin au cours de la seconde moitié du IXe siècle. Cette situation assez exceptionnelle peut expliquer que Dorestad apparaisse davantage comme un site de transbordement qu'un site de production : les infrastructures liées au chargement et déchargement des navires ainsi que celles de stockage semblent, s'il ne s'agit pas d'un effet de fouilles, bien plus importantes que celles qui étaient dédiées aux activités artisanales. Le *wic* frison paraît disposer de l'aire d'influence la plus vaste, comme l'a montré l'étude de la diffusion du basalte de l'Eifel ou celle des monnaies sorties de cet atelier, jusqu'à deux cent cinquante kilomètres à l'intérieur des terres, quand l'aire de Quentovic avoisine probablement les deux cents kilomètres, jusqu'à la région parisienne[14]. Leur rayonnement n'a toutefois pas été nécessairement identique dans tous les domaines. L'importante influence économique de Quentovic semble ainsi contraster avec un rayonnement religieux plus modeste : dans un territoire anciennement christianisé, nul besoin de têtes de pont missionnaires, contrairement à la Frise, où Dorestad, point de départ pour les missionnaires, rayonne sur une très vaste région, jusqu'en Scandinavie. Plus le processus de christianisation est avancé, plus l'aire d'influence religieuse de l'*emporium* paraît limitée. En la matière, la situation de Lundenwic et Eoforwic est assez différente, ces deux ports parvenant à devenir des centres politiques et religieux de premier plan au cours du premier Moyen Âge : ils doivent vraisemblablement leur survie à cette particularité, tandis que Dorestad et Quentovic apparaissent finalement comme des lieux centraux incomplets. Lundenwic a par ailleurs pu être le *wic* anglo-saxon ayant la plus vaste influence, du moins en matière monétaire. Plus à l'est, Wolin, peut-être alors le plus grand établissement de la Baltique, semble se rapprocher de ces ports au fort degré de nodalité et à l'arrière-pays très vaste, mais le vaste champ de recherche que les fouilles menées récemment sur cet espace ouvrent demande toutefois à être approfondi.

Inversement, les ports les plus septentrionaux, en particulier Birka et Kaupang, disposent d'hinterlands bien moins profonds, s'en tenant essentiellement à la région du lac Mälar pour l'un et à celle du fjord d'Oslo pour l'autre : la très faible redistribution des productions étrangères et des récipients en stéatite va dans le sens d'un arrière-pays de quelques kilomètres de profondeur, quelques dizaines tout au plus (trente à quarante, peut-être une cinquantaine), ce que confirme la diffusion des moyens de paiement, très limitée en-dehors de Kaupang et assez restreinte autour de Birka[15]. Ces espaces sont donc structurés par des échanges à une échelle essentiellement locale et en quantités plus limitées. Cette moins bonne insertion dans leur région tient en partie au contexte économique de cette partie septentrionale de l'Europe, moins dynamique, moins urbanisée que sur

---

14 Voir les Cartes 9, 14 et 14bis en Annexe 1.
15 Voir les Cartes 20 et 21 en Annexe 1.

le Continent et dépourvue d'agents économiques de premier plan tels que les monastères. L'influence politique et juridique de ces *emporia* est par ailleurs assez difficile à évaluer, faute de sources écrites, mais tout porte à croire qu'elle était plus limitée que sur le Continent, en raison notamment du grand morcellement du paysage politique scandinave à l'époque viking. Il semble en revanche que ces ports aient eu un certain rayonnement religieux : en tant que têtes de pont missionnaires, ils ont servi de points d'ancrage au christianisme, rayonnant ainsi sur une région encore majoritairement païenne. Même si cette influence religieuse est vraisemblablement restée limitée dans un premier temps, elle a dû s'étendre à mesure que le christianisme s'est diffusé. Elle paraît toutefois plus limitée que celle de Ribe ou Hedeby : Kaupang n'acquière pas par la suite le statut de siège épiscopal et rien n'est vraiment certain concernant Birka.

D'autres établissements portuaires, tels que Ribe, Hedeby, Hamwic, Gipeswic ou même Rouen, ainsi que Menzlin, Truso et Staraya Ladoga paraissent avoir eu un statut intermédiaire. Lieux centraux encore plus incomplets que les ports francs, mais à l'influence probablement plus importante que Birka ou Kaupang, ils possèdent un arrière-pays de taille moyenne, mais n'ont pas développé de la même façon toutes leurs fonctions : le statut fiscal et monétaire de Rouen reste mal élucidé, mais paraît subordonné à celui de Quentovic ; Hedeby a pu dépendre d'un autre site, notamment en matière fiscale, signe que le rapport de force entre élites politiques et acteurs économiques n'était probablement pas le même que sur le Continent ; Ribe est adossé à un solide arrière-pays agricole, notamment grâce à l'élevage bovin ; et Gipeswic, à l'origine d'une céramique se diffusant très largement, ne peut pas prétendre au rayonnement politique et religieux de Lundenwic. Le recoupement de la diffusion des monnaies et de celle des objets met en lumière un hinterland un peu plus profond dans le cas de ces sites que dans celui de Birka et de Kaupang, mais sans atteindre l'ampleur de celui de Dorestad et de Quentovic : il s'étend à la région de la Schlei élargie pour Hedeby et essentiellement au Jutland central pour Ribe, avec également quelques influences se faisant sentir dans l'ensemble des anciens territoires danois, jusqu'à la Scanie et même au Viken. Hamwic rayonne aussi sur un arrière-pays essentiellement régional, autour du détroit du Solent et en remontant le long des vallées de l'Itchen et de la Test. Les arrière-pays de ces *emporia* intermédiaires semblent ainsi avoir eu une profondeur de l'ordre de plusieurs dizaines de kilomètres, jusqu'à une petite centaine[16]. Cela tient probablement au statut du pouvoir politique dans ces régions, probablement lui aussi « intermédiaire » : Godfred n'a pas le pouvoir ni le prestige d'un Charlemagne, mais son autorité semble tout de même moins limitée que celle d'un roi des *Svear*. Cela peut expliquer que le contrôle opéré en

---

16 Voir les Cartes 16 et 11 en Annexe 1.

ces lieux par le pouvoir politique soit encore imparfait, non sans répercussions sur la profondeur des arrière-pays de ces ports, elle aussi de taille intermédiaire. Hedeby semble malgré tout disposer d'un rôle plus nodal que Ribe, Hamwic ou même Truso, en grande partie du fait de sa situation de carrefour, à la jonction entre différents ensembles politico-culturels. Un port comme Truso se situerait peut-être dans cette catégorie intermédiaire : ses liens avec la Scandinavie, notamment les Danois, font peu de doutes[17], mais l'insertion de ce *wic* dans sa région et les relations qu'il pouvait entretenir avec le pouvoir sont encore mal élucidés. De façon générale, la domination des *emporia* slaves sur leur région paraît incomplète, mais il reste très malaisé de déterminer leur éventuelle influence fiscale ou même religieuse sur leur arrière-pays, les études sur cet espace n'en étant encore qu'à leurs débuts. En matière de recherche et de documentation aussi, les différents *wics* des mers nordiques sont assez inégaux.

Au total, cette présentation reste très imparfaite et comporte les limites inhérentes à toute approche typologique : tout classement présente un aspect systématique auquel la réalité échappe largement. Cette approche permet néanmoins de faire ressortir quelques grands traits communs à plusieurs *wics*, sans pour autant nier leurs spécificités, en mettant notamment en lumière le relatif isolement des ports scandinaves, en particulier ceux les plus au nord et à l'est, Birka et Kaupang, ce qui contraste avec la bonne insertion des sites continentaux dans leur région. Les *emporia* scandinaves ne présentaient donc pas tous exactement les mêmes caractéristiques : Kaupang apparaît comme le plus isolé de tous, tandis que Hedeby, Ribe et, dans une moindre mesure, Birka, semblent exercer une attraction plus importante dans les régions de la Schlei, du Jutland central et du lac Mälar. Il en va de même pour les sites slaves, la prospérité et l'influence de Wolin étant probablement sans commune mesure avec celles, par exemple, de Truso, beaucoup plus excentré. Enfin, les cas de Hedeby et de Dorestad permettent de souligner que la situation géographique joue également un rôle important dans leur degré de nodalité et d'intermédiarité, sans que cela suffise toutefois pour déterminer la profondeur de leurs arrière-pays, comme le montrent les différences entre ces deux ports, relevant chacun de deux ensembles politiques, économiques et culturels différents.

4. Décloisonner l'espace

Les *emporia* influencent et sont influencés par les changements sociaux, politiques et économiques, ce qui implique, pour étudier leur fonctionnement, de les replacer dans ce contexte d'évolutions profondes, à la fois quantitatives,

---

17 M. F. Jagodzinski, « The settlement of Truso », art. cit. (n. 60, p. 48).

qualitatives et même géographiques, avec le basculement depuis la Méditerranée vers le bassin des mers septentrionales. L'histoire de ces ports se trouve en effet encadrée par deux siècles charnières, les VIIe et Xe siècles, tous deux marqués par des formes de recompositions économiques, politiques et sociales, alors que tout l'arrière-pays des mers nordiques jouit d'une nette amélioration des conditions du commerce, dans le contexte de *Pax Carolina* et du dynamisme impulsé par la croissance économique[18]. À la fois manifestations matérielles et acteurs de ces mutations, les *wics* doivent par conséquent être replacés dans l'évolution générale (démographique, commerciale, agricole, territoriale...) de longue durée traversant l'ensemble du monde médiéval du VIIe – et même depuis la chute du monde romain – jusqu'au XIe siècle, voire jusqu'au XIVe.

Les débuts de ces établissements portuaires s'inscrivent dans une conjoncture politique très particulière : celle d'un contrôle croissant sur les territoires. Dans ce contexte, ils servent de points d'ancrage pour des pouvoirs politiques en cours de consolidation : probablement nés d'une collusion d'intérêts – ceux des autorités politiques, incluant l'Église, des producteurs et des marchands –, plus que fondation unilatérale par un roi ou un chef local, ils s'inscrivent dans un territoire dont l'organisation et l'usage reflètent des conceptions à la fois économiques, sociales, idéologiques, culturelles. Leurs débuts correspondent à une période de forte mobilité sociale : VIIe et VIIIe siècles en Occident, un peu plus tard en Scandinavie ; tandis que leur apogée semble plutôt correspondre à une période de consolidation des pouvoirs centraux. Cette mobilité est la conséquence de processus de différenciation et de hiérarchisation des sociétés au plan politico-social, allant de pair avec l'essor des échanges. Les *emporia* sont issus de ces processus, tout en y participant activement par leur dynamisme : les élites entrent en compétition pour le pouvoir et les richesses, ce qui fait des *wics* des centres économiques politiquement importants.

Cette inscription dans les réseaux politiques explique que ces ports ne soient pas de simples « points », des lieux déconnectés de leur région, mais qu'ils s'inscrivent plus largement dans des zones littorales marquées à la fois par les compétitions politiques et le dynamisme économique. Il faut donc les resituer dans des territoires plus vastes et les étudier en lien avec les autres sites portuaires et productifs découverts plus récemment. Les *wics* polarisent l'espace à différentes échelles, mais ils ne sont pas les seuls. Les régions dans lesquelles ils s'inscrivent apparaissent comme des espaces fonctionnels dotés d'une cohésion interne, en termes de fonctions économiques, et parcourus par des flux d'échanges les reliant à d'autres espaces régionaux ou suprarégionaux. Dans ces « régions centrales »[19], ces établissements portuaires ne sont qu'une des pièces maîtresses permettant de quadriller et contrôler

---

18 S. Lebecq, « The new *wiks* or *emporia* and the development of a maritime economy in the Northern Seas (7th-9th centuries) », dans S. Gelichi et R. Hodges (dir.), *From one sea...*, *op. cit.*, p. 11-21, ici p. 20.
19 C. Feveile, « At the geestland edge... », art. cit. (n. 176, p. 133), p. 87.

un territoire plus vaste. Une telle approche permet de revaloriser le rôle joué par les différents acteurs (élites politiques et religieuses, marchands et artisans…), ainsi que les implications <u>locales</u> des *emporia*, par rapport aux implications suprarégionales, longtemps les seules considérées : ces ports sont certes des nœuds majeurs dans les réseaux commerciaux à longue-distance, mais cela ne les empêche pas de fonctionner « à l'intérieur de leur région et de leur société, et non coupés de ces dernières »[20].

Comprendre le fonctionnement des *wics* implique en outre de les réinscrire dans des dynamiques plus globales, en les resituant dans les réseaux à une très vaste échelle, à une époque marquée par l'essor des échanges, l'élargissement et la complexification des circuits commerciaux. Le premier Moyen Âge voit en effet s'élargir les horizons géographiques, et pas seulement dans la partie septentrionale de l'Europe : en Méditerranée aussi et même jusque dans l'océan Indien. Avec les Carolingiens, les échanges entre Orient et monde franc s'intensifient, en passant par la Méditerranée, tandis que l'intégration progressive du Nord étend le réseau : l'épisode célèbre de l'éléphant blanc d'origine indienne, nommé Abul Abbas, offert au tout début du IXe siècle par le calife Haroun al-Rachid à Charlemagne, qui l'emmène ensuite dans son expédition militaire contre le roi danois Godfred – la traversée du Rhin est toutefois fatale à l'animal –, est devenu le symbole des liens qui existaient alors entre Orientaux, Francs et Danois, entre Islam, chrétienté latine et Nord encore païen[21].

Recompositions politiques et économiques et densification des réseaux d'échanges font émerger une nouvelle forme de cohérence, dans un monde bien plus ouvert qu'on ne le pensait, une cohérence qui ne nie en rien les spécificités de chaque région. Dans ce contexte, l'Empire carolingien a pu fournir une nouvelle forme d'« unité supérieure »[22], sans pour autant parvenir à l'ampleur (à la fois géographique et chronologique) de son modèle antique : même sous les Carolingiens, l'espace occidental n'est pas unifié comme à l'époque romaine. Le monde légué par Auguste a connu une unification politique sans commune mesure avec les tentatives suivantes : tout le monde médiéval ne s'organise pas autour d'un noyau central tel que Rome quelques siècles auparavant. Cela ne l'empêche toutefois pas d'être irrigué par des échanges qui mettent en relation des contrées lointaines : royaume franc, Scandinavie, mondes anglo-saxon et slave, rivages africains ou même chinois et indiens. Il est difficile d'établir si la reprise de la production à partir du VIIe siècle permet de retrouver un niveau d'échanges comparable à celui qui avait été atteint à l'époque romaine, mais ce n'est peut-être pas impossible : les réseaux commerciaux peuvent se développer indépendamment d'une unification politique aussi aboutie

---

20 J. Naylor, « Coinage, Trade and the Origins of the English Emporia, ca. AD 650-750 », dans S. Gelichi et R. Hodges (dir.), *From one sea…, op. cit.*, p. 237-266, ici p. 266.
21 *ARF*, a° 810 ; R. Hodges, « Charlemagne's elephant and the beginnings of commoditization in Europe », dans *Acta Archaeologica*, 59, 1989, p. 155-168.
22 H. Pirenne, *Mahomet et Charlemagne, op. cit.*, p. 175.

que celle de l'Empire romain, dans un espace médiéval qui s'est comme « dilaté »,
effet de la rencontre du monde méditerranéen, héritier de l'ancien Empire romain, et
des rivages et terres nordiques. Près d'un siècle après Henri Pirenne, il est donc temps
de relier Europe du Nord et Europe méditerranéenne et même bien au-delà de sortir
de notre vision très européocentrée de l'histoire économique de cette période : c'est
toute une partie du monde habité qui, dès cette époque, se trouve intégrée « en un
seul espace continu »[23]. Pour aborder ce monde médiéval multipolaire et réticulaire,
il faut donc décloisonner les différentes mers, « réuni[r] l'un et l'autre hémisphère »,
pour plagier Voltaire[24], et resituer les *emporia* plus largement dans les sociétés maritimes – au sens le plus large possible – du VIIᵉ au Xᵉ siècle. Bien plus que la seule
Scandinavie de l'époque viking, c'est tout le pourtour des mers nordiques qui for-
mait un « monde bien relié » pour reprendre l'expression de Søren M. Sindbæk[25],
depuis la Manche jusqu'aux rives méridionales de la Baltique en passant par la mer
du Nord, et même au-delà, jusqu'en Méditerranée et dans l'océan Indien.

5. Des sites symboliques

Loin d'être en marge de la « grande histoire », les *emporia* apparaissent donc
comme des sites-clés, bien au-delà de leur seule valeur commerciale : les compétitions entre pouvoirs sont peut-être même à l'origine de ces ports, par la suite per-
pétuels objets de convoitise entre grands. Les composantes politique, idéologique
et symbolique sont donc essentielles pour appréhender leur fonctionnement et
leur inscription dans une région plus vaste. Par conséquent, l'expression « villes-
champignons » paraît mal adaptée à ces sites, qui demeurent, même après leur
déclin, des symboles de réussite économique. La réaffirmation du rôle central de
l'atelier de Quentovic par l'Édit de Pîtres en 864 montre que le prestige de ce
lieu restait intact dans la seconde moitié du IXᵉ siècle, et ce quelle qu'ait été alors
sa situation économique[26]. Un siècle plus tard, la mention de *Quentovico* dans
un diplôme d'Otton II daté de 974, probablement « simple formule, reflet de
la grandeur passée et devenue proverbiale du site », témoigne encore du prestige
attaché au *wic* de la Canche[27]. Si le toponyme de Quentovic a par la suite sombré
dans l'oubli, celui de Hamwic résonne dans les esprits encore longtemps après
le déclin de l'*emporium* anglo-saxon, jusqu'à donner son nom à la région dans

---

23 J.-P. Genet, *Le monde au Moyen Âge…*, *op. cit.*, p. 3.
24 Il s'agit d'un vers extrait du poème « Le Mondain » publié en 1736.
25 S. M. Sindbæk, « The Small World… », art. cit., p. 59.
26 Cette mention peut être purement symbolique, alors que les activités économiques de Quentovic
semblent déclinantes, ou le signe d'une certaine renaissance économique du site comme le pense
Simon Coupland (S. Coupland, « Trading places… », art. cit.).
27 Diplôme d'Otton II pour l'église de Strasbourg (974), dans *OSU*, vol. 1, *op. cit.*, n° 131, p. 129-130 ;
S. Coupland, « Trading places… », art. cit., p. 218.

laquelle il se trouvait : le « comté de Hamtun », ou *Hamtunscir*, évoqué pour la première fois dans la *Chronique Anglo-Saxonne* pour 755, est promis à une longue prospérité, devenant le « Hampshire » que nous connaissons[28]. Plus à l'est, Wolin, confondu sous la plume des auteurs des XIe et XIIe siècles avec la mythique *Vineta* ou la cité fortifiée semi-légendaire de *Jumne* ou *Jómsborg*[29], semble avoir marqué l'esprit d'Adam de Brême par son important phare, qualifié de « chaudron de Vulcain »[30]. En Scandinavie, la « Loi de Birka » (*Bjärköarätt*) perpétue le nom du port éponyme : qu'elle porte son nom parce que c'est l'endroit où elle a vu le jour et été appliquée pour la première fois ou qu'elle ne soit qu'un simple reflet de l'importance symbolique que revêtait alors ce lieu dans les esprits, devenu le symbole même de toute place commerciale prospère, elle en dit long sur le caractère emblématique de Birka, et ce des générations encore après sa disparition. Hedeby, enfin, est qualifié d'*oppidum capitale* dans la *Chronique* d'Æthelweard, rédigée vers 974[31]. Il s'agit d'un passage assez obscur et difficile à interpréter, probablement sans grande valeur historique pour le Ve siècle qu'il prétend évoquer ici, mais révélateur de la perception qu'avaient Æthelweard et ses contemporains du *wic* de la Schlei dans le dernier quart du Xe siècle : Hedeby est alors un nom qui frappe les esprits, au point d'en faire un site à la fois très ancien – probablement bien plus qu'il ne l'était en réalité – et prestigieux, la capitale historique des Angles.

De ces divers exemples tirés de sources très variées se dégage une même conclusion : si la durée de vie relativement brève des *emporia* nordiques semble en faire des « villes-champignons » au destin « météoritique »[32], ces concepts ne rendent pas compte de la notoriété que ces sites portuaires semblent avoir connue, des générations encore après leur déclin économique, laissant derrière eux, « telle une comète, un sillage de souvenirs qui expliquent que, plus tard encore, on ait battu des monnaies [et appliqué une loi] qui portaient, comme une recommandation, [leur] nom prestigieux »[33] et qu'ils soient devenus, au cours du Xe siècle, symboles de réussite économique, ce que les siècles d'oubli qui ont suivi, jusqu'à leur redécouverte par les archéologues, ont eu tendance à occulter.

*

Ces ports renommés, ces *vici famosi*[34], ont largement contribué à tisser un « tissu très ancien d'interrelations entre les sociétés qui s'étendaient de la Méditerranée

---

28 *CAS*, a° 755.
29 *Jómsvíkinga Saga...*, *op. cit.*, c. 15.
30 Adam de Brême, *GH*, lib. II, c. 22.
31 Æthelweard, *Chronicon, op. cit.*, lib. I, c. 4, p. 9.
32 H. Platelle, « De l'Antiquité à la fin du XIIIe siècle... », art. cit. (n. 126, p. 90), p. 71.
33 J. Dhondt, « Les problèmes de Quentovic », art. cit., p. 221.
34 L'expression s'applique à l'origine à Dorestad (Liutger, *Vita Gregorii, op. cit.*, c. 58, p. 71).

aux mers de Chine »[35], un tissu que l'on commence seulement à entrevoir et dont l'étude demande encore à être approfondie, au même titre que celle du rôle des nombreux autres sites portuaires découverts ces dernières années et des liens qu'ils pouvaient entretenir avec les *emporia*; autant de perspectives de recherche qui s'annoncent aussi stimulantes que prometteuses pour les travaux à venir.

Au Xe siècle, ces établissements portuaires disparaissent et les principales directions du commerce changent, s'orientant semble-t-il désormais davantage vers la Baltique que vers la mer du Nord et s'organisant autour de nouveaux sites portuaires. Alors que la monnaie triomphe sur les autres moyens d'échange et de paiement qui avaient jusqu'alors largement coexisté, une nouvelle génération de villes émerge et, contrairement aux « villes des vikings », ces « villes des rois » sont appelées à durer[36] : Olaf III crée Bergen en Norvège vers 1070 et, au siècle suivant, de nombreuses villes sont fondées en actuelle Allemagne du Nord et autour de la Baltique, à commencer par Lübeck vers 1158. Plus à l'est, Truso, Menzlin puis Wolin s'effacent aussi, laissant place à de nouveaux sites, tels que Gdánsk, Kamień Pomorski ou Szczecin, qui poursuivent leur essor aux XIe et XIIe siècles, avant que l'octroi de droits urbains et l'intégration dans la Hanse au XIIIe siècle ne marque une étape décisive dans le développement des villes de la Baltique[37]. De l'autre côté de la Méditerranée, le Xe siècle est aussi marqué par de profonds bouleversements, à la fois politiques et économiques, qui affectent le réseau des ports du golfe Persique.

Il n'en demeure pas moins que le dense tissu d'interrelations que les *wics* ont contribué à tisser, lui, demeure, ce qui permet de conclure, avec Stéphane Lebecq, que « le réseau des *emporia* [...] a sans doute [...] préparé le terrain à la Hanse »[38] et plus largement à l'économie moderne. Des sites comme Lübeck ou Bruges (qui se développe surtout à partir du XIIe siècle), Lund, Roskilde ou Odense (fondés à la toute fin du Xe siècle, mais dont l'essor ne commence vraiment qu'au XIe siècle), Gdánsk et même Hormuz prennent le relais de Hedeby, Dorestad ou encore Ribe, Truso et même Sohar, ouvrant un nouveau chapitre de l'histoire économique médiévale, un chapitre qui ne peut cependant se lire sans tenir compte de l'héritage laissé par les précédents. Le monde du XIe siècle doit probablement beaucoup aux *emporia* et aux Frisons, vikings et autres voyageurs, marchands et navigateurs qui parcoururent alors les terres et sillonèrent les mers.

---

35 C. Grataloup, « Le Premier Monde : aux origines de la mondialisation », dans *Id.*, G. Fumey et P. Boucheron (dir.), *L'Atlas Global, op. cit.*, p. 39.

36 A. Andrén, « The early town in Scandinavia », dans K. Randsborg (dir.), *The Birth of Europe...*, *op. cit.*, p. 173-177.

37 M. Bogucki, « Viking Age ports of trade in Poland », art. cit., p. 118.

38 S. Lebecq, « Conclusions. De la mer du Nord à la mer Baltique : représentations, contacts, échanges », dans A. Gautier et S. Rossignol (dir.), *De la mer du Nord...*, *op. cit.*, p. 249-257, ici p. 256.

BIBLIOGRAPHIE SÉLECTIVE

*L*a bibliographie de la thèse a dû être assez considérablement réduite pour les besoins de cette publication, conservant en priorité les titres récents et essentiels pour cette étude (présentés sous forme abrégée dans les notes de bas de page) : les références anciennes ou marginales pour le sujet n'apparaissent que dans les notes de bas de page. Il reste toutefois toujours possible de consulter la bibliographie complète dans le volume II de la version dactylographiée de la thèse soutenue en 2015.

NB : Pour des questions de clarté pour le lecteur français, le classement des noms propres scandinaves ne tient pas compte de l'ordre adopté dans les alphabets scandinaves : les lettres Å, Ä, ö et ø ont été classées aux A et O de l'alphabet français.

Les rapports de fouilles et autres ouvrages archéologiques, dans la mesure où ils comportent généralement une partie d'interprétation et de réflexion, ont été intégrés dans la rubrique « Travaux ».

Sources écrites

1. Recueils de textes

Lebecq S., *Marchands et navigateurs frisons du haut Moyen-Âge*, vol. 2 (« Corpus des sources écrites »), Lille, 1983.

Tessier G., *Charlemagne. Textes de Charlemagne, Éginhard, Alcuin, Hincmar, Notker, Thégan, Théodulphe et les Annales royales, les capitulaires de Charlemagne* (*Le Mémorial des siècles. Les Hommes VIIIe siècle*), Paris, 1967.

Whitelock D., *English historical documents*, vol. 1 (c. 500-1042), Londres, 1955.

2. Sources narratives

2.1 Récits historiographiques

Adam de Brême, *Gesta Hammaburgensis ecclesiae pontificum* [*GH*], dans *M.G.H., SRG*, t. II, éd. B. Schmeidler, Hanovre, 1917 ; dans *Quellen des 9. und 11. Jahrhunderts zur Geschichte der Hamburgischen Kirche und des Reiches*, éd. W. Trillmich, Darmstadt, 2000 [1961], p. 137-499.

Æthelweard, *Chronicon*, dans *The Chronicle of Æthelweard*, éd. A. Campbell, Londres/Edinburgh, 1962.

Annales Bertiniani [*AB*], éd. F. Grat, J. Vielliard et S. Clemencet, Paris, 1964.

Annales Fuldenses sive Annales regni Francorum Orientalis [*AF*], dans *M.G.H., SRG*, t. VII, éd. F. Kurze, Hanovre, 1891 ; dans *Quellen zur karolingischen Reichsgeschichte*, vol. 3, éd. R. Rau, Darmstadt, 1960, p. 22-177.

Annales Mettenses priores, dans *M.G.H., SRG*, t. X, éd. B. von Simson, Hanovre, 1905.

Annales regni Francorum [*ARF*], dans *Quellen zur karolingischen Reichsgeschichte*, vol. 1, éd. R. Rau, Darmstadt, 1960.

Annales Ryenses, dans *M.G.H., SS*, t. XVI, éd. G. H. Pertz, Hanovre, 1859, p. 386-410.

Annales Xantenses [*AX*], dans *M.G.H., SRG,* éd. B. de Simon, Hanovre/Leipzig, 1909, p. 1-39.

Bède le Vénérable, *Historia ecclesiastica gentis Anglorum* [*HE*], dans *Bede's ecclesiastical history of the English people*, éd. B. Colgrave et R. A. B. Mynors, Oxford, 1969.

Bède le Vénérable, *Historia Abbatum*, dans *Abbots of Wearmouth and Jarrow*, éd. C. Grocock et I. N. Wood, Oxford, 2013.

Chronicarum quae dicuntur Fredegarii Scholastici. Libri IV cum continuationibus, dans *M.G.H., SRM*, t. II, éd. B. Krusch, Hanovre, 1888, p. 1-193.

Chronicon Fani Sancti Neoti, dans *Asser's Life of King Alfred. Together with the Annals of Saint Neots erroneously ascribed to Asser*, éd. W. H. Stevenson, Oxford, 1959 [1904], p. 117-145.

Chronique Anglo-Saxonne [*CAS*], dans *The Anglo-Saxon Chronicle, according to the several original authorities*, 2 vol., éd. B. Thorpe, Londres, 1861 (pour la version en vieil anglais) ; *The Anglo-Saxon Chronicle : A Collaborative Edition*, 8 vol., éd. D. Dumville et S. Keynes, Cambridge/Woodbridge, 1983-2001 (pour la traduction en anglais moderne).

Chronique de Nestor (Récit des temps passés) : naissance des mondes russes, éd. et trad. J.-P. Arrignon, Toulouse/Marseille, 2007.

Chronique des abbés de Fontenelle (Saint-Wandrille), éd. P. Pradié, Paris, 1999.

Flodoard, *Annales*, dans *M.G.H., SS*, t. III, *Annales, chronica et historiae aevi Saxonici*, éd. G. H. Pertz, Hanovre, 1839, p. 363-408.

Grégoire de Tours, *Libri Historiarum X*, dans *M.G.H, SRM*, t. I, vol. 1, éd. B. Krusch et W. Levison, Hanovre, 1951.

Jordanès, *De origine actibusque Getarum*, éd. F. Giunta et A. Grillone, Rome, 1991.

Notker le Bègue, *Gesta Karoli Magni*, dans *M.G.H., SRG NS*, t. XII, éd. H. F. Haefele, Berlin, 1959.

Olaus Magnus, *Historia de gentibus septentrionalibus*, éd. G. M. Viotti, 1555, Rome.

Procope de Césarée, « History of the wars. Book VI – The Gothic war (continued) », dans *Procopius, with an English translation*, vol. III, éd. H. B. Dewing, Londres/Cambridge, 1919 (1ère éd.), p. 287-425.

Réginon de Prüm, *Chronique*, dans *Quellen zur karolingischen Reichsgeschichte*, vol. 3, éd. R. Rau, Darmstadt, 1960, p. 179-319.

Richer de Reims, *Histoire de France (888-995)*, 2 vol., éd. R. Latouche, Paris, 1964-1967 [1930-1937].

Saxo Grammaticus, *Gesta Danorum* [*GD*], éd. J. Olrik et H. Raeder, Copenhague, 1931.

2.2 Hagiographies

Alcuin, *Vita Willibrordi*, dans *M.G.H., SRM*, t. VII, éd. W. Levison, Hanovre/Leipzig, 1919, p. 81-141.

Altfrid, *Vita sancti Liudgeri*, dans *Die Vitae sancti Liudgeri* (*Geschichtsquellen des Bistums*, IV), éd. W. Diekamp, Münster, 1881, p. 3-53.

Eddius Stephanus, *Vita Wilfridi*, dans *M.G.H., SRM*, t. VI, éd. W. Levison, Hanovre/Leipzig, 1913, p. 163-263.

Hariulf, *Chronicon Centulense – Chronique de l'abbaye de Saint-Riquier (Vᵉ siècle – 1104)*, éd. F. Lot, Paris, 1894.

Huneberc de Heidenheim, *Vita Willibaldi et Wynnebaldi*, dans *M.G.H., SS*, t. XV, vol. 1, éd. O. Holder-Egger, Hanovre, 1887, p. 80-106.

Liutger, *Vita Gregorii*, dans *M.G.H., SS*, t. XV, vol. 1, éd. O. Holder-Egger, Hanovre, 1884, p. 63-79.

Miracula sancti Wandregisili, dans *M.G.H., SS*, t. XV, vol. 1, éd. O. Holder-Egger, Hanovre, 1887, p. 406-409.

Miracula Sancti Wandregisili usque ad annum Christi DCCCLVIII, cum translatæ sunt ejus reliquiæ Fontanella in Bladulfi villam, dans *Acta Sanctorum, Julii V*, éd. P. van den Bosch, Paris/Rome, 1868 [1727], p. 282-291.

Odbert, *Passio Friderici episcopi Traiectensis*, dans *M.G.H., SS*, t. XV, vol. 1, éd. O. Holder-Egger, Hanovre, 1887, p. 342-356.

Rimbert, *Vita Anskarii* [*VA*], dans *M.G.H., SRG*, t. LV, éd. G. Waitz, Hanovre, 1884, p. 13-79 ; dans *Quellen des 9. und 11. Jahrhunderts zur Geschichte der Hamburgischen Kirche und des Reiches*, éd. W. Trillmich, Darmstadt, 2000 [1961], p. 16-133 ; *Vie de saint Anschaire*, éd. J.-B. Brunet-Jailly, Paris, 2011 (pour la traduction française).

Vita Rimberti, dans *M.G.H., SRG*, t. LV, éd. G. Waitz, Hanovre, 1884, p. 80-100.

Vita Sancti Birini, dans R. C. Love, *Three eleventh-century Anglo-Latin saints' lives : Vita S. Birini, Vita et miracula S. Kenelmi and Vita S. Rumwoldi*, Oxford/New York, 1996, p. 1-47.

Willibald, *Vita Bonifatii*, dans *Briefe des Bonafatius. Willidalds Leben des Bonifatius*, éd. R. Rau, Darmstadt, 1968.

2.3 Récits de voyage

Buzurg Ibn Shahriyâr (?), *Kitâb adjâ'ib yib al-Hind*, dans *Adjâ'ib al-Hind : Les merveilles de l'Inde. Ouvrage inédit du Xᵉ siècle*, éd. L. M. Devic, Paris, 1878.

Ibn Fadlân, *Voyage chez les Bulgares de la Volga*, éd. M. Canard, Paris, 1998.

Ibrâhîm ibn Ya'qûb al-Turtushi, dans A. Miquel, « L'Europe occidentale dans la relation arabe d'Ibrâhîm b. Ya'qûb (xᵉ siècle) », *Annales. E.S.C.*, 21 (5), Paris, 1966, p. 1048-1064.
Ohthere, dans « Ohthere's report. Text and close translation », éd. J. Bately et A. Englert, dans *Id., Ohthere's Voyages..., op. cit.*, p. 44-47.
Wulfstan, dans « Wulfstan's voyage and his description of *Estland* : the text and the language of the text », éd. J. Bately, A. Englert et A. Trakadas, dans *Id., Wulfstan's Voyage..., op. cit.*, p. 14-28.

3. Sources littéraires

3.1 Correspondances

Alcuin, *Epistolae*, dans *M.G.H., Epistolae*, t. IV, éd. E. Dümmler, Berlin, 1895.
Charlemagne, « Lettre à Offa de Mercie » (796), dans *M.G.H., Epistolae*, t. II, éd. E. Dümmler, Berlin, 1895, p. 144-146, n° 100.
Loup de Ferrières, *Correspondance*, 2 vol., éd. L. Levillain, Paris, 1964 [1927/1935].

3.2 Poèmes et œuvres didactiques

Ælfric, *Colloquium*, dans *Aelfric's Colloquy*, éd. G. N. Garmonsway, Londres, 1939.
Alcuin, *Carmina*, dans *M.G.H., Poetae Latini aevi Carolini,* vol. I, éd. E. Dümmler, Hanovre, 1881.
Ermold de Noir, *Poème sur Louis le Pieux et Epîtres au roi Pépin*, éd. E. Faral, Paris, 1964 [1932].
Venance Fortunat, *Poèmes*, 3 vol., éd. M. Reydellet, Paris, 1994, 1998 et 2004.

3.3 Poèmes eddiques et sagas islandaises

Edda. Die Lieder des Codex Regius nebst verwandten Denkmälern, vol. 1 (texte), éd. G. Neckel, 5ᵉ éd. revue par H. Kuhn, Heidelberg, 1983 [1936].
L'Edda poétique, éd. R. Boyer, Paris, 1992.
Egils saga, éd. B. Einarsson, Londres, 2003.
Jómsvíkinga Saga – The Saga of the Jomsvikings, éd. N. F. Blake, Edimbourg, 1962.
Knýtlinga saga, dans *Danakonunga sögur Skjöldunga saga, Knýtlinga saga, Ágrip af sögu Danakonunga,* éd. B. Guðnason, Reykjavík, 1985, p. 91-321 ; dans *The History of the kings of Denmark*, éd. H. Pálsson et P. Edwards, Odense, 1986.
The Poetic Edda, vol. II, *Mythological Poems*, éd. U. Dronke, Oxford, 1997.
Snorri Sturluson, *Edda : Skáldskaparmál*, 2 vol., éd. A. Faulkes, Londres, 1998.
Snorri Sturluson, *L'Edda : récits de mythologie nordique,* éd. F.-X. Dillmann, Paris, 1991.

Snorri Sturluson, *Heimskringla* [*Hkr*], vol. I-III, éd. B. Aðalbjarnarson, Reykjavík, 1941, 1945, 1951.

Snorri Sturluson, *Histoire des rois de Norvège* (*Hkr.*), t. 1 (*Des origines mythiques de la dynastie à la bataille de Svold*), éd. F.-X. Dillmann, Paris, 2000.

4. Sources normatives et de la pratique

4.1 Sources législatives

Attenborough F. L., *The laws of the earliest English kings*, Cambridge, 2000 [1922].

Canons du synode d'Ingelheim (7 juin 948), dans *M.G.H., Leges IV : Constitutiones et acta publica imperatorum et regnum*, t. I, éd. L. Weiland, Hanovre, 1893, p. 12-16, n° 6 ; dans Flodoard, *Annales, chronica et historiae aevi Saxonici,* dans *M.G.H., SS*, t. III : *Annales, chronica et historiae aevi Saxonici*, éd. G. H. Pertz, Hanovre, 1839, p. 395-396, a° 948.

Capitulaire *De Villis* (812), dans *Explication du capitulaire* De Villis, éd. B. E. C. Guérard, Paris, 1853.

Larson L. M., *The Earliest Norwegian Laws : being the Gulathing law and the Frostathing law*, New York, 1935.

Lex Frisionum, dans *M.G.H., Leges*, t. III, éd. K. L. baron de Richthofen, Hanovre, 1963, p. 631-682.

M.G.H., Capit., t. I, éd. A. Boretius, Hanovre, 1960.

M.G.H., Capit., t. II, éd. A. Boretius et V. Krause, Hanovre, 1897.

M.G.H., Leges : Formulae Merovingici et Karolini aevi, t. V, éd. K. Zeumer, Hanovre, 1886.

Norges Gamle Love indtil 1387, 5 vol., éd. R. Keyser *et al.*, Christiania, 1846-1895.

4.2 Sources diplomatiques

Diplomata Belgica ante annum millesimum centesimum scripta, t. 1, éd. M. Gysseling et A. C. F. Koch, Bruxelles, 1950.

Edwards H., *The Charters of the early West Saxon Kingdom* (*BAR British Series*, 198), Oxford, 1988.

Gelling M., *The Early Charters of the Thames Valley*, Leicester, 1979.

M.G.H., DD Mer., t. I, éd. T. Kölzer, Hanovre, 2001.

M.G.H., DD Kar., t. I, éd. E. Mühlbacher, Hanovre, 1906.

OSU, vol. 1 (695-1000), éd. S. Muller et A. C. Bouman, Utrecht, 1920.

RACC, t. I (*840-860*) et t. II (*861-877*), éd. F. Lot *et al.*, Paris, 1843 et 1852.

Sawyer P. H., *Anglo-Saxon charters : an annotated list and bibliography* [*ASC*], Londres, 1968 ; également en ligne : *The Electronic Sawyer : Online Catalogue of Anglo-Saxon Charters*, http://www.esawyer.org.uk/about/index.html.

4.3 Polyptyques, inventaires de biens, cadastres

Cartulaire de l'abbaye de Saint-Bertin, éd. B. Guérard, Paris, 1840.

Domesday Book: a complete translation, éd. A. Williams et G. H. Martin, Londres, 2003.

Liber Census Daniæ. Kong Valdemar den Andens Jordebog, éd. O. A. Nielsen, Copenhague, 1873.

Le polyptyque de l'abbaye de Saint-Bertin (844-859), éd. F. L. Ganshof, Paris, 1975.

Polyptyque de l'abbaye de Saint-Germain-des-Prés, rédigé au temps de l'abbé Irminon, 2 vol., éd. A. Longnon, Paris, 1886-1895.

5. Sources épigraphiques

Jacobsen L. et Moltke E. (dir.), *Danmarks runeindskrifter*, Copenhague, 1942 ; en ligne sur le site du Musée de Copenhague : http://runer.ku.dk/.

Page R. I., *Runes*, Londres, 1987.

Samnordisk runtextdatabas, mise en ligne par l'Université d'Uppsala : https://www.abdn.ac.uk/skaldic/db.php ?if=srdb&table=srdb&val=&view=.

Travaux

Abramson T. (dir.), *Studies in Early Medieval Coinage*, vol. 1 : *Two Decades of Discovery*, Woodbridge/Rochester, 2008.

Abramson T. (dir.), *Studies in Early Medieval Coinage*, vol. 2 : *New Perspectives*, Woodbridge, 2011.

Ambrosiani B., Clarke H. *et al.*, *Birka Studies*, 8 vol., Stockholm, 1992-2003.

Ambrosiani K., *Viking Age combs, comb making and comb makers in the light of finds from Birka and Ribe*, Stockholm, 1981.

Andersson E., *Birka Studies 8 – Tools for Textile Production from Birka and Hedeby. Excavations in the Black Earth 1990-1995*, Stockholm, 2003.

Anderton M. (dir.), *Anglo-Saxon trading centres. Beyond the emporia*, Glasgow, 1999.

Andrews P. (dir.), *Excavations at Hamwic*, vol. II : *Excavations at Six Dials* (*CBA Research Report*, 109), York, 1997.

Andrews P., Metcalf D. M. et Timby J. (dir.), *Southampton finds*, vol. I : *The Coins and Pottery from Hamwic*, Southampton, 1988.

Arkæologiske udgravninger i Danmark. Katalog 1984-2005, 22 vol., Copenhague, 1984-2005.

Ashby S. P., Coutu A. N. et Sindbæk S. M., « Urban Networks and Artic Outlands : Craft Specialists and Reindeer Antler in Viking Towns », dans *European Journal of Archaeology*, 18 (4), 2015, p. 679-704.

Audy F., « Pour une étude méthodique des pendentifs monétaires : le cas des sépultures de Birka (Suède) », dans *Revue numismatique*, 168/169, 2012, p. 403-425.

Die Ausgrabungen in Haithabu, 17 vol., Neumünster, 1937-2013.

Bately J. et Englert A. (dir.), *Ohthere's Voyages. A late 9ᵗʰ-century account of voyages along the coasts of Norway and Denmark and its cultural context* (*Maritime Culture of the North*, 1), Roskilde, 2007.

Bauduin P., *Le monde franc et les Vikings (VIIIᵉ-Xᵉ siècle)*, Paris, 2009.

Bauduin P. et Musin A. E. (dir.), *Vers l'Orient et vers l'Occident : regards croisés sur les dynamiques et les transferts culturels des Vikings à la Rous ancienne*, Caen, 2014.

Bencard M. *et al.* (dir.), *Ribe excavations 1970-76*, 6 vol., Esbjerg/Højbjerg, 1981-2010.

Bender Jørgensen L., *North European Textiles until AD 1000*, Aarhus, 1992.

Berge R., Âsinski M. E. et Sognnes K. (dir.), *N-TAG TEN (Proceedings of the 10th Nordic TAG conference at Stiklestad, Norway 2009)*, Oxford, 2012.

Berichte über die Ausgrabungen in Haithabu, 36 vol., Neumünster, 1969-2007.

Besteman J. C., Bos J. M. et Heidinga H. A. (dir.), *Medieval Archaeology in the Netherlands*, Assen, 1990.

Biddle M. *et al.* (dir.), *Winchester Studies*, 11 vol., Oxford, 1976-en préparation.

Bill J. et Daly A., « The plundering of the ship graves from Oseberg and Gokstad : an example of power politics ? », dans *Antiquity : A Quarterly Review of Archaeology*, 86 (333), 2012, p. 808-824.

Birbeck V. *et al.*, *The origins of mid-Saxon Southampton. Excavations at the Friends Provident St Mary's Stadium 1998-2003*, Salisbury, 2005.

Blackburn M., « Coin Finds from Kaupang : A Viking Emporium on the North Sea », dans C. Alfaro Asins, C. Marcos Alonso et P. Otero Morán (dir.), *XIII Congreso Internacional de Numismática, Madrid 2003 : Actas*, vol. I, Milan, 2005, p. 1143-1149.

Blindheim C. *et al.*, *Kaupang funnene*, 3 vol., Oslo, 1981-1999.

Blinkhorn P. (dir.), *The Ipswich Ware Project : Ceramics, Trade and Society in Middle Saxon England* (*Medieval Pottery Research Group, Occasional Paper*, 7), Londres, 2012.

Blue L., Hocker F. et Englert A. (dir.), *Connected by the Sea : Proceedings of the Tenth International Symposium on Boat and Ship Archaeology, Roskilde 2003*, Oxford, 2006.

Bogucki M., « Viking Age ports of trade in Poland », dans *Estonian Journal of Archaeology*, 8 (2), 2004, p. 100-127.

Bogucki M., « Coin finds in the Viking-Age *emporium* at Janów Pomorski (*Truso*) and the 'Prussian phenomenon' », dans S. Suchodolski (dir.), *Money circulation in Antiquity, the Middle ages, and modern times : time, range, intensity*, Varsovie/Cracovie, 2007, p. 79-108.

Bogucki M. et Rębkowski M. (dir.), *Economies, Monetisation and Society in the West Slavic Lands, 800-1200 AD*, Szczecin, 2013.

Boucheron P. et Mornet É. (dir.), *Ports maritimes et ports fluviaux au Moyen Âge* (XXXVᵉ colloque de la SHMESP, La Rochelle, 5 et 6 juin 2004), Paris, 2005.

Bourdillon J., « Countryside and Town : The Animal Resources of Saxon Southampton », dans D. Hooke (dir.), *Anglo-Saxon Settlements*, Oxford, 1988, p. 177-195.

Boyer J.-F., « À propos des *triens* mérovingiens : approche du système de collecte et de traitement de la recette fiscale en Limousin aux VIᵉ-VIIᵉ siècles », dans *Annales du Midi : revue archéologique, historique et philologique de la France méridionale*, 119 (258), 2007, p. 141-157.

Brandenburger A. M. et Nalebuff B. J., *Co-opetition : A revolutionary mindset that combines competition and cooperation : the game theory strategy that's changing the game of business*, Londres, 1996.

Brandt K. (dir.), *Hollingstedt an der Treene. Ein Flusshafen der Wikingerzeit und des Mittelalters für den Transitverkehr zwischen Nord- und Ostsee*, Neumünster, 2012.

Brandt K., Müller-Wille M. et Radtke C. (dir.), *Haithabu und die frühe Stadtentwicklung im nördlichen Europa* (*Schriften des Archäologischen Landesmuseums*, 8), Neumünster, 2002.

Brogiolo G. P., Gauthier N. et Christie N. (dir.), *Towns and their territories between late antiquity and the early Middle Ages*, Leiden/Boston/Cologne, 2000.

Bruand O., *Voyageurs et marchandises aux temps carolingiens : les réseaux de communication entre Loire et Meuse aux VIIIᵉ et IXᵉ siècles*, Bruxelles, 2002.

Buchwald V. F., *Iron and steel in ancient times*, Copenhague, 2005.

Callmer J., *Trade beads and bead trade in Scandinavia ca. 800-1000 AD*, Lund, 1977.

Carelli P. et Kresten P., « Give us this day our daily bread – A Study of Late Viking Age and Medieval Quernstones in South Scandinavia », dans *Acta Archaeologica*, 68, 1997, p. 109-137.

Carver M. (dir.), *The age of Sutton Hoo : The seventh century in northwestern Europe*, Woodbridge, 1992.

Carver M. (dir.), *Sutton Hoo : A seventh-century princely burial ground and its context*, Londres, 2005.

Chameroy J. et Guihard P.-M. (dir.), *Circulations monétaires et réseaux d'échanges en Normandie et dans le Nord-Ouest européen (Antiquité-Moyen Âge)* (Tables rondes du CRAHM, 8), Caen, 2012.

Chapelot J. (dir.), *Trente ans d'archéologie médiévale en France. Un bilan pour un avenir*, Caen, 2010.

Clarke H. et Ambrosiani B., *Towns in the Viking Age*, New York, 1991.

Contamine P. *et al.*, *L'Économie médiévale*, Paris, 2003 [1993].

Coupland S., « Carolingian coinage and Scandinavian silver », dans *Nordisk Numismatisk Arsskrift 1985-1986*, Copenhague, 1991, p. 11-32.

Coupland S., « Trading places : Quentovic and Dorestad reassessed », dans *Early Medieval Europe*, 11 (3), 2002, p. 209-232.

Coupland S., *Carolingian Coinage and the Vikings. Studies on Power and Trade in the 9ᵗʰ century*, Aldershot/Burlington, 2007.

Cowie R. *et al.*, *Lundenwic : excavations in Middle Saxon London 1987-2000*, Londres, 2012.

Croix S., « Permanency in Early Medieval Emporia : Reassessing Ribe », dans *European Journal of Archaeology*, 18 (3), 2015, p. 497-523.

Crumlin-Pedersen O. (dir.), *Aspects of maritime Scandinavia AD 200-1200* (Proceedings of the Nordic Seminar on maritime aspects of archaeology, 13th-15th march, 1989), Roskilde, 1991.

Crumlin-Pedersen O., *Archaeology and the Sea in Scandinavia and Britain*, Roskilde, 2010.

Crumlin Pedersen O. et Munch Thye B. (dir.), *The ship as symbol in prehistoric and medieval Scandinavia*, Copenhague, 1995.

Degenne A. et Forsé M., *Les réseaux sociaux : une analyse structurale en sociologie*, Paris, 1994.

Demolon P., Galinié P. et Verhaeghe F. (dir.), *Archéologie des villes dans le Nord-Ouest de l'Europe (VIIᵉ-XIIIᵉ siècle)* (Actes du IVᵉ Congrès international d'archéologie médiévale), Douai, 1994.

Depeyrot G., *Richesse et société chez les Mérovingiens et Carolingiens*, Paris, 1994.

Devroey J.-P., « Les services de transport à l'Abbaye de Prüm au IXᵉ siècle », dans *Revue du Nord*, LXI (242), 1979, p. 543-569.

Devroey J.-P., « Un monastère dans l'économie d'échanges : les services de transport de l'abbaye de Saint-Germain-des-Prés au IXᵉ siècle », dans *Annales E.S.C.*, 39 (3), 1984, p. 570-589.

Devroey J.-P., « L'espace des échanges économiques. Commerce, marché, communications et logistique dans le monde franc au IXᵉ siècle », dans *Settimane di studio del centro italiano di studi sull'alto Medioevo*, t. L, *Uomo e spazio nell'alto Medioevo*, vol. I, Spolète, 2002, p. 347-392.

Devroey J.-P., *Économie rurale et société dans l'Europe franque (VIᵉ-IXᵉ siècles)*, t. 1, *Fondements matériels, échanges et lien social*, Paris, 2003.

Devroey J.-P., *Puissants et misérables. Système social et monde paysan dans l'Europe des Francs (VIᵉ-IXᵉ siècles)*, Bruxelles, 2006.

Devroey J.-P. et Nissen-Jaubert A., « Family, income and labour around the North Sea, 500-1000 », dans E. Vanhaute, I. Devos et T. Lambrecht (dir.), *Making a living : family, labour and income*, Turnhout, 2011, p. 5-44.

Dhondt J., « Les problèmes de Quentovic », dans *Studi in onore di Amintore Fanfani*, vol. I (*Antichita e alto medioevo*), Milan, 1962, p. 181-248.

Dickinson T. et Griffiths D. (dir.), *The making of kingdoms* (*Anglo-Saxon Studies in Archaeology and History*, 10), Oxford, 1999.

Dobat A. S., « 'Come together'. Three Case Studies on the Facilities of Communication in a Maritime Perspective », dans *Offa*, 58, 2001, p. 61-70.

Dobat A. S., « Hedeby and its Maritime Hinterland. The Schlei Fjord as an Early Medieval Communication Route », dans *Bodendenkmalpflege in Mecklenburg-Vorpommern*, 51, 2004, p. 419-435.

Dobat A. S., « Maritime cultural landscapes – recovering the trajectories of communication across the Baltic », dans *Quaestiones Medii Aevi Novae*, 10, 2005, p. 74-92.

Dobat A. S., « Danevirke Revisited : An Investigation into Military and Socio-political Organisation in South Scandinavia (c AD 700 to 1100) », dans *Medieval Archaeology*, 52, 2008, p. 27-67.

Du Cange *et al.*, *Glossarium mediae et infimae Latinitatis*, Niort, 1883-1887 [rééd. anastatique, Graz, 1954].

Duczko W., *Viking Rus : Studies on the Presence of Scandinavians in Eastern Europe*, Leiden, 2004.

Dumont A. et Mariotti J.-F. (dir.), *Archéologie et histoire du fleuve Charente. Taillebourg-Port d'Envaux : une zone portuaire du haut Moyen Âge sur le fleuve Charente*, Dijon, 2013.

Dutour T., *La ville médiévale : origines et triomphe de l'Europe urbaine*, Paris, 2003.

Dutour T., « La mondialisation, une aventure urbaine. Du Moyen Âge au 'Globalblabla' », dans *Vingtième Siècle. Revue d'histoire*, 81 (1), 2004, p. 107-117.

Elmshäuser K. (dir.), *Häfen, Schiffe, Wasserwege. Zur Schiffahrt des Mittelalters*, Bremerhaven, 2002.

Englert A. et Trakadas A. (dir.), *Wulfstan's Voyage. The Baltic Sea region in the early Viking Age as seen from shipboard* (*Maritime Culture of the North,* 1), Roskilde, 2009.

Feveile C., « Okholm – en plads med håndværksspor og grubehuse fra 8.-9. århundrede », dans *By, marsk og geest*, 13, Ribe, 2001, p. 5-32.

Feveile C. (dir.), *Ribe studier. Det ældste Ribe : Udgravninger på nordsiden af Ribe Å 1984-2000*, 2 vol., Højbjerg, 2006.

Feveile C., « The coins from 8th-9th centuries Ribe – survey and status 2001 », dans *Nordisk Numismatisk Årsskrift / Nordic Numismatic Journal 2000-2002. 6th Nordic Numismatic Symposium – Single Finds : the Nordic Perspective*, Copenhague, 2006, p. 149-162.

Feveile C., *Vikingernes Ribes. Handel, Magt og Tro*, Ribe, 2010.

Fiedel R., Nielsen K. H. et Stidsing E. (dir.), *Wealth and Complexity. Economically specialised sites in late Iron Age Denmark*, Aarhus, 2014.

Filipowiak W. et Konopka M., « The identity of a town. Wolin, town-state, 9th-12th centuries », dans *Quaestiones medii aevi novae*, 13, 2008, p. 243-288.

Fleming R., « Elites, boats and foreigners : rethinking the rebirth of English towns », dans *Settimane di studio centro italiano di studi alto medioevo*, 56 (1), Spolète, 2009, p. 393-425.

Fouracre P. (dir.), *The New Cambridge Medieval History*, Vol. 1 : c. 500-c. 700 Cambridge, 2005.

Gardiner M. *et al.*, « Continental Trade and Non-Urban Ports in Mid-Anglo-Saxon England : Excavations at *Sandtun*, West Hythe, Kent », dans *Archaeological Journal*, 158, 2001, p. 161-290.

Garipzanov I. H., « Carolingian Coins in ninth-century Scandinavia : A Norwegian perspective », dans J. Quinn, S. Brink et J. Hines (dir.), *Viking and Medieval Scandinavia*, vol. I, Turnhout, 2005, p. 43-71.

Gasparri S., « Un placito carolingio e la storia di Comacchio », dans L. Jégou *et al.* (dir.), *Faire lien. Aristocratie, réseaux et échanges compétitifs*, Paris, 2015, p. 179-189.

Gaut B., « Vessel Glass from Kaupang : A Contextual and Social Analysis », dans *NAR*, 40 (1), 2007, p. 26-41.

Gautier A. et Martin C. (dir.), *Échanges, communications et réseaux dans le haut Moyen Âge. Études et textes offerts à Stéphane Lebecq*, Turnhout, 2011.

Gautier A. et Rossignol S. (dir.), *De la mer du Nord à la mer Baltique. Identités, contacts et communications au Moyen Âge*, Villeneuve d'Ascq, 2012.

Gelichi S. et Hodges R. (dir.), *From one sea to another : trading places in the european and mediterranean Early Middle Ages* (Proceedings of the international confe-rence, Comacchio, 27th-29th march 2009), Turnhout, 2012.

Genet J.-P., *Le monde au Moyen Âge : espaces, pouvoirs, civilisations*, Paris, 1991.

Godelier M., *L'Énigme du don*, Paris, 1996.

Godelier M., *Au fondement des sociétés humaines. Ce que nous apprend l'anthropologie*, Paris, 2007.

Graham-Campbell J. et Williams G. (dir.), *Silver Economy in the Viking Age*, Walnut Creek, 2007.

Graham-Campbell J. et Valor M. (dir.), *The Archaeology of Medieval Europe,* vol. 1 : *Eighth to Twelfth Centuries AD*, Aarhus, 2008.

Graham-Campbell J., Sindbæk S. M. et Williams G. (dir.), *Silver Economies, Monetisation and Society in Scandinavia, AD 800-1100*, Aarhus, 2011.

Gräslund A.-S., *Birka : Untersuchungen und Studien. IV : The burial customs : a study of the graves on Björkö,* Stockholm/Uppsala, 1980.

Gräslund A.-S., « Birka between West and East », dans *Offa*, 58, 2001, p. 129-140.

Gräslund A.-S., « Grave Finds and Settlement Finds – Complementary Entities », dans *Bodendenkmalpflege in Mecklenburg-Vorpommern*, 51, 2004, p. 409-417.

Grataloup C., Fumey G. et Boucheron P. (dir.), *L'Atlas Global*, Paris, 2014.

Gravel M., *Distances, rencontres, communication. Réaliser l'Empire sous Charlemagne et Louis le Pieux*, Turnhout, 2012.

Grierson P., « Commerce in the Dark Ages : A Critique of the Evidence », dans *Transactions of the Royal Historical Society*, 5th Series 9, 1959, p. 123-140, réimprimé dans *Id., Dark Age Numismatics*, Londres, 1979.

Grierson P. et Blackburn M., *Medieval European Coinage. With a catalogue of the coins in the Fitzwilliam Museum, Cambridge*, vol. 1 : *The early Middle Ages (5th-10th centuries)*, Cambridge, 1986.

Grimm O. et Stylegar F.-A., « Norwegische Handels- und Marketplätze der Wikingerzeit in sozialgeschichticher und zentralörtlicher Sicht », dans C. Dobiat (dir.), *Reliquiae gentium. Festschrift für Horst Wolfgang Böhme zum 65. Geburtstag*, vol. 1, Rahden/Westf, 2005, p. 169-182.

Gullbekk S. H., « Vestfold : A Monetary Perspective on the Viking Age », dans R. Naismith, M. Allen et E. Screen (dir.), *Early Medieval Monetary History : Studies in Memory of Mark Blackburn*, Farnham/Burlington, 2014, p. 331-347.

Gustin I., « Means of Payment and the Use of Coins in the Viking Age Town of Birka in Sweden », dans *Current Swedish Archaeology*, 6, 1998, p. 73-83.

Hadley D. M. et Ten Harkel L. (dir.), *Everyday Life in Viking-age Towns: Social Approaches to Towns in England and Ireland, c. 800-1100*, Oxford/Oakville, 2013.

Hagen A., *A Handbook of Anglo-Saxon Food. Processing and Consumption*, Pinner, 1994 [1992].

Hagen A., *A second Handbook of Anglo-Saxon Food & Drink. Production and Distribution*, Hockwold cum Wilton, 1995.

Hall R. A., « Anglo-Saxon and Viking-Age York », dans P. Nuttgens (dir.), *The History of York, Yorkshire: From the Earliest Times to the Year 2000*, Pickering, 2001, p. 39-67.

Hall R. A. *et al.*, *Aspects of Anglo-Scandinavian York*, York, 2004.

Hamerow H., *Early medieval settlements: the archaeology of rural communities in Northwest Europe (400-900)*, Oxford, 2002.

Hansen G., Ashby S. P. et Baug I. (dir.), *Everyday Products in the Middle Ages: Crafts, Consumption and the Individual in Northern Europe c. AD 800-1600*, Oxford/Philadelphia, 2015.

Hansen I. L. et Wickham C. (dir.), *The Long Eighth Century. Production, Distribution and Demand* (*The transformation of the Roman world*, 11), Leiden/Boston/Cologne, 2000.

Hårdh B., *Silver in the Viking Age. A Regional-Economic Study* (*Acta Archaeologica Lundensia*, series in 8°, 25), Stockholm, 1996.

Hårdh B. et Larsson L. (dir.), *Central places in the Migration and the Merovingian Periods* (*Uppåkrastudier, 6*), Lund/Stockholm, 2002.

Hedeager L. (traduction par J. Hines), *Iron-Age Societies: from tribe to state in northern Europe, 500 BC to AD 700*, Oxford/Cambridge, 1992.

Hedeager L., *Iron Age Myth and Materiality. An Archaeology of Scandinavia AD 400-1000*, Londres/New York, 2011.

Hedenstierna-Jonson C., *The Birka warrior. The material culture of a martial society* (PhD Dissertation), Stockholm, 2006.

Hedenstierna-Jonson C., « Traces of Contacts: Magyar material culture in the Swedish Viking Age Context of Birka », dans *RGZM–Tagungen*, 17 (*Die Archäologie der Frühen Ungarn*), 2012, p. 29-46.

Hedenstierna-Jonson C. (dir.), *Birka Nu. Pågående forskning om världsarvet Birka och Hovgården*, Stockholm, 2012.

Hedenstierna-Jonson C., « Foreigner and Local: Identities and cultural expression among the urban people of Birka », dans V. E. Turner, A. O. Owen et D. J. Waugh (dir.), *Shetland and the Viking World*, Lerwick, 2016, p. 189-195.

Hed Jakobsson A., « Towns, Plots, Crafts and Fertility. Traces of Power Ideology », dans *Current Swedish Archaeology*, 7, 1999, p. 37-53.

Heidinga H. A., *Frisia in the First Millennium: An Outline*, Utrecht, 1997.

Helle K. (dir.), *The Cambridge History of Scandinavia*, vol. 1 : *Prehistory to 1520*, Cambridge, 2003.

Henning J. (dir.), *Post-Roman towns, trade and settlement in Europe and Byzantium*, vol. 1 : *The Heirs of the Roman West*, Berlin/New York, 2007.

Henning J., « Strong Rulers – Weak Economy ? Rome, the Carolingian and the Archaeology in the First Millennium AD », dans J. R. Davis et M. McCormick (dir.), *The Long Morning of Medieval Europe. New Directions in Early Medieval Studies*, Aldershot, 2008, p. 33-53.

Hill D. et Cowie R. (dir.), *Wics : The Early Mediaeval Trading Centres of Northern Europe* (*Sheffield Archaeological Monographs*, 14), Sheffield, 2001.

Hill D. et Metcalf D. M. (dir.), *Sceattas in England and on the Continent* (*BAR British Series*, 128), Oxford, 1984.

Hill D. *et al.*, « Quentovic defined », dans *Antiquity : a quarterly review of archaeology*, 64 (242), 1990, p. 51-58.

Hines J., « North-Sea trade and the proto-urban sequence », dans *Archaeologia Polona*, 32 (*Origins of Medieval Towns in Temperate Europe*), 1994, p. 7-26.

Hines J. (dir.), *The Anglo-Saxons from the Migration Period to the eighth century. An Ethnographic Perspective*, Woodbridge/Rochester/San Marino, 1997.

Hines J., Lane A. et Redknap M. (dir.), *Land, Sea and Home*, Leeds, 2004.

Hinton D. A. (dir.), *Southampton finds*, vol. 2 : *The Gold, Silver and Other Non-Ferrous Objects from Hamwic*, Southampton, 1996.

Hinton D. A., *Gold and Gilt, Pots and Pins. Possessions and People in Medieval Britain*, Oxford, 2005.

Hodges R., *Dark Age Economics. The origins of towns and trade A.D. 600-1000*, Londres, 1989 [1982].

Hodges R., *Towns and trade in the age of Charlemagne*, London, 2000.

Hodges R., *Goodbye To The Vikings ? Re-reading Early Medieval Archaeology*, Londres, 2006.

Hodges R., *Dark Age Economics : A New Audit*, Londres, 2012.

Hodges R. et Hobley B. (dir.), *The rebirth of the towns in the West, AD 700-1050* (*CBA research report*, 68), Londres, 1988.

Hodges R. et Whitehouse D., *Mohammed, Charlemagne and the origins of Europe*, 3ᵉ éd., Londres, 1989 [1983].

Holmqvist W. *et al.* (dir.), *Excavations at Helgö*, 18 vol., Stockholm, 1961-2011.

Holmquist-Olausson L. et Olausson M. (dir.), *The Martial Society. Aspects of warriors, fortifications and social change in Scandinavia*, Stockholm, 2009.

Horden P. et Purcell N., *The corrupting sea : a study of Mediterranean history*, Oxford/Malden, 2000.

Horton M. et Middleton J., *The Swahili : the social landscape of a mercantile society*, Oxford/Malden, 2000.

Hvass S. et Storgaard B. (dir.), *Digging into the past. 25 years of Archeology in Denmark*, Aarhus, 1993.

Jagodziński M. F., « Truso – Siedlung und Hafen im slawisch-estnischen Grenzgebiet », dans A. Wieczorek et H.-M. Hinz, *Europas Mitte um 1000*, Stuttgart, 2000, p. 170-174.

Jankuhn H., *Haithabu. Eine germanische Stadt der Frühzeit*, Neumünster, 1938.

Jankuhn H., Schlesinger W. et Steuer H. (dir.), *Vor- und Frühformen der europäischen Stadt im Mittelalter*, 2 vol., Göttingen, 1975.

Jensen J., *Danmarks Oldtid. Yngre Jernalder og Vikingetid. 400 e.Kr.-1050 e.Kr.*, Copenhague, 2004.

Jensen K. V., « The Blue Baltic Border of Denmark in the High Middle Ages : Danes, Wends and Saxo Grammaticus », dans D. Abulafia et N. Berend (dir.), *Medieval Frontiers : Concepts and Practices*, Aldershot/Burlington, 2002, p. 173-193.

Jensen S., *Les Vikings de Ribe*, Ribe, 1992.

Jervis B., « A patchwork of people, pots and places : Material engagements and the construction of 'the social' in Hamwic (Anglo-Saxon Southampton) », dans *Journal of Social Archaeology*, 11 (3), 2011, p. 239-265.

Jesch J., *Women in the Viking Age*, Woodbridge, 1991.

Jesch J., *Ships and Men in the Late Viking Age : The Vocabulary of Runic Inscriptions and Verse*, Woodbridge, 2001.

Jesch J. (dir.), *The Scandinavians from the Vendel period to the tenth century – An ethnographic perspective*, Woodbridge/Rochester/San Marino, 2002.

Jöns H., « Was the *emporium* of Reric the forerunner of Hedeby ? », dans *Bodendenkmalpflege in Mecklenburg-Vorpommern*, 47, 1999, p. 201-213.

Kalmring S., *Der Hafen von Haithabu* (*Die Ausgrabungen in Haithabu*, 14), Neumünster, 2010.

Kalmring S., « Of Thieves, Counterfeiters and Homicides. Crime in Hedeby and Birka », dans *Fornvännen*, 105 (4), 2010, p. 281-290.

Karras R. M., *Slavery and Society in Medieval Scandinavia*, New Haven/Londres, 1988.

Kastholm O. T., « Ves04rvang at Kirke Hyllinge, Zealand : a late Iron Age settlement with rich stray finds », dans *Danish Journal of Archaeology*, 1 (2), 2012, p. 142-164.

Kelly S., « Trading privileges from eighth-century England », dans *Early Medieval Europe*, 1, 1992, p. 3-28.

Klæsøe I. S. (dir.), *Viking Trade and Settlement in Continental Western Europe*, Copenhague, 2010.

Kovalev R. K., « Dirham Mint Output of Samanid Samarqand and its Connection to the Beginnings of Trade with Northern Europe (10ᵗʰ century) », dans *Histoire & Mesure*, 17 (3/4) (*Monnaie et Espace*), 2002, p. 197-216.

Koziol G., *The Politics of Memory and Identity in Carolingian Royal Diplomas. The West Frankish Kingdoms (840-987)*, Turnhout, 2012.

Kulturhistorisk Leksikon for nordisk Middelalder, fra vikingetid til reformationstid, 22 vol., Copenhague, 1956-1978.

Lafaurie J., « *Wic in Pontio*. Monnaies mérovingiennes de *Wicus*. Analyses de Jean-Noël Barrandon », dans *Revue numismatique,* 151, 1996, p. 181-239.

Lardin P., « Les lettres de Loup de Ferrières. Réseau de correspondance et vision du monde », dans A.-M. Sohn (dir.), *La correspondance, un document pour l'Histoire*, Mont-Saint-Aignan, 2002, p. 55-72.

Larsson L. et Hårdh B. (dir.), *Centrality – Regionality. The Social Structure of Southern Sweden during the Iron Age* (*Uppåkrastudier*, 7), Stockholm, 2003.

Latour B., *Reassembling the social : An introduction to actor-network-theory*, Oxford/New York, 2005.

Le Jan R., « Les relations diplomatiques pendant le premier Moyen Âge (VIe-XIe siècle) », dans *Les relations diplomatiques au Moyen Âge : formes et enjeux (*XLIe congrès de la SHMESP, Lyon, juin 2010), Paris, 2011, p. 13-30.

Le Jan R., « Écriture de l'histoire et compétition : l'échec du projet de mariage entre Charles le Jeune et la fille d'Offa de Mercie », dans M. Coumert *et al.* (dir.), *Rerum gestarum scriptor : Histoire et historiographie au Moyen Âge. Mélanges Michel Sot*, Paris, 2012, p. 453-464.

Le Maho J., « Les destins comparés de deux cités de fond d'estuaire : Rouen et Nantes du VIe au Xe siècle », dans P. Manneville (dir.), *Des villes, des ports, la mer et les hommes*, Nantes, 2001, p. 13-25.

Leary J. (dir.), *Tatberht's Lundenwic : Archaeological Excavations in Middle Saxon London*, Londres, 2004.

Lebecq S., *Marchands et navigateurs frisons du haut Moyen-Âge,* vol. 1 (« Essai »), Lille, 1983.

Lebecq S., « Pour une histoire parallèle de Quentovic et Dorestad », dans J.-M. Duvosquel et A. Dierkens (dir.), *Villes et campagnes au Moyen Âge : mélanges Georges Despy*, Liège, 1991, p. 415-428.

Lebecq S., « Routes of Change : Production and Distribution in the West (5th-8th Century) », dans L. Webster et M. P. Brown (dir.), *The Transformation of the Roman World AD 400-900*, Londres, 1997, p. 67-78.

Lebecq S., *Hommes, mers et terres du Nord au début du Moyen Âge*, vol. 1 (*Peuples, cultures, territoires*) et vol. 2 (*Centres, communications, échanges*), Villeneuve d'Ascq, 2011.

Lebecq S., « L'homme, la mer et la voie d'eau. Les systèmes de communications nautiques dans l'espace lotharingien (IXe-début XIe siècle) », dans M. Gaillard *et al.* (dir.), *De la mer du Nord à la Méditerranée. Francia Media. Une région au cœur de l'Europe (c. 840-c. 1050)*, Luxembourg, 2011, p. 69-82.

Lebecq S. *et al.*, *Histoire des îles Britanniques*, Paris, 2007.

Lebecq S., Béthouart B. et Verslype L. (dir.), *Quentovic. Environnement, Archéologie, Histoire*, Villeneuve d'Ascq, 2010.

Lemercier C., « Analyse de réseaux et histoire », dans *Revue d'histoire moderne et contemporaine*, 52 (2), 2005, p. 88-112.

Lexikon des Mittelalters, 10 vol., Munich/Zurich, 1977-1999.

Linderholm A. *et al.*, « Diet and status in Birka : stable isotopes and grave goods compared », dans *Antiquity : A Quarterly Review of Archaeology*, 82 (316), 2008, p. 446-461.

Ljungkvist J., « Valsgärde – Development and change of a burial ground over 1300 years », dans S. Norr (dir.), *Valsgärde studies. The place and its people, past and present*, Uppsala, 2008, p. 13-55.

Ljungkvist J., « Continental imports to Scandinavia – Patterns and changes between AD 400 and 800 », dans D. Quast (dir.), *Foreigners in Early Medieval Europe : Thirteen International Studies on Early Medieval Mobility* (*Monographien des Römisch-Germanischen Zentralmuseums*, 78), Mayence, 2009, p. 27-49.

Ljungkvist J., « Gamla Uppsala : Structural development of a centre in Middle Sweden », dans *Archäologisches Korrespondenzblatt*, 41 (4), 2011, p. 571-585.

Lodewijckx M. (dir.), *Bruc ealles well : Archaeological Essays Concerning the Peoples of North-West Europe in the First Millennium AD*, Louvain, 2004.

Loveluck C., « Rural settlement hierarchy in the age of Charlemagne », dans J. Story (dir.), *Charlemagne : Empire and Society*, Manchester, 2005, p. 230-258.

Loveluck C., « The dynamics of elite lifestyles in the 'rural world', AD 600-1150 : archaeological perspectives from northwest Europe », dans F. Bougard, R. Le Jan et R. McKitterick (dir.), *La culture du haut Moyen Âge. Une question d'élites ?*, Turnhout, 2009, p. 139-170.

Loveluck C., *Northwest Europe in the Early Middle Ages, c. AD 600-1150. A Comparative Archaeology*, Cambridge, 2013.

Loveluck C. et Tys D., « Coastal societies, exchange and identity along the Channel and southern North Sea shores of Europe, AD 600-1000 », dans *Journal of Maritime Archaeology*, 1 (2), 2006, p. 140-169.

Ludowici B. *et al.* (dir.), *Trade and Communication Networks of the First Millennium AD in the Northern Part of Central Europe : Central Places, Beach Markets, Landing Places and Trading Centres* (*Neue Studien zur Sachsenforschung*, 1), Stuttgart, 2010.

Malbos L., « Les ressources en compétition dans des territoires scandinaves disputés (première moitié du XIᵉ siècle : le roi Óláfr Haraldsson et l'arme économique' », dans V. Loré, G. Bührer-Thierry et R. Le Jan (dir.), *Acquérir, prélever, contrôler. Les ressources en compétition (400-1100)*, Turnhout, 2017, p. 109-126.

Malbos L., « Du bœuf et du vin dans les *emporia* d'Europe du Nord-Ouest (VIIᵉ-Xᵉ siècle) : des pratiques alimentaires 'urbaines' », dans D. Chamboduc de Saint Pulgent et M. Dejoux (dir.), *Mélanges en l'honneur de François Menant*, Paris, à paraître.

Malbos L., « ... *ibi multi essent negotiatores divites*... Riches, pauvres et exclus dans les milieux portuaires scandinaves au IXᵉ siècle », dans S. Joye, S. Gioanni et R. Le Jan (dir.), *La richesse, la pauvreté et l'exclusion – de la christianisation à la chrétienté en Occident (IVᵉ-XIIᵉ siècle)*, Turnhout, à paraître.

Malcom G. et Bowsher D., *Middle Saxon London : excavations at the Royal Opera House*, 1989-1999, Londres, 2003.

Malmer B., *Nordiska mynt fore år 1000* (*Acta archaeologica Lundensia,* series in 8°, 4), Lund, 1966.

Malmer B., « Skeppsmyntet från Okholm : om danska 800-talmynt med fisksymboler », dans *Nordisk Numismatisk Unions medlemsblad,* 5, 2000, p. 103-109.

Marold E., « Hedeby – an 'International' Trading Place for Danes, Swedes, Norwegians, Germans, Frisians and Slavonic People. The linguistic and Literary Evidence », dans *Offa,* 58, 2001, p. 13-20.

Maucourant J. et Graslin L., « Le port de commerce : un concept en débat », dans *Topoi, Orient Occident,* 12-13, 2005, p. 216-257.

McCormick M., *Origins of the European economy : communications and commerce AD 300-900,* Cambridge, 2001.

McKitterick R. (dir.), *The New Cambridge Medieval History,* vol. II (c. 700-c. 900), Cambridge, 1995.

Meier D., *Die wikingerzeitliche Siedlung von Kosel (Kosel-West), Kreis Rendsburg-Eckernförde (Untersuchungen in Angeln und Schwansen,* 3 ; *Offa-Bücher,* 76), 1994.

Meier D., *Seafarers, Merchants Merchants and Pirates in the Middle Ages,* Woodbridge, 2006.

Meier U. M., *Die früh- und hochmittelalterliche Siedlung bei Schuby, Kreis Schleswig-Flensburg (Offa-Bücher,* 83), 2007.

Mériaux C., *Gallia irradiata. Saints et sanctuaires dans le nord de la Gaule du haut Moyen Âge,* Stuttgart, 2006.

Mériaux C. et Santinelli-Foltz É. (dir.), *Un premier Moyen Âge septentrional : études offertes à Stéphane Lebecq* (*Revue du Nord,* 93, n° 391/392), Villeneuve d'Ascq, 2011.

Metcalf D. M., « Viking Age Numismatics 1. Late Roman Byzantine gold in the Northern Lands », dans *Numismatic Chronicle,* 155, 1995, p. 413-441.

Metcalf D. M., « Viking Age Numismatics 2. Coinage in the Northern Lands in Merovingian and Carolingian Times », dans *Numismatic Chronicle,* 156, 1996, p. 399-428.

Metcalf D. M., « Viking Age Numismatics 3. What happened to Islamic dirhams after their arrival in the Northern Lands », dans *Numismatic Chronicle,* 157, 1997, p. 295-335.

Middleton N., « Early medieval port customs, tolls and controls on foreign trade », dans *Early Medieval Europe,* 13 (4), 2005, p. 313-358.

Moesgaard J. C., « Christiana Religio », dans *Skalk,* 6, 2004, p. 12-17.

Moesgaard J. C. et Pol A., « Nouvelle trouvaille de *tremissis* de Madelinus au Danemark », *Bulletin de la Société Française de Numismatique,* 58 (1), 2003, p. 186-189.

Molkenthin R., *Straßen aus Wasser, Technische, wirtschaftliche und militärische Aspekte der Binnenschiffahrt im Mitteleuropa des frühen und hohen Mittelalters,* Münster, 2006.

Møller-Hansen K. et Høier H., « Næs : a Viking Age settlement with flax production », dans *Kuml. Årbog for Jysk Arkæologisk Selskab 2000,* Aarhus, 2000, p. 59-89.

Morton A. D. (dir.), *Excavations at Hamwic*, vol. I: *Excavations 1946-83, excluding Six Dials and Melbourne Street* (*CBA Research Report*, 84), York, 1992.

Müller-Wille M., « Das wikingerzeitliche Gräberfeld von Thumby-Bienebek in Schwansen (Kr. Rendsburg-Eckernförde) », dans *Bericht der Römisch-germanischen Kommission*, 67, 1987, p. 465-478.

Müller-Wille M., *Frühstädtische Zentren der Wikingerzeit und ihr Hinterland. Die Beispiele Ribe, Hedeby und Reric*, Mayence, 2002.

Musset L., *Nordica et Normannica: recueil d'études sur la Scandinavie ancienne et médiévale, les expéditions des Vikings et la fondation de la Normandie*, Paris, 1997.

Naismith R., *Money and power in Anglo-Saxon England. The Southern English kingdoms 757-865*, Cambridge, 2012.

Näsman U., « Raids, Migrations, and Kingdoms – the Danish Case », dans *Acta Archaeologica*, 71, 2000, p. 1-7.

Näsman U., « Danerne og det danske kongeriges opkomst: Om forskningsprogrammet 'Fra stamme til stat i Danmark' », dans *Kuml. Årbog for Jysk Arkæologisk Selskab 2006*, Aarhus, 2006, p. 205-241.

Naylor J., *An Archaeology of Trade in Middle Saxon England* (*BAR British Series*, 376), Oxford, 2004.

Niermeyer J. F., *Mediae Latinitatis Lexicon Minus*, Leiden, 1976.

Nissen-Jaubert A., *Peuplement et structures d'habitat au Danemark durant les IIIᵉ-XIIᵉ siècles dans leur contexte nord-ouest européen*, 3 vol., thèse de doctorat (sous la direction de Jean-Marie Pesez) soutenue en 1996 à l'EHESS.

Nissen-Jaubert A., « Un ou plusieurs royaumes danois? », dans P. Depreux, F. Bougard et R. le Jan (dir.), *Les élites et leurs espaces. Mobilité, rayonnement, domination (du VIᵉ au IXᵉ siècle)*, Turnhout, 2007.

Nissen-Jaubert A., « La femme riche. Quelques réflexions sur la signification des sépultures féminines privilégiées dans le Nord-Ouest européen », dans J.-P. Devroey, L. Feller et R. Le Jan (dir.), *Les élites et la richesse au haut Moyen Âge*, Turnhout, 2010, p. 305-324.

Nørgård Jørgensen A., Pind J. et Jørgensen L. (dir.), *Maritime warfare in Northern Europe. Technology, Organisation, Logistics and Administration, 500 BC-1500 AD*, Copenhague, 2002.

Nuninger L., Sanders L. *et al.*, « La modélisation des réseaux d'habitat en archéologie: trois expériences », dans *Mappemonde*, 83, 2006.

Olsen O., « Royal power in Viking Age Denmark », dans H. Bekker-Nielsen et H. F. Nielsen (dir.), *Beretning fra syvende tværfaglige vikingesymposium*, Højbjerg, 1989, p. 7-20.

Palliser D. M. (dir.), *The Cambridge urban history of Britain*, vol. I (*600-1540*), Cambridge, 2000.

Palliser D. M., *Medieval York: 600-1540*, Oxford, 2014.

Palmer J. T., « Rimbert's *Vita Anskarii* and Scandinavian Mission in the Ninth Century », dans *Journal of ecclesiastical History*, 55 (2), 2004, p. 235-256.

Parkhouse J., « The Distribution and Exchange of Mayen Lava Quernstones in Early Medieval Northern Europe », dans G. De Boe et F. Verhaeghe (dir.), *Exchange and Trade in Medieval Europe (Papers of the 'Medieval Europe Brugge 1997' Conference*, 3), Zellik, 1997, p. 97-106.

Pedersen A., « Skagerrak and Kattegat in the Viking Age – borders and connecting links », dans H. C. Gulløv (dir.), *Northern Worlds – landscapes, interactions and dynamics (Proceedings of the Northern Worlds Conference, Copenhagen 28-30 November 2012)*, Copenhague, 2014, p. 307-317.

Pedersen U., *Into the Melting Pot. Non-ferrous Metalworkers in Viking-period Kaupang* (*Kaupang Excavation Project. Publication Series*, 4), Aarhus/Oslo, 2016.

Pestell T. et Ulmschneider K. (dir.), *Markets in early medieval Europe: trading and productive sites*, Macclesfield, 2003.

Pirenne H., *Mahomet et Charlemagne* (préface inédite de C. Picard), Paris, 2005 [1937].

Plumier-Torfs J. et S., Régnard M. et Dijkman W. (dir.), *Mosa Nostra. La Meuse mérovingienne, de Verdun à Maastricht Vᵉ-VIIIᵉ siècles*, Namur, 1999.

Plumier J. et Regnard M. (dir.), *Voies d'eau, commerce et artisanat en Gaule mérovingienne*, Namur, 2005.

Pohl M., « Quern-Stones and Tuff as Indicators of Medieval European Trade Patterns », dans *Papers from the Institute of Archaeology*, 20, 2010, p. 148-153.

Polanyi K., *The Great Transformation*, Boston, 1944.

Polanyi K., « Ports of Trade in Early Societies », dans *Journal of Economic History*, 23, 1963, p. 30-45.

Poulsen B. et Sindbæk S. M. (dir.), *Settlement and Lordship in Viking and Early Medieval Scandinavia* (*The Medieval Countryside*, 9), Turnhout, 2011.

Price T. D. *et al.*, « Who was in Harold Bluetooth's army? Strontium isotope investigation of the cemetery at the Viking Age fortress at Trelleborg, Denmark », dans *Antiquity: a quarterly review of archaeology*, 85 (328), 2011, p. 476-489.

Prummel W., *Excavations at Dorestad 2. Early medieval Dorestad an archaeozoological study*, Amersfoort, 1983.

Randsborg K., *The Viking Age in Denmark. The Formation of a State,* Londres, 1980.

Randsborg K. (dir.), *The Birth of Europe. Archaeology and social development in the first millennium AD,* Rome, 1989.

Randsborg K., *The Anatomy of Denmark. Archaeology and History from the Ice Age to the Present*, Londres, 2009.

Ravn M., « Nybro. En trævej fra Kong Godfreds tid », dans *Kuml. Årbog for Jysk Arkæologisk Selskab 1999*, Aarhus, 1999, p. 227-257.

Renfrew C. et Shennan S. (dir.), *Ranking, resource and exchange. Aspects of the archaeology of early European society*, Cambridge, 1982.

Resi H. G., « Kaupang, før nye utgravninger », dans *Collegium Medievale*, 13, 2000, p. 141-164.

Riddler I. D. et Trzaska-Nartowski N., « *Hamwic* et l'artisanat de l'os de baleine aux VIIe-IXe siècles », dans *Cahiers LandArc*, 6, 2014 (décembre), p. 1-9, en ligne : http:// www.landarc.fr/images/pdf/Cahier_landarc_6.pdf (consulté en décembre 2014).

Rippon S., *The Transformation of Coastal Wetlands. Exploitation and Management of Marshland Landscapes in North West Europe during the Roman and Medieval Periods,* Oxford, 2000.

Roes A., « Les trouvailles de Domburg I », dans *Berichten van de Rijksdienst voor het Oudheidkundig Bodemonderzoek*, 5, 1954, p. 65-69.

Roes A., « Les trouvailles de Domburg II », dans *Berichten van de Rijksdienst voor het Oudheidkundig Bodemonderzoek*, 6, 1955, p. 79-85.

Roesdahl E. *et al.* (dir.), *Aggersborg : The Viking-Age Settlement and Fortress*, Højbjerg, 2014.

Rossignol S., « *Civitas* in Early Medieval Central Europe – Stronghold or District ? », dans *The Medieval History Journal*, 14 (1), 2011, p. 71-99.

Rossignol S., *Aux origines de l'identité urbaine en Europe centrale et nordique. Traditions culturelles, formes d'habitat et différenciation sociale (VIIIe-XIIe siècles),* Turnhout, 2013.

Roy N., « Résultats de sept années de fouilles sur le site d'un atelier de potiers du début du VIIIe siècle en forêt de La Londe », dans P. Manneville (dir.), *Le monde rural en Normandie* (Actes du xxxiie congrès des sociétés historiques et archéologiques de Normandie, Gisors, 2-5 octobre 1997, *Annales de Normandie*), Caen, 1998, p. 317-326.

Samson R. (dir.), *Social Approaches to Viking Studies*, Glasgow, 1991.

Saunders T., « Trade, towns and states : a reconsideration of early medieval economics », dans *NAR*, 28 (1), 1995, p. 31-53.

Saunier P.-Y., « Circulations, connexions et espaces transnationaux », dans *Genèses : sciences sociales et histoire*, 57 (4), 2004, p. 110-126.

Sawyer B., *The Viking-Age Rune-Stones. Custom and commemoration in early medieval Scandinavia,* Oxford, 2000.

Sawyer P. H., *Kings and Vikings – Scandinavia and Europe AD 700-1100*, Londres/ New York, 1982.

Scull C., « Scales and Weights in Early Anglo-Saxon England », dans *Archaeological Journal*, 147, 1990, p. 183-215.

Scull C., *Early Medieval (late 5th century AD-early 8th century AD) Cemeteries at Boss Hall and Buttermarket, Ipswich, Suffolk*, Leeds, 2009.

Scull C., « Foreign identities in burials at the seventh-century English *emporia* », dans S. Brookes, S. Harrington et A. Reynolds (dir.), *Studies in Early Anglo-Saxon Art and Archaeology : Papers in Honour of Martin G. Welch (BAR British Series*, 527), Oxford, 2011, p. 82-87.

Sheehan J. et Ó Corráin D. (dir.), *The Viking Age : Ireland and the West (Papers from the proceedings of the fifteenth Viking congress, Cork, 18-27 August 2005)*, Dublin/ Portland, 2010.

Sigmundsson S. (dir.), *Viking Settlements and Viking Society (Papers from the procee-dings of the sixteenth Viking Congress, Reykjavík and Reykholt, 16-23 August 2009)*, Reykjavík, 2011.

Simek R. et Engel U. (dir.), *Vikings on the Rhine. Recent research on early medieval relations between the Rhinelands and Scandinavia (Studia medievalia septentrio-nalia*, 11), Vienne, 2004.

Sindbæk S. M., « An Object of Exchange. Brass Bars and the Routinization of Viking Age Long-Distance Exchange in the Baltic Area », dans *Offa*, 58, 2001, p. 49-60.

Sindbæk S. M., *Ruter og rutinisering. Strukturationen af fjernudveksling i Nordeuropa ca. 700-1000*, Copenhague, 2005.

Sindbæk S. M., « Networks and nodal points », dans *Antiquity: a quarterly review of archaeology*, 81 (311), 2007, p. 119-132.

Sindbæk S. M., « The Small World of the Vikings : Networks in Early Medieval Communication and Exchange », dans *NAR*, 40 (1), 2007, p. 59-74.

Sindbæk S. M., « The Lands of *Denemearce* : Cultural differences and social networks of the Viking Age in South Scandinavia », dans S. Brink (dir.), *Viking and medie-val Scandinavia*, 4, 2008, p. 169-208.

Sindbæk S. M., « Re-assembling regions. The social occasions of technological ex-change in Viking Age Scandinavia », dans R. Barndon, A. Engevik et I. Øye (dir.), *The Archaeology of Regional Technologies*, Lewiston/Queenston/Lampeter, 2010, p. 263-287.

Sindbæk S. M., « All in the same boat. The Vikings as European and global heritage », dans D. Callebaut, J. Mařík et J. Maříková-Kubková (dir.), *Heritage Reinvents Europe (EAC Occasional Paper*, 7), Budapest, 2013, p. 81-87.

Sindbæk S. M., « Broken Links and Black Boxes : Material Affiliations and Contextual Network Synthesis in the Viking World », dans C. Knappett (dir.), *Network analysis in archaeology. New approaches to regional interaction*, Oxford, 2013, p. 71-94.

Sindbæk S. M. et Trakadas A. (dir.), *The World in the Viking Age*, Roskilde, 2014.

Skre D. (dir.), *Kaupang in Skiringssal : Excavation and Surveys at Kaupang and Huseby, 1998-2003, Background and Results (Kaupang Excavation Project. Publication Series*, 1), Aarhus/ Oslo, 2007.

Skre D. (dir.), *Means of exchange (Kaupang Excavation Project. Publication Series*, 2), Aarhus/Oslo, 2008.

Skre D. (dir.), *Things from the Town : Artefacts and Inhabitants in Viking Age Kaupang (Kaupang Excavation Project. Publication Series*, 3), Aarhus/Oslo, 2011.

Sørensen S. A. et Ulriksen J., *Selsø-Vestby. Vikingernes Anløbsplads ved Selsø*, Roskilde, 1996.

Spindler K., « Der Kanalbau Karls des Großen. Seine Reflexion in den mittelalterli-chen Quellen und der aktuelle archäologische Forschungsstand », dans *Id.* (dir.), *Mensch und Natur im mittelalterlichen Europa. Archäologische, historische und naturwissenschaftliche Befunde*, Klagenfurt, 1998, p. 47-99.

Staecker J., « The Concepts of imitation and translation : Perceptions of a Viking-Age Past », dans *NAR*, 38 (1), 2005, p. 3-28.

Stedman M. et Stoodley N., « Eight early Anglo-Saxon Metalwork pieces from the Central Meon Valley, Hampshire », dans *Proceedings of the Hampshire Field Club and Archaeology Society*, 55, 2000, p. 133-141.

Steuer H., « Der Handel der Wikingerzeit zwischen Nord- und Westeuropa aufgrund archäologischer Zeugnisse », dans K. Düwel *et al.* (dir.), *Untersuchungen zu Handel und Verkehr der vor- und frügeschichtlichen Zeit in Mittel- und Nordeuropa – Teil IV Der Handel der Karolinger- und Wikingerzeit*, Göttingen, 1987, p. 113-197.

Steuer H., « Ports of Trade », dans *Reallexikon der Germanischen Altertumskunde*, XXIII, Berlin/New York, 2003, p. 292-298.

Stoclet A. J., *Immunes ab omni teloneo. Étude de diplomatique, de philologie et d'histoire sur l'exemption de tonlieux au haut Moyen Âge et spécialement sur la Praeceptio de navibus*, Bruxelles, 1999.

Stoodley N., *The Spindle and the Spear. A Critical Enquiry into the Construction and Meaning of Gender in the Early Anglo-Saxon Burial Rite* (*BAR British Series*, 288), Oxford, 1999.

Strauch D., *Mittelalterliches nordisches Recht bis 1500 : eine Quellenkunde*, Berlin/New York, 2011.

Theuws F., « Exchange, religion, identity and central places in the early Middle Ages », dans *Archaeological Dialogues*, 10 (2), 2004, p. 121-138.

Ulmschneider K., « Archaeology, History, and the Isle of Wight in the Middle Saxon Period », dans *Medieval Archaeology*, 43, 1999, p. 19-44.

Ulmschneider K., *Markets, Minsters, and Metal-detectors : the archaeology of Middle Saxon Lincolnshire and Hampshire compared* (*BAR Bristish Series*, 307), Oxford, 2000.

Ulmschneider K., « Settlement, Economy, and the 'Productive' Site : Middle Anglo-Saxon Lincolnshire A.D. 650-780 », dans *Medieval Archaeology*, 44, 2000, p. 53-79.

Ulmschneider K., « The Study of Early Medieval markets : are we rewriting the economic history of Middle Anglo-Saxon England ? », dans H.-J. Hässler (dir.), *Neue Forschungsergebnisse zur nordwesteuropäischen Frühgeschichte unter besonderer Berücksichtigung der altsächsischen Kultur im heutigen Niedersachsen* (*Studien zur Sachsenforschung*, 15), Oldenburg, 2005, p. 517-531.

Ulriksen J., *Anløbspladser. Besejling og bebyggelse i Danmark mellem 200 og 1100 e.Kr.*, Roskilde, 1998.

Ulriksen J., « Inland navigation and trade in a land without rivers – fjords and streams as navigation and trade routes in Viking Age Denmark », dans *Siedlungs- und Küstenforschung im südlichen Nordseegebiet. Settlement and Coastal Research in the Southern North Sea Region*, 34, 2011, p. 191-199.

Uppåkrastudier, 10 vol., Stockholm, 1998-2004.

Valante M. A., *The Vikings in Ireland. Settlement, Trade, and Urbanization*, Dublin, 2008.

Van Es W. A. et Verwers W. J. H., *Excavations at Dorestad 1. The Harbour : Hoogstraat I*, 2 vol., Amersfoort, 1980.

Van Es W. A. et Verwers W. J. H., *Excavations at Dorestad 3. Hoogstraat 0, II-IV*, 2 vol., Amersfoort, 2009.

Varenius B., « The Hedeby Coinage », dans *Current Swedish Archaeology*, 2, 1994, p. 185-193.

Verhulst A. (dir.), *Anfänge des Städtewesens an Schelde, Mass und Rhein bis zum Jahre 1000*, Cologne/Weimar/Vienne, 1996.

Verhulst A., *The Rise of Cities in North-West Europe*, Cambridge, 1999.

Verhulst A., *The Carolingian Economy*, Cambridge, 2002.

Verkerk C. L., « Les tonlieux carolingiens et ottoniens aux Pays-Bas septentrionaux, aux bouches des grandes rivières », dans *Tonlieux, foires et marchés avant 1300 en Lotharingie*, Luxembourg, 1988, p. 159-180.

Verslype L. (dir.), *Quentovic : Un port du haut Moyen Âge entre Ponthieu et Boulonnais. Projet collectif de recherche (2007-2010) (UMR 8164 HALMA-IPEL Lille 3). Rapport final d'activités année 3/3 – 2010*, Louvain-la-Neuve/Villeneuve d'Ascq, 2011.

Von Carnap-Bornheim C. (dir.), *Studien zu Haithabu und Füsing* (*Die Ausgrabungen in Haithabu*, 16), Neumünster, 2010.

Wallace P. F., « The archaeology of Ireland's Viking-age towns », dans D. Ó Cróinín (dir.), *A New History of Ireland*, vol. 1 : *Prehistoric and Early Ireland*, Oxford, 2005, p. 814-841.

Wamers E. et Brandt M. (dir.), *Die Macht des Silbers – Karolingische Schätze im Norden*, Regensburg, 2005.

Welch M., *Anglo-Saxon England*, Londres, 1992.

Wesse A. (dir.), *Studien zur Archäologie des Ostseeraumes. Von der Eisenzeit zum Mittelalter. Festschrift für Michael Müller-Wille*, Neumünster, 1998.

Westerdahl C., « The maritime cultural landscape », dans *The International Journal of Nautical Archaeology*, 21, 1992, p. 5-14.

Westerdahl C., « From land to sea, from sea to land. On transport zones, borders and human space », dans J. Litwin (dir.), *Down the River to the Sea : Proceedinds of the Eight International Symposium on Boat and Ship Archaeology*, Gdańsk, 2000, p. 11-16.

Whitehouse D., « 'Things that travelled' : the surprising case of raw glass », dans *Early Medieval Europe*, 12 (3), 2003, p. 301-305.

Wicker N. L., « Display of Scandinavian migration period bracteates and other pendant jewelry as a reflection of prestige and identity », dans R. Bork (dir.), *De Re Metallica : The Uses of Metal in the Middle Ages*, Aldershot, 2005, p. 49-61.

Wickham C., *Framing the Early Middle Ages. Europe and the Mediterranean, 400-800*, Oxford, 2005.

Wickham C. et Hansen L. (dir.), *The Long Eight Century. Production, Distribution and Demand,* Leiden/Boston, 2000.

Wigh B., *Excavations in the Black Earth 1990-95. Animal Husbandry in the Viking Age Town of Birka and its Hinterland* (*Birka Studies,* 7), Stockholm, 2001.

Willemsen A. et Kik H. (dir.), *Dorestad in an international framework. New research on centres of trade and coinage in Carolingian times,* Turnhout, 2010.

Wood I., *The Merovingian North Sea*, Alingsas, 1983.

Wood I., *The Merovingian Kingdoms, 450-751*, London/New York, 1994.

Wood I., *The Missionary Life. Saints and the Evangelisation of Europe, 400-1050*, Harlow, 2001.

Wood I., *The Modern Origins of the Early Middle Ages*, Oxford, 2013.

Wynne-Jones S., « Creating urban communities at Kilwa Kisiwani, Tanzania, AD 800-1300 », dans *Antiquity : a quarterly review of archaeology*, 81 (312), 2007, p. 368-380.

Yorke B., *Kings and Kingdoms of early Anglo-Saxon England*, Londres/New York, 1990.

Yorke B., *Wessex in the Early Middle Ages*, Londres/New York, 1995.

ANNEXES

*L*es annexes de la thèse ont dû être assez considérablement réduites pour les besoins de cette publication et pour des questions de droits, ne conservant que les productions cartographiques et graphiques personnelles et essentielles pour cette étude. Il reste toutefois toujours possible de consulter l'intégralité des annexes dans le volume II de la version dactylographiée de la thèse soutenue en 2015.

Annexe 1:
Cartes et plans

Carte 1 : Peuples et *emporia* du sud de la Baltique (IXᵉ-Xᵉ siècles)

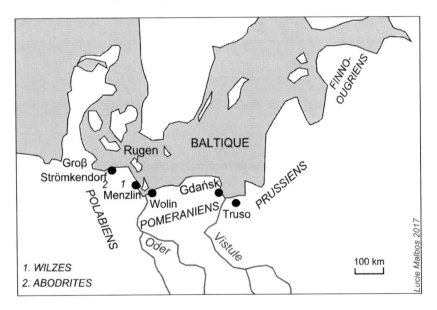

Carte 2 : Principaux sites mentionnés

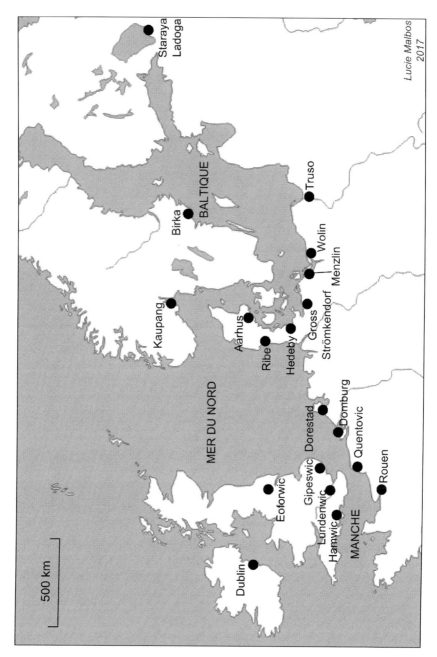

Carte 3 : Le monde des *emporia* au premier Moyen Âge

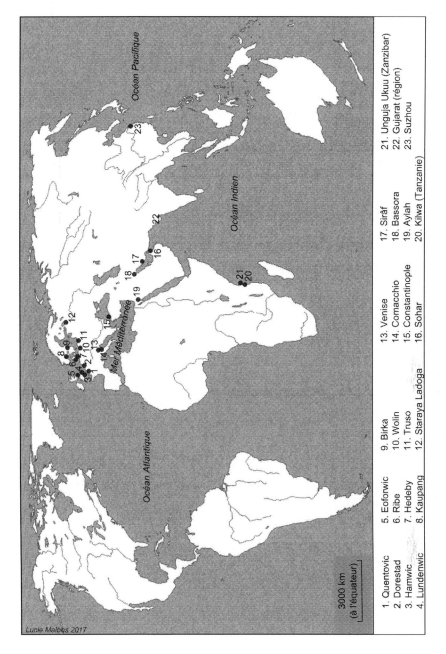

Océan Pacifique

Océan Indien

Océan Atlantique

Mer Méditerranée

3000 km
(à l'équateur)

Lucie Malbos 2017

1. Quentovic
2. Dorestad
3. Hamwic
4. Lundenwic

5. Eoforwic
6. Ribe
7. Hedeby
8. Kaupang

9. Birka
10. Wolin
11. Truso
12. Staraya Ladoga

13. Venise
14. Comacchio
15. Constantinople
16. Sohar

17. Sīrāf
18. Bassora
19. Aylah
20. Kilwa (Tanzanie)

21. Unguja Ukuu (Zanzibar)
22. Gujarat (région)
23. Suzhou

Carte 4 : Régions, rivières et lacs scandinaves mentionnés

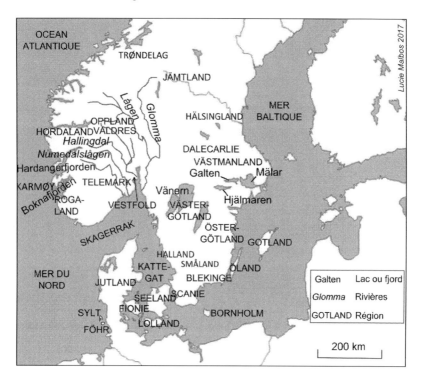

Carte 5 : Sites scandinaves mentionnés

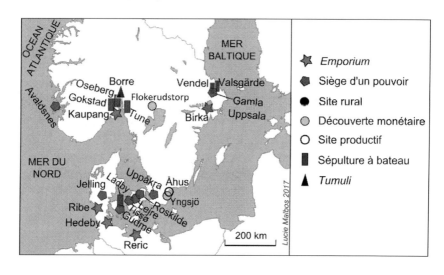

Carte 6 : L'*Hærvejen* (ou *Ochsenweg*)[1]

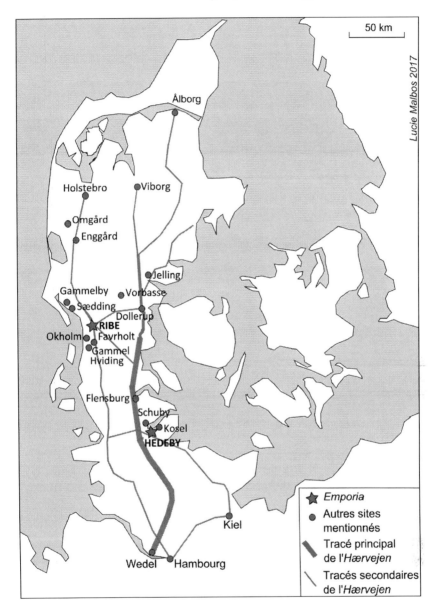

1 Il s'agit d'une reconstitution à partir de données datant du XVIIe siècle, mais reflétant probablement des routes bien plus anciennes (d'après S. Ellehøj, « Øksneeksport », dans J. Kjærulff Hellesen et O. Tuxen (dir.), *Historisk Atlas – Danmark*, Copenhague, 1988, p. 75).

**Carte 7 : Distribution des pierres de meule en basalte volcanique de Mayen/
Niedermendig au premier Moyen Âge[2]**

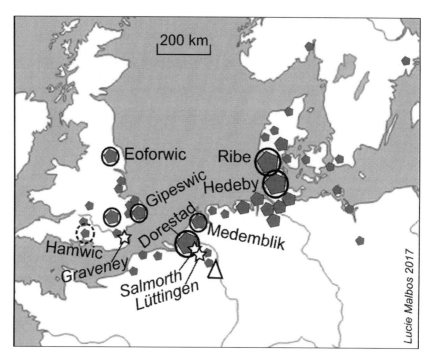

Un ou quelques fragments

Plusieurs fragments

Très nombreux fragments

Epaves (avec des meules
dans les cales)

Carrières de l'Eifel

Sites de taille

Sites de taille probables
mais pas encore confirmés

---

2 D'après les cartes dans P. Carelli et P. Kresten, « Give us this day our daily bread... », art. cit., p. 124, Fig. 16 ; S. M. Sindbæk, « Trade and Exchange. Part 2 : Northern Europe », dans J. Graham-Campbell et M. Valor (dir.), *The Archaeology...*, vol. 1, *op. cit.*, p. 310 ; J. Parkhouse, « The Distribution and Exchange... », art. cit., p. 101.

Carte 8 : Quentovic et sa région proche

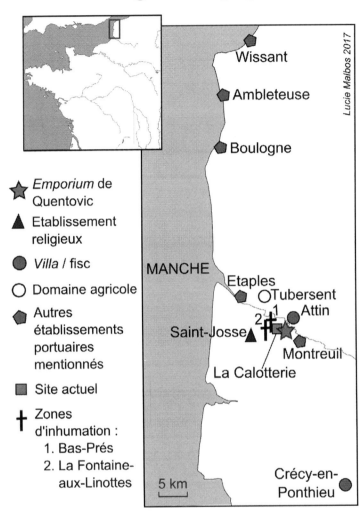

Lucie Malbos 2017

Carte 9 : Les « fenêtres sur la mer » des monastères autour de Quentovic[3]

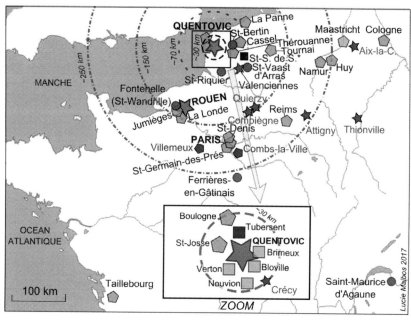

Emporia

Autres sites mentionnés

Palais

Possession de Saint-Bertin

Possessions de Saint-Maurice

Charrois à destination de Quentovic

Etablissements possédant des biens
fonciers à/près de Quentovic

Aires d'aires d'influence de Quentovic :

Environ une journée de trajet avec des
chariots (dans un rayon d'une trentaine
de kilomètres) (voir le zoom)

Environ une journée à cheval et
deux avec des chariots (dans un rayon
de 70 kilomètres environ)

Plusieurs jours (chariots ou cheval)
(dans un rayon supérieur à 70 kilomètres)

* = Saint-Sauveur de Steneland

Carte 10 : Sites et routes dans la région du détroit du Solent

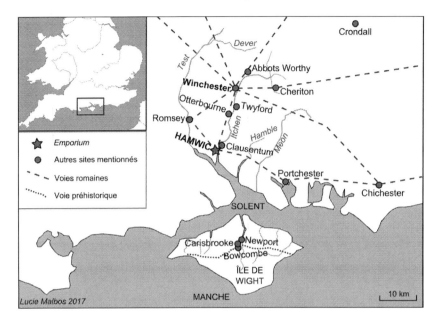

Carte 11 : Hamwic et son arrière-pays

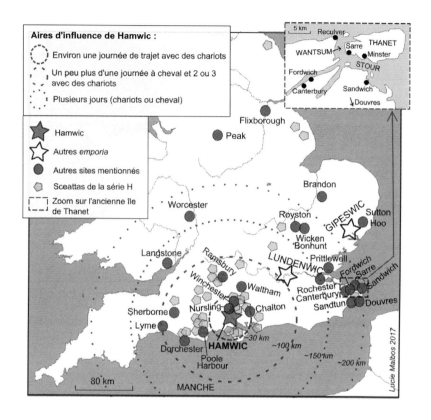

Carte 12 : Sites mentionnés dans les chartes signées à *Hamtun* (S 272 à S 369)

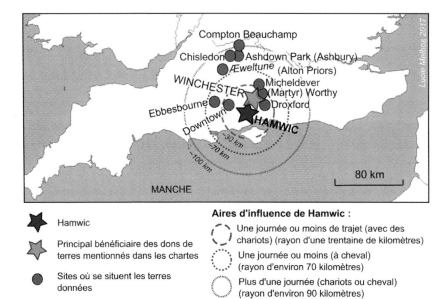

Carte 13 : Sites mentionnés dans la charte de fondation et de dotation de
***New Minster* (Winchester), signée à *Hamtun* (S 370)**

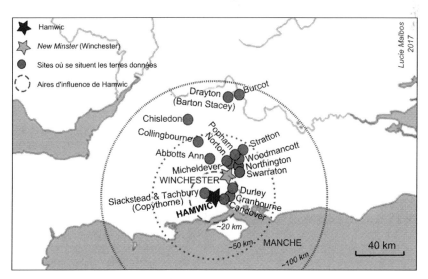

Carte 14 : Dorestad et son arrière-pays

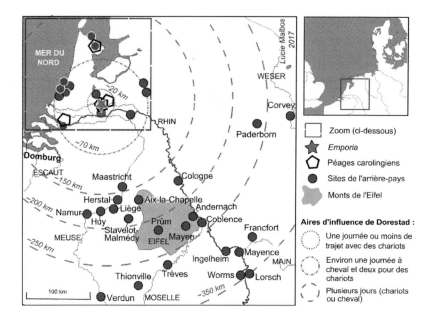

Carte 14ᵇⁱˢ : Zoom sur Dorestad et son arrière-pays immédiat

La légende est identique à celle de la carte ci-dessus

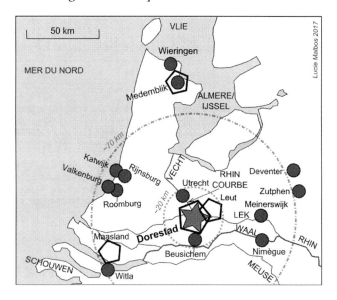

Carte 15 : Diffusion des monnaies frappées à Dorestad dans son arrière-pays

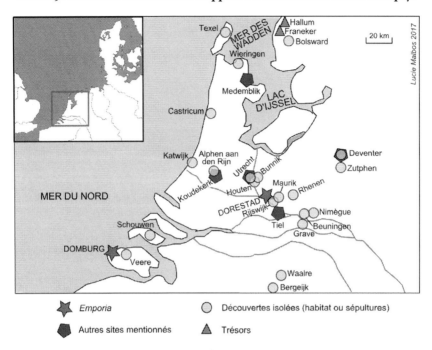

Plan 1 : Situation et site de Dorestad[4]

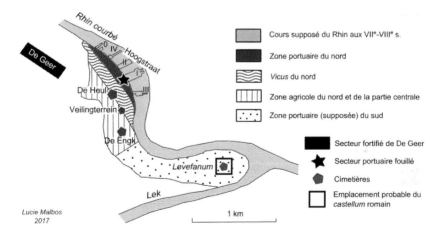

---

4 D'après A. Willemsen et H. Kik (dir.), *Dorestad...*, *op. cit.*, p. 27, Fig. 25.

Carte 16 : Ribe et Hedeby avec leur arrière-pays

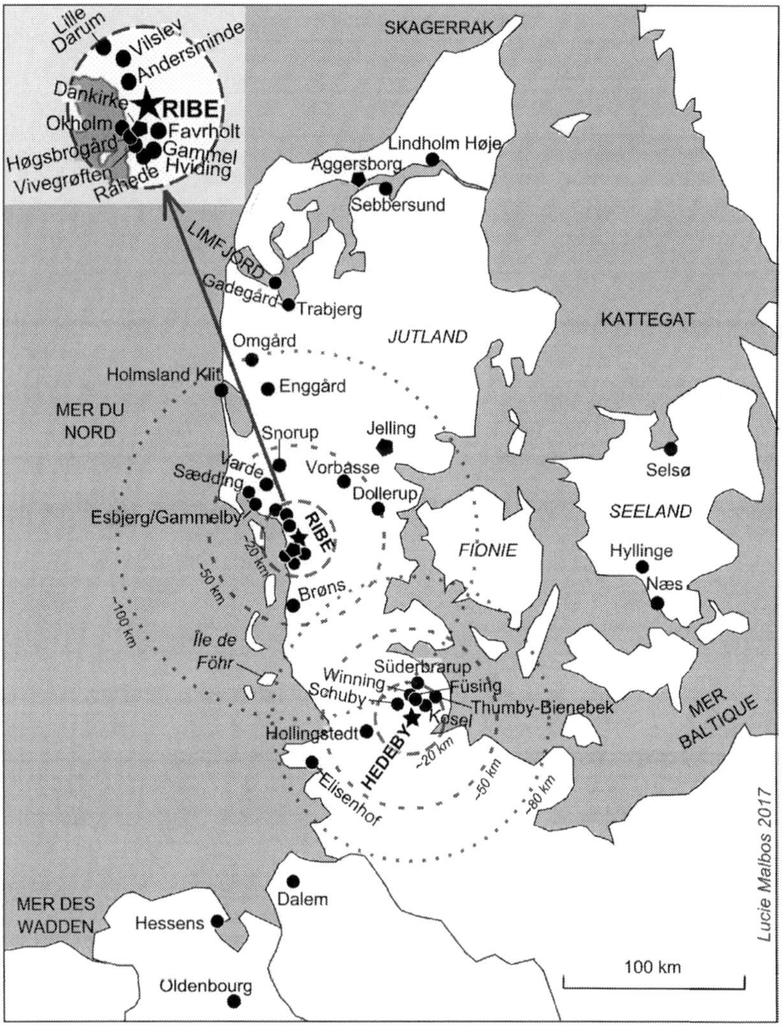
Lille Darum
Vilslev
Andersminde
Dankirke
RIBE
Okholm
Favrholt
Høgsbrogård
Gammel Hviding
Vivegrøften
Råhede
SKAGERRAK
Lindholm Høje
Aggersborg
Sebbersund
LIMFJORD
Gadegård
Trabjerg
KATTEGAT
JUTLAND
Omgård
Holmsland Klit
Enggård
MER DU NORD
Snorup
Jelling
Selsø
Varde
Vorbasse
Sædding
Dollerup
SEELAND
Esbjerg/Gammelby
RIBE
FIONIE
Hyllinge
20 km
50 km
100 km
Næs
Brøns
Île de Föhr
Süderbrarup
Winning
Füsing
Schuby
Thumby-Bienebek
Kosel
MER BALTIQUE
Hollingstedt
HEDEBY
20 km
50 km
80 km
Elisenhof
Lucie Malbos 2017
Dalem
MER DES WADDEN
Hessens
100 km
Oldenbourg

★ *Emporia*

⬢ Lieux de pouvoir

● Sites ruraux, productifs, d'accostage...

Influence forte de l'*emporium* (basalte rhénan en quantité, céramiques importées, verre...) (moins d'une journée de trajet)

Influence modérée de l'*emporium* (basalte rhénan, peu ou pas de céramiques importées, de verre...) (autour d'une journée de trajet)

Influence faible de l'*emporium* (peu de basalte rhénan, quasiment pas d'autres importations) (plus d'une journée de trajet)

Carte 17 : Ouvrages fortifiés danois

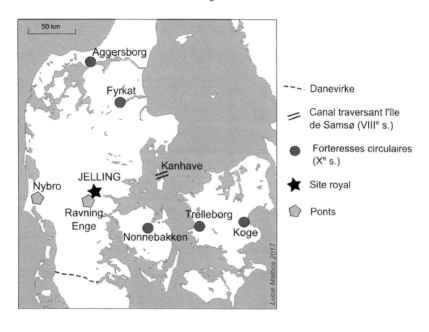

Carte 18 : La région du fjord de la Schlei

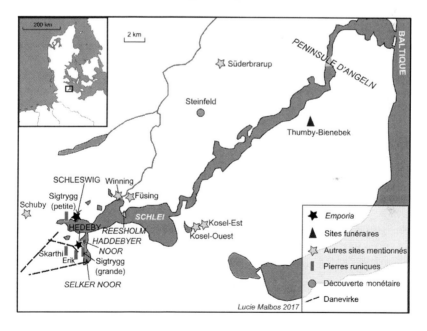

Carte 19 : Le site de Hedeby[5]

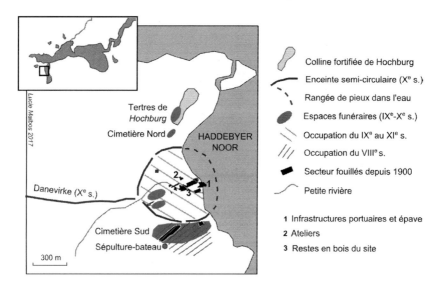

Carte 20 : La région du fjord d'Oslo/Viken

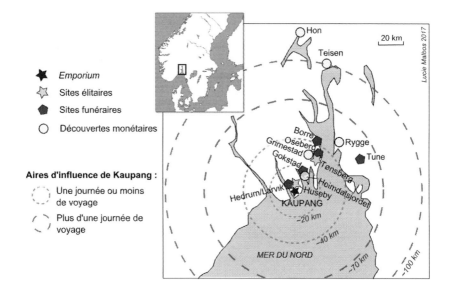

5 D'après A. S. Dobat, « Danevirke Revisited... », art. cit., p. 48 ; V. Hilberg, « Hedeby : an outline of its research history », dans S. Brink et N. Price (dir.), *The Viking World*, Londres/New York, 2008, p. 101-111, ici p. 102, Fig. 8.2.1 ; E. Roesdahl, *The Vikings*, Londres, 1998 [1987], p. 121.

Carte 21 : La région du lac Mälar

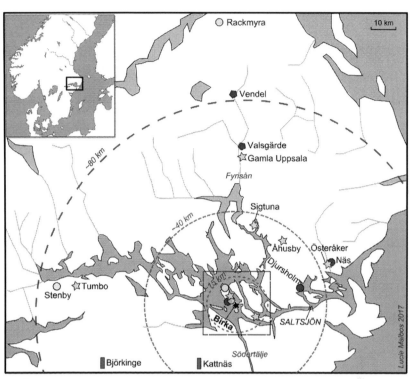

- ★ *Emporium*
- ☆ Autres sites mentionnés
- ⬤ Trésors monétaires
- ◯ Monnaies isolées
- ⬟ Sépultures à bateau
- ▌ Pierres runiques

Aires d'influence de Birka :

- Une journée ou moins de trajet
- Plus d'une journée de trajet

☐ Zoom

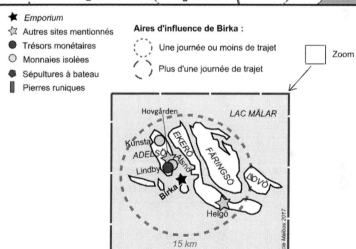

Plan 2 : Estimation de la superficie de quelques *emporia* (VIIIᵉ-IXᵉ siècles)[6]

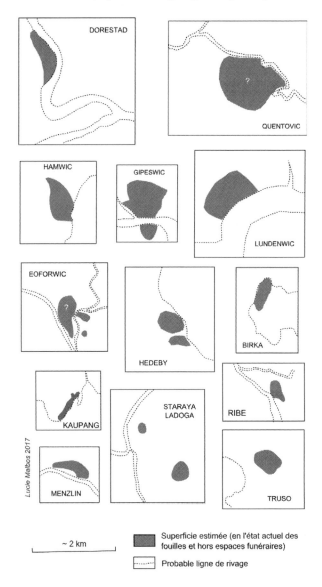

6 D'après la Fig. 11.1 (mise à jour pour tenir compte des dernières découvertes archéologiques), dans D. Hill, « End piece: Definitions and Superficial Analysis », dans *Id.* et R. Cowie (dir.), *Wics...*, *op. cit.*, p. 75-84, ici p. 78. Il s'agit ici d'estimations très approximatives (pour tous les *emporia*, mais plus encore pour Quentovic), qui permettent toutefois d'avoir un ordre de grandeur en tête et de comparer, même grossièrement, les différents sites en termes de surface.

Annexe 2:
Schémas de synthèse

Schéma 1 : Représentation schématique de l'approvisionnement des *emporia*
par des arrière-pays emboîtés

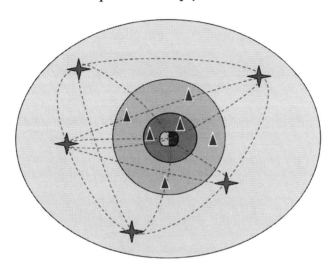

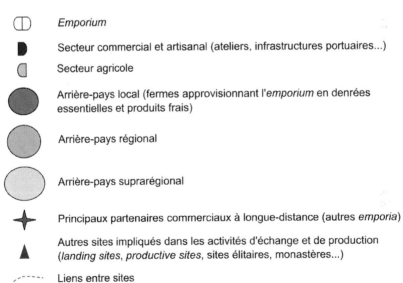

Emporium

Secteur commercial et artisanal (ateliers, infrastructures portuaires...)

Secteur agricole

Arrière-pays local (fermes approvisionnant l'*emporium* en denrées
essentielles et produits frais)

Arrière-pays régional

Arrière-pays suprarégional

Principaux partenaires commerciaux à longue-distance (autres *emporia*)

Autres sites impliqués dans les activités d'échange et de production
(*landing sites*, *productive sites*, sites élitaires, monastères...)

Liens entre sites

Schéma 2 : Représentation schématique des liens supposés entre les *emporia* et les différents sites de leur arrière-pays

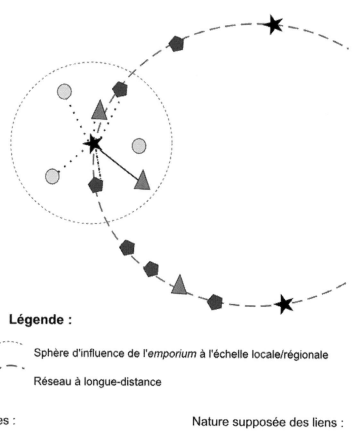

Légende :

    Sphère d'influence de l'*emporium* à l'échelle locale/régionale

Réseau à longue-distance

Sites :

★ *Emporia*

◯ Sites ruraux ordinaires

⬠ Sites productifs/d'accostage

▲ Lieux de pouvoir, sites élitaires

Nature supposée des liens :

▬ ▬ ▬   Concurrence

· · · ·   Interdépendance, complémentarité

──────   Dépendance

Annexe 3:
Tableaux

Tableau 1 : Chartes anglo-saxonnes concernant Hamwic

Ce tableau et le suivant proposent une synthèse des principales chartes citées, mais pour plus de détails on pourra se référer directement à la présentation que Peter Hayes Sawyer fait de chaque texte (P. H. Sawyer, ASC).

Charte	Date	Roi	Lieu de signature	Sujet	Signataires	Statut	Mention de Hamwic
S 272	825	Egbert de Wessex (802-839)	*Criodan-treow / Homtune*	Don de 15 *hides* par le roi à *Old Minster*, Winchester	Le roi, 3 évêques (2 de Winchester et un de Sherborne), 2 *duces* et 4 *praefecti* (dont l'ancien propriétaire)	Probablement faux	*in Homtune*
S 273	825	Egbert de Wessex (802-839)	*Creodan-treow / Omtune*	Don de 5 *hides* à *Old Minster*, Winchester	Le roi, 2 évêques (de Winchester et de Shireburn) et 3 *praefecti*	Peut-être faux, mais sur des bases authentiques	*in Omtune*
S 275	826	Egbert de Wessex (802-839)	*Homtune*	Don de 55 *hides* à *Old Minster*, Winchester	Le roi, 2 évêques (dont Winchester), 2 *duces* et 4 *praefecti*	Faux (mais à partir de chartes des années 820)	*in Homtune*
S 276	826	Egbert de Wessex (802-839)	*Southampton*	Don de 20 *hides* à *Old Minster*, Winchester	Le roi et une longue liste (un archevêque, 10 évêques, 9 *duces*, 16 *ministri*)	Faux (mais à partir de chartes des années 820)	*in loco qui appelatur in Omtune*
S 288	840	Æthelwulf de Wessex (839-858)	*Hamptone*	Don de 10 *hides* au ministre Duda	Roi et l'évêque Athelstan	Authentique	*in villa regali quae appelatur Hamptone*

Charte	Date	Roi	Lieu de signature	Sujet	Signataires	Statut	Mention de Hamwic
S 360	900	Édouard l'Ancien, roi des Anglo-Saxons (899-924)	*Hamtun*	Don de 100 *hides* à *New Minster*, Winchester	Le roi et son fils, suivis d'une longue liste (9 évêques, un abbé, 12 *ministri*, un prêtre, 2 diacres et 12 autres personnes)	Probablement faux	*in pago qui dicitur Hamtun*
S 366	903	Édouard l'Ancien, roi des Anglo-Saxons (899-924)	*Hamptone*	Don de 50 *hides* à New *Minster*, Winchester	Le roi et ses 3 fils, 8 évêques, un abbé, 7 *ministri*, 2 prêtres et 2 diacres	Débattu	*in loco qui dicitur Hamtun*
S 369	901	Édouard l'Ancien, roi des Anglo-Saxons (899-924)	*Haamtun*	Renouvellement d'une charte (3 *hides* à Hardwell)	Le roi, l'évêque Asser, le *dux* Ordlaf, 9 *ministri* et 2 prêtres	Authentique	*in loco in celebri loco qui dicitur Ha(a)mtun*
S 370	903	Édouard l'Ancien, roi des Anglo-Saxons (899-924)	*Hamtone*	Le roi fonde *New Minster* à Winchester et lui accorde de nombreuses terres	Le roi et son fils, 9 évêques, un abbé, 12 *ministri*, un prêtre, 2 diacres et 12 autres personnes	Probablement authentique	*in loco in celebri loco qui dicitur Ha(a)mtun*

Tableau 2 : Chartes anglo-saxonnes concernant Lundenwic

Charte	Date	Roi	Lieu de signature	Sujet	Signataires	Statut	Mention de Lundenwic
S 29	763/764	Eadberht II, roi du Kent (mi-VIIIᵉ s.)		Exemption de tonlieu sur deux navires à Fordwich et sur un troisième à Fordwich et Sarre accordée à l'abbesse de *St Peter* (*Minster*, Thanet) et à son entourage	Le roi, 1 archevêque, 3 abbés, 1 *comes*, 1 *princeps* et 6 autres	Probablement authentique	*Lundenwic*
S 86	716/717 pour environ 733	Æthelbald, roi de Mercie (716-757)	*Willanhalch*	Exemption de tonlieu sur un navire à Londres accordée à l'abbesse de *St Peter* (*Minster*, Thanet) et à son établissement	Le roi et 7 autres	Probablement authentique	*in Lundoniensi portu*
S 87	737 pour 716/717	Æthelbald, roi de Mercie (716-757)	*Willanhalch*	Exemption de tonlieu sur un navire accordée à l'abbesse de *St Peter* (*Minster*, Thanet) et à son établissement	Le roi et 8 autres	Probablement authentique, ou au moins sur des bases authentiques	

Charte	Date	Roi	Lieu de signature	Sujet	Signataires	Statut	Mention de Lundenwic
S 88	733	Æthelbald, roi de Mercie (716-757) Confirmation (v. 844-851) par Berhtwulf		Exemption de tonlieu sur un navire à Londres accordée à l'évêque de Rochester et son église, St Andrews	Le roi, 1 évêque et 2 autres	Copie du IXᵉ siècle	in portu Lundoniæ
S 91	748	Æthelbald, roi de Mercie (716-757)	Londres	Exemption de la moitié du tonlieu sur un navire (à Londres ?) accordée à l'abbesse de St Mary et SS Peter and Paul (Minster, Thanet) et à ses établissements	Le roi, le roi du Kent Ædbeortus, 1 archevêque, 2 évêques, 1 dux, 4 autres et 1 thelonearius	Probablement authentique	in portu Lundoniæ
S 98	743-745	Æthelbald, roi de Mercie (716-757)		Exemption de tonlieu sur deux navires à Londres accordée à évêque de Worcester et son église, St Peter (Worcester)	Le roi, 3 évêques et 1 autre	Probablement authentique, ou du moins sur des bases authentiques (en vieil anglais)	in Lundentunes

Charte	Date	Roi	Lieu de signature	Sujet	Signataires	Statut	Mention de Lundenwic
S 103a	716-745	Æthelbald, roi de Mercie (716-757)		Tonlieu perçu sur un navire accordé à l'évêque de Londres	Le roi et 2 autres	Probablement authentique	*Londonie ciuitatis*
S 103b (S 1788)	Entre 716 et 745	Æthelbald, roi de Mercie (716-757)		Tonlieu perçu sur un navire accordé à l'évêque de Londres	Le roi	Probablement authentique	*civitatis Londonie*
S 133	790	Offa, roi de Mercie (757-796)	*Tomeworðig*	Privilèges fonciers à Londres accordés à l'abbaye de Saint-Denis et confirmation des terres à Rotherfield, Hastings et Pevensey (Sussex)	Le roi, 1 archevêque, 1 évêque, la reine Cyniðryð, Ecgferð (fils du roi), 3 *duces*, 1 *comes* et 2 moines	Authenticité douteuse, mais la plupart des auteurs estiment que cet acte se fonde sur des bases authentiques	*In porta [...] Lundenuui*
S 143	761-764	Offa, roi de Mercie (757-796)		Confirmation de l'exemption de tonlieu sur un navire accordée à *St Peter* (*Minster*, Thanet) par Æthelbald (S 87)	Le roi, 1 archevêque et 4 évêques	Probablement authentique	

Tableau 3 : Catalogue sélectif des sites portuaires secondaires

NB : Ce catalogue, qui ne prétend pas à l'exhaustivité, a pour objectif de proposer quelques informations sur plusieurs sites portuaires (maritimes ou fluviaux) abordés au fil de cet ouvrage, de taille souvent moindre que les emporia. Dans cet outil de travail et de lecture, très imparfait et incomplet, les sites sont classés par ordre alphabétique et le nom de chacun d'entre eux est suivi par le numéro entre crochets de la (ou des) carte(s) permettant de le situer. Tous les sites présents dans ce tableau sont marqués par un astérisque dans le texte. Les distances indiquées sont approximatives : il s'agit de fournir au lecteur, faute d'une plus grande précision, des ordres de grandeur. Les points cardinaux sont abrégés en N, S, E et O.

Site (période d'occupation)	Situation	Fouilles	Structures	Mobilier	Activités et fonctions
Andernach [14] (fondation romaine au Iᵉʳ s. av. J.-C. : *Antunnacum*)	Rive gauche du Rhin, 20 km au N de Coblence ; près de 250 km au S-E de Dorestad	1883 ; années 1980	*Castellum* romain	Meules en basalte, fibules du « type d'Andernach », céramique de Mayen	Port fluvial, dont la prospérité repose sur le commerce des meules en basalte et du tuf. Centre administratif fiscal sous les Francs (chapelle palatine, atelier monétaire et *curtis* royale)

Site (période d'occupation)	Situation	Fouilles	Structures	Mobilier	Activités et fonctions
Boulogne [8, 9] (occupation romaine : déclin à partir du ve ou vi^e s.)	Au bord de la Manche, sur une importante route romaine (Paris-Amiens-Boulogne), site en hauteur, au bord de la Liane ; 30 km au N de Quentovic	Fouilles de la crypte de la basilique N.-D. et du secteur du camp romain en 2012	Camp romain, basilique du XIXe s. (sur une église médiévale)		Port militaire et principal port d'embarquement des empereurs et fonctionnaires pour l'Angleterre à l'époque romaine ; siège du *portorium* (bureau des douanes)
Chichester [10] (*Noviomagus Reginorum* à l'époque romaine, abandonnée fin IVe s. ; prise fin ve s. par Ælle selon la *CAS*)	Dans une région fertile, sur une côte indentée et de marais salants ; 50 km à l'E de Hamwic	Des années 1960 aux années 1990		16 monnaies (en majorité anglo-saxonnes, mais aucune de la Série H), quelques tessons de céramique franque	Principale résidence royale du Sussex au début de la période anglo-saxonne et port commercial actif qui se développe surtout à partir du xe s.

Site (période d'occupation)	Situation	Fouilles	Structures	Mobilier	Activités et fonctions
Deventer [14bis, 15] (apparaît dans la seconde moitié du VIIIᵉ s. et survit aux raids de la fin du IXᵉ s.)	Rive gauche de l'Ijssel, à la rencontre des routes maritimes et terrestres ; 70 km au N-E de Dorestad	1997	Rempart (fin IXᵉ s.)	Beaucoup de céramique rhénane (seconde moitié IXᵉ s. : Mayen, Badorf, Tating et surtout Walberberg), deniers de Lothaire Iᵉʳ	Port fluvial, base militaire de Charlemagne pour ses expéditions en Saxe, site productif et missionnaire (vers la Saxe), puis siège épiscopal (accueille l'évêque d'Utrecht entre 885 et 925/929), atelier monétaire royal au tournant des Xᵉ et XIᵉ s.
Douvres [11] (port romain, *Dubris* ; dès le VIᵉ s. ?)	Au bord de la Manche, à 35 km du cap Gris-Nez, sur la rivière Dour : point le plus proche du continent ; 120 km au S-E de Lundenwic	1913, années 1960 (château), 1970, 1990	Fort romain (abandonné au IIIᵉ s.) ; cimetière anglo-saxon (tombes à armes) ; château médiéval (XIIᵉ s.)	Céramique de France et des Pays-Bas, quelques *sceattas*, peut-être 2 monnaies mérovingiennes en or, verre	Port pour la traversée des voyageurs et le trafic des marchandises, approvisionnant probablement le marché de Canterbury ; mentionné dans un acte de 675 ; centre monastique à partir du VIIᵉ s.

Site (période d'occupation)	Situation	Fouilles	Structures	Mobilier	Activités et fonctions
Étaples [8] (fondé par les Francs au IVe ou Ve s. sur un site romain : *Stapula*, « l'entrepôt »)	En tête d'estuaire (embouchure de la Canche) ; relié à Boulogne par une importante voie romaine ; 10 km à l'O de Quentovic, en aval sur la Canche	1841 et 1967	Habitations gallo-romaines	Objets et monnaies gallo-romains	Port militaire romain qui s'efface fin Ve s. ; pillé et incendié à plusieurs reprises par les Normands au IXe s., le port fonctionne toujours quand l'abbé Loup de Ferrières y fait débarquer son plomb en 852
Fordwich [11] (dès le VIe s. ?)	Sur les rives de la rivière Stour, donnant sur le détroit du Wantsum ; 4 km au N-E de Canterbury et 110 km au S-E de Lundenwic	Années 1980, puis début des années 2010		Céramique (notamment d'Ipswich), *sceattas*	Port pour la traversée des voyageurs et le trafic des marchandises ; peut-être dépendant de la *villa* royale à Sturry ; exemption de tonlieu dans ce port accordée à *St Peter* (S 29) ; devient un port important pour Canterbury au XIe s.

Site (période d'occupation)	Situation	Fouilles	Structures	Mobilier	Activités et fonctions
Füsing [16, 18] (700-1000)	Au milieu du fjord de la Schlei, rive N, au niveau du point le plus étroit (péninsule de Reesholm), sur la rivière Schlei; site en hauteur; au N d'une des premières phases du Danevirke; 4-5 km au N-E de Hedeby par la Schlei (10 km par voie terrestre)	2003-2012 (avec détecteur de métaux, prospections géomagnétiques et reconnaissance aérienne), puis 2014 (avec l'ouverture d'une large tranchée sur 3 000 m² dans la partie S)	Site estimé à 75 000 m², divisé en une zone (artisanale?) le long de la rivière et une zone d'habitat: 100 cabanes excavées révélées par la prospection géomagnétique, mais vraisemblablement beaucoup plus nombreuses, la majorité de forme ovale; plusieurs maisons-longues	Important mobilier des VIIIe-Xe s.: objets utilitaires (attaches en bronze, couteaux, clous...), bijoux (pendentifs, fibules...), poids, 1 monnaie d'or montée en pendentif (*triens* mérovingien, v. 650), 1 sceau byzantin en plomb, 1 dirham, pointes de lance, perles en verre et en ambre, fragments de meules en basalte rhénan, très peu de céramique importée	Site d'accostage et d'habitat permanent, abritant des activités artisanales, commerciales et une présence aristocratique (les maisons-longues font penser à un domaine seigneurial): peut-être le lieu central de la Schlei. Le site a pu abriter une garnison (présence d'armes) et des fonctions religieuses. Lien entre les parties E et O du fjord, point de contrôle pour le trafic sur le fjord et l'accès à Hedeby

Site (période d'occupation)	Situation	Fouilles	Structures	Mobilier	Activités et fonctions
Hollingstedt [16] (XIIe s., mais quelques objets du IXe s. découverts près du rivage)	Sur la rivière Treene, au milieu du Jutland, à mi-chemin sur la route traversant la péninsule d'une rive à l'autre ; 18 km à l'O de Hedeby	Années 1930 (H. Jankuhn), puis 1995-1996	Traces de plusieurs bâtiments construits sur des plates-formes	En lien avec des activités commerciales et de réparation des navires (rivets...) ; quelques objets de l'époque viking (perles de verre, fragments de stéatite...) ; 1 denier de Louis l'Enfant (900-911)	Point de départ occidental pour le portage des bateaux à travers la partie S du Jutland et port satellitaire occidental pour Schleswig (lui offrant un accès à la Mer du N). Les objets de la période viking retrouvés près du rivage indiquent qu'il a probablement servi de port satellitaire dès le IXe s. (rôle dans les échanges commerciaux entre Hedeby et la mer du N ?)

Site (période d'occupation)	Situation	Fouilles	Structures	Mobilier	Activités et fonctions
Huy [9, 14] (dès le IVᵉ s. ; site important au VIIᵉ s., mais dont l'essor économique date vraiment du Xᵉ s.)	Au confluent de la Meuse et du Hoyoux ; 180 km au S de Dorestad	Années 1990, fouilles préventives en 2009	Restes de fours de potiers	Traces de travail de l'os et du métal pour les périodes mérovingienne et carolingienne	Port fluvial, site productif et atelier monétaire (de fin VIᵉ s. aux années 660 : 8 monétaires connus), probable centre d'un domaine royal mérovingien ; possibles liens (politiques et/ou économiques) avec Dorestad, dans le cadre de l'expansion franque le long de la Meuse

Site (période d'occupation)	Situation	Fouilles	Structures	Mobilier	Activités et fonctions
Kosel [6, 16, 18] (1er site : IVe-Ve s. ; 2e site : VIe-VIIIe s. ; 3e site : IXe-Xe s. ; église du XIIe s.)	À moins de 2 km de la Schlei, rive S et sur une rivière menant au fjord, sur une route commerciale majeure ; 15 km à l'E de Hedeby	Le site O et les tombes de l'époque viking ont été fouillés en 1975-1976 et 1983-1988 ; nouvelles fouilles dans les années 1990 ; site E et cimetière associé intégralement fouillés	Uniquement des fonds de cabanes, maisons excavées et constructions au niveau du sol (pas de traces de structures sur poteaux). Parmi la quarantaine de sépultures du cimetière on trouve des chambres funéraires, des tombes avec cercueil et d'autres sans, certaines étant surmontées d'un tertre	1 fragment de dirham, 1 fibule de la Baltique, 1 balance en bronze et 1 poids pyramidal, fragments de stéatite et pierres à aiguiser norvégiennes, perles de verre, 1 peigne en bronze ; nombreuses traces de production textile et de travail du fer ; nombreuses importations d'Europe du N et de l'O (mais peu d'objets précieux), dont près de 39 kg de basalte rhénan (dans 27 maison sur 50) ; céramique (majoritairement locale)	Site d'accostage dont le commerce serait le fer de lance de l'économie, tandis que l'agriculture ne serait qu'une activité secondaire ; la céramique, majoritairement d'origine locale, suggère une population largement autochtone

Site (période d'occupation)	Situation	Fouilles	Structures	Mobilier	Activités et fonctions
La Panne [9] (Ve – début IXe s.; tombes du Ve au VIIIe s.)	Situation assez marginale (à l'écart des routes terrestres et du réseau fluvial), sur la mer du N, en actuelle Belgique; 250 km au S-O de Dorestad et 100 km au N-E de Quentovic	1885, puis début XXe s.; fouilles des tombes en 1973	Site essentiellement funéraire	12 *sceattas* (majoritairement séries D et E, de la période 680-720) et 1 denier mérovingien; fragments de verre du VIIIe ou IXe s., peignes (Ve-IXe s.), céramique presque exclusivement locale	Petit site de plage, accueillant quelques activités commerciales, mais aux Ve-VIIIe s. ce sont les activités funéraires qui semblent dominer: les monnaies étrangères et le verre indiqueraient une période d'activité commerciale entre fin VIIe s. et début IXe; occupation permanente peu probable (absence de traces de production artisanale et faible nombre de tessons de céramique)

Site (période d'occupation)	Situation	Fouilles	Structures	Mobilier	Activités et fonctions
Maastricht [9, 14] (depuis l'époque romaine : construction d'un *castrum* en 330)	Dans la vallée de la Meuse, à la confluence avec le Geer, dans une région fertile et desservie par de nombreuses infrastructures de transport (notamment la Chaussée Brunehaut), au cœur des domaines pippinides ; 140 km au S de Dorestad	Fouilles dans l'église Saint-Servais de 1985 à 1989	Église et cimetière, constructions liées à l'artisanat (fours), trous de poteaux de bâtiments mérovingiens	Riche mobilier funéraire dans le cimetière autour de l'église Saint-Servais (bijoux, armes, verre…) ; 8 deniers (de Lothaire Ier et Louis le Pieux), 5 *sceattas* de la première moitié du VIIIe s. (ou fin VIIe)	Port fluvial qui abrite des activités artisanales (production de céramique, travail de l'os et corne, production de perles de verre, travail de l'ambre, métallurgie du bronze et fer), un atelier monétaire (*trientes* d'or portant la mention TRIECTO FIT frappés entre 590 et 670 ; 12 monétaires connus dans la première moitié du VIIe s.) et une douane royale importante. Au Ve s., point de départ pour l'évangélisation et siège épiscopal, statut perdu vers 720 au profit de Liège, dont l'essor à partir du Xe s. se fait probablement à ses dépends (le tonlieu et le droit de frapper monnaie passent à l'évêque de Liège en 908)

Site (période d'occupation)	Situation	Fouilles	Structures	Mobilier	Activités et fonctions
Medemblik [7, 14bis, 15] (fondé vers 700, traces d'occupation jusqu'au XIIᵉ s.; occupation dense à partir de fin VIIIᵉ s.; essor continu le long de la rivière du Xᵉ au XIIᵉ s.)	Au bord de l'IJsselmeer, sur la rive d'une petite rivière, la *Medemelacha/Middenleek*, entre Dorestad et la Scandinavie: c'est le port le plus proche de Dorestad vers le N, en passant par le Rhin courbé, la Vecht, l'Almere et la Vlie; 100 km au N de Dorestad	1967-1969, puis 1970, 1975-1976 et 1982	Système de parcelles perpendiculaires à la rive	Mobilier varié et abondant: pesons, fusaïoles, aiguilles, peignes, pierres de meule en basalte, filets de pêche, grandes quantités de céramique (à la main majoritairement), avec une grande variété de céramiques importées (notamment la céramique franque au tour), restes de verres coniques du VIIIᵉ s., os d'animaux, graines et fruits	Établissement portuaire probablement subordonné à Dorestad, centre économique pour la région (redistribution de céramiques, verre, pierres de meule), rôle dans le commerce lointain entre Dorestad, la Frise centrale et la mer du N; mais sa base économique reste essentiellement agricole (céréaliculture, élevage bovin et ovin, pêche). La plus ancienne mention écrite se trouve dans le Registre des biens de Saint-Martin d'Utrecht: 1/10ᵉ des revenus royaux est accordé à cette église. Fonction commerciale confirmée en 985 par le don royal au comte Ansfried d'une partie de l'atelier monétaire, du tonlieu et des taxes

Site (période d'occupation)	Situation	Fouilles	Structures	Mobilier	Activités et fonctions
Montreuil (-sur-Mer) [8] (à partir du Xe s.)	Plus à l'intérieur des terres que Quentovic et surplombant la vallée de la Canche de 40 m ; se situe au carrefour de 2 axes (Canche et route terrestre) ; 3 km à l'E de Quentovic	Fouilles sur le ancien site de l'ancien chevet de l'abbatiale Saint-Saulve en 2009			Établissement portuaire fortifié, notamment pour faire face aux raids vikings, doté par le comte Helgaud (v. 860-926) d'une enceinte et d'un château comtal ; probablement fondé en lien avec la fondation de l'abbaye Saint-Saulve entre 913 et 920 par des moines de Landevennec. Au Xe s., comtes de Flandre et rois francs s'affrontent pour la domination de Montreuil et du Ponthieu ; en 987, Montreuil est rattaché au domaine royal et reste propriété de la Couronne (qui en fait son port de mer exclusif) jusqu'au milieu du XIe s., période de forte croissance économique pour la cité

Site (période d'occupation)	Situation	Fouilles	Structures	Mobilier	Activités et fonctions
Porchester [10] (forteresse d'époque romaine, occupée par les Anglo-Saxons au Vᵉ s. ; site réorganisé au IXᵉ s.)	Sur un promontoire dominant le détroit du Solent ; 20 km au S-E de Hamwic	1961-1972	Grands bâtiments rectangulaires des VIIᵉ et VIIIᵉ s. ; dans la dernière phase d'occupation, une halle et une tour pourraient évoquer la résidence d'un *thegn* (aristocrate membre de l'entourage royal)	Basalte rhénan, 1 copie anglaise ou frisonne d'un *solidus* en or de Louis le Pieux, céramiques, objets en fer et verre du IXᵉ s., grandes quantités d'os d'animaux et de coquilles d'huîtres	Possible site d'accostage, doté d'un marché (le mobilier du IXᵉ s. semble indiquer un statut plus élevé que les sites ordinaires, peut-être en lien avec des fonctions commerciales) ; le fort est possession de l'évêque de Winchester au début du Xᵉ s., mais l'intérêt des différents pouvoirs est plus ancien

Site (période d'occupation)	Situation	Fouilles	Structures	Mobilier	Activités et fonctions
Rijnsburg [14bis] (la « forteresse du Rhin ») (VIe s.-VIIIe s. pour la phase la plus ancienne ; IXe-Xe s. pour la 2e phase)	Rive S d'un affluent du Rhin, au bord de la mer du N ; 70 km à l'O de Dorestad	1949-1966	Divisé en parcelles (avec des séparations en clayonnage) vers 600, puis construction de quelques maisons-longues, occupées jusque v. 725, avant une nouvelle phase d'occupation dans la seconde moitié du IXe s. (en lien avec la forteresse de *Rinasburg*)	Os d'animaux domestiques, pesons et fusaïoles, traces de fours et scories, perles de verre	Site d'accostage avec activités agricoles et productives (forge, verre) qui faisait peut-être partie d'un centre domanial

Site (période d'occupation)	Situation	Fouilles	Structures	Mobilier	Activités et fonctions
Sandtun [11] (VIIᵉ – tournant des IXᵉ et Xᵉ s.)	Au fond d'une crique bien protégée, sur des dunes sableuses (peu propices à l'agriculture), probablement à l'origine du nom : le « *tune* sur le sable » ; près du plus court passage pour traverser la Manche ; 120 km au S-E de Lundenwic	1947-1948 et 1993-1998		Céramique (dont de nombreuses importations du N de la France, des régions mosane et rhénane, mais aussi d'Ipswich), monnaies (*triens* en or de Quentovic, *sceattas*, denier de Dorestad de Pépin, *penny* d'Offa, monnaies de Coenwulf...), petits objets (épingles, peignes, couteaux, fragments de basalte rhénan, pesons, fusaïoles, scories, éperons, hameçons, poids...), os de mammifères, poissons et oiseaux, orge et blé	Site d'accostage probablement saisonnier, abritant plusieurs activités : pêche, tissage, travail de l'os et du métal, récolte du sel, commerce maritime (importations de vin selon la charte S 1188), approvisionnant probablement le marché de Canterbury ; possible propriété de l'abbaye de Lyminge (la charte S 23 confirme un don de terres à Sandtun par Æthelberht II de Kent à l'abbaye en 732)

Site (période d'occupation)	Situation	Fouilles	Structures	Mobilier	Activités et fonctions
Sandwich [11] (le « *wic* » sur le sable ») (dès le VIᵉ s.? peu de traces avant le IXᵉ s.)	Sur les rives de la rivière Stour, donnant sur le détroit de Wantsum, 25 km à l'E de Canterbury; port naturel abrité; 120 km au S-E de Lundenwic	1922-2007: principales fouilles dans les années 1960 puis 1990 (projet élargi en 2004)	Église *St Clement* (v. 1000), traces de développement urbain à partir du XIᵉ s. (rues, marchés, cimetières...)	Peu de mobilier antérieur au Xᵉ s.: 6 tessons de céramique des VIIIᵉ-IXᵉ s. (essentiellement d'Ipswich)	Site d'accostage de taille probablement modeste (évoqué dans la *Vie de Wilfrid*, c. 13), pour la traversée des voyageurs et peut-être le trafic de quelques marchandises, commerce maritime (importations de vin à en croire la charte S 1188), approvisionnant probablement le marché de Canterbury; attesté dans la *CAS* pour 851; le port se développe pleinement à partir du XIᵉ s.; point d'arrivée des Scandinaves se lançant à la conquête de l'île au XIᵉ s. (Sven à la Barbe Fourchue et Knut y accostent)

Site (période d'occupation)	Situation	Fouilles	Structures	Mobilier	Activités et fonctions
Sarre [11] (probablement dès le VIᵉ s.)	Sur l'ancienne île de Thanet, 15 km à l'E de Canterbury et 10 km au S-E de Reculver, sur l'autre rive du Wantsum ; 110 km au S-E de Lundenwic	Cimetière fouillé en 1863, puis 1982 ; fouilles de sauvetage en 1991 et 2001	Cimetière des VIᵉ et VIIᵉ s. (tombes à armes)	Armes, balances, *tremisses* francs et byzantins, céramique importée, bijoux, verre, cauris du Moyen-Orient ; traces du travail des métaux (creusets) et du bois (outils de charpentier)	Port pour la traversée des voyageurs et le trafic des marchandises ; exemption de tonlieu dans ce port accordée à *St Peter* (S 29) ; port pour les monastères de Reculver et *St Peter* (*Minster*, Thanet) au VIIIᵉ s.

Site (période d'occupation)	Situation	Fouilles	Structures	Mobilier	Activités et fonctions
Taillebourg [9] (VIᵉ-Xᵉ s.; sur un site antique? Le port se développe surtout à partir du VIIIᵉ s.)	Sur la Charente, à 40 km de l'Atlantique; position stratégique, site de type défensif, établi au bord d'une voie de passage majeure (château sur un relief calcaire dominant la Charente et permettant le contrôle des activités fluviales); 450 km au S de Rouen et 600 km au S Quentovic	Prospections subaquatiques en 1984 et depuis 2001 (projet collectif de recherche de 2003 à 2010)	Grande *villa* antique; château médiéval (cité depuis 1007 dans les textes); digues (VIᵉ-Xᵉ s.: une construite dans la seconde moitié du IXᵉ s.), mais aucun habitat du premier Moyen Âge sur les berges; embarcations (15 pirogues des Vᵉ-Xᵉ s., 3 épaves)	Abondant mobilier: artefacts halieutiques (lests d'engins de pêche en pierre et en plomb, outils de batellerie, 2 ancres), outils agricoles et artisanaux (ciseaux, poinçon, marteau, peut-être d'un orfèvre), poids de balance, céramique (VIᵉ-Xᵉ s.), objets d'origine ou d'influence scandinave (bague en argent, poids) et anglo-saxonne, nombreuses armes (épées, fers de lance)	Port fluvial (navigation rendue possible par un important débit du fleuve et l'influence des marées); possible base viking; point de franchissement de la Charente (pont du XIIᵉ s.?); site productif (orfèvrerie?); passerelle entre l'Aquitaine et le N-O de l'Europe aux VIIᵉ-Xᵉ s. (activité maritime liée au commerce du vin, blé et sel, en direction des îles Britanniques et de l'Irlande)

Site (période d'occupation)	Situation	Fouilles	Structures	Mobilier	Activités et fonctions
Valkenburg-De Woerd [14ᵇⁱˢ] (fin de l'occupation romaine v. 230 ; nouvelle phase à partir du VIIᵉ s.)	Le long d'un méandre du Rhin ; 80 km à l'O de Dorestad	1985-1988	Division en parcelles étroites et perpendiculaires au fleuve		Entrepôt portuaire militaire au Iᵉʳ s., puis site d'accostage avec activités productives (traces de travail de l'os et du bois de cervidés) et élevage : doit faire partie des nombreux sites commerciaux secondaires dans le delta du Rhin ; mentionné dans le Registre des biens d'Utrecht, ce site se trouvait peut-être aussi sur une terre royale

Site (période d'occupation)	Situation	Fouilles	Structures	Mobilier	Activités et fonctions
Wight (île de) [10] (occupée par les Romains, puis colonisée par les Jutes et envahie, selon la *CAS*, par le roi ouest-saxon Caedwalla v. 686)	Île de la Manche (384 km²), dans le détroit du Solent, position stratégique qui en fait une tête de pont anglo-saxonne vers le Continent; sur des terres fertiles; côte à 20 km au S de Hamwic (30 km pour l'intérieur des terres)	Depuis le XIXe s. (château de Carisbrooke depuis 1921, notamment en 1976-1981)	Plusieurs cimetières de l'époque anglo-saxonne (à Carisbrooke, Bowcombe); le château de Carisbrooke du XIIe s. est peut-être construit sur un édifice plus ancien	Plusieurs monnaies romaines, 17 monnaies (essentiellement anglo-saxonnes: 3 *sceattas* H; 4 exemplaires continentaux: 2 de la série D, 1 de la E et 1 de la X; et 1 pièce d'Espagne wisigothique); objets d'origine continentale (broches, céramiques...), bijoux et armes en contexte funéraire	L'île abrite espaces funéraires, établissements portuaires et *villae* romaines (notamment à Bowcombe et Clatterford, produisant céréales et bétail); à partir de l'époque romaine, la région centrale, autour de Carisbrooke et Bowcombe, semble constituer le cœur actif de l'île

Site (période d'occupation)	Situation	Fouilles	Structures	Mobilier	Activités et fonctions
Wissant [8] (port gaulois puis romain, peut-être refondé par les Anglo-Saxons fin VIᵉ s. et toujours occupé à l'époque mérovingienne)	Littoral de la Manche, au centre de la baie située entre deux ensembles de falaises (Caps Gris-Nez et Blanc-Nez), port le plus proche de l'Angleterre, à proximité d'une importante voie romaine reliant la côte à Thérouanne et au-delà ; 50 km au N de Quentovic	1958-1964		Quelques monnaies anglo-saxonnes	Petit port de commerce gaulois, peut-être le fameux *Portus Itius* cité par Jules César au livre VII de la *Guerre des Gaules* ; à l'époque mérovingienne c'est toujours un port commercial, intégré dans l'espace anglo-saxon et frison et où transitent vin, céramiques, productions franques (bijoux...), draps et probablement esclaves
Witla [14bis] (fondé au VIIᵉ s., dévasté par les vikings en 836)	Sur l'île de Voorne, à l'embouchure de la Meuse ; 60 km à l'O de Dorestad			Port important au début du IXᵉ s. (*emporium* dans les *AF*, a° 836), bénéficiant probablement de la prospérité de Dorestad qui entrave peut-être aussi ses possibilités d'expansion	

LISTE DES FIGURES ET TABLEAUX INSÉRÉS
DANS LE TEXTE

Figures

Tableaux

INDEX DES NOMS DE PERSONNES

Les noms en italique sont ceux d'historiens, archéologues, auteurs, etc. contemporains.

INDEX DES NOMS DE LIEUX

Les principaux emporia *au cœur de cet ouvrage (Quentovic, Rouen, Domburg, Dorestad, Ribe, Hedeby/Schleswig, Birka, Lundenwic/Londres, Hamwic/ Southampton, Eoforwic/York, Gipeswic/Ipswich, Wolin, Truso, Menzlin et Staraja Ladoga), cités à de multiples reprises, n'ont pas été intégrés dans cet index. Les mers, océans, fleuves, rivières, régions, îles, détroits, fjords, également très nombreux dans cet ouvrage, n'apparaissent pas non plus dans cet index, qui s'en tient aux noms de lieux proprement dits.*

Comme dans la bibliographie, les lettres scandinaves Å ou Ø sont classées aux A et O de l'alphabet français. Comme dans le texte, les noms suivis d'un astérisque renvoient au Tableau 3 en Annexe 3. Les numéros entre crochets font référence à la (ou aux) carte(s) en Annexe 1 où l'on peut localiser les sites en question.

TABLE DES MATIÈRES

TROISIÈME PARTIE :
ARTICULER LES RÉSEAUX